한 권으로 끝내는 한국사 능력검정시험

선우빈 편저

박문각 한국사 능력검정

심화 1·2·3급

최신판

개념+기출+모의고사+미니북까지
한능검 한권으로 끝내기!

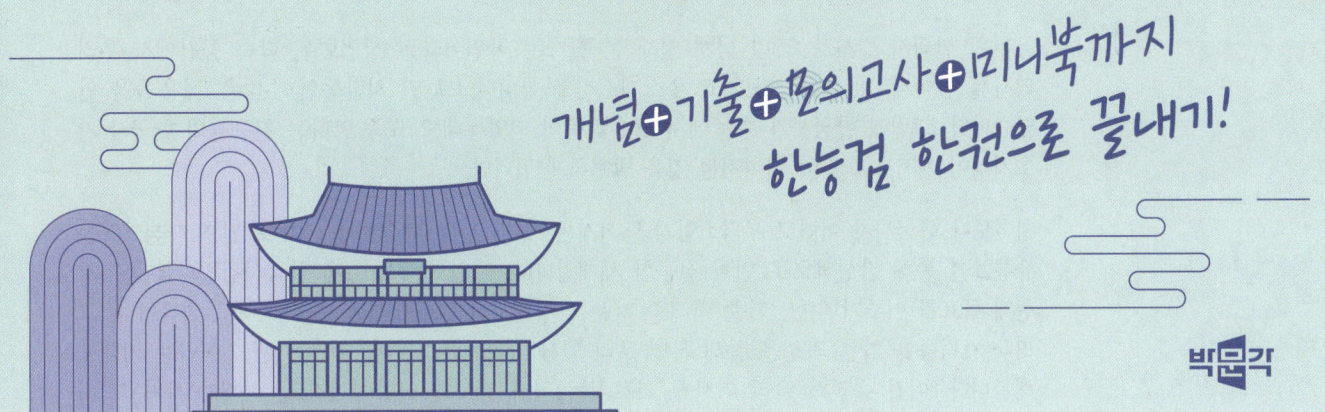

합격자료 1 시험장 핵심 미니북   합격자료 2 실전 예상 모의고사   온라인강의 www.pmg.co.kr

박문각

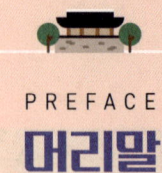

PREFACE
머리말

2005년 이슈가 된 우리 역사

20여 년 전쯤 우리 역사 교육이 뜨거운 이슈가 된 적이 있었습니다. 일본의 역사 왜곡에 더해, 2005년 중국의 동북공정 프로젝트의 실체가 드러났기 때문이었습니다.

21세기 새로운 동아시아 역사 전쟁이 시작되었으나, 우리의 역사 교육은 입시 교육에 밀려 점점 축소되고 있는 현실 속에서 우리 역사의 위상을 바르게 잡는 것이 뜨거운 이슈가 되었습니다. 이러한 배경 속에서 만들어진 '한국사능력검정시험' 제도가 2006년부터 시행되어 현재까지 오게 되었습니다.

2005년 당시 '한국사능력검정시험' 제도 시행 발표를 들으면서 우리의 역사 교육 현실이 안타까웠던 기억이 아직도 또렷하게 납니다. 이런 검정 제도 시행보다는 교육 현장에서 역사 교육만은 입시 제도와 별도로 자리잡으면 되는 것인데...... 그러나 교육 과정을 바꾸는 것이 제 생각처럼 간단하지 않았겠지요.

자연이나 사회적 현상을 다루는 과학과 달리 역사는 인간의 변화를 보는 학문이기에 단일한 틀에서 볼 수 없기 때문입니다. 비슷한 성격의 역사적 사실이라도 같은 원리로 이해하거나 설명하기 힘든 상황이 많습니다. 그래서 역사 교육은 교사의 역사관이나 역사 인식, 학습 내용으로 다루어야 할 역사적 사실, 교재 활용, 수업 방식 등 모든 것이 포함되는 과정이기도 합니다.

영어보다 한국사가 더 어렵게 느껴지는 세대

공무원 한국사 강사로 20년 넘게 일해 온 필자는 학원이라는 상업화된 학습 공간에서 우리 역사를 팔아서 잘 살아왔다(?)고 우스개소리를 합니다. 그 긴 시간동안 수많은 '젊음'들을 만났습니다. 그런데 한국사가 수능에서 필수과목이 되었는데도 요즘 만나는 친구들의 한국사 기초지식이 예전보다 많이 떨어지는 것을 발견하게 됩니다.

영어보다 한국사가 어렵고 부담스럽게 느껴지는 세대(?), 우리 역사를 제대로 된 역사책보다는 유튜브를 통해 감성적으로 먼저 접근한 세대입니다. 이런 친구들에게 한국사검정시험 공부가 현재 목표를 이루기 위한, 단순 자격증 따는 과정에서만 머무를까봐 미리 우려도 해봅니다. 그러나 자격증을 따는 과정을 통해 분명 우리 역사의 가치와 재미를 깨닫게 될 것이라는 기대도 해봅니다. 이건 순전히 우리 역사를 가르치는 역사 강사의 역할이겠지요. 어깨가 무거워집니다. 그러나 이것은 기분 좋은 무게감입니다.

한국사능력검정제도의 본질

비록 한국사가 자격증 제도가 되었지만 국사 편찬 위원회가 추구한 목표는 분명합니다. 우리 역사를 바르게 아는 것입니다.

우리 역사는 단순 암기 과목이 아니라, 이 땅에서 우리보다 조금 앞선 사람들의 이야기입니다. 그리고 역사를 배운다는 것은 현재 우리 삶의 지혜를 배우는 과정입니다.

지금 각자의 발 앞에 놓인 현실적 꿈을 이루어야 하는 분들에게 선우한국사의 교재와 강의가 그 꿈이 좀더 쉽고 빠르게 이루어지도록 길잡이 역할을 하였으면 합니다. 그리고 여러분의 소중한 꿈이 이루어지는 그 길 끝에서, 각자의 자리에서 새로운 역사를 만들고 있는 자기 자신을 만나게 되기를 바랍니다.

좋은 역사 수험서를 만들기 위해 함께 고민해 주는 든든한 동료 조원숙님께 감사드립니다. 책을 만드는 즐거움을 함께 해주는 박문각 출판부의 김현실 이사님과 이수연님께도 늘 감사드립니다.

선우 빈

INFORMATION
시험정보

한국사능력검정시험이란?

우리 역사에 관한 패러다임의 혁신과 한국사 교육의 위상을 강화하기 위하여 국사 편찬 위원회에서는 한국사능력검정시험을 마련하였습니다.

국사 편찬 위원회는 우리 역사에 대한 관심을 제고하고, 한국사 전반에 걸쳐 역사적 사고력을 평가하는 다양한 유형의 문항을 개발하고 있습니다. 이를 통해 한국사 교육의 올바른 방향을 제시하고, 자발적 역사 학습을 통해 고차원적 사고력과 문제 해결 능력을 배양하고자 합니다.

한국사능력검정시험의 출제 유형

한국사능력검정시험의 문항은 역사 교육의 목표 준거에 따라 다음의 여섯 가지 유형으로 구분됩니다.

역사 지식의 이해

역사 탐구에 필요한 기본적인 지식을 갖고 있는가를 묻는 영역입니다. 역사적 사실·개념·원리 등의 이해 정도를 측정합니다.

연대기의 파악

역사의 연속성과 변화 및 발전을 이해하고 있는지를 묻는 영역입니다. 역사 사건이나 상황을 시대 순으로 정확하게 이해하고 인과 관계를 파악할 수 있는가를 측정합니다.

역사 상황 및 쟁점의 인식

제시된 자료에서 해결해야 할 구체적 역사 상황과 핵심적인 논쟁점, 주장 등을 찾을 수 있는가를 묻는 영역입니다. 문헌 자료, 도표, 사진 등의 형태로 주어진 자료에서 해결해야 할 과제를 포착하거나 변별해 내는 능력이 있는지를 측정합니다.

역사 자료의 분석 및 해석

자료에 나타난 정보를 해석하여 그 의미를 파악할 수 있는가를 묻는 영역입니다. 정보의 분석을 바탕으로 자료의 시대적 배경과 사회적 의미를 해석할 수 있는가를 측정합니다.

역사 탐구의 설계 및 수행

제시된 문제의 성격과 목적을 고려하여 절차와 방법에 따라 역사 탐구를 설계하고 수행할 수 있는 능력이 있는가를 묻는 영역입니다.

결론의 도출 및 평가

주어진 자료의 타당성을 판별하고, 여러 자료를 종합하여 결론을 도출할 수 있는가를 묻는 영역입니다.

시험 종류 및 인증 등급

시험 종류	심화	기본
인증	1급(80점 이상)	4급(80점 이상)
	2급(70~79점)	5급(70~79점)
	3급(60~69점)	6급(60~69점)
문항수	50문항(5지 택1형)	50문항(4지 택1형)

＊배점: 100점 만점(문항별 1점~3점 차등 배점)

평가 내용

시험종류	평가 내용
심화	한국사 심화 과정으로서 한국사에 대한 체계적인 이해를 바탕으로 한국사의 주요 사건과 개념을 종합적으로 이해하고, 역사 자료를 분석하고 해석하는 능력, 한국사의 흐름 속에서 시대적 상황 및 쟁점을 파악하는 능력을 평가
기본	한국사 기본 과정으로서 기초적인 역사 상식을 바탕으로 한국사의 필수 지식과 기본적인 흐름을 이해하는 능력을 평가

활용 및 특전

- 한국사능력검정시험 2급 이상 합격자에 한해 인사혁신처에서 시행하는 5급 공무원 공개경쟁 채용 시험 및 외교관 후보자 선발 시험에 응시 자격 부여
- 한국사능력검정시험 2급 이상 합격자에 한해 인사혁신처에서 시행하는 지역 인재 7급 견습 직원 선발 시험에 추천 자격 요건 부여
- 한국사능력검정시험 3급 이상 합격자에 한해 교원 임용 시험 응시 자격 부여
- 국비 유학생, 해외 파견 공무원 선발 시 국사 시험을 한국사능력검정시험(3급 이상 합격)으로 대체
- 공무원 경력 경쟁 채용 시험에 가산점 부여
- 군무원 공개경쟁 채용 시험에서 국사 과목을 한국사능력검정시험으로 대체
- 7급 국가(지방) 공무원 공개경쟁 채용 시험에서 한국사 과목을 한국사능력검정시험으로 대체
- 순경공채, 경찰간부후보생 등 경찰채용 필기시험 한국사 과목을 한국사능력검정시험으로 대체
- 소방공무원, 소방간부후보생 공개채용 필기시험 한국사 과목을 한국사능력검정시험으로 대체
- 우정 9급(계리) 공개채용 필기시험 한국사 과목을 한국사능력검정시험으로 대체
- 국회 8급 공개채용 필기시험 한국사 과목을 한국사능력검정시험으로 대체
- 2026년부터 국가직 9급 공개채용 필기시험 한국사 과목을 한국사능력검정시험으로 대체
- 일부 공기업 및 민간 기업의 직원 채용이나 승진 시 반영
- 일부 대학의 수시 모집 및 육군·해군·공군·국군 간호 사관 학교 입시 가산점 부여

※ 인증서 유효 기간은 인증서를 요구하는 각 기관에서 별도로 정함.

GUIDE
교재의 구성과 특징

이론편

주요 사건 연표 제시
주요 사건을 연표로 제시하여 한눈에 볼 수 있도록 구성했습니다.

간결하면서도 꼼꼼한 이론
한국사 강의 20년의 노하우를 담아 꼭 알아두어야 할 내용을 테마별로 정리하였습니다. 한국사 주요 이론을 단순하게 나열하는 것을 지양하고, 최대한 사건의 흐름을 파악할 수 있도록 서술하여 방대한 한국사를 쉽고 체계적으로 이해할 수 있습니다.

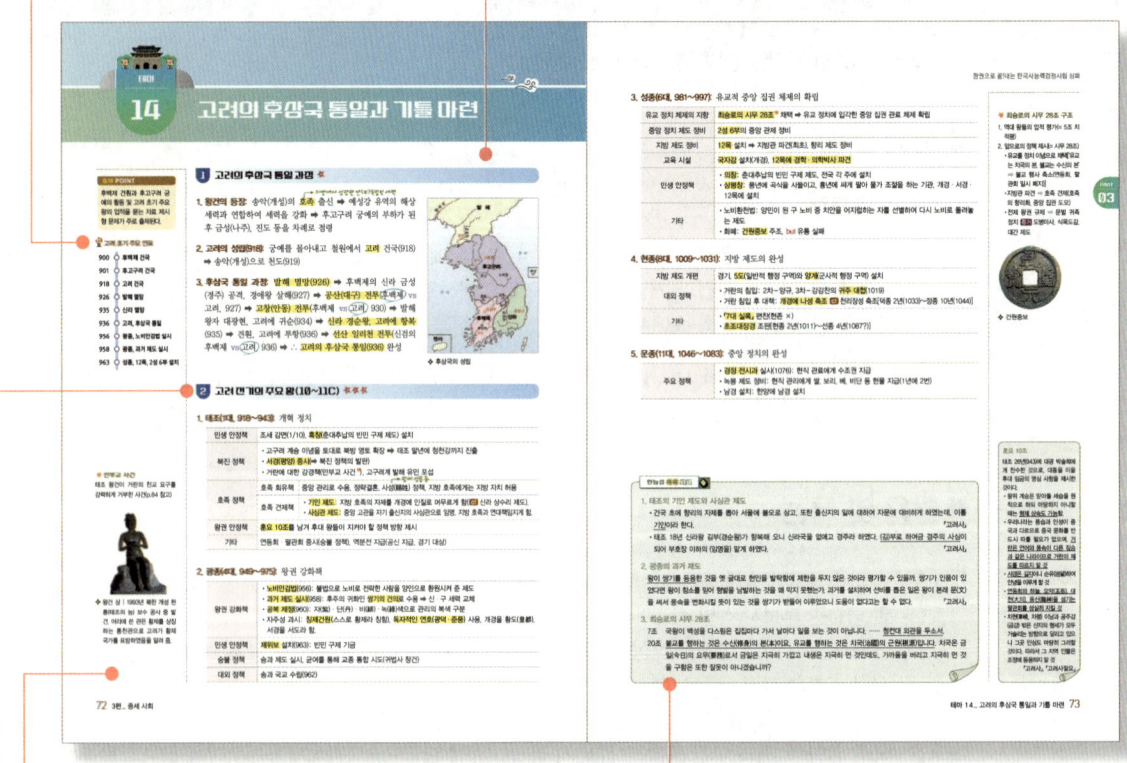

날개단 구성
수험생의 전반적인 이해를 돕기 위해 필요한 개념과 보충 설명 및 사진 자료를 날개단에 구성하였습니다.

중요도 표시
별 모양으로 중요도를 표시하여 핵심 내용을 빠르게 살펴볼 수 있도록 하였습니다.

다양한 사료, 화보, 지도 등 폭넓은 자료 제시
한국사능력검정시험의 특징 중 하나는 출제된 사료 및 사진 등이 반복적으로 출제된다는 것입니다. 시험에서 자주 출제된 주요 사료 및 자료(지도, 그림, 사진, 도표, 그래프 등)를 완벽하게 제시하여 시험에 빠르게 대비할 수 있도록 하였습니다.

문제편

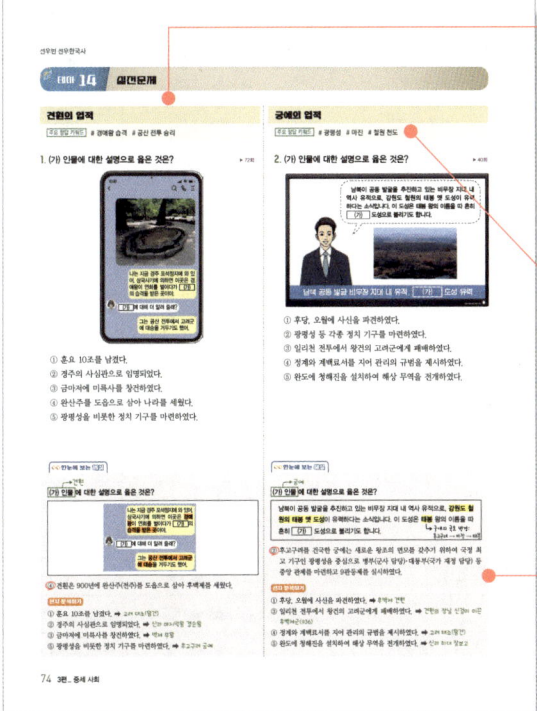

대표 기출문제
해당 테마에서 가장 중요한 문제 유형을 엄선하여 수록하였습니다. 관련 이론을 문제를 통해서 파악함으로써 시험에 빠르게 대처할 수 있도록 하였습니다.

주요 정답 키워드
기출문제를 살펴보면 해당 주제에 따라서 반복적으로 출제되는 선지가 있습니다. 이에 한국사능력검정시험의 모든 회차를 분석하여 반복적으로 출제되는 주요 정답 키워드를 제시하였습니다.

한눈에 보는 해설
문제를 풀어 본 후 바로 정답과 해설을 확인할 수 있습니다. 해설을 통해 헷갈리는 부분은 한 번 더 확인하고, 공부한 이론을 빠르게 정리할 수 있도록 하였습니다.

부록

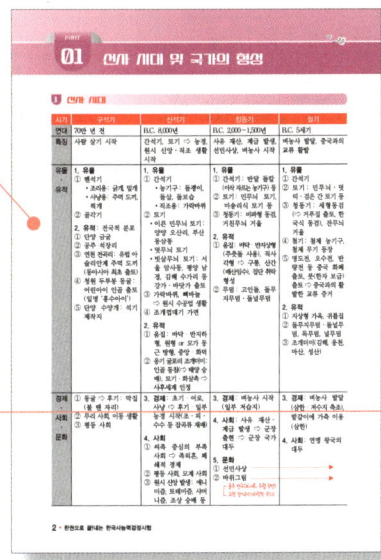
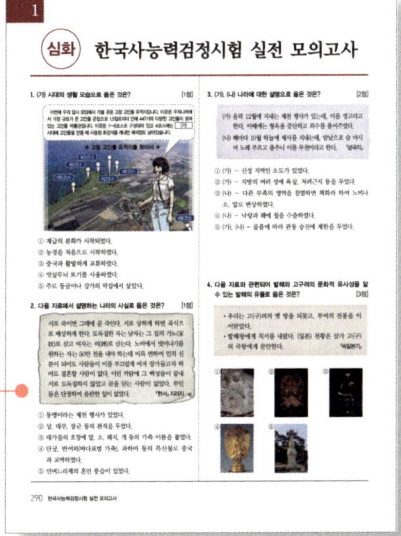

시험장 핵심 미니북
방대한 역사적 사실들을 한눈에 파악할 수 있는 시대별 핵심 요약집을 부록으로 수록하였습니다. 시험을 앞두고 쉽고 빠르게 우리 역사를 정리하는 데 큰 도움이 될 것입니다.

실전 예상 모의고사
실전 예상 모의고사를 제시하여, 실력을 최종 점검하고 실전에 대비할 수 있도록 하였습니다.

HOW TO STUDY
스터디 플래너

20일 완성 강의 플랜(80점 완전 굳히고 백점 도전!!!)

한국사의 기본 개념에 초점을 맞추어 전 시대를 공부하시면 됩니다.
출제중요도 ★☆☆는 한 번 회독, ★★☆은 두 번 회독, ★★★은 세 번 회독하고 시험 일주일 전에는 ★★★ 부분만 골라서 다시 한 번 확인해 보세요. 80점 이상은 쉽게 맞을 수 있습니다.

날짜	단원	학습내용	출제 중요도	회독(색칠)
1일	1편 선사 시대 및 초기 국가	테마1 구석기와 신석기	★☆☆	☆☆☆
		테마2 청동기와 철기	★★☆	☆☆☆
		테마3 고조선	★☆☆	☆☆☆
		테마4 초기 국가	★★☆	☆☆☆
2일	2편 고대 사회	테마5 고구려	★★★	☆☆☆
		테마6 백제	★★★	☆☆☆
		테마7 신라	★★★	☆☆☆
3일	2편 고대 사회	테마8 가야의 발전 과정 및 고대의 통치 체제	★★★	☆☆☆
		테마9 고구려의 대외 항쟁과 신라의 삼국 통일	★★☆	☆☆☆
		테마10 남북국 시대	★★★	☆☆☆
4일	2편 고대 사회	테마11 고대 사회와 경제	★☆☆	☆☆☆
		테마12 고대의 문화(1)	★★☆	☆☆☆
		테마13 고대의 문화(2)	★★★	☆☆☆
5일	3편 중세 사회	테마14 고려의 후삼국 통일과 기틀 마련	★★★	☆☆☆
		테마15 통치 제도의 마련	★★☆	☆☆☆
		테마16 문벌 귀족 사회의 성립과 무신 정권	★★★	☆☆☆
6일	3편 중세 사회	테마17 고려의 대외 관계	★★★	☆☆☆
		테마18 원 간섭기와 반원 자주 정책	★★★	☆☆☆
		테마19 고려의 사회	★☆☆	☆☆☆
7일	3편 중세 사회	테마20 고려의 경제	★☆☆	☆☆☆
		테마21 고려의 문화(1)	★★★	☆☆☆
		테마22 고려의 문화(2)	★★★	☆☆☆
8일	4편 근세 사회(조선 전기)	테마23 조선의 건국과 기틀 마련	★★★	☆☆☆
		테마24 통치 제도의 마련	★☆☆	☆☆☆
		테마25 사림의 대두와 붕당 정치	★★★	☆☆☆
9일	4편 근세 사회(조선 전기)	테마26 조선의 대외 관계	★★★	☆☆☆
		테마27 조선 전기의 사회	★☆☆	☆☆☆
		테마28 조선 전기의 경제	★☆☆	☆☆☆
10일	4편 근세 사회(조선 전기)	테마29 조선 전기의 문화(1)	★★☆	☆☆☆
		테마30 조선 전기의 문화(2)	★☆☆	☆☆☆
	5편 근대 태동기(조선 후기)	테마31 통치 체제의 변화와 붕당 정치의 전개	★★★	☆☆☆
11일	5편 근대 태동기(조선 후기)	테마32 숙종·영조·정조의 탕평책과 19세기 세도 정치	★★★	☆☆☆
		테마33 조선 후기의 대외 관계	★★★	☆☆☆
		테마34 조선 후기의 경제	★★★	☆☆☆

날짜	단원	학습내용	출제 중요도	회독(색칠)
12일	5편 근대 태동기(조선 후기)	테마35 조선 후기의 사회	★★☆	☆☆☆
		테마36 조선 후기의 문화(1)	★★★	☆☆☆
		테마37 조선 후기의 문화(2)	★★★	☆☆☆
13일	6편 근대 사회 발전기(개화기)	테마38 흥선 대원군의 정책과 외세의 침입	★★★	☆☆☆
		테마39 외세와의 조약 및 불평등성	★★★	☆☆☆
		테마40 정부의 개화 정책 및 위정척사 사상	★★☆	☆☆☆
14일	6편 근대 사회 발전기(개화기)	테마41 임오군란과 갑신정변	★★★	☆☆☆
		테마42 동학 농민 운동과 갑오개혁	★★★	☆☆☆
		테마43 독립 협회와 대한 제국, 독도와 간도	★★★	☆☆☆
15일	6편 근대 사회 발전기(개화기)	테마44 국권 피탈 과정 및 우리의 저항	★★★	☆☆☆
		테마45 열강의 경제적 침탈과 경제적 구국 운동	★★☆	☆☆☆
		테마46 근대 문화의 형성	★☆☆	☆☆☆
16일	7편 민족 독립운동기	테마47 일제의 식민 통치	★★☆	☆☆☆
		테마48 민족의 저항(1)	★★★	☆☆☆
		테마49 민족의 저항(2)	★★★	☆☆☆
17일	7편 민족 독립운동기	테마50 민족의 저항(3)	★★★	☆☆☆
		테마51 경제적·사회적 저항 운동	★☆☆	☆☆☆
		테마52 사회적 민족 운동과 민족 유일당 운동	★★☆	☆☆☆
18일	7편 민족 독립운동기	테마53 민족 문화 수호 운동	★★★	☆☆☆
	8편 현대 사회	테마54 8·15 광복과 해방 공간의 주요 사건	★★☆	☆☆☆
		테마55 대한민국 정부 수립과 6·25 전쟁	★★★	☆☆☆
19일	8편 현대 사회	테마56 민주주의 시련과 발전(1)	★★★	☆☆☆
		테마57 민주주의 시련과 발전(2)	★★★	☆☆☆
		테마58 통일 정책, 현대의 경제·사회·문화	★★★	☆☆☆
20일	통합 및 파이널 실전 예상 모의고사	테마59 지역사	★★★	☆☆☆
		테마60 세시풍속과 민속놀이	★★☆	☆☆☆
		테마61 유네스코 세계 문화유산과 조선의 궁궐	★★★	☆☆☆
		테마62 근현대사 인물사	★★★	☆☆☆
		파이널 실전 예상 모의고사	★★★	☆☆☆

HOW TO STUDY
스터디 플래너

#7일 완성 강의 플랜(60점 빠르게 굳히기 및 시험 직전 파이널 정리)

공부할 시간이 별로 없으신 분들은 가장 많이 출제되었던 부분만 골라 공부하세요. 학습 내용 중 색표시 된 부분만 발췌하여 공부하는 것입니다. 각 단원의 가장 핵심적인 내용(정치, 문화)만 공부해도 충분히 60점 이상은 받을 수 있습니다.

날짜	단원	학습내용	출제 중요도	회독(색칠)
1일	1편 선사 시대 및 초기 국가	테마1 구석기와 신석기	★☆☆	☆☆☆
		테마2 청동기와 철기	★★☆	☆☆☆
		테마3 고조선	★☆☆	☆☆☆
		테마4 초기 국가	★★☆	☆☆☆
	2편 고대 사회	테마5 고구려	★★★	☆☆☆
		테마6 백제	★★★	☆☆☆
		테마7 신라	★★★	☆☆☆
2일	2편 고대 사회	테마8 가야의 발전 과정 및 고대의 통치 체제	★★★	☆☆☆
		테마9 고구려의 대외 항쟁과 신라의 삼국 통일	★★☆	☆☆☆
		테마10 남북국 시대	★★★	☆☆☆
		테마11 고대 사회와 경제	★☆☆	☆☆☆
		테마12 고대의 문화(1)	★★☆	☆☆☆
		테마13 고대의 문화(2)	★★★	☆☆☆
3일	3편 중세 사회	테마14 고려의 후삼국 통일과 기틀 마련	★★★	☆☆☆
		테마15 통치 제도의 마련	★★☆	☆☆☆
		테마16 문벌 귀족 사회의 성립과 무신 정권	★★★	☆☆☆
		테마17 고려의 대외 관계	★★★	☆☆☆
		테마18 원 간섭기와 반원 자주 정책	★★★	☆☆☆
		테마19 고려의 사회	★☆☆	☆☆☆
		테마20 고려의 경제	★☆☆	☆☆☆
		테마21 고려의 문화(1)	★★★	☆☆☆
		테마22 고려의 문화(2)	★★★	☆☆☆
4일	4편 근세 사회(조선 전기)	테마23 조선의 건국과 기틀 마련	★★★	☆☆☆
		테마24 통치 제도의 마련	★☆☆	☆☆☆
		테마25 사림의 대두와 붕당 정치	★★★	☆☆☆
		테마26 조선의 대외 관계	★★★	☆☆☆
		테마27 조선 전기의 사회	★☆☆	☆☆☆
		테마28 조선 전기의 경제	★☆☆	☆☆☆
		테마29 조선 전기의 문화(1)	★★☆	☆☆☆
		테마30 조선 전기의 문화(2)	★☆☆	☆☆☆
	5편 근대 태동기(조선 후기)	테마31 통치 체제의 변화와 붕당 정치의 전개	★★★	☆☆☆
		테마32 숙종·영조·정조의 탕평책과 19세기 세도 정치	★★★	☆☆☆
		테마33 조선 후기의 대외 관계	★★★	☆☆☆
		테마34 조선 후기의 경제	★★★	☆☆☆
		테마35 조선 후기의 사회	★★★	☆☆☆
		테마36 조선 후기의 문화(1)	★★★	☆☆☆
		테마37 조선 후기의 문화(2)	★★★	☆☆☆

날짜	단원	학습내용	출제 중요도	회독(색칠)
5일	6편 근대 사회 발전기(개화기)	테마38 흥선 대원군의 정책과 외세의 침입	★★★	☆☆☆
		테마39 외세와의 조약 및 불평등성	★★★	☆☆☆
		테마40 정부의 개화 정책 및 위정척사 사상	★★☆	☆☆☆
		테마41 임오군란과 갑신정변	★★★	☆☆☆
		테마42 동학 농민 운동과 갑오개혁	★★★	☆☆☆
		테마43 독립 협회와 대한 제국, 독도와 간도	★★★	☆☆☆
		테마44 국권 피탈 과정 및 우리의 저항	★★★	☆☆☆
		테마45 열강의 경제적 침탈과 경제적 구국 운동	★★☆	☆☆☆
		테마46 근대 문화의 형성	★☆☆	☆☆☆
6일	7편 민족 독립운동기	테마47 일제의 식민 통치	★★☆	☆☆☆
		테마48 민족의 저항(1)	★★★	☆☆☆
		테마49 민족의 저항(2)	★★★	☆☆☆
		테마50 민족의 저항(3)	★★★	☆☆☆
		테마51 경제적·사회적 저항 운동	★☆☆	☆☆☆
		테마52 사회적 민족 운동과 민족 유일당 운동	★★☆	☆☆☆
		테마53 민족 문화 수호 운동	★★★	☆☆☆
7일	8편 현대 사회	테마54 8·15 광복과 해방 공간의 주요 사건	★★☆	☆☆☆
		테마55 대한민국 정부 수립과 6·25 전쟁	★★★	☆☆☆
		테마56 민주주의 시련과 발전(1)	★★★	☆☆☆
		테마57 민주주의 시련과 발전(2)	★★★	☆☆☆
		테마58 통일 정책, 현대의 경제·사회·문화	★★★	☆☆☆
	통합 및 파이널 실전 예상 모의고사	테마59 지역사	★★★	☆☆☆
		테마60 세시풍속과 민속놀이	★★☆	☆☆☆
		테마61 유네스코 세계 문화유산과 조선의 궁궐	★★★	☆☆☆
		테마62 근현대사 인물사	★★★	☆☆☆
		파이널 실전 예상 모의고사	★★★	☆☆☆

CONTENTS
목차

1편 선사 시대 및 초기 국가

테마1	구석기와 신석기	• 16
테마2	청동기와 철기	• 20
테마3	고조선	• 24
테마4	초기 국가	• 28

3편 중세 사회

테마14	고려의 후삼국 통일과 기틀 마련	• 72
테마15	통치 제도의 마련	• 76
테마16	문벌 귀족 사회의 성립과 무신 정권	• 80
테마17	고려의 대외 관계	• 84
테마18	원 간섭기와 반원 자주 정책	• 88
테마19	고려의 사회	• 92
테마20	고려의 경제	• 96
테마21	고려의 문화(1)	• 100
테마22	고려의 문화(2)	• 104

2편 고대 사회

테마5	고구려	• 34
테마6	백제	• 38
테마7	신라	• 42
테마8	가야의 발전 과정 및 고대의 통치 체제	• 46
테마9	고구려의 대외 항쟁과 신라의 삼국 통일	• 50
테마10	남북국 시대	• 54
테마11	고대 사회와 경제	• 58
테마12	고대의 문화(1)	• 62
테마13	고대의 문화(2)	• 66

4편 근세 사회(조선 전기)

테마23	조선의 건국과 기틀 마련	• 110
테마24	통치 제도의 마련	• 114
테마25	사림의 대두와 붕당 정치	• 118
테마26	조선의 대외 관계	• 122
테마27	조선 전기의 사회	• 126
테마28	조선 전기의 경제	• 130
테마29	조선 전기의 문화(1)	• 134
테마30	조선 전기의 문화(2)	• 138

5편 근대 태동기(조선 후기)

- 테마31 통치 체제의 변화와 붕당 정치의 전개 · 144
- 테마32 숙종·영조·정조의 탕평책과 19세기 세도 정치 · 148
- 테마33 조선 후기의 대외 관계 · 152
- 테마34 조선 후기의 경제 · 156
- 테마35 조선 후기의 사회 · 160
- 테마36 조선 후기의 문화(1) · 164
- 테마37 조선 후기의 문화(2) · 168

6편 근대 사회 발전기

- 테마38 흥선 대원군의 정책과 외세의 침입 · 174
- 테마39 외세와의 조약 및 불평등성 · 178
- 테마40 정부의 개화 정책 및 위정척사 사상 · 182
- 테마41 임오군란과 갑신정변 · 186
- 테마42 동학 농민 운동과 갑오개혁 · 190
- 테마43 독립 협회와 대한 제국, 독도와 간도 · 194
- 테마44 국권 피탈 과정 및 우리의 저항 · 198
- 테마45 열강의 경제적 침탈과 경제적 구국 운동 · 202
- 테마46 근대 문화의 형성 · 206

7편 민족 독립운동기

- 테마47 일제의 식민 통치 · 212
- 테마48 민족의 저항(1) · 216
- 테마49 민족의 저항(2) · 220
- 테마50 민족의 저항(3) · 224
- 테마51 경제적·사회적 저항 운동 · 228
- 테마52 사회적 민족 운동과 민족 유일당 운동 · 232
- 테마53 민족 문화 수호 운동 · 236

8편 현대 사회

- 테마54 8·15 광복과 해방 공간의 주요 사건 · 242
- 테마55 대한민국 정부 수립과 6·25 전쟁 · 246
- 테마56 민주주의 시련과 발전(1) · 250
- 테마57 민주주의 시련과 발전(2) · 254
- 테마58 통일 정책, 현대의 경제·사회·문화 · 258

9편 부록

- 테마59 지역사 · 264
- 테마60 세시풍속과 민속놀이 · 268
- 테마61 유네스코 세계 문화유산과 조선의 궁궐 · 272
- 테마62 근현대사 인물사 · 276

파이널 실전 예상 모의고사 · 290

한 권으로 끝내는 한국사능력검정시험

☑ **빈출 키워드**

출제순위  부여

출제순위  고조선

출제순위  청동기

☑ **한능검 최근 3개년 출제 분석**

시대 구분	시대별 출제문항수/전체 출제문항수
선사 및 초기 국가	34 / 800
고대 사회	110 / 800
중세 사회	137 / 800
근세 사회(조선 전기)	77 / 800
근대 태동기(조선 후기)	90 / 800
근대 사회 발전기	116 / 800
민족 독립운동기	107 / 800
현대 사회	97 / 800
통합	32 / 800

34(4%)

최근 3년(57회~72회) 800문항을 분석한 결과 선사 시대와 초기 국가는 34문제(4%)가 출제되었습니다.

PART 01

선사 시대 및 초기 국가

테마1 구석기와 신석기
테마2 청동기와 철기
테마3 고조선
테마4 초기 국가

01 구석기와 신석기

> **출제 POINT**
> 구석기·신석기의 주요 유물·유적을 화보로 제시하여 해당 시기의 생활 모습을 고르는 문제가 출제된다.

✦ 주먹 도끼(경기 연천 전곡리)

✦ 슴베찌르개

✦ 흥수아이 | 발견 당시의 뼈와 이를 바탕으로 복원한 모습

1 구석기 시대

1. 시기: B.C. 70만 년 전 (근거: 단양 금굴)

2. 유물: 뗀석기, 골각기 등

사냥용	전기: **주먹 도끼**(만능 석기), 찍개, 찌르개 ➡ 후기: **슴베찌르개** → 슴베(자루)가 달린 찌르개, 창같은 무기로 사용
조리용	긁개, 밀개
공구	새기개

3. 주요 유적지

단양 금굴	70만 년 전 [최고(最古)]
연천 전곡리	유럽 아슐리안 계통의 주먹 도끼 ➡ 동아시아 지역에서 최초 출토
공주 석장리	불 땐 자리, 기둥 자리(➡ 막집), 개 모양의 동물 석상(➡ 원시 주술적 예술) 출토
단양 상시 바위 동굴	바위 그늘 유적지 ➡ 남한 최초 인골 화석 출토
단양 수양개	석기 제작지, 고래와 물고기 조각(➡ 원시 주술적 예술), '눈금새김돌' 발견(2014)
청원 두루봉 동굴	어린이 2명의 완전한 뼈 출토(일명 흥수아이, 국화꽃을 뿌린 장례 의식 확인 ➡ 매장 풍습)

✦ 구석기 시대의 유적지

4. 경제·사회·문화

경제생활	뗀석기와 골각기 이용, 채집 경제
사회생활	• **동굴, 바위 그늘** ➡ 후기 막집(담·기둥, 불 땐 자리 출토) • 언어와 불 사용, **무리 사회**, 이동 생활, **평등 사회**
예술 활동	원시 예술(주술적 의미) 예 공주 석장리 – 개 모양의 동물 석상, 단양 수양개 – 새·고래·멧돼지 등 조각

2 신석기 시대 ★

1. **시기**: B.C. 8000년경 (근거) 북제주군 한경면 고산리 유적)

2. **유물**: 간석기(돌을 갈아서 여러 가지 형태와 용도로 만든 석기), 토기 등

간석기	사냥용, 어로용, **농경용**(돌괭이, 돌삽, 돌보습 등), 직조용(가락바퀴)
토기	• 전기: 이른 민무늬 토기, 덧무늬 토기, 눌러찍기문 토기 • 중기 이후: **빗살무늬 토기**(대표 토기) ↳ 식량 저장에 주로 사용, 도토리나 달걀 모양

 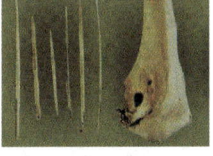  

◆ 가락바퀴　　◆ 뼈바늘과 바늘집　　◆ 덧무늬 토기　　◆ 빗살무늬 토기 (서울 암사동)

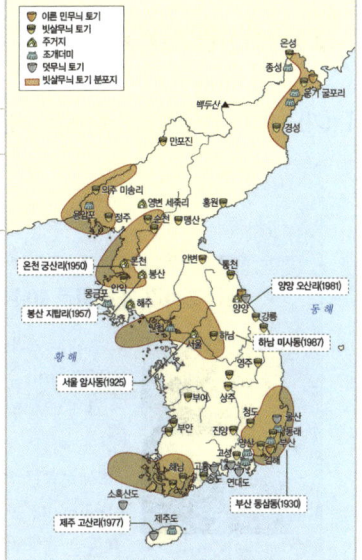

◆ 신석기 시대의 유적지

3. **유적**

   (1) **움집**: 바닷가·강가의 움집 바닥은 원형이나 모서리가 둥근 사각형 형태, 중앙에 화덕 설치

   (2) **조개더미**[패총(貝塚)]: 함북 웅기[인골 발견, 동침신전앙와장(東沈伸展仰臥葬)* ➡ 태양 숭배, 음식 담은 토기와 화살촉 발견 ➡ 내세관 확인], 부산 동삼동 등

   (3) 주요 유적지: **서울 암사동**, 제주 한경 고산리, **양양 오산리**, 황해도 봉산 지탑리 등

4. **경제·사회·문화**

경제생활	• 전기-어로, 사냥 ➡ 후기-**일부 농경 시작**(조·피·수수 등 잡곡류 생산) • 원시적 수공업 활동: **가락바퀴**와 **뼈바늘** 이용하여 의복과 그물 제작
사회생활	• **정착 생활**: 움집의 보편화 • 평등·모계 사회 • 부족 사회: 혈연을 바탕으로 한 씨족이 기본 구성단위 ➡ **족외혼**(다른 씨족과 결혼)을 통해 부족 사회로 확대 • 폐쇄적 경제생활: 씨족마다 배타적인 경제 활동 • **원시 신앙 발생**: 영혼 불멸 사상, 조상 숭배 사상, 애니미즘*, 샤머니즘*, 토테미즘*
예술 활동	흙으로 빚은 얼굴 모습(토우), 조개껍데기 가면, 동물을 새긴 조각품, 조가비로 만든 치레걸이, 여인상 등 ↳ 장신구

◆ 조개껍데기 가면　　◆ 치레걸이　　◆ 여인상

---

* **동침신전앙와장(東沈伸展仰臥葬)** 머리를 동쪽으로 향하고[東沈], 몸은 반듯이 펴며[伸展], 배를 위로 향한 자세[仰臥]로 시체를 묻는 장례

🔍 **농경 관련 유적지**
• 황해도 봉산 지탑리·평양 남경
  ➡ 탄화된 좁쌀(탄화조) 발견
• 강원도 고성 문암리
  ➡ 동아시아 최초 '밭' 발견(2012)

* **애니미즘(Animism)** 자연 현상이나 자연물에 영혼이 있다고 믿는 것

* **샤머니즘(Shamanism)** 인간과 영혼 또는 하늘을 연결시켜 주는 존재인 무당과 그 주술을 믿는 것

* **토테미즘(Totemism)** 자기 부족의 기원을 특정 동식물과 연결시켜 숭배하는 것

테마 01 실전문제

구석기 시대의 생활상

주요 정답 키워드　# 동굴　# 막집　# 사냥과 채집　# 주먹 도끼　# 무리 사회

1. (가) 시대의 생활 모습으로 옳은 것은?　▶ 38회

① 거푸집을 이용하여 도구를 제작하였다.
② 지배자의 무덤으로 고인돌을 축조하였다.
③ 반달 돌칼을 이용하여 곡식을 수확하였다.
④ 가락바퀴와 뼈바늘을 이용하여 옷을 지었다.
⑤ 주로 동굴이나 강가의 막집에서 거주하였다.

2. (가) 시대의 생활 모습으로 옳은 것은?　▶ 71회

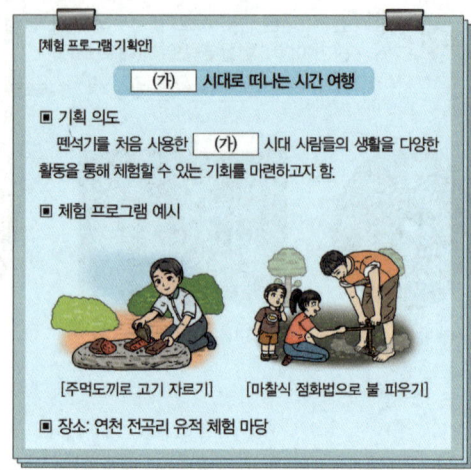

① 주로 동굴이나 바위 그늘에서 살았다.
② 청동 방울 등을 의례 도구로 사용하였다.
③ 따비와 괭이로 땅을 갈아 농사를 지었다.
④ 거푸집을 이용하여 세형동검을 제작하였다.
⑤ 빗살무늬 토기를 만들어 식량을 저장하였다.

한눈에 보는 해설

→ 구석기 시대
(가) 시대의 생활 모습으로 옳은 것은?

> 연천 전곡리 유적 발견 40주년, 그 고고학적 의의
>
> 올해는 경기도 연천 전곡리에서 (가) 시대의 주요 유물인 **아슐리안형 주먹 도끼**가 발견된 지 40주년이 되는 해이다. 이 발견은 동아시아에는 찍개 문화만 존재하였고 주먹 도끼 문화는 없었다는 모비우스(Hallam L. Movius)의 학설을 뒤집는 증거가 되었다. 이곳은 현재 사적 제268호로 지정되어 있다.

⑤ 구석기 시대에는 동굴이나 바위 그늘에서 주로 살았고, 후기에는 강가에 막집을 짓고 살았다.

선지 분석하기
① 거푸집을 이용하여 도구를 제작하였다. ➡ 거푸집은 청동기를 만드는 도구로, 청동기 후기·초기 철기 때 등장
② 지배자의 무덤으로 고인돌을 축조하였다. ➡ 청동기 시대 모습
③ 반달 돌칼을 이용하여 곡식을 수확하였다. ➡ 청동기 시대 모습
④ 가락바퀴와 뼈바늘을 이용하여 옷을 지었다. ➡ 신석기 시대 모습

한눈에 보는 해설

→ 구석기 시대
(가) 시대의 생활 모습으로 옳은 것은?

> (가) 시대로 떠나는 시간 여행
>
> ■ 기획 의도
> **뗀석기**를 처음 사용한 (가) 시대 사람들의 생활을 다양한 활동을 통해 체험할 수 있는 기회를 마련하고자 함.
>
> ■ 체험 프로그램 예시
> - **주먹도끼**로 고기 자르기
> - **마찰식 점화법**으로 불 피우기
>
> ■ 장소: **연천 전곡리 유적** 체험 마당

① 구석기 사람들은 주로 동굴이나 바위 그늘에서 살면서 주먹 도끼를 사용하였고 마찰식 점화법으로 불을 피웠다.

선지 분석하기
② 청동 방울 등을 의례 도구로 사용하였다. ➡ 청동기 시대
③ 따비와 괭이로 땅을 갈아 농사를 지었다. ➡ 청동기 시대부터 시작
④ 거푸집을 이용하여 세형동검을 제작하였다. ➡ (청동기 후기~) 철기 시대
⑤ 빗살무늬 토기를 만들어 식량을 저장하였다. ➡ 신석기 시대

신석기 시대의 생활상

주요 정답 키워드 # 빗살무늬 토기 # 가락바퀴

3. 밑줄 그은 '이 시대'의 생활 모습으로 옳은 것? ▶36회

이곳은 서울 암사동에 위치한 이 시대의 대표적인 유적지입니다. 당시에는 농경이 시작되고 정착 생활이 이루어지면서 움집에 거주하게 되었습니다.

① 빗살무늬 토기에 식량을 저장하였다.
② 소를 이용한 깊이갈이가 일반화되었다.
③ 명도전, 반량전 등의 화폐를 사용하였다.
④ 많은 인력을 동원하여 고인돌을 만들었다.
⑤ 거푸집을 이용하여 세형동검을 제작하였다.

4. (가) 시대의 생활 모습으로 옳은 것? ▶40회

이것은 경상남도 창녕군 비봉리에서 출토된 (가) 시대 배의 복제품입니다. 본래의 출토품은 약 8천 년 전에 제작된 것으로 추정되는데, 지금까지 한반도에서 발견된 배 중 가장 오래된 것입니다. (가) 시대 사람들은 낚싯바늘과 그물을 이용하여 물고기를 잡았고, 농경과 목축을 시작하였습니다.

① 소를 이용한 깊이갈이가 일반화되었다.
② 반량전, 명도전 등의 화폐를 사용하였다.
③ 빗살무늬 토기를 만들어 식량을 보관하였다.
④ 많은 인력을 동원하여 고인돌을 축조하였다.
⑤ 대표적인 도구로 주먹 도끼, 찍개 등을 제작하였다.

한눈에 보는 해설

→ 신석기 시대

밑줄 그은 '이 시대'의 생활 모습으로 옳은 것?

이곳은 **서울 암사동**에 위치한 이 시대의 대표적인 유적지입니다. 당시에는 **농경이 시작되고 정착 생활**이 이루어지면서 **움집**에 거주하게 되었습니다.

①신석기 대표 토기인 빗살무늬 토기는 도토리나 달걀 모양을 하고 있으며, 주로 식량을 저장하는데 사용하였다.

선지 분석하기

② 소를 이용한 깊이갈이가 일반화되었다. ➡ 우경(소를 이용한 농법)은 신라 지증왕 때 이루어졌고, 소를 이용한 깊이갈이(심경법)는 고려 때 이루어졌다.
③ 명도전, 반량전 등의 화폐를 사용하였다. ➡ 명도전과 반량전(중국 전국 시대에 사용한 중국 돈) 등은 철기 시대 때 중국에서 들어왔다.
④ 많은 인력을 동원하여 고인돌을 만들었다. ➡ 청동기 시대 모습
⑤ 거푸집을 이용하여 세형동검을 제작하였다. ➡ (청동기 후기~) 철기 시대 모습

한눈에 보는 해설

→ 신석기 시대

(가) 시대의 생활 모습으로 옳은 것?

이것은 경상남도 창녕군 비봉리에서 출토된 (가) 시대 배의 복제품입니다. 본래의 출토품은 약 8천 년 전에 제작된 것으로 추정되는데, 지금까지 한반도에서 발견된 배 중 가장 오래된 것입니다. (가) 시대 사람들은 **낚싯바늘과 그물을 이용**하여 물고기를 잡았고, **농경과 목축을 시작**하였습니다.

③신석기 대표 토기인 빗살무늬 토기는 도토리나 달걀 모양을 하고 있으며, 주로 식량을 저장하는데 사용하였다.

선지 분석하기

① 소를 이용한 깊이갈이가 일반화되었다. ➡ 우경은 신라 지증왕 때, 소를 이용한 깊이갈이의 일반화는 고려 때 이루어짐.
② 반량전, 명도전 등의 화폐를 사용하였다. ➡ 철기 시대
④ 많은 인력을 동원하여 고인돌을 축조하였다. ➡ 청동기 시대
⑤ 대표적인 도구로 주먹 도끼, 찍개 등을 제작하였다. ➡ 구석기 시대

02 청동기와 철기

출제 POINT
청동기·철기의 주요 유물·유적을 제시하여 해당 시기의 생활 모습을 물어보는 문제가 출제된다.

1 청동기 시대 ☆☆☆

1. 시기: B.C. 2000~1500년경

2. 유물: 간석기, 토기, 청동기 등

간석기	**반달 돌칼**(이삭 자르는 용도)·홈자귀 등 농기구, 바퀴날 도끼·간돌검 등
토기	**민무늬 토기**(대표 토기), 덧띠새김무늬 토기, **미송리식 토기**, 붉은 간 토기 등
청동기	**비파형 동검**(서북방 수용설), 거친무늬 거울, 화살촉 등 cf 청동계 농기구는 사용하지 않음.

→ 홈이 파진 석기

◆ 비파형 동검과 세형동검

 ◆ 반달 돌칼
 ◆ 민무늬 토기
 ◆ 미송리식 토기
◆ 붉은 간 토기

◆ 고인돌

* 환호
외부 침입으로부터 집단 주거 지역을 보호하기 위해 마을 주변에 도랑을 판 것

3. 주요 유적지: 만주, 한반도에 분포

남한 지역	• **부여 송국리**: 목책으로 둘러싼 마을 터에 원형·장방형·방형 모양의 움집 50여기 출토, 민무늬 토기(일명 송국리식 토기), 비파형 동검, 탄화미 등 발견 • **울주 검단리**: 가장 완벽한 환호* 시설 발견 • 기타: 여주 흔암리(탄화미), 춘천 중도(2013년 중도 레고랜드 부지에서 청동기 고조선 시대 유적 발견)
북한 지역	의주 미송리(미송리식 토기 등), 평양 남경(탄화미 등) 등

◆ 청동기 시대의 유적지

◆ 청동기 시대 집터

◆ 부여 송국리 유적지의 목책 시설

◆ 울주 검단리 유적지의 환호 시설

4. 경제·사회·문화

경제생활	농경 발달, 밭농사 중심, <mark>벼농사 시작</mark>(일부 저습지), 가축 사육 발달
사회생활	• 집자리 유적: <mark>지상 가옥에 가까워진 직사각형(장방형)</mark> 움집 형태로 변화, 산간·구릉 지대에서 배산임수(背山臨水)의 집단적인 취락 형태를 지님, 주춧돌 사용 • 무덤: <mark>고인돌</mark>, 돌무지무덤, 돌널무덤 지배층의 무덤으로 한강을 기점으로 남방식(바둑판식), 북방식(탁자식), 변형 개석식으로 구분 • 농경의 발달: 생산 증가에 따른 잉여 생산물 축적과 사적 소유 ➡ <mark>계급 발생, 선민 사상의 대두</mark> • 군장의 등장: 군장(제정일치의 지도자 역할) ➡ <mark>군장 국가 출현</mark>(고조선)

예술 활동	• 토우, 청동기 제품 등
	• 바위그림
	  – <mark>울주 반구대 바위그림</mark>: 사람, 거북, 사슴, 호랑이 등 300여 점의 사실적 그림 ➡ 사냥과 고기잡이의 성공 및 풍요 염원
	  – <mark>고령 장기리 바위그림</mark>: 동심원, 삼각형, 십자형 등의 기하학적 무늬 ➡ 풍요를 기원하는 제사 터

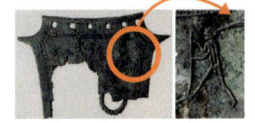
✦ 농경문 청동기

✦ 울주 반구대 바위그림

✦ 고령 장기리(구 양전동) 바위그림

2 철기 시대

1. 시기: B.C. 5세기

2. 유물: 간석기, 토기, 청동기, 철기 등 다양한 재료 사용

토기	다양한 토기 사용(민무늬 토기, 검은 간 토기, 붉은 간 토기, 덧띠 토기, 가지무늬 토기 등)
청동기	• <mark>의식용 도구</mark>[의기화(儀器化)] • <mark>거푸집</mark> 출토 ➡ 한반도에서 독자적인 청동기 제작 증거 • <mark>세형동검</mark>(한국식 동검), 잔무늬 거울
철기	철제 무기, 철제 농기구 사용(➡ 농업 생산량 증가)
중국과의 활발한 교류 증거	• <mark>중국돈</mark>(<mark>오수전</mark>, <mark>반량전</mark>, 왕망전, 명도전 등) 출토 • <mark>한자</mark>의 도입: 붓 발견(창원 다호리 유적)

✦ 청동 도끼 거푸집

✦ 잔무늬 거울

✦ 명도전

✦ 붓(경남 창원 다호리)

✦ 철기 시대의 집터 복원

3. 유적

집터	지상형 가옥, 귀틀집[cf 동예의 여(呂)자형·철(凸)자형 집터 – 부뚜막 발견]
무덤	• <mark>독무덤</mark>, <mark>널무덤</mark>(청동기+철기 부장품 발견)의 대두 • 청동기 시대의 돌무지무덤·돌널무덤(청동기 시대보다 규모가 커짐.)

4. 경제·사회

경제생활	<mark>철제 농기구</mark> 사용, 한반도 남부(삼한) 저수지 축조 ➡ <mark>벼농사 발달</mark>
사회생활	<mark>연맹 왕국</mark> 등장: 여러 부족 국가들이 연맹하여 왕(王) 선출

✦ 독무덤(옹관묘)

✦ 널무덤(토광묘)

테마 02 실전문제

청동기 시대의 생활상

주요 정답 키워드 # 반달 돌칼 # 벼농사 # 고인돌 # 비파형 동검

1. (가) 시대의 생활 모습으로 옳은 것은? ▶72회

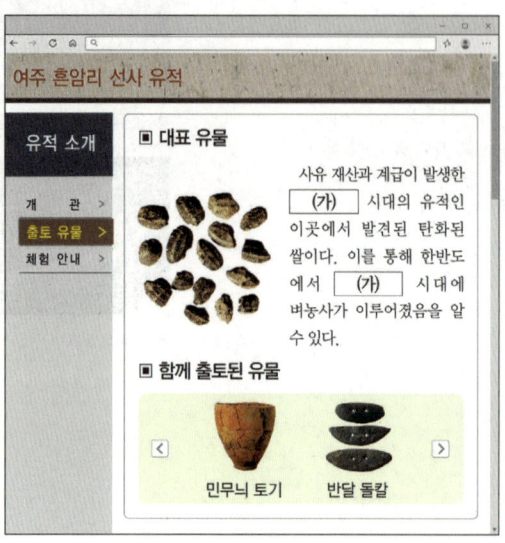

① 주로 동굴이나 강가의 막집에서 살았다.
② 지배층의 무덤으로 고인돌을 축조하였다.
③ 농경과 목축을 시작하여 식량을 생산하였다.
④ 호미, 쇠스랑 등의 철제 농기구를 제작하였다.
⑤ 주먹 도끼, 찍개 등의 뗀석기를 처음 제작하였다.

2. 교사의 질문에 대한 답변으로 가장 적절한 것은? ▶39회

① 농경과 목축을 시작하여 식량을 생산하였습니다.
② 가락바퀴를 이용하여 실을 뽑기 시작하였습니다.
③ 쟁기, 쇠스랑 등의 철제 농기구를 사용하였습니다.
④ 거푸집을 이용하여 비파형 동검을 제작하였습니다.
⑤ 정착 생활을 하게 되면서 움집이 처음 만들어졌습니다.

한눈에 보는 해설

→ 청동기 시대
(가) 시대의 생활 모습으로 옳은 것은?

여주 흔암리 선사 유적
■ 대표 유물
사유 재산과 계급이 발생한 (가) 시대의 유적인 이곳에서 발견된 **탄화된 쌀**이다. 이를 통해 한반도에서 (가) 시대에 **벼농사**가 이루어졌음을 알 수 있다.
■ 함께 출토된 유물
 - 민무늬 토기
 - 반달 돌칼

②청동기 시대에 지배층의 무덤으로 고인돌을 축조하였다.

[선지 분석하기]
① 주로 동굴이나 강가의 막집에서 살았다. ➡ 구석기 시대
③ 농경과 목축을 시작하여 식량을 생산하였다. ➡ 신석기 시대
④ 호미, 쇠스랑 등의 철제 농기구를 제작하였다. ➡ 철기 시대
⑤ 주먹 도끼, 찍개 등의 뗀석기를 처음 제작하였다. ➡ 구석기 시대

한눈에 보는 해설

교사의 질문에 대한 답변으로 가장 적절한 것은?

→ 청동기 시대
이것은 **사유 재산과 계급이 발생했던 시대**의 대표적인 유적입니다. 이 시대에 새롭게 나타난 사회 모습을 말해 볼까요?

→ (탁자식)고인돌: 청동기 시대의 대표 유적으로 한강 이북에서 출토됨.

④비파형 동검은 청동기 시대의 대표적인 유물이다.

[선지 분석하기]
① 농경과 목축을 시작하여 식량을 생산하였습니다. ➡ 신석기 시대
② 가락바퀴를 이용하여 실을 뽑기 시작하였습니다. ➡ 신석기 시대
③ 쟁기, 쇠스랑 등의 철제 농기구를 사용하였습니다. ➡ 철기 시대
⑤ 정착 생활을 하게 되면서 움집이 처음 만들어졌습니다. ➡ 신석기 시대

철기 시대의 생활상

주요 정답 키워드 # 경남 창원 다호리 # 중국과의 교류

3. 자료의 (가)에 들어갈 내용으로 옳은 것은? ▶14회

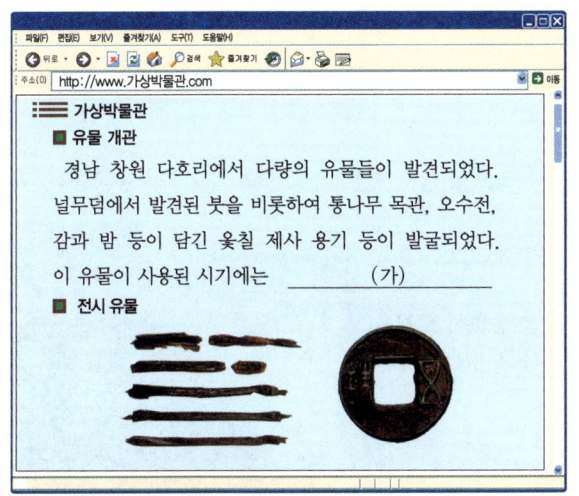

① 중국과의 교류가 활발하였다.
② 무리를 지어 이동 생활을 하였다.
③ 계급이 없는 평등한 생활을 영위하였다.
④ 가락바퀴를 이용하여 옷을 만들기 시작하였다.
⑤ 자연물에 정령이 있다고 믿는 애니미즘이 등장하였다.

4. 다음 삼한 시대 유적지에서 출토된 유물을 통하여 알 수 있는 사실을 〈보기〉에서 모두 고른 것은? ▶6회

- 경남 창원시 다호리 유적지
  기원전 1세기 무렵의 초기 철기 시대 유적지로, 붓, 통나무 관, 그리고 식용의 감과 율무 등이 출토되었다.
- 광주시 광산구 신창동 유적지
  기원 전후 시기 마한 사람들의 생활 유적지로, 어린이를 매장한 것으로 추정되는 독무덤이 1960년대에 다수 발견되었으며, 30여 년 뒤에 다시 발굴이 이루어져 악기, 베틀 부속 도구인 바디, 수레 부속 도구, 인분과 기생충 알 등이 확인되었다.

〈보기〉
㉠ 한자 사용   ㉡ 옷감 생산
㉢ 현악기 사용   ㉣ 중국과 문물 교류

① ㉠, ㉡   ② ㉢, ㉣   ③ ㉠, ㉢, ㉣
④ ㉡, ㉢, ㉣   ⑤ ㉠, ㉡, ㉢, ㉣

한눈에 보는 해설

자료의 (가)[철기 시대의 모습]에 들어갈 내용으로 옳은 것은?

경남 창원 다호리[철기 시대의 유적지]에서 다량의 유물들이 발견되었다. 널무덤에서 발견된 붓을 비롯하여 통나무 목관, 오수전, 감과 밤 등이 담긴 옻칠 제사 용기 등이 발굴되었다. 이 유물이 사용된 시기에는 _____ (가)

① 명도전, 오수전, 반량전 같은 중국 전국 시대의 화폐와 한자의 도입(창원 다호리 유적지의 붓)을 통해 철기 시대에 중국과의 교류가 활발하였음을 알 수 있다.

선지 분석하기
② 무리를 지어 이동 생활을 하였다. ➡ 구석기 시대
③ 계급이 없는 평등한 생활을 영위하였다. ➡ 구석기·신석기 시대
④ 가락바퀴를 이용하여 옷을 만들기 시작하였다. ➡ 신석기 시대
⑤ 자연물에 정령이 있다고 믿는 애니미즘이 등장하였다. ➡ 신석기 시대

한눈에 보는 해설

다음 삼한 시대 유적지에서 출토된 유물을 통하여 알 수 있는 사실을 〈보기〉에서 모두 고른 것은?

- **경남 창원시 다호리 유적지**
  기원전 1세기 무렵의 초기 철기 시대 유적지로, **붓**, 통나무 관, 그리고 식용의 감과 율무 등이 출토되었다. [중국 한자의 도입 증거]
- 광주시 광산구 신창동 유적지
  기원 전후 시기 마한 사람들의 생활 유적지로, 어린이를 매장한 것으로 추정되는 **독무덤**이 1960년대에 다수 발견되었으며, 30여 년 뒤에 다시 발굴이 이루어져 악기, 베틀 부속 도구인 바디, 수레 부속 도구, 인분과 기생충 알 등이 확인되었다.

㉠㉣ 경남 창원 다호리 유적에서 붓이 최초로 출토되었는데, 이를 통해 중국과의 교류를 통해 한자가 도입되었음을 알 수 있다.
㉡ 제시문에서 베틀 부속 도구인 바디의 발굴을 통해 옷감이 생산되었음을 알 수 있다.
㉢ 제시문에서 악기의 발굴을 통해 현악기의 사용을 알 수 있다.

테마 03 고조선

출제 POINT
사료를 통해 고조선 사회의 특징과 위만 조선의 발전 과정을 묻는 문제가 주로 출제된다.

고조선 주요 연표

B.C. 2,333	단군 왕검의 (고)조선 건국
B.C. 10세기	(고)조선 발전
B.C. 5세기	철기 보급
B.C. 4세기	연과 대립
B.C. 3세기(?)	연의 침입
B.C. 3세기	부왕·준왕
B.C. 194	위만 조선 성립
B.C. 108	(고)조선 멸망, 한 군현 설치

1 고조선의 성립과 발전 ★

1. **건국 시기**: B.C. 2,333년 청동기 문화를 바탕으로 단군왕검이 건국(『삼국유사』와 『동국통감』 의거)

2. **중심지**: 요령 지방(초기) ➡ 대동강 유역의 왕검성(후기)

3. **세력 범위**: 비파형 동검, 고인돌(탁자식), 미송리식 토기, 거친무늬 거울의 출토 지역을 통해 고조선 초기의 세력 범위 짐작

4. **발전 과정**

B.C. 5C 전국 시대 혼란기	유이민의 이주 ➡ 초기 철기 수용
B.C. 4C경	전국 7웅 중 연과 대립, 스스로 왕(王)이라 칭함. ➡ 연을 공격할 계획도 세움.
B.C. 300년 전후(?)	연의 장수 진개의 침입 ➡ 요령성 상실, 대동강(왕검성)으로 이동
B.C. 3C 부왕, 준왕	왕위 부자 세습

cf 관직: 상(相), 대부(大夫), 장군(將軍), 박사(博士) 등 관직 마련

◆ 고조선의 세력 범위

2 위만 조선(B.C. 194~108)의 성립과 발전 ★

1. **위만의 남하**: B.C. 3C 진·한 교체기 시기, 고조선 준왕 때 위만 및 유이민 대거 남하·정착 ➡ 이후 위만의 준왕 축출(B.C. 194)

2. **위만 조선의 성격**

고조선의 정통 계승	나라 이름 '조선', 위만의 복장(조선인 옷과 상투), 토착민들의 높은 지위 유지
철기 문화의 본격적 수용	상업과 무역 발달 ➡ 예·진과 한나라 사이에서 중계 무역 ➡ 한과 갈등
정복 사업 전개	진번·임둔 등 복속

3. **고조선의 멸망**: 한 무제의 침입으로 우거왕(위만의 손자) 때 왕검성 함락(B.C. 108) ➡ 한사군* 설치 ➡ 법 조항 60여 조로 증가(풍속 각박, 낙랑 문화 형성)

*한사군
고조선 멸망 이후 한은 고조선의 일부 지역에 4개의 군현(낙랑군·진번군·임둔군·현도군)을 설치

3 고조선 사회

1. 단군의 건국 이야기

> 옛날에 환인과 그의 아들 환웅이 있었는데, 아버지가 삼위태백(三危太伯)을 내려다보니 가히 널리 인간을 이롭게 할 만하므로, 아들에게 천부인(天符印) 세 개*를 주어 보내 다스리게 하였다. 환웅은 무리 3천을 이끌고 태백산 꼭대기의 신령스러운 박달나무 아래에 내려가, 풍백, 우사, 운사를 거느리고 곡물, 수명 등을 주관하며 세상을 다스렸다. 그때 곰과 호랑이가 같은 동굴에 살면서 환웅에게 사람이 되기를 빌었다. 그 중에서 곰은 삼칠일 동안 금기를 지켜서 여자의 몸을 얻었으나, 호랑이는 금기를 지키지 않아 얻을 수 없었다. 이에 환웅은 웅녀와 혼인하여 아이를 낳았으니, 이름하여 단군왕검이라 하였다.

＊ 천부인 3개
통치자(단군)의 상징물인 청동 거울, 청동 칼, 청동 방울

사료 분석	· 환인과 환웅: 선민사상*(천손의 후예) · 홍익인간: 인본주의 통치 이념 · 풍백 · 우사 · 운사: 농경 사회, 애니미즘, 지배층의 분화 · 환웅과 웅녀의 혼인: 토테미즘, 모계 사회의 흔적, 환웅 부족과 웅녀 부족의 결합 · 단군왕검: 단군(제사장) + 왕검(정치적 지배자) ➡ 제정일치 사회, 샤머니즘, 군장 국가의 등장		
수록 문헌	삼국유사	일연	고려 충렬왕
	제왕운기	이승휴	고려 충렬왕
	세종실록지리지	실록청(춘추관)	조선 단종
	응제시주	권람	조선 세조
	동국여지승람	노사신	조선 성종

＊ 선민사상
청동기 시대에 형성된 사상으로, 하늘의 선택을 받은 백성이라는 의미

🔍 홍익인간(弘益人間)
널리 인간을 이롭게 한다는 뜻. 단군왕검이 고조선을 세우면서 기본으로 삼은 이념으로, 모든 백성들을 이롭게 하여 함께 잘 살게 해야 한다는 의미가 담겨져 있음.

2. 8조 금법: 중국『한서』지리지에 현재 3조항만 전해지고 있음.

(1) 사람을 죽인 자는 사형에 처한다. ➡ 개인의 생명 존중
(2) 사람을 상해한 자는 곡물로써 배상한다. ➡ 농경 사회, 사유 재산 존재, 노동력 중시
(3) 남의 물건을 훔친 자는 노비로 삼되, 자속하려는 자는 50만 전을 내야 한다.
  ➡ 형벌 노비의 출현, 일부 지배층의 (중국) 화폐 사용
(4) 기타: 여자는 정절을 귀히 여기고 음란하지 않았다. ➡ 남성 중심의 가부장적 사회
(5) 한 군현 설치 이후 법 조항 60여 조로 증가 ➡ 풍속이 각박해짐.

한능검 꼭꼭 자료

고조선의 8조 금법

(조선에서는) 백성들에게 금하는 법 8조를 만들었다. 그것은 대개 사람을 죽인 자는 즉시 죽이고, 남에게 상처를 입힌 자는 곡식으로 갚는다. 도둑질을 한 자는 노비로 삼는다. 용서받고자 하는 자는 한 사람마다 50만 전을 내야 한다. 비록 용서를 받아 보통 백성이 되어도 풍속에 역시 그들은 부끄러움을 씻지 못하여 결혼을 하고자 해도 짝을 구할 수 없다. 이러해서 백성들은 도둑질을 하지 않아 대문을 닫고 사는 일이 없었다. 여자들은 모두 정조를 지키고 신용이 있어 음란하고 편벽된 짓을 하지 않았다. 농민들은 대나무 그릇에 음식을 먹고, 도시에서는 관리나 장사꾼들을 본받아서 술잔 같은 그릇에 음식을 먹는다.

『한서』

테마 03 실전문제

고조선의 특징

주요 정답 키워드 # 범금 8조 # 상·대부·장군 # 중계 무역 # 우거왕 # 한 무제

1. 다음 법을 시행하였던 나라에 대한 설명으로 옳은 것은? ▶39회

> 범금 8조가 있다. 남을 죽이면 즉시 죽음으로 갚고, 남을 상해하면 곡식으로 배상한다. 남의 물건을 훔친 자가 남자면 그 집의 노(奴)로 삼으며 여자면 비(婢)로 삼는데, 자신의 죄를 용서받으려는 자는 한 사람마다 50만[전]을 내야 한다.
> 「한서」

① 신지, 읍차 등의 지배자가 있었다.
② 골품제라는 신분 제도를 마련하였다.
③ 제가 회의에서 국가 중대사를 결정하였다.
④ 왕 아래 상, 대부, 장군 등의 관직을 두었다.
⑤ 여러 가(加)들이 별도로 사출도를 주관하였다.

2. 밑줄 그은 '이 나라'에 대한 탐구 활동으로 가장 적절한 것은? ▶72회

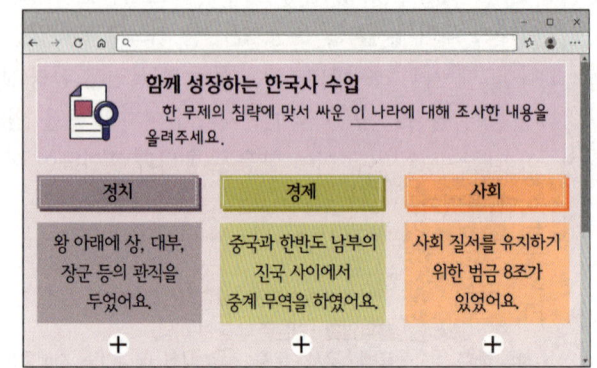

① 임신서기석의 내용을 분석한다.
② 칠지도에 새겨진 명문을 해석한다.
③ 수도 왕검성의 위치에 대한 자료를 검색한다.
④ 10월에 지냈던 제천 행사인 동맹을 살펴본다.
⑤ 국가의 중대사를 논의한 화백 회의에 대해 조사한다.

한눈에 보는 해설

다음 법을 시행하였던 나라(→고조선)에 대한 설명으로 옳은 것은?

> 범금 8조(→고조선의 8조법)가 있다. 남을 죽이면 즉시 죽음으로 갚고, 남을 상해하면 곡식으로 배상한다. 남의 물건을 훔친 자가 남자면 그 집의 노(奴)로 삼으며 여자면 비(婢)로 삼는데, 자신의 죄를 용서받으려는 자는 한 사람마다 50만[전]을 내야 한다. 「한서」

④ 고조선은 왕(王)이 존재하였고, 왕 아래 상·대부·장군 등의 관직을 두었다.

선지 분석하기
① 신지, 읍차 등의 지배자가 있었다. ➡ 삼한
② 골품제라는 신분 제도를 마련하였다. ➡ 신라
③ 제가 회의에서 국가 중대사를 결정하였다. ➡ 고구려와 부여
⑤ 여러 가(加)들이 별도로 사출도를 주관하였다. ➡ 부여

한눈에 보는 해설

밑줄 그은 '이 나라'(→고조선)에 대한 탐구 활동으로 가장 적절한 것은?

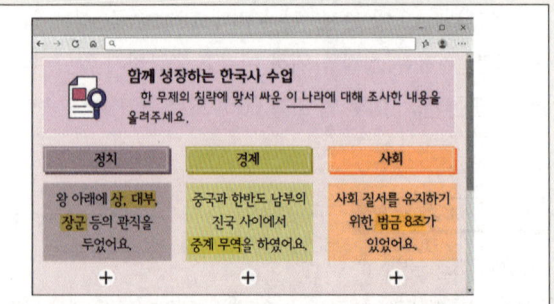

③ 왕검성은 대동강 지역에 있었던 고조선의 후기 수도이다.

선지 분석하기
① 임신서기석의 내용을 분석한다. ➡ 신라
② 칠지도에 새겨진 명문을 해석한다. ➡ 백제
④ 10월에 지냈던 제천 행사인 동맹을 살펴본다. ➡ 고구려
⑤ 국가의 중대사를 논의한 화백 회의에 대해 조사한다. ➡ 신라

위만 조선의 발전 과정

3. (가)에 들어갈 내용으로 옳은 것은? ▶ 42회

① 지방의 여러 성에 욕살, 처려근지 등을 두었습니다.
② 제가 회의에서 나라의 중요한 일을 결정하였습니다.
③ 한(漢)과 진국(辰國) 사이에서 중계 무역을 하였습니다.
④ 전국 7웅 중 하나인 연과 대적할 만큼 성장하였습니다.
⑤ 부왕(否王) 등 강력한 왕이 등장하여 왕위를 세습하였습니다.

주요 정답 키워드 # 중계 무역 # 위만 # 준왕 축출

4. 밑줄 그은 ㉠의 상황 이후 일어난 사실로 옳은 것을 〈보기〉에서 고른 것은? ▶ 26회

> 연왕 노관이 한(漢)을 배반하여 흉노로 들어가자, 만(滿)도 망명하였다. 무리 천여 명을 모아 상투를 틀고 오랑캐 복장을 하고서 동쪽으로 도망하여 변경을 지나 패수를 건너 진(秦)의 옛 땅인 상하장에 살았다. ㉠ 점차 진번·조선인과 옛 연(燕)·제(齊)의 망명자를 복속시켜 거느리고 왕이 되었으며, 왕검에 도읍을 정하였다.
> ─「한서」 조선전

〈보기〉
㉠ 연의 장수 진개의 공격을 받았다.
㉡ 준왕이 부왕(否王)으로부터 왕위를 물려받았다.
㉢ 진국(辰國)과 한(漢) 사이에서 중계 무역을 하였다.
㉣ 조선상 역계경이 무리를 이끌고 진국(辰國)으로 갔다.

① ㉠, ㉡ ② ㉠, ㉢ ③ ㉡, ㉢
④ ㉡, ㉣ ⑤ ㉢, ㉣

한눈에 보는 해설

→ 위만 조선
(가)에 들어갈 내용으로 옳은 것은?

③ 위만 조선은 지리적 이점을 이용하여 예(濊)나 남방의 진(辰)이 중국 한(漢)과 직접 무역하는 것을 막고 중계 무역의 이득을 독점하였다.

선지 분석하기
① 지방의 여러 성에 욕살, 처려근지 등을 두었습니다. ➡ 고구려
② 제가 회의에서 나라의 중요한 일을 결정하였습니다. ➡ 부여와 고구려
④ 전국 7웅 중 하나인 연과 대적할 만큼 성장하였습니다. ➡ 위만 집권 이전의 고조선(기원전 4세기경)
⑤ 부왕(否王) 등 강력한 왕이 등장하여 왕위를 세습하였습니다. ➡ 위만 집권 이전의 고조선(기원전 3세기)

한눈에 보는 해설

→위만 조선(B.C. 194) 성립
밑줄 그은 ㉠의 상황 이후 일어난 사실로 옳은 것을 〈보기〉에서 고른 것은?

> 연왕 노관이 한(漢)을 배반하여 흉노로 들어가자, **만(滿)도 망명**하였다. 무리 천여 명을 모아 상투를 틀고 오랑캐 복장을 하고서 동쪽으로 도망하여 변경을 지나 패수를 건너 진(秦)의 옛 땅인 상하장에 살았다. ㉠ 점차 진번·조선인과 옛 연(燕)·제(齊)의 망명자를 복속시켜 거느리고 **왕이 되었으며, 왕검에 도읍**을 정하였다.
> ─「한서」 조선전

㉢ 위만 조선은 지리적 이점을 이용하여 예(濊)나 남방의 진(辰)이 중국 한(漢)과 직접 무역하는 것을 막고 중계 무역의 이득을 독점하였다.
㉣ 위만의 손자 우거왕 때 한 무제가 (고)조선을 침공하자 내분을 틈타 조선상 역계경이 무리를 이끌고 진국(辰國)으로 내려갔다.

선지 분석하기
㉠ 연의 장수 진개의 공격을 받았다. ➡ 위만 집권 이전(B.C. 300년 전후)
㉡ 준왕이 부왕(否王)으로부터 왕위를 물려받았다. ➡ 위만 집권 이전(B.C. 3세기)

테마 04 초기 국가

> **출제 POINT**
> 『삼국지』 위서 동이전의 특정 사료를 제시하여 해당 국가의 특징을 묻는 문제가 출제된다.

1 부여(B.C. 4세기~A.D. 494) ✦✦✦

성립	기원전 4세기경 만주 송화강 유역(평야 지대)에서 성립 ➡ 1세기 초 왕호 사용
정치	• 5부족 연맹체: 왕(중앙) + 가축 이름의 대족장(마가·우가·저가·구가 등)이 대사자·사자 등 하급 관리를 거느리면서 사출도(지방 행정 구역) 통치 • 제가 회의: 족장인 가(加)들은 왕을 추대하거나 흉년 시 왕을 폐위하기도 함.
경제	반농반목, 말·주옥·모피 등 생산
풍속	• 4조목 법률: 살인하면 사형 및 가족은 노비, 도둑질하면 12배 배상(1책 12법), 간음한 남녀는 사형, 투기한 부인은 사형 • 순장*의 매장 풍습, 우제점법*, 형사취수제*, 은력 사용 • 제천 행사: 영고[12월(은 정월), 수렵 사회 풍습]
멸망	선비족의 침략(3세기 말)으로 쇠퇴 ➡ 고구려 문자왕에 의해 멸망(494)

◆ 초기 국가의 위치

★ 순장
왕이나 귀족이 죽었을 때 그의 아내나 신하 또는 종들을 함께 매장하던 고대 장례 풍속

★ 우제점법
소를 죽여 그 굽으로 길흉을 점침.

★ 형사취수제
형이 죽으면 동생이 형수를 아내로 맞이하는 제도

2 고구려(B.C. 37~A.D. 668) ✦✦

성립	기원전 37년 부여에서 온 주몽('활 잘 쏘는 아이'라는 의미)이 동가강 유역의 졸본(환인)에서 건국 ➡ 1세기 유리왕 때 압록강 근처의 국내성(집안)으로 천도
정치	• 5부족 연맹체*: 왕 + 대가(상가, 고추가(전(前) 왕족이나 왕비족에게 주는 칭호), 대로, 패자 등)들이 사자·조의·선인 등 하급 관리를 거느림. • 제가 회의: 중대한 범죄자는 회의를 통해 사형에 처하고, 그 가족은 노비로 삼음.
경제	농토가 부족하여 정복 활동으로 생활을 유지하는 약탈 경제(➡ 보관 창고인 부경 설치)
풍속	• 데릴사위제(서옥제)*, 형사취수제, 1책 12법 • 제천 행사: 동맹(10월, 국동대혈에서 제사 지냄.)
발전	6대 태조왕 때(1세기 후반~2세기) 중앙 집권 국가로 발전

★ 5부족 연맹체
소노부(연노부)·순노부·계루부·절노부·관노부

★ 데릴사위제
신부집 뒤에 사위집인 서옥(婿屋)을 지어 놓고 신랑을 살게 한 후 자식을 낳고 장성하면 다시 신랑집으로 가는 풍습

3 옥저(B.C. 3세기~A.D. 285) ✦✦

성립	함경도 일대에서 성립
정치	왕 없음. 읍군·삼로 등 군장이 다스림.
경제	토지 비옥, 어물·소금 등 해산물 풍부 ➡ 고구려에 공물로 바침.
풍속	• 민며느리제*(매매혼, 계약 결혼) • 가족 공동묘(골장제, 죽은 자의 양식으로 쌀 항아리 보관)
멸망	고구려 태조왕에 의해 복속

★ 민며느리제
남자집에서 어린 여자를 기른 후 며느리로 삼는 제도. 여자아이가 성인이 되면 본가에 다시 돌아와 신부의 가족들이 신랑집에 돈을 요구하고 돈이 지불된 후에 신랑집으로 다시 돌아갔으므로 일종의 매매혼적 성격도 가지고 있음.

4 동예(B.C. 82~A.D. 5세기, 6세기경) ☆☆☆

성립	강원도 북부 동해안 지역에서 성립
정치	왕 없음. 읍군·삼로 등 군장이 다스림.
경제	• 토지 비옥, 해산물 풍부, 방직 기술 발달 • 특산물: 단궁(활)·과하마(키가 작은 말)·반어피(바다표범 가죽) 유명
풍속	• 주거: 철(凸)자형과 여(呂)자형 집터(부뚜막, 난방 시설 갖춤.) • 풍속: 족외혼, 책화(다른 부족의 영역을 침범하면 노비와 소·말로 변상, 경제적 폐쇄성) • 제천 행사: 무천(10월)
멸망	고구려와 신라에 흡수·통합

◆ 동예의 철(凸)자형 집터

5 삼한 ☆☆☆☆

성립	한강 이남의 진(辰)의 성장 ➡ 마한, 진한, 변한으로 성장
정치	• 목지국: 마한 목지국의 지배자가 마한왕 또는 진왕으로 추대 • 왕(王) 아래 신지·견지·읍차·부례 등 군장 존재 ➡ 토지와 물 관리권 지님. • 제정 분리: 정치적 지배자 외에 제사장인 천군 존재(신성 지역인 소도*에 거주)
경제	• 벼농사 발달(철제 농기구), 저수지 축조, 방직 기술 발달(누에치기, 삼베) • 변한: 철 생산 ➡ 왜, 낙랑, 대방 등 수출, 철을 화폐처럼 사용
풍속	• 제천 행사: 수릿날(5월, 오늘날 단오), 계절제(10월) • 두레, 문신, 편두*, 초옥토실(草屋土室)*, 귀틀집*
발전	• 마한 ➡ 백제로 발전 • 진한 ➡ 신라로 발전 • 변한 ➡ 6가야 연맹으로 발전

◆ 솟대

* 소도
농경과 종교에 대한 의례를 담당하는 제사장 천군(天君)이 다스리는 지역. 소도는 군장의 세력이 미치지 못하는 곳으로, 이곳에 죄인이 도망하여 숨으면 잡아가지 못함.

* 편두
어린아이의 머리를 돌로 눌러서 납작하게 만든 것

* 초옥토실
지붕은 초가이고 내부는 흙방인 집의 형태로, 마치 개미굴을 닮은 지하 주택

* 귀틀집
큰 통나무를 정(井)자 모양으로 층층이 맞추어 얹고 그 틈을 흙으로 메워 지은 집

한능검 쏙쏙 자료

『삼국지』 위서 동이전에 나오는 초기 국가

- **부여**: 구릉과 넓은 못이 많아서 동이 지역 가운데서 가장 넓고 평탄한 곳이다. …… 나라에는 군왕이 있고 모두 가축의 이름으로 관명을 정하여 마가, 우가, 저가, 구가, 대사자, 사자가 있다. 제가들은 별도로 사출도를 주관한다. 은력(殷曆) 정월(12월)에 지내는 제천 행사는 국중대회로 날마다 마시고 먹고, 노래하고 춤추는데, '영고'라 한다. 가뭄이나 장마가 계속되어 오곡이 영글지 않으면, 그 허물을 왕에게 돌리는 풍속이 있다.
- **고구려**: 나라에는 왕이 있고, 5부족이 있으니 연노부, 절노부, 순노부, 관노부, 계루부가 그것이다. 본래는 연노부에서 왕이 나왔으나 지금은 계루부에서 차지하고 있다. 모든 대가들은 스스로 사자, 조의, 선인을 두었다. …… 나라 동쪽에 큰 굴이 있는데, 국동대혈이라고 한다. 매년 10월에 그 굴에서 제천 행사를 치루는데 이름하여 '동맹'이라 한다.
- **옥저**: 대군왕은 없으며 읍락에는 각각 대를 잇는 우두머리가 있었는데 스스로 삼로라 일컬었다. 큰 나라의 틈바구니에서 핍박을 받다가 결국 고구려에 복속되었다. …… 여자가 10살이 되면 혼인을 허락한다. 남편이 될 사람이 여자를 자기 집으로 데려와 길러서 아내로 삼는다. 성인이 되면 다시 친정으로 돌려보낸다. 이때 여자의 집에서는 돈을 요구하는데, 돈이 지불되면 다시 사위집으로 돌려보낸다.
- **동예**: 대군장이 없고 후(候), 읍군, 삼로가 있어서 하호를 통치하였다. 해마다 10월에 제사를 지내는데, 무천이라 한다. 부락을 함부로 침범하면 벌로 소·말을 부과하는데 이를 '책화'라 한다.
- **삼한**: 백성은 토지에 정착하여 살고 벼농사를 지으며, 누에치기를 할 줄 알아 면포를 만들었다. 나라에 각각 장수가 있어 강대한 사람은 신지, 그 다음은 읍차라 하였다. 해마다 5월이면 씨 뿌리기를 마치고 제사를 지내며, 10월에 농사일을 마치고 나서도 하늘에 제사를 지냈다. 국읍에 한 사람씩 세워서 천신의 제사를 주관하였는데, 이를 천군이라 한다. 나라에는 각각 별읍이 있으니 소도라 하며, 그 지역으로 도망 온 사람은 누구든 돌려보내지 않는다.

테마 04 실전문제

부여와 고구려

주요 정답 키워드 # 영고(12월 제사) # 사출도 # 1책 12법 / # 데릴사위제

1. (가), (나) 나라에 대한 설명으로 옳은 것은? ▶ 38회

> (가) 동이 지역 중에서 가장 평탄하고 넓은 곳으로 토질은 오곡이 자라기에 알맞다. …… 12월에 지내는 제천 행사에는 연일 크게 모여서 마시고 먹으며 노래하고 춤추는데, …… 이때에는 형옥(刑獄)을 중단하고 죄수를 풀어 준다. 전쟁을 하게 되면 그때에도 하늘에 제사를 지내고, 소를 잡아서 그 발굽으로 길흉을 점친다. 「후한서」
>
> (나) 그 나라의 넓이는 사방 2천 리인데, 큰 산과 깊은 골짜기가 많으며 사람들은 산골짜기에 의지하여 산다. …… 혼인에 있어서는 [신랑이] 신부의 집에 가서 살다가 자식을 낳아 장성한 뒤에야 남자의 집으로 돌아온다. …… 금과 은, 재물을 모두 써 성대하게 장례를 치르며, 돌을 쌓아 봉분을 만들고 소나무와 잣나무를 심는다. 「후한서」

① (가) - 여러 가(加)들이 별도로 사출도를 주관하였다.
② (가) - 박, 석, 김의 3성이 교대로 왕위를 계승하였다.
③ (나) - 10월에 무천이라는 제천 행사를 열었다.
④ (나) - 읍락 간의 경계를 중시하는 책화가 있었다.
⑤ (가), (나) - 제사장인 천군과 신성 지역인 소도가 있었다.

한눈에 보는 해설

→ (가) 부여, (나) 고구려

(가), (나) 나라에 대한 설명으로 옳은 것은?

> (가) **동이 지역 중에서 가장 평탄하고 넓은 곳**으로 토질은 오곡이 자라기에 알맞다. …… **12월에 지내는 제천 행사**에는 연일 크게 모여서 마시고 먹으며 노래하고 춤추는데, …… 이때에는 형옥(刑獄)을 중단하고 죄수를 풀어 준다. 전쟁을 하게 되면 그때에도 하늘에 제사를 지내고, **소를 잡아서 그 발굽으로 길흉을 점친다.** → 우제점법 「후한서」
> → 영고
>
> (나) 그 나라의 넓이는 사방 2천 리인데, 큰 산과 깊은 골짜기가 많으며 사람들은 산골짜기에 의지하여 산다. …… 혼인에 있어서는 [신랑이] **신부의 집에 가서 살다가 자식을 낳아 장성한 뒤에야 남자의 집으로 돌아온다.** …… 금
> → 서옥제 과 은, 재물을 모두 써 성대하게 장례를 치르며, 돌을 쌓아 봉분을 만들고 소나무와 잣나무를 심는다. 「후한서」

① 부여에서 마가·우가·저가·구가 등의 대족장들은 별도로 사출도(지방 행정 구역)를 다스렸다.

선지 분석하기

② (가) - 박, 석, 김의 3성이 교대로 왕위를 계승하였다. ➡ 신라
③ (나) - 10월에 무천이라는 제천 행사를 열었다. ➡ 동예
④ (나) - 읍락 간의 경계를 중시하는 책화가 있었다. ➡ 동예
⑤ (가), (나) - 제사장인 천군과 신성 지역인 소도가 있었다. ➡ 삼한

고구려와 삼한

주요 정답 키워드 # 동맹 # 서옥(제) / # 소도 # 천군 # 5·10월의 제사

2. (가), (나) 나라에 대한 설명으로 옳은 것은? ▶ 39회

> (가) 백성들은 노래와 춤을 좋아하여 촌락마다 밤이 되면 남녀가 무리 지어 모여 서로 노래하며 즐긴다. …… 10월에 지내는 제천 행사는 국중대회(國中大會)로서 동맹이라 부른다. 그 나라의 풍속에 혼인을 할 때에는 말로 미리 정한 다음, 여자 집에서는 본채 뒤에 작은 집을 짓는데 그 집을 서옥이라 부른다. 「삼국지」 동이전
>
> (나) 해마다 5월이면 씨 뿌리기를 마치고 귀신에게 제사를 지낸다. 무리 지어 모여서 노래와 춤을 즐긴다. 술을 마시고 노는데 밤낮을 가리지 않는다. 춤은 수십 명이 모두 일어나서 뒤를 따라가고, 땅을 밟고 몸을 구부렸다 펴면서 손과 발로 장단을 맞추며 춘다. …… 10월에 농사일을 마치고 나서도 이렇게 한다. 「삼국지」 동이전

① (가) - 남녀가 몸에 문신을 새기는 풍습이 있었다.
② (가) - 철이 많이 생산되어 낙랑과 왜에 수출하였다.
③ (나) - 신성 지역인 소도가 존재하였다.
④ (나) - 읍락 간의 경계를 중시하는 책화가 있었다.
⑤ (가), (나) - 물건을 훔친 자는 12배로 배상하게 하였다.

한눈에 보는 해설

→ (가) 고구려, (나) 삼한

(가), (나) 나라에 대한 설명으로 옳은 것은?

> (가) 백성들은 노래와 춤을 좋아하여 촌락마다 밤이 되면 남녀가 무리 지어 모여 서로 노래하며 즐긴다. …… 10월에 지내는 제천 행사는 국중대회(國中大會)로서 **동맹**이라 부른다. 그 나라의 풍속에 혼인을 할 때에는 말로 미리 정한 다음, **여자 집에서는 본채 뒤에 작은 집을 짓는데 그 집을 서옥이라 부른다.** 「삼국지」 동이전
>
> (나) 해마다 **5월이면 씨뿌리기를 마치고 귀신에게 제사를 지낸다.** 무리 지어 모여서 노래와 춤을 즐긴다. 술을 마시고 노는데 밤낮을 가리지 않는다. 춤은 수십 명이 모두 일어나서 뒤를 따라가고, 땅을 밟고 몸을 구부렸다 펴면서 손과 발로 장단을 맞추며 춘다. …… **10월에 농사일을 마치고 나서도 이렇게 한다.**

③ 삼한은 제사장인 천군이 주관하는 소도라는 별읍(신성 지역)이 있었으며, 이곳에 죄인이 들어가면 잡아가지 못하였다.

선지 분석하기

① (가) - 남녀가 몸에 문신을 새기는 풍습이 있었다. ➡ 삼한
② (가) - 철이 많이 생산되어 낙랑과 왜에 수출하였다. ➡ 삼한 중 변한
④ (나) - 읍락 간의 경계를 중시하는 책화가 있었다. ➡ 동예
⑤ (가), (나) - 물건을 훔친 자는 12배로 배상하게 하였다. ➡ 고구려와 부여

고구려와 옥저

주요 정답 키워드 # 서옥제 # 대가·사자·조의 # 동맹 / # 가족 공동묘

3. (가), (나) 나라에 대한 설명으로 옳은 것은? ▶ 41회

> (가) 그 나라의 풍속에 혼인을 할 때는 말로 미리 정한 다음, 여자 집에서는 본채 뒤에 작은 집을 짓는데 그 집을 서옥(壻屋)이라 부른다.
> 「삼국지」 동이전
>
> (나) 장사를 지낼 때 큰 나무 곽을 만드는데, 길이가 10여 장이나 되며 한쪽을 열어 놓아 문을 만든다. 사람이 죽으면 모두 가매장을 해서 …… 뼈만 추려 곽 속에 안치한다. 온 집 식구를 모두 하나의 곽 속에 넣어 두는데, 죽은 사람의 숫자대로 나무를 깎아 생전의 모습과 같이 만든다.
> 「삼국지」 동이전

① (가) - 대가들이 사자, 조의 등을 거느렸다.
② (가) - 읍락 간 경계를 중시하는 책화가 있었다.
③ (나) - 도둑질한 자에게 12배를 변상하게 하였다.
④ (나) - 철이 많이 생산되어 낙랑과 왜에 수출하였다.
⑤ (가), (나) - 제사장인 천군과 신성 지역인 소도가 존재하였다.

한눈에 보는 해설

→ (가) 고구려, (나) 옥저

(가), (나) 나라에 대한 설명으로 옳은 것은?

> (가) 그 나라의 풍속에 혼인을 할 때는 말로 미리 정한 다음, **여자 집에서는 본채 뒤에 작은 집을 짓는데 그 집을 서옥(壻屋)**이라 부른다.
> 「삼국지」 동이전
>
> (나) 장사를 지낼 때 큰 나무 곽을 만드는데, 길이가 10여 장이나 되며 한쪽을 열어 놓아 문을 만든다. **사람이 죽으면 모두 가매장을 해서 …… 뼈만 추려 곽 속에 안치**한다. 온 집 식구를 모두 하나의 곽 속에 넣어 두는데, 죽은 사람의 숫자대로 나무를 깎아 생전의 모습과 같이 만든다.
> → 옥저의 가족 공동묘
> 「삼국지」 동이전

①**고구려의 대가(大加)들은 자체적으로 사자, 조의, 선인 등을 두었으며, 그 명단을 왕에게 보고하였다.**

선지 분석하기
② (가) - 읍락 간 경계를 중시하는 책화가 있었다. ➡ 동예
③ (나) - 도둑질한 자에게 12배를 변상하게 하였다. ➡ 고구려와 부여
④ (나) - 철이 많이 생산되어 낙랑과 왜에 수출하였다. ➡ 삼한 중 변한
⑤ (가), (나) - 제사장인 천군과 신성 지역인 소도가 존재하였다. ➡ 삼한

동예와 삼한

주요 정답 키워드 # 무천 / # 5월 제사 # 천군

4. (가), (나) 나라에 대한 설명으로 옳은 것을 〈보기〉에서 고른 것은? ▶ 69회

> (가) 대군장이 없고, 그 관직으로는 후(侯)와 읍군과 삼로가 있다. …… 해마다 10월이면 하늘에 제사를 지내는데, 밤낮으로 술마시며 노래 부르고 춤추니, 이를 무천이라 한다. 또 호랑이를 신으로 여겨 제사 지낸다.
> 「후한서」 동이열전
>
> (나) 해마다 5월이면 씨뿌리기를 마치고 귀신에게 제사를 지낸다. 떼를 지어 모여서 노래와 춤을 즐기며 술 마시고 노는데 밤낮으로 쉬지 않는다. …… 국읍에 각각 한 사람씩을 세워서 천신의 제사를 주관하게 하는데, 이를 천군이라 부른다.
> 「삼국지」 위서 동이전

〈보기〉
ㄱ. (가) - 혼인 풍습으로 민며느리제가 있었다.
ㄴ. (가) - 읍락 간의 경계를 중시하는 책화가 있었다.
ㄷ. (나) - 신지, 읍차 등의 지배자가 있었다.
ㄹ. (나) - 여러 가(加)들이 별도로 사출도를 주관하였다.

① ㄱ, ㄴ   ② ㄱ, ㄷ   ③ ㄴ, ㄷ
④ ㄴ, ㄹ   ⑤ ㄷ, ㄹ

한눈에 보는 해설

→ (가) 동예, (나) 삼한

(가), (나) 나라에 대한 설명으로 옳은 것을 〈보기〉에서 고른 것은?

> (가) **대군장이 없고**, 그 관직으로는 후(侯)와 **읍군**과 **삼로**가 있다. …… 해마다 10월이면 하늘에 제사를 지내는데, 밤낮으로 술마시며 노래 부르고 춤추니, 이를 **무천**이라 한다. 또 호랑이를 신으로 여겨 제사 지낸다.
> 「후한서」 동이열전
>
> (나) 해마다 **5월**이면 씨뿌리기를 마치고 귀신에게 제사를 지낸다. 떼를 지어 모여서 노래와 춤을 즐기며 술 마시고 노는데 밤낮으로 쉬지 않는다. …… 국읍에 각각 한 사람씩을 세워서 천신의 제사를 주관하게 하는데, 이를 **천군**이라 부른다.
> 「삼국지」 위서 동이전

ㄴ. (가) - 읍락 간의 경계를 중시하는 책화가 있었다. ➡ 동예
ㄷ. (나) - 신지, 읍차 등의 지배자가 있었다. ➡ 삼한

선지 분석하기
ㄱ. (가) - 혼인 풍습으로 민며느리제가 있었다. ➡ 옥저
ㄹ. (나) - 여러 가(加)들이 별도로 사출도를 주관하였다. ➡ 부여

빈출 키워드

출제순위 1 정치 # 신문왕 # 발해 # 5세기

출제순위 2 문화 # 신라 문화유산 # 익산 미륵사지 석탑 # 원효

출제순위 3 경제 # 장보고 # 민정 문서 # 발해

한능검 최근 3개년 출제 분석

시대 구분	시대별 출제문항수/전체 출제문항수
선사 및 초기 국가	34 / 800
고대 사회	110 / 800
중세 사회	137 / 800
근세 사회(조선 전기)	77 / 800
근대 태동기(조선 후기)	90 / 800
근대 사회 발전기	116 / 800
민족 독립운동기	107 / 800
현대 사회	97 / 800
통합	32 / 800

110(14%)

최근 3년(57회~72회) 800문항을 분석한 결과 고대 사회는 110문제(14%)가 출제되었습니다. 출제 순위는 정치사가 1위, 문화사가 2위입니다.

PART 02

고대 사회

테마5　고구려
테마6　백제
테마7　신라
테마8　가야의 발전 과정 및 고대의 통치 체제
테마9　고구려의 대외 항쟁과 신라의 삼국 통일
테마10　남북국 시대
테마11　고대 사회와 경제
테마12　고대의 문화(1)
테마13　고대의 문화(2)

테마 05 고구려

> **출제 POINT**
> 고구려 전성기의 광개토 대왕과 장수왕의 업적을 묻는 문제와 고구려의 발전 과정을 시기순으로 물어보는 문제가 주로 출제된다.

고구려 주요 연표

- B.C. 37 ○ 고구려 건국
- 194 ○ 고국천왕, 진대법 실시
- 311 ○ 미천왕, 서안평 점령
- 313 ○ 미천왕, 낙랑 축출
- 371 ○ 고국원왕 전사
- 372 ○ 소수림왕, 불교 수용
- 400 ○ 광개토 대왕, 왜구 격퇴
- 427 ○ 장수왕, 평양 천도
- 475 ○ 장수왕, 한성 점령
- 612 ○ 살수 대첩
- 645 ○ 안시성 싸움
- 668 ○ 고구려 멸망

✱ **진대법**
고국천왕이 을파소를 기용하여 실시한 춘대추납의 빈민 구제 제도. 고려의 의창, 조선의 환곡·사창 제도 등이 이와 유사한 제도임.

1 고구려의 성립

1. **건립**: 부여에서 남하한 유이민 세력(주몽) + 압록강 유역의 토착 세력이 결합하여 건국(B.C. 37)
2. **수도 변천**: 졸본(환인)에서 1세기 초 유리왕 때 국내성(집안)으로 이동

2 발전 과정 ✱✱✱

1. 1세기~3세기: 체제 정비기

태조왕 (1세기 후반~2세기)	• <mark>옥저 복속</mark>, 낙랑 공격 등 정복 사업 • <mark>계루부 고씨에 의한 왕위 세습</mark>(형제 세습)
고국천왕 (2세기)	• 왕위 부자 세습 • <mark>진대법</mark>✱ 실시: 수상 을파소의 건의, 춘대추납의 빈민 구제 제도 → 봄에 곡식을 빌려주고 가을에 갚게 함.
동천왕 (3세기)	• 오와 교류, 위 견제 • 서안평 공격 시도 ➡ 위나라 관구검의 침입으로 환도성 함락

2. 4세기: 발전기

미천왕	<mark>서안평 점령</mark>, 낙랑·대방 축출(➡ 고조선의 옛 영토 회복)
고국원왕	• <mark>전연</mark>의 침입 ➡ 국내성 함락 • 백제 <mark>근초고왕의 평양 침입</mark> ➡ 고국원왕 사망
소수림왕	• 전진과 교류 및 <mark>불교</mark> 수용 → 전진의 승려 순도를 통해 수용 • <mark>태학</mark> 설립, 율령 반포 → 우리나라 최초의 국립 중앙 교육 기관

3. 4세기 말~5세기: 최대 전성기

독자적 연호 사용의 의미
• 국내: 왕권 강화
• 국외: 중국과 대등함 표현

광개토 대왕	• 최초의 독자적 연호 '<mark>영락</mark>' 사용 • 한강 이북 차지, <mark>만주와 요동 지방 확보</mark> ➡ 영토 확장 • 신라 내물왕의 요청에 따라 <mark>신라에 들어온 왜군 격퇴</mark>[증거 <mark>호우명 그릇, 광개토 대왕 비문</mark>] • 광개토 대왕 사후에 '國岡上廣開土境平安好太王(국강상광개토경평안호태왕)'이라는 시호를 받음.
장수왕	• <mark>광개토 대왕릉비 건립</mark>(414, 만주 집안현) 및 호우명 그릇 만듦. • 남진 정책: <mark>평양 천도</mark>(427), <mark>백제 한성 점령</mark>(백제 개로왕 전사), 신라 공격 ➡ 한강 일대를 포함하여 죽령 일대~남양만까지 점령[증거 <mark>충주(중원) 고구려비</mark>] • <mark>경당</mark> 설립: 지방 사학 기관, 한학·무술 교육 • 남북조와 다면 외교 수립
문자왕	<mark>동부여 복속</mark> ➡ 고구려 최대 영토 확보

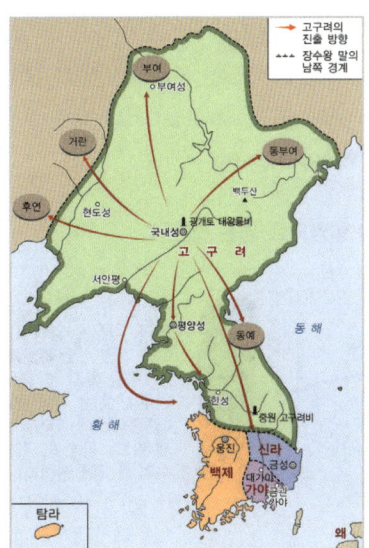
✦ 5세기 고구려 전성기의 세력 판도

✦ 호우명 그릇 | 경주의 호우총에서 발굴된 것으로, 이 그릇 밑바닥에 '廣開土地好太王(광개토지호태왕)'이라는 글씨가 새겨져 있어 당시 신라와 고구려의 관계를 보여 줌.

✦ 충주(중원) 고구려비 | 남한에서 발견된 유일한 고구려비

4. **6세기 침체기**: 왕권 미약 ➡ 귀족 연립 정치

5. **7세기**: 고구려의 위기 및 멸망

영양왕	· 고구려의 요서 지방 선제공격 ➡ 수 문제의 30만 대군 격퇴(1차 여·수 전쟁) · 수 양제의 침입(2차 여·수 전쟁) ➡ 을지문덕의 유도 작전으로 살수(청천강)에서 수나라 군대 전멸(살수 대첩, 612)
영류왕	· 당 침입에 대비하여 천리장성 축조 시작(부여성~비사성, 연개소문 감독) · 연개소문의 정변: 영류왕 시해, 보장왕 옹립
보장왕	· 연개소문의 실권 장악(최초 대막리지) · 당 태종의 침입 ➡ 양만춘의 안시성 싸움(645), 승리 · 나·당 연합군에 의해 고구려 멸망(668)

🔍 **여수장우중문시(與隋將于仲文, 을지문덕이 살수 대첩 당시 수의 장수 우중문에게 보낸 시)**

신기한 책략은
하늘의 이치를 꿰뚫었고,
오묘한 전략은
땅의 이치를 통달하였구나.
전쟁에 이긴 공이 이미 높으니,
만족함을 알았으면
그만두기를 바라노라.

한능검 꼭꼭 자료

고구려 주요 금석문

1. 광개토 대왕릉비
(영락) 9년 기해에 백제가 서약을 어기고 왜와 화통하므로, 왕은 평양으로 순수해 내려갔다. 신라가 사신을 보내 왕에게 말하기를, "왜인이 그 국경에 가득 차 성을 부수었으니, 노객은 백성된 자로서 왕에게 귀의하여 분부를 청한다."라고 하였다. …… 10년 경자에 보병과 기병 5만을 보내 신라를 구원하게 하였다. …… 관군이 이르자 왜적이 물러가므로, 뒤를 급히 추격하여 임나가라의 종발성에 이르렀다. 성이 곧 귀순하여 복종하므로, 순라병을 두어 지키게 하였다. 신라의 □농성을 공략하니 왜구는 위축되어 궤멸되었다.

2. 충주(중원) 고구려비
5월 중에 고구려 대왕이 신라의 매금(왕)을 만나 영원토록 우호를 다지기 위해 중원(中原)에 왔으나, 신라 매금이 오지 않아 실현되지 못하였다. 이에 고구려 대왕은 태자 공과 전부 대사자 다우환노(多于桓奴)로 하여금 이곳에 머물러 신라 매금을 만나게 하였다. …… 신라 매금이 신하와 함께 대사자 다우환노를 만나 이곳에 주둔하고 있던 고구려 당주 발위사자 금노(錦奴)로 하여금 신라 국내의 여러 사람을 내지(內地)로 옮기게 하였다.

✦ 광개토 대왕릉비

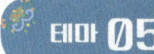

테마 05 실전문제

광개토 대왕의 업적

주요 정답 키워드　# 신라에 들어온 왜구 격퇴　# 영락

1. 다음 자료를 활용한 탐구 활동으로 가장 적절한 것은?　▶ 46회

> 경자년에 왕이 보병과 기병 5만 명을 보내어 신라를 구원하게 하였다. [고구려군이] 남거성을 거쳐 신라성에 이르니, 그곳에 왜적이 가득하였다. 고구려군이 막 도착하니 왜적이 퇴각하였다. 그 뒤를 급히 추격하여 임나가라의 종발성에 이르니 성이 곧 항복하였다. …… 예전에는 신라 매금이 몸소 [고구려에 와서] 보고를 하며 명을 받든 적이 없었는데, …… 신라 매금이 …… 조공하였다.

① 백강 전투의 전개 과정을 살펴본다.
② 안동 도호부가 설치된 경위를 찾아본다.
③ 백제가 사비로 천도한 원인을 알아본다.
④ 나·당 연합군이 결성된 계기를 파악한다.
⑤ 가야 연맹의 중심지가 이동한 배경을 조사한다.

2. 밑줄 그은 '왕'에 대한 설명으로 옳은 것은?　▶ 34회

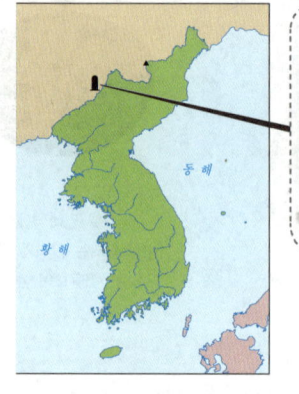

> 왕은 18세에 왕위에 올라 칭호를 영락대왕이라 하였다. 은택(恩澤)은 하늘까지 미쳤고 위무(威武)는 사해(四海)에 떨쳤다. …… 이에 비를 세워 그 공훈을 기록하여 후세에 전한다.

① 국내성에서 평양으로 도읍을 옮겼다.
② 낙랑군을 축출하여 영토를 확장하였다.
③ 전진의 순도를 통해 불교를 수용하였다.
④ 당의 침입에 대비하여 천리장성을 쌓았다.
⑤ 신라에 군대를 파견하여 왜를 격퇴하였다.

한눈에 보는 해설

→ 광개토 대왕릉비
다음 자료를 활용한 탐구 활동으로 가장 적절한 것은?

> → 광개토 대왕의 신라 구원(400)
> 경자년에 왕이 보병과 기병 5만 명을 보내어 신라를 구원하게 하였다. [고구려군이] 남거성을 거쳐 신라성에 이르니, 그곳에 왜적이 가득하였다. 고구려군이 막 도착하니 왜적이 퇴각하였다. 그 뒤를 급히 추격하여 임나가라의 종발성에 이르니 성이 곧 항복하였다. …… 예전에는 신라 매금이 몸소 [고구려에 와서] 보고를 하며 명을 받든 적이 없었는데, …… 신라 매금이 …… 조공하였다.

⑤ 광개토 대왕이 군사를 보내 신라에 침입한 왜구를 격퇴하는 과정에서 왜구들이 금관가야 지역으로 들어가면서 이곳이 싸움터가 되었다. 그 결과 전기 가야 연맹의 중심지였던 금관가야가 쇠퇴하였고, 가야 연맹의 중심지는 전쟁의 피해를 보지 않은 고령의 대가야로 이동하게 되었다.

선지 분석하기
① 백강 전투의 전개 과정을 살펴본다. ➡ 백강 전투(663)는 백제 멸망 이후 일본과 백제 부흥군이 연합하여 나·당 연합군과 벌인 전투이다.
② 안동 도호부가 설치된 경위를 찾아본다. ➡ 고구려 멸망(668) 이후 당은 평양에 안동 도호부를 두어 고구려를 관리하였다.
③ 백제가 사비로 천도한 원인을 알아본다. ➡ 성왕은 백제의 중흥을 위해 538년 사비로 천도하였다.
④ 나·당 연합군이 결성된 계기를 파악한다. ➡ 백제 의자왕이 대야성을 공격하고 고구려와 연합하여 당항성을 빼앗으려 하자, 신라 진덕 여왕은 김춘추를 당나라에 보내어 나·당 동맹(648)을 맺게 하였다.

한눈에 보는 해설

→ 광개토 대왕
밑줄 그은 '왕'에 대한 설명으로 옳은 것은?

> → 광개토 대왕의 연호
> 왕은 18세에 왕위에 올라 칭호를 영락대왕이라 하였다. 은택(恩澤)은 하늘까지 미쳤고 위무(威武)는 사해(四海)에 떨쳤다. …… 이에 비를 세워 그 공훈을 기록하여 후세에 전한다.
> → 광개토 대왕릉비

⑤ 광개토 대왕은 신라 내물왕의 요청에 의해 신라에 들어온 왜구를 격퇴시키고(400), 신라로부터 조공을 받게 되었다.

선지 분석하기
① 국내성에서 평양으로 도읍을 옮겼다. ➡ 5세기 장수왕(427)
② 낙랑군을 축출하여 영토를 확장하였다. ➡ 4세기 미천왕(313)
③ 전진의 순도를 통해 불교를 수용하였다. ➡ 4세기 소수림왕(372)
④ 당의 침입에 대비하여 천리장성을 쌓았다. ➡ 7세기 연개소문(대막리지)

고구려 발전 과정

주요 정답 키워드 # 소수림왕의 불교 수용 # 장수왕의 평양 천도

3. (가), (나) 사이의 시기에 있었던 사실로 옳은 것은? ▶ 37회

> (가) 백제왕이 병력 3만 명을 거느리고 평양성을 공격해 왔다. 왕이 출병하여 막다가 날아오는 화살에 맞아 서거하였다.
>
> (나) 왕이 보병과 기병 5만 명을 보내 신라를 구원하게 하였다. (고구려군이) 남거성을 통해 신라성에 이르렀는데, 그곳에 왜적이 가득하였다. 고구려군이 도착하자 왜적이 퇴각하였다.

① 전진의 순도가 고구려에 불교를 전파하였다.
② 연개소문이 정변을 일으켜 권력을 장악하였다.
③ 이문진이 유기(留記)를 간추린 신집을 편찬하였다.
④ 관구검이 이끄는 위의 군대가 고구려를 공격하였다.
⑤ 장수왕이 평양으로 천도하고 남진 정책을 본격화하였다.

4. (가), (나) 사이의 시기에 있었던 사실로 옳은 것은? ▶ 38회

> (가) [장수왕] 15년, 평양으로 도읍을 옮겼다. 「삼국사기」
>
> (나) 고구려왕 거련이 몸소 군사를 거느리고 백제를 공격하였다. 백제왕 경(慶)이 아들 문주를 [신라에] 보내 구원을 요청하였다. 왕이 군사를 내어 구해 주려 하였으나 미처 도착하기도 전에 백제가 이미 [고구려에] 함락되었고, 경(慶) 역시 피살되었다.
> 「삼국사기」

① 광개토 대왕이 신라에 침입한 왜를 물리쳤다.
② 진흥왕이 화랑도를 국가 조직으로 개편하였다.
③ 소수림왕이 태학을 설립하고 율령을 반포하였다.
④ 개로왕이 고구려를 견제하고자 북위에 국서를 보냈다.
⑤ 근초고왕이 평양성을 공격하여 고국원왕을 전사시켰다.

한눈에 보는 해설

→ (가) 고국원왕(371), (나) 광개토 대왕(400)

(가), (나) 사이의 시기에 있었던 사실로 옳은 것은?

(가) 백제왕(근초고왕)이 병력 3만 명을 거느리고 **평양성을 공격**해 왔다. 왕(고국원왕)이 출병하여 막다가 날아오는 화살에 맞아 서거하였다.

(나) **왕이 보병과 기병 5만 명을 보내 신라를 구원하게 하였다.** (광개토 대왕 군대가 신라에 들어온 왜구 격퇴) (고구려군이) 남거성을 통해 신라성에 이르렀는데, 그곳에 왜적이 가득하였다. 고구려군이 도착하자 왜적이 퇴각하였다.

① 고구려 소수림왕 때 전진의 승려 순도가 불교를 전파하였다(372).

선지 분석하기

② 연개소문이 정변을 일으켜 권력을 장악하였다. ➡ 7세기 연개소문의 영류왕 제거 및 보장왕 옹립(642)
③ 이문진이 유기(留記)를 간추린 신집을 편찬하였다. ➡ 7세기 영양왕 때(600)
④ 관구검이 이끄는 위의 군대가 고구려를 공격하였다. ➡ 3세기 동천왕 때
⑤ 장수왕이 평양으로 천도하고 남진 정책을 본격화하였다. ➡ 5세기 장수왕의 평양 천도(427)

한눈에 보는 해설

→ (가) 장수왕의 평양 천도(427), (나) 장수왕의 한성 함락(475)

(가), (나) 사이의 시기에 있었던 사실로 옳은 것은?

(가) [장수왕] 15년, **평양으로 도읍을 옮겼다.** 「삼국사기」

(나) **고구려왕 거련**(장수왕)이 몸소 군사를 거느리고 백제를 공격하였다. **백제왕 경(慶)**(개로왕)이 아들 문주를 [신라에] 보내 구원을 요청하였다. 왕이 군사를 내어 구해 주려 하였으나 미처 도착하기도 전에 백제가 이미 [고구려에] 함락되었고, **경(慶) 역시 피살되었다.** (백제 개로왕 전사) 「삼국사기」

④ 백제 개로왕은 고구려 장수왕의 남진 정책에 대항하여 북위에 도움을 청하는 국서를 보냈으나 실패하였다.

선지 분석하기

① 광개토 대왕이 신라에 침입한 왜를 물리쳤다. ➡ 5세기(400)
② 진흥왕이 화랑도를 국가 조직으로 개편하였다. ➡ 6세기(576)
③ 소수림왕이 태학을 설립하고 율령을 반포하였다. ➡ 4세기(태학 설립 - 372년, 율령 반포 - 373년)
⑤ 근초고왕이 평양성을 공격하여 고국원왕을 전사시켰다. ➡ 4세기(371)

테마 06 백제

> **출제 POINT**
> 사비 천도를 단행한 성왕의 업적이나 백제의 시기별 발전 과정을 묻는 문제가 주로 출제된다.

1 백제의 성립

1. **건립**: 고구려 주몽의 아들 온조가 남하하여 하남 위례성에서 백제 건국(B.C. 18)
2. **수도 변천**: 위례성(한성) ➡ 웅진(공주, 475) ➡ 사비(부여, 538) ➡ 익산 천도 시도

백제 주요 연표

B.C. 18	온조, 백제 건국
371	근초고왕, 고구려 평양성 공격
433	비유왕, 나·제 동맹 체결
475	문주왕, 웅진 천도
498	동성왕, 탐라 복속
512	무령왕, 양과 교류
538	성왕, 사비 천도
554	성왕, 관산성 전투 사망
642	의자왕, 대야성 공격
660	백제 멸망

🔍 백제에서 보이는 고구려적 요소

1. 서울 석촌동 고분: 초기 고구려 양식(계단식 돌무지무덤)
2. 온조의 건국 기사
3. 시조신: 동명왕
4. 백제 왕족의 성씨: 부여씨
5. 개로왕이 북위에 보낸 국서: '고구려와 더불어 근원이 부여에서 나왔으므로 ······'
6. 성왕 때 백제 명칭: 남부여

✳ 칠지도

369년 백제 근초고왕이 일본 후왕(侯王)에게 하사한 철제 칼. 이 칼을 통해 백제의 일본 진출과 함께 백제와 일본의 친교 관계, 백제의 금속 공예 기술을 알 수 있음.

2 발전 과정 ✦✦✦

1. 3세기

고이왕	• 왕위 형제 세습, 율령 반포, 한강 유역 장악 • 16관등 6좌평제 · 공복제(자색, 비색, 청색) 제정

2. 4세기: 최전성기

근초고왕	• 왕위 부자 세습 • 영토 확장: 마한 완전 정복, 고구려 평양성 공격 ➡ 고구려 고국원왕 사망 • 고대 상업권 형성: 요서(일시 점령) · 동진의 산둥 · 일본의 규슈 지방으로 진출 • 일본과 교류: 왜왕에게 칠지도✳ 하사, 아직기와 왕인을 보내 한문(유학) 전파 • 동진과 국교 수립(372) • 역사서 편찬: 박사 고흥의 『서기』
침류왕	불교 수용(384): 동진의 마라난타를 통해 수용

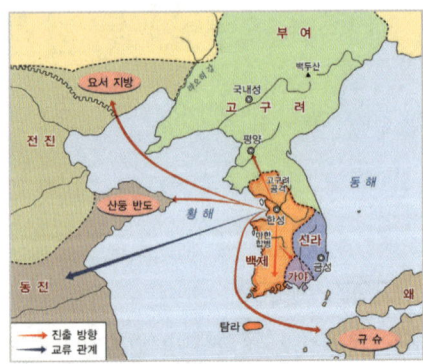

◆ 4세기 백제 전성기(근초고왕 시기)

3. 5세기: 침체기 (cf 고구려 장수왕의 남하 정책)

비유왕	고구려 장수왕의 남하 정책 대비 ➡ 신라 눌지왕과 나·제 동맹 체결(433)
개로왕	• 고구려의 남진 정책에 대항 ➡ 북위에 도움 요청하는 국서 보냄. but 실패 • 장수왕의 공격으로 한강 유역 상실, 아차산성에서 전사
문주왕	웅진(공주) 천도(475)
동성왕	• 신라 소지왕과 결혼 동맹(493) • 탐라(제주) 복속(498)

4. 6세기: 중흥기

무령왕	• 왕권 강화, **22담로**(특별 지방 행정 제도) 설치 및 왕족 파견 • **양과 교류**(증거) 양직공도, **무령왕릉**＊
성왕	• 수도 천도: **사비(부여)** 천도, 국호 **남부여**로 변경 • 제도 정비: 수도 - 5부, 지방 - 5방, 중앙 기구 - 22부 마련 • **불교 진흥**: 겸익 등용, 일본에 최초로 불교 전파(노리사치계) • 정복 사업: 신라 진흥왕과 협력하여 **한강 유역 일시 회복** 　➡ but 신라의 배신으로 한강 다시 빼앗김, 나·제 동맹 결렬(553) ➡ **관산성 전투**(구천 전투, 554)에서 전사

→ 중국 남조의 나라

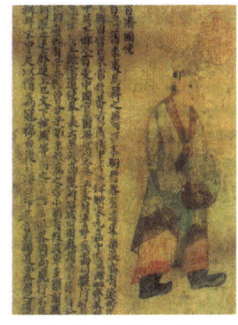
✦ 양직공도의 백제 사신도
(중국 난징 박물관 소장)

✦ 무령왕릉 현실

✦ 익산 미륵사지 석탑

5. 7세기: 백제의 위기 및 멸망

무왕 - '서동요'＊의 주인공	• **익산 천도 시도** ➡ 실패 • 왕흥사(부여) 완성, **미륵사(익산)** 건립, **익산 미륵사지 석탑**(현존 最古의 목조탑 양식의 석탑)
의자왕 - 해동의 증자	• 신라 대야성 공격 등 적극적 정복 사업 ➡ 대야성 성주 김품석 사망 • **나·당 연합군에 의해 백제 멸망**(660)

↳ 김춘추 사위

한능검 쏙쏙 자료

1. 근초고왕의 고구려 공격
왕이 태자와 함께 정예군 3만 명을 거느리고 고구려에 침입하여 평양성을 공격하였다. 고구려왕 사유(고국원왕)가 필사적으로 항전하다가 화살에 맞아 죽었다.
『삼국사기』

2. 백제의 해외 진출
처음 백가(百家)로서 바다를 건넜다 하여 백제라 한다. 진 대(晉代)에 구려(句麗, 고구려)가 이미 요동을 차지하니 백제 역시 요서·진평의 두 군을 차지하였다.
『양서』, 통전

3. 백제와 신라의 결혼 동맹
15년(493) 봄 3월에 백제왕(동성왕)이 신라에 사신을 보내어 혼인을 청하자 신라왕(소지왕)은 이찬 비지(比智)의 딸을 시집보냈다.
『삼국사기』, 백제본기

4. 성왕의 관산성 전투
32년(554) 가을 7월에 (성)왕은 신라를 습격하고자 하여 친히 보병과 기병 50명을 거느리고 밤에 구천(狗川)에 이르렀다. 신라의 복병이 일어나자 더불어 싸웠으나 난병(亂兵)에게 해침을 당하여 죽었다. 시(호)를 성(聖)이라 하였다.
『삼국사기』, 백제본기

＊ 무령왕릉
1971년 공주 송산리 고분에서 무령왕과 그 왕비의 능이 발견되어 많은 부장품[금제 관식·지석(誌石)·석수(石獸)·양나라 동전, 일본산 금송(金松) 목관 등]이 출토됨. 이 고분은 연화문의 벽돌로 만들어진 벽돌무덤으로, 당시 양을 비롯한 남조와의 밀접한 교류를 보여 줌. 또 피장자를 확인(영동대장군 백제 사마왕)시켜 줌과 동시에 도교의 영향을 알려 주는 지석[토지 매지권(買地券)]이 발견됨.

🔍 나·제 동맹

구분	백제	신라
나·제 동맹 체결(433)	비유왕	눌지왕 (마립간)
결혼 동맹 체결(493)	동성왕	소지왕 (마립간)
나·제 동맹 결렬(553)	성왕	진흥왕

＊ 서동요
백제 서동(무왕의 어릴 때 이름)이 신라 진평왕 때 지었다는 4구체 향가로 『삼국유사』에 수록되어 있음.

🔍 미륵사지 석탑의 재발견
2009년 1월 미륵사지 석탑(국보 제11호) 탑신 해체 작업 중 발견된 사리장엄에서 미륵사를 창건한 사람이 무왕의 부인인, 당시 백제의 최대 귀족인 사택 집안의 딸이라고 새긴 문구가 발견되면서 미륵사 창건 주체에 대한 재연구가 시작됨.

익산 미륵사지 석탑 사리장엄
우리 왕후께서는 좌평 사택적덕의 따님으로 …… 기해년 정월 29일에 사리를 받들어 맞이하셨다. 원하오니, 우리 대왕의 수명을 산악과 같이 견고하게 하시고 치세는 천지와 함께 영구하게 하소서.

테마 06 실전문제

주요 왕의 업적

주요 정답 키워드 # 고구려 공격 # 『서기』 편찬 # 독산성 전투 # 구천 전투

1. 밑줄 그은 '왕'에 대한 설명으로 옳은 것은? ▶73회

> ○ 고구려가 군사를 일으켜 쳐들어왔다. 왕이 듣고 군사를 패하(浿河)가에 매복시켜 그들이 이르기를 기다렸다가 급히 치니 고구려 군사가 패배하였다.
> ○ 옛 기록에 이르기를, "백제는 나라를 연 이래 문자로 일을 기록한 적이 없는데 이 왕 때에 이르러 박사 고흥을 얻어 처음으로 『서기』가 있게 되었다."라고 하였다.

① 금마저에 미륵사를 창건하였다.
② 윤충을 보내 대야성을 함락하였다.
③ 사비로 천도하고 국호를 남부여로 고쳤다.
④ 평양성을 공격하여 고국원왕을 전사시켰다.
⑤ 동진에서 온 마라난타를 통해 불교를 수용하였다.

2. (가), (나) 사건 사이에 있었던 사실로 옳은 것은? ▶22회

> (가) 왕 26년, 고구려왕 평성이 예와 공모하여 한수 이북의 독산성을 공격해왔다. 왕이 신라에 사신을 보내 구원을 요청하였다. 신라왕이 장군 주진을 시켜 갑병 3천 명을 거느리고 떠나게 하였다. 주진은 밤낮으로 행군하여 독산성 아래에 이르렀는데, 그곳에서 고구려 군사들과 일전을 벌여 크게 이겼다.
> (나) 왕 32년, 신라를 습격하기 위해 왕이 직접 보병과 기병 50명을 거느리고 구천에 이르렀는데, 신라 복병을 만나 그들과 싸우다가 신라군에게 살해되었다. 『삼국사기』, 백제본기

① 금관가야가 멸망하였다.
② 나·당 연합군이 결성되었다.
③ 백제가 웅진으로 천도하였다.
④ 신라가 한강 하류 지역을 차지하였다.
⑤ 고구려가 신라에 침입한 왜를 물리쳤다.

한눈에 보는 해설

밑줄 그은 '왕'(→근초고왕)에 대한 설명으로 옳은 것은?

> ○ 고구려가 군사를 일으켜 쳐들어왔다. 왕이 듣고 군사를 패하(浿河)가에 매복시켜 그들이 이르기를 기다렸다가 급히 치니 고구려 군사가 패배하였다. (→고구려 고국원왕 사망)
> ○ 옛 기록에 이르기를, "백제는 나라를 연 이래 문자로 일을 기록한 적이 없는데 이 왕 때에 이르러 박사 고흥을 얻어 처음으로 『서기』가 있게 되었다."라고 하였다.

④ 4세기 근초고왕 때 평양성을 공격하여 고국원왕을 전사시켰다.

선지 분석하기
① 금마저에 미륵사를 창건하였다. ➡ 7세기 무왕
② 윤충을 보내 대야성을 함락하였다. ➡ 7세기 의자왕
③ 사비로 천도하고 국호를 남부여로 고쳤다. ➡ 6세기 성왕
⑤ 동진에서 온 마라난타를 통해 불교를 수용하였다. ➡ 4세기 침류왕

한눈에 보는 해설

(가), (나) 사건 [(가) 독산성 전투(548), (나) 관산성 전투(554)] 사이에 있었던 사실로 옳은 것은?

> (가) 왕(→성왕) 26년, 고구려왕 평성(→양원왕)이 예와 공모하여 한수 이북의 독산성을 공격해왔다. 왕이 신라(→진흥왕)에 사신을 보내 구원을 요청하였다. 신라왕이 장군 주진을 시켜 갑병 3천 명을 거느리고 떠나게 하였다. 주진은 밤낮으로 행군하여 독산성 아래에 이르렀는데, 그곳에서 고구려 군사들과 일전을 벌여 크게 이겼다.
> (나) 왕(→성왕) 32년, 신라를 습격하기 위해 왕이 직접 보병과 기병 50명을 거느리고 구천에 이르렀는데, 신라 복병을 만나 그들과 싸우다가 신라군에게 살해되었다. 『삼국사기』, 백제본기

④ 성왕은 신라 진흥왕과 협력하여 고구려가 차지했던 한강 유역을 일시적으로 회복하였으나, 이후 신라 진흥왕의 배신으로 신라에게 다시 빼앗기게 되었다(553).

선지 분석하기
① 금관가야가 멸망하였다. ➡ 6세기 신라 법흥왕(532)에게 멸망
② 나·당 연합군이 결성되었다. ➡ 신라 진덕 여왕 때 나·당 동맹 체결(648)
③ 백제가 웅진으로 천도하였다. ➡ 5세기 문주왕(475)
⑤ 고구려가 신라에 침입한 왜를 물리쳤다. ➡ 5세기 초 고구려 광개토 대왕(400)

백제 발전 과정

3. (가), (나) 사이의 시기에 있었던 사실로 옳은 것은? ▶33회

> (가) 고구려가 침입해 와 한성을 포위하였다. 개로왕이 성문을 굳게 닫고 직접 방어하며, 태자 문주를 신라에 보내어 구원을 요청하였다. 문주가 신라 병력 1만 명을 얻어 돌아왔다. 고구려 군사는 비록 물러갔으나 한성이 파괴되고 개로왕이 사망하여, 마침내 문주왕이 즉위하였다. …… 10월에 웅진으로 도읍을 옮겼다. 「삼국사기」
>
> (나) 봄에 도읍을 사비로 옮기고 국호를 남부여라고 하였다. 「삼국사기」

① 고흥이 서기를 편찬하였다.
② 무왕이 미륵사를 건립하였다.
③ 무령왕이 22담로에 왕족을 파견하였다.
④ 견훤이 금성을 습격해 경애왕을 살해하였다.
⑤ 복신과 도침 등이 부여풍을 왕으로 추대하였다.

주요 정답 키워드　# 웅진 천도　# 사비 천도　# 22담로

4. (가)~(다) 학생이 발표한 내용을 일어난 순서대로 옳게 나열한 것은? ▶71회

① (가) - (나) - (다)　② (가) - (다) - (나)
③ (나) - (가) - (다)　④ (나) - (다) - (가)
⑤ (다) - (나) - (가)

한눈에 보는 해설

→ (가) 웅진 천도(5세기 문주왕, 475), (나) 사비 천도(6세기 성왕, 538)

(가), (나) 사이의 시기에 있었던 사실로 옳은 것은?

> (가) 고구려가 침입해 와 한성을 포위하였다. 개로왕이 성문을 굳게 닫고 직접 방어하며, 태자 문주를 신라에 보내어 구원을 요청하였다. **문주**가 신라 병력 1만 명을 얻어 돌아왔다. 고구려 군사는 비록 물러갔으나 한성이 파괴되고 개로왕이 사망하여, 마침내 문주왕이 즉위하였다. …… 10월에 **웅진으로 도읍을 옮겼다**. 「삼국사기」
>
> (나) **봄에 도읍을 사비로 옮기고** 국호를 남부여라고 하였다. 「삼국사기」

③ 백제 무령왕은 지방에 22담로라는 특별 행정 구역을 설치하고 왕족을 파견하여 지방 세력을 통제하였다.

선지 분석하기
① 고흥이 서기를 편찬하였다. ➡ 4세기 근초고왕
② 무왕이 미륵사를 건립하였다. ➡ 7세기
④ 견훤이 금성을 습격해 경애왕을 살해하였다. ➡ 10세기(927)
⑤ 복신과 도침 등이 부여풍을 왕으로 추대하였다. ➡ 7세기 백제 부흥 운동

한눈에 보는 해설

(가)~(다) 학생이 발표한 내용을 일어난 순서대로 옳게 나열한 것은?

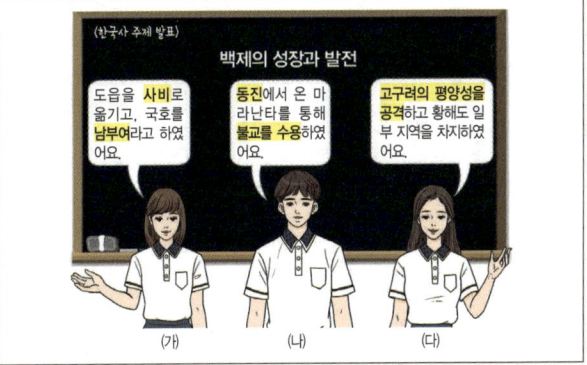

⑤ (다) 4세기 근초고왕 ➡ (나) 4세기 후반 침류왕(384) ➡ (가) 6세기 성왕

테마 07 신라

출제 POINT
신라의 주요 왕인 지증왕, 법흥왕, 진흥왕의 업적을 묻는 문제가 주로 출제된다.

🧍 신라 주요 연표

B.C. 57	박혁거세, 신라 건국
400	내물왕, 광개토 대왕의 도움으로 왜구 격퇴
433	눌지왕, 나·제 동맹 체결
493	소지왕, 백제와 결혼 동맹
512	지증왕, 우산국 복속
520	법흥왕, 율령 반포
555	진흥왕, 한강 하류 차지
608	진평왕, 원광의 걸사표
645	선덕 여왕, 황룡사 9층 목탑 축조
648	진덕 여왕, 나·당 동맹 체결
676	문무왕, 기벌포 싸움, 삼국 통일

🔍 신라의 왕호 변천 과정

호칭	왕	의미
거서간	1대 박혁거세	군장의 우두머리
차차웅	2대 남해	제사장
이사금	3대 유리	연장자·계승자
마립간	17대 내물	대수장(大首長)
왕(王)	22대 지증왕	중국식으로 국호 '신라(新羅)', 왕호 '왕(王)'을 사용
불교식 왕명	23대 법흥왕	법흥왕~진덕 여왕 시기
중국식 시호	29대 무열왕	중국식 시호 사용

＊ 우역(郵驛)
국가 문서 송달 및 관물의 운송, 출장 관리들의 숙박 편의를 위한 시설

＊ 국호 '신라(新羅)'의 의미
'왕의 업적이 날로 새로워져서 사방을 망라한다'는 의미

1 신라의 성립

1. **건립**: 낙동강 지역의 진한 12국 중 경주 지방 사로국으로부터 발전 ➡ 박혁거세에 의해 건국(B.C. 57)
2. **6부족 연맹체로 발전**: 박(박혁거세)·석(석탈해)·김(김알지)의 3성이 교대로 왕에 해당하는 이사금을 선출하다가 이후 6부족 연맹체로 발전
3. **불리한 지리적 조건**: 한반도 동남부에 치우쳐 삼국 중 발전이 가장 늦음. ➡ 한강 차지 이후 삼국 통일을 이룸.

2 발전 과정 ★★★

1. 4세기

내물왕 (마립간)	• 김씨 왕위 세습(형제 세습), 마립간 칭호 사용 • 고구려를 통해 전진과 수교, 낙동강 유역까지 영토 확장 • 고구려 광개토 대왕의 도움으로 왜구 격퇴[증거] 호우명 그릇)

2. 5세기(cf 장수왕의 남하 정책)

눌지왕 (마립간)	• 왕위 부자 세습 • 백제 비유왕과 나·제 동맹(433) • 고구려 승려 묵호자의 불교 전래, but 귀족의 반발로 공인 안 됨.
소지왕 (마립간)	• 우역＊·시장(시사) 설치 • 백제 동성왕과 결혼 동맹(493)

3. 6세기: 발전기

지증왕	• 한화 정책: 국호 '신라(新羅)'＊, 왕호 '왕(王)' 사용 • 지방 제도 정비: 주·군 제도 실시, 각 주에 군주 파견 • 경제 정책: 경주에 동시(시장) 및 동시전(시장 감독 관청) 설치, 순장 금지, 밭갈이 – 우경 실시(502) • 우산국(울릉도·독도) 복속(이사부, 512)
법흥왕	• 중앙 집권화 추진: 병부 설치(517), 상대등(화백 회의의 장) 제도 마련, 율령 반포(520), 17관등 및 공복 제정(자·비·청·황색), 골품제 정비 • 외교 정책: 대가야와 결혼 동맹, 금관가야 병합(532) • 불교 공인: 이차돈의 순교(527)로 불교 공인 ➡ 불교식 왕명 사용 • 독자적 연호: '건원' 사용
진흥왕	• 한강 차지: 나·제 동맹 의거 ➡ 신라는 한강 상류 확보(단양 적성비 건립, 551), 백제(성왕)는 한강 하류 확보 ➡ 이후 신라의 한강 하류 탈환으로 나·제 동맹 결렬(553)[북한산비 건립(555)] ➡ 당과 직접 교역(당항성 구축) • 대가야 정복: 고령의 대가야 차지[562 cf 창녕비 건립(561)] • 함경도 진출: 비열홀주 설치[황초령비·마운령비 건립(568)] • 국내 정치: 화랑도 공인, 「국사」 편찬(거칠부, 545) • 독자적 연호: '개국', '대(태)창', '홍제' 사용 • 불교 장려: 황룡사 건립, 불교 교단 조직

4. 7세기

진평왕	원광의 '**걸사표**'(수나라에 군사 요청, 611) · **세속 오계** (화랑도의 계율) cf 고구려의 살수 대첩(612)
선덕 여왕	· 문화 사업: **황룡사 9층 목탑**(자장의 건의) · **분황사 모전 석탑** · **첨성대** 건립 · **비담의 난**(647): 김춘추와 김유신 활약, 선덕 여왕 사망 ↳ 상대등 비담이 선덕 여왕이 정치를 잘못한다는 명분으로 일으킨 난
진덕 여왕 (마지막 성골)	· **집사부 설치**: 왕명에 의한 정무 처리 기구 · 친당 정책: **나·당 동맹** 체결(648), 당에 '태평송'✽ 바침, 중국식 복제와 중국식 연호 사용

◆ 신라 진흥왕 때의 영토 확장

◆ 북한산비(국립 중앙 박물관 소재)

✽ **오언태평송(五言太平頌)**
진덕 여왕이 당나라 고종에게 보낸 당나라의 대업을 크게 찬양한 송시 (訟詩)

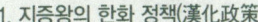

1. **지증왕의 한화 정책(漢化政策)**
여러 신하들이 아뢰기를 "시조께서 나라를 세우신 이래 국호(國號)를 정하지 않아 사라(斯羅)라고도 하고 혹은 사로(斯盧) 또는 신라(新羅)라고도 칭하였습니다. 신들의 생각으로는 신(新)은 '덕업이 날로 새로워진다.'는 뜻이고 나(羅)는 '사방을 망라한다.'는 뜻이므로, 이를 국호로 삼는 것이 마땅하다고 여겨집니다. …… 왕이 이에 따랐다. 『삼국사기』

2. **신라의 우산국 정복**
(지증 마립간) 13년(512) 여름 6월 …… 이찬(伊湌) 이사부(異斯夫)가 하슬라주(何瑟羅州) 군주(軍主)가 되어 이르기를, "우산국 사람들은 어리석고 사나워 힘으로 복속시키기는 어렵지만 꾀로써 복속시킬 수 있다."라고 하였다. 이에 나무 사자를 많이 만들어 전선(戰船)에 나누어 싣고 그 나라의 해안에 이르러 거짓으로 말하기를, "너희가 만약 항복하지 않으면 이 사나운 짐승을 풀어 밟아 죽이겠다."라고 하니, (그) 나라 사람들이 두려워하며 곧 항복하였다. 『삼국사기』

3. **진흥왕 순수비**
이로 인해 사방으로 영토를 개척하여 백성과 토지를 널리 획득하니, 이웃 나라가 신의를 맹세하고 화해와 우호를 요청하는 사신이 서로 통하여 오도다. 조정은 스스로 헤아려 새로운 백성이나 옛 백성을 어루만져 기르니 …… 나라의 은혜가 미치지 않는 곳이 없다. 이에 무자년 가을 8월 관할하는 지역을 돌아보고 민심을 파악하여 위로를 베풀어주는 것이다.

4. **원광의 걸사표**
608년(진평왕 30) 진평왕은 고구려가 신라를 자주 침범하므로 이를 우려하여 수나라 군사를 청하여 고구려를 치고자 원광에게 걸사표를 지어 보내도록 명하였다. 이에 대하여 원광은 "자기가 살려고 하여 남을 멸망시키는 것은 승려로서 할 행실이 아닙니다. 그러나 빈도(貧道)가 대왕의 땅에 살고, 대왕의 수초(水草)를 먹으면서 어찌 감히 이 명령에 좇지 아니하오리까." 하고, 곧 걸사표를 지어 바쳤다. 611년 진평왕은 수나라에 사신을 파견하고 걸사표를 바치니, 수나라의 양제(煬帝)는 이를 수락하고 군사를 일으켜 이듬해 고구려에 침입하였다. 『삼국사기』

테마 07 실전문제

지증왕의 업적

주요 정답 키워드 # 우산국 정벌 # 동시전 # 국호 신라 # 순장 금지 # 우경

1. 밑줄 그은 '왕'에 대한 설명으로 옳은 것은? ▶ 71회

여러 신하들이 국호를 신라로 확정하고 임금의 호칭을 신라 국왕으로 하자고 건의하니, 왕께서 이를 따르셨다고 하네.

나도 들었네. 작년에는 순장을 금지한다는 명을 내리셨네. 앞으로 우리나라의 발전이 기대되는구먼.

① 병부와 상대등을 설치하였다.
② 백제 비유왕과 동맹을 체결하였다.
③ 이사부를 보내 우산국을 복속시켰다.
④ 매소성 전투에서 당의 군대를 격파하였다.
⑤ 김흠돌의 난을 진압하고 귀족들을 숙청하였다.

법흥왕의 업적

주요 정답 키워드 # 병부와 상대등 설치 # 이차돈 순교

2. 밑줄 그은 '왕'의 업적으로 옳은 것은? ▶ 35회

왕께서 불교를 일으키려 하시므로 저 이차돈도 불법(佛法)을 위해 목숨을 버리려 합니다. 하늘이시여, 상서로운 일을 백성에게 보여주소서.

① 병부와 상대등을 설치하였다.
② 중앙 관청을 22부로 확대하였다.
③ 거칠부에게 국사를 편찬하게 하였다.
④ 이사부를 보내 우산국을 복속시켰다.
⑤ 지방에 담로를 두고 왕족을 파견하였다.

한눈에 보는 해설

밑줄 그은 '왕'(→지증왕)에 대한 설명으로 옳은 것은?

여러 신하들이 **국호를 신라**로 확정하고 임금의 호칭을 **신라 국왕**으로 하자고 건의하니, 왕께서 이를 따르셨다고 하네.

나도 들었네. 작년에는 **순장을 금지**한다는 명을 내리셨네. 앞으로 우리나라의 발전이 기대되는구먼.

③ 6세기 지증왕 때 이사부를 보내 우산국(울릉도, 독도)을 복속시켰다.

선지 분석하기
① 병부와 상대등을 설치하였다. ➡ 6세기 법흥왕
② 백제 비유왕과 동맹을 체결하였다. ➡ 눌지왕(마립간)
④ 매소성 전투에서 당의 군대를 격파하였다. ➡ 문무왕
⑤ 김흠돌의 난을 진압하고 귀족들을 숙청하였다. ➡ 신문왕

한눈에 보는 해설

밑줄 그은 '왕'(→법흥왕)의 업적으로 옳은 것은?

왕께서 **불교를 일으키려 하시므로** 저 **이차돈**도 불법(佛法)을 위해 목숨을 버리려 합니다. 하늘이시여, 상서로운 일을 백성에게 보여주소서.

① 법흥왕은 처음으로 중앙 부서로서 병부를 설치하고(517), 화백 회의의 의장으로서 상대등 제도를 마련(531)하여 중앙 집권화를 추진하였다.

선지 분석하기
② 중앙 관청을 22부로 확대하였다. ➡ 6세기 백제 성왕
③ 거칠부에게 국사를 편찬하게 하였다. ➡ 6세기 신라 진흥왕
④ 이사부를 보내 우산국을 복속시켰다. ➡ 6세기 신라 지증왕
⑤ 지방에 담로를 두고 왕족을 파견하였다. ➡ 6세기 백제 무령왕 때 22담로 설치

진흥왕의 업적

3. 밑줄 그은 '왕'에 대한 설명으로 옳은 것은? ▶44회

> 왕 6년 가을 7월에 이찬 이사부가 아뢰기를, "국사(國史)라는 것은 군주와 신하의 선악을 기록하여 만대에 포폄(褒貶)*을 보여 주는 것이니 편찬하지 않으면 후대에 무엇을 보이겠습니까?"라고 하였다. 이에 왕이 진실로 그렇다고 여겨서 대아찬 거칠부 등에게 명하여 널리 문사들을 모아서 [이를] 편찬하도록 하였다.
>
> 「삼국사기」
>
> *포폄(褒貶): 칭찬과 비판을 하거나 또는 시비와 선악을 판단하여 결정함.

① 백성에게 정전을 지급하였다.
② 국가적인 조직으로 화랑도를 개편하였다.
③ 국학을 설립하여 유학 교육을 실시하였다.
④ 최고 지배자의 칭호를 마립간이라 하였다.
⑤ 지방관 감찰을 위하여 외사정을 파견하였다.

주요 정답 키워드 # 화랑도 # 대가야 복속 # 순수비 # 「국사」

4. 다음 비석을 세운 왕이 시행한 정책으로 옳은 것은? ▶37회

왕이 인민을 많이 얻어 …… 이리하여 영토를 순수(巡狩)하면서 민심을 (살피고) 노고를 위로하고자 한다.

적성(赤城)의 야이차에게 하교하시기를 …… 옳은 일을 하는 데 힘을 쓰다가 죽게 되었으므로 …… 이(利)를 허락하였다.

① 국학을 설립하여 유학을 교육하였다.
② 대가야를 정복하여 영토를 확장하였다.
③ 병부 등을 설치하여 지배 체제를 정비하였다.
④ 지방관을 감찰하기 위하여 외사정을 설치하였다.
⑤ 국호를 신라로 확정하고 왕이라는 칭호를 사용하였다.

한눈에 보는 해설

밑줄 그은 '왕'(→진흥왕)에 대한 설명으로 옳은 것은?

> 왕 6년 가을 7월에 이찬 **이사부**가 아뢰기를, "**국사(國史)**라는 것은 군주와 신하의 선악을 기록하여 만대에 포폄(褒貶)을 보여 주는 것이니 편찬하지 않으면 후대에 무엇을 보이겠습니까?"라고 하였다. 이에 왕이 진실로 그렇다고 여겨서 **대아찬 거칠부** 등에게 명하여 널리 문사들을 모아서 [이를→「국사」] 편찬하도록 하였다.
> 「삼국사기」

② 진흥왕은 씨족 사회의 유풍인 청년 단체 화랑도를 국가 단체로 공인하였다.

선지 분석하기
① 백성에게 정전을 지급하였다. ➡ 8세기 성덕왕
③ 국학을 설립하여 유학 교육을 실시하였다. ➡ 7세기 신문왕
④ 최고 지배자의 칭호를 마립간이라 하였다. ➡ 4세기 내물왕
⑤ 지방관 감찰을 위하여 외사정을 파견하였다. ➡ 7세기 문무왕

한눈에 보는 해설

다음 비석을 세운 왕(→진흥왕)이 시행한 정책으로 옳은 것은?

왕이 인민을 많이 얻어 …… 이리하여 영토를 **순수**(巡狩)하면서 민심을 (살피고) 노고를 위로하고자 한다. (→순수비(북한산비))

적성(赤城)의 야이차에게 하교하시기를 …… 옳은 일을 하는 데 힘을 쓰다가 죽게 되었으므로 …… 이(利)를 허락하였다. (→단양 적성비)

② 진흥왕은 대가야를 평정하여 낙동강 서쪽 일대를 완전히 차지하였다 (562).

선지 분석하기
① 국학을 설립하여 유학을 교육하였다. ➡ 7세기 신문왕
③ 병부 등을 설치하여 지배 체제를 정비하였다. ➡ 6세기 법흥왕
④ 지방관을 감찰하기 위하여 외사정을 설치하였다. ➡ 7세기 문무왕
⑤ 국호를 신라로 확정하고 왕이라는 칭호를 사용하였다. ➡ 6세기 지증왕

테마 08 가야의 발전 과정 및 고대의 통치 체제

출제 POINT
가야의 주요 유물 및 사료를 제시하여 가야의 특징과 발전 과정을 묻는 문제가 출제된다.

가야 주요 연표

- 42 ○ 김수로, 금관가야 건국
- 48 ○ 김수로, 허황옥과 결혼
- 522 ○ 대가야-신라(법흥왕)의 결혼 동맹 체결
- 532 ○ 금관가야 멸망(by 법흥왕)
- 540 ○ 왜에 사신 파견
- 554 ○ 대가야+백제(성왕)+왜 vs 신라(진흥왕) ➡ 관산성 전투, 신라 승리
- 562 ○ 대가야 멸망(by 진흥왕)

✻ 김유신
증조할아버지가 신라에 투항한 금관가야의 구해왕으로, 신라의 화랑도가 되어 김춘추를 도와 삼국 통일에 큰 공적을 세움.

✻ 우륵
가야금을 만든 가야인으로, 진흥왕 때 신라에 귀화하여 국원소경(충주)에서 여러 제자를 길러 신라 음악 발전에 크게 공헌함.

◆ 아라가야 천문도(함안 말이산 고분)

◆ 마갑총(말의 갑옷, 함안 말이산 고분)

1 가야의 성립 및 발전 과정

2~3세기 (전기 가야 연맹)	• 김해의 금관가야 중심(김수로 건국, 허황옥과 결혼) • 400년 고구려 광개토 대왕 군대의 침입(cf p.34. 광개토 대왕 참고)으로 전기 가야 연맹 쇠퇴 • 532년 금관가야 멸망(by 신라 법흥왕)
5~6세기 (후기 가야 연맹)	• 5세기 고령의 대가야(이진아시왕 건국)로 중심 이동 • 522년 이뇌왕 때 신라(법흥왕)와 결혼 동맹 체결 • 540년 왜에 사신 파견 • 554년 대가야 + 백제(성왕) + 왜 vs 신라(진흥왕) ➡ 관산성 전투(백제 성왕 사망) • 562년 대가야 멸망(by 신라 진흥왕)

2 가야의 경제와 문화 ✧✧✧

경제		• 철의 생산과 농경의 발달 • 금관가야: 한사군(낙랑·대방 등) 및 왜와 중계 무역
문화	신라에 영향	• 금관가야 출신 김유신✻: 삼국 통일에 기여 • 대가야 출신 우륵✻: 신라 음악에 영향을 줌(충주 탄금대)
	토기	가야 토기: 일본 스에키 토기에 영향 ◆ 가야 토기 ➡ ◆ 일본 스에키 토기
	고분	**김해 대성동 고분** • 금관가야의 왕과 지배층의 묘역 • 순장 관련 무덤 발견 • 청동솥, 바람개비 동기 등 출토 ◆ 청동솥 | 중국 및 북방 지역과의 교류 증거 ◆ 바람개비 모양 동기 | 일본과의 교류 증거
		고령 지산동 고분 • 대가야의 왕과 지배층의 묘역 • 투구, 갑옷 등 출토 ◆ 금동관 ◆ 투구와 갑옷 ◆ 토제 방울
		함안 말이산 고분 • 아라가야의 왕과 귀족의 묘역 • 최초의 천문도 발견(2018), 마갑총 등 출토 cf 가야 고분군: 2023년 유네스코 세계 문화유산 등재

◆ 가야 연맹의 위치

3 고대 통치 제도의 정비

구분	고구려	백제	신라	통일 신라	발해
관등	• 14관등 • 관등명: ~형, ~사자	• 16관등 • 관등명: ~솔, ~덕 • 관복: 자·비·청색 • 6품 나솔 이상은 은제 장식	• 17관등 • 관등명: ~찬 • 관복: 자·비·청·황색	17관등	
수상	대대로 cf 대막리지(비상시, 세습, 7세기 연개소문이 최초)	상좌평	상대등	시중(집사부의 장): 왕이 임명	대내상 (정당성의 장)
중앙 관제	확실하지 않음.	• 6좌평(고이왕) • 22부(성왕)	집사부 등 10부	집사부 등 14부 또는 13부(신문왕 때 예작부, 공장부 완성)	당의 3성 6부 ➡ but 독자적 운영
귀족 합의제	제가 회의	정사암 회의	화백 회의(만장일치제)		정당성
관리 감찰			사정부(무열왕)		중대성
지방 행정	• 중앙: 5부 • 지방: 5부(욕살)	• 중앙: 5부 • 지방: 5방(방령)	• 중앙: 6부 • 지방: 5주(군주)	• 중앙: 6부 • 지방: 9주(도독)	• 지방: 15부(도독) • 주·현: 62주
	지방관: 행정권과 군사권 장악				
특수 행정 구역	3경: 평양성, 국내성, 한성(재령)	22담로(무령왕): 왕족 파견	2소경(長: 사신)	5소경*(長: 사신)	5경*(전략적 요충지)

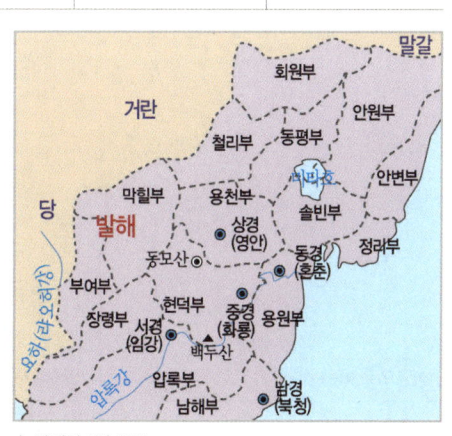

◆ 통일 신라의 9주 5소경

* 5소경
신라가 삼국 통일 이후 수도 경주가 한쪽으로 편재해 있는 문제점을 보완하고, 지방 정복민 통제를 위해 설치한 특수 지방 행정 구역으로 사신을 파견함.

* 5경
전략적 요충지에 설치한 것으로, 상경·중경·동경·서경·남경의 총 5개 수도를 말함.

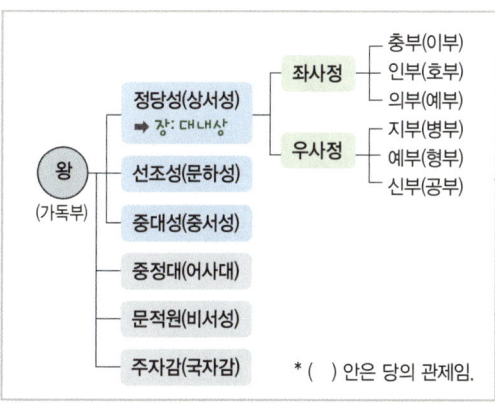

◆ 발해의 중앙 관제
◆ 발해의 5경 15부

한능검 콕콕 자료

가야 건국 신화

1. 정견모주(正見母主) 설화
시조는 이진아시왕이고, 그로부터 도설지왕까지 대략 16대 520년이다. 최치원이 지은 「석이정전」에, "가야산신인 정견모주가 천신인 이비가지에게 감응되어 뇌질주일과 뇌질청예 두 사람을 낳았다. 뇌질주일은 곧 '이 나라'의 시조인 이진아시왕의 별칭이고, 뇌질청예는 금관국의 시조인 수로왕의 별칭이다."라고 하였다.　　「신증동국여지승람」
→ 대가야　　→ 금관가야

2. 금관가야 설화(구지가)
이 나라에는 왕이 없어서 아홉 명의 족장이 백성을 다스리고 있었다. 어느 날, 김해에 있는 구지봉에서 소리가 들려 왔다. 족장들은 백성들을 구지봉에 모아놓고 신이 하라는 대로 흙을 파헤치고 춤을 추며 노래를 불렀다. "거북아 거북아 머리를 내놓아라. / 만약 내놓지 않으면 구워 먹으리(龜何龜何 首其現也 若不現也 燔灼而喫也)." 그러자 하늘에서 금으로 만들어진 상자가 내려왔고, 그 상자에는 붉은 보자기로 싼 여섯 개의 황금알이 들어 있었다.　　「삼국유사」

🔍 파사 석탑
「삼국유사」의 '금관성파사석탑조'에 의하면 파사 석탑은 금관가야의 시조 (김)수로왕의 비 허황옥이 서역 아유타국에서 싣고 온 것이라고 함.

테마 08 실전문제

금관가야의 특징

주요 정답 키워드 # 중계 무역 # 김수로왕 # 김해 대성동 고분 # 법흥왕

1. 다음 문화유산을 남긴 나라에 대한 설명으로 옳은 것은? ▶40회

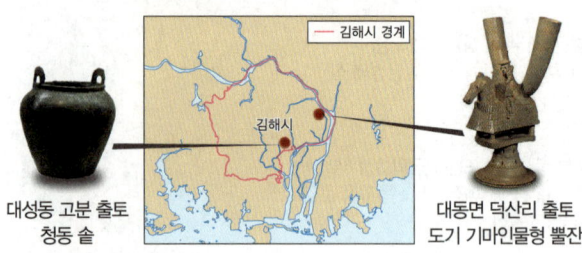

대성동 고분 출토 청동 솥

대동면 덕산리 출토 도기 기마인물형 뿔잔

① 읍락 간의 경계를 중시하는 책화가 있었다.
② 백강에서 왜군과 함께 당군에 맞서 싸웠다.
③ 지방 장관으로 욕살, 처려근지 등을 두었다.
④ 낙랑과 왜를 연결하는 중계 무역으로 번성하였다.
⑤ 만장일치제인 화백 회의를 통해 국정을 운영하였다.

2. 밑줄 그은 '나라'에 대한 설명으로 옳은 것은? ▶44회

> 김구해가 아내와 세 아들, 즉 큰 아들 노종, 둘째 아들 무덕, 셋째 아들 무력과 함께 나라의 창고에 있던 보물을 가지고 와서 항복하였다. [법흥]왕이 예로써 그들을 우대하여 높은 관등을 주고 본국을 식읍으로 삼도록 하였다.
> 「삼국사기」

① 만장일치제로 운영된 화백 회의가 있었다.
② 빈민을 구제하기 위해 진대법을 실시하였다.
③ 박, 석, 김의 3성이 번갈아 왕위를 차지하였다.
④ 시조 김수로왕의 설화가 삼국유사에 전해진다.
⑤ 오경박사, 의박사, 역박사 등을 일본에 파견하였다.

한눈에 보는 해설

다음 문화유산을 남긴 **나라**(→금관가야)에 대한 설명으로 옳은 것은?

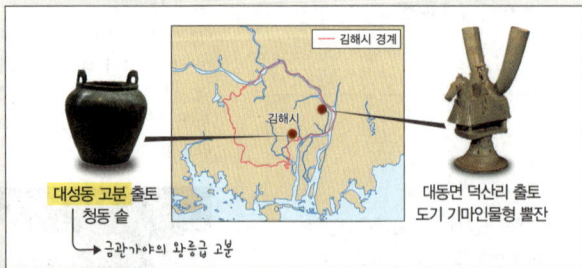

대성동 고분 출토 청동 솥 → 금관가야의 왕족급 고분

대동면 덕산리 출토 도기 기마인물형 뿔잔

④ 금관가야는 풍부한 철 생산과 해상 교통을 이용하여, 대방·낙랑, 왜의 규슈 지방을 연결하는 중계 무역이 발달하였다.

선지 분석하기
① 읍락 간의 경계를 중시하는 책화가 있었다. ➡ 동예
② 백강에서 왜군과 함께 당군에 맞서 싸웠다. ➡ 백제의 부흥 운동(663)
③ 지방 장관으로 욕살, 처려근지 등을 두었다. ➡ 고구려
⑤ 만장일치제인 화백 회의를 통해 국정을 운영하였다. ➡ 신라

한눈에 보는 해설

밑줄 그은 '나라'(→금관가야)에 대한 설명으로 옳은 것은?

> 김구해(→금관가야의 마지막 왕)가 아내와 세 아들, 즉 큰 아들 노종, 둘째 아들 무덕, 셋째 아들 무력과 함께 나라의 창고에 있던 보물을 가지고 와서 항복하였다. [법흥]왕이 예로써 그들을 우대하여 높은 관등을 주고 본국을 식읍으로 삼도록 하였다.
> → 신라 법흥왕에 의해 병합(532)
> 「삼국사기」

④ 「삼국유사」와 「가락국기」에는 금관가야의 시조 김수로왕의 기록이 실려 있다.

선지 분석하기
① 만장일치제로 운영된 화백 회의가 있었다. ➡ 신라
② 빈민을 구제하기 위해 진대법을 실시하였다. ➡ 고구려
③ 박, 석, 김의 3성이 번갈아 왕위를 차지하였다. ➡ 신라
⑤ 오경박사, 의박사, 역박사 등을 일본에 파견하였다. ➡ 백제

대가야의 특징

주요 정답 키워드 # 후기 가야 연맹 # 고령 지산동 고분군 # 진흥왕

3. (가) 나라에 대한 설명으로 옳은 것은? ▶ 73회

이 그림은 (가) 의 시조인 이진아시왕의 표준 영정입니다. 신증동국여지승람 등의 기록에 따르면 수로왕과 형제인 그는 고령 일대를 중심으로 나라를 세웠다고 합니다.

① 진흥왕 때 신라에 복속되었다.
② 집사부를 비롯한 14부를 설치하였다.
③ 지방 장관으로 욕살, 처려근지 등을 두었다.
④ 여러 가(加)들이 별도로 사출도를 주관하였다.
⑤ 왕족인 부여씨와 8성의 귀족이 지배층을 이루었다.

4. 밑줄 그은 '이 나라'에 대한 설명으로 옳은 것은? ▶ 45회

사진은 경상북도 고령을 중심으로 발전하였던 이 나라의 지산동 44호분입니다. 배치도를 보면 으뜸 돌방을 중심으로 30여 기의 순장 돌덧널을 확인할 수 있습니다. 이 고분의 발굴을 통해 이 나라에서 행해졌던 순장의 실체가 확인되었습니다.

① 진흥왕 때 신라에 복속되었다.
② 나·당 연합군에 의해 멸망하였다.
③ 대가들이 사자, 조의, 선인을 거느렸다.
④ 빈민을 구제하기 위해 진대법을 시행하였다.
⑤ 박, 석, 김의 3성이 교대로 왕위를 계승하였다.

한눈에 보는 해설

(가) 나라 → 대가야
에 대한 설명으로 옳은 것은?

이 그림은 (가) 의 시조인 **이진아시왕**의 표준 영정입니다. (→ 대가야의 건국 시조) 신증동국여지승람 등의 기록에 따르면 수로왕과 형제인 그는 **고령** 일대를 중심으로 나라를 세웠다고 합니다.

① 대가야는 562년 신라 진흥왕에 의해 멸망되었다.

선지 분석하기

② 집사부를 비롯한 14부를 설치하였다. ➡ 신라 (중대) 신문왕
③ 지방 장관으로 욕살, 처려근지 등을 두었다. ➡ 고구려
④ 여러 가(加)들이 별도로 사출도를 주관하였다. ➡ 부여
⑤ 왕족인 부여씨와 8성의 귀족이 지배층을 이루었다. ➡ 백제

한눈에 보는 해설

밑줄 그은 '이 나라' → 대가야
에 대한 설명으로 옳은 것은?

사진은 **경상북도 고령**을 중심으로 발전하였던 이 나라의 **지산동** 44호분입니다. (→ 대가야의 중심지, → 대가야 대표 고분) 배치도를 보면 으뜸 돌방을 중심으로 30여 기의 순장 돌덧널을 확인할 수 있습니다. 이 고분의 발굴을 통해 이 나라에서 행해졌던 순장의 실체가 확인되었습니다.

① 대가야는 562년 신라 진흥왕에 의해 멸망되었다.

선지 분석하기

② 나·당 연합군에 의해 멸망하였다. ➡ 백제(660)와 고구려(668)
③ 대가들이 사자, 조의, 선인을 거느렸다. ➡ 고구려 초기(연맹 왕국 단계)
④ 빈민을 구제하기 위해 진대법을 시행하였다. ➡ 2세기 고구려(고국천왕)
⑤ 박, 석, 김의 3성이 교대로 왕위를 계승하였다. ➡ 신라 초기(연맹 왕국 단계)

테마 8_ 가야의 발전 과정 및 고대의 통치 체제

09 고구려의 대외 항쟁과 신라의 삼국 통일

출제 POINT

백제와 고구려의 부흥 운동 과정 중 발생한 주요 사건과 삼국의 통일 과정을 묻는 사료 제시형 문제가 주로 출제된다.

고구려 대외 항쟁 연표

- 598 ○ 고구려, 요서 선제공격
- 598 ○ 수 문제 침입, 1차 여·수 전쟁
- 612 ○ 수 양제 침입, 2차 여·수 전쟁(살수 대첩)
- 613 ○ 3차 여·수 전쟁
- 614 ○ 4차 여·수 전쟁
- 626 ○ 당 태종 즉위, 고구려 천리장성 구축
- 645 ○ 안시성 싸움

1 고구려와 수의 전쟁(여·수 전쟁)

1. **6세기 동아시아의 정세:** 돌궐 - 고구려 - 백제 - 왜 vs 신라 - 수·당

2. **전쟁 과정**

고구려의 선제공격	고구려의 요서 선제공격(598, 영양왕 9년)
1차 고(여)·수 전쟁	수 문제의 침입(598, 영양왕 9년) ➡ 고구려 반격으로 수나라 군대 퇴각
2차 고(여)·수 전쟁	수 양제의 113만 대군 요동 공격(612, 영양왕 23년) ➡ 실패 ➡ 수의 별동대(우중문과 우문술의 군대)가 평양 공격 ➡ 고구려 을지문덕의 살수 대첩 ➡ 수의 수군 전멸
3·4차 고(여)·수 전쟁	수의 3, 4차 침입 모두 실패

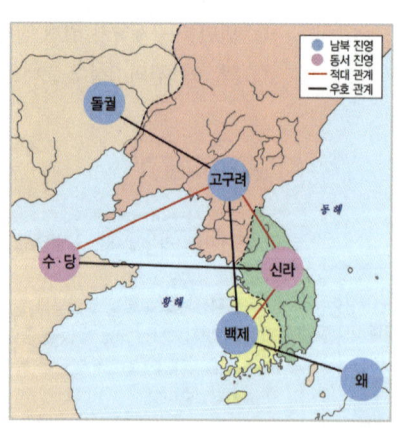

✦ 6세기 말 이후의 동아시아 정세

✦ 고구려와 수·당의 전쟁

2 고구려와 당의 전쟁(여·당 전쟁)

고구려의 당 침략 대비책	천리장성 구축, 연개소문(대막리지)의 정권 장악(영류왕 추방, 보장왕 옹립)
당의 고구려 침략 준비	돌궐 복속, 거란족 회유
고(여)·당 전쟁	당 태종이 연개소문의 정변을 구실로 고구려 침략 ➡ 요동성 점령 및 안시성 포위 ➡ 양만춘의 안시성 싸움(645) ➡ 고구려 승리

3 신라의 삼국 통일 ☆☆

1. 백제와 고구려의 멸망

백제	백제와 고구려 연맹의 당항성 공격(643) ➡ 나·당 동맹 체제 강화(648) ➡ 당나라 소정방의 백강(금강 하류) 침공 ➡ 김유신의 신라군과 백제 계백의 **황산벌(논산) 전투(660)** ➡ 사비 함락, **백제 멸망(660)** ➡ 당의 **웅진(공주) 도독부*** 설치 ↳ 의자왕의 아들 부여융을 도독으로 삼음.
고구려	고구려의 내분 ➡ 나·당 연합군의 평양성 공격 ➡ **고구려 멸망(668)** ➡ 당의 **안동(평양) 도호부*** 설치

* 도독부와 도호부
도독부와 도호부는 당이 정벌한 지역을 통치하기 위해 설치한 최고 군정 기관

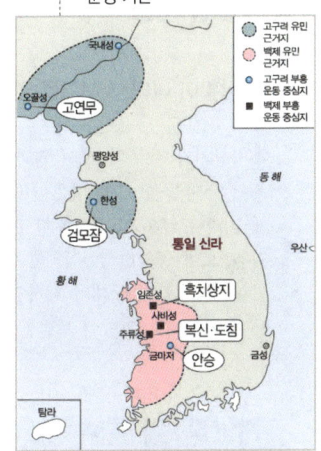

◆ 백제와 고구려의 부흥 운동 세력

2. 백제와 고구려의 부흥 운동

백제	• 왕족 **복신** · 승려 **도침**, 주류성(충남 서천)을 근거지로 부흥 운동 전개 • 흑치상지, 임존성(충남 예산)을 중심으로 당에 대항 • **백강(금강 하류) 전투**(663): 백제 멸망 후 일본의 구원병과 백제의 부흥군이 합세하여 나·당 연합군과 벌였던 전투 ➡ 나·당 연합군에 의해 진압됨(663).
고구려	**검모잠 · 왕족 안승**, 한성(황해도 재령)을 중심으로 부흥 운동 전개 ➡ 안승, 검모잠 살해 후 신라 망명 ➡ 신라, 금마저(익산)에 **보덕국**을 세우고 **안승**을 왕으로 추대(고구려 부흥 세력을 당 세력 축출에 이용)

3. 신라의 삼국 통일

무열왕	백제 멸망(660) ➡ 당이 백제에 웅진(공주) 도독부 설치(660)
문무왕	• 당이 **계림(경주) 도독부 설치**(663) ➡ **고구려 멸망(668)** ➡ **안동(평양) 도호부 설치**(668) • 나·당 전쟁: 부여에 소부리주 설치(671) ➡ **매소성 전투(675)** · **기벌포 전투(676)** ➡ **삼국 통일(676)**
의의	나·당 전쟁을 통한 자주적 통일
한계	• 나·당 동맹을 통한 외세 의존적 통일 • 영토상 불완전한 통일(**대동강~원산만**)

◆ 나·당 전쟁의 전개

한능검 콕콕 사료

1. 살수 대첩(612)
을지문덕은 다시 사자를 보내 거짓 항복하며 우문술에게 청하였다. "만약 군대를 돌리시면 왕을 모시고 (황제의) 처소로 알현하겠습니다." …… 가을 7월 살수에 이르러 (수나라 군대의) 절반이 건넜을 때 우리 군사가 뒤에서 후군을 쳤다. 이에 여러 군대가 모두 무너져서 걷잡을 수 없게 되어 장수와 사졸들이 달아나 돌아갔다. 『삼국사기』

2. 나·당 동맹 체결(648)
김춘추가 꿇어앉아 아뢰었다. "신(臣)의 나라는 멀리 바다 모퉁이에 치우쳐 있으면서도 천자의 조정을 섬긴 지 이미 여러 해 되었습니다. 그런데 백제는 강하고 교활하여 여러 차례 침략을 마음대로 하고 있으며, 더욱이 지난해에는 병사를 크게 일으켜 깊숙이 쳐들어와 수십 개의 성을 함락시켜 대국에 조회할 길을 막았습니다. 만약 폐하께서 대국의 병사를 빌려주어 흉악한 적들을 없애지 않는다면, 우리나라 백성은 모두 포로가 될 것이며 산과 바다를 거쳐서 조공을 드리는 일도 다시는 바랄 수 없을 것입니다." 당 태종이 매우 옳다고 여겨 병사의 파견을 허락하였다. 『삼국사기』

3. 백제 멸망(660)
임금(의자왕)은 당나라와 신라의 병사들이 이미 백강과 탄현을 지났다는 소식을 듣고서 장군 계백(階伯)을 보내 결사대 5천 명을 거느리고 황산으로 가서 신라 병사와 싸우게 하였다. 계백은 네 번 싸워서 모두 이겼으나 병사가 적고 힘이 다해 마침내 패배하였다. 계백은 그곳에서 전사하였다. 『삼국사기』

테마 09 실전문제

백제 부흥 운동

주요 정답 키워드 | # 흑치상지 # 임존성 # 복신·도침 # 백강 전투

1. 다음 상황이 나타난 시기를 연표에서 옳게 고른 것은? ▶43회

> 흑치상지가 좌우의 10여 명과 함께 [적을] 피해 본부로 돌아가 흩어진 자들을 모아 임존산(任存山)을 지켰다. 목책을 쌓고 굳게 지키니 열흘 만에 귀부한 자가 3만여 명이었다. 소정방이 병사를 보내 공격하였는데, 흑치상지가 죽음을 두려워하지 않고 막아 싸우니 그 군대가 패하였다. 흑치상지가 본국의 2백여 성을 수복하니 소정방이 토벌할 수 없어서 돌아갔다.

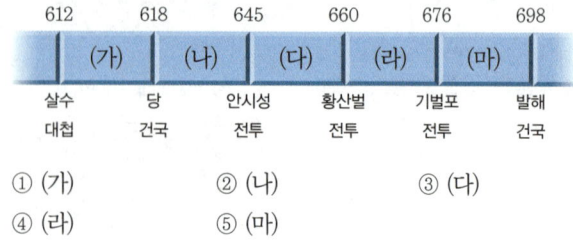

① (가) ② (나) ③ (다)
④ (라) ⑤ (마)

2. 밑줄 그은 '이들'에 대한 설명으로 옳은 것은? ▶28회

> **역사신문**
> 제△△호 　　　　　　　　○○○년 ○○월 ○○일
>
> **부여풍을 왕으로 추대하다**
>
> 왕족 복신과 승려 도침 등이 주류성을 근거지로 부흥의 기치를 내걸자 주변 지역의 200여 성이 호응하였다. 이들은 부여풍을 왕으로 받들고 국가 체제를 갖추었다. 향후 귀추가 주목된다.

① 완산주를 도읍으로 정하였다.
② 안동 도호부를 요동으로 몰아냈다.
③ 백강에서 왜군과 함께 당군에 맞서 싸웠다.
④ 중국의 오월과 후당에 외교 사절을 보냈다.
⑤ 신라의 금성을 습격하여 경애왕을 살해하였다.

한눈에 보는 해설

→ 백제 멸망(660) 이후 백제 부흥 운동 시기

다음 상황이 나타난 시기를 연표에서 옳게 고른 것은?

> **흑치상지**가 좌우의 10여 명과 함께 [적을] 피해 본부로 돌아가 흩어진 자들을 모아 **임존산(任存山)**을 지켰다. 목책을 쌓고 굳게 지키니 열흘 만에 귀부한 자가 3만여 명이었다. 소정방이 병사를 보내 공격하였는데, 흑치상지가 죽음을 두려워하지 않고 막아 싸우니 그 군대가 패하였다. 흑치상지가 본국의 2백여 성을 수복하니 **소정방**이 토벌할 수 없어서 돌아갔다.
> → 당의 장수

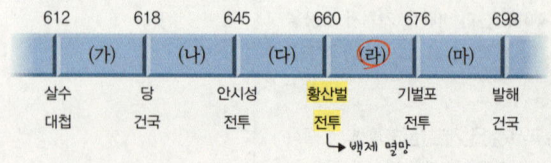

한눈에 보는 해설

→ 백제 부흥 운동 세력

밑줄 그은 '이들'에 대한 설명으로 옳은 것은?

> 부여풍을 왕으로 추대하다
>
> **왕족 복신과 승려 도침** 등이 **주류성**을 근거지로 부흥의 기치를 내걸자 주변 지역의 200여 성이 호응하였다. 이들은 부여풍을 왕으로 받들고 국가 체제를 갖추었다. 향후 귀추가 주목된다.

③ 백제 부흥 운동이 나·당 연합군에 의하여 진압되자, 왜의 수군이 백제 부흥군을 지원하기 위하여 백강 입구까지 왔으나 패하여 쫓겨 갔다(663, 백강 전투).

선지 분석하기

① 완산주를 도읍으로 정하였다. ➡ 후백제의 견훤(900)
② 안동 도호부를 요동으로 몰아냈다. ➡ 나·당 전쟁(670~676) 이후
④ 중국의 오월과 후당에 외교 사절을 보냈다. ➡ 후백제의 견훤
⑤ 신라의 금성을 습격하여 경애왕을 살해하였다. ➡ 후백제(견훤)의 금성 공격(927)

삼국 통일 과정

주요 정답 키워드 # 백강 전투 # 매소성 전투 # 황산벌 전투

3. (가)~(라)를 일어난 순서대로 옳게 나열한 것은? ▶ 37회

> (가) 의자왕은 당과 신라 군사들이 이미 백강과 탄현을 지났다는 소식을 듣고 장군 계백을 시켜 결사대 5천 명을 거느리고 황산으로 가서 신라 군사와 싸우게 하였다.
>
> (나) 유인원과 신라왕 김법민은 육군을 거느려 나아가고, 유인궤와 부여융은 수군과 군량을 실은 배를 거느리고 …… 백강으로 가서 육군과 합세하여 주류성으로 갔다. 백강 어귀에서 왜의 군사를 만나 …… 그들의 배 4백 척을 불살랐다.
>
> (다) 이근행이 군사 20만 명을 이끌고 매소성에 진을 쳤다. 신라군이 (이근행의 군사를) 공격하여 패주시키고, 말 3만여 필과 그 만큼의 다른 병기를 얻었다.
>
> (라) 검모잠이 남은 백성들을 모아서 …… 당의 관리와 승려 법안 등을 죽이고 신라로 향하였다. …… 안승을 한성 안으로 맞아 들여 받들어 왕으로 삼았다.

① (가) - (나) - (다) - (라) ② (가) - (나) - (라) - (다)
③ (나) - (가) - (다) - (라) ④ (나) - (다) - (가) - (라)
⑤ (다) - (라) - (나) - (가)

4. (가), (나) 사이의 시기에 있었던 사실로 옳은 것은? ▶ 42회

> (가) 김춘추가 무릎을 꿇고 아뢰기를, "…… 만약 폐하께서 당의 군사를 빌려주어 흉악한 무리를 잘라 없애지 않는다면 저희 백성은 모두 포로가 될 것이며, 산 넘고 바다 건너 행하는 조회도 다시는 바랄 수 없을 것입니다."라고 하였다. 태종이 매우 옳다고 여겨서 군사의 출동을 허락하였다.
> 「삼국사기」
>
> (나) 계필하력이 먼저 군사를 이끌고 평양성 밖에 도착하였고, 이적의 군사가 뒤따라 와서 한 달이 넘도록 평양을 포위하였다. …… 남건은 성문을 닫고 항거하여 지켰다. …… 5일 뒤에 신성이 성문을 열었다. …… 남건은 스스로 칼을 들어 자신을 찔렀으나 죽지 못했다. [보장]왕과 남건 등을 붙잡았다.
> 「삼국사기」

① 당이 안동 도호부를 요동 지역으로 옮겼다.
② 신라와 당의 연합군이 백강에서 왜군을 물리쳤다.
③ 신라가 당의 군대에 맞서 매소성에서 승리하였다.
④ 고구려 안승이 신라에 의해 보덕국왕으로 임명되었다.
⑤ 고구려가 당의 침입에 대비하여 천리장성을 완성하였다.

한눈에 보는 해설

(가)~(라)를 일어난 순서대로 옳게 나열한 것은?

> (가) 의자왕은 당과 신라 군사들이 이미 백강과 탄현을 지났다는 소식을 듣고 **장군 계백**을 시켜 결사대 5천 명을 거느리고 **황산**으로 가서 신라 군사와 싸우게 하였다. → 황산벌 전투
>
> (나) 유인원과 신라왕 김법민은 육군을 거느려 나아가고, 유인궤와 부여융은 수군과 군량을 실은 배를 거느리고 …… **백강**으로 가서 육군과 합세하여 주류성으로 갔다. **백강 어귀에서 왜의 군사를 만나** …… 그들의 배 4백 척을 불살랐다. → 백강 전투
>
> (다) 이근행이 군사 20만 명을 이끌고 **매소성에 진을 쳤다. 신라군이 (이근행의 군사를) 공격하여 패주**시키고, 말 3만여 필과 그 만큼의 다른 병기를 얻었다. → 나·당 전쟁(매소성 싸움)
>
> (라) **검모잠**이 남은 백성들을 모아서 …… 당의 관리와 승려 법안 등을 죽이고 신라로 향하였다. …… **안승을 한성 안으로 맞아 들여 받들어 왕으로 삼았다.** → 고구려 멸망(668) 이후 부흥 운동

② (가) 신라와 백제의 황산벌 전투(660) ➡ (나) 백강 전투(663) ➡ (라) 고구려 부흥 운동(안승을 왕으로 추대, 670) ➡ (다) 매소성 전투(675)

한눈에 보는 해설

→ (가) 나·당 동맹 성립(648), (나) 고구려 멸망(668)

(가), (나) 사이의 시기에 있었던 사실로 옳은 것은?

> (가) **김춘추**가 무릎을 꿇고 아뢰기를, "…… 만약 폐하께서 당의 군사를 빌려주어 흉악한 무리를 잘라 없애지 않는다면 저희 백성은 모두 포로가 될 것이며, 산 넘고 바다 건너 행하는 조회도 다시는 바랄 수 없을 것입니다."라고 하였다. **태종이 매우 옳다고 여겨서 군사의 출동을 허락하였다.**
> → 당나라 태종
> → 나·당 동맹 성립
>
> (나) 계필하력이 먼저 군사를 이끌고 평양성 밖에 도착하였고, 이적의 군사가 뒤따라 와서 한 달이 넘도록 평양을 포위하였다. …… **남건**은 성문을 닫고 항거하여 지켰다. …… 5일 뒤에 신성이 성문을 열었다. …… **남건은 스스로 칼을 들어 자신을 찔렀으나 죽지 못했다. [보장]왕과 남건 등을 붙잡았다.**
> → 연개소문의 동생
> 「삼국사기」

② 나·당 연합군이 백강에서 왜군과 백제 부흥군을 물리친 백강 전투는 663년의 일이다.

선지 분석하기

① 당이 안동 도호부를 요동 지역으로 옮겼다. ➡ 나·당 전쟁(670~676) 이후
③ 신라가 당의 군대에 맞서 매소성에서 승리하였다. ➡ 매소성 싸움(675)
④ 고구려 안승이 신라에 의해 보덕국왕으로 임명되었다. ➡ 신라 문무왕이 안승을 보덕국왕으로 임명(674)
⑤ 고구려가 당의 침입에 대비하여 천리장성을 완성하였다. ➡ 7세기(631~647) 연개소문 집권기

테마 9_ 고구려의 대외 항쟁과 신라의 삼국 통일

테마 10 남북국 시대

출제 POINT
남북국 시대 주요 왕의 업적 및 신라 하대 상황을 묻는 문제가 주로 출제된다.

🧑 남북국 시대 주요 연표

654	신라, 무열왕 즉위
676	문무왕, 삼국 통일
681	신문왕 즉위, 김흠돌의 난
689	신문왕, 녹읍 폐지
698	대조영, 발해 건국
722	성덕왕, 정전 지급
756	발해 문왕, 상경 천도
757	경덕왕, 녹읍 부활
788	원성왕, 독서삼품과 실시
822	헌덕왕, 김헌창의 난
889	진성 여왕, 원종·애노의 난

🔍 남북국 시대론
18세기 유득공은 『발해고』에서 처음으로 발해를 한국사의 체계에 넣어 발해와 신라가 병존하는 시기를 남북국 시대로 인식해야 한다고 강조함.

✱ 김흠돌의 모역 사건
신문왕이 즉위하던 해에 왕의 장인이었던 김흠돌이 모역 사건을 일으킴. 이 사건에 많은 귀족들이 연루되어 귀족들에 대한 대대적인 숙청이 행해졌고, 이를 계기로 왕권이 강화됨.

✱ 김헌창의 난
웅천주 도독 김헌창(무열왕계)은 내물왕 후손인 원성왕에게 왕위를 빼앗긴 김주원의 아들로, 왕위를 다시 찾기 위해 웅주(지금의 공주)를 근거로 반란을 일으키고 국호를 '장안'이라 하였으나 실패함.

1 통일 신라 ✿✿✿

1. 신라 중대(7세기~8세기 전기): 전제 왕권 강화기

무열왕	• **최초 진골 출신 왕**: 무열왕계 직계 왕위 계승 • **전제 왕권 강화책**: 중국식 시호 사용, 집사부 장관 **시중**의 기능 강화, **갈문왕 제도 폐지** → 신라 시대에 왕의 근친(近親)에게 준 칭호 • 백제 멸망(660)
문무왕	• **삼국 통일 완성**(676): 고구려 멸망(668) ➡ 나·당 전쟁(670~676) • 부석사 창건(의상 건의), 사망 후 화장 ➡ 수중릉(대왕암)
신문왕	• **전제 왕권 확립**: 김흠돌의 모역 사건✱을 계기로 진골 귀족 대거 숙청 • 중앙 집권적 제도 정비 <table><tr><td>중앙 제도</td><td>집사부 등 14부 관청 완성</td></tr><tr><td>지방 제도</td><td>**9주**(도독 파견), **5소경**(특수 지방 제도, 사신 파견) 마련</td></tr><tr><td>군사 제도</td><td>**9서당**(중앙군), **10정**(지방군) 마련</td></tr><tr><td>교육 제도</td><td>**국학**(유학 교육 기관) 설립</td></tr></table>• 토지 제도: 문무 관리에게 **관료전 지급**(687) ➡ **녹읍 폐지**(689) • 달구벌(대구) 천도 계획(but 실패), '만파식적' 설화
성덕왕	• 국학 정비: 문묘(공자와 그의 제자들 사당) 제도 마련 • 토지 제도: 일반 백성에게 **정전 지급**(722) ➡ 국가의 토지 지배력 강화 • 발해 공격 시도: 당의 요청으로 발해 공격 시도, but 실패 ➡ 당이 패강(대동강) 이남의 땅을 신라 영토로 인정
경덕왕	• 관청과 행정 구역의 이름을 중국식으로 바꿈. ➡ 귀족들의 반발로 실패 • 토지 제도: 관료전 폐지 ➡ **녹읍 부활** • 교육·문화: **국학** ➡ 태학감으로 명칭 변경(유교 교육 강화), **불국사·석굴암 창건 및 성덕 대왕 신종 주조** → 혜공왕 때 완성
혜공왕	귀족의 반란인 96각간의 난(대공의 난)으로 왕권 붕괴 ➡ 왕위 쟁탈전 격화

2. 신라 하대(8세기 후기~10세기): 왕권 약화기

원성왕	국학 안에 **독서삼품과**(성적순 관리 임용 제도) 실시(788) ➡ 귀족들의 반발로 실패
헌덕왕	**김헌창의 난**(822, 공주)✱, 김범문의 난(825) 등 지방에서 왕위 쟁탈전 발생
흥덕왕	**장보고**의 요청에 의해 **청해진** 설치(828) cf 문성왕 때 장보고 피살, 청해진 폐지
진성 여왕	• 귀족들의 가혹한 수취와 정부의 무리한 세금 징수 ➡ 민란 발생 • 농민 항쟁: **원종·애노의 난**[상주(사벌주)], **적고적의 난**, 양길[북원(원주)], 기훤[죽주(죽산)], 아자개(사벌주), 견훤(전주) 등
경순왕	고려 왕건에게 귀부(935)

2 발해 ★★★

1. **건국**: 고구려 장군 출신 대조영이 길림성 돈화현 동모산에서 건국(698)
2. **주민 구성**: 지배층을 형성한 고구려인과 피지배층인 다수의 말갈족으로 구성
3. **발전 과정**

1대 고왕(698~719, 대조영, 천통)	고구려 유민을 이끌고 만주 지린성(길림성) 동모산에서 나라를 세움.
2대 무왕(719~737, 대무예, 인안)	• 영토 개척: 만주 대부분과 연해주 차지 • 당과의 관계: 당이 흑수부 말갈족과 연합하여 발해 위협 ➡ 발해는 장문휴로 하여금 당의 산둥반도 덩저우를 공격(732) • 일본과 수교: 당과 신라를 견제하고자 돌궐·일본과 친선 관계
3대 문왕(737~793, 대흠무, 대흥 ➡ 보력 ➡ 대흥)	• 수도 천도: 중경에서 상경(756)으로 천도, 다시 동경(785~786)으로 천도 • 황제 국가 체제: '고려국' 표방, 불교의 전륜성왕* 이념 수용, 일본에 보낸 외교 문서에 '황상(皇上)' 칭호 사용 ➡ 발해가 천손(天孫)임을 강조 • 당과의 관계: 당과 국교 수립 • 관제 정비: 당의 3성 6부 도입 but 독자적 운영 체제 정비 • 주자감(국립 대학) 설치, 신라도* 개설
10대 선왕(818~830, 대인수, 건흥)	• 영토 확장: 대부분의 말갈족 복속, 요동 진출 ➡ 최대 영토 확보, 당에서 발해를 '해동성국'이라 지칭 • 지방 제도: 5경 15부 62주로 정비
15대 대인선(907?~926)	거란의 야율아보기에 의해 발해 멸망(926) ➡ 고구려계 발해 유민들 대부분 고려로 흡수

◆ 남북국 시대의 영역

* 전륜성왕
인도 신화에 나오는 통치의 수레바퀴를 굴려, 세계를 통일·지배하는 이상적인 제왕

* 신라도
발해의 상경을 출발하여 동경과 남경을 거쳐 동해안을 따라 신라에 이르던 교통로

4. **발해의 고구려 계승 의식**

일본에 보낸 국서	발해는 '고려', '고려국왕'이라는 명칭을 사용
고구려 문화 계승	온돌, 이불병좌상, 발해 석등 등이 고구려 문화와 비슷

한능검 콕콕 자료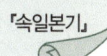

1. **무열왕의 즉위**
   진덕왕이 죽자, 여러 신하들이 이찬 알천에게 섭정하기를 청하였다. 알천이 한결같이 사양하며 말하기를, "신은 늙고 이렇다 할 만한 덕행도 없습니다. 지금 덕망이 높은 이는 춘추공만한 자가 없습니다. 실로 가히 빈곤하고 어려운 세상을 도울 영웅호걸입니다." 마침내 (김춘추를) 봉하여 왕으로 삼았다. 김춘추는 세 번 사양하다가 부득이하게 왕위에 올랐다.
   「삼국사기」

2. **신라 하대의 상황**
   (진성 여왕 3년) 나라 안의 여러 주·군에서 공부(貢賦)를 바치지 않으니, 창고가 비고 나라의 쓰임이 궁핍해졌다. 왕이 사신을 보내어 독촉하였지만, 이로 말미암아 곳곳에서 도적이 벌 떼같이 일어났다. 이에 원종, 애노 등이 사벌주(상주)에 의거하여 반란을 일으키니, 왕이 나마 벼슬의 영기에게 명하여 잡게 하였다. 영기가 적진을 쳐다보고는 두려워하여 나아가지 못하였다.
   「삼국사기」

3. **발해의 고구려 계승 의식**
   • 고구려의 옛 땅을 회복하고 부여의 옛 풍속을 갖고 있다. …… 고려 국왕 대무예(2대 무왕)는 감사하게도 열국(列國)에 당면하여 여러 오랑캐를 총괄하고 있으며, 고구려의 옛 영역을 회복하고 부여의 유속(遺俗:傳統)을 이어받았다.
   발해가 일본에 보낸 국서
   • 일본 천황은 삼가 고려 국왕에게 문안한다. …… 지금 보내온 글을 보니 …… 천손(天孫)이라는 참람한 칭호를 써 놓았다. …… 아무런 이유도 없이 함부로 구생(舅甥: 장인과 사위) 관계를 칭하였으니, 이는 예를 잃은 것이다.
   「속일본기」

테마 10 실전문제

신문왕의 업적

주요 정답 키워드 # 관료전 지급 # 녹읍 폐지 # 김흠돌의 난

1. (가) 왕에 대한 설명으로 옳은 것은? ▶ 39회

> 이곳은 신라 (가) 의 무덤으로 알려져 있습니다. 그는 김흠돌의 난을 진압하고 진골 귀족 세력을 숙청하여 강력한 왕권을 확립하였습니다.

① 화랑도를 국가 조직으로 개편하였다.
② 이사부를 보내 우산국을 복속시켰다.
③ 건원이라는 독자적인 연호를 사용하였다.
④ 관리에게 관료전을 지급하고 녹읍을 폐지하였다.
⑤ 호국의 염원을 담아 황룡사 구층 목탑을 건립하였다.

신라 하대 상황의 이해

주요 정답 키워드 # 최치원 # 호족 # 장보고 # 김헌창의 난 # 원종·애노의 난

2. (가), (나) 사이의 시기에 있었던 사실로 옳은 것은? ▶ 41회

> (가) 3월에 웅천주 도독 헌창이 아버지 주원이 왕이 되지 못함을 이유로 반란을 일으켜, 국호를 장안이라 하고 연호를 세워 경운 원년이라 하였다. 무진·완산·청(菁)·사벌의 4개 주 도독과 국원경·서원경·금관경의 사신(仕臣), 여러 군현의 수령을 협박해 자기 소속으로 삼았다. 「삼국사기」
>
> (나) 진성왕 3년, 나라 안의 모든 주·군에서 공물과 부세를 보내지 않아 창고가 비고 재정이 궁핍해졌다. 왕이 관리를 보내 독촉하니 곳곳에서 도적이 벌떼처럼 일어났다. 이때 원종, 애노 등이 사벌주를 근거지로 반란을 일으켰다. 「삼국사기」

① 왕명으로 거칠부가 국사를 편찬하였다.
② 왕의 장인인 김흠돌이 반란을 일으켰다.
③ 병부 등을 설치하여 지배 체제를 정비하였다.
④ 장보고가 청해진을 거점으로 반란을 도모하였다.
⑤ 관리들에게 관료전이 지급되고 녹읍이 폐지되었다.

한눈에 보는 해설

→ 신문왕(681~692)
(가) 왕 에 대한 설명으로 옳은 것은?

> 이곳은 신라 (가) 의 무덤으로 알려져 있습니다. 그는 **김흠돌의 난을 진압**하고 진골 귀족 세력을 숙청하여 강력한 왕권을 확립하였습니다.

④ 신문왕은 문무 관리에게 관료전을 지급하고 귀족의 경제 기반이었던 녹읍을 폐지하였다.

선지 분석하기
① 화랑도를 국가 조직으로 개편하였다. ➡ 6세기 진흥왕
② 이사부를 보내 우산국을 복속시켰다. ➡ 6세기 지증왕
③ 건원이라는 독자적인 연호를 사용하였다. ➡ 6세기 법흥왕
⑤ 호국의 염원을 담아 황룡사 구층 목탑을 건립하였다. ➡ 7세기 선덕 여왕

한눈에 보는 해설

→ (가) 김헌창의 난(822), (나) 원종·애노의 난(889)
(가), (나) 사이의 시기 에 있었던 사실로 옳은 것은?

→ 김헌창의 난
> (가) 3월에 **웅천주 도독 헌창이 아버지 주원이 왕이 되지 못함을 이유로 반란을 일**으켜, 국호를 장안이라 하고 연호를 세워 경운 원년이라 하였다. 무진·완산·청(菁)·사벌의 4개 주 도독과 국원경·서원경·금관경의 사신(仕臣), 여러 군현의 수령을 협박해 자기 소속으로 삼았다. 「삼국사기」
>
> (나) **진성왕 3년**, 나라 안의 모든 주·군에서 공물과 부세를 보내지 않아 창고가 비고 재정이 궁핍해졌다. 왕이 관리를 보내 독촉하니 곳곳에서 도적이 벌떼처럼 일어났다. 이때 **원종, 애노 등이 사벌주를 근거지로 반란을** 일으켰다. 「삼국사기」
→ 원종·애노의 난

④ 장보고는 자신의 딸이 문성왕의 둘째 왕비로 간택되지 못하자, 846년에 난을 일으켰으나 실패하였다.

선지 분석하기
① 왕명으로 거칠부가 국사를 편찬하였다. ➡ 6세기 진흥왕
② 왕의 장인인 김흠돌이 반란을 일으켰다. ➡ 7세기 신문왕
③ 병부 등을 설치하여 지배 체제를 정비하였다. ➡ 6세기 법흥왕
⑤ 관리들에게 관료전이 지급되고 녹읍이 폐지되었다. ➡ 7세기 신문왕

발해 무왕의 업적

주요 정답 키워드 | # 장문휴 # 인안(연호) # 흑수 말갈 공격

3. (가) 왕에 대한 설명으로 옳은 것을 <보기>에서 고른 것은? ▶37회

이곳은 산동반도의 등주성입니다. (가) 이/가 이 지역에 장문휴를 보내 당의 군대를 격파하였습니다.

보기
㉠ 중경 현덕부에서 상경 용천부로 천도하였다.
㉡ 고구려 유민을 이끌고 동모산에서 건국하였다.
㉢ 인안(仁安)이라는 독자적인 연호를 사용하였다.
㉣ 대문예로 하여금 흑수 말갈을 정벌하게 하였다.

① ㉠, ㉡   ② ㉠, ㉢   ③ ㉡, ㉢
④ ㉡, ㉣   ⑤ ㉢, ㉣

발해 문왕의 업적

주요 정답 키워드 | # 상경 천도 # 동경 천도 # 대흠무 # 대흥(연호)

4. 다음 검색창에 들어갈 왕에 대한 설명으로 옳은 것은? ▶38회

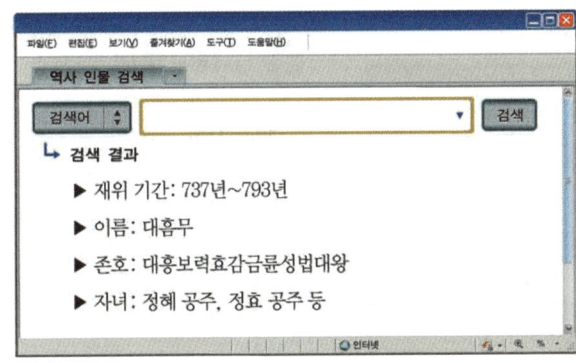

▶ 재위 기간: 737년~793년
▶ 이름: 대흠무
▶ 존호: 대흥보력효감금륜성법대왕
▶ 자녀: 정혜 공주, 정효 공주 등

① 인안이라는 독자적 연호를 사용하였다.
② 장문휴를 보내 당의 등주를 공격하였다.
③ 수도를 중경 현덕부에서 상경 용천부로 옮겼다.
④ 대문예로 하여금 흑수 말갈을 정벌하게 하였다.
⑤ 고구려 유민을 이끌고 동모산에서 나라를 세웠다.

한눈에 보는 해설

→2대 무왕
(가) 왕 에 대한 설명으로 옳은 것을 <보기>에서 고른 것은?

이곳은 산동반도의 등주성입니다. (가) 이/가 이 지역에 **장문휴를 보내 당의 군대를 격파**하였습니다.

㉢ 무왕은 인안(仁安)이라는 독자적인 연호를 사용하였다.
㉣ 당이 흑수부 말갈을 통해 발해를 공격하려 하자, 무왕은 동생인 대문예를 보내 흑수 말갈을 정벌하게 하고, 장문휴를 보내 당의 산동반도 등주를 공격하였다.

선지 분석하기
㉠ 중경 현덕부에서 상경 용천부로 천도하였다. ➡ 3대 문왕
㉡ 고구려 유민을 이끌고 동모산에서 건국하였다. ➡ 1대 고왕(대조영)

한눈에 보는 해설

→3대 문왕
다음 검색창에 들어갈 왕 에 대한 설명으로 옳은 것은?

▶ 재위 기간: 737년~793년
▶ 이름: **대흠무**
    └문왕의 이름
▶ 존호: **대흥보력효감금륜성법대왕**
    └문왕의 연호(대흥 ➡ 보력 ➡ 대흥)
▶ 자녀: **정혜 공주, 정효 공주** 등

③ 발해 문왕은 중경 현덕부에서 상경 용천부로 도읍을 옮겨 발전의 기틀을 마련하였고, 이후 일본과의 적극적 교류를 위해 동경으로 도읍을 옮겼다.

선지 분석하기
① 인안이라는 독자적 연호를 사용하였다. ➡ 2대 무왕
② 장문휴를 보내 당의 등주를 공격하였다. ➡ 2대 무왕
④ 대문예로 하여금 흑수 말갈을 정벌하게 하였다. ➡ 2대 무왕
⑤ 고구려 유민을 이끌고 동모산에서 나라를 세웠다. ➡ 1대 고왕(대조영)

테마 11. 고대 사회와 경제

출제 POINT
사회 분야는 신라의 골품제 관련 문제 외에는 거의 출제되지 않았다.
경제 분야에서는 각 나라의 경제 상황의 특징을 묻는 문제가 주로 출제된다.

1 고대의 사회 ★

1. 계급 사회: 개인의 능력보다 그가 속한 친족 공동체의 사회적 위치에 따라 모든 것을 결정

귀족	정치·경제·사회적 지위와 특권 독점
평민	• 일반 백성(자유민) • **국역(조세·공납·역)**의 의무 담당 cf 향·부곡: 죄수, 전쟁 반역자, 그들의 가족들이 모여 사는 특수 행정 구역
천민	노비(비자유민): 매매·상속·증여의 대상, 국역의 의무 ×

◆ 고대 사회의 성격(친족 공동체 중심의 철저한 계급 사회)

◆ 고구려 귀족의 생활

2. 삼국의 사회 모습

고구려	• 지배층: 왕족 고씨 + 5부 출신 귀족 ➡ 귀족 합의 제도인 **제가 회의** 운영 • 형법: 전쟁에서 패하거나 항복한 자는 사형, 절도자는 물건값의 12배 배상, 남의 소나 말을 죽인 자는 노비로 삼음. • 혼인 풍습: 지배층 내부에서 **서옥제**(데릴사위제) 관행, 일부 지배층은 형사취수제★도 행해짐. • **진대법**: 춘대추납의 빈민 구제 제도 운영(2세기 고국천왕)
백제	• 지배층: 왕족 부여씨 + 8성 귀족 ➡ 귀족 합의 제도인 **정사암 제도** 운영 • 형법(고구려와 유사): 살인자·반역자·전쟁에서 패한 자는 사형, **절도자는 귀양형 및 2배 배상, 뇌물죄·횡령죄는 3배 배상과 영구 금고형**, 간음한 여자는 남편 집의 노비로 삼음(남자는 처벌 ×).

신라	• 지배층: 귀족 합의 제도인 **화백 회의** 운영
	• **화랑도**: 씨족 사회 유풍 ➡ 진흥왕 때 국가 조직으로 공인, 원광의 **세속 오계**★를 규율로 따름.
	• **골품 제도**: 골품에 따라 정치·사회 활동 범위 결정
	  ┌ 성골: 왕족, 진덕 여왕을 마지막으로 단절
	  ├ **진골**: 정치·군사권 및 5관등 이상의 요직 장악, 무열왕 때부터 왕위 계승
	  ├ 6두품(득난): 학문과 종교 분야에서 활동(원효, 설총, 최치원 등)
	  └ 5두품·4두품: 원래는 3두품~1두품도 있었으나 통일 직후 이들은 없어짐.

★ **형사취수제(兄死娶嫂制)**
형이 죽은 뒤에 동생이 형수와 같이 사는 혼인 제도로, 산상왕이 자신의 형수(고국천왕의 부인 우씨)와 혼인함.

★ **세속 5계(世俗五戒)**
1. 事君以忠(사군이충)
2. 事親以孝(사친이효)
3. 交友以信(교우이신)
4. 臨戰無退(임전무퇴)
5. 殺生有擇(살생유택)

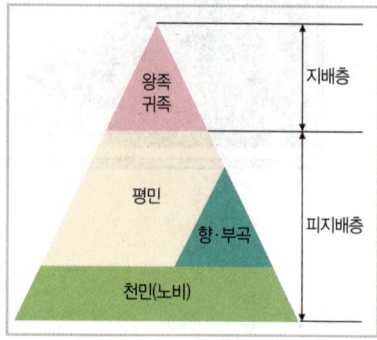
◆ 신라의 관등과 골품 제도

3. 남북국의 사회 모습

통일 신라	• 민족 융합책: 고구려와 백제 귀족에게 골품 및 관등 부여, 중앙군 **9서당**(신라인 + 고구려인 + 백제인 + 말갈인 + 보덕국인으로 구성) • 6두품: 신라 중대에 중앙 정치 진출 활발, but 6관등 아찬(집사부 시랑)까지만 진출 가능
발해	• 민족 구성: **지배층 고구려 유민** + **피지배층 말갈인** 구성 • 당에 유학생 파견, **빈공과** 응시 ↳ 9세기 초 당나라에서 외국인을 위해 설치한 과거 제도

2 고대의 경제

1. **왕토사상**: 모든 토지는 국가의 토지라는 왕토사상을 가지고 있으나, 실제는 개인의 사유지 존재
2. **조세 제도**: <mark>조세</mark>(토지세, 곡물과 포 징수), <mark>공물</mark>(지역 특산물 부과), <mark>역</mark>[정남(장정)에게 부과]
   ↳ 군역과 요역(왕궁, 성, 저수지 축조에 동원)
3. **귀족과 농민의 경제생활**

귀족	• 경제 기반: <mark>식읍</mark>*, <mark>녹읍</mark>*, 사유지, 노비 • 노비와 농민을 동원하여 소유지 경작, 고리대로 토지 축적
농민	• 조세 · 공물 · 역 부담 • 자기 소유의 토지를 경작하거나 부유한 자의 토지를 빌려 경작, 철제 농기구 보급

＊ 식읍과 녹읍
식읍은 공신에게, 녹읍은 관료에게 지급하였는데 둘 다 그 지역에서 조세, 공납, 노동력을 징발할 수 있었음.

4. **남북국 시대**

통일 신라	토지 제도	• 신문왕: <mark>관료전 지급, 녹읍 폐지</mark> ➡ 귀족의 경제력 약화 • 성덕왕: 일반 농민에게 <mark>정전 지급</mark> ➡ 국가의 농민 지배력 강화 • 경덕왕: <mark>녹읍 부활</mark> ➡ 귀족의 경제력 강화
	민정 문서	• 매년 촌락의 변동 사항을 조사하여 <mark>3년마다 촌주가 문서 작성</mark> • 조사 지역: <mark>서원경(청주)</mark> 지방의 4개 촌락 • 작성 목적: 조세 징수와 부역 징발의 자료 파악 • 내용: 마을 면적, 토지 결수, 인구수, 호구 수, 마전(麻田), 가축 수, 유실수 등 기록
	상업	농업 생산력 성장: 경주에 지증왕 때 설치한 동시에 서시 · 남시 추가 설치
	대외 무역	• 당: 공무역과 사무역 발달 • <mark>산둥반도~양쯔강 유역에 신라인의 생활 영역 생김.</mark> 　신라방　신라인들의 집단 거주지 　신라소　신라인들의 행정 기구 　신라관　신라인들의 유숙소 　신라원　신라인들의 절 　법화원　장보고가 산둥성에 세운 절 • 일본: 8세기 이후 활발
발해	농업	밭농사 위주(콩, 조), 일부 지역에서 벼농사, 목축 발달
	대외 무역	• 당: 해로와 육로 이용, 산둥반도의 덩저우에 발해관 설치(8세기 후반) • 일본: 교류 활발(일본도 설치) ➡ 신라 · 당 견제 목적 • 신라: 신라도(발해에서 신라에 이르는 교통로) 설치

◆ 남북국 시대의 무역 활동로

한능검 콕콕 자료

민정 문서

이 고을의 사해점촌을 조사해 보았는데 지형은 산과 평지로 이루어져 있으며 마을의 크기는 5,725보, 공연(孔烟) 수는 합하여 <u>11호(戶)</u>가 된다. …… 이 중 전부터 계속 살아 온 사람과 3년간에 태어난 자를 합하면 145명이 된다. …… 가축으로는 말이 25마리가 있으며, 그중 전부터 있던 것이 22마리, 3년간에 보충된 말이 3마리였다. 소는 22마리였고, 그중 전부터 있던 소가 17마리, 3년간에 보충된 소가 5마리였다.

◆ 민정 문서

테마 11 실전문제

골품 제도의 특징

주요 정답 키워드 # 일상생활 규제

1. (가) 제도에 대한 설명으로 옳은 것은?   ▶ 43회

> 설계두는 신라 귀족 가문의 자손이다. 일찍이 가까운 친구 4명과 함께 모여 술을 마시면서 각자 자신의 뜻을 말하였다. 설계두가 이르기를, "신라에서는 사람을 등용하는 데 ⎡ (가) ⎦을/를 따져서 진실로 그 족속이 아니면 비록 큰 재주와 뛰어난 공이 있더라도 [그 한도를] 넘을 수가 없다. 나는 원컨대, 중국으로 가서 세상에서 보기 드문 지략을 떨쳐서 특별한 공을 세우고 싶다. 그리고 영광스러운 관직에 올라 고관대작의 옷을 갖추어 입고 천자의 곁에 출입하면 만족하겠다."라고 하였다.

① 진대법이 실시되는 배경이 되었다.
② 원성왕이 인재 등용 제도로 제정하였다.
③ 후주 출신인 쌍기의 건의로 실시되었다.
④ 권문세족에 대한 견제를 목적으로 시행되었다.
⑤ 집과 수레의 크기 등 일상생활까지 규제하였다.

6두품의 특징

주요 정답 키워드 # 호족과 연계 # 득난 # 아찬

2. (가) 신분에 대한 설명으로 옳은 것은?   ▶ 29회

> 이것은 무열왕의 8대손인 낭혜화상의 탑비입니다. 이 탑비에는 그의 아버지 범청이 진골에서 한 등급 떨어져 '득난(得難)'이 되었다는 기록이 있습니다. 득난은 ⎡ (가) ⎦을/를 달리 부르는 말로, 이 신분은 재능과 학식이 뛰어나도 17관등 중 제6관등인 아찬까지만 오를 수 있었습니다.

보령 성주사지 낭혜화상 탑비

① 지방의 주요 지역인 담로에 파견되었다.
② 성리학을 바탕으로 불교의 폐단을 비판하였다.
③ 화백 회의에 참여하여 국가의 중대사를 결정하였다.
④ 어려서부터 경당에 들어가 유학과 활쏘기를 배웠다.
⑤ 신라 말기 호족과 연계하여 사회 개혁을 추구하기도 하였다.

한눈에 보는 해설

→ 골품 제도
(가) 제도에 대한 설명으로 옳은 것은?

> 설계두는 신라 귀족 가문의 자손이다. 일찍이 가까운 친구 4명과 함께 모여 술을 마시면서 각자 자신의 뜻을 말하였다. 설계두가 이르기를, "**신라에서는 사람을 등용하는 데 (가) 을/를 따져서 진실로 그 족속이 아니면 비록 큰 재주와 뛰어난 공이 있더라도 [그 한도를] 넘을 수가 없다.** 나는 원컨대, 중국으로 가서 세상에서 보기 드문 지략을 떨쳐서 특별한 공을 세우고 싶다. 그리고 영광스러운 관직에 올라 고관대작의 옷을 갖추어 입고 천자의 곁에 출입하면 만족하겠다."라고 하였다.

⑤ 신라의 신분 제도인 골품제는 개인의 혈통의 높고 낮음에 따라 정치적 출세는 물론 혼인, 가옥의 규모와 장식물, 수레 등 신라인의 일상생활까지 규제하였다.

선지 분석하기

① 진대법이 실시되는 배경이 되었다. ➡ 2세기 고구려 고국천왕 때 실시된 춘대추납의 빈민 구제 제도
② 원성왕이 인재 등용 제도로 제정하였다. ➡ 8세기 독서삼품과
③ 후주 출신인 쌍기의 건의로 실시되었다. ➡ 고려 광종 때 실시된 과거 제도
④ 권문세족에 대한 견제를 목적으로 시행되었다. ➡ 고려 후기 친원파 관료인 권문세족을 견제할 목적으로 전민변정도감 설치

한눈에 보는 해설

→ 6두품
(가) 신분에 대한 설명으로 옳은 것은?

→ 최치원이 지음.
이것은 무열왕의 8대손인 **낭혜화상의 탑비**입니다. 이 탑비에는 그의 아버지 범청이 진골에서 한 등급 떨어져 '**득난(得難)**'이 되었다는 기록이 있습니다. 득난은 (가) 을/를 달리 부르는 말로, 이 신분은 **재능과 학식이 뛰어나도 17관등 중 제6관 등인 아찬까지만 오를 수 있었습니다.**

⑤ 신라 말 진골 중심의 사회에 불만을 품은 6두품 지식인들은 지방 호족과 연계하여 사회 개혁을 추구하였다.

선지 분석하기

① 지방의 주요 지역인 담로에 파견되었다. ➡ 백제의 왕족으로 담로는 백제의 특수 지방 제도
② 성리학을 바탕으로 불교의 폐단을 비판하였다. ➡ 고려 말 신진 사대부
③ 화백 회의에 참여하여 국가의 중대사를 결정하였다. ➡ 신라 진골
④ 어려서부터 경당에 들어가 유학과 활쏘기를 배웠다. ➡ 고구려 청소년(5세기 장수왕이 지방에 경당 설치)

통일 신라 경제의 특징

주요 정답 키워드 # 청해진 # 장보고 # 서역과 교류

3. (가) 국가의 경제에 대한 설명으로 옳은 것은? ▶ 37회

 이 석상은 원성왕릉 앞에 세워진 무인상이다. 부리부리한 눈이나 이국적인 얼굴 윤곽과 복식은 흥덕왕릉 앞에 있는 무인상과 더불어 서역인의 모습을 하고 있다. 이는 당시 (가) 이/가 아라비아 등 서역과 활발하게 교류하였다는 주장을 뒷받침해 준다.

① 의창을 두어 빈민을 구제하였다.
② 솔빈부의 말이 특산물로 유명하였다.
③ 왜관을 설치하여 일본과 교역하였다.
④ 경시서를 통해 수도의 시전을 감독하였다.
⑤ 청해진을 중심으로 해상 무역이 전개되었다.

발해 경제의 특징

주요 정답 키워드 # 신라도 # 솔빈부의 말

4. 밑줄 그은 '이 나라'의 경제 상황에 대한 설명으로 옳은 것은? ▶ 36회

이 나라는 영주(營州)*에서 동쪽으로 2천 리 밖에 위치하며 …… 동쪽은 멀리 바다에 닿았고, 서쪽으로는 거란[契丹]이 있었다. …… 귀중히 여기는 것은 태백산의 토끼, 남해의 다시마, 책성의 된장, …… 막힐의 돼지, 솔빈의 말, 현주의 베, 옥주의 면, 용주의 명주, 위성의 철, 노성의 벼, 미타호의 붕어이다. …… 이 밖의 풍속은 고구려, 거란과 대개 같다.
「신당서」

*영주(營州): 지금의 랴오닝성 차오양

① 신라도라는 교통로를 통해 신라와 교역하였다.
② 감자, 고구마 등의 구황 작물을 널리 재배하였다.
③ 해동통보를 발행하여 금속 화폐의 통용을 추진하였다.
④ 농사직설을 간행하여 우리 풍토에 맞는 농법을 정리하였다.
⑤ 삼포를 열어 일본과의 무역을 허용하고 계해약조를 체결하였다.

테마 12 고대의 문화(1)

출제 POINT
신라 주요 승려의 사상을 묻는 사료 제시형 문제와 각 사상(불교, 도교)과 관련된 문화유산을 고르는 화보 제시형 문제가 주로 출제된다.

◆ 이차돈의 순교 사실을 새긴 돌 기둥(경주 박물관 소장) | 이차돈 공양탑 또는 백률사 석당이라고 불림.

◆ 현무도(강서 대묘) | 사신도의 하나로, 북쪽 방위신

◆ 산수문전(부여 출토) | 신선 사상을 바탕으로 만든 백제의 벽돌

✱ 사택지적비
국립 부여 박물관에 보관되어 있는 백제의 유일한 석비. 백제 의자왕 때 대신이었던 사택지적이 남긴 비로, 사택지적이 늙어 가는 것을 탄식하며 불교에 귀의하고 원찰을 건립했다는 내용이 담겨져 있음.

1 삼국의 교육과 종교

1. 교육(유학)과 역사서

구분	교육	역사서
고구려	태학(수도, 소수림왕)·경당(지방, 장수왕) 설립	『유기』 100권 ➡ 『신집』 5권(영양왕, 이문진)
백제	5경 박사, 의박사, 역박사를 두어 유교 경전과 기술학 교육	『서기』(근초고왕, 고흥)
신라	임신서기석(화랑도들이 유교 경전을 공부했음을 확인)	『국사』(진흥왕, 거칠부)

2. 불교: 왕실·귀족 불교, 호국불교, 현세 구복적 성격, 민간 신앙과 연결

고구려	소수림왕 때 전진에서 수용(372)
백제	침류왕 때 동진에서 수용
신라	• 눌지왕 때 고구려 승려 묵호자 포교, 귀족들의 반발 ➡ 법흥왕 때 공인(527, 이차돈의 순교) • 법흥왕~진덕 여왕: 불교식 왕명 사용(왕즉불 사상) • 원광: 세속 오계(화랑도가 지켜야 할 덕목), 걸사표(수나라에 군사를 요청, 진평왕) • 자장: 계율종 개창, 황룡사 9층 목탑 건립 주장

3. 도교: 무위자연(無爲自然), 불로장생, 현세 이익, 은둔적 경향 ➡ ∴ 신선 사상

고구려	• 연개소문: 불교 세력을 억제하기 위해 도교 장려 • 유물: 강서 대묘의 사신도(도교의 방위신)
백제	유물: 산수문전(산수무늬가 새겨진 벽돌, 부여), 사택지적비(도교 + 불교)✱, 무령왕릉의 지석(매지권), (용봉) 금동 대향로(도교 + 불교, 부여)
신라	화랑도 명칭(국선, 풍월도, 풍류도)

◆ 백제 금동 대향로(부여 출토)

2 남북국 시대의 교육과 종교

1. 교육과 유학

구분	교육	유학
통일 신라	• 신문왕: 국학 설립 • 원성왕: 독서삼품과(관리 채용을 위한 일종의 국가 시험 제도) 실시	• 강수(6두품): 외교 문서 작성 • 설총(6두품): 이두 정리, 신문왕 때 '화왕계' 저술 • 최치원(6두품): 진성 여왕에게 시무 10여 조 건의, 『계원필경』, 『제왕연대력』, 4산비명 등 저술
발해	문왕: 주자감 설립	• 외교 문서 등 공식 기록에 한자 사용 • 정혜·정효 공주 비문(4·6 변려체)

2. 불교

(1) 성격

통일 신라	• 중대: 교종 유행, 조형 예술 발달 • 하대: 선종 유행 ➡ 조형 예술 저조, 승탑(부도) 등장, 지방 호족 및 6두품 지식인과 결합 ➡ 고려 사회 건설에 사상적 바탕 마련 ←승려의 사리탑
발해	지배층은 불교, 피지배층은 샤머니즘 신봉

(2) 신라의 주요 승려

원효	• 불교 종파 융합: 일심(一心) 사상을 바탕으로 분파 의식 극복 노력 • 불교 이해 기준 확립 ➡ 저서: 『금강삼매경론』, 『대승기신론소』, 『십문화쟁론』 등 • 여러 종파의 모순과 상쟁을 높은 차원에서 융화하려는 화쟁 사상 주장 • 정토종(아미타 신앙) 보급 ➡ 불교 대중화 기여('나무아미타불')
의상	• 모든 존재는 상호 의존적, 조화를 이룬다는 화엄 사상 정립 ➡ 저서: 「화엄일승법계도」 등 • 아미타 신앙*과 함께 관음 신앙* 주도·전파 ➡ 불교 대중화에 기여 • 화엄 사상을 바탕으로 교단 형성 및 제자 양성, 부석사 등 여러 사원 건립, 화엄종 창설 • 민심 강조: 문무왕의 도성 건축 계획 만류
원측	당에서 유식 불교의 깊은 뜻을 깨달아 서명사에서 자기 학설 강의
혜초	인도 성지 순례, 인도 및 중앙아시아의 풍물을 기록한 『왕오천축국전』 저술

→ 산세와 수세를 살펴 도읍, 주택, 묘지 등을 선정하는 인문 지리적 학설 ➡ 예언적 도참 신앙과 결부

3. 도교와 풍수지리 사상

도교	통일 신라	• 김유신 묘의 12지 신상 • 최치원의 난랑비문(화랑도 정신에 유교·불교·도교가 있음을 서술)
	발해	정효 공주 비문(불로장생 사상)
풍수지리 사상		신라 말(하대) 도선 등 선종계 승려에 의해 도입 ➡ 경주 중심의 지리 개념에서 벗어나 다른 지방의 중요성 자각 ➡ 호족 지지, 신라 중앙 정부의 권위 약화

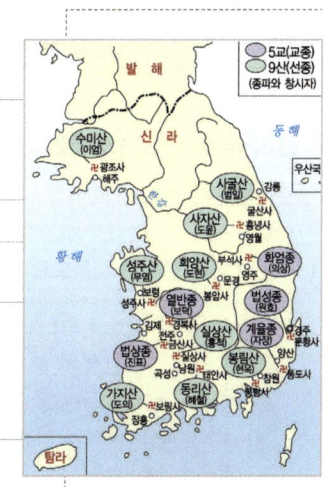

◆ 5교와 9산 선문

◆ 쌍봉사 철감선사 승탑
(전남 화순)

✱ 아미타 신앙
현세를 고해로 여기고 아미타불이 살고 있다는 서방 정토(西方淨土), 곧 극락으로 왕생하기를 기원하는 신앙

✱ 관음 신앙
자비의 화신인 관세음보살을 일심으로 염불함으로써 구원을 얻고자 하는 불교 신앙의 한 형태

한능검 쏙쏙 자료

1. 원효의 정토종
원효는 언제나 술에 취한 채 방방곡곡의 촌락을 누비며 노래를 부르고 춤추고 불도(佛道)를 전하였다. 이 때문에 뽕 따는 늙은이에서부터 무뢰배에 이르기까지 부처님의 명호를 외우고, 나무아미타불(南無阿彌陀佛)이라는 합장을 미덕으로 알았으니, 원효의 교화가 참으로 컸다고 하겠다. 「삼국유사」

2. 의상의 화엄 사상
하나 안에 일체(一切)이며 다(多) 안에 하나요[一中一切多中一],
하나가 곧 일체(一切)이며 다(多)가 곧 하나이다[一卽一切多卽一].
하나의 미진(微塵) 가운데 십방(十方)을 포함하고[一微塵中含十方],
일체(一切)의 진(塵) 가운데서도 역시 이와 같다[一切塵中亦如是]. 「화엄일승법계도」

3. 최치원의 난랑비 서문
나라에 현묘(玄妙)한 도가 있으니 풍류(風流)라 한다. 실로 이는 삼교(三敎)를 포함하고 뭇 백성들을 교화한다. 이를테면 들어와서는 집안에서 효를 행하고 나가서는 나라에 충성함은 노나라 사구(司寇)의 가르침이고, 하였다고 자랑함이 없는 일을 하고 말 없는 가르침을 행함은 주나라 주사(柱史)의 뜻이며, 모든 악을 짓지 말고 모든 선을 받들어 행하라 함은 축건태자(竺乾太子)의 교화이다.

테마 12 실전문제

신라 주요 승려의 이해

주요 정답 키워드 # 황룡사 9층 목탑 # 세속 오계

1. (가)~(마)에 들어갈 내용으로 옳은 것은? ▶ 40회

〈2018년도 하계 한국사 강좌〉
인물로 보는 신라 불교사

우리 학회에서는 신라 승려들의 활동을 통해 불교사의 흐름을 파악하는 자리를 마련하였습니다. 관심 있는 분들의 많은 참여를 바랍니다.

◈ 강좌 주제 ◈

제1강 원광,	(가)
제2강 자장,	(나)
제3강 원효,	(다)
제4강 의상,	(라)
제5강 도선,	(마)

• 기간: 2018년 ○○월 ○○일~○○월 ○○일 매주 목요일 오전 10시
• 장소: □□박물관 대강당
• 주최: △△학회

① (가) - 풍수지리설을 들여오다
② (나) - 황룡사 구층 목탑 건립을 건의하다
③ (다) - 영주에 부석사를 창건하다
④ (라) - 세속 오계를 제시하다
⑤ (마) - 대승기신론소를 저술하다

의상의 업적

주요 정답 키워드 # 관음 신앙 # 화엄종 # 화엄 사상

2. (가) 인물에 대한 설명으로 옳은 것은? ▶ 41회

(가) 은/는 열 곳의 절에서 교(敎)를 전하게 하니 태백산의 부석사, …… 남악의 화엄사 등이 그것이다. 또한 법계도서인(法界圖書印)을 짓고 아울러 간략한 주석을 붙여 일승(一乘)의 요점을 모두 기록하였다. …… 법계도는 총장(總章) 원년 무진(戊辰)에 완성되었다.
「삼국유사」

① 황룡사 구층 목탑의 건립을 건의하였다.
② 무애가를 지어 불교 대중화에 노력하였다.
③ 보현십원가를 지어 불교 교리를 전파하였다.
④ 인도와 중앙아시아를 다녀와서 왕오천축국전을 남겼다.
⑤ 현세의 고난에서 구제받고자 하는 관음 신앙을 강조하였다.

한눈에 보는 해설

(가)~(마)에 들어갈 내용으로 옳은 것은?

◈ 강좌 주제 ◈

제1강 원광,	(가)
제2강 자장,	(나)
제3강 원효,	(다)
제4강 의상,	(라)
제5강 도선,	(마)

②진골 출신 승려 자장은 당으로 유학을 다녀온 후, 선덕 여왕에게 황룡사 9층 목탑 건립을 건의하였다.

선지 분석하기
① (가) - 풍수지리설을 들여오다 ➡ 도선
③ (다) - 영주에 부석사를 창건하다 ➡ 의상
④ (라) - 세속 오계를 제시하다 ➡ 원광
⑤ (마) - 대승기신론소를 저술하다 ➡ 원효

한눈에 보는 해설

→의상
(가) 인물에 대한 설명으로 옳은 것은?

(가) 은/는 열 곳의 절에서 교(敎)를 전하게 하니 태백산의 부석사, …… 남악의 화엄사 등이 그것이다. 또한 법계도서인(法界圖書印)을 짓고 아울러 간략한 주석을 붙여 일승(一乘)의 요점을 모두 기록하였다. …… 법계도는 총장(總章) 원년 무진(戊辰)에 완성되었다. →「화엄일승법계도」 「삼국유사」

⑤의상은 현세에서 고난을 구제받고자 하는 관음 신앙을 백성에게 전파하여 고통받는 백성에게 삶의 희망을 안겨 주었다.

선지 분석하기
① 황룡사 구층 목탑의 건립을 건의하였다. ➡ 자장
② 무애가를 지어 불교 대중화에 노력하였다. ➡ 원효
③ 보현십원가를 지어 불교 교리를 전파하였다. ➡ 고려의 균여
④ 인도와 중앙아시아를 다녀와서 왕오천축국전을 남겼다. ➡ 혜초

불교 문화유산의 이해

주요 정답 키워드 # 팔각 원당형 승탑 # 신라 하대 선종

3. (가)에 들어갈 문화유산으로 옳은 것은? ▶36회

문화유산 카드

(가)
- 종목: 국보 제57호
- 장소: 전라남도 화순군 쌍봉사
- 소개: 철감선사 도윤의 사리를 모신 팔각 원당형의 승탑으로 뛰어난 조형미를 갖추고 있다. 신라 하대 선종의 유행과 깊은 관련이 있는 문화유산이다.

①  ②  ③

④  ⑤

한눈에 보는 해설

→ 쌍봉사 철감선사 승탑

(가)에 들어갈 문화유산으로 옳은 것은?

(가)
- 종목: 국보 제57호
- 장소: 전라남도 화순군 **쌍봉사**
- 소개: **철감선사** 도윤의 **사리**를 모신 **팔각 원당형의 승탑** 으로 뛰어난 조형미를 갖추고 있다. **신라 하대 선종의 유행** 과 깊은 관련이 있는 문화유산이다.

①  ➡ 쌍봉사 철감선사 승탑

선지 분석하기

②  ③  ④  ⑤

➡ 불국사 다보탑 ➡ 발해 석등 ➡ 화엄사 각황전 앞 석등 ➡ 월정사 8각 9층 석탑(고려)

도교 문화유산의 이해

주요 정답 키워드 # 산수문전(산수무늬 벽돌) # 금동 대향로

4. 다음 기획전에 전시될 문화유산으로 적절한 것을 <보기>에서 고른 것은? ▶45회

특별 기획전

문화유산을 통해 보는 백제의 도교 문화

도교는 삼국 시대에 전래되어 우리나라 문화에 많은 영향을 주었습니다. 우리 △△박물관에서는 백제의 도교 문화를 살펴볼 수 있는 특별 기획전을 마련하였습니다. 많은 관람 바랍니다.

■ 기간: 2019년 ○○월 ○○일 ~ ○○월 ○○일
■ 장소: △△박물관 기획 전시실

<보기>

ㄱ ㄴ ㄷ ㄹ

① ㄱ, ㄴ   ② ㄱ, ㄷ   ③ ㄴ, ㄷ
④ ㄴ, ㄹ   ⑤ ㄷ, ㄹ

한눈에 보는 해설

다음 기획전에 전시될 문화유산으로 적절한 것을 <보기>에서 고른 것은?

문화유산을 통해 보는 백제의 도교 문화

도교는 삼국 시대에 전래되어 우리나라 문화에 많은 영향을 주었습니다. 우리 △△박물관에서는 **백제의 도교 문화**를 살펴볼 수 있는 특별 기획전을 마련하였습니다. 많은 관람 바랍니다.

ⓝ백제의 산수무늬 벽돌(산수문전)과 ⓔ백제의 (용봉) 금동 대향로에는 도교 사상이 반영되어 있다.

선지 분석하기

ㄱ  ㄷ

➡ 금관가야 갑옷 (김해 대성동 고분군) ➡ 연가 7년명 금동 여래 입상 (고구려 불상)

테마 13 고대의 문화(2)

출제 POINT
나라별 주요 문화재와 특징을 찾는 문제가 출제된다.

＊ 돌무지무덤
돌을 쌓아 만든 무덤 양식(적석총)

＊ 굴식 돌방무덤
흙으로 덮은 무덤 안에 돌로 방과 통로를 만들어 관과 부장품을 보관하는 무덤 양식

＊ 돌무지덧널무덤
지상이나 지하에 덧널[郭, 관을 넣기 위한 보호 공간]을 설치하여 관과 부장품을 넣고 덧널 위에 댓돌을 쌓아 올린 후 흙을 덮은 무덤 양식

1 고분과 고분 벽화 ★★★

고구려	• 초기: **돌무지무덤**＊(장군총) • 후기: **굴식 돌방무덤**＊[벽화 ○, 강서대묘(사신도 ➡ 도교 영향), 쌍영총(인물도 등), 무용총(무용도, 수렵도)]
백제	• 한성 시대: **계단식 돌무지무덤**(서울 석촌동 고분군) ➡ 백제 건국 세력이 고구려 계통임을 알려줌. • 웅진 시대: 공주 송산리 고분군 – 굴식 돌방무덤, **벽돌무덤**(중국 남조의 영향, 대표 무덤: 무령왕릉) 　**cf** 무령왕릉: **피장자 확인(지석)**, 토지 매지권(율령 시행, 도교의 영향), 양나라 화폐, 일본산 소나무로 만든 관 출토 • 사비 시대: 부여 능산리 고분군 – 굴식 돌방무덤
신라	**돌무지덧널무덤**＊: 신라의 고유 고분 양식, 도굴이 어려운 구조로 껴묻거리 많이 발견, 벽화 × ➡ 천마총, 호우총, 황남대총 등　→호우명 그릇 발견　↳천마도(말그림) 발견
통일 신라	굴식 돌방무덤으로 변화 + 무덤 주변에 둘레돌을 두르고 12지 신상 조각(도교 영향)이 들어감.
발해	• **정혜 공주 묘**: 굴식 돌방무덤, 모줄임 천장 구조, 돌사자상 출토 ➡ 고구려 양식 • **정효 공주 묘**: 벽돌무덤, 벽화(인물도) ○ ➡ 당의 양식

◆ 장군총(길림성 집안)

◆ 투시도를 통해 본 굴식 돌방무덤의 구조(고구려 덕흥리 고분)

◆ 백제의 계단식 돌무지무덤 (서울 석촌동)

◆ 무령왕릉 현실　◆ 무령왕릉 지석

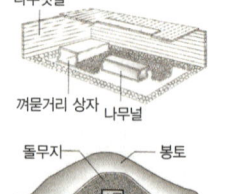
◆ 돌무지덧널무덤의 구조와 부분 명칭(천마총)

◆ 강서대묘의 현무도

◆ 무용총의 무용도 (중국 집안)

◆ 무용총의 수렵도(중국 집안)

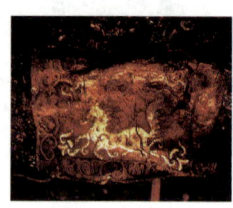
◆ 천마총의 천마도(국립 경주 박물관 소장)

2 건축·불상·탑 ★★★

고구려	불상: 연가 7년명 금동 여래 입상
백제	• 불상: 서산 마애 삼존 불상 • 탑: **익산 미륵사지 석탑**(현존 最古의 목탑 양식의 석탑), **정림사지 5층 석탑**(목탑 양식)
신라	• 불상: 경주 배동 석조 여래 삼존 입상 • 탑: **황룡사 9층 목탑**(자장의 건의), 분황사 모전 석탑

→ 당나라 장수 소정방이 '백제를 정벌한 기념탑' 이라는 뜻의 글을 이 탑에 남겨 놓아, 한때 '평제탑 (平濟塔)'이라 수모를 겪음.

cf 삼국 공통: 금동 미륵보살 반가 사유상

◆ 연가 7년명 금동 여래 입상(경남 의령)

◆ 서산 마애 삼존 불상 (충남 서산)

◆ 미륵사지 석탑 (전북 익산)

◆ 정림사지 5층 석탑 (충남 부여)

◆ 분황사 모전 석탑 (경북 경주)

통일 신라		• 건축: **불국사**[불국토의 이상 표현, **불국사 3층 석탑**(석가탑), 다보탑], **석굴암**(인공 석굴 사원), 안압지 등 (→ 무구 정광 대다라니경 출토) • 불상: 석굴암 본존불, 철원 도피안사 비로자나불 • 탑 ┬ 중대: 감은사지 3층 석탑, 불국사 3층 석탑, 화엄사 4사자 3층 석탑 등 ➡ **높은 기단 위에 3층 석탑** 　　└ 하대: 진전사지 3층 석탑 ➡ 탑 표면에 불상 부조 • **승탑**: 양양 진전사지 승탑, 화순 **쌍봉사 철감선사 승탑** 등 ➡ **선종**의 영향, 8각 원당 형태(기본)
발해		• 불상: 이불병좌상 ➡ 고구려 영향 • 탑: 영광탑(벽돌탑) ➡ 중국이나 (통일)신라 영향 • 석등

✦ 발해의 이불병좌상 (동경 용원부)

✦ 석굴암 본존불(경주)　✦ 감은사지 3층 석탑 (경주)　✦ 불국사 3층 석탑 (석가탑, 경주)　✦ 진전사지 3층 석탑 (양양)　✦ 쌍봉사 철감선사 승탑 (화순)

✦ 발해 영광탑(중국 길림성)

3 과학 기술과 예술

구분	천문학	음악	기타
고구려	천문도(고분 벽화의 별자리 그림)	거문고(왕산악)	제철 기술 발달: 우수한 철제 무기와 도구, 야철신(집안 오회분 4호묘 벽화)
백제	• 역박사 제도 마련 • 일관부(천문 관장) 설치		• 제철 기술 발달: 칠지도(4세기 후반) • 금속 공예 기술: 금동 대향로
신라	**첨성대**(선덕 여왕, 현존 最古의 천문대)	방아 타령(백결)	• 금관(금 · 은 세공) • 유리 사용
통일 신라	해시계, 물시계	『삼대목』 (향가집, 현존 ✕)	• **무구 정광 대다라니경**(8세기 초): **현존 最古 목판 인쇄물**, 불국사 3층 석탑(석가탑)에서 발견 • 성덕 대왕 신종: 경덕왕 때 시작~혜공왕 때 완성

✦ 발해 석등(상경 용천부)

4 우리 문화의 일본 전파 ✦

삼국 문화 ➡ 일본 아스카 문화에 영향을 줌, 통일 신라 문화 ➡ 일본 하쿠호 문화에 영향을 줌.

		일본
고구려	• **담징**: 일본에 종이 · 먹 제조법과 5경 전래, 호류사 금당 벽화 그림. • **혜자**: 쇼토쿠 태자의 스승	• 교토 광륭사(고류사) 미륵보살 반가 사유상(일본 국보 제1호): 일본 고대 불상에서 볼 수 없는 적송(赤松)으로 만듦. • 호류사의 백제 관음상
백제	• 아직기, 왕인(4세기): 일본에 한자 및 유교 경전 전파 • **노리사치계**(6세기 성왕): 불교 최초 전파	
신라	조선술, 축제술 ➡ 한인의 연못	

✦ 교토 광륭사 미륵보살 반가 사유상　✦ 호류사의 백제 관음상

테마 13 실전문제

고분의 특징

주요 정답 키워드 # 돌무지덧널무덤 # 굴식 돌방무덤 # 벽화 # 모줄임 천장 구조

1. (가), (나) 무덤 양식에 대한 설명으로 옳은 것은? ▶ 38회

〈삼국 시대의 무덤〉

양식	(가)	(나)
구조	돌무지 / 봉토 / 나무덧널 / 나무널	봉토 / 널길 / 널방
	나무로 덧널을 만들고 그 위에 돌을 쌓은 후 흙을 덮은 무덤이다.	돌로 널길과 널방을 만들고 그 위에 흙을 덮은 무덤이다.

① (가) - 모줄임 천장 구조로 되어 있다.
② (가) - 무덤의 둘레돌에 12지 신상을 새겼다.
③ (나) - 대표적인 무덤으로 황남대총이 있다.
④ (나) - 내부의 천장과 벽에 그림을 그리기도 하였다.
⑤ (가), (나) - 중국 남조의 영향을 받아 만들어졌다.

한눈에 보는 해설

→ (가) 돌무지덧널무덤, (나) 굴식 돌방무덤

(가), (나) 무덤 양식에 대한 설명으로 옳은 것은?

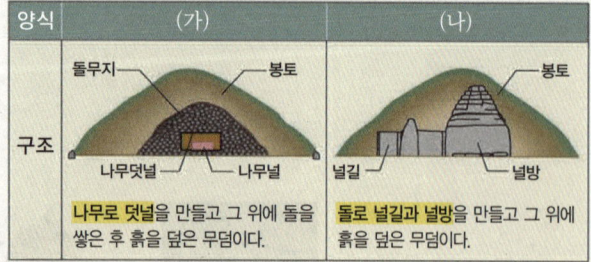

④ 고구려 후기 무덤인 굴식 돌방무덤은 흙으로 덮은 무덤 안에 돌로 방과 통로를 만들어 관과 부장품을 보관하는 무덤 양식으로, 무덤 내부의 벽과 천장에 벽화가 그려져 있는 것이 특징이다.

선지 분석하기

① (가) - 모줄임 천장 구조로 되어 있다. ➡ 고구려의 굴식 돌방무덤의 특징
② (가) - 무덤의 둘레돌에 12지 신상을 새겼다. ➡ 통일 신라의 굴식 돌방무덤의 특징
③ (나) - 대표적인 무덤으로 황남대총이 있다. ➡ 신라의 돌무지덧널무덤
⑤ (가), (나) - 중국 남조의 영향을 받아 만들어졌다. ➡ 벽돌무덤(백제의 무령왕릉)

고구려 고분 벽화의 이해

주요 정답 키워드 # 씨름도 # 무용총 # 사신도

2. 다음 특별전에 전시될 사진으로 적절하지 않은 것은? ▶ 42회

특별전
고분 벽화를 통해 본 고구려인의 삶

우리 학교 역사 탐구 동아리에서 고구려의 고분 벽화 사진들을 모아 특별전을 마련하였습니다. 관심 있는 학생들의 많은 관람 바랍니다.

● 기간: 2019년 ○○월 ○○일~○○일
● 장소: 본관 3층 역사 탐구 동아리방

①  ②
③  ④
⑤

한눈에 보는 해설

다음 특별전에 전시될 사진으로 적절하지 않은 것은?

고분 벽화를 통해 본 고구려인의 삶
우리 학교 역사 탐구 동아리에서 **고구려의 고분 벽화 사진**들을 모아 특별전을 마련하였습니다. 관심 있는 학생들의 많은 관람 바랍니다.

⑤ 고려의 문신 박익 무덤(경남 밀양시)에서 발견된 벽화로, 고려 말 제사 의식과 의복 등의 생활 모습을 보여 주고 있다.

선지 분석하기

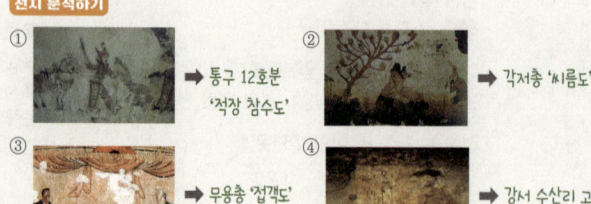

① ➡ 통구 12호분 '적장 참수도'
② ➡ 각저총 '씨름도'
③ ➡ 무용총 '접객도'
④ ➡ 강서 수산리 고분 '교예도'

신라의 문화유산

주요 정답 키워드 # 무구 정광 대다라니경 # 평제탑 # 선종 # 모전 석탑

3. (가)~(다)에 대한 설명으로 옳은 것은? ▶72회

① (가) - 내부에서 무구정광대다라니경이 발견되었다.
② (가) - 1층 탑신에 당의 장수 소정방의 명으로 새긴 글이 있다.
③ (나) - 자장의 건의로 건립되었다.
④ (나) - 돌을 벽돌 모양으로 다듬어 쌓았다.
⑤ (다) - 선종의 영향을 받아 만들어졌다.

발해의 문화유산

주요 정답 키워드 # 영광탑 # 고구려 양식 계승

4. (가) 국가의 문화유산으로 옳은 것은? ▶42회

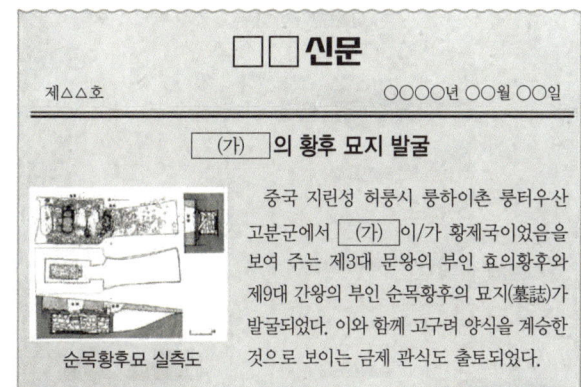

①  ②  ③
④  ⑤

빈출 키워드

출제순위 1 정치 # 성종 # 거란 # 무신 정변

출제순위 2 문화 # 봉정사 극락전 # 의천과 지눌 # 부석사 소조 아미타여래 좌상

출제순위 3 경제 # 전시과 # 고려 경제 활동 # 은병(활구)

한능검 최근 3개년 출제 분석

시대 구분	시대별 출제문항수/전체 출제문항수
선사 및 초기 국가	34 / 800
고대 사회	110 / 800
중세 사회	137 / 800
근세 사회(조선 전기)	77 / 800
근대 태동기(조선 후기)	90 / 800
근대 사회 발전기	116 / 800
민족 독립운동기	107 / 800
현대 사회	97 / 800
통합	32 / 800

137(17%)

최근 3년(57회~72회) 800문항을 분석한 결과 중세 사회는 137문제(17%)가 출제되었습니다. 출제 순위는 정치사가 1위, 문화사가 2위입니다.

PART 03

중세 사회

테마14 고려의 후삼국 통일과 기틀 마련
테마15 통치 제도의 마련
테마16 문벌 귀족 사회의 성립과 무신 정권
테마17 고려의 대외 관계
테마18 원 간섭기와 반원 자주 정책
테마19 고려의 사회
테마20 고려의 경제
테마21 고려의 문화(1)
테마22 고려의 문화(2)

테마 14 고려의 후삼국 통일과 기틀 마련

> **출제 POINT**
> 후백제 견훤과 후고구려 궁예의 활동 및 고려 초기 주요 왕의 업적을 묻는 자료 제시형 문제가 주로 출제된다.

고려 초기 주요 연표
- 900 ○ 후백제 건국
- 901 ○ 후고구려 건국
- 918 ○ 고려 건국
- 926 ○ 발해 멸망
- 935 ○ 신라 멸망
- 936 ○ 고려, 후삼국 통일
- 956 ○ 광종, 노비안검법 실시
- 958 ○ 광종, 과거 제도 실시
- 963 ○ 성종, 12목, 2성 6부 설치

1 고려의 후삼국 통일 과정 ★

1. **왕건의 등장**: 송악(개성)의 호족 출신 (지방에서 성장한 반(半)독립적 세력) ➡ 예성강 유역의 해상 세력과 연합하여 세력을 강화 ➡ 후고구려 궁예의 부하가 된 후 금성(나주), 진도 등을 차례로 점령

2. **고려의 성립(918)**: 궁예를 몰아내고 철원에서 고려 건국(918) ➡ 송악(개성)으로 천도(919)

3. **후삼국 통일 과정**: 발해 멸망(926) ➡ 후백제의 신라 금성(경주) 공격, 경애왕 살해(927) ➡ 공산(대구) 전투(후백제 vs 고려, 927) ➡ 고창(안동) 전투(후백제 vs 고려, 930) ➡ 발해 왕자 대광현, 고려에 귀순(934) ➡ 신라 경순왕, 고려에 항복(935) ➡ 견훤, 고려에 투항(936) ➡ 선산 일리천 전투(신검의 후백제 vs 고려, 936) ➡ ∴ 고려의 후삼국 통일(936) 완성

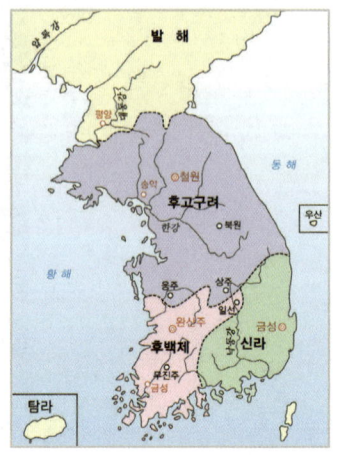

◆ 후삼국의 성립

2 고려 전기의 주요 왕(10~11C) ★★★

1. 태조(1대, 918~943): 개혁 정치

민생 안정책	조세 감면(1/10), 흑창(춘대추납의 빈민 구제 제도) 설치
북진 정책	• 고구려 계승 이념을 토대로 북방 영토 확장 ➡ 태조 말년에 청천강까지 진출 • 서경(평양) 중시(➡ 북진 정책의 발판) • 거란에 대한 강경책(만부교 사건*), 고구려계 발해 유민 포섭
호족 정책	호족 회유책	중앙 관리로 수용, 정략결혼, 사성(賜姓) 정책(왕씨 성을 줌), 지방 호족에게는 지방 자치 허용
	호족 견제책	• 기인 제도: 지방 호족의 자제를 개경에 인질로 머무르게 함(cf 신라 상수리 제도) • 사심관 제도: 중앙 고관을 자기 출신지의 사심관으로 임명, 지방 호족과 연대책임지게 함
왕권 안정책	훈요 10조를 남겨 후대 왕들이 지켜야 할 정책 방향 제시
기타	연등회·팔관회 중시(숭불 정책), 역분전 지급(공신 지급, 경기 대상)

※ 만부교 사건
태조 왕건이 거란의 친교 요구를 강력하게 거부한 사건(p.84 참고)

◆ 왕건 상 | 1993년 북한 개성 현릉(태조의 능) 보수 공사 중 발견. 머리에 쓴 관은 황제를 상징하는 통천관으로 고려가 황제 국가를 표방하였음을 알려 줌.

2. 광종(4대, 949~975): 왕권 강화책

왕권 강화책	• 노비안검법(956): 불법으로 노비로 전락한 사람을 양인으로 환원시켜 준 제도 • 과거 제도 실시(958): 후주의 귀화인 쌍기의 건의로 수용 ➡ 신·구 세력 교체 • 공복 제정(960): 자(紫)·단(丹)·비(緋)·녹(綠)색으로 관리의 복색 구분 • 자주성 과시: 칭제건원(스스로 황제라 칭함), 독자적인 연호(광덕·준풍) 사용, 개경을 황도(皇都), 서경을 서도라 함.
민생 안정책	제위보 설치(963): 빈민 구제 기금
숭불 정책	승과 제도 실시, 균여를 통해 교종 통합 시도(귀법사 창건)
대외 정책	송과 국교 수립(962)

3. 성종(6대, 981~997): 유교적 중앙 집권 체제의 확립

유교 정치 체제의 지향	최승로의 시무 28조* 채택 ➡ 유교 정치에 입각한 중앙 집권 관료 체제 확립
중앙 정치 제도 정비	2성 6부의 중앙 관제 정비
지방 제도 정비	12목 설치 ➡ 지방관 파견(최초), 향리 제도 정비
교육 시설	국자감 설치(개경), 12목에 경학·의학박사 파견
민생 안정책	• 의창: 춘대추납의 빈민 구제 제도, 전국 각 주에 설치 • 상평창: 풍년에 곡식을 사들이고, 흉년에 싸게 팔아 물가 조절을 하는 기관, 개경·서경·12목에 설치
기타	• 노비환천법: 양민이 된 구 노비 중 치안을 어지럽히는 자를 선별하여 다시 노비로 돌려놓는 제도 • 화폐: 건원중보 주조, but 유통 실패

4. 현종(8대, 1009~1031): 지방 제도의 완성

지방 제도 개편	경기, 5도(일반적 행정 구역)와 양계(군사적 행정 구역) 설치
대외 정책	• 거란의 침입: 2차-양규, 3차-강감찬의 귀주 대첩(1019) • 거란 침입 후 대책: 개경에 나성 축조 cf 천리장성 축조[덕종 2년(1033)~정종 10년(1044)]
기타	• 『7대 실록』 편찬(현존 ×) • 초조대장경 조판[현종 2년(1011)~선종 4년(1087?)]

5. 문종(11대, 1046~1083): 중앙 정치의 완성

주요 정책	• 경정 전시과 실시(1076): 현직 관료에게 수조권 지급 • 녹봉 제도 정비: 현직 관리에게 쌀, 보리, 베, 비단 등 현물 지급(1년에 2번) • 남경 설치: 한양에 남경 설치

✱ 최승로의 시무 28조 구조

1. 역대 왕들의 업적 평가(= 5조 치적평)
2. 앞으로의 정책 제시(= 시무 28조)
   - 유교를 정치 이념으로 채택('유교는 치국의 본, 불교는 수신의 본') ➡ 불교 행사 축소(연등회, 팔관회 일시 폐지)
   - 지방관 파견 ➡ 호족 견제(호족의 향리화, 중앙 집권 도모)
   - 전제 왕권 규제 ➡ 문벌 귀족 정치 [종기] 도병마사, 식목도감, 대간 제도

◆ 건원중보

한능검 쏙쏙 자료

1. 태조의 기인 제도와 사심관 제도
- 건국 초에 향리의 자제를 뽑아 서울에 볼모로 삼고, 또한 출신지의 일에 대하여 자문에 대비하게 하였는데, 이를 기인이라 한다. 『고려사』
- 태조 18년 신라왕 김부(경순왕)가 항복해 오니 신라국을 없애고 경주라 하였다. (김)부로 하여금 경주의 사심이 되어 부호장 이하의 (임명을) 맡게 하였다. 『고려사』

2. 광종의 과거 제도
왕이 쌍기를 등용한 것을 옛 글대로 현인을 발탁함에 제한을 두지 않은 것이라 평가할 수 있을까. 쌍기가 인품이 있었다면 왕이 참소를 믿어 형벌을 남발하는 것을 왜 막지 못했는가. 과거를 설치하여 선비를 뽑은 일은 왕이 본래 문(文)을 써서 풍속을 변화시킬 뜻이 있는 것을 쌍기가 받들어 이루었으니 도움이 없다고는 할 수 없다. 『고려사』

3. 최승로의 시무 28조
- 7조 국왕이 백성을 다스림은 집집마다 가서 날마다 일을 보는 것이 아닙니다. …… 청컨대 외관을 두소서.
- 20조 불교를 행하는 것은 수신(修身)의 본(本)이요, 유교를 행하는 것은 치국(治國)의 근원(根源)입니다. 치국은 금일(今日)의 요무(要務)로서 금일은 지극히 가깝고 내생은 지극히 먼 것인데, 가까움을 버리고 지극히 먼 것을 구함은 또한 잘못이 아니겠습니까?

훈요 10조

태조 26년(943)에 대광 박술희에게 찬수한 것으로, 대통을 이을 후대 임금의 명심 사항을 제시한 것이다.

- 왕위 계승은 맏아들 세습을 원칙으로 하되 마땅하지 아니할 때는 형제 상속도 가능함.
- 우리나라는 풍습과 인성이 중국과 다르므로 중국 문화를 반드시 따를 필요가 없으며, 거란은 언어와 풍속이 다른 짐승과 같은 나라이므로 거란의 제도를 따르지 말 것
- 서경은 길지이니 순수(巡留)하여 안녕을 이루게 할 것
- 연등회와 하늘, 오악(五嶽), 대천(大川), 용신(龍神)을 섬기는 팔관회를 성실히 지킬 것
- 차현(車峴, 차령) 이남과 공주강(금강) 밖은 산지의 형세가 모두 거슬리는 방향으로 달리고 있으니 그곳 인심도 마땅히 그러할 것이다. 따라서 그 지역 인물은 조정에 등용하지 말 것

『고려사』, 『고려사절요』

테마 14 실전문제

견훤의 업적
주요 정답 키워드 # 경애왕 습격 # 공산 전투 승리

1. (가) 인물에 대한 설명으로 옳은 것은? ▶ 72회

① 훈요 10조를 남겼다.
② 경주의 사심관으로 임명되었다.
③ 금마저에 미륵사를 창건하였다.
④ 완산주를 도읍으로 삼아 나라를 세웠다.
⑤ 광평성을 비롯한 정치 기구를 마련하였다.

궁예의 업적
주요 정답 키워드 # 광평성 # 마진 # 철원 천도

2. (가) 인물에 대한 설명으로 옳은 것은? ▶ 40회

① 후당, 오월에 사신을 파견하였다.
② 광평성 등 각종 정치 기구를 마련하였다.
③ 일리천 전투에서 왕건의 고려군에게 패배하였다.
④ 정계와 계백료서를 지어 관리의 규범을 제시하였다.
⑤ 완도에 청해진을 설치하여 해상 무역을 전개하였다.

태조와 광종의 업적

주요 정답 키워드 # 흑창 / # 광종의 연호(광덕·준풍) # 쌍기

3. (가), (나) 왕이 실시한 정책으로 옳은 것은? ▶ 39회

> 백제의 견훤은 흉포하고 무도하며, 난을 일으키기를 좋아하여 임금을 죽이고 백성들에게 가혹하게 하였습니다. (가) 께서 이를 듣고 잠을 자고 식사를 할 겨를도 없이 군사들을 이끌고 가서 토벌하여 마침내 위태로운 나라를 구하였으니, 그 옛 임금을 잊지 않고 기울어지고 위태로웠던 신라를 바로잡고 도우심이 또한 이러하였습니다. …… (나) 께서는 정종의 고명(顧命)을 받으셨는데 …… 쌍기가 투탁하여 온 이후로는 문사(文士)를 존숭하고 중히 여겨 은혜를 베풀고 예우함이 과도하게 후하였습니다.

① (가) - 흑창을 설치하여 민생을 안정시켰다.
② (가) - 광덕, 준풍 등의 독자적인 연호를 사용하였다.
③ (나) - 12목을 설치하고 지방관을 파견하였다.
④ (나) - 상수리 제도를 실시하여 지방 세력을 통제하였다.
⑤ (가), (나) - 현직 관리에게 전지와 시지를 지급하였다.

고려 성종의 업적

주요 정답 키워드 # 향리제 # 최승로의 시무 28조 # 경학박사·의학박사 파견

4. 다음 장면에 등장하는 왕이 추진한 정책으로 옳은 것은? ▶ 46회

> 몇 해 전에 설치한 12목에 경학박사와 의학박사를 각 1명씩 파견하여 지방의 인재를 가르치고 깨우칠 수 있도록 하라. 아울러 지방관들은 지역의 인재를 중앙으로 천거하도록 하여 이것을 항구적인 법식으로 삼도록 하라.

① 지방 세력 통제를 위해 향리제를 정비하였다.
② 주전도감을 설치하여 해동통보를 발행하였다.
③ 쌍기의 건의를 받아들여 과거제를 실시하였다.
④ 정계와 계백료서를 지어 관리의 규범을 제시하였다.
⑤ 국자감을 성균관으로 개칭하고 유학 교육을 강화하였다.

테마 15. 통치 제도의 마련(중앙·지방·군사·과거 제도)

출제 POINT
지도와 사료 등의 관련 자료를 제시한 후 특정 제도의 성격을 묻는 문제가 주로 출제된다.

1 중앙 정치 제도: 2성 6부 ★

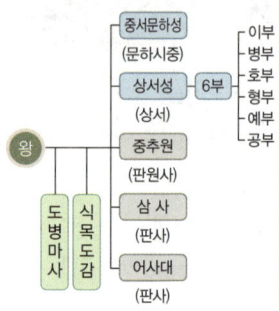

◀ 고려의 중앙 관제

2성 6부	• 당의 3성 6부 영향 ➡ 2성 6부 운영 • **중서문하성**: 최고 관청, 재신(2품 이상) + 낭사(3품 이하)로 구성 • **상서성**(정책 집행): 6부(실제 정무 분담) 관장 • 6부 ┬ 이부(吏部): 문관 인사, 공훈 등에 관한 일 　　　├ 병부(兵部): 무관 인사, 국방, 우역 등에 관한 일 　　　├ 호부(戶部): 공납과 호구 조사, 전곡(화폐·곡식) 등에 관한 일 　　　├ 형부(刑部): 법률, 소송, 노비 등에 관한 일 　　　├ 예부(禮部): 의례, 외교, 교육, 과거 등에 관한 일 　　　└ 공부(工部): 토목, 건축, 도량형 등에 관한 일	
중추원	• **왕명 출납**, **군사 기밀**, 왕실 호위 담당 • 추밀(군국기무, 2품 이상) + 승선(왕명 출납, 3품)으로 구성	송의 영향
삼사	화폐·곡식의 출납과 회계 담당　**cf** 조선의 삼사와 다름.	
어사대	**풍기 단속**, **관리 감찰**	
도병마사	• **국방 문제 등 국가 중대사를 결정한 합의 기구** • 중서문하성의 **재신**(2품 이상)과 중추원의 **추밀**(2품 이상)로 구성	
식목도감	법 제정이나 각종 시행 규정을 다루던 합의 기구(도병마사와 구성원 동일)	
대간	• 구성: 중서문하성의 낭사 + 어사대 • 권한: 간쟁(왕의 잘못 직언), 봉박(잘못된 왕명 돌려보냄), **서경**(관리 임면 동의권)	

2 지방 정치 제도 ★★

1. 정비 과정
(1) 태조~경종: 지방 자치 허용
(2) 성종: 전국에 12목 설치, 지방관 파견 ➡ 현종: 경기★, 5도 양계 설치

★ 경기
개경을 포함한 행정 구역으로서 개경부(중앙)에서 직접 통제함.

◆ 고려의 5도 양계

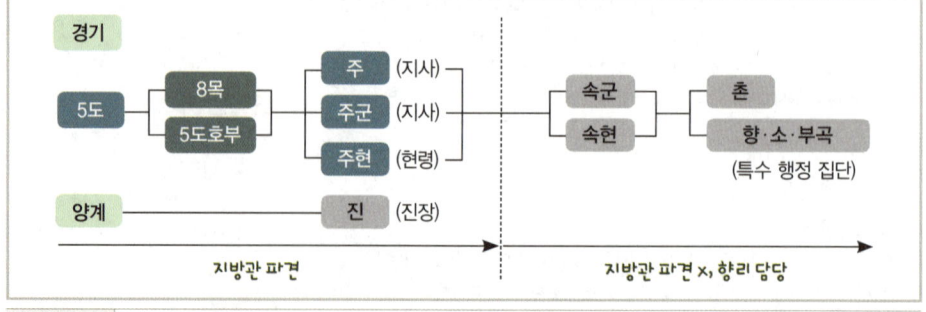

5도	• 일반적 행정 구역: 경기 제외, 양광·경상·전라·서해·교주도 • 지방관: **안찰사** 파견 • 속군·속현 존재: 지방관이 파견된 주현보다 지방관이 파견되지 않은 속군·속현이 더 많음. ➡ 실제 행정은 향리가 담당

양계	• 군사적 행정 구역(동계, 북계) • 지방관: 병마사 파견
3경	• 전기: 개경(개성), 서경(평양), 동경(경주) ➡ 후기: 개경, 서경, 남경(서울, 문종 때 설치) • 서경: 분사 제도* 설치
향·부곡·소	• 특수 행정 구역 • 일반 군현민보다 차별을 받으면서도 세금 부담은 더 많음. • 향·부곡: 농업 종사, 소: 수공업 종사
향리	향촌 사회의 지배층인 토착 세력으로 실제 행정 업무 담당, 외역전 지급

✻ 분사 제도
개경의 행정 기구와 대등한 독립된 행정 기구로 서경에 설치 ➡ 묘청의 난을 계기로 독립성 폐지 ➡ 조위총의 난을 계기로 완전 붕괴, 토관직으로 격하

3 군사 제도

중앙군(정치적 성격, 군인전 지급)과 지방군(국방적 성격, 토지 지급 ×)의 2원적 구성

중앙군	2군	국왕의 친위 부대(응양군·용호군)
	6위	• 수도와 국경 방비 • 좌우위·신호위·흥위위(개경과 국경 방비), 금오위(경찰 임무), 천우위(의장대), 감문위(궁궐 수비)
	중방	2군 6위의 상장군·대장군 구성, 무신 최고 합의 기구 ➡ 무신 정변 이후 권력의 중추 기구
지방군	5도	주현군[보승군, 정용군, 일품군(노역 부대)]
	양계	주진군(초군, 좌군, 우군) – 상비군
특수군		광군(거란 방어) ➡ 별무반[여진 방어, 신기군(기병), 신보군(보병), 항마군(승병)] ➡ 삼별초(최우 집권 시 사병 집단으로 경찰·전투 등 공적 임무 수행, 몽골 방어)

4 과거 제도

종류	문과	• 제술과: 한문학으로 시험 ➡ 가장 중시 • 명경과: 유교 경전으로 시험
	잡과	기술관 등용, 의학·천문·음양지리 등
	승과	승려들에게 승계 지급, 선종시 + 교종시
	무과	없음. cf 무과는 공양왕 때(1392)에 처음 설치
응시 자격		• 법제적으로 양인 이상 가능, but 백정 농민은 대부분 잡과에 응시 • 천민, 승려의 자손 등은 과거 응시 제한
시행 시기		• 식년시: 3년마다 • 격년시: 부정기 시험
음서제		공신과 종실 자손, 5품 이상 고위 관료의 친속(아들, 손자, 외손자, 사위 등)에게 1인에 한하여 무시험 등용 제도 ➡ 요직 진출 가능

한능검 콕콕 사료

고려의 향리

신라 말에 여러 읍의 '토인(土人)'이 그 읍을 다스리고 호령하였는데 고려가 통합한 뒤에 직호를 내리고 그 고을의 일을 맡아보게 하니 치민자(治民者)를 호장(戶長)이라 하였다. 그 자제는 수도에 머물게 하여 인질로 삼고 왕의 관리를 보내 감독케 하였는데, 성종 때 왕의 관리인 감읍자(監邑者)에게 호장을 통제케 하고, 드디어 강등하여 향리로 만들었다.

「연조귀감」

테마 15 실전문제

중앙 정치 제도

주요 정답 키워드 # 서경권 행사 # 중서문하성 # 어사대 # 문하시중의 장

1. (가), (나) 기구에 대한 설명으로 옳은 것을 <보기>에서 고른 것은?
▶ 44회

이번에 (가) 의 수장인 문하시중의 자리에 오르셨다고 들었습니다. 영전을 축하드립니다.

고맙네. 자네가 (나) 에서 맡고 있는 어사대부 직책도 중요하니 열심히 하시게.

보기
ㄱ. (가) – 화폐, 곡식의 출납과 회계를 맡았다.
ㄴ. (가) – 국정을 총괄하는 최고 중앙 관서였다.
ㄷ. (나) – 원 간섭기에 도평의사사로 개편되었다.
ㄹ. (나) – 관리 임명에 대한 서경권을 행사하였다.

① ㄱ, ㄴ   ② ㄱ, ㄷ
③ ㄴ, ㄷ   ④ ㄴ, ㄹ
⑤ ㄷ, ㄹ

과거 제도

주요 정답 키워드 # 쌍기 # 음서 # 제술업 # 명경업

2. (가), (나) 제도에 대한 설명으로 옳은 것을 <보기>에서 고른 것은?
▶ 41회

(가) 제술업·명경업의 두 업(業)과 의업·복업(卜業)·지리업·율업·서업·산업(算業) …… 등의 잡업이 있었는데, 각각 그 업으로 시험을 쳐서 벼슬길에 나아가게 하였다. 「고려사」

(나) 무릇 조상의 공로[蔭]로 벼슬길에 나아가는 자는 모두 나이 18세 이상으로 제한하였다. 「고려사」

보기
ㄱ. (가) – 재가한 여자의 자손은 응시에 제한을 받았다.
ㄴ. (가) – 향리의 자제가 중앙 관직으로 진출하는 통로가 되었다.
ㄷ. (나) – 후주 출신 쌍기의 건의로 시작되었다.
ㄹ. (나) – 사위, 조카, 외손자에게 적용되기도 하였다.

① ㄱ, ㄴ   ② ㄱ, ㄷ
③ ㄴ, ㄷ   ④ ㄴ, ㄹ
⑤ ㄷ, ㄹ

한눈에 보는 해설

→ (가) 중서문하성, (나) 어사대

(가), (나) 기구에 대한 설명으로 옳은 것을 <보기>에서 고른 것은?

이번에 (가) 의 수장인 **문하시중**의 자리에 오르셨다고 들었습니다. 영전을 축하드립니다.
→ 중서문하성의 장(長)

고맙네. 자네가 (나) 에서 맡고 있는 **어사대부** 직책도 중요하니 열심히 하시게.
→ 어사대의 정3품 관직

ⓛ 중서문하성은 고려 최고의 정치 기구로 국정을 총괄하였다.
ⓡ 어사대와 중서문하성의 낭사(5품 이하 관리)로 구성된 대간은 서경권(관리 임면권)을 가지고 있었다.

선지 분석하기
ㄱ. (가) – 화폐, 곡식의 출납과 회계를 맡았다. ➡ 삼사
ㄷ. (나) – 원 간섭기에 도평의사사로 개편되었다. ➡ 도병마사

한눈에 보는 해설

→ (가) 과거제, (나) 음서

(가), (나) 제도에 대한 설명으로 옳은 것을 <보기>에서 고른 것은?

→ 고려 과거 제도 중 문과 시행의 종류
(가) **제술업·명경업**의 두 업(業)과 의업·복업(卜業)·지리업·율업·서업·산업(算業) …… 등의 **잡업**이 있었는데, 각각 그 업으로 시험을 쳐서 벼슬길에 나아가게 하였다. → 과거 제도 중 잡과 「고려사」

(나) 무릇 **조상의 공로[蔭]로 벼슬길에 나아가는 자**는 모두 나이 18세 이상으로 제한하였다. 「고려사」

ⓛ 고려 시대의 향리는 과거에 응시하여 중앙 관리로 진출할 수 있었다.
ⓡ 음서는 왕족이나 공신의 후손 및 5품 이상 관리의 친속(아들, 손자, 외손자, 사위, 동생, 조카)에게 1인에 한하여 과거를 거치지 않고서도 관리가 될 수 있게 해 준 제도이다.

선지 분석하기
ㄱ. (가) – 재가한 여자의 자손은 응시에 제한을 받았다. ➡ 조선의 과거 제도
ㄷ. (나) – 후주 출신 쌍기의 건의로 시작되었다. ➡ 과거 제도

지방 정치 제도

주요 정답 키워드   # 향·소·부곡   # 북계·동계   # 병마사   # 2군 6위

3. (가)에 들어갈 내용으로 옳은 것은?   ▶ 32회

[한국사 물고 답하기]
답변: 10 조회: 76

질문: 지도와 같은 행정 구역이 나타난 시기의 지방 제도에 대해 알려 주세요.

답변
┗ 특수 행정 구역인 향, 부곡, 소 등이 있었어요.
┗ (가)
  ⋮

① 경재소를 설치하여 유향소를 통제하였어요.
② 전국의 모든 군현에 지방관을 파견하였어요.
③ 상수리 제도를 실시하여 지방 세력을 견제하였어요.
④ 5소경을 설치하여 수도의 편재성을 보완하고자 하였어요.
⑤ 국경 지대에 병마사를 파견하여 적의 침입에 대비하였어요.

4. 다음 제도를 운영한 국가의 지방 통치에 대한 설명으로 옳은 것은?   ▶ 35회

> 6위를 설치하였다. …… 6위에 직원(職員)과 장수를 배치하였다. 그 후에 응양군과 용호군 2군을 설치하였는데, 2군은 6위보다 지위가 높았다.

① 전국을 5경 15부 62주로 나누었다.
② 특수 행정 구역으로 향, 부곡, 소가 있었다.
③ 지방 장관으로 욕살, 처려근지 등을 두었다.
④ 상수리 제도를 실시하여 지방 세력을 견제하였다.
⑤ 수도의 위치가 치우친 것을 보완하기 위해 5소경을 설치하였다.

한눈에 보는 해설

(가)에 들어갈 내용으로 옳은 것은? →고려의 지방 제도

→ 고려의 지방 행정 조직
• 5도(일반적 행정 구역): 양광도, 경상도, 전라도, 서해도, 교주도
• 양계(군사적 행정 구역): 북계와 동계

⑤ 고려는 군사적 행정 구역인 양계(북계와 동계)에 병마사를 파견하였다.

선지 분석하기
① 경재소를 설치하여 유향소를 통제하였어요. ➡ 조선 전기
② 전국의 모든 군현에 지방관을 파견하였어요. ➡ 조선 cf. 고려 시대에는 지방관이 파견되지 않은 속군·속현이 더 많이 존재함.
③ 상수리 제도를 실시하여 지방 세력을 견제하였어요. ➡ 통일 신라
④ 5소경을 설치하여 수도의 편재성을 보완하고자 하였어요. ➡ 통일 신라

한눈에 보는 해설

다음 제도를 운영한 국가의 지방 통치에 대한 설명으로 옳은 것은? →고려

> →고려의 중앙군(수도 경비와 국경 방어 담당)
> **6위**를 설치하였다. …… 6위에 직원(職員)과 장수를 배치하였다. 그 후에 응양군과 용호군 **2군**을 설치하였는데, 2군은 6위보다 지위가 높았다.
> →고려의 중앙군(왕의 친위대)

② 고려 시대에는 향·소·부곡과 같은 특수 행정 구역이 존재하였는데, 이곳의 거주민들은 법제적으로 양인 신분이면서도 일반 군현의 양인보다 더 많은 세금을 부담하면서 천대받았다.

선지 분석하기
① 전국을 5경 15부 62주로 나누었다. ➡ 발해
③ 지방 장관으로 욕살, 처려근지 등을 두었다. ➡ 고구려
④ 상수리 제도를 실시하여 지방 세력을 견제하였다. ➡ 통일 신라
⑤ 수도의 위치가 치우친 것을 보완하기 위해 5소경을 설치하였다. ➡ 통일 신라

테마 16. 문벌 귀족 사회의 성립과 무신 정권

> **출제 POINT**
> 고려 중기의 숙종·예종·인종의 업적과 무신 정권 시기의 상황을 묻는 문제가 주로 출제된다.

고려 중기 주요 연표

- 1086 ○ 의천, 교장도감 설치
- 1097 ○ 주전도감 설치
- 1102 ○ 해동통보 주조
- 1107 ○ 윤관, 여진 정벌
- 1126 ○ 이자겸의 난
- 1135 ○ 묘청의 난
- 1145 ○ 김부식, 『삼국사기』 편찬
- 1170 ○ 무신 정변
- 1179 ○ 경대승, 도방 정치
- 1196 ○ 최충헌 집권
- 1198 ○ 만적의 난

1 고려 중기의 주요 왕 ☆☆

숙종	• 관학 진흥책: 국자감 안에 서적을 간행하는 관청인 **서적포** 설치 • 화폐 정책: 의천의 주전론 채택, 화폐 발행 관청인 **주전도감** 설치, 삼한통(중)보·해동통보·**활구(은병)** 주조 • 여진 정벌을 위해 특수군 **별무반** 설치(윤관 건의)
예종	• 관학 진흥책: 국학 안에 **7재**(전문 강좌) 설치, **양현고**(장학 재단) 설치 • 윤관의 여진 2차 정벌 ➡ 동북 9성 설치, but 1년 7개월 만에 여진에게 반환
인종	• 금의 사대 요구 응낙(1126) • **이자겸의 난**(1126)·**묘청의 난**(1135) 발생 • **김부식의 『삼국사기』 편찬**(1145)

2 문벌 귀족의 형성과 성격 ☆☆

1. **형성 과정**: 고려 초 지방 호족이 과거나 특정 가문과 혼인 관계를 맺으면서 서서히 중기 문벌 귀족을 형성

2. **특권**: **음서·공음전 제도** 같은 특권을 차지, 금에 대한 사대를 응낙하면서 보수적인 모습을 보임.

3. **문벌 귀족 사회의 동요**

   (1) **이자겸의 난**(인종, 1126)

배경	• 문벌 귀족의 모순 • 외척에 의한 왕권 약화: 왕실과의 혼인으로 경원 이씨의 권력 강화, 예종과 인종 때에 거듭 외척 형성
경과	이자겸이 척준경과 함께 '십팔자위왕(十八子爲王)'이라는 도참설 유포, 왕위 찬탈 시도 ➡ 인종이 척준경을 역이용하여 이자겸 세력 진압

   (2) **묘청의 난**(인종, 1135)

배경	• 족벌과 지역 간의 갈등 심화 • 금과의 사대 외교에 불만 고조 • **서경 천도론** 대두(서경에 대화궁 건립 주장)
경과	묘청·정지상 등이 국호를 대위국, 연호를 천개(天開), 군대를 천견충의군(天遣忠義軍)이라 하고 **서경을 중심으로 난을 일으킴.** ➡ **김부식에 의해 1년 만에 진압**
결과	• 문신 위주의 문벌 귀족 체제 강화 • 서경: 분사 제도의 (독립성) 폐지 cf 신채호: "조선 일천년래 제일대 사건"(『조선사연구초』)이라고 평가

🔍 서경파와 개경파

구분	서경파	개경파
중심 인물	묘청, 정지상	김부식, 김인존(문벌 귀족)
지역	서경	개경
사상	풍수지리설, 불교	유교
대외 정책	북진 정책	사대 정책
주장	칭제건원론, 금국 정벌론	송에 이용당할 것을 우려, 사대 주장
역사 의식	고구려 계승 의식	신라 계승 의식

3 무신 정변과 무신 정권의 변천 ☆☆☆

1. **배경**: 문신 우대, 무신 차별(예 군인전 몰수, 무학재 폐지 등)
   └ 예종이 국자감 안에 설치한 7재 중의 하나로 무술을 익히던 학재, 인종 때 폐지
2. **경과**: 의종의 무능한 정치 ➡ 무신 정변 발발(정중부의 난, 1170) ➡ 의종 폐위, 명종 즉위
3. **무신 정권의 변천**

1170	1174	1179	1183	1196	1219	1249	1257	1258	1268	1270	1271
이의방	정중부	경대승	이의민	최충헌	최우	최항	최의	김준	임연	임유무	
중방		중방, 도방	중방	교정도감, 도방	교정도감, 정방, 서방,	교정도감, 정방					
연합 정권, 사회 동요기				1인 독재, 사회 안정기						무인 정권 몰락기		

무신 정권	특징	사회적 동요
이의방·정중부	• 도병마사 폐지 • **중방**(무신 최고 합의 기구) 강화	• 反무신난: 김보당의 난(1173)→의종 복위 주장, 조위총의 난(1174), 귀법사·중광사의 봉기(1174) • 민란: 공주 명학소의 **망이·망소이의 난**(1176)→현으로 승격
경대승	**도방**(사병 양성소) 처음 설치	전주 관노의 난(1182)
이의민	천민 출신 무신	김사미·효심의 난(1193): 신라 부흥 운동 전개
최충헌	• **교정도감** 설치: 최씨 무신 정권의 최고 권력 기구, 장(長)인 교정별감을 최씨 일가가 세습, 중방 약화, 도방 강화 • **조계종 후원**, 문인 이규보 발탁	• **만적의 난**(최충헌의 사노비, 1198): 신분 해방 및 정권 탈취 주장 • 최광수의 난(1217): 고구려 부흥 운동 전개
최우	• **정방** 설치: 인사권 장악 • **서방** 설치: 문신 등용 • **삼별초 조직**, 도방 강화 • **강화도 천도**(1232): 몽골과 항쟁 • 문화적 사업: 『상정고금예문』을 금속 활자로 조판, **팔만대장경 조판**	이연년의 난(1237): 백제 부흥 운동 전개

최씨 정권의 세력 기반

정치	교정도감, 정방
군사	도방, 삼별초
경제	농장, 노비
문화	서방

최우와 금속 인쇄 기술

고려 인종 때 지은 『상정고금예문』을 고종 21년(1234, 최우 정권기)에 금속 활자로 찍었다는 기록이 『동국이상국집』에 남아있음.

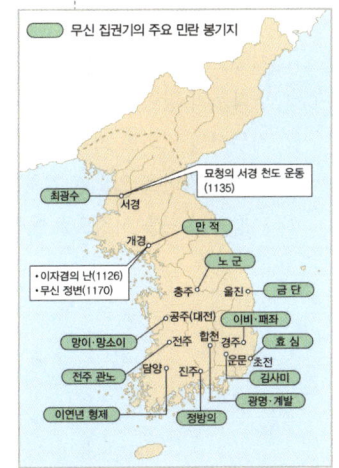

무신 집권기의 주요 민란 봉기지
- 묘청의 서경 천도 운동(1135)
- 최광수
- 이자겸의 난(1126)
- 무신 정변(1170)
- 만적
- 노군
- 금단
- 이비·패좌
- 망이·망소이
- 효심
- 전주 관노
- 김사미
- 이연년 형제
- 광명·계발
- 정방의

❖ 하층민의 동요

한능검 꼭꼭 사료

1. **묘청의 서경 천도 운동**
   신(臣) 등이 서경의 임원역 땅을 보니 이는 음양가가 말하는 대화세(大華勢)입니다. 만약 궁궐을 세워 옮기시면 천하를 병합할 수 있을 것이요, 금나라가 폐백을 가지고 스스로 항복할 것이며, 36국이 다 신하가 될 것입니다.
   『고려사』, 열전, 묘청

2. **만적의 난**
   신종 1년 최충헌의 사노인 만적은 개경 북산에 공·사노비를 소집하여 말하기를 "경계난(정중부의 난 + 김보당의 난) 이후 국가의 공경대부는 모두 천예(천민과 노비)에서 나왔다. 왕후장상이라고 어찌 처음부터 씨가 다를까 보냐. 때가 오면 누구든지 할 수 있는 것이다. 그러므로 우리는 각기 상전을 죽이고 노예 문적을 불살라 삼한에 천인이 없게 하자."라고 하여 반란을 꾸몄으나 실패하였다.
   『고려사』, 최충헌전

3. **신채호의 묘청의 서경 천도 운동에 대한 평가**
   묘청의 천도 운동에 대하여 역사가들은 단지 왕사(王師)가 반란한 적을 친 것으로 알았을 뿐인데 이는 근시안적인 관찰이다. 그 실상은 낭가와 불교 양가 대(對) 유교의 싸움이며, 국풍파 대 한학파의 싸움이며, 독립당 대 사대당의 싸움이며, 진취 사상 대 보수 사상의 싸움이니, 묘청은 전자의 대표요, 김부식은 후자의 대표였던 것이다. …… 만약 김부식이 패하고 묘청이 이겼더라면 조선사가 독립적·진취적으로 진전하였을 것이니, 이것이 어찌 일천년래 제일대 사건이라 하지 아니하랴.
   『조선사연구초』

테마 16 실전문제

고려 중기의 발전 과정

주요 정답 키워드 # 묘청 # 이자겸 # 정중부 # 망이·망소이

1. 밑줄 그은 '왕'의 재위 기간에 있었던 사실로 옳은 것은? ▶45회

> 백관을 소집하여 금을 섬기는 문제에 대한 가부를 의논하게 하니 모두 불가하다고 하였다. 유독 이자겸, 척준경만이 "금이 …… 정치를 잘하고 병력도 강성하여 날로 강대해지고 있습니다. 또 우리와 서로 국경이 맞닿아 있어 섬기지 않을 수 없는 상황입니다. 게다가 작은 나라로서 큰 나라를 섬기는 것은 선왕의 도리이니, 사신을 보내 먼저 예를 갖추어 찾아가는 것이 옳습니다."라고 하니 왕이 이 말을 따랐다.
> 「고려사」

① 최충헌이 봉사 10조를 올렸다.
② 명학소의 망이·망소이가 봉기하였다.
③ 최무선의 건의로 화통도감이 설치되었다.
④ 강조가 정변을 일으켜 김치양을 제거하였다.
⑤ 묘청이 수도를 서경으로 옮길 것을 주장하였다.

2. (가)~(라)를 일어난 순서대로 옳게 나열한 것은? ▶44회

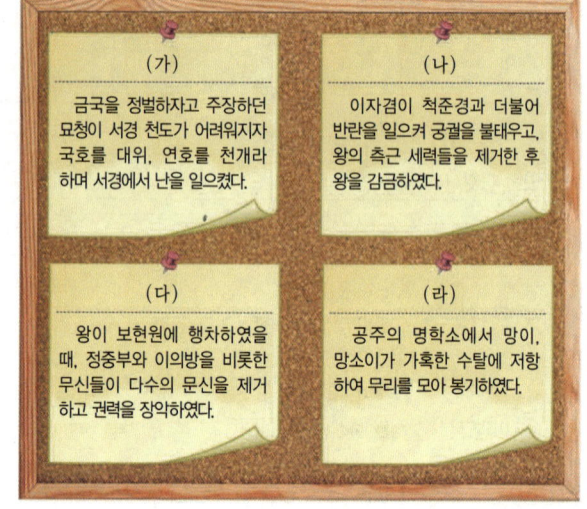

(가) 금국을 정벌하자고 주장하던 묘청이 서경 천도가 어려워지자 국호를 대위, 연호를 천개라 하며 서경에서 난을 일으켰다.

(나) 이자겸이 척준경과 더불어 반란을 일으켜 궁궐을 불태우고, 왕의 측근 세력들을 제거한 후 왕을 감금하였다.

(다) 왕이 보현원에 행차하였을 때, 정중부와 이의방을 비롯한 무신들이 다수의 문신을 제거하고 권력을 장악하였다.

(라) 공주의 명학소에서 망이, 망소이가 가혹한 수탈에 저항하여 무리를 모아 봉기하였다.

① (가) - (나) - (다) - (라)
② (가) - (나) - (라) - (다)
③ (나) - (가) - (다) - (라)
④ (나) - (가) - (라) - (다)
⑤ (다) - (가) - (나) - (라)

한눈에 보는 해설

밑줄 그은 '왕'(→인종)의 재위 기간에 있었던 사실로 옳은 것은?

> 백관을 소집하여 **금을 섬기는 문제**에 대한 가부를 의논하게 하니 모두 불가하다고 하였다. 유독 **이자겸, 척준경**만이 "금이 …… 정치를 잘하고 병력도 강성하여 날로 강대해지고 있습니다. 또 우리와 서로 국경이 맞닿아 있어 섬기지 않을 수 없는 상황입니다. 게다가 작은 나라로서 큰 나라를 섬기는 것은 선왕의 도리이니, 사신을 보내 먼저 예를 갖추어 찾아가는 것이 옳습니다."라고 하니 왕이 이 말을 따랐다. →금에 대한 사대 응락
> 「고려사」

⑤ 인종 때 금에 대한 사대를 응락하게 되자, 묘청 등 서경파는 칭제건원을 주장하고 금국 정벌론을 내세우면서 서경 천도 운동을 주장하였다.

선지 분석하기
① 최충헌이 봉사 10조를 올렸다. ➡ 고려 명종(무신 집권기)
② 명학소의 망이·망소이가 봉기하였다. ➡ 고려 명종(무신 집권기)
③ 최무선의 건의로 화통도감이 설치되었다. ➡ 고려 우왕
④ 강조가 정변을 일으켜 김치양을 제거하였다. ➡ 고려 목종

한눈에 보는 해설

(가)~(라)를 일어난 순서대로 옳게 나열한 것은?

(가) 금국을 정벌하자고 주장하던 **묘청**이 서경 천도가 어려워지자 국호를 대위, 연호를 천개라 하며 **서경에서 난**을 일으켰다. →묘청의 난

(나) **이자겸이 척준경과 더불어 반란**을 일으켜 궁궐을 불태우고, 왕의 측근 세력들을 제거한 후 왕을 감금하였다. →이자겸의 난

(다) 왕이 보현원에 행차하였을 때, **정중부와 이의방을 비롯한 무신**들이 다수의 **문신을 제거**하고 권력을 장악하였다. →무신 정변(일명 정중부의 난, 경인의 난)

(라) 공주의 명학소에서 **망이, 망소이가 가혹한 수탈에 저항**하여 무리를 모아 봉기하였다. →망이·망소이의 난

③ (나) 이자겸의 난(1126) ➡ (가) 묘청의 난(1135) ➡ (다) 무신 정변(1170) ➡ (라) 망이·망소이의 난(1176)

무신 집권기의 발전 과정

주요 정답 키워드 ▶ #정중부 #만적의 난 #최충헌 #최우 #정방 폐지

3. 다음 시나리오의 상황 이후에 전개된 사실로 옳은 것은? ▶32회

> S# 17. 보현원으로 행차하는 길, 오문(五門) 앞
>
> 왕의 명으로 수박희를 행하던 중, 대장군 이소응이 상대를 이기지 못하고 도망가자 문신 한뢰가 이소응을 막아선다.
>
> 한뢰: (이소응의 뺨을 때리며) 대장군이란 자가 어찌 병사 한 명을 이기지 못하느냐?
>
> 이소응: (뺨을 맞고 계단 아래로 떨어져) 내가 젊은 문신에게 이런 수모를 당한단 말인가!
>
> 정중부: (성난 목소리로) 네 이놈 한뢰야! 이소응이 비록 무신이기는 하나 벼슬이 3품인데 어찌 이처럼 심하게 모욕하는 것이냐?

① 왕의 장인인 김흠돌이 반란을 도모하였다.
② 묘청이 칭제건원과 금국 정벌을 주장하였다.
③ 의종이 왕위에서 쫓겨나 거제도로 추방되었다.
④ 이자겸이 왕실의 외척이 되어 권력을 독점하였다.
⑤ 김부식이 서경의 반란군을 진압하기 위해 출정하였다.

4. (가), (나) 사이의 시기에 있었던 사실로 옳은 것은? ▶46회

> (가) 최우가 왕에게 아뢰어 속히 대전(大殿)에서 내려와 서쪽 강화도로 행차할 것을 청하였으나, 왕이 망설이고 결정하지 못하였다. 최우가 녹전거(祿轉車) 100여 대를 빼앗아 집안의 재물을 강화도로 옮기니, 수도가 흉흉하였다. 「고려사절요」
>
> (나) 재추(宰樞)가 옛 수도로 다시 천도할 것을 회의하고 날짜를 정해 게시하였으나, 삼별초가 다른 마음을 품고 따르지 않으면서 함부로 부고(府庫)를 개방하였다. 「고려사」

① 인사 행정을 담당하던 정방이 폐지되었다.
② 만적이 개경에서 신분 해방을 도모하였다.
③ 묘청이 중심이 되어 서경 천도를 주장하였다.
④ 정중부 등이 정변을 일으켜 권력을 장악하였다.
⑤ 외적의 침입을 받아 황룡사 구층 목탑이 소실되었다.

한눈에 보는 해설

→ 무신 정변(1170)

다음 [시나리오의 상황] 이후에 전개된 사실로 옳은 것은?

→ 무신 정변이 발생한 장소
S# 17. **보현원**으로 행차하는 길, 오문(五門) 앞
→ 의종   → 주로 손을 써서 상대를 공격하거나 수련하는 전통 무예
왕의 명으로 수박희를 행하던 중, 대장군 이소응이 상대를 이기지 못하고 도망가자 문신 한뢰가 이소응을 막아선다.

한뢰: (이소응의 뺨을 때리며) 대장군이라는 자가 어찌 병사 한 명을 이기지 못하느냐?
이소응: (뺨을 맞고 계단 아래로 떨어져) 내가 젊은 문신에게 이런 수모를 당한단 말인가!
정중부: (성난 목소리로) 네 이놈 한뢰야! 이소응이 비록 무신이기는 하나 벼슬이 3품인데 어찌 이처럼 심하게 모욕하는 것이냐?

③ 의종 24년(1170) 보현원에서 무신에 대한 차별 대우에 불만을 가진 정중부·이의방·이고 등이 반란을 일으켜 여러 문신을 살해하고 의종을 거제도로 귀양보낸 뒤 명종을 새로운 왕으로 세웠다.

선지 분석하기
① 왕의 장인인 김흠돌이 반란을 도모하였다. ➡ 김흠돌의 난(신라 신문왕, 681)
② 묘청이 칭제건원과 금국 정벌을 주장하였다. ➡ 묘청의 서경 천도 운동(인종, 1135)
④ 이자겸이 왕실의 외척이 되어 권력을 독점하였다. ➡ 고려 인종 때
⑤ 김부식이 서경의 반란군을 진압하기 위해 출정하였다. ➡ 묘청의 서경 천도 운동(인종, 1135)

→ (가) 강화 천도(1232), (나) 개경 환도(1270)

[(가), (나) 사이의 시기]에 있었던 사실로 옳은 것은?

(가) **최우**가 왕에게 아뢰어 속히 대전(大殿)에서 내려와 서쪽 강화도로 행차할 것을 청하였으나, 왕이 망설이고 결정하지 못하였다. 최우가 녹전거(祿轉車) 100여 대를 빼앗아 **집안의 재물을 강화도로 옮기니**, 수도가 흉흉하였다. 「고려사절요」
→ 중서문하성의 재신과 중추원의 추밀   → 개경 천도
(나) 재추(宰樞)가 **옛 수도로 다시 천도할 것을** 회의하고 날짜를 정해 게시하였으나, **삼별초가 다른 마음을 품고 따르지 않으면서** 함부로 부고(府庫)를 개방하였다. 「고려사」

⑤ 최우 집권기에 몽골의 침입에 대비하여 수도를 강화도로 옮겼던 시기에 몽골의 침입으로 황룡사 구층 목탑, 초조대장경(대구 부인사 소장) 등 많은 문화재가 불탔다.

선지 분석하기
① 인사 행정을 담당하던 정방이 폐지되었다. ➡ 고려 충선왕과 공민왕
② 만적이 개경에서 신분 해방을 도모하였다. ➡ 만적의 난(1198, 신종 원년)
③ 묘청이 중심이 되어 서경 천도를 주장하였다. ➡ 묘청의 서경 천도 운동(1135, 인종)
④ 정중부 등이 정변을 일으켜 권력을 장악하였다. ➡ 무신 정변(1170, 의종)

테마 17 고려의 대외 관계

출제 POINT
거란 → 여진 → 몽골 → 홍건적·왜구의 침입과 고려의 대응이 자주 출제된다.

고려의 대외 관계 변천

10세기	11세기	12세기		13세기			14세기				
993	1019	1107	1126	1232	1251	1270	1356~	1388	1389	1391	1392
서희의 외교 담판	귀주 대첩 (강감찬)	윤관의 여진 정벌	금의 사대 요구 응락 (이자겸)	강화 천도	팔만대장경 완성	개경 환도	공민왕의 쌍성총관부 탈환	위화도 회군	쓰시마 정벌 (박위)	과전법 공포	조선 개창
거란(요)		여진(금)		몽골(원)				홍건적·왜구			

1 고려 전기의 대외 관계

1. **거란의 성장**: 거란 야율아보기의 부족 통합(916) ➡ 발해 멸망(926)
2. **친송북진 정책**: 태조 때 북진 정책의 발판으로 평양을 서경으로 삼고 고구려계 발해 유민을 적극 수용, 거란 배격[만부교 사건*(942)], 정종 때 거란 방어를 위해 광군(특수군) 설치 ➡ 송의 건국(960) 이후 친송 정책 전개

※ **만부교 사건**
태조 왕건이 거란의 친교 요구를 강력하게 거부한 사건. 거란이 942년(태조 25)에 사신과 낙타 50마리를 보내와 친교를 청하자, 태조는 "거란은 하루아침에 발해를 멸망시킨 무도한 나라이므로 국교를 맺을 수 없다."고 하면서 거란 사신 30명을 섬으로 유배 보내고 낙타는 개성의 만부교 아래 매달아 굶어 죽게 함.

2 거란의 침입과 격퇴 ★★★

1차 침입 (993, 성종 12년)	거란 장수 소손녕의 침입 ➡ **서희의 외교 담판** ➡ **강동 6주** 확보
2차 침입 (1010, 현종 1년)	강조의 정변*을 구실로 침입 ➡ 현종, 나주 피난 ➡ 양규 등이 격퇴 ➡ 현종의 친조를 조건으로 화의
3차 침입 (1018, 현종 9년)	**강감찬의 귀주 대첩**(1019)으로 격퇴
결과	• 고려·송·요 세력의 균형 • **나성**(개성) 및 **천리장성**(압록강 어귀~동해안 도련포) 축조, 초조대장경 조판, 「**7대 실록**」 편찬

└ 몽골 2차 침입 때 소실
└ 임진왜란 때 소실

※ **강조의 정변(1009)**
목종의 모후인 천추 태후와 김치양이 불륜 관계를 맺고 왕위를 빼앗으려 하자, 강조가 군사를 일으켜 김치양 일파를 제거하고 목종을 폐위한 사건

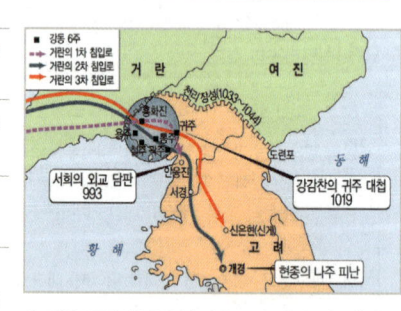
◆ 강동 6주와 천리장성 | 강동 6주는 흥화진(의주), 용주(용천), 통주(선주), 철주(철산), 귀주(귀성), 곽주(곽산)

3 여진 정벌과 동북 9성: 회유·동화 정책 ➡ 여진의 남하로 충돌 ★★

여진 정벌	• 숙종 때 **윤관**의 1차 여진 정벌 ➡ **별무반**(신기군, 신보군, 항마군) 조직 • 예종 때 윤관의 2차 여진 정벌 ➡ **동북 9성** 축조(1107) but 9성 다시 돌려줌.
12세기	• 금 건국(1115) ➡ 고려에 사대 요구(1125) ➡ 고려 응락(1126) • 결과: 북진 정책 좌절, 귀족 사회 모순 격화

◆ 윤관의 동북 9성 위치에 대한 여러 가지 이론

4 몽골의 침입과 항쟁 ★★★

1. 몽골의 침입

강동의 역(1219)	몽골과의 첫 접촉
1차 침입(1231)	몽골 사신 저고여의 피살 사건을 구실로 침입 ➡ 귀주에서 박서의 저항, 충주 관노비와 초적들의 저항 ➡ 몽골과 강화
2차 침입(1232)	1232년 강화도로 천도(최우 지시) ➡ 몽골의 재침공 ➡ 승려 김윤후 지휘 아래 민병과 승군이 처인성(용인)에서 승리, 노비와 부곡민들도 저항 cf 처인부곡과 충주 다인철소가 각기 현으로 승격됨.) → 자질구레한 물건을 훔치는 도둑
이후 침입	• 이후 4차례 더 침입 • 몽골과 강화 맺자는 주화파 득세, 최씨 무신 정권 붕괴 ➡ 원종 때 대몽 강화(1259) ➡ 개경 환도(1270) ➡ 원의 내정 간섭, 부마국으로 전락

2. 삼별초의 항쟁

| 삼별초의 저항
(1270~1273) | • 개경 환도에 대해 배중손의 지휘하에 삼별초 반발, 강화에서 봉기
• 승화후 온을 왕으로 추대, 진도에서 용장성을 쌓고 저항 ➡ 배중손 사망 후 제주도로 옮기고 김통정 지휘하에 항쟁(cf 제주 항파두리 항몽 유적지) ➡ 여·원 연합군에 함락 |

◆ 몽골 침입과 대몽 항쟁

5 홍건적과 왜구의 침입 ★★

홍건적	1차	공민왕 8년(1359)	서경 함락 ➡ 이방실·이승경 등이 격퇴
	2차	공민왕 10년(1361)	개경 함락, 공민왕의 복주(안동) 피난 ➡ 이방실·이성계·최영·정세운 등이 격퇴 cf 안동 놋다리 밟기 놀이 유래
왜구	최영	우왕 2년(1376)	홍산 대첩(부여)
	최무선	우왕 6년(1380)	진포 대첩(금강) cf 최무선의 화통도감 설치, 화약 처음 사용
	이성계	우왕 6년(1380)	황산 대첩(남원)
	정지	우왕 9년(1383)	관음포 대첩(남해)
	박위	창왕 1년(1389)	쓰시마 정벌

◆ 홍건적과 왜구의 격퇴

🔍 안동 놋다리 밟기 놀이

공민왕과 왕비 노국 대장 공주가 안동으로 피난을 갔을 때 마침 개울을 건너게 되었는데 부녀자들이 나와 그 개울 위에 한 줄로 엎드려 서서 공주를 지나가게 한 일에서 이 놀이가 유래되었다고 함.

🔍 역대 국경선의 변경

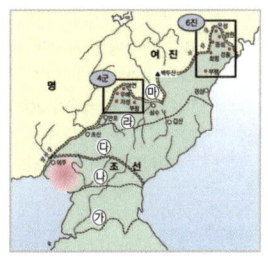

㉮ 통일 신라~고려 건국 초: 대동강~원산만
㉯ 고려 태조 말: 청천강~영흥만
㉰ 고려 성종: 서희의 강동 6주 고려 덕종~정종: 천리장성 축조
㉱ 고려 후기 공민왕: 쌍성총관부 탈환
㉲ 조선 세종: 4군(압록강)~6진(두만강) 개척

한능검 쏙쏙 자료

1. 서희의 외교 담판과 강동 6주

• 소손녕: 그대 나라는 신라 땅에서 일어났소. 고구려 땅은 우리의 소유인데 그대 나라가 침식하였고, 또 우리와 국경이 맞닿아 있는데도 바다를 넘어 송을 섬기고 있소. 그 때문에 오늘의 출병이 있게 된 것이니, 만일 땅을 바치고 국교를 맺으면 무사할 수 있을 것이오.

• 서희: 우리나라는 고구려를 계승하여 고려라 하고 평양에 도읍하였으니, 만일 영토의 경계를 따진다면 그대 나라의 동경이 모두 우리 경내(境內)에 있거늘 어찌 침식했다고 할 수 있겠소? 또한, 압록강의 내외도 우리의 경내인데, 지금 여진이 할거하여 그대 나라와 조빙을 통하지 못하고 있으니, 만약에 여진을 내쫓고 우리의 옛 땅을 되찾아 성보를 쌓고 도로가 통하면 조빙을 닦겠소.

「고려사절요」

2. 몽골과의 전쟁

김윤후는 고종 때의 사람으로 일찍이 중이 되어 백현원에 있었다. 몽골병이 이르자 윤후가 처인성으로 난을 피하였는데, 몽골의 원수 살리타가 와서 성을 치매 윤후가 이를 사살하였다. 왕은 그 공을 가상히 여겨 상장군의 벼슬을 주었으나 이를 사양하고 받지 않았다.

「고려사」

테마 17 실전문제

대거란 정책

주요 정답 키워드 # 서희 # 강동 6주 # 개경 나성

1. (가) 국가에 대한 고려의 대응으로 옳은 것은? ▶46회

> 소손녕이 서희에게 말하기를, "너희 나라는 신라 땅에서 일어났고, 고구려 땅은 우리 소유인데, 너희들이 침범해 왔다. 그리고 우리와 국경을 접하고 있는데도 바다를 넘어 송을 섬기기 때문에, 오늘의 출병이 있게 된 것이다. ……"라고 하였다. 서희가 말하기를, "그렇지 않다. 우리나라가 바로 고구려의 옛 땅이기 때문에, 국호를 고려라 하고 평양에 도읍하였다. 만일 국경 문제를 논한다면, (가) 의 동경(東京)도 모조리 우리 땅에 있는데, 어찌 [우리가] 침범해 왔다고 말하는가?"라고 하였다.
> 「고려사」

① 별무반을 보내 동북 9성을 축조하였다.
② 개경에 나성을 쌓아 침입에 대비하였다.
③ 최영을 중심으로 요동 정벌을 추진하였다.
④ 화통도감을 설치하여 화약과 화포를 제작하였다.
⑤ 쌍성총관부를 공격하여 철령 이북의 땅을 수복하였다.

한눈에 보는 해설

→거란
(가) 국가에 대한 고려의 대응으로 옳은 것은?

> **소손녕**이 **서희**에게 말하기를, "너희 나라는 신라 땅에서 일어났고, 고구려 땅은 우리 소유인데, 너희들이 침범해 왔다. 그리고 우리와 국경을 접하고 있는데도 바다를 넘어 송을 섬기기 때문에, 오늘의 출병이 있게 된 것이다. ……"라고 하였다. 서희가 말하기를, "그렇지 않다. **우리나라가 바로 고구려의 옛 땅이기 때문에, 국호를 고려라 하고 평양에 도읍하였다.** 만일 국경 문제를 논한다면, (가) 의 동경(東京)도 모조리 우리 땅에 있는데, 어찌 [우리가] 침범해 왔다고 말하는가?"라고 하였다.
> 「고려사」

② 거란의 3차례의 침입을 물리친 이후에 고려는 강감찬의 건의로 개경에 나성을 쌓아 도성 수비를 강화하였으며, 국경선에 천리장성을 쌓았다.

선지 분석하기
① 별무반을 보내 동북 9성을 축조하였다. ➡ 예종 때 여진을 몰아낸 윤관의 활약
③ 최영을 중심으로 요동 정벌을 추진하였다. ➡ 우왕 때 명의 철령위 통보에 대한 우왕과 최영의 주장
④ 화통도감을 설치하여 화약과 화포를 제작하였다. ➡ 우왕 때 왜구의 침입에 대비한 최무선의 활약
⑤ 쌍성총관부를 공격하여 철령 이북의 땅을 수복하였다. ➡ 공민왕 cf. 원의 쌍성총관부 설치(1258, 고종 45년)

대여진 정책

주요 정답 키워드 # 금의 사대 요구 # 동북 9성 # 윤관 # 이자겸

2. 다음 상황 이후에 전개된 사실로 옳은 것은? ▶43회

> 여진이 이미 그 소굴을 잃자 보복하고자 맹세하며, 땅을 돌려 달라는 것을 빌미로 여러 추장들이 해마다 와서 다투었다. …… 또 개척한 땅이 크고 넓어서 9성 사이의 거리가 아득히 멀고, 골짜기가 험하고 깊어서 적들이 여러 차례 매복하여 오고가는 사람들을 노략질하였다. …… 이때에 이르러 왕이 여러 신하들을 모아 의논하여 끝내 9성을 여진에게 돌려주었으며, 전쟁에 쓰이는 도구와 군량을 내지(內地)로 옮기고 그 성에서 철수하였다.
> 「고려사」

① 강감찬이 귀주에서 외적을 격퇴하였다.
② 강조가 정변을 일으켜 왕을 폐위하였다.
③ 이자겸이 금의 사대 요구 수용을 주장하였다.
④ 서희가 외교 담판을 벌여 강동 6주를 획득하였다.
⑤ 부여성에서 비사성에 이르는 천리장성이 축조되었다.

한눈에 보는 해설

→동북 9성의 반환(1109)
다음 상황 이후에 전개된 사실로 옳은 것은?

> **여진**이 이미 그 소굴을 잃자 보복하고자 맹세하며, 땅을 돌려 달라는 것을 빌미로 여러 추장들이 해마다 와서 다투었다. …… 또 개척한 땅이 크고 넓어서 9성 사이의 거리가 아득히 멀고, 골짜기가 험하고 깊어서 적들이 여러 차례 매복하여 오고가는 사람들을 노략질하였다. …… 이때에 이르러 **왕이 여러 신하들을 모아 의논하여 끝내 9성을 여진에게 돌려주었으며**, 전쟁에 쓰이는 도구와 군량을 내지(內地)로 옮기고 그 성에서 철수하였다.
> 「고려사」

③ 예종 때 여진의 요구로 동북 9성을 돌려준 이후 인종 때 들어와 여진은 금을 건국하고 고려에게 사대 관계를 요구하였다. 당시 고려의 실권자였던 이자겸은 금의 사대 요구 수용을 주장하였다.

선지 분석하기
① 강감찬이 귀주에서 외적을 격퇴하였다. ➡ 거란의 3차 침입 때 강감찬의 귀주 대첩(1019)
② 강조가 정변을 일으켜 왕을 폐위하였다. ➡ 강조의 정변(1009)으로 목종 폐위, 현종 즉위
④ 서희가 외교 담판을 벌여 강동 6주를 획득하였다. ➡ 거란의 1차 침입 때 서희의 외교 담판(993)
⑤ 부여성에서 비사성에 이르는 천리장성이 축조되었다. ➡ 7세기 당에 대비하여 고구려가 축조

대몽골 정책

주요 정답 키워드 # 박서 # 별초 # 죽주성

3. (가)에 대한 고려의 대응으로 옳은 것은? ▶ 71회

> ○ 박서는 김중온의 군사로 성의 동서쪽을, 김경손의 군사로는 성의 남쪽을, 별초 250여 인은 나누어 3면을 지키게 하였다. [(가)]의 군사들이 성을 여러 겹으로 포위하고 공격하자 성 안의 군사들이 갑자기 나가 싸워 그들을 패주시켰다.
> ○ 송문주는 귀주에서 종군하였던 사람인데 그 공으로 낭장(郞將)으로 초수(超授)되었다. 이후 죽주 방호별감이 되었을 때, [(가)]이/가 죽주성에 이르러 보름 동안이나 다방면으로 공격하였으나 성을 빼앗지 못하고 물러갔다.

① 강화도로 도읍을 옮겨 항전하였다.
② 광군을 창설하여 침입에 대비하였다.
③ 화통도감을 설치하여 군사력을 증강하였다.
④ 철령위 설치에 반발하여 요동 정벌을 추진하였다.
⑤ 신기군, 신보군, 항마군으로 구성된 별무반을 창설하였다.

고려의 대외 관계 순서

주요 정답 키워드 # 서희 # 양규 # 윤관 # 김윤후 # 최영

4. (가)~(라) 사건을 일어난 순서대로 옳게 나열한 것은? ▶ 32회

> (가) 살례탑(살리타이)이 처인성을 공격하였다. 병란을 피해 성 안에 있던 한 승려가 활을 쏘아 살례탑을 죽였다.
> (나) 윤관이 아뢰기를, "신이 여진에게 패배한 까닭은 그들은 기병이고 우리는 보병이어서 상대가 되지 않았기 때문입니다."라고 하였다. 이에 건의하여 비로소 별무반을 만들었다.
> (다) 거란주(契丹主)가 직접 보병과 기병 40만 명을 거느리고 압록강을 건너 흥화진을 포위하자, 양규 · 이수화 등이 굳게 지키며 항복하지 않았다.
> (라) 왜구가 연산의 개태사를 도륙하고 원수 박인계가 패하여 죽으니, 최영이 이를 듣고 자신이 출격할 것을 요청하였다.

① (가) – (나) – (다) – (라)　② (가) – (나) – (라) – (다)
③ (나) – (가) – (다) – (라)　④ (나) – (가) – (라) – (다)
⑤ (다) – (나) – (가) – (라)

한눈에 보는 해설

[(가)]에 대한 고려의 대응으로 옳은 것은? (→몽골)

> ○ **박서**는 김중온의 군사로 성의 동서쪽을, 김경손의 군사로는 성의 남쪽을, **별초** 250여 인은 나누어 3면을 지키게 하였다. [(가)]의 군사들이 성을 여러 겹으로 포위하고 공격하자 성안의 군사들이 갑자기 나가 싸워 그들을 패주시켰다.
> ○ 송문주는 귀주에서 종군하였던 사람인데 그 공으로 낭장(郞將)으로 초수(超授)되었다. 이후 죽주 방호별감이 되었을 때, [(가)]이/가 **죽주성**에 이르러 보름 동안이나 다방면으로 공격하였으나 성을 빼앗지 못하고 물러갔다.

① 최우 집권기에 고려는 몽골에 대항하여 1232년에 강화도로 도읍을 옮겨 항전하였다.

선지 분석하기

② 광군을 창설하여 침입에 대비하였다. ➡ 정종 때 거란 방어를 위해 광군 창설
③ 화통도감을 설치하여 군사력을 증강하였다. ➡ 우왕 때 왜구의 침입을 대비하기 위해 최무선이 화통도감 설치
④ 철령위 설치에 반발하여 요동 정벌을 추진하였다. ➡ 우왕 때 명의 철령위 설치에 반발
⑤ 신기군, 신보군, 항마군으로 구성된 별무반을 창설하였다. ➡ 숙종 때 윤관의 건의로 여진을 공격하기 위해 별무반 창설

한눈에 보는 해설

(가)~(라) 사건을 일어난 순서대로 옳게 나열한 것은?

> (가) **살례탑(살리타이)이 처인성을 공격**하였다. 병란을 피해 성 안에 있던 한 승려가 활을 쏘아 살례탑을 죽였다. →처인성 전투
> (나) **윤관**이 아뢰기를, "신이 여진에게 패배한 까닭은 그들은 기병이고 우리는 보병이어서 상대가 되지 않았기 때문입니다."라고 하였다. 이에 건의하여 **비로소 별무반을 만들었다.** →윤관의 별무반 조직
> (다) **거란주(契丹主)**가 직접 보병과 기병 40만 명을 거느리고 압록강을 건너 **흥화진을 포위하자, 양규 · 이수화 등이 굳게 지키며 항복하지 않았다.** →흥화진 전투
> (라) 왜구가 연산의 개태사를 도륙하고 원수 박인계가 패하여 죽으니, **최영이 이를 듣고 자신이 출격할 것을 요청**하였다. →홍산 대첩

⑤ (다) 흥화진 전투(1010, 거란의 2차 침입, 현종) ➡ (나) 윤관의 별무반 조직(1104, 숙종) ➡ (가) 처인성 전투(1232, 몽골의 2차 침입, 고종) ➡ (라) 홍산 대첩(1376, 우왕)

테마 18 원 간섭기와 반원 자주 정책

출제 POINT
원 간섭기 사회 모습과 공민왕의 반원 정책을 묻는 문제가 주로 출제된다.

고려 말기 주요 연표
- 1231 몽골의 1차 침입
- 1232 강화 천도
- 1270 개경 환도
- 1271 녹과전 지급
- 1274 여·원의 1차 일본 정벌
- 1309 소금 전매제 시행
- 1359 홍건적 침입
- 1377 화통도감 설치
- 1388 위화도 회군
- 1389 박위, 쓰시마섬 토벌
- 1392 고려 멸망

원의 내정 간섭

순마소	반원 인사 색출을 위한 감찰 기구
만호부	원의 군사 기구
다루가치	감찰관 ➡ 조세 징수와 내정 간섭
심양왕	만주 지역의 고려인을 통치하기 위하여 고려 왕족을 심양왕으로 임명 ➡ 고려 왕 견제
독로화(禿魯花, 똘루게)	고려 세자가 인질로 원의 수도에 상주

1 원 간섭기

1. 여·원 연합군의 일본 정벌

1차(1274, 충렬왕)	둔전 경략사 설치 ➡ 일본 원정 실패
2차(1281, 충렬왕)	**정동행성** 설치 ➡ 일본 원정 실패 이후 고려 내정 간섭 기구로 변화[장(長): 승상 – 고려 왕 임명]
영향	고려의 인적·물적 부담 증가

2. 영토의 축소

쌍성총관부(1258~1356)	화주(영흥)에 설치, 철령 이북의 직속령화 ➡ **공민왕 때 탈환**
동녕부(1270~1290)	자비령 이북 차지, 서경에 설치 ➡ 충렬왕 때 반환
탐라총관부(1273~1301)	삼별초의 항쟁 진압 이후 제주도에 설치 ➡ 충렬왕 때 반환

◆ 원의 직할령

3. 관제의 변경: **2성 6부 ➡ 1부(첨의부) 4사**로 격하 및 축소

원 간섭 전	원 간섭 후
2성(중서문하성, 상서성)	첨의부
6부	4사(이부·예부 ➡ 전리사, 호부 ➡ 판도사, 병부 ➡ 군부사, 형부 ➡ 전법사, 공부 ➡ 폐지)
도병마사	도평의사사(도당)
조(祖)·종(宗)	충○왕(王)
폐하·태자·짐	전하·세자·고

cf 경제적 수탈: 결혼도감 설치(공녀 요구), 특산물 징발, 응방(매 징발 관청) 설치 등

2 고려의 반원 자주 정책 ☆☆☆

1. 충렬왕의 개혁(1274~1308): **전민변정도감** 설치
↳ 고려 후기 권세가들이 탈점한 토지나 노비를 되찾기 위해 설치된 임시 관청

2. 충선왕의 개혁(1298, 1308~1313)

정방 폐지	권문세족이 장악한 인사권 폐지 시도
사림원 설치	왕명의 출납과 문서를 작성하고, 인사 행정을 관장하는 중앙 관청 설치
만권당 설치	원의 수도 연경에 설치한 학술 연구 기관 ➡ 성리학, 조맹부체(송설체) 수용
재정 개혁	**소금·철의 전매 사업** 실시 ➡ 의염창 설치·각염법 시행, 농장에 징세
동성혼 결혼 금지	왕실 내 동성 결혼 금지(즉위 교서)

3. **충목왕의 개혁**(1344~1348): 정치도감 설치, 권문세족의 토지·노비 개혁 시도
   └ 원 간섭기에 등장한 친원파 관료
4. <mark>공민왕</mark>의 개혁 정치(1351~1374)

배경	원 ➡ 명 교체기
반원 자주 정책	• 친원 세력 숙청: 기철* 등 <mark>친원파 세력 숙청</mark> • 관제 복구: 2성 6부 복구, <mark>정동행성 이문소 폐지</mark> • 몽골풍 폐지: 몽골어, 체두변발 등 폐지 • 영토 수복: <mark>쌍성총관부 탈환</mark>(1356), 요동 지방 공략(1차 최영, 2차 이성계), but 실패
왕권 강화 정책	• <mark>정방 폐지</mark>: 권문세족이 지닌 인사권 박탈 • <mark>전민변정도감 설치</mark>: 농장과 노비 제도 개혁, <mark>신돈</mark>(승려) 등용 • <mark>신진 사대부</mark>* 등용: 성균관 정비, 유학 교육 강화, 과거 제도 정비
개혁 정치 실패	• 대외적 요인: 원의 압력, 홍건적과 왜구의 잦은 침입 • 대내적 요인: 권문세족의 반발, 개혁 추진 세력(신진 사대부)의 미약, 공민왕 시해 ➡ 개혁 중단

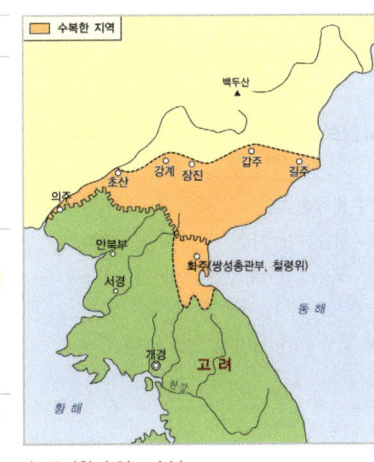

✦ 공민왕의 영토 수복

※ **기철**
기철은 누이동생이 원 순제의 황후가 되어 태자를 낳자, 기황후와 원을 믿고 친원파 세력을 결집하여 남의 토지를 빼앗는 등 횡포를 일삼음.

※ **신진 사대부**

출신	• 지방의 중소지주층 • 향리 출신
특징	• 과거를 통하여 정계 진출 • 성리학 수용(불교의 폐단 시정 추구) • 친명 정책

🔍 **원이 우리 문화에 끼친 영향**
1. 두루마기 길이의 변화(원래 우리나라의 옷은 윗도리가 짧음.)
2. 설렁탕(몽골인들이 냇가에서 고기 부속물을 고아 먹던 슬루에서 유래)
3. 연지, 곤지, 족두리
4. 만두(이때부터 퍼짐.)
5. 소주(몽골인들이 페르시아에서 수입한 것이 전래됨.)
6. 말과 노새의 광범위한 이용, 우리말의 '~치', '수라'나 '진지'라는 말
7. 어린아이에게 '개똥이' 등의 더러운 이름을 붙여야 오래 산다는 풍습
8. 목화와 화약 전래
9. 새로운 성씨 생김[원나라 공주가 따라와 정착한 성씨, 연안 인(印)씨, 아산 장(蔣)씨, 원주 변(邊)씨 등].

3 고려의 멸망 ✦

1. **배경**: 권문세족의 횡포로 사회 모순의 심화, 백성들의 생활이 어려움.
2. **신흥 무인 세력 성장**: 홍건적과 왜구의 침입을 물리치는 과정에서 이성계 등의 신흥 무인 세력 성장
3. **위화도 회군**(1388): <mark>우왕 때 명의 철령 이북 땅 요구(철령위 문제)</mark> ➡ 우왕과 최영의 <mark>요동 정벌 추진</mark> ➡ 이성계의 반대('4불가론' 주장) ➡ <mark>이성계의 위화도 회군</mark>(1388) ➡ 이성계의 실권 장악 ➡ 폐가입진 ➡ 전제 개혁 <mark>과전법 시행</mark>(1391) ➡ 정몽주 등 온건 개혁파 사대부 제거 ➡ <mark>이성계, 국왕 즉위</mark>(1392), 조선 개창
   └ 우왕·창왕은 공민왕의 아들이 아니고 신돈의 자식이라고 주장

📋 **한능검 쏙쏙 자료**

1. 공민왕의 반원 정책

공민왕이 원의 제도를 따라 변발(辮髮)을 하고 호복(胡服, 몽골의 옷차림)을 입고 전상(殿上)에 앉아 있었다. 이연종이 간하려고 문밖에서 기다리고 있었더니 왕이 사람을 시켜 물었다. (이연종이) 말하기를 "임금 앞에 나아가 직접 대면해서 말씀드리기를 바라나이다."라고 하였다. 이미 들어와서는 좌우(左右, 왕의 측근)을 물리치고 말하기를 "<u>변발과 호복은 선왕(先王)의 제도가 아니오니 원컨대 전하께서는 본받지 마소서.</u>"라고 하니, 왕이 기뻐하면서 즉시 변발을 풀어 버리고 그에게 옷과 요를 하사하였다.

「고려사」

2. 이성계의 4불가론

1. 소국이 대국을 배반함은 불가하다[以小逆大其不可].
2. 여름철에 군사를 일으킴은 불가하다[夏月發兵其不可].
3. 거국적으로 원정할 경우 왜구 침입의 우려가 있어 불가하다[擧國遠征倭乘其虛].
4. 장마철이라 활이 녹슬고 대군이 질병에 걸릴 가능성이 있어 불가하다[時方暑雨弩弓解膠大軍疾疫].

테마 18 실전문제

원 간섭기의 사회 모습

주요 정답 키워드 # 변발 # 호복 # 일본 원정 # 겁령구 # 사패

1. 다음 자료에 나타난 시기의 사실로 옳은 것은? ▶ 46회

> 흔도·홍다구·김방경이 일본의 세계촌 대명포에 이르러 통사 김저로 하여금 격문으로 이들을 회유하게 하였다. 김주정이 먼저 왜와 교전하자 여러 군사들이 모두 내려와 전투에 참여하였는데, 낭장 강언과 강사자 등이 전사하였다. 여러 군사가 일기도(一岐島)로 향할 때 수군 130명과 뱃사공 36명이 풍랑을 만나 행방을 잃었다.

① 왕조 교체를 예언하는 정감록이 유포되었다.
② 지배층을 중심으로 변발과 호복이 확산되었다.
③ 교정도감이 국정을 총괄하는 기구로 부상하였다.
④ 이자겸이 왕실의 외척이 되어 권력을 독점하였다.
⑤ 김사미와 효심이 가혹한 수탈에 저항하여 봉기하였다.

2. 다음 자료에 나타난 시기의 사회 모습으로 옳은 것은? ▶ 43회

> 공주의 겁령구* 등에게 성과 이름을 하사하였는데 홀랄대는 인후로, 삼가는 장순룡으로, 차홀대는 차신으로 하고 관직은 모두 장군으로 하였다. …… 첨의부에서 아뢰기를, "제국 대장 공주의 겁령구와 관료들이 좋은 땅을 많이 차지하여 산천으로 경계를 정하고 사패(賜牌)를 받아 조세를 납입하지 않으니, 청컨대 사패를 도로 거두소서."라고 하였다.
>
> *겁령구: 시종인

① 서얼이 통청 운동을 전개하였다.
② 웅천주 도독 김헌창이 반란을 일으켰다.
③ 만적이 개경에서 신분 해방을 도모하였다.
④ 변발과 호복이 지배층을 중심으로 유행하였다.
⑤ 망이·망소이가 가혹한 수탈에 저항하여 봉기하였다.

한눈에 보는 해설

다음 [자료에 나타난 시기]→원 간섭기 의 사실로 옳은 것은?

> 흔도·홍다구·김방경이 일본의 세계촌 대명포에 이르러 통사 김저로 하여금 격문으로 이들을 회유하게 하였다. 김주정이 먼저 왜와 교전하자 여러 군사들이 모두 내려와 전투에 참여하였는데, 낭장 강언과 강사자 등이 전사하였다. 여러 군사가 일기도(一岐島)로 향할 때 수군 130명과 뱃사공 36명이 풍랑을 만나 행방을 잃었다. ➡ 여·원 연합군의 1차 일본 정벌

② 원 간섭기에 지배층(권문세족)을 중심으로 변발과 호복이 확산되었다.

선지 분석하기
① 왕조 교체를 예언하는 정감록이 유포되었다. ➡ 조선 후기
③ 교정도감이 국정을 총괄하는 기구로 부상하였다. ➡ 고려 무신 집권기(최충헌 집권기)
④ 이자겸이 왕실의 외척이 되어 권력을 독점하였다. ➡ 고려 중기(12세기 예종·인종)
⑤ 김사미와 효심이 가혹한 수탈에 저항하여 봉기하였다. ➡ 고려 무신 집권기(이의민 집권기, 1193)

한눈에 보는 해설

다음 [자료에 나타난 시기]→원 간섭기 의 사회 모습으로 옳은 것은?

> 공주의 겁령구 등에게 성과 이름을 하사하였는데 홀랄대는 인후로, 삼가는 장순룡으로, 차홀대는 차신으로 하고 관직은 모두 장군으로 하였다. …… 첨의부에서(원 간섭기의 행정 기관) 아뢰기를, "제국 대장 공주의(충렬왕의 비, 충선왕의 어머니) 겁령구와 관료들이 좋은 땅을 많이 차지하여 산천으로 경계를 정하고 사패(賜牌)를 받아 조세를 납입하지 않으니, 청컨대 사패를 도로 거두소서."라고 하였다.

④ 원 간섭기에 지배층인 권문세족 사이에서 변발·호복 등의 몽골풍이 유행하였다.

선지 분석하기
① 서얼이 통청 운동을 전개하였다. ➡ 조선 후기
② 웅천주 도독 김헌창이 반란을 일으켰다. ➡ 신라 하대(822, 헌덕왕)
③ 만적이 개경에서 신분 해방을 도모하였다. ➡ 고려 무신 집권기(최충헌 집권기, 1198)
⑤ 망이·망소이가 가혹한 수탈에 저항하여 봉기하였다. ➡ 고려 무신 집권기(정중부 집권기, 1176)

공민왕의 업적

3. 다음 상황 이후에 일어난 사실로 옳은 것은? ▶ 45회

> 왕이 원의 제도를 따라 변발과 호복을 하고 전상(殿上)에 앉아 있었다. 이연종이 말하기를, "변발과 호복은 선왕의 제도가 아니옵니다. 원컨대 전하께서는 본받지 마소서."라고 하였다. 왕이 기뻐하며 즉시 변발을 풀고, 이연종에게 옷과 이불을 하사하였다.

① 대표적 친원 세력인 기철이 숙청되었다.
② 김윤후가 처인성에서 몽골군을 물리쳤다.
③ 정중부 등이 정변을 일으켜 권력을 장악하였다.
④ 최충이 9재 학당을 세워 유학 교육을 실시하였다.
⑤ 만적을 비롯한 노비들이 신분 해방을 도모하였다.

주요 정답 키워드 # 변발·호복 폐지 # 기철 숙청 # 신돈 # 노국 대장 공주 # 쌍성총관부 탈환

4. 밑줄 그은 '이 왕'의 재위 기간에 있었던 사실로 옳은 것은? ▶ 44회

그림으로 보는 한국사   고려 시대

고려의 이 왕과 그의 부인인 노국 대장 공주를 그린 초상으로, 현재 국립 고궁 박물관에 소장되어 있다. 왕과 왕비가 서로 마주보듯 의자에 앉아 있는 모습으로 묘사되어 있는 점이 특징이다.

① 유인우, 이자춘 등이 쌍성총관부를 수복하였다.
② 나세, 심덕부 등이 진포에서 왜구를 격퇴하였다.
③ 좌별초, 우별초, 신의군의 삼별초가 조직되었다.
④ 서희가 외교 담판을 벌여 강동 6주를 획득하였다.
⑤ 명의 철령위 설치에 반발하여 요동 정벌이 추진되었다.

테마 19 고려의 사회

> **출제 POINT**
> 고려의 사회 시책과 사회 풍습(향도 및 여성의 지위)을 묻는 문제가 주로 출제된다.

🔍 **고려와 조선의 백정**
- 고려: 직역이 없는 일반 농민
- 조선: 도살업자

✱ **신량역천**
법제상 양인이지만 직업이 천하여 천민으로 취급, 봉수간·염간·양수척·화척(도축업자)·진척(뱃사공)·재인(광대) 등

1 고려의 신분 제도 ✱

귀족	• 문벌 귀족: 왕족과 5품 이상의 고위 관료, 음서와 공음전을 받는 특권층, 개경 거주, 죄를 지으면 귀향형(본관지로 유배) • 지배 세력 변천: 문벌 귀족 ➡ 무신 세력 ➡ 권문세족(친원파 관리)
중류층	• 지배 기구의 하부 구조 담당 • 서리(중앙 관청 말단 실무 관리), 남반(궁중 실무 관리), 향리(지방 행정 실무 담당), 군반(직업 군인으로 하급 장교) • 직역을 세습하며 이에 상응하는 전시과 토지를 받음.
양민	• 백정 농민(대다수), 수공업자, 상인 등 • 조세·공납·역의 의무 • 향·부곡·소 주민(신량역천✱): 군현민보다 하층 신분으로, 양민보다 많은 세금 부담, 이주 금지, 과거 응시 금지, 향·부곡(농업 종사), 소(수공업 종사)
천민	대부분이 노비 – 매매·증여·상속의 대상, 일천즉천의 원칙(부모 중 한쪽이 노비면 자식도 노비)

◆ 대가족 중심의 (부분적) 개방 사회

(피라미드: 왕족 귀족 / 중류층(서리, 남반, 향리, 하급 장교) / 양민(백정 농민, 상인, 수공업자), 향·소·부곡 / 천민(노비, 화척, 진척, 재인) — 대가족 단위로 편제, 지배층/피지배층)

2 고려의 사회 시책

사회 시책		농번기에 잡역 면제, 재해 시 조세·부역 감면
빈민 구제 기관	흑창(태조)	곡물을 저장했다가 흉년에 빈민 구제
	의창(성종)	흑창 개칭, 평상시에 곡물 저장, 흉년에 빈민 구제, 고구려 진대법과 유사
	상평창(성종)	개경·서경·12목에 설치한 물가 조절 기관, 풍년에 곡물이 흔하면 값을 올려 사들이고, 흉년에 곡물이 귀하면 값을 내려 팔아 물가를 조절
	제위보(광종)	기금 마련 뒤 이자로 빈민 구제
의료 기관	동·서 대비원(문종)	개경에 설치하여 빈민 환자 치료 및 빈민 구휼
	혜민국(예종)	의약 전담, 빈민 환자에게 무료로 약 제공
	재해 대비 임시 기관	구제도감(예종, 질병 환자 치료 및 죽은 사람 매장 담당), 구급도감 등

3 고려의 법률과 풍습

법률	• 당률을 참작하여 제정, 대부분 관습법에 따름. 지방관의 재량권 행사(중요 사건 제외) • 반역죄 · 불효죄는 중죄, 5종(태 · 장 · 도 · 유 · 사형)의 형벌 시행 **cf 귀향형**: 일정 신분 이상의 사람이 죄를 지은 경우, 형벌로써 본관지로 보내는 귀향형 실시
민간 풍속	• 장례 · 제사: 토착 신앙 · 불교 · 도교 풍속 따름. • **향도(농민 공동 조직)** ┌ 전기: 대규모 인력이 동원되는 불교 행사에 주도적 역할 　　　　　　　　　　　└ 후기: 마을 공동체 농민 조직 **cf** 사천매향비
국가 제전	• 불교 행사: **연등회, 팔관회** 성행 | 연등회 | 팔관회 | |---|---| | 불교 행사 | 토착 신앙(도교) + 불교 | | 전국적 행사 | 개경 · 서경 | | 연초 | 연말(10월, 11월) | | | 공무역이 이루어짐. | • 성종: 환구단(하늘에 제사) 설치, 사직을 세워 지신과 오곡신에게 제사를 지냄. • 숙종: 평양에 기자 사당을 세움, 기자를 교화의 임금으로 숭상 • 예종: 복원궁(도교 사원)을 세워 초제를 올림.
재산 상속과 여성의 지위	• 재산 상속 및 제사: **자녀 균분 상속** 및 제사는 자녀가 돌아가면서 맡는 **윤행(輪行)**이 관행, 아들이 없을 경우 딸이 제사 지냄. • 여성의 지위: 가정 안에서 비교적 높음, **여성 호주 가능**, 호적에 연령순 기재, **사위 · 외손자에게 음서 혜택, 여성의 재가 자유롭게 허용 및 재가할 경우 자식의 사회 진출에 차별없음.**

🔍 향도의 매향 활동

매향은 본래 귀한 향이나 약재로 쓰이는 침향(沈香)을 만들기 위하여 향나무, 소나무, 참나무, 상수리나무 등을 오랫동안 갯벌에 묻어두는 것을 말함. 그러나 당시 매향은 단순히 침향을 얻기 위한 목적을 넘어 미륵불의 용화회(龍華會)에 공양할 침향을 마련하는 신앙 활동으로서 더 큰 의미가 있음.

✧ 사천 흥사리 매향비 | 1387년(우왕 13)에 향나무를 묻고 세운 것으로, 내세의 행운과 국태민안을 기원하는 내용을 담고 있음.

✧ 밀양 박씨 송은 충숙공 박익(1332~1398) 묘 벽화 | 고려 말 제사 의식과 복장 등의 생활 모습을 보여 주는 고려 말 벽화

한능검 콕콕 자료

1. 상평창
왕이 개경과 서경 및 12목에 상평창을 두고 명령을 내리기를, "해마다 풍흉에 따라 조적을 행하되, 백성에게 여유가 있을 때 조금씩 거두고, 백성에게 부족함이 있을 때 많이 푼다고 하니, 법에 따라 행하라."라고 하였다. 『고려사』

2. 향도
『미수기언』에 이르기를 "삼척에 매향안(埋香岸)이 있는데, '충선왕 2년(1310)에 향나무 2백 50그루를 묻었다.'고 하였다. …… 여기에서 향도라는 이름이 시작되었으며, 후에 이들이 상여를 메었다."고 하였다. …… 이들이 모일 때 승려와 속인이 마구 섞여 무리를 이루었다고 하니 향도의 시초는 불교로부터 이루어진 것이다. 『성호사설』

3. 자녀 균분 상속
어머니가 일찍이 재산을 나누어 줄 때 나익희에게는 따로 노비 40구를 남겨주었다. 나익희는 "제가 6남매 가운데 외아들이라 해서 어찌 사소한 것을 더 차지하여 여러 자녀들과 화목하게 하려 한 어머니의 거룩한 뜻을 더럽히겠습니까?" 하고 사양하자, 어머니가 옳게 여기고 그 말을 따랐다. 『고려사』

4. 구제도감
5월에 조서를 내리기를 "개경 내의 사람들이 역질에 걸렸으니 마땅히 구제도감을 설치하여 이들을 치료하고, 또한 시신과 유골을 거두어 묻어서 비바람에 드러나지 않게 할 것이며, 신하를 보내어 동북도와 서남도의 굶주린 백성을 진휼하라."라고 하였다. 『고려사』

테마 19 실전문제

고려의 사회 시책

주요 정답 키워드 # 구제도감 # 제위보

1. 다음 자료에 나타난 시기의 사회 모습으로 옳은 것은? ▶46회

> 왕이 명하기를, "개경 내의 백성들이 역질에 걸렸으니 마땅히 구제도감을 설치하여 이들을 치료하고, 또한 시신과 유골은 거두어 묻어서 비바람에 드러나지 않게 할 것이며, 관리들을 나누어 보내 동북도와 서남도의 굶주린 백성을 진휼하라."라고 하였다.

① 을파소의 건의로 진대법이 실시되었다.
② 기근에 대비하기 위해 구황촬요가 발간되었다.
③ 우리 풍토에 맞는 농법을 소개한 농사직설이 편찬되었다.
④ 국산 약재와 치료 방법을 정리한 향약집성방이 간행되었다.
⑤ 기금을 모아 그 이자로 빈민을 도와주는 제위보가 운영되었다.

향도

주요 정답 키워드 # 불교 신앙 조직 # 마을 공동체

2. 다음 문화유산에 대한 탐구 활동으로 가장 적절한 것은? ▶17회

보물 제614호로 경상남도 사천시 곤양면 흥사리에 있다. 고려 우왕 13년(1387)에 향나무를 묻고 세운 것으로, 비문에는 내세의 행운, 왕의 만수무강과 국태민안을 기원하는 내용이 담겨져 있다.

① 상평창의 역할을 알아본다.
② 도선비기의 내용을 파악한다.
③ 향교의 조직과 역할을 조사한다.
④ 도교의 제사 의식 과정을 정리한다.
⑤ 불교 신앙 조직의 활동을 찾아본다.

한눈에 보는 해설

다음 자료에 나타난 [시기(→고려)]의 사회 모습으로 옳은 것은?

> 왕이 명하기를, "개경 내의 백성들이 역질에 걸렸으니 마땅히 **구제도감**(←고려 시대 질병 환자의 치료 및 병사자의 매장을 담당하던 임시 기구)을 설치하여 이들을 치료하고, 또한 시신과 유골은 거두어 묻어서 비바람에 드러나지 않게 할 것이며, 관리들을 나누어 보내 동북도와 서남도의 굶주린 백성을 진휼하라."라고 하였다.

⑤ 고려 광종 때 기금을 모아 그 이자로 빈민을 구제하는 제위보가 설치·운영되었다.

선지 분석하기
① 을파소의 건의로 진대법이 실시되었다. ➡ 고구려 고국천왕
② 기근에 대비하기 위해 구황촬요가 발간되었다. ➡ 조선 명종
③ 우리 풍토에 맞는 농법을 소개한 농사직설이 편찬되었다. ➡ 조선 세종
④ 국산 약재와 치료 방법을 정리한 향약집성방이 간행되었다. ➡ 조선 세종

한눈에 보는 해설

다음 [문화유산(→사천 매향비(향도))]에 대한 탐구 활동으로 가장 적절한 것은?

보물 제614호로 경상남도 **사천시** 곤양면 흥사리에 있다. 고려 우왕 13년(1387)에 **향나무를 묻고**(→매향 활동) 세운 것으로, 비문에는 내세의 행운, **왕의 만수무강과 국태민안을 기원**하는 내용이 담겨져 있다.

⑤ 불교 신앙 조직인 향도의 활동을 찾아본다.

선지 분석하기
① 상평창의 역할을 알아본다. ➡ 고려의 물가 조절 기구(성종 설치)
② 도선비기의 내용을 파악한다. ➡ 신라 말 풍수지리설을 도입한 승려 도선의 풍수지리 관계 책
③ 향교의 조직과 역할을 조사한다. ➡ 고려와 조선의 중등 교육 기관
④ 도교의 제사 의식 과정을 정리한다. ➡ 고려의 초제(여러 신에게 복을 기원하는 의식) 및 복원궁(도교 사원) 조사

문벌 귀족의 이해

주요 정답 키워드 # 공음전 # 중첩된 혼인 관계 # 음서 # 문벌 귀족

3. 밑줄 그은 인물들의 공통된 특징으로 옳은 것을 〈보기〉에서 고른 것은? ▶ 18회

> ㅇ 해주 최씨 가문의 최충은 문헌공도를 세워 인재 양성에 힘써서 해동공자로 불렸으며, 그의 가문은 십여 대에 걸쳐 여러 명의 재상을 배출하였다.
> ㅇ 파평 윤씨 가문의 윤관은 삼한공신의 칭호를 받은 윤신달의 후손으로 관직이 문하시중까지 올랐으며, 아들 여러 명도 고위 관직을 역임하였다.

보기
- ㉠ 공음전을 받아 경제적 혜택을 누렸다.
- ㉡ 유력 가문과 중첩된 혼인 관계를 맺었다.
- ㉢ 원의 지원을 배경으로 권력을 유지하였다.
- ㉣ 성리학을 수용하여 사상적 기반으로 삼았다.

① ㉠, ㉡ ② ㉠, ㉢
③ ㉡, ㉢ ④ ㉡, ㉣
⑤ ㉢, ㉣

한눈에 보는 해설

밑줄 그은 인물들(→문벌 귀족)의 공통된 특징으로 옳은 것을 〈보기〉에서 고른 것은?

> ㅇ 해주 최씨 가문의 **최충**은 **문헌공도**(→최충이 세운 사립 학교인 9재 학당)를 세워 인재 양성에 힘써서 해동공자로 불렸으며, 그의 가문은 **십여 대에 걸쳐 여러 명의 재상을 배출**하였다.
> ㅇ 파평 윤씨 가문의 **윤관**은 삼한공신의 칭호를 받은 윤신달의 후손으로 관직이 문하시중(→중서문하성의 장(長))까지 올랐으며, **아들 여러 명도 고위 관직을 역임**하였다.

㉠공음전은 5품 이상 고급 관리에게 준 토지로 자손에게 세습할 수 있었다. 공음전과 더불어 음서제는 문벌 귀족의 특권이었다.
㉡문벌 귀족은 신분 유지를 위해 왕실이나 유력 가문과 중첩된 혼인 관계를 맺었다.

선지 분석하기

㉢ 원의 지원을 배경으로 권력을 유지하였다. ➡ 권문세족
㉣ 성리학을 수용하여 사상적 기반으로 삼았다. ➡ 신진 사대부

고려의 풍습

주요 정답 키워드 # 사위와 외손자 음서 혜택 # 여성 지위 높음

4. 다음 상황이 나타난 시기의 사회 모습으로 옳은 것은? ▶ 21회

> 이승장은 어려서 아버지를 여의었는데, 의붓아버지가 집이 가난하다며 공부를 시키려 하지 않았다. 하지만 어머니가 이를 반대하면서 "제가 먹고 사는 것 때문에 수절하지 못했음을 부끄럽게 여겼습니다. 그러나 아이가 다행히 학문에 뜻을 두고 있으니, 아이 아버지의 뒤를 따르게 하는 것이 마땅할 것입니다. 만약 그렇게 못한다면 제가 무슨 얼굴로 지하에서 전남편을 다시 보겠습니까?"라고 말하여, 공을 솔성재에 입학시켰다. …… 봄에 과거에 응시하여 김돈중의 문생으로 진사시에 2등으로 합격하였다.
> **이승장 묘지명**

① 재산 상속에서 큰아들이 우대받았다.
② 문중을 중심으로 서원과 사우가 세워졌다.
③ 사위와 외손자에게도 음서의 혜택이 주어졌다.
④ 대를 잇기 위해 양자를 들이는 일이 일반화되었다.
⑤ 혼인 후에 곧바로 남자 집에서 생활하는 경우가 보편화되었다.

한눈에 보는 해설

다음 상황이 나타난 시기(→고려 시대(여성의 재가가 자유로웠고 재가할 경우 자손에 대한 차별이 없었던 모습))의 사회 모습으로 옳은 것은?

> 이승장은 어려서 아버지를 여의었는데, 의붓아버지가 집이 가난하다며 공부를 시키려 하지 않았다. 하지만 어머니가 이를 반대하면서 **"제가 먹고 사는 것 때문에 수절하지 못했음을 부끄럽게 여겼습니다. 그러나 아이가 다행히 학문에 뜻을 두고 있으니, 아이 아버지의 뒤를 따르게 하는 것이 마땅할 것입니다.** 만약 그렇게 못한다면 제가 무슨 얼굴로 지하에서 전남편을 다시 보겠습니까?"라고 말하여, 공을 **솔성재**(→최충이 설립한 9재 학당 중 하나)에 입학시켰다. …… 봄에 과거에 응시하여 **김돈중**(→김부식의 아들)의 문생으로 진사시에 2등으로 합격하였다.
> **이승장 묘지명**

③고려 시대에는 5품 이상 관리의 친속(아들, 손자, 외손자, 사위, 동생, 조카)에게 음서의 혜택이 주어졌다.

선지 분석하기

①②④⑤ 모두 조선 후기의 사회 모습이다.

테마 20 고려의 경제

출제 POINT
전시과 제도의 변천 과정과 대외 무역을 묻는 문제가 주로 출제된다.

✱ 양안(量案)
경작지의 소유자와 크기를 적은 토지 대장으로 20년마다 작성

✱ 호적(戶籍)
호구 장부로 부부를 중심으로 이루어진 가족을 등재하되, 때에 따라서 여러 세대의 가족이 한 호적에 기록되기도 함. 3년마다 작성함.

✱ 삼사
고려의 삼사는 화폐와 곡식의 출납을 담당하는 회계 기구, but 조선의 삼사는 언론·학술 기관으로 사간원, 사헌부, 홍문관을 말함.

🔍 전시과의 붕괴

무신 집권기	전시과 붕괴 ➡ 농장의 발달
원 간섭기	농장의 확대 ➡ 녹과전 지급(경기 8현의 땅을 녹봉이 적은 관리에게 지급)
고려 말	신진 사대부의 대두 ➡ 농장 혁파, 급전도감 설치, 과전법 제정(1391, 공양왕)

1 고려의 경제 정책 ✱

1. 중농 정책
(1) **토지 중심의 경제**: 국가 재정의 토대가 **농업** ➡ 상대적으로 수공업 침체, 생산과 소비 활동 제약
(2) **토지와 호구 조사**: 재정을 안정적으로 운영하기 위해 토지와 호구를 조사하여 토지 대장인 **양안**✱과 호구 장부인 **호적**✱을 작성 ➡ 이를 근거로 조세·공물·부역 등을 부과

2. 수취 제도와 재정 운영
(1) 수취 제도

조세	• 토지를 논과 밭으로 나누고 비옥도에 따라 3등급으로 나누어 부과 • 민전(개인 소유지): 생산량의 1/10 징수 • 조세는 조운을 통해 개경으로 운반 ↳ 바닷길이나 강을 통해 조세를 운반하는 제도	국가(관리) 조세 1/10 국·공유지 민전(개인 사유지) 지대 1/4 소작농 지대 1/2
공납	• 중앙 관청에서 필요한 공물을 주현에 부과 ➡ 속현·향·부곡·소에도 할당, 향리들이 집집마다 부과·징수 ➡ 조세보다 큰 부담 • 종류: 상공, 별공	
역	군역과 요역, 16~60세의 정남에게 부과	

(2) **재정 운영**: 호부에서 호적과 양안 작성, 삼사✱에서 화폐와 곡식의 출납·회계 등 재정의 수입과 관련된 사무 담당

3. 토지 제도(전시과)

역분전(태조)	개국 공신에게 충성도와 인품에 따라 지급(논공행상적), 경기 대상	
시정 전시과 (976, 경종)	관등과 인품을 함께 반영하여 전·현직 관리(직산관)에게 지급	↳ 전지(과전) + 시지(연료 채취지) 전시과 지급 • **전국적 규모** • 관직 복무와 직역의 대가로 **수조권** 지급 (소유권 ×) • 죽거나 퇴직 시 반납
개정 전시과 (998, 목종)	관등만 기준으로 전·현직 관리에게 18등급 차등 지급 ➡ 산직(퇴직 관리) 지급액 감소	
경정 전시과 (1076, 문종)	현직 관리에게만 지급 ➡ 무관 차별 개선, 지급액 감소 cf 녹봉제 실시: 근무하는 관청에서 1년에 두 번 쌀과 천을 받는 제도	

4. 토지의 종류

전시과	공음전	5품 이상 관료에게 지급, 세습 가능 ➡ 음서제와 함께 귀족의 지위 강화
	한인전	6품 이하 하급 관료 자제로서 관직에 오르지 못한 이에게 지급
	군인전	군역(중앙군)의 대가로 지급 ➡ 군역이 세습될 경우 군인전도 세습
	구분전	하급 관료나 군인의 유가족에게 지급
	외역전	향리에게 향역의 대가로 지급 ➡ 향리직이 세습될 경우 외역전도 세습
	기타	내장전(왕실의 경비 충당), 공해전(중앙과 지방의 관청 경비 충당), 사원전(사원 경비 충당)
민전		• 개인의 사유지 ➡ 매매·상속·임대 등이 가능 • 수확량의 1/10을 조세로 징수

2 고려의 경제생활

1. 농업

전기	• 2년 3작의 윤작법 시작, 우경에 의한 심경법(밭 깊이갈이)의 일반화 ➡ 생산력 증가 (→ 한 농지에 몇 가지 작물을 돌려가며 재배하는 방식) • 시비법의 발달(전기 녹비 ➡ 후기 퇴비) ➡ 휴경지 감소
후기	• 논농사: 직파법 ➡ 이앙법(모내기) 시작(남부 일부 지방) • 이암이 원의 농서인 『농상집요』 소개 • 문익점이 목화씨 전래

2. 수공업

관청 수공업	공장안 작성, 왕실·국가 수요품 생산 (→ 수공업자 명단)	전기 발달
소(所) 수공업	각종 수공업품 생산 ➡ 공물(별공)로 납부(금, 은, 철, 구리, 실, 옷감, 종이, 먹, 차, 생강 등 생산)	
사원 수공업	승려와 노비가 제품 생산(베, 모시, 기와, 술, 소금 등)	후기 발달
민간 수공업	가내 수공업(삼베, 모시, 명주 생산)	

✦ 삼한통보 ✦ 활구(은병)

3. 화폐 정책

성종	최초의 화폐(철전, 동전)인 건원중보 제작, but 유통 실패
숙종	삼한통보(중보), 해동통보(중보), 활구(은병) 등 동전 제작, but 유통 실패 ➡ 일부 관영 상점(서점, 다점 등)에서만 사용 cf 의천의 주전론, 주전도감 설치 (→ 우리나라 지형을 본떠서 은 1근으로 만든 고가의 화폐)
공양왕	저화(최초의 지폐)

4. 대외 무역

송	가장 활발, 벽란도(국제항) 번성, 비단·책·약재 등 왕실과 귀족의 수요품 수입, 나전칠기·화문석·인삼·종이·먹·붓 등 수출
거란, 여진	은·모피 등 수입, 농기구·식량 등 수출
일본	교류 가장 미비, 수은·황 등 수입, 식량·인삼·서적 등 수출
아라비아	수은·향료·산호 수입, 'Corea'라고 세계에 알려짐. cf 남송을 통해 무역이 이루어짐.
원	공·사무역 활발, but 금·은·소·말 등의 유출 심각

✦ 고려 전기의 대외 무역

한능검 쏙쏙 자료

1. 전시과
   고려의 토지 제도는 대개 당나라 제도를 모방하여, 개간된 토지의 넓이를 총괄해서 그 기름지고 메마른 것을 나누어 문무백관에서부터 부병(府兵), 여기서는 중앙군 장교, 한인(閑人)에 이르기까지 과(科)에 따라 전지(田地)와 시지(柴地)를 주었는데, 이를 전시과라 한다. 죽은 후에는 모두 나라에 다시 바쳐야 했다. 『고려사』

2. 시정 전시과 (976, 경종)
   경종 원년 11월에 비로소 직관(職官)·산관(散官)의 각 품(品)의 전시과를 제정하였는데 관품(官品)의 높고 낮은 것은 논하지 않고 다만 인품(人品)만 가지고 전시과의 등급을 결정하였다. 『고려사』

3. 숙종의 화폐 정책
   주전도감에서 왕에게 아뢰기를 "백성들이 화폐를 사용하는 유익함을 이해하고 그것을 편리하게 생각하고 있으니 이 사실을 종묘에 알리십시오."라고 하였다. 이해에 또 은병을 만들어 화폐로 사용하였는데, 은 한 근으로 우리나라의 지형을 본떠서 만들었고 민간에서는 활구라고 불렀다. 『고려사』

테마 20 실전문제

고려의 토지 제도

주요 정답 키워드   # 인품과 공(관)복을 기준   # 전지와 시지   # 수조권

1. (가), (나)에 해당하는 토지 제도에 대한 설명으로 옳은 것을 〈보기〉에서 고른 것은? ▶ 40회

   (가) 경종 원년(976) 11월, 처음으로 직관(職官)과 산관(散官) 각 품의 전시과를 제정하였다.
   (나) 공양왕 3년(1391) 5월, 도평의사사가 글을 올려 과전을 주는 법을 정하자고 요청하니 왕이 따랐다.

   〈보기〉
   ㉠ (가) – 전지와 시지를 지급하여 수취의 권리를 행사하게 하였다.
   ㉡ (가) – 관리의 사망 시 유가족에게 수신전과 휼양전을 지급하였다.
   ㉢ (나) – 지급 대상 토지를 원칙적으로 경기 지역에 한정하였다.
   ㉣ (나) – 관리의 인품과 공복을 기준으로 하여 토지를 지급하였다.

   ① ㉠, ㉡
   ② ㉠, ㉢
   ③ ㉡, ㉢
   ④ ㉡, ㉣
   ⑤ ㉢, ㉣

2. (가)~(다)에 대한 설명으로 옳지 않은 것은? ▶ 32회

   사료로 보는 ○○ 시대 토지 제도의 변천

   (가) 경종 원년, 처음으로 직관(職官)과 산관(散官) 각 품의 전시과(田柴科)를 제정하였다.
   (나) 목종 원년, 문무 양반 및 군인의 전시과를 개정하였다.
   (다) 문종 30년, 양반전시과를 다시 고쳐 정하였다.

   ① (가) – 인품과 공복을 기준으로 하였다.
   ② (나) – 관직을 기준으로 토지를 지급하였다.
   ③ (다) – 현직 관리를 중심으로 토지를 지급하였다.
   ④ (가), (나) – 경기 지역으로 한정하여 토지를 지급하였다.
   ⑤ (가), (나), (다) – 지급된 토지에 대한 수조권을 인정하였다.

한눈에 보는 해설

→ (가) (시정) 전시과, (나) 과전법

(가), (나)에 해당하는 토지 제도에 대한 설명으로 옳은 것을 〈보기〉에서 고른 것은?

(가) **경종 원년(976) 11월, 처음으로 직관(職官)과 산관(散官) 각 품의 전시과를 제정**하였다.
(나) **공양왕** 3년(1391) 5월, 도평의사사가 글을 올려 **과전을 주는 법을 정하자고 요청**하니 왕이 따랐다.

㉠ 시정 전시과는 관품과 인품을 반영하여 전·현직 관료에게 전국의 땅을 대상으로 전지(과전)와 시지(땔감)를 지급한 제도이다.
㉢ 과전법은 전·현직 관료를 대상으로 경기 지역에 한하여 토지를 지급한 제도이다.

[선지 분석하기]
㉡ (가) – 관리의 사망 시 유가족에게 수신전과 휼양전을 지급하였다.
  ➡ (나) 과전법(공양왕, 1391)
㉣ (나) – 관리의 인품과 공복(또는 관품)을 기준으로 하여 토지를 지급하였다.
  ➡ (가) 시정 전시과(경종, 976)

한눈에 보는 해설

→ (가) 시정 전시과(976, 경종), (나) 개정 전시과(998, 목종), (다) 경정 전시과(1076, 문종)

(가)~(다)에 대한 설명으로 옳지 않은 것은?

사료로 보는 ○○ 시대 토지 제도의 변천

(가) **경종 원년, 처음으로 직관(職官)과 산관(散官) 각 품의 전시과(田柴科)를 제정**하였다.
(나) **목종 원년, 문무 양반 및 군인의 전시과를 개정**하였다.
(다) **문종 30년, 양반전시과를 다시 고쳐** 정하였다.

④ 고려의 전시과는 전국의 토지를 대상으로 전지(과전)와 시지(임야)를 지급하였다. 경기 지역으로 한정하여 토지를 지급한 것은 과전법(1391, 공양왕 3년)이다.

고려의 경제 활동

주요 정답 키워드 # 활구 # 경시서 # 팔관회

3. 다음 자료에 나타난 시기의 경제 상황으로 옳은 것은? ▶43회

> 11월에 팔관회가 열렸다. [왕이] 신봉루에 들러 모든 관료에게 큰 잔치를 베풀었다. 그리고 다음 날 대회(大會)에서 또 술과 음식을 하사하고 음악을 관람하였다. …… 송의 상인과 탐라국도 특산물을 바쳤으므로 자리를 내주어 음악을 관람하게 하였는데, 이후에는 상례(常例)가 되었다.

① 집집마다 부경이라는 창고가 있었다.
② 경시서가 수도의 시전을 감독하였다.
③ 감자, 고구마 등의 구황 작물이 재배되었다.
④ 모내기법 등을 소개한 농가집성이 편찬되었다.
⑤ 국경 지대에서 개시 무역과 후시 무역이 이루어졌다.

4. (가) 화폐가 발행된 시기의 경제 상황으로 옳은 것은? ▶41회

> 왕이 이르기를, "금과 은은 천지(天地)의 정수(精髓)이자 국가의 보물인데, 근래에 간악한 백성들이 구리를 섞어 몰래 주조하고 있다. 지금부터 (가) 에 모두 표지를 새겨 이로써 영구한 법식으로 삼도록 하라. 어기는 자는 엄중히 논하겠다."라고 하였다. 이때에 비로소 (가) 을/를 화폐로 쓰기 시작하였다. 그 제도는 은 1근으로 만들어 본국의 지형을 본뜨도록 하였으니, 속칭 활구라고 하였다.

① 왜관이 설치되어 일본과 무역하였다.
② 경시서가 수도의 시전을 감독하였다.
③ 보부상이 장시를 돌아다니며 활동하였다.
④ 광산을 전문적으로 경영하는 덕대가 나타났다.
⑤ 중강 개시와 후시를 통한 중국과의 교역이 활발하였다.

한눈에 보는 해설

다음 자료에 나타난 **시기**(→고려)의 경제 상황으로 옳은 것은?

> 11월에 **팔관회**가 열렸다. [왕이] 신봉루에 들러 모든 관료에게 큰 잔치를 베풀었다. 그리고 다음 날 대회(大會)에서 또 술과 음식을 하사하고 음악을 관람하였다. …… **송의 상인**과 탐라국도 특산물을 바쳤으므로 자리를 내주어 음악을 관람하게 하였는데, 이후에는 상례(常例)가 되었다.

② 고려 시대에는 경시서를 두어 개경에 있는 시전 등의 불법적인 상행위를 감독하게 하였다.

선지 분석하기
① 집집마다 부경이라는 창고가 있었다. ➡ 고구려
③ 감자, 고구마 등의 구황 작물이 재배되었다. ➡ 조선 후기
④ 모내기법 등을 소개한 농가집성이 편찬되었다. ➡ 조선 후기
⑤ 국경 지대에서 개시 무역과 후시 무역이 이루어졌다. ➡ 조선 후기

한눈에 보는 해설

(가)(→은병(활구)) **화폐**가 발행된 **시기**(→고려)의 경제 상황으로 옳은 것은?

> 왕(→숙종)이 이르기를, "금과 은은 천지(天地)의 정수(精髓)이자 국가의 보물인데, 근래에 간악한 백성들이 구리를 섞어 몰래 주조하고 있다. 지금부터 (가) 에 모두 표지를 새겨 이로써 영구한 법식으로 삼도록 하라. 어기는 자는 엄중히 논하겠다."라고 하였다. 이때에 비로소 (가) 을/를 화폐로 쓰기 시작하였다. 그 제도는 **은 1근으로 만들어 본국의 지형을 본뜨도록 하였으니, 속칭 활구**라고 하였다. (→은병(고려 화폐))

② 고려 시대에는 경시서를 두어 개경에 있는 시전 등의 불법적인 상행위를 감독하게 하였다.

선지 분석하기
① 왜관이 설치되어 일본과 무역하였다. ➡ 조선
③ 보부상이 장시를 돌아다니며 활동하였다. ➡ 조선 후기
④ 광산을 전문적으로 경영하는 덕대가 나타났다. ➡ 조선 후기
⑤ 중강 개시와 후시를 통한 중국과의 교역이 활발하였다. ➡ 조선 후기

테마 21 고려의 문화(1)

출제 POINT
역사서는 『삼국사기』와 『삼국유사』의 특징을, 불교에서는 의천·지눌 등 주요 승려의 업적을 물어보는 문제가 주로 출제된다.

🔍 역사 서술 체제

구분	서술 방법	대표적 사서
기전체	본기(本紀), 세가(世家), 지(志), 열전(列傳) 등으로 구분하는 정사체	『삼국사기』, 『고려사』 등
편년체	연·월·일별로 서술	『동국통감』, 『조선왕조실록』 등
기사본말체	사건의 발단과 결과를 실증적으로 기술	이긍익의 『연려실기술』 등
강목체	강(綱, 대의), 목(目, 세목)으로 나누어 서술	안정복의 『동사강목』 등

✱ 성리학
우주의 근원과 인간의 심성 문제를 철학적으로 규명하려는 새로운 학문으로 남송의 주희가 완성

◆ 안향 영정(경북 영주 소수 서원 소장)

🔍 국자감의 구조

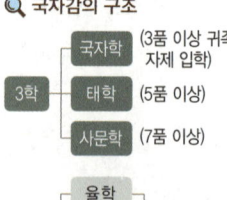
- 3학
  - 국자학 (3품 이상 귀족 자제 입학)
  - 태학 (5품 이상)
  - 사문학 (7품 이상)

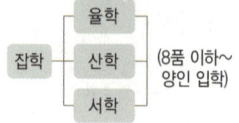
- 잡학
  - 율학
  - 산학
  - 서학
  (8품 이하~양인 입학)

1 역사서 ✪✪✪

전기	『7대 실록』, 『고금록』 등
중기	『**삼국사기**』(김부식, 인종, 1145) – **현존 우리나라 최고(最古) 사서, 기전체**, 『구삼국사』를 기본으로 서술 – 신라 역사 계승 의식 반영, 본기 28권, 연표 3권, 지 9권, 열전 10권 구성
후기	• 무신 정변 이후 민족적 자주 의식을 바탕으로 전통문화를 바르게 이해하려는 경향 대두 • **동명왕편**(이규보, 명종, 1193): 고구려 건국 영웅인 동명왕의 업적을 칭송한 일종의 민족 서사시, 고구려 계승 의식 • **해동고승전**(각훈, 고종, 1215): 삼국 불교사를 교종의 입장에서 저술 • **삼국유사**(일연, 충렬왕, 1281?): 불교사 중심의 고대 설화나 야사 수록, 고유문화와 전통 중시, 단군을 우리 민족의 시조로 처음 기록 • **제왕운기**(이승휴, 충렬왕, 1287) – 상권은 중국 역사를, 하권은 단군 건국 이야기부터 우리나라 역대 왕의 업적을 7언시의 한시로 기록 – 우리 역사를 단군으로부터 서술하여 중국사와 대등하게 파악, 발해를 우리 역사로 처음 인식
말기	『사략』(이제현, 공민왕): 고려 태조~숙종까지 역사 정리, 성리학적 유교 사관 대두

2 유학 ✪

1. 유학의 발달

전기	• 광종: 과거 제도 실시 • 성종: **유교 정치 이념 채택**(최승로의 시무 28조 반영), **국자감**(국립 대학)과 **향교**(지방 교육 담당) 설치
중기	**최충**(984~1068): 문종 때의 대표적 유학자, '**해동공자**'라는 칭송을 받음. ➡ 은퇴 후 개경에 **9재 학당**(문헌공도) 건립
후기	• **성리학**✱의 전래: 충렬왕 때 **안향**이 최초로 소개 ➡ 이제현(원의 만권당에서 활약) ➡ 이색(성균관에서 유학 교육) ➡ 정몽주, 정도전 등 신진 사대부에게 확산 • 고려 말 특징: 주희의 『소학』, 『주자가례』 보급 ➡ 형이상학적인 면보다는 일상생활과 관련 있는 실천적 기능 강조 └ 어린이들의 수신서 └ 주희의 가례를 모아 편찬한 가정의례서

2. 교육 기구

성종	**국자감**(유학부+기술학부) 설치, **문신월과법** 실시
사학 발달	문종 때 최충의 9재 학당(문헌공도) 실시를 계기로 개경에 사학 12도 융성 ➡ ∴ 관학 위축, 숙종·예종·인종의 관학 진흥책 대두
관학 진흥책	**중기** • **숙종**: 국자감에 **서적포** 설치(도서 간행) • **예종**: 국자감을 국학으로 개칭, 국학에 전문 강좌 **7재** 설치, **양현고**(장학 기금) 설치 • **인종**: 경사 6학 정비, 7재 중 무학재 폐지 **후기** • **충렬왕**: **섬학전** 설치(안향 건의, 장학 기금), 국학을 성균관으로 개칭 • 공민왕: 성균관 부흥(순수 유교 교육 기관), 과거제 정비

※ 중앙의 문신에게 매달 시 3편, 부 1편을 지어 바치게 하고, 지방 관리에게도 1년에 한 번씩 글을 지어 바치게 하여 관리의 질적 향상을 도모

3 종교 ☆☆☆

1. 불교

전기	광종: 승과 제도 실시, 국사·왕사 제도 실시, 균여(북악파)의 화엄종 중심 종파 통합 시도(귀법사) cf 균여의 '보현십원가'(향가 11수) 작성 ➡ 불교의 대중화
중기	의천(문종의 아들): 교종(화엄종 중심) 통합(흥왕사) ➡ 교종(화엄종)에 선종 통합, 해동 천태종 창시(국청사), 교관겸수(敎觀兼修)* 주장, 원효의 화쟁 사상 계승, 왕실·귀족의 후원
무신 집권기 cf 무신 정권의 조계종 후원	• 지눌: 불교 개혁 시도 ➡ 수선사 결사 조직(순천 송광사) ➡ 조계종 창시, 선종 중심으로 교종 통합 ➡ 정혜쌍수(定慧雙修)*, 돈오점수(頓悟漸修)* 주장 • 혜심(조계종의 2대 교주): 유·불 일치설 주장 ➡ 성리학 수용의 사상적 토대 마련 • 요세: 천태종의 신앙 결사 운동 주장 ➡ 백련사 결사 조직(강진 만덕사), 참회 강조(법화신앙)
원 간섭기	• 보우: 원의 임제종 도입(충목왕) ➡ 불교 개혁 시도(선종 9산 통합), 실패 • 신진 사대부: 불교 비판 cf 정도전의 『불씨잡변』

2. 도교와 풍수지리설

도교	• 초제(일월성신에게 제사) 실시, 팔관회(도교 + 불교 + 토착 신앙) ➡ 민간 신앙으로 발전, 교단 성립 × • 예종 때 복원궁(도교 사원) 설치
풍수지리설	• 전기: 서경 길지설 ➡ 태조 왕건의 북진 정책, 묘청의 서경 천도 운동에 영향 • 중기 이후: 남경 길지설 ➡ 북진 정책 쇠퇴, 조선 한양 천도 합리화

🔍 **대각국사 의천의 주요 업적**
1. 주전론 주장, 주전도감 설치
2. 해동 천태종 창시
3. 교장(속장경) 간행: 흥왕사, 교장도감 설치
4. 주요 저서: 『천태사교의주』(천태종 연구), 『대각국사 문집』

✱ **교관겸수(敎觀兼修)**
교상(敎相)과 관심(觀心)의 양면을 의미하는 것으로, 교상은 이론을, 관심은 실천을 뜻함. 즉 교관겸수는 이론과 실천을 다 같이 중요하게 여긴다는 뜻

✱ **정혜쌍수(定慧雙修)**
정(定)은 참선, 혜(慧)는 지혜(智慧)로서 사물의 실상을 관조하여 의혹을 끊고 정각(正覺)을 얻는 힘을 뜻함.

✱ **돈오점수(頓悟漸修)**
돈오는 인간의 마음이 곧 부처의 마음이라는 것을 깨닫는 것, 점수는 깨달은 뒤에도 꾸준히 수행해야 한다는 의미

한능검 콕콕 사료

1. 『삼국사기』 서문
성상 전하께서 ······ "또한 그에 관한 옛 기록은 표현이 거칠고 졸렬하며 사건의 기록이 빠진 것이 있으므로, 이로써 군주와 왕비의 착하고 악함, 신하의 충성됨과 사특함, 나랏일의 안전함과 위태로움, 백성의 다스려짐과 어지러움을 모두 펴서 드러내어 권하거나 징계할 수 없다. 그러므로 마땅히 재능과 학문과 식견을 겸비한 인재를 찾아 권위있는 역사서를 완성하여 만대에 전하여 빛내기를 해와 별처럼 하고자 한다."라고 하였습니다. ······ 연표 3권, 본기 28권, 지 9권, 열전 10권 등으로 ······

2. 『삼국유사』 서문
대저 옛 성인들은 예(禮)·악(樂)으로써 나라를 흥륭시키고, 인의로 가르쳤으며, 괴상한 힘이나 난잡한 귀신을 말하지 아니하였다. 그러나 제왕들이 일어날 때는 ······ 반드시 보통 사람보다 다른 것이 있은 뒤에 큰 변란 있는 기회를 타서 대기(大機)를 잡고 대업(大業)을 이루는 것이다. ······ 삼국의 시조들이 모두 신기한 일로 태어났음이 어찌 괴이하겠는가. 이것이 신이(神異)로써 다른 편보다 먼저 놓는 까닭이다.

3. 의천
가만히 생각하면 성인이 가르침을 편 목적은 행(行)을 일으키려는 데 있는 것이므로, 입으로만이 아니라 몸으로 행동하게 하려는 것이다. ······ 정원법사는 "관(觀)을 배우지 않고 경(經)만 배우면 오주(五周)의 인과를 들었더라도 삼중의 성덕을 통하지 못하며, 경을 배우지 않고 관만 배우면 삼중(三重)의 성덕을 깨쳐도 오주의 인과는 분별하지 못한다. 그러므로 관도 배우지 않을 수 없고, 경도 배우지 않을 수 없다."고 하였다. 『대각국사 문집』

4. 지눌
한마음[一心]을 깨닫지 못하고 한없는 번뇌를 일으키는 것이 중생인데 부처는 이 한마음을 깨달았다. 깨닫고 아니 깨달음은 오직 한마음에 달려 있으니 이 마음을 떠나 따로 부처를 찾을 것이 없다. ······ 지금의 불교계를 보면 아침 저녁으로 행하는 일들이 비록 부처의 법에 의지하였다고 하나 자신을 내세우고 이익을 구하는 데 열중하며 세속의 일에 골몰한다. ······ 하루는 같이 공부하는 사람 10여 인과 약속하였다. 마땅히 명예와 이익을 버리고 산림에 은둔하여 같은 모임을 맺자. 항상 선을 익히고 지혜를 고르는 데 힘쓰고, 예불하고 경전을 읽으며 힘들여 일하는 것에 이르기까지 각자 맡은 바 임무에 따라 경영한다. 인연에 따라 성품을 수양하고 평생을 호방하게 고귀한 이들의 드높은 행동을 좇아 따른다면 어찌 통쾌하지 않겠는가.
권수정혜결사문

테마 21 실전문제

역사서
주요 정답 키워드 # 고조선 건국 이야기 # 김부식 # 이승휴

1. (가), (나) 역사서에 대한 설명으로 옳은 것은? ▶ 38회

(가) 1145년(인종 23)에 김부식 등이 왕명을 받아 편찬한 책으로 본기 28권, 지 9권, 표 3권, 열전 10권으로 이루어져 있다.

(나) 1287년(충렬왕 13)에 이승휴가 펴낸 책으로 상권은 중국사, 하권은 우리나라 역사에 관한 내용으로 채워져 있다.

① (가) - 사초, 시정기 등을 바탕으로 실록청에서 편찬하였다.
② (가) - 불교사를 중심으로 고대의 민간 설화 등을 수록하였다.
③ (나) - 고조선의 건국 이야기가 수록되어 있다.
④ (나) - 유네스코 세계 기록 유산으로 등재되었다.
⑤ (가), (나) - 고구려 건국 시조의 일대기를 서사시 형태로 서술하였다.

한눈에 보는 해설

→ (가)『삼국사기』, (나)『제왕운기』

(가), (나) 역사서에 대한 설명으로 옳은 것은?

(가) 1145년(인종 23)에 **김부식** 등이 왕명을 받아 편찬한 책으로 **본기 28권**, 지 9권, 표 3권, 열전 10권으로 이루어져 있다.
(나) 1287년(충렬왕 13)에 **이승휴**가 펴낸 책으로 **상권은 중국사, 하권은 우리나라 역사**에 관한 내용으로 채워져 있다.

③ 원 간섭기 충렬왕 때 편찬된 이승휴의『제왕운기』와 일연의『삼국유사』에는 단군의 고조선 건국 이야기가 수록되어 있다.

선지 분석하기
① (가) - 사초, 시정기 등을 바탕으로 실록청에서 편찬하였다. ➡『조선왕조실록』
② (가) - 불교사를 중심으로 고대의 민간 설화 등을 수록하였다. ➡ 일연의『삼국유사』
④ (나) - 유네스코 세계 기록 유산으로 등재되었다. ➡『조선왕조실록』,『훈민정음 해례본』,『승정원일기』,『일성록』등
⑤ (가), (나) - 고구려 건국 시조의 일대기를 서사시 형태로 서술하였다. ➡ 이규보의『동명왕편』

관학 진흥책
주요 정답 키워드 # 7재 # 관학 진흥책

2. 밑줄 그은 '정책'의 내용으로 옳은 것은? ▶ 43회

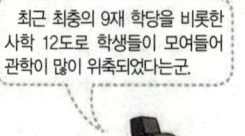

① 독서삼품과를 시행하였다.
② 초계문신제를 실시하였다.
③ 수도에 4부 학당을 두었다.
④ 전문 강좌인 7재를 개설하였다.
⑤ 경당을 설립하여 학문을 가르쳤다.

한눈에 보는 해설

→ 고려 중기의 관학 진흥책
밑줄 그은「정책」의 내용으로 옳은 것은?

④ 관학을 부흥시키기 위해 예종은 최충의 9재 학당을 모방한 7재를 설치하였고, 장학 재단인 양현고를 설치하였다.

선지 분석하기
① 독서삼품과를 시행하였다. ➡ 신라 하대 원성왕
② 초계문신제를 실시하였다. ➡ 조선 후기 정조
③ 수도에 4부 학당을 두었다. ➡ 조선
⑤ 경당을 설립하여 학문을 가르쳤다. ➡ 고구려 장수왕

의천

주요 정답 키워드 # 천태종 # 신편제종교장총록

3. (가) 인물에 대한 설명으로 옳은 것은? ▶ 41회

"이것은 문종의 아들인 (가) 이/가 송·요·일본 등 동아시아 각지의 불교 서적을 수집하여 그 목록을 정리한 신편제종교장총록(新編諸宗敎藏總錄)의 일부입니다."

① 국청사를 중심으로 해동 천태종을 창시하였다.
② 법화 신앙에 중점을 둔 백련 결사를 주도하였다.
③ 정혜사를 결성하여 불교계를 개혁하고자 하였다.
④ 유불 일치설을 주장하여 심성의 도야를 강조하였다.
⑤ 승려들의 전기를 정리하여 해동고승전을 편찬하였다.

지눌

주요 정답 키워드 # 정혜쌍수 # 돈오점수 # 송광사 # 권수정혜결사

4. (가)~(마)에 들어갈 내용으로 적절한 것은? ▶ 70회

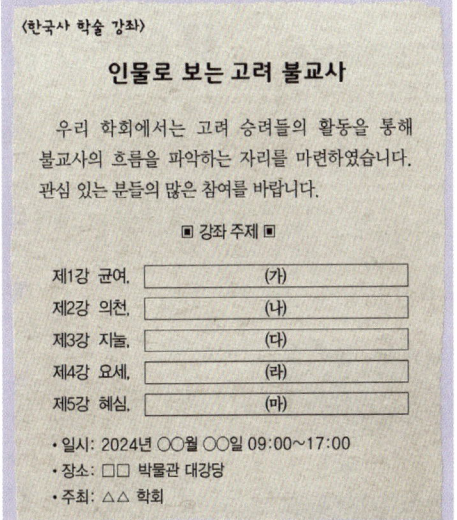

〈한국사 학술 강좌〉

인물로 보는 고려 불교사

우리 학회에서는 고려 승려들의 활동을 통해 불교사의 흐름을 파악하는 자리를 마련하였습니다. 관심 있는 분들의 많은 참여를 바랍니다.

■ 강좌 주제 ■

제1강 균여.   (가)
제2강 의천.   (나)
제3강 지눌.   (다)
제4강 요세.   (라)
제5강 혜심.   (마)

• 일시: 2024년 ○○월 ○○일 09:00~17:00
• 장소: □□ 박물관 대강당
• 주최: △△ 학회

① (가) – 법화 신앙에 중점을 둔 백련 결사를 제창하다
② (나) – 심성의 도야를 강조한 유불 일치설을 주장하다
③ (다) – 권수정혜결사문을 작성하여 정혜쌍수를 강조하다
④ (라) – 이론과 수행을 함께 강조하는 교관겸수를 제시하다
⑤ (마) – 보현십원가를 지어 불교 교리를 대중에게 전파하다

테마 22 고려의 문화(2)

출제 POINT
주요 건축물과 불교 관련 유물을 화보를 통해 물어보는 문제가 주로 출제된다.

＊ 대장경
경(經, 부처님 설법), 율(律, 교단의 규범), 론(論, 승려나 학자의 해석)의 삼장으로 구분된 불교 경전 총서

◆ 재조대장경(팔만대장경)

◆ 『직지심체요절』 판틀의 복원품

1 인쇄술 ★★

목판 (대장경)＊	초조대장경	· 거란 침입 때 간행 · 몽골의 2차 침입으로 소실
	교장 (일명 속장경)	의천이 국내·송·요·일본 등에서 불경 수집 ➡ 불교 목록인 '신편제종교장총록' 작성 ➡ 흥왕사에 교장도감 설치
	재조대장경 (팔만대장경)	· 몽골 침입 때 간행 · 최우가 강화도에 대장도감·진주에 (분사)대장도감 설치 ← 판각 담당 · 현재 합천 해인사 장경판전(15세기 건축, 유네스코 세계 문화유산)에 보관(유네스코 세계 기록 유산)
금속	『상정고금예문』 (1234, 고종 21년)	12세기 인종 때 쓴 의례서 ➡ 1232년 강화 천도 때 가지고 오지 못하자 최우의 지시로 금속 활자로 다시 간행(➡ 현존 ×, 이규보의 『동국이상국집』에 기사 수록)
	『직지심체요절』 (1377, 우왕 3년)	· 청주 흥덕사에서 발행 · 현존 최고(最古)의 금속 활자본(유네스코 세계 기록 유산, 프랑스 소장)

2 과학 기술

의학	『향약구급방』(고종, 1236~1251, 현존 우리나라에서 가장 오래된 의학서)
화약 무기	최무선의 화약 제조, 화통도감 설치(1377, 우왕 3년) cf 진포 싸움

3 예술 ★★★

1. 건축

전기	개경에 만월대 등 궁전, 현화사·흥왕사 등 사찰 건립 ➡ 현존 ×	
후기	주심포 양식 지붕 머리와 기둥, 서까래 사이에 짜임새(포, 두공)가 기둥 위에만 있는 양식	· 봉정사 극락전: 현존하는 가장 오래된 목조 건축물, 배흘림기둥, 맞배지붕 · 부석사 무량수전: 배흘림기둥, 팔작지붕 cf 부석사 소조 아미타여래 좌상 · 수덕사 대웅전: 배흘림기둥, 맞배지붕, 내부에 사실적 벽화
	다포 양식(원의 영향) 기둥뿐만 아니라 기둥 사이에도 공포를 짜 올리는 방식	성불사 응진전, 석왕사 응진전, 심원사 보광전 등 ➡ 조선 건축에 영향

◆ 맞배지붕

◆ 우진각지붕

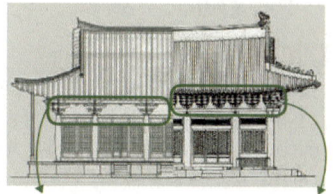
◆ 팔작지붕

◆ 주심포(柱心包) 양식   ◆ 다포(多包) 양식

◆ 부석사 무량수전(경북 영주)

◆ 수덕사 대웅전(충남 예산)

2. 탑

전기	다각 다층탑 유행, **월정사 8각 9층 석탑**(송의 영향)
후기	**경천사지 10층 석탑**(원의 영향, 대리석) ➡ 조선의 원각사지 10층 석탑(세조)에 영향
승탑	여주 고달사지 원종대사 혜진탑(8각 원당형) ➡ 정토사 홍법국사 실상탑·법천사 지광국사 현묘탑 등(특수 형태)

◆ 월정사 8각 9층 석탑

◆ 경천사지 10층 석탑

◆ 고달사지 원종대사 혜진탑

◆ 정토사 홍법국사 실상탑

◆ 법천사 지광국사 현묘탑

3. 불상

중앙 문화	**부석사 소조 아미타여래 좌상**: 고려 대표 불상, 신라 양식
지방 문화	• 석불: **논산 관촉사 석조 미륵보살 입상**(일명 은진미륵), 안동 이천동 마애여래 입상 등 ➡ 지역 특색이 드러난 거대한 불상 건립 • 철불: **하남 하사창동 철조 석가여래 좌상**(또는 광주 춘궁리 철불)

◆ 부석사 소조 아미타여래 좌상(경북 영주)

◆ 관촉사 석조 미륵보살 입상

◆ 안동 이천동 마애여래 입상

◆ 하남 하사창동 철조 석가여래 좌상(국립 중앙박물관)

4. 청자와 공예, 그림

청자·공예	• 도자기: 순수 청자(전기) ➡ **상감 청자(후기)** ➡ 원 간섭기에 상감 청자 쇠퇴 └ 송나라 사신 서긍의 『고려도경』: 청자의 비색 극찬, but 상감법 언급 ✕ • 금속 공예: 은입사 기술 발달 • 나전 칠기 공예 발달
그림	'예성강도'(이령), '천산대렵도'(원대 북화 영향), 관음보살도, 사경화(불경 그림) 유행

한능검 쏙쏙 자료

1. 재조대장경(팔만대장경)

옛적 현종 2년에 거란주(契丹主)가 크게 군사를 일으켜 와서 정벌하자, 현종은 남쪽으로 피난하였는데, 거란 군사는 오히려 송악성에 주둔하고 물러가지 않았습니다. 그러나 임금은 이에 여러 신하들과 함께 더할 수 없는 큰 서원을 발하였고 대장경 판본을 판각하여 이룬 뒤에 거란 군사가 스스로 물러갔습니다. 그렇다면 대장경도 한가지고, 전후 판각한 것도 한가지고, 군신이 함께 서원한 것도 또한 한가지인데, 어찌 그때에만 거란 군사가 스스로 물러가고 지금의 달단(몽골)은 그렇지 않겠습니까?
— 이규보, 『동국이상국집』 19권, 대장각판군신기고문

2. 송나라 사람이 본 고려청자

고려 사람들은 도자기의 빛깔이 푸른 것을 비색이라 부른다. 근년에 와서 만드는 솜씨가 교묘하고 빛깔도 더욱 예뻐졌다.
— 『고려도경』

◆ 청자 칠보 투각 향로

◆ 청자 상감 운학문 매병

◆ 청동 은입사 포류 수금문 정병

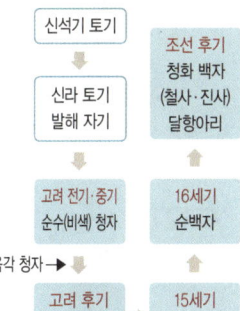
◆ 천산대렵도

우리나라 도자기 발전 과정

신석기 토기
↓
신라 토기 발해 자기
↓
고려 전기·중기 순수(비색) 청자 → 16세기 순백자
↑ 양·음각 청자
↓
고려 후기 상감 청자 → 15세기 분청사기
↑
조선 후기 청화 백자 (철사·진사) 달항아리

테마 22 실전문제

고려의 문화유산

주요 정답 키워드 # 부석사 # 안동 봉정사 극락전

1. 다음 사진전에 전시될 사진으로 적절한 것을 〈보기〉에서 고른 것은? ▶ 32회

특별 사진전

찬란한 불교문화를 꽃피웠던 고려 시대의 문화유산 사진전을 개최하고자 합니다. 많은 분들의 관람 바랍니다.

■ 기간
2016년 ○○월 ○○일 ~ ○○월 ○○일
■ 장소
△△ 미술관 특별 전시실

〈보기〉

ㄱ. 금동 연가 7년명 여래 입상

ㄴ. 영주 부석사 소조 여래 좌상

ㄷ. 하남 하사창동 철조 석가여래 좌상

ㄹ. 금동 미륵보살 반가 사유상

① ㄱ, ㄴ ② ㄱ, ㄷ ③ ㄴ, ㄷ
④ ㄴ, ㄹ ⑤ ㄷ, ㄹ

한눈에 보는 해설

다음 사진전에 전시될 사진으로 적절한 것을 〈보기〉에서 고른 것은? → 고려의 문화유산

ㄴ. 영주 부석사 소조 여래 좌상 ➡ 고려 전기 불상

ㄷ. 하남 하사창동 철조 석가여래 좌상 ➡ 또는 광주 춘궁리 철불, 고려 전기 불상

선지 분석하기

ㄱ. 금동 연가 7년명 여래 입상 ➡ 고구려 불상

ㄹ. 금동 미륵보살 반가 사유상 ➡ 삼국 공통 불상

---

2. (가)에 들어갈 문화유산으로 옳은 것은? ▶ 37회

문화유산 카드

(가)

- 종목: 국보 제15호
- 소재지: 경상북도 안동시
- 소개: 단층 맞배지붕의 주심포계 건물로 초석 위에는 배흘림기둥을 세웠다. 이 건물은 우리나라에 남아 있는 목조 건축물 중 가장 오래된 것으로 인정받고 있어 그 가치가 높다.

①  봉정사 극락전

②  수덕사 대웅전

③ 쌍계사 대웅전

④ 화엄사 각황전

⑤ 전등사 대웅전

한눈에 보는 해설

(가)에 들어갈 문화유산으로 옳은 것은?

(가)

- 종목: 국보 제15호
- 소재지: 경상북도 안동시
- 소개: 단층 **맞배지붕**의 **주심포계** 건물로 초석 위에는 **배흘림기둥**을 세웠다. 이 건물은 우리나라에 남아 있는 **목조 건축물 중 가장 오래된 것**으로 인정받고 있어 그 가치가 높다. → 1376년(우왕 2) 건립

① 봉정사 극락전은 현존하는 가장 오래된 목조 건축물로, 주심포 양식과 맞배지붕 형식이다.

선지 분석하기

② 예산 수덕사 대웅전 ➡ 고려 후기 건축, 주심포 양식, 맞배지붕, 배흘림기둥
③ 화순 쌍계사 대웅전 ➡ 조선 후기(18세기) 건축
④ 구례 화엄사 각황전 ➡ 조선 후기(17세기) 건축
⑤ 강화 전등사 대웅전 ➡ 조선 후기(17세기) 건축

과학 기술

주요 정답 키워드 # 화통도감 # 향약구급방 # 대장경 # 직지심체요절

3. (가)에 들어갈 내용으로 옳은 것을 〈보기〉에서 고른 것은? ▶ 44회

보기
㉠ 기기도설을 참고하여 거중기를 제작했어요.
㉡ 화통도감을 설치하여 화약과 화포를 제작했어요.
㉢ 우리의 약재를 소개한 향약구급방을 편찬했어요.
㉣ 농업 기술 혁신 방안을 제시한 임원경제지가 저술됐어요.

① ㉠, ㉡ ② ㉠, ㉢ ③ ㉡, ㉢
④ ㉡, ㉣ ⑤ ㉢, ㉣

4. (가)에 대한 설명으로 옳은 것은? ▶ 35회

① 자장의 건의로 만들어졌다.
② 현존하는 최고(最古)의 금속 활자본이다.
③ 유네스코 세계 기록 유산으로 등재되었다.
④ 현재 프랑스 국립 도서관에 보관되어 있다.
⑤ 불국사 삼층 석탑을 보수하는 과정에서 발견되었다.

한눈에 보는 해설

→ 고려의 과학 기술

(가)에 들어갈 내용으로 옳은 것을 〈보기〉에서 고른 것은?

㉡ 고려 말 우왕 때 최무선은 화약 무기의 필요성을 절감하고 화통도감을 설치하여 화약 무기를 제조하였다.
㉢ 13세기 고려 고종 때 편찬된 『향약구급방』은 현존하는 가장 오래된 의서이다.

선지 분석하기
㉠ 기기도설을 참고하여 거중기를 제작했어요. ➡ 조선 후기, 정약용이 수원 화성 축조 때 사용
㉣ 농업 기술 혁신 방안을 제시한 임원경제지가 저술됐어요. ➡ 조선 후기, 서유구의 농업 백과사전

한눈에 보는 해설

→ 팔만대장경(재조대장경)

(가)에 대한 설명으로 옳은 것은?

③ 부처의 힘으로 몽골 침략을 물리치고자 조판한 팔만대장경(재조대장경)은 2007년 유네스코 세계 기록 유산에 등재되었다.

선지 분석하기
① 자장의 건의로 만들어졌다. ➡ 황룡사 9층 목탑(신라 선덕 여왕)
② 현존하는 최고(最古)의 금속 활자본이다. ➡ 직지심체요절(고려 우왕, 유네스코 세계 기록 문화유산)
④ 현재 프랑스 국립 도서관에 보관되어 있다. ➡ 직지심체요절(고려 우왕, 유네스코 세계 기록 문화유산)
⑤ 불국사 삼층 석탑을 보수하는 과정에서 발견되었다. ➡ 무구 정광 대다라니경

한 권으로 끝내는 한국사능력검정시험

☑ 빈출 키워드

출제순위 1 정치 # 세종 # 성종 # 임진왜란

출제순위 2 문화 # 이이 # 몽유도원도 # 고려사

출제순위 3 사회 # 중인 # 향약

☑ 한능검 최근 3개년 출제 분석

시대 구분	시대별 출제문항수/전체 출제문항수
선사 및 초기 국가	34 / 800
고대 사회	110 / 800
중세 사회	137 / 800
근세 사회(조선 전기)	77 / 800
근대 태동기(조선 후기)	90 / 800
근대 사회 발전기	116 / 800
민족 독립운동기	107 / 800
현대 사회	97 / 800
통합	32 / 800

77(10%)

최근 3년(57회~72회) 800문항을 분석한 결과 근세 사회(조선 전기)는 77문제(10%)가 출제되었습니다. 출제 순위는 정치사가 1위, 문화사가 2위입니다.

PART

04

근세 사회 (조선 전기)

테마23 조선의 건국과 기틀 마련
테마24 통치 제도의 마련
테마25 사림의 대두와 붕당 정치
테마26 조선의 대외 관계
테마27 조선 전기의 사회
테마28 조선 전기의 경제
테마29 조선 전기의 문화(1)
테마30 조선 전기의 문화(2)

테마 23. 조선의 건국과 기틀 마련

출제 POINT

조선의 건국 과정 및 정도전의 업적을 묻는 문제와 전기 주요 왕(세종, 성종, 세조 등)의 업적을 묻는 문제가 주로 출제된다.

조선 초기 주요 연표

- 1388 ○ 위화도 회군
- 1391 ○ 과전법 제정
- 1392 ○ 이성계, 국왕 즉위
- 1394 ○ 한양 천도
- 1400 ○ 의정부 설치
- 1413 ○ 지방 행정 조직(8도) 완성
- 1419 ○ 세종, 대마도 정벌
- 1443 ○ 세종, 훈민정음 창제
- 1444 ○ 세종, 공법 실시
- 1453 ○ 계유정난
- 1485 ○ 성종, 경국대전 완성

🔍 **정도전(1342~1398)**

- 『조선경국전』(1394), 『경제문감』(1395) 등 저술 ➡ **재상 중심의 정치 추구**
- 불교 비판: 『불씨잡변』(1394)
- 요동 수복 운동 추진: 『진도』 저술
  cf 이방원과 조준은 반대
- 1차 왕자의 난(1398) 때 이방원에게 피살

※ **사대교린**

사대(事大)란 큰 나라를 받들어 섬긴다는 뜻. 그러나 이 사대는 예속 관계가 아니라, 서로의 독립성을 바탕으로 이루어진 관계임. 교린(交隣)은 일본·여진에 대한 외교 정책으로, 평화 관계를 위해 상호 우호 관계를 유지하는 것

1 조선의 건국 과정 ✦

1. **위화도 회군(1388)**: 명의 철령위 설치 요구 ➡ 우왕과 최영은 요동 수복 운동 주장, 이성계는 4불가론을 주장하면서 반대 ➡ 이성계의 위화도 회군(1388) 단행, 최영 제거
   → 원이 직속령으로 했던 철령 이북 지역
2. **폐가입진(廢假立眞, 1389)**: 우왕과 창왕을 신돈의 자식이라 하여 폐출 ➡ 공양왕 옹립
3. **과전법 실시(1391)**: 조준, 정도전 등의 건의로 전제 개혁 실시
4. **조선 건국(1392)**: 정몽주를 선죽교에서 제거 ➡ 이성계의 국왕 즉위(1392)
   → 고려 말 온건파 신진 사대부의 대표적 인물

2 조선 전기의 주요 왕 ✦✦✦

1. 태조(1대, 1392~1398)

재상 중심의 정치 체제	**정도전**의 의견 수렴 ➡ 재상 중심의 정치 체제 구현
국가 기틀 마련	국호 '**조선**' 제정(1393), **한양** 천도(1394)
도읍의 기틀 마련	도성 안에 경복궁, 종묘 등 조성 cf 창덕궁(태종 건축), 창경궁(성종 건축), 경희궁, 경운궁(덕수궁) 배치
국가 정책 제시	숭유억불, 농본억상, 사대교린※ 정책

조선의 궁궐 배치도 (북악산, 숙정문(북대문), 창의문, 경복궁, 문묘, 사직, 창덕궁, 창경궁, 경희궁, 홍인지문(동대문), 돈의문(서대문), 경운궁, 종각, 숭례문(남대문), 광희문, 목멱산)

2. 정종(2대, 1398~1400)

개경 천도	**1차 왕자의 난**으로 즉위 ➡ **개경 천도**
의정부 설치	도평의사사를 의정부로 개편
2차 왕자의 난(1400)	왕위를 이방원(태종)에게 넘김.

→ 태조가 후비인 강씨 소생의 방석을 세자로 책봉하고 정도전으로 보필하게 하자, 이방원이 이방석과 정도전 등을 제거한 사건

→ 태조의 넷째 아들 방간이 개국 공신 박포와 연합하여 이방원을 제거하려다 실패한 사건

3. 태종(3대, 1400~1418)

개국 공신 축출	**정도전** 제거(1차 왕자의 난), 박포 제거(2차 왕자의 난)
6조 직계제 채택	6조에서 의정부를 거치지 않고 곧바로 국왕에게 올려 재가를 받는 체제
왕권 강화 기구	**승정원**(왕명 출납 담당), **의금부**(왕명에 의한 특별 재판소) 설치
대신 견제	중서문하성의 낭사를 **사간원**으로 독립
사병 폐지	개인의 사병 폐지
신문고 제도 실시	백성의 억울함을 왕에게 직접 호소하여 풀어 주는 제도
국역 기반 마련	• 양전 사업 실시, 호적 제도 정비 ➡ **호패법** 실시 → 16세 이상의 모든 남자에게 호패(일종의 신분증)를 발급 • 서얼차대법(서얼의 문과 응시 금지), 재가금지법(과부의 재가 금지) 실시
기타	한양 재천도(1405), **계미자**(조선 최초의 동활자) 주조, **창덕궁 창건**, '**혼일강리역대국도지도**'(현존 동양 최고의 세계 지도) 제작, 동·서 활인서(유랑민 구제 기구) 설치 등

◆ 호패 | 신분에 따라 호패의 재질과 기재 내용이 다름.

4. 세종(4대, 1418~1450): 유교 정치의 실현['해동의 요순(堯舜)']

유교 정치 구현		• 의정부 서사제(재상 합의제) 채택: 맹사성, 황희 등 청렴한 재상 등용 ➡ 왕권과 신권의 조화 도모 • 집현전(학문 연구 기구) 설치: 경연(왕과 학자대신이 학문을 연구하고 정책을 토론하는 제도) 활성화
대외 관계	여진	최윤덕의 4군(압록강) 설치, 김종서의 6진(두만강) 설치 ➡ 현재 국경선 마련
	일본	• 강경책: 이종무의 쓰시마 토벌(1419, 세종 1년) • 회유책: 일본에 3포(부산포, 제포, 염포) 개항(1426, 세종 8년) ➡ 계해약조(1443, 세종 25년) 체결, 제한된 범위에서의 교류 허용
민생 안정책	조세 제도	공법[연분 9등법(그 해의 풍흉에 따라 최고 20두에서 최하 4두까지 납부), 전분 6등법(토지의 비옥도에 따라 6등급으로 구분)] 실시
	형벌 제도	금부삼복법(사형의 경우 3심제 시행) 실시, 사사로운 태형(신체 체벌형) 금지
	노비 완화책	유능한 인재 등용: 노비, 장인, 상인에게도 유외잡직(流外雜織)*이라는 하급 전문직으로 나갈 수 있는 기회 제공 cf 장영실 등용
민족 문화 발전		• 훈민정음 창제, 『칠정산』(역법서) · 『고려사』(세종~문종) · 『농사직설』(농서) · 『의방유취』(약학서) · 『삼강행실도』 등 편찬, 정간보(악보) 창안 • 과학 기구: 측우기(강우량 측정) · 혼천의(천체 관측) · 자격루(물시계) · 앙부일구(해시계) 등 제작 • 기타: 경자자 · 갑인자 등 금속 활자 주조, 식자판을 조립하는 방법 창안 ➡ 인쇄량 2배 증가

* 유외잡직(流外雜織)
관품이 없는 하급 기술직

5. 세조(7대, 1455~1468)

왕권 강화책	• 6조 직계제 부활, 집현전 · 경연 폐지, 공신 우대, 종친 등용, 『경국대전』 편찬 착수 → 사망한 관리의 부인이 재가하지 않은 경우 주던 토지 • 직전법 실시(현직 관리에게만 수조권 지급, 수신전 · 휼양전 폐지) • 이시애의 난* 진압: 유향소 폐지 cf 성종 때 유향소 부활 → 사망한 관리의 어린 자제에게 주던 토지
군사 제도 정비	5위제 정비, 보법 제정, 진관 체제(지역 단위 방위 체제) 실시
기타	간경도감(불경 간행 기구) 설치, 원각사지 10층 석탑 건립, 인지의(토지 측량 기구) 발명, 원상제(대리 서무제) 실시

🔍 계유정난(癸酉靖難, 1453)
문종이 죽고 12세의 단종(1452~1455)이 왕위에 오르면서 의정부 원로대신인 김종서 · 황보인 등에 의해 재상 중심 정치가 이루어지자, 세종의 둘째 아들인 수양 대군이 정변을 일으켜 김종서 · 황보인 등 의정부 대신들을 축출하고 권력을 장악한 사건

* 이시애의 난
이시애가 함경도 지방의 차별 및 중앙 집권화에 반발한 사건

6. 성종(9대, 1469~1494)

통치 체제의 확립	• 『경국대전』 완성 · 반포 • 홍문관 설치: 경연 및 학술 담당 • 사림파 등용(훈구파 견제), 유향소 부활, 도첩제(승려 출가 허가제) 폐지
기타	『동국통감』(고조선~고려의 역사서), 『동국여지승람』(인문 지리서), 『국조오례의』, 『동문선』(역대 우리나라 한시 및 산문 수록), 『악학궤범』(음악 백과사전) 등 편찬

한능검 쏙쏙 자료

1. 정도전의 재상 중심의 정치
임금의 자질에는 어리석은 자질도 있고 현명한 자질도 있으며, 강력한 자질도 있고 유약한 자질도 있어서 한결같지 않으며 임금의 아름다운 점은 순종하고 나쁜 점은 바로잡으며, 옳은 일은 받들고 옳지 않은 것은 막아서 임금으로 하여금 가장 올바른 경지에 들게 해야 한다.
『조선경국전』

2. 세종의 공법
이제 계본(啓本)의 뜻이 본래 백성을 위하는 일에 관계되므로 나는 지나치다고 생각하지 아니한다. …… 내가 공법을 행하고자 한 것이 이제 20여 년이고, 대신들과 모의한 것도 이미 6년이었다. 공법을 이제 정하였으나 오히려 백성에게 불편이 있을까 염려하는 까닭으로, 이제 전라 · 경상도에만 행하여 그 편리한 여부를 시험하게 하였다.
『세종실록』

테마 23 실전문제

조선 건국 과정

주요 정답 키워드 # 위화도 회군 # 과전법

1. (가), (나) 사이의 시기에 있었던 사실로 옳은 것은? ▶ 45회

> (가) 대군이 압록강을 건너서 위화도에 머물렀다. …… 태조가 여러 장수들에게 말하기를 "내가 글을 올려 …… 군사를 돌릴 것을 청했으나, 왕도 살피지 아니하고, 최영도 늙고 정신이 혼몽하여 듣지 않았다." …… 태조가 회군한다는 소식을 듣고는 사람들이 다투어 밤낮으로 달려서 모여든 사람이 천여 명이나 되었다.
> 「태조실록」
>
> (나) [대소 신료들이] 왕위에 오를 것을 간절히 권하여, 태조가 마지못해 수창궁으로 행차하였다. 백관들이 서쪽 궐문에서 줄을 지어 맞이하니, 태조는 말에서 내려 걸어서 대전에 들어가 왕위에 올랐는데, 어좌(御座)를 피하고 기둥 안에 서서 여러 신하들의 하례를 받았다.
> 「태조실록」

① 녹읍을 폐지하고 관료전을 지급하였다.
② 조준 등의 건의로 과전법을 제정하였다.
③ 양지아문을 설치하여 양전 사업을 실시하였다.
④ 공로와 인품에 따라 역분전을 차등 지급하였다.
⑤ 직전법을 실시하여 현직 관리에게만 수조권을 지급하였다.

한눈에 보는 해설

→ (가) 위화도 회군(1388), (나) 이성계의 국왕 즉위(1392)

(가), (나) 사이의 시기에 있었던 사실로 옳은 것은?

② 위화도 회군(1388) 이후 과전법을 제정(1391, 공양왕)하여 사대부 관료의 경제 기반을 마련하였다.

선지 분석하기
① 녹읍을 폐지하고 관료전을 지급하였다. ➡ 신라 신문왕
③ 양지아문을 설치하여 양전 사업을 실시하였다. ➡ 대한 제국(고종)
④ 공로와 인품에 따라 역분전을 차등 지급하였다. ➡ 고려 태조
⑤ 직전법을 실시하여 현직 관리에게만 수조권을 지급하였다. ➡ 조선 세조

정도전

주요 정답 키워드 # 불씨잡변 # 경복궁 이름 지음 # 1차 왕자의 난

2. 밑줄 그은 '인물'에 대한 설명으로 옳은 것은? ▶ 68회

① 최초의 서원인 백운동 서원을 건립하였다.
② 일본에 다녀와서 해동제국기를 편찬하였다.
③ 성학십도를 지어 군주의 도를 도식으로 설명하였다.
④ 조선경국전을 저술하여 통치 제도 정비에 기여하였다.
⑤ 경세유표를 집필하여 국가 제도의 개혁 방향을 제시하였다.

한눈에 보는 해설

→ 정도전

밑줄 그은 '인물'에 대한 설명으로 옳은 것은?

④ 정도전은 조선경국전을 저술하여 조선 건국의 기본틀을 마련하였다.

선지 분석하기
① 최초의 서원인 백운동 서원을 건립하였다. ➡ 주세붕(중종 때)
② 일본에 다녀와서 해동제국기를 편찬하였다. ➡ 신숙주(성종 때)
③ 성학십도를 지어 군주의 도를 도식으로 설명하였다. ➡ 이황(선조 때)
⑤ 경세유표를 집필하여 국가 제도의 개혁 방향을 제시하였다. ➡ 정약용(순조 때)

세종의 업적

주요 정답 키워드 | # 계해약조 # 농사직설 # 훈민정음

3. 밑줄 그은 '이 왕'의 재위 기간에 있었던 사실로 옳은 것은? ▶43회

이 서사시는 조선의 건국 시조들을 찬양하고 왕조의 창업을 합리화한 것으로, 이 왕이 정인지, 권제 등에게 명하여 훈민정음으로 편찬하도록 하였습니다.

제1장
해동의 여섯 용이 나시어서
그 행동하신 일마다 모두 하늘이 내리신 복이시니
그러므로 옛날의 성인의 하신 일들과 부절을 합친
것처럼 꼭 맞으시니

제2장
뿌리가 깊은 나무는 아무리 센 바람에도 움직이지
아니하므로, 꽃이 좋고 열매도 많으니
……

① 훈련 교범인 무예도보통지가 편찬되었다.
② 전통 한의학을 정리한 동의보감이 간행되었다.
③ 최초로 100리 척을 사용한 동국지도가 제작되었다.
④ 우리 풍토에 맞는 농법을 소개한 농사직설이 간행되었다.
⑤ 각 도의 지리, 풍속 등이 수록된 동국여지승람이 편찬되었다.

세조의 업적

주요 정답 키워드 | # 직전법 # 이시애의 난 # 계유정난

4. (가) 왕에 대한 설명으로 옳은 것은? ▶40회

〈답사 안내 자료집〉

(가) 이/가 묻힌 광릉을 가다

◉ 광릉 이야기

한명회, 권람 등과 함께 변란을 일으킨 후 왕위에 오른 (가) 은/는 육조 직계제를 실시하고 군제를 개편하는 등 왕권 강화에 노력하였다. 그는 자신의 무덤에 석실과 석곽을 마련하지 말라는 유언을 남겼는데, 이에 따라 내부는 석회다짐으로 막았고, 봉분 둘레에도 병풍석을 세우지 않았다. 이는 백성의 부담을 줄이기 위한 것으로 후대 왕릉 축조의 전범(典範)이 되었다.

① 4군 6진을 설치하여 북방 영토를 개척하였다.
② 대전회통을 편찬하여 통치 체제를 정비하였다.
③ 기유약조를 체결하여 일본과의 무역을 재개하였다.
④ 균역법을 시행하여 백성들의 군역 부담을 줄여주었다.
⑤ 직전법을 실시하여 현직 관리에게만 수조지를 지급하였다.

한눈에 보는 해설

밑줄 그은 '이 왕'(→세종)의 재위 기간에 있었던 사실로 옳은 것은?

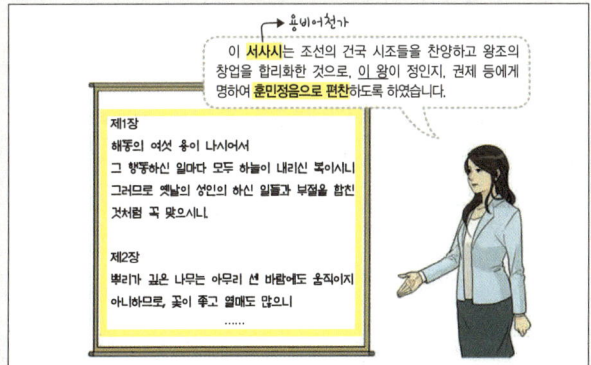

④ 세종 때 우리의 독자적인 농법을 최초로 정리한 『농사직설』을 간행하였다.

선지 분석하기
① 훈련 교범인 무예도보통지가 편찬되었다. ➡ 조선 정조
② 전통 한의학을 정리한 동의보감이 간행되었다. ➡ 조선 광해군 때 허준
③ 최초로 100리 척을 사용한 동국지도가 제작되었다. ➡ 조선 영조 때 정상기
⑤ 각 도의 지리, 풍속 등이 수록된 동국여지승람이 편찬되었다. ➡ 조선 성종 때

한눈에 보는 해설

(가) 왕(→세조)에 대한 설명으로 옳은 것은?

(가) 이/가 묻힌 광릉을 가다
↳ 세조와 정희 황후 윤씨의 능

◉ 광릉 이야기
↳ 계유정난
한명회, 권람 등과 함께 변란을 일으킨 후 왕위에 오른 (가) 은/는 육조 직계제를 실시하고 군제를 개편하는 등 왕권 강화에 노력하였다. 그는 자신의 무덤에 석실과 석곽을 마련하지 말라는 유언을 남겼는데, 이에 따라 내부는 석회다짐으로 막았고, 봉분 둘레에도 병풍석을 세우지 않았다. 이는 백성의 부담을 줄이기 위한 것으로 후대 왕릉 축조의 전범(典範)이 되었다.

⑤ 과전법 실시 이후 유가족에게 지급하는 수신전·휼양전의 세습으로 신규 관료에게 지급할 토지가 부족해지자, 세조는 현직 관리에게만 수조권을 지급하는 직전법을 실시하였고 수신전과 휼양전을 없앴다.

선지 분석하기
① 4군 6진을 설치하여 북방 영토를 개척하였다. ➡ 조선 전기 세종
② 대전회통을 편찬하여 통치 체제를 정비하였다. ➡ 조선 후기 흥선 대원군
③ 기유약조를 체결하여 일본과의 무역을 재개하였다. ➡ 조선 후기 광해군
④ 균역법을 시행하여 백성들의 군역 부담을 줄여주었다. ➡ 조선 후기 영조

테마 24. 통치 제도의 마련(중앙·지방·군사·과거 제도)

> **출제 POINT**
> 조선의 주요 정치 기관의 기능 및 지방 행정을 담당한 관찰사·수령·향리의 역할을 묻는 문제가 주로 출제된다.

✷ 간쟁권
왕의 잘못된 명령과 행위를 비판하는 권한

✷ 서경권
왕이 5품 이하의 관리를 임면하거나 법률의 개폐 시 동의권을 행사하는 권한

1 중앙 정치 제도

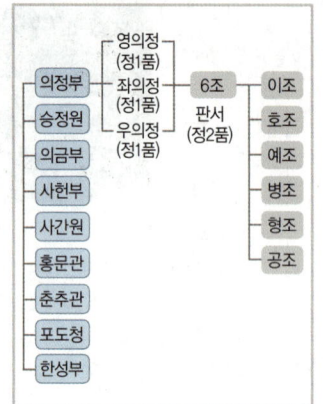

의정부(영의정)	최고 관부, 국정 총괄, 재상 합의	
6조(판서)	실무 담당 부서, 이(吏)·호(戶)·예(禮)·병(兵)·형(刑)·공(工)조	
의금부(판사)	왕명에 의한 특별 재판소	
승정원(도승지)	왕명 출납	
사헌부(대사헌)	관리 규찰, 풍속 교정, 서경권	대간: **간쟁권**✷, **서경권**✷을 가짐.
사간원(대사간)	간쟁 기관, 서경권	
홍문관(대제학)	궁중의 경서(經書)·사적(史籍) 관리, 문한(文翰) 처리 및 왕의 자문, 학술·경연 담당	삼사
예문관(대제학)	국왕 교서 작성	성균관(대사성)	최고 교육 기관
춘추관(지사)	역사 편찬	한성부(판윤)	수도(서울)의 치안과 행정 담당

2 지방 행정 조직

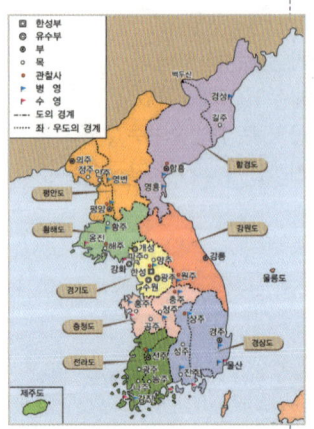

◆ 조선의 8도

```
8도 ─ 부 · 목 · 군 · 현 ─ 면·리(통)
(관찰사/   (부윤/  (목사/  (군수/  (현령·현감/  (권농, 통주, 이정/
종2품)    종2품)  정3품)  종4품)   종5품·종6품)  5가작통법)

                    수령 ──────── 향리(6방)
                                  향리 규찰 및 수령 보좌
경재소 ── 유향소 통제 ──→ 유향소(➡ 향청)
```

8도	전국을 8도로 구분, 행정·군사·사법권을 지닌 **관찰사**(감사, 도백, 방백) 파견 ➡ 수령 지휘·감독, 민생 순찰, 임기제(360일, 감영 근무)
부·목·군·현	**수령**: • 부·목·군·현에 **수령**(목민관, 원님, 사또) 파견(참상관 임명) ➡ 조세와 공물 징수, 임기제(1,800일, 동헌 근무) • 수령 7사: 농업 장려, 교육 진흥, 재판 공정, 호구 증식, 부역 균등, 군대 정비, 치안 확보
	향리: 6방에 소속, **수령의 행정 실무를 보좌**(무보수 세습직), 과거 응시 가능
특수 행정 구역	유향소: 수령을 보좌, 풍속 교정·향리 규찰·정령 시달·민정 대표 등을 수행하는 **지방 자치 기구** ➡ **향촌의 덕망있는 인사들을 뽑아 운영** [장(長): 좌수, 별감]
	경재소: 지방의 **유향소를 통제**하기 위해 그 지역 출신의 중앙 관리로 구성한 중앙 기구

🔍 조선 시대 방어 체제의 변화

조선 초기 영진군 체제
⬇
세조 이후 진관 체제
⬇
16C 제승방략 체제
⬇
왜란 중 진관 복구+속오군 체제

3 군사 제도

원칙	• 양인 개병, 병농 일치의 부병제, 현직 관리와 학생은 면제 • 운영: 16~60세 양인 장정을 현역 군인인 정군(正軍)이 되거나 정군의 비용을 부담하는 보인(봉족)으로 편성
중앙군	5위
지방군	영진군 (cf 세조 때 진관 체제 지역 단위의 방위 체제로 구성)
특수군	잡색군: 전직 관리, 학생, 노비

4 교통·통신 제도

역원제	관청의 공문 전달과 공납물 수송, 국방상의 위기에 대처하기 위해 전국 주요 도로에 설치
조운제	지방에서 징수한 조세를 내륙의 수로와 바다의 해로를 이용하여 한양으로 운반하는 제도
봉수제	국방상의 위기에 신속히 대처하기 위하여 높은 산정에 봉화대를 설치하고 밤에는 횃불로, 낮에는 연기로 변경의 정세를 중앙에 급히 전달하는 군사·통신 조직

5 교육 제도

초등 교육	서당(사립 학교)
중등 교육	4부 학당(중앙), 향교(지방 부, 목, 군, 현에 설치)
고등 교육	성균관(중앙)

🔍 성균관의 구조
1. 명륜당: 유학을 강의하는 곳
2. 문묘: 공자를 모신 곳
   - 대성전: 공자의 위패를 봉안한 전각
   - 양무: 선현에 대한 제사를 지내는 곳(동·서로 나뉨.)
3. 양재: 유학생들의 기숙사(동·서로 나뉨.)
4. 비천당: 과거 시험장
5. 존경각: 도서관

6 과거 제도

소과(생진과)	• 생원과(유교 경전 시험)와 진사과(문장 시험) • 초시 ➡ 복시(백패 수여)
대과(문과)	• 초시: 생원·진사·성균관 유생 응시 • 복시: 초시 합격자(33명) cf 무과 28명 • 전시: 갑(3명), 을(7명), 병(23명)으로 등급 결정 ➡ 홍패 수여
무과	초시(200명) ➡ 복시(28명) ➡ 전시[갑과(3명)·을과(5명)·병과(20명)] ➡ 홍패 수여
잡과	• 종류: 역과(사역원), 의과(전의감), 음양과(관상감), 율과(형조) • 초시 ➡ 복시(백패 수여, 3품까지만 승진 가능) • 담당 부서: 해당 관청
특별 채용 제도	문음: 2품 이상 고급 관리의 자제 대상, 무시험 관직 등용, 요직 진출 × cf 고려 때 음서: 5품 이상, 요직 진출 ○

🟢 유학 교육과 과거 제도

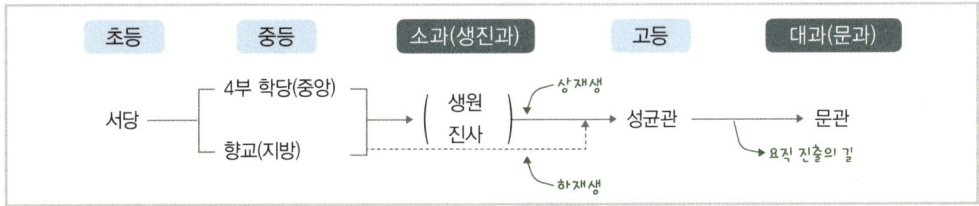

한능검 꼭꼭 자료

1. 수령 칠사(七事)
평택현감 변징원이 하직하니, 임금께서 내전으로 불러 만나보고 묻기를 …… 임금께서 말하기를, "그대는 이미 수령을 지냈으니, 백성을 다스리는 데 무엇을 먼저 하겠는가?" 하니, 변징원이 대답하기를, "마땅히 칠사(七事)를 먼저 할 것입니다." 하였다. 임금께서 말하기를, "칠사라는 것은 무엇인가?" 하니, 변징원이 대답하기를, "농상(農桑, 농사와 양잠)을 성(盛)하게 하는 일, 학교를 일으키는 일, 소송을 간략하게 하는 일, 간활(奸猾, 간사하고 교활함)을 없애는 일, 군정(軍政)을 닦는 일, 호구를 늘리는 일, 부역을 고르게 하는 일이 바로 칠사입니다."라고 하였다. 『성종실록』

2. 유향소
이곳 사람들이 향중(鄕中)에서 권위를 남용하여 불의한 짓을 행하니, 그 폐단이 많습니다. …… 간사한 아전을 견제하고 풍속을 바로잡는 것은 수령이 해야 할 일인데, 만약 모두 이곳에 위임한다면 수령은 할 일이 없지 않겠습니까? 『성종실록』

선우빈 선우한국사

테마 24 실전문제

사헌부

주요 정답 키워드 # 서경권 # 백관의 규찰과 풍속 교정

1. 다음 자료에 해당하는 정치 기구에 대한 설명으로 옳은 것은?
▶ 43회

> 정치를 논하여 바르게 이끌고, 백관을 규찰하고, 풍속을 바로잡고, 원통하고 억울한 것을 풀어주고, 외람되고 거짓된 것을 금하는 등의 일을 관장한다. …… 집의 1명, 장령 2명, 지평 2명, 감찰 24명을 둔다.

① 수도의 치안과 행정을 주관하였다.
② 고려의 삼사와 같은 역할을 하였다.
③ 조광조를 비롯한 사림의 건의로 혁파되었다.
④ 임진왜란을 거치면서 국정 최고 기구로 성장하였다.
⑤ 5품 이하 관리의 임명 과정에서 서경권을 행사하였다.

홍문관

주요 정답 키워드 # 경연 주관 # 언론 3사

2. (가)에 대한 설명으로 옳은 것은?
▶ 40회

이것은 영조가 세손을 데리고 (가) 에 거둥하여 해당 관원들에게 내린 사언시입니다. 집현전을 계승한 이 기구는 사진에서 보이듯이 옥당이라는 별칭으로 불리기도 하였습니다.

① 수도의 행정과 치안을 담당하였다.
② 고려의 삼사와 같은 기능을 수행하였다.
③ 실록을 보관하고 관리하는 업무를 관장하였다.
④ 왕에게 경서와 사서를 강론하는 경연을 주관하였다.
⑤ 국왕 직속 사법 기구로 반역죄, 강상죄 등을 처결하였다.

한눈에 보는 해설

다음 자료에 해당하는 <u>정치 기구</u>(→사헌부)에 대한 설명으로 옳은 것은?

> **정치를 논하여 바르게 이끌고, 백관을 규찰하고, 풍속을 바로잡고**, 원통하고 억울한 것을 풀어주고, 외람되고 거짓된 것을 금하는 등의 일을 관장한다. …… 집의 1명, 장령 2명, 지평 2명, 감찰 24명을 둔다.

⑤ 사헌부는 사간원과 함께 5품 이하의 관리를 임면(임명과 면직)하거나 법률의 개폐 시 동의권을 행사하는 서경권을 가지고 있었다.

선지 분석하기
① 수도의 치안과 행정을 주관하였다. ➡ 한성부
② 고려의 삼사와 같은 역할을 하였다. ➡ 호조
③ 조광조를 비롯한 사림의 건의로 혁파되었다. ➡ 소격서(도교 행사 담당 부서)
④ 임진왜란을 거치면서 국정 최고 기구로 성장하였다. ➡ 비변사

한눈에 보는 해설

(가)(→홍문관)에 대한 설명으로 옳은 것은?

이것은 영조가 세손을 데리고 (가) 에 거둥하여 해당 관원들에게 내린 사언시입니다. **집현전을 계승**한 이 기구는 사진에서 보이듯이 **옥당**이라는 별칭으로 불리기도 하였습니다. (→홍문관의 별칭)

④ 성종 때 만든 홍문관은 궁중의 서적을 관리하고 문서를 처리하였으며, 경서와 사서를 강론하는 경연을 주관하였다.

선지 분석하기
① 수도의 행정과 치안을 담당하였다. ➡ 한성부
② 고려의 삼사와 같은 기능을 수행하였다. ➡ 호조
③ 실록을 보관하고 관리하는 업무를 관장하였다. ➡ 춘추관
⑤ 국왕 직속 사법 기구로 반역죄, 강상죄 등을 처결하였다. ➡ 의금부

지방 제도(지방관)

주요 정답 키워드 # 수령(지방의 행정·사법·군사권 행사)

3. (가), (나)에 대한 설명으로 옳은 것은? ▶ 42회

(가): 나는 8도의 부·목·군·현에 파견되는 [(가)] 입니다. 경국대전에 의하면 임기는 1,800일이고, 원칙적으로 상피제의 적용을 받고 있습니다.

(나): 나는 지방 관아에서 행정 실무를 담당하는 [(나)] 입니다. 고려 때와는 달리 요즘은 외역전도 지급받지 못하고 직무를 수행하고 있습니다. 우리들의 수장을 호장이라고도 부릅니다.

① (가) - 단안(壇案)이라는 명부에 등재되었다.
② (가) - 지방의 행정·사법·군사권을 행사하였다.
③ (나) - 감사, 도백으로도 불렸다.
④ (나) - 장례원(掌隷院)을 통해 국가의 관리를 받았다.
⑤ (가), (나) - 잡과를 통해 선발되었다.

유향소

주요 정답 키워드 # 좌수와 별감 # 향리 감찰

4. (가)에 대한 설명으로 옳은 것은? ▶ 39회

○ 사헌부 대사헌 허응 등이 시무 7조를 올렸다. "…… 주·부·군·현에 각각 수령이 있는데, 향원(鄕愿) 가운데 일 삼기를 좋아하는 무리들이 [(가)] 을/를 설치하고, 아무 때나 무리지어 모여서 수령을 헐뜯고 사람을 올리고 내치고, 백성들을 핍박하는 것이 교활한 향리보다 심합니다. 원하건대, 모두 혁거(革去)하여 오랜 폐단을 없애소서." 「태종실록」

○ 헌납 김대가 아뢰기를, "백성을 괴롭힘은 향리보다 더한 자가 없는데, 수령도 반드시 다 어질 수는 없습니다. 그래서 백성이 편안하게 살 수 없는데, 비록 경재소가 있더라도 귀와 눈이 미치지 못하는 곳은 규명해 낼 수가 없습니다. …… [(가)] 의 법은 매우 훌륭했습니다 다만 중간에 폐지하여 이러한 큰 폐단이 생겼으니, 다시 세우는 것이 어떻겠습니까?"라고 하였다. 「성종실록」

① 좌수와 별감을 선발하여 운영되었다.
② 대성전을 세워 선현에 제사를 지냈다.
③ 옥당이라고 불리며 경연을 담당하였다.
④ 농민들로 구성된 공동 노동의 작업 공동체였다.
⑤ 매향(埋香) 활동 등 각종 불교 행사를 주관하였다.

한눈에 보는 해설

→ (가) 수령, (나) 향리

(가), (나)에 대한 설명으로 옳은 것은?

(가): 나는 **8도의 부·목·군·현에 파견되는** [(가)] 입니다. 경국대전에 의하면 임기는 1,800일이고, 원칙적으로 상피제의 적용을 받고 있습니다.

(나): 나는 **지방 관아에서 행정 실무를 담당**하는 [(나)] 입니다. 고려 때와는 달리 요즘은 외역전도 지급받지 못하고 직무를 수행하고 있습니다. 우리들의 수장을 **호장**이라고도 부릅니다.

② 수령은 지방의 행정·군사·사법권을 장악하여 농업 진흥, 교육 진흥, 치안 확보 등의 임무를 수행하였다.

선지 분석하기
① (가) - 단안(壇案)이라는 명부에 등재되었다. ➡ (나) 향리
③ (나) - 감사, 도백으로도 불렸다. ➡ 8도의 관찰사
④ (나) - 장례원(掌隷院)을 통해 국가의 관리를 받았다. ➡ 노비
⑤ (가), (나) - 잡과를 통해 선발되었다. ➡ 기술관

한눈에 보는 해설

→ 유향소

(가)에 대한 설명으로 옳은 것은?

○ 사헌부 대사헌 허응 등이 시무 7조를 올렸다. "…… 주·부·군·현에 각각 수령이 있는데, **향원(鄕愿) 가운데 일 삼기를 좋아하는 무리들이** [(가)] 을/를 설치하고, 아무 때나 무리지어 모여서 수령을 헐뜯고 사람을 올리고 내치고, 백성들을 핍박하는 것이 교활한 향리보다 심합니다. 원하건대, 모두 혁거(革去)하여 오랜 폐단을 없애소서." 「태종실록」

○ 헌납 김대가 아뢰기를, "백성을 괴롭힘은 향리보다 더한 자가 없는데, 수령도 반드시 다 어질 수는 없습니다. 그래서 백성이 편안하게 살 수 없는데, 비록 **경재소**가 있더라도 귀와 눈이 미치지 못하는 곳은 규명해 낼 수가 없습니다. …… [(가)] 의 법은 매우 훌륭했습니다만 중간에 폐지하여 이러한 큰 폐단이 생겼으니, 다시 세우는 것이 어떻겠습니까?"라고 하였다. 「성종실록」

(유향소 통제 기구)

① 조선의 지방 자치 기구인 유향소는 향촌의 덕망 있는 인사들을 뽑아 장(長)인 좌수와 2명의 별감으로 구성되었다.

선지 분석하기
② 대성전을 세워 선현에 제사를 지냈다. ➡ 성균관과 향교 (문묘(공자묘)의 정전)
③ 옥당이라고 불리며 경연을 담당하였다. ➡ 홍문관
④ 농민들로 구성된 공동 노동의 작업 공동체였다. ➡ 두레
⑤ 매향(埋香) 활동 등 각종 불교 행사를 주관하였다. ➡ 고려의 향도

테마 25 사림의 대두와 붕당 정치

> **출제 POINT**
> 사림파의 대표적 인물인 김종직과 조광조의 업적 및 사화의 발생 순서를 묻는 문제가 주로 출제된다.

조선 중기 주요 연표

- 1498 ○ 무오사화
- 1504 ○ 갑자사화
- 1510 ○ 삼포왜란
- 1519 ○ 기묘사화
- 1543 ○ 백운동 서원 설립
- 1545 ○ 을사사화

사림의 계보

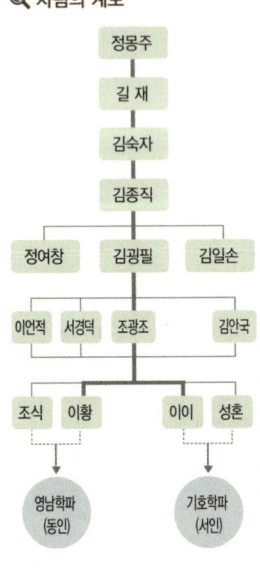

1 훈구파와 사림파

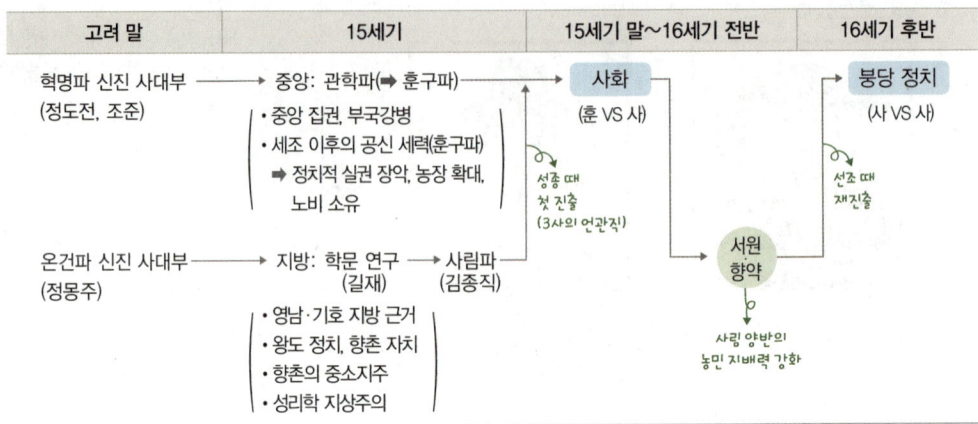

2 사림의 정치적 성장

1. 사림의 등용: 성종 때 훈구 세력을 견제하기 위해 사림파 등용 ➡ 주로 3사(사간원, 사헌부, 홍문관) 배치, 훈구파의 대토지 소유 현상 비판 ➡ 중종 때 사화 발생

2. 사화(士禍)의 발생

구분	발단	화를 입은 자
무오사화 (1498, 연산군 4년)	세조를 비난한 김종직의 '조의제문'을 김일손이 사초에 실은 일을 문제 삼음.	김종직, 김일손 등 사림파
갑자사화 1504, 연산군 10년)	연산군의 척신들이 연산군의 생모인 폐비 윤씨가 사약을 받고 죽은 사건을 문제 삼음.	김굉필, 정여창 등 훈구파 및 사림파
기묘사화 (1519, 중종 14년)	중종반정(1506) 이후 등용된 조광조 등 사림의 급진적 혁신 정치에 대한 훈구파 공신의 반발	조광조, 김식 등 신진 사류
을사사화 (1545, 명종 원년)	인종의 외척(대윤)과 명종의 외척(소윤) 간의 권력 다툼	신진 사류 대윤파

3. 조광조의 개혁 정치

사림 세력의 강화	• 위훈 삭제(僞勳削除) 주장: 중종반정 때 반정 공신으로 책봉된 100명 중 76명이 부당하게 공신에 책록되었음을 밝히고 부당한 공신 세력의 칭호와 토지 및 노비를 몰수하자고 주장 • 현량과 실시: 사림 천거제 주장
정통 성리학의 질서 추구	• 경연의 강화 • 『소학』 및 향약 보급: 송나라의 『여씨향약』 보급 및 『소학』을 국문으로 번역 • 소격서 폐지: 도교 행사 중지
현실에 대한 개혁	• 방납의 폐단 시정: 수미법 주장 • 토지 제도 개혁

3 서원과 향약 (테마 27 참고) ☆☆

4 붕당의 출현

선조 때 김효원과 심의겸 간에 이조 전랑직*과 척신 정치* 처리 문제로 갈등 발생

구분	출신 배경	척신 정치 개혁	지지 인물	정치적 입장	학맥
동인	신진 사림	적극적	김효원	• 수기(修己) 강조 • 지배자의 도덕적 자기 절제	이황, 조식, 서경덕의 학문 계승
서인	기성 사림	소극적	심의겸	• 치인(治人)에 중점 • 제도 개혁을 통한 부국안민	이이, 성혼의 학문 계승

🔍 사화와 붕당의 비교

구분	사화	붕당
성격	훈구파와 사림파의 대립	사림파 간의 대립
시기	16C 전반	16C 후반 이후
범위	중앙	전국적
양상	단기적 정쟁	장기적 정쟁

＊ 이조 전랑
이조 정랑(정5품)과 이조 좌랑(정6품)의 총칭으로, 이조에 있는 실무 부서. 이들은 3사의 관리 임명권과 자기 후임자 추천권(자대낭천권), 당하관 청직의 후보자를 추천하는 통청권도 가지고 있음.

＊ 척신(戚臣) 정치
명종 때 외척에 의해 주도된 정치 형태

한능검 콕콕 사료

1. **무오사화**
   꿈에 신인이 나타나, "나는 초나라 회왕 손심인데, 서초 패왕(항우)에게 살해되어 빈강에 묻혀있다." 하고는 홀연히 사라졌다. 나는 꿈에서 깨어 놀라며 이르기를, '역사를 상고해 보아도 시신이 강에 버려졌다는 말은 없으니, 정녕 항우가 사람을 시켜서 비밀리에 쳐 죽이고 그 시체를 물에 던진 것일까? 이는 알 수 없는 일이다.' 하였다. 드디어 글을 지어 그를 조문한다. 「연산군일기」

2. **조광조의 현량과 실시 주장**
   과거의 격식은 조종조에서도 각각 제도가 달랐으니 경서를 강독하기도 하고 강독하지 않기도 하였습니다. 지금 거론된 천거로 뽑는 일은 놀랄 일이 아닙니다. 처음에는 천거로 하면 덕행(德行)이 있는 자가 빠지지 않을 것이요, 또 책(策)으로 시험하면 그 재행(才行)을 볼 수 있을 것이니 이는 지극히 좋은 방법입니다. 「중종실록」

3. **기묘사화**
   • 조광조, 김정, 김식, 김구, 윤자임, 기준, 박세희, 박훈 등이 자기에게 붙는 자는 천거하고 자기와 뜻이 다른 자는 배척하여, 성세로 서로 의지하고 권세 있고 중요한 자리를 차지하고서 후진을 이끌어 국론이 전도되고 조정을 그르치게 하였으니 그 죄가 크다. 「중종실록」
   • 남곤은 나뭇잎의 감즙을 갉아 먹는 벌레를 잡아 모으고 꿀로 나뭇잎에다 '주초위왕(走肖爲王)' 네 글자를 쓰고서 벌레를 놓아 갉아 먹게 하였다. …… 중종에게 보여 화(禍)를 조성하였다. 「중종실록」

4. **을사사화**
   윤임은 화심(禍心)을 품고 오래도록 흉계를 쌓아 왔다. 처음에는 동궁(東宮)이 외롭다는 말을 주창하여 사림들 사이에 의심을 일으켰고, 중간에는 정유삼흉(丁酉三兇)의 무리와 결탁하여 국모를 해치려고 꾀하였고, …… 이에 윤임·유관·유인숙 세 사람에게는 사사(賜死)만 명한다. 「명종실록」

5. **동인·서인의 분당**
   김효원이 알성 과거에 장원으로 합격하여 (이조) 전랑의 물망에 올랐으나, 그가 윤원형의 문객이었다 하여 심의겸이 반대하였다. 그 후에 (심의겸의 동생) 심충겸이 장원 급제하여 전랑으로 천거되었으나, 외척이라 하여 효원이 반대하였다. 이때 양편 친지들이 각기 다른 주장을 내세우면서 서로 배척하여 동인·서인의 말이 여기서 비롯하였다. 「연려실기술」

테마 25 실전문제

김종직

주요 정답 키워드 # 조의제문   # 제자 김굉필

1. 다음 검색창에 들어갈 인물에 대한 설명으로 옳은 것은? ▶ 45회

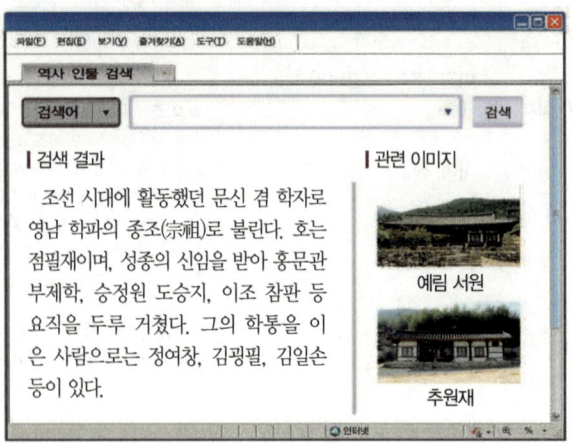

① 갑술환국으로 정계에서 축출되었다.
② 반정 공신의 위훈 삭제를 주장하였다.
③ 무오사화의 발단이 된 조의제문을 작성하였다.
④ 색경을 저술하여 농업 기술 발전에 이바지하였다.
⑤ 양명학을 연구하여 강화 학파 형성의 기초를 마련하였다.

조광조

주요 정답 키워드 # 소학 보급   # 현량과 실시   # 소격서 폐지

2. 밑줄 그은 '그'에 대한 설명으로 옳은 것은? ▶ 39회

이것은 위훈 삭제 등 개혁 정치를 추진하다가 훈구파의 반발로 유배되어 사사당한 그의 옛 자취가 기록된 비입니다.

① 사화의 발단이 된 조의제문을 작성하였다.
② 소학의 보급과 공납의 개선을 주장하였다.
③ 기축봉사를 올려 명에 대한 의리를 강조하였다.
④ 예안 향약을 시행하여 향촌 교화를 위해 노력하였다.
⑤ 사변록에서 유교 경전에 대한 독자적 해석을 시도하였다.

한눈에 보는 해설

다음 검색창에 들어갈 **인물**(→김종직)에 대한 설명으로 옳은 것은?

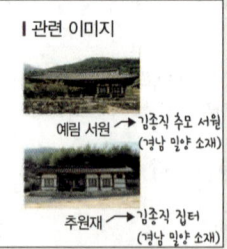

③ 김종직의 문인인 김일손이, 김종직이 세조를 비방한 '조의제문'을 사초에 실어 훈구파의 반감을 산 것이 발단이 되어 무오사화(1498, 연산군)가 발생하였다.

선지 분석하기
① 갑술환국으로 정계에서 축출되었다. ➡ 숙종 때 갑술환국으로 남인 세력 축출
② 반정 공신의 위훈 삭제를 주장하였다. ➡ 중종 때 조광조의 주장
④ 색경을 저술하여 농업 기술 발전에 이바지하였다. ➡ 조선 후기 박세당
⑤ 양명학을 연구하여 강화 학파 형성의 기초를 마련하였다. ➡ 조선 후기 정제두

한눈에 보는 해설

밑줄 그은 '그'(→조광조)에 대한 설명으로 옳은 것은?

② 조광조는 『소학』을 국문(한글)으로 번역하여 백성에게 유교 질서를 보급하였고, 공납제의 폐단을 개선하기 위해 수미법을 주장하였다.

선지 분석하기
① 사화의 발단이 된 조의제문을 작성하였다. ➡ 김종직
③ 기축봉사를 올려 명에 대한 의리를 강조하였다. ➡ 송시열
④ 예안 향약을 시행하여 향촌 교화를 위해 노력하였다. ➡ 이황
⑤ 사변록에서 유교 경전에 대한 독자적 해석을 시도하였다. ➡ 박세당

사화

주요 정답 키워드 # 4대 사화의 순서 및 내용 파악!!

3. (가), (나) 사이의 시기에 있었던 사실로 옳은 것은? ▶38회

> (가) [임금이] 전지하기를, "…… 지금 김일손이 찬수한 사초에 부도한 말로써 선대의 일을 거짓으로 기록하고 또한 그의 스승 김종직의 조의제문을 실었도다. …… 대간, 홍문관으로 하여금 형을 의논하여 아뢰도록 하라."라고 하였다.
>
> (나) 대사헌 조광조 등이 아뢰기를, "…… 반정 때에 공이 있었다면 기록되어야 하겠으나, 이들은 또 그다지 공도 없습니다. 무릇 이들을 공신으로 중히 여기면 공(功)이 이(利)를 탐내게 되니 임금을 죽이고 나라를 빼앗는 일이 다 이것에서 비롯됩니다. 임금이 나라를 잘 다스리고자 한다면 먼저 이(利)의 근원을 막아야 합니다. ……"라고 하였다.

① 외척 간의 권력 다툼으로 윤임이 제거되었다.
② 인현 왕후가 폐위되고 남인이 권력을 장악하였다.
③ 공신 책봉에 불만을 품고 이괄이 반란을 일으켰다.
④ 이조 전랑 임명을 둘러싸고 사림이 동인과 서인으로 나뉘었다.
⑤ 폐비 윤씨 사사 사건의 전말이 알려져 김굉필 등이 처형되었다.

붕당의 형성

주요 정답 키워드 # 인조반정으로 집권 # 심의겸 지지

4. (가) 붕당에 대한 설명으로 옳지 않은 것은? ▶33회

> 김효원이 이조 전랑의 물망에 올랐을 때, 심의겸이 이전의 잘못을 지적하였다. 그 후에 심의겸의 동생 심충겸이 이조 전랑으로 천거되자, 이번에는 김효원이 나서 외척이라 하여 반대하였다. 이로 인해 양쪽으로 편이 갈라져 서로 배척하였는데, 김효원을 지지하는 사람들을 동인, 심의겸을 지지하는 사람들을 (가) (으)로 부르기 시작했다.

① 광해군을 축출한 인조반정으로 집권하였다.
② 이이와 성혼의 문인을 중심으로 형성되었다.
③ 정여립 모반 사건을 빌미로 기축옥사를 주도하였다.
④ 선조 때 왕세자 책봉 문제로 정치적 입지가 약화되었다.
⑤ 효종 비의 사망 이후 전개된 예송의 결과 정국을 주도하였다.

한눈에 보는 해설

→(가) 무오사화(1498, 연산군 4년), (나) 기묘사화(1519, 중종 14년) 직전의 상황

(가), (나) 사이의 시기에 있었던 사실로 옳은 것은?

> (가) [임금이] 전지하기를, "…… 지금 **김일손**이 찬수한 사초에 부도한 말로써 선대의 일을 거짓으로 기록하고 또한 그의 스승 **김종직의 조의제문**을 실었도다. …… 대간, 홍문관으로 하여금 형을 의논하여 아뢰도록 하라."라고 하였다.
>
> (나) **대사헌 조광조** 등이 아뢰기를, "…… 반정 때에 공이 있었다면 기록되어야 하겠으나, 이들은 또 그다지 공도 없습니다. 무릇 이들을 **공신으로 중히 여기면 공(功)이 이(利)를 탐내게 되니 임금을 죽이고 나라를 빼앗는 일이** 다 이것에서 비롯됩니다. 임금이 나라를 잘 다스리고자 한다면 먼저 이(利)의 근원을 막아야 합니다. ……"라고 하였다. →조광조의 위훈 삭제 주장

⑤ 연산군 때 발생한 갑자사화(1504, 연산군 10년)에 대한 설명이다.

선지 분석하기
① 외척 간의 권력 다툼으로 윤임이 제거되었다. ➡ 을사사화(1545, 명종)
② 인현 왕후가 폐위되고 남인이 권력을 장악하였다. ➡ 기사환국(1689, 숙종)
③ 공신 책봉에 불만을 품고 이괄이 반란을 일으켰다. ➡ 이괄의 난(1624, 인조)
④ 이조 전랑 임명을 둘러싸고 사림이 동인과 서인으로 나뉘었다. ➡ 선조 재위 시기

한눈에 보는 해설

→서인

(가) 붕당에 대한 설명으로 옳지 않은 것은?

> 김효원이 **이조 전랑**의 물망에 올랐을 때, 심의겸이 이전의 잘못을 지적하였다. 그 후에 심의겸의 동생 심충겸이 이조 전랑으로 천거되자, 이번에는 김효원이 나서 외척이라 하여 반대하였다. 이로 인해 양쪽으로 편이 갈라져 서로 배척하였는데, 김효원을 지지하는 사람들을 동인, **심의겸을 지지하는 사람들을** (가) (으)로 부르기 시작했다.

⑤ 2차 예송 논쟁(효종 비의 사망 이후 이루어진 예송 논쟁) 결과 남인의 1년설이 채택되면서 남인이 정국을 주도하였다.

선지 분석하기
① 광해군을 축출한 인조반정으로 집권하였다. ➡ 서인
② 이이와 성혼의 문인을 중심으로 형성되었다. ➡ 서인
③ 정여립 모반 사건을 빌미로 기축옥사를 주도하였다. ➡ 서인
④ 선조 때 왕세자 책봉 문제로 정치적 입지가 약화되었다. ➡ 서인

테마 26 조선의 대외 관계

> **출제 POINT**
> 조선의 대여진 정책 및 임진왜란 순서를 묻는 문제가 주로 출제된다.

🔍 **사대(事大) 외교**
큰 나라를 받들어 섬긴다는 뜻으로, 서로의 독립성을 바탕으로 중국 연호를 쓰고 책봉을 받는 것을 전제로 중국과 조공 관계(무역)를 체결하는 외교임.

🔍 **교린(交隣) 관계**
일본·여진에 대한 외교 정책으로, 회유책과 강경책을 동시에 쓰는 화전(和戰) 양면 정책을 추진함.

1 조선 전기의 대외 관계 – 사대교린(事大交隣) ✦

사대	명	조선 초(태조) 요동 정벌 준비, 여진과의 관계 등으로 대립 ➡ 태종 이후 교류 활발
교린 (화전 양면책)	여진	• 강경책: 세종 때 압록강에 4군, 두만강에 6진 설치, 북방 사민 정책(북방 이주 정책) cf 평안도·함경도 민심 수습책: 토관·잉류 제도 실시 • 회유책: 귀순 장려, 조공 무역 허용 등
	일본	• 강경책: 이종무의 쓰시마섬 토벌(1419, 세종 1년) • 회유책: 3포 개항[부산포·제포(진해)·염포(울산), 1426, 세종 8년], 계해약조[1443, 세종 25년, 교역 범위 제한(세견선 50척, 세사미두 200석, 거류 왜인 60명)]
	동남아시아	류큐(오키나와), 시암(타이), 자바(인도네시아) 등과도 교류

◆ 조선 초기의 대외 관계

2 임진왜란 ✦✦✦

1. 16세기 상황

중종	• 삼포왜란(1510, 중종 5년): 비변사 처음 설치(임시 기구) ➡ 임신약조(1512, 중종 7년): 제포만 개항, 세견선·세사미두 반감 • 사량진왜변(1544, 중종 39년)
명종	• 정미약조(1547, 명종 2년): 규정 위반에 대한 벌칙 강화 • 을묘왜변(1555, 명종 10년): 국교 단절, 비변사의 상설 기구화

2. 임진왜란(1592)

왜군의 북상	부산진(정발), 동래성(송상현) 격파, 충주 탄금대에서 신립 패배 ➡ 왜군의 한양 점령(선조는 평양 ➡ 이후 평양 함락 직전에 의주로 피난, 명에 원군 요청) cf 선조의 한양 귀환(1593. 10.)
수군(이순신)의 승리	옥포 해전 첫 승리 ➡ 사천(거북선 최초 이용)·당포·당항포 연승 ➡ 이순신의 한산도 대첩(1592. 7, 남해 제해권 장악, 곡창 지대 수호)
의병의 승리	곽재우(의령), 조헌(옥천), 김천일(나주), 정문부(함경도 경성) 등
명의 지원·전열 정비	• 진주 대첩(1592. 10, 김시민) 승리, 명의 원군 ➡ 조·명 연합군의 평양성 탈환(1593. 1.), 권율의 행주 대첩 승리(1593. 2.) • 훈련도감 설치(1593)·속오법 정비, 군사 강화
정유재란 (1597)	• 명과 일본의 휴전 회담 결렬 ➡ 왜군 재침입, 원균의 칠천량 전투 패배 • 조·명 연합군이 직산에서 일본군 격퇴(1597. 9.), 이순신의 명량 대첩 승리(1597. 9.) ➡ 도요토미 사망, 왜군 총철수 개시 ➡ 노량 대첩 승리, 이순신 전사(1598. 11.)

◆ 임진왜란 해전도

◆ 임진왜란 때 관군의 의병 활동

🔍 **임진왜란 3대첩**
한산도 대첩(이순신), 진주 대첩(김시민), 행주 대첩(권율)

🔍 **우리나라의 4대첩**
살수 대첩(을지문덕), 귀주 대첩(강감찬), 한산도 대첩(이순신), 행주 대첩(권율)

3. 임진왜란의 영향

국내	• 경제와 재정 궁핍, 납속 제도 및 공명첩 발급 (→ 양반 신분 매매 제도 / 아무것도 쓰여있지 않은 관직 수여증) • 문화재 손실: 불국사 · 경복궁 · 실록 보관 4대 사고(전주 사고 제외) 등 손실 • 새로운 산물 전래: 일본을 통해 조총 · 담배 · 고추 · 호박 등 전래 • 허준의 『동의보감』 편찬(광해군 때)
국외	• 중국: 명 쇠퇴 ➡ 여진 흥기, 후금(1616) 건국 • 일본: 중세 문화 발달(인쇄술, 이황의 성리학 보급)

3 임진왜란 이후 일본과의 외교 cf 테마 33

국교 재개 (1607, 선조 40년)	에도 막부의 수교 간청으로 국교 재개, 조선 통신사 파견(1607~1811, 총 12회)
기유약조 체결 (1609, 광해군 원년)	부산포에 왜관 설치, 제한된 범위(세사미두 100석, 세견선 20척)에서 무역

4 광해군(1608~1623) ★★★

대내 정책	북인 등용, 전후 복구 사업 및 국방 강화, 『동의보감』 편찬, 5대 사고 정비, 대동법 실시(경기 지역)
대외 정책	명과 후금 사이에서 실리적 중립 외교 추구 cf 강홍립

5 인조반정(1623) ★ cf 테마 33

인조 즉위, 서인의 친명배금 외교 ➡ 두 차례의 호란 발생[1차 정묘호란(1627, 인조 5년) - 형제 관계, 2차 병자호란(1636, 인조 14년) - 군신 관계]

6 효종 ★ cf 테마 33
(→ 인조의 둘째 아들 봉림 대군)

북벌론 전개	서인 중심, 성리학적 명분상 전개 ➡ 실패, 서인의 군사적 기반 마련
나선(러시아) 정벌	청의 요구로 조선의 조총 부대가 출병

한능검 콕콕 자료

1. 세종의 대마도 정벌
왕은 이르노라. 무력만 일삼는 것은 성현이 경계하는 바이나 죄를 성토하기 위하여 군사를 일으키는 것은 부득이한 일이다. …… 쓰시마라는 섬은 본래 우리나라 땅인데 다만 협소하고 누추한 곳이어서 왜구(倭寇)가 거처하는 것을 들어주었던 것뿐이다. …… 지금 왜구가 제 마음대로 탐욕과 해독을 부려 백성들을 살육하고 스스로 하늘의 재앙을 부르니, 그래도 참고 이를 정벌하지 않는다면 나라에 사람이 있다고 하겠는가.
『동문선』, 정대마도교서

2. 이순신의 명량 대첩
신에게 전함이 아직 열두 척이 있습니다. 죽을 힘을 다하여 막아 싸우면 어찌 승리할 수가 없겠습니까. 전함이야 적지만 신은 죽지 않았습니다. 적은 감히 우리를 업신여기지 못할 것입니다.
『난중일기』

🔍 임진왜란 주요 일지

1592. 4.	왜군의 조선 침략 부산진 · 동래 함락 충주 탄금대(신립) 함락, 곽재우 의병 일으킴.
5.	선조, 평양으로 피난(⇨ 이후 의주), 서울 함락
6.	평양 함락
7.	한산도 대첩(이순신), 사명대사 군사 일으킴(금강산).
10.	1차 진주 대첩(김시민)
12.	명군 원병(이여송)
1593. 1.	평양 수복(조 · 명 연합) ⇨ 벽제관 전투(명 패배)
2.	행주 대첩(권율)
5.	명과 일본의 화친 논의 시작
6.	2차 진주 대첩
10.	선조, 한성으로 귀환
	cf 이순신, 3도 수군통제사 임명
1597. 1.	정유재란 ⇨ 이순신, 3도 수군통제사 파면, 원균 임명
7.	조선 수군 칠천량 해전 패전(원균)
9.	직산 싸움(조 · 명 연합), 명량 대첩(이순신)
1598. 8.	도요토미 사망
9.	일본군 총철수 개시
11.	노량 대첩(이순신 전사), 일군 철수 완료

🔍 이순신의 『난중일기』

충무공 이순신이 임진왜란 때 진중에서 쓴 일기로, 임진왜란 7년 동안의 상황을 가장 구체적으로 기록, 2013년 유네스코 세계 기록 문화유산에 등재됨.

(→ 본인의 이름을 적는 부분)

◆ 공명첩 | 이름을 쓰지 않은 관직 수여증

테마 26 실전문제

조선 전기 대여진 관계

주요 정답 키워드 # 경성과 경원에 무역소 설치 # 북평관 # 조공 무역

1. 밑줄 그은 ㉠에 대한 조선의 대외 정책으로 옳은 것을 〈보기〉에서 고른 것은?
▶ 39회

이 작품은 야연사준도로 김종서가 ㉠두만강 일대에 흩어져 살던 야인들을 몰아내고 동북면의 6진을 개척한 뒤의 일화를 그린 것이다. 그림 속에는 연회 중 갑자기 화살이 날아와 큰 술병에 꽂히자, 다른 장수들은 겁을 먹었지만 김종서는 침착하게 연회를 진행하였다는 이야기가 묘사되어 있다.

〈보기〉
㉠ 강경책의 일환으로 대마도를 정벌하였다.
㉡ 경성과 경원에 무역소를 설치하여 회유하였다.
㉢ 초량에 왜관을 설치하고 개시 무역을 실시하였다.
㉣ 한양에 북평관을 개설하여 조공 무역을 허용하였다.

① ㉠, ㉡ ② ㉠, ㉢
③ ㉡, ㉢ ④ ㉡, ㉣
⑤ ㉢, ㉣

조선의 대외 관계

주요 정답 키워드 # 사대교린 # 명 # 여진 # 일본 # 시암·유구

2. 지도에 나타난 조선의 대외 관계에 대한 설명으로 옳지 않은 것은?
▶ 19회

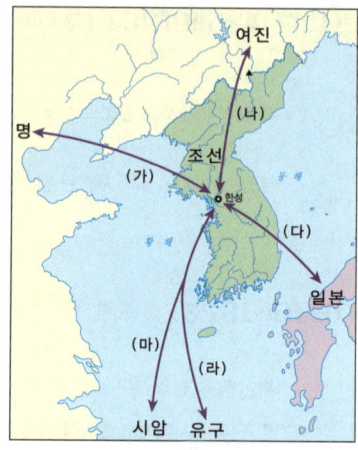

〈 조선 초기 대외 관계 〉

① (가) – 조공·책봉 관계 속에서 실리를 도모하였다.
② (나) – 경성과 경원에 무역소를 설치하여 회유하였다.
③ (다) – 삼포를 개항하여 세견선의 입항을 허가하였다.
④ (라) – 연행사를 정기적으로 파견하여 교류하였다.
⑤ (마) – 조공 또는 진상의 형식으로 교역이 이루어졌다.

한눈에 보는 해설

밑줄 그은 ㉠(여진)에 대한 조선의 대외 정책으로 옳은 것을 〈보기〉에서 고른 것은?

이 작품은 야연사준도로 **김종서**가 ㉠ **두만강 일대에 흩어져 살던 야인들**을 몰아내고 **동북면의 6진을 개척**한 뒤의 일화를 그린 것이다. 그림 속에는 연회 중 갑자기 화살이 날아와 큰 술병에 꽂히자, 다른 장수들은 겁을 먹었지만 김종서는 침착하게 연회를 진행하였다는 이야기가 묘사되어 있다.

㉡㉣ 조선은 여진족의 귀순을 장려하기 위하여 관직·토지 등을 주어 조선 주민으로 동화시켰고, 국경 지대인 경성과 경원에 무역소를 두었으며, 서울에 오는 여진 사절을 위해 북평관을 두는 등 조공 무역을 허락하였다.

선지 분석하기
㉠ 강경책의 일환으로 대마도를 정벌하였다. ➡ 조선 전기 일본에 대한 정책(1419, 세종 원년)
㉢ 초량(부산)에 왜관을 설치하고 개시 무역을 실시하였다. ➡ 조선 후기 일본에 대한 정책(1609, 광해군)

한눈에 보는 해설

지도에 나타난 조선의 대외 관계에 대한 설명으로 옳지 않은 것은?
④ 연행사는 청에 파견된 정기 사절단이다.

선지 분석하기
① 명과는 표면적으로 사대 관계를 맺어 조공·책봉 관계 속에서 경제적·정치적 실리를 도모하였다.
② 여진과는 강경책을 추진하면서도 한편으로는 경원·경성에 무역소를 두는 회유책을 동시에 펼쳤다.
③ 일본과는 세종 원년(1419) 대마도를 토벌하는 강경책을 추진하면서도 한편으로는 세종 8년(1426) 3포(부산포, 제포, 염포)를 개항하고 개항장에 왜관을 설치하는 등 회유책을 동시에 펼쳤다.
⑤ 류쿠(오키나와), 시암(타이), 자바(인도네시아) 등 동남아시아와도 조공 및 진상의 형식으로 무역이 이루어졌다.

임진왜란

주요 정답 키워드 # 평양성 탈환 # 한산도 대첩 # 권율의 행주 대첩 # 노량 대첩

3. (가) 전쟁 중에 있었던 사실로 옳은 것은? ▶ 70회

> 문학으로 만나는 한국사
>
> 홍계남이 당초 의병을 일으켜 흉적을 쳐서 활을 쏘아 맞히고 벤 수급이 매우 많았고 가는 곳마다 공을 세우니, 적들이 홍장군이라고 부르며 감히 침범하지 못했다. 호서(충청도) 내지가 편안할 수 있었던 것은 모두 홍계남의 공이라고 한다. 가상한 일이다. 의병이 곳곳에서 봉기하였지만, …… 고경명과 조헌은 모두 나랏일에 몸을 바쳐 죽을 자리에서 죽었으니 가히 그 명성에 걸맞는다고 말할 수 있다. - 「쇄미록」
>
> [해설] 이 작품은 오희문이 (가) 중에 있었던 일을 적은 일기이다. 적군의 침입과 약탈, 의병장의 활동, 피란민의 참혹한 생활 등이 생생하게 담겨 있다.

① 삼수병으로 구성된 훈련도감이 설치되었다.
② 왕이 도성을 떠나 남한산성으로 피란하였다.
③ 송시열, 이완 등을 중심으로 북벌이 추진되었다.
④ 국방 문제를 논의하기 위해 비변사가 신설되었다.
⑤ 제한된 범위의 무역을 허용한 계해약조가 체결되었다.

4. (가)~(라)를 일어난 순서대로 옳게 나열한 것은? ▶ 37회

> (가) 왜적이 대거 침략해 왔다. 부산진이 함락되면서 첨사(僉使) 정발이 전사하였다. 이어 동래부가 함락되면서 부사 송상현도 전사하였다. 「선조수정실록」
>
> (나) 왜적이 총출동하여 추격하기에 한산 앞바다로 끌어냈다. 아군이 학익진을 펼쳐 …… 쳐부수니 왜적이 사기가 꺾이어 퇴각하였다. 여러 장수와 군졸들이 환호하며 뛸 듯이 기뻐하였다. 「선조실록」
>
> (다) 권율이 행주에서 왜적을 대파하고, 고산 현감 신경희를 보내어 승전 소식을 아뢰었다. …… 신경희가 아뢰기를, "…… 그 지역에는 돌이 많아 모든 군사들이 앞다투어 돌을 던져 싸움을 도왔습니다."라고 하였다. 「선조실록」
>
> (라) (이순신이) 노량에 도착하니 많은 왜적이 이르렀다. 불의에 진격하여 한참 혈전을 하던 중 이순신이 몸소 왜적에게 활을 쏘다가 왜적의 탄환에 가슴을 맞아 배 위에 쓰러졌다. …… 왜적이 마침내 대패하니 사람들은 모두 "죽은 이순신이 산 왜적을 물리쳤다."라고 하였다. 「선조실록」

① (가) - (나) - (다) - (라)
② (가) - (나) - (라) - (다)
③ (나) - (가) - (라) - (다)
④ (나) - (다) - (가) - (라)
⑤ (다) - (라) - (나) - (가)

한눈에 보는 해설

(가) 전쟁 중에 있었던 사실로 옳은 것은? → 임진왜란

홍계남이 당초 **의병**을 일으켜 흉적을 쳐서 활을 쏘아 맞히고 벤 수급이 매우 많았고 가는 곳마다 공을 세우니, 적들이 홍장군이라고 부르며 감히 침범하지 못했다. 호서(충청도) 내지가 편안할 수 있었던 것은 모두 홍계남의 공이라고 한다. 가상한 일이다. 의병이 곳곳에서 봉기하였지만, …… **고경명**과 **조헌**은 모두 나랏일에 몸을 바쳐 죽을 자리에서 죽었으니 가히 그 명성에 걸맞는다고 말할 수 있다. 「쇄미록」

[해설] 이 작품은 오희문이 (가) 중에 있었던 일을 적은 일기이다. 적군의 침입과 약탈, 의병장의 활동, 피란민의 참혹한 생활 등이 생생하게 담겨 있다.

① 임진왜란 시기에 유성룡의 건의로 삼수병으로 구성된 훈련도감이 설치되었다.

선지 분석하기
② 왕이 도성을 떠나 남한산성으로 피란하였다. ➡ 병자호란 때 인조
③ 송시열, 이완 등을 중심으로 북벌이 추진되었다. ➡ 효종 때
④ 국방 문제를 논의하기 위해 비변사가 신설되었다. ➡ 중종 때 삼포왜란 당시 설치
⑤ 제한된 범위의 무역을 허용한 계해약조가 체결되었다. ➡ 세종

(가)~(라)를 일어난 순서대로 옳게 나열한 것은?

(가) 왜적이 대거 침략해 왔다. **부산진이 함락**되면서 첨사(僉使) 정발이 전사하였다. 이어 동래부가 함락되면서 부사 송상현도 전사하였다. → 정발의 부산진성 전투 「선조수정실록」

(나) 왜적이 총출동하여 추격하기에 **한산 앞바다**로 끌어냈다. 아군이 **학익진**을 펼쳐 …… 쳐부수니 왜적이 사기가 꺾이어 퇴각하였다. 여러 장수와 군졸들이 환호하며 뛸 듯이 기뻐하였다. → 이순신의 한산도 대첩 「선조실록」

(다) **권율이 행주에서 왜적을 대파**하고, 고산 현감 신경희를 보내어 승전 소식을 아뢰었다. …… 신경희가 아뢰기를, "…… 그 지역에는 돌이 많아 모든 군사들이 앞다투어 돌을 던져 싸움을 도왔습니다."라고 하였다. → 권율의 행주 대첩 「선조실록」

(라) **(이순신이)** 노량에 도착하니 많은 왜적이 이르렀다. 불의에 진격하여 한참 혈전을 하던 중 **이순신이 몸소 왜적에게 활을 쏘다가 왜적의 탄환에 가슴을 맞아 배 위에 쓰러졌다.** …… 왜적이 마침내 대패하니 사람들은 모두 "죽은 이순신이 산 왜적을 물리쳤다."라고 하였다. → 이순신의 노량 대첩 「선조실록」

① (가) 정발의 부산진성 전투(1592. 4.) ➡ (나) 이순신의 한산도 대첩(1592. 7.) ➡ (다) 권율의 행주 대첩(1593. 2.) ➡ (라) 이순신의 노량 대첩(1598. 11.)

테마 27 조선 전기의 사회

> **출제 POINT**
> 각 신분의 특징과 조선 전기의 사회 모습을 묻는 문제가 주로 출제되었으며, 서원의 특징을 묻는 문제도 출제된다.

1 조선의 신분 제도

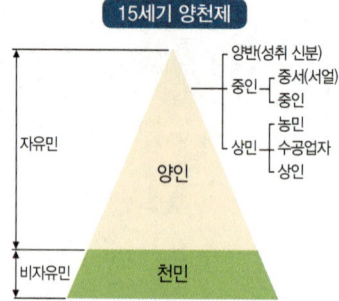
15세기 양천제

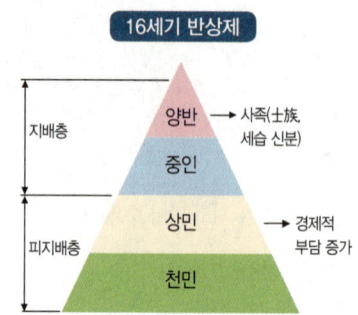
16세기 반상제

신분 구조	양천제의 법제화: 양인(자유민)과 천민(비자유민)으로 구분, 『경국대전』에 입각한 기본 신분 구조 ➡ but 16세기 현실적으로 반상제(양반, 중인, 상민, 천민)로 운영
양반	15세기 문·무반(성취 신분) ➡ 16세기 사족(士族), 즉 그 가족이나 가문으로 확대(세습 신분)
중인	**중인**: 서리, 향리, 기술관 등 · 직역 세습, 전문 기술·행정 담당 ➡ 문과 응시 가능, but 현실은 주로 잡과 응시
	중서(서얼): 양반의 첩의 자식 ➡ 문과 응시 ×
상민 (평민, 양인)	· 농민, 수공업자, 상인, 신량역천(양인 중 천역 담당 계층) · 법제적으로 과거 응시 가능, 조세·공납·역 의무
천민	노비, 백정, 무당, 창기, 광대 등

2 조선의 법률

법률	· 형법: 『경국대전』 중심 + 『대명률』 참고 · 민법: 관습에 의거 cf 가족 제도의 경우 『주자가례』 의거, 상속의 경우 '종법' 의거 · 반역죄·강상죄는 중죄, 연좌법 시행, 5종(태·장·도·유·사형)의 형벌 · 재판권: 지방관이 대개 스스로 처리, 중죄(유배형, 사형)의 경우 중앙으로 보냄.

고려와 조선의 법률

구분		고려	조선
법률	형법	당률을 참작한 71개 조와 보조 법률	성문법 중심(『경국대전』 중심+대명률 참고)
	민법	관습법 적용	관습에 의거 cf 가족 제도의 경우 『주자가례』 의거, 상속의 경우 '종법' 의거
중죄		반역죄, 불효죄	반역죄, 강상죄
재판권		지방관이 대개 스스로 처결	
형벌		태·장·도·유·사형	

> 🔍 **족보의 변화**
> 1. 조선 전기: 내외 자손을 모두 기록하는 자손보 ➡ 자녀의 구별 없이 출생순으로 기록
> 2. 조선 후기: 부계 친족만 기록하는 씨족보 ➡ 아들을 먼저 기록하는 것이 보편화

> 🔍 **「안동 권씨 성화보」**
> 1476년 간행된 현존하는 가장 오래된 족보

3 서원과 향약

1. 서원

최초 서원	중종 때 풍기 군수 주세붕이 고려 유학자인 안향을 봉사하기 위해 **백운동 서원** 건립
최초 사액 서원	명종 때 **이황의 건의**로 백운동 서원이 **소수 서원**으로 사액(면세·면역 특권)됨.
기능	**선현의 제사, 사림 자제 교육, 유교 보급** ➡ 학문·교육의 지방적 확대, 지방 사족의 입지 강화

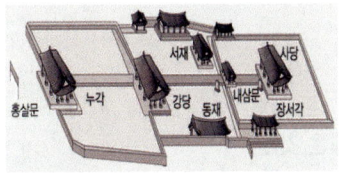

◆ 서원의 구조

2. 향약

성격	• 전통적 향촌 규약을 바탕으로 유교 질서에 입각한 삼강오륜의 윤리가 가미된 향촌 교화의 규약 • 공통 덕목: 덕업상권(좋은 일은 서로 권장한다.), 과실상규(잘못한 일은 서로 꾸짖는다.), 예속상교(올바른 예속은 서로 나눈다.), 환난상휼(재난과 어려움은 서로 돕는다.)
도입	중종 때 **조광조**가 여씨 향약 보급 시도
발전	선조 때 이황, 이이에 의해 우리 실정에 맞는 향약으로 발전 ➡ 사림의 향촌 통제력 강화

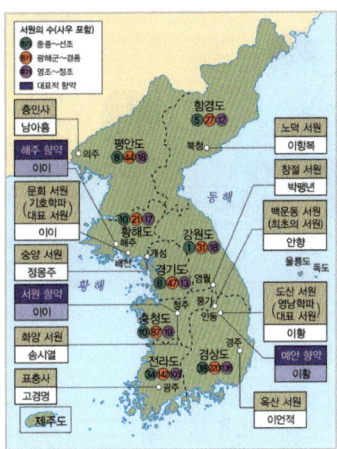

◆ 사림의 세력 기반(서원과 향약)

> 🔍 **서원(유네스코 세계 문화유산)**
> 유네스코 세계 문화유산에 이름을 올린 '한국의 서원'은 풍기 군수 주세붕이 중종 38년(1543)에 '백운동 서원'이라는 명칭으로 건립한 최초의 사액 서원인 <u>소수 서원(경북 영주, 안향 영정 봉안)</u>을 비롯하여 도산 서원(경북 안동, 퇴계 이황 배향), 병산 서원(경북 안동, 류성룡 배향), 옥산 서원(경북 경주, 이언적 배향), 도동 서원(대구 달성, 김굉필 배향), 남계 서원(경남 함양, 정여창 배향), 필암 서원(전남 장성, 김인후 배향), 무성 서원(전북 정읍, 최치원 배향), <u>돈암 서원(충남 논산, 김장생 배향)</u> 총 9곳임.

한능검 꼼꼼 자료

1. 서원
주세붕이 처음 서원을 세울 때 세상에서는 의심하였습니다. 주세붕은 뜻을 더욱 가다듬어 많은 비웃음을 무릅쓰고 비방을 물리쳐 지금까지 누구도 하지 못했던 장한 일을 이루었습니다. 아마도 하늘이 서원을 세우는 가르침을 동방에 일으켜 우리나라가 중국과 같게 되도록 하는 것인가 합니다. 사방에서 기뻐하고 사모하여 서로 다투어서 이를 본받게 될 것입니다. 진실로 선왕의 자취가 남고 향기가 뿌려져 있는 곳, 최충, 우탁, 정몽주, 길재, 김종직, 김굉필 같은 이가 살던 곳, 이런 곳은 모두 서원이 세워질 것입니다.
「퇴계전서」

2. 향약
가입을 청하는 자는 참가하기를 원하는 뜻을 반드시 단자에 자세히 적어서 모임이 있을 때에 진술하고, 사람을 시켜 약정에게 바치면 약정은 여러 사람에게 물어서 좋다고 한 다음에야 글로 답하고, 다음 모임에 참여하게 한다.
「율곡전서」

테마 27 실전문제

중인

주요 정답 키워드 # 시사 # 위항 문학 # 역관·의관 등

1. (가) 신분에 대한 설명으로 옳은 것은? ▶45회

① 소속 관청에 신공(身貢)을 바쳤다.
② 매매, 상속, 증여의 대상이 되었다.
③ 원칙적으로 과거에 응시할 수 없었다.
④ 장례원(掌隸院)을 통해 국가의 관리를 받았다.
⑤ 조선 후기 시사(詩社)를 조직해 위항 문학 활동을 하였다.

한눈에 보는 해설

→ 중인
(가) 신분에 대한 설명으로 옳은 것은?

⑤ 조선 후기 중인들의 문학 창작 활동이 활발해지면서 그들만의 문학 모임인 시사를 조직하였으며, 사대부와 서민 문학의 중간 형태인 위항 문학이 형성되었다.

선지 분석하기
① 소속 관청에 신공(身貢)을 바쳤다. ➡ 공노비
② 매매, 상속, 증여의 대상이 되었다. ➡ (공·사)노비
③ 원칙적으로 과거에 응시할 수 없었다. ➡ 천민, 서얼
④ 장례원(掌隸院)을 통해 국가의 관리를 받았다. ➡ 노비

향리

주요 정답 키워드 # 행정 실무 # 수령 보좌 # 호방

2. 밑줄 그은 '피고인'에 대한 설명으로 옳은 것은? ▶24회

> **모의 재판 기소문**
>
> 기소 이유
>
> 피고인은 호방으로 본래 임무를 망각하고 백성에게 해를 끼친 자로서 죄목은 다음과 같다.
> 1. 백성으로부터 세금을 거둘 때 법보다 더 거두어 남용하였다.
> 2. 양민을 불법으로 끌어다 남몰래 일을 시켰다.
>
> 이에 경국대전 형전에 의거하여 기소한다.

① 잡과를 통해 선발되었다.
② 관청에 신공(身貢)을 바쳤다.
③ 공음전을 경제적 기반으로 삼았다.
④ 사신을 수행하면서 통역을 담당하였다.
⑤ 토착 세력으로 지방에서 행정 실무를 맡았다.

한눈에 보는 해설

→ 향리
밑줄 그은 '피고인'에 대한 설명으로 옳은 것은?

> 모의 재판 기소문
>
> 기소 이유
> 피고인은 **호방**으로 본래 임무를 망각하고 백성에게 해를 끼친 자로서 죄목은 다음과 같다.
> 1. **백성으로부터 세금을 거둘 때** 법보다 더 거두어 남용하였다.
> 2. 양민을 불법으로 끌어다 남몰래 일을 시켰다.
> 이에 경국대전 형전에 의거하여 기소한다.

⑤ 토착 세력인 향리는 6방(이방·호방 등)에 소속되어 지방 말단의 실질적 행정을 담당하였다.

선지 분석하기
① 잡과를 통해 선발되었다. ➡ 중인(기술관)
② 관청에 신공(身貢)을 바쳤다. ➡ 공노비
③ 공음전을 경제적 기반으로 삼았다. ➡ 고려 문벌 귀족
④ 사신을 수행하면서 통역을 담당하였다. ➡ 중인(역관)

서원

주요 정답 키워드 # 국왕으로부터 현판과 노비 받음 # 주세붕

3. (가) 교육 기관에 대한 설명으로 옳은 것은? ▶ 39회

> 주세붕이 처음 (가) 을/를 세울 때 세상에서는 의심하였습니다. 주세붕은 뜻을 더욱 가다듬어 많은 비웃음을 무릅쓰고 비방을 물리쳐 지금까지 누구도 하지 못했던 장한 일을 이루었습니다. 아마도 하늘이 (가) 을/를 세우는 가르침을 동방에 흥하게 하여 [우리나라가] 중국과 같아지도록 하려는 것인가 봅니다.
>
> 「퇴계선생문집」

① 학술 연구 기구로 청연각이 설치되었다.
② 전국의 부·목·군·현에 하나씩 설립되었다.
③ 중앙에서 파견된 교수나 훈도가 지도하였다.
④ 유학을 비롯하여 율학, 서학, 산학을 교육하였다.
⑤ 국왕으로부터 현판과 함께 노비 등을 받기도 하였다.

한눈에 보는 해설

→서원
(가) 교육 기관에 대한 설명으로 옳은 것은?

> **주세붕**이 처음 (가) 을/를 세울 때 세상에서는 의심하였습니다. 주세붕은 뜻을 더욱 가다듬어 많은 비웃음을 무릅쓰고 비방을 물리쳐 지금까지 누구도 하지 못했던 장한 일을 이루었습니다. 아마도 하늘이 (가) 을/를 세우는 가르침을 동방에 흥하게 하여 [우리나라가] 중국과 같아지도록 하려는 것인가 봅니다. 「퇴계선생문집」

⑤ 조선의 많은 서원 중에는 국가로부터 현판과 함께 토지·노비·서적 등을 받는 사액 서원도 있었다.

선지 분석하기

① 학술 연구 기구로 청연각이 설치되었다. ➡ 고려 예종 때 설치
② 전국의 부·목·군·현에 하나씩 설립되었다. ➡ 조선의 향교
③ 중앙에서 파견된 교수나 훈도가 지도하였다. ➡ 조선의 향교
④ 유학을 비롯하여 율학, 서학, 산학을 교육하였다. ➡ 고려의 국자감

조선의 사회 모습

주요 정답 키워드 # 균분 상속 # 윤행

4. 다음 자료를 통해 추론할 수 있는 사회 모습으로 적절한 것을 〈보기〉에서 고른 것은? ▶ 17회

> 중종 23년(1528) 10월 10일, 딸들에게 작성해 준 유서
> 억달에게 노비와 전답도 많이 주었으며, 천첩 자식으로 봉사(奉祀)하는 것도 편치 않을 뿐만 아니라 생사도 알기 힘들다. …… 너희들은 비록 딸이라도 나의 골육으로 정리가 매우 중하기 때문에, 노비와 전답을 혈손 외에 다른 사람에게 주지 말고 너희들이 가지고서 우리 부부의 제사를 거행하라. 만일 불초한 자가 마음을 나쁘게 써서 분쟁하는 기미가 있거든 이 문서의 내용에 따라 관가에 고하여 바로 잡아라.
>
> 재주(財主) 진사 송○○ [수결(手決)]

보기
ㄱ 혼인 풍습에서 시집살이가 보편화되었다.
ㄴ 자녀에게 재산을 균분 상속하는 일이 많았다.
ㄷ 부계 중심의 유교적 종법 질서가 확고해졌다.
ㄹ 자녀들이 돌아가면서 제사를 맡아 지내는 일이 널리 행해졌다.

① ㄱ, ㄴ ② ㄱ, ㄷ
③ ㄴ, ㄷ ④ ㄴ, ㄹ
⑤ ㄷ, ㄹ

한눈에 보는 해설

→조선 전기
다음 자료를 통해 추론할 수 있는 사회 모습으로 적절한 것을 〈보기〉에서 고른 것은?

> **중종 23년(1528) 10월 10일**, 딸들에게 작성해 준 유서
> 억달에게 노비와 전답도 많이 주었으며, 천첩 자식으로 봉사(奉祀)하는 것도 편치 않을 뿐만 아니라 생사도 알기 힘들다. …… **너희들은 비록 딸이라도 나의 골육으로 정리가 매우 중하기 때문에, 노비와 전답을 혈손 외에 다른 사람에게 주지 말고 너희들이 가지고서 우리 부부의 제사를 거행하라**. 만일 불초한 자가 마음을 나쁘게 써서 분쟁하는 기미가 있거든 이 문서의 내용에 따라 관가에 고하여 바로 잡아라. 재주(財主) 진사 송○○ [수결(手決)]

ㄴㄹ 고려부터 조선 전기에는 자녀 균분 상속과 함께 제사를 아들과 딸이 돌아가면서 지내는 윤행이 이루어졌다.

선지 분석하기

ㄱ 혼인 풍습에서 시집살이가 보편화되었다(친영 제도). ➡ 조선 후기
ㄷ 부계 중심의 유교적 종법 질서가 확고해졌다. ➡ 조선 후기

PART 04

테마 28. 조선 전기의 경제

> **출제 POINT**
> 토지 제도의 변천 과정, 세종의 공법, 그리고 조선 전기와 후기의 경제 정책을 구별하는 문제가 주로 출제된다.

1 조선의 경제 정책 – 중농억상 정책

1. **농본주의 원칙**: 유교의 왕도 정치 이념에서는 민생 안정 중시 ➡ 농본주의 정책 추구
2. **상공업 규제**: 조선 초 국가의 통제 아래 규제 ➡ 16세기 이후 국가의 통제력 약화로 점차 성장

2 토지 제도의 변천 ✶

1. 과전법[고려 공양왕(1391), 급전도감 설치]

배경	권문세족의 농장 확대에 대한 재정 궁핍
내용	• **전·현직 관리 대상 수조권** 지급 ➡ 1대 제한, 경기 지역으로 제한 • 유가족: 부인이 재혼하지 않을 경우 **수신전**, 자식이 어릴 경우 **휼양전** 지급
영향	국가 재정 안정, 사대부 관료의 경제 기반 마련, 농민 경제 안정

2. 직전법[세조(1466)]

배경	관료에게 지급할 토지 부족
내용	• **현직 관리에게만 지급** • **수신전, 휼양전 폐지**
영향	**국가의 토지 지배력 강화**, but 현직 관료의 위기의식 초래 ➡ 가혹한 수취, 겸병, 농장 확대 현상 초래

3. 관수 관급제[성종(1470)]

배경	수조권자의 지나친 조세 징수
내용	**국가가 관료의 직전에서 직접 수조(收租)하여 관료에게 지급**
영향	국가의 토지 지배력 강화, but 현직 관료의 위기의식 초래 ➡ 농장 확대 가속

4. 직전법 폐지
16세기 명종 때(1556) 직전법 폐지, 현물 녹봉만 지급 ➡ 지주 전호제 강화

3 수취 제도의 정비 ★★

조세	• 세종 때 공법 제정: 1결당 최고 20~4두 징수 • 전분 6등법: 토지의 비옥도에 따라 1결의 면적을 6등급으로 구분 • 연분 9등법: 풍흉의 정도에 따라 1결당 조세를 9등급(20두~4두)으로 나누어 징수
공납	• 민호를 기준으로 현물로 부과 • 종류: 상공, 별공, 진상 ➡ 전세보다 부담이 더 큼. ➡ 16세기 방납의 폐단 야기 ➡ 16세기 조광조, 유성룡, 이이 등이 수미법 주장 cf 대동법 └ 중간 상인이 대신 납부하고 대가를 요구하는 제도
역	• 양인 정남(16~60세)에게 부과 • 군역: 정군과 보인(정군의 복무 비용 보조)으로 구성, 현직 관리·학생 면제 ➡ 16세기 중종 때 군적수포제 실시(양인 장정 12개월 마다 군포 2필 징수) • 요역: 민호에서 정남의 수를 고려하여 징발, 성·왕릉·저수지 등의 공사에 동원

전분 6등의 1결당 면적

전분	면적(평방적)
1등전	227,527
2등전	268,324
3등전	324,900
4등전	413,449
5등전	570,025
6등전	912,025

연분 9등의 전세율

연분		1결당 전세율
상	상상년	20두
	상중년	18두
	상하년	16두
중	중상년	14두
	중중년	12두
	중하년	10두
하	하상년	8두
	하중년	6두
	하하년	4두

★ 육의전
비단, 무명, 삼베, 모시, 종이, 어물 취급

4 경제 활동 ★

농업	• 농업 기술의 발달
	  ┌ 논: 남부 지방에 이앙법(모내기법) 보급
	  └ 밭: 농종법(밭이랑에 씨앗을 뿌리는 농법), 2년 3작의 윤작법 일반화
	• 농서: 『농사직설』(세종, 우리 실정에 맞는 최초의 농서), 『금양잡록』(성종, 금양 지방의 농서)

수공업	관영 수공업 중심, 공장안(수공업자 명단) 작성
상업	• 시전 상인: 점포세·상세를 납부하는 대신 특정 상품의 독점 판매권(금난전권) 행사 ➡ 육의전★ 번성 • 지방: 보부상(관허 상인) 활동 • 장시: 15세기 말 발생(전라도) ➡ 16세기 중엽 전국 확산

16세기 수취 체제 문란
• 공납: 방납의 폐단 ➡ 16세기 수미법 주장(조광조, 유성룡, 이이 등)
• 군역의 폐단: 군역의 요역화 ➡ 방군수포제(수령 주도) ➡ 군적수포제(중종, 양인 장정 1년마다 베 2필 징수)
• 환곡의 폐단: 15세기 의창 담당 ➡ 16세기 상평창 담당(원곡의 1/10 이자 징수)
• 임꺽정의 난(명종) 등 도적의 횡행

한능검 콕콕 자료

1. 과전법
공양왕 3년(1391) 5월, 도평의사사가 글을 올려 과전을 지급하는 법을 정할 것을 요청하니 왕이 따랐다. …… 경기는 사방의 근본이니 마땅히 과전을 설치하여 사대부를 우대한다. 무릇 서울에 거주하여 왕실을 시위하는 자는 현·퇴직자를 막론하고 과에 따라 과전을 받는다. 『고려사』

2. 관수 관급제
사람들이 한결같이 직전에 폐단이 있다고 합니다. …… 만약 관이 직접 직전세를 거두어 전주에게 준다면 백성은 수납의 고통을 덜게 되고, 또한 지나치게 걷는 폐단도 없어지게 될 것입니다. 『성종실록』

3. 연분 9등법
각 도의 수전·한전의 소출 다소를 자세히 알 수가 없으니 공법(貢法)에서의 수세액을 규정하기가 어렵다. …… 상상년에는 수전·한전 각기의 수확이 얼마며, 하하년에는 수전·한전 각기의 수확이 얼마인지를, 각 관의 관둔전에 대해서도 과거 5년간의 파종 및 수확의 다소를 위와 같이 조사하여 보고토록 한다. 『세종실록』

4. 16세기 명종 때 상황
임꺽정은 양주의 백정으로 성품이 교활하고 또 날래고 용맹했으며 그 무리 10여 명이 모두 날래고 빨랐다. …… 사신(史臣)은 말한다. "도적이 성행하는 것은 수령의 가렴주구 탓이며 수령의 가렴주구는 재상이 청렴하지 못한 탓이다." 『명종실록』

테마 28 실전문제

토지 제도

주요 정답 키워드 # 수신전 # 휼양전 폐지 # 과전법

1. (가), (나) 사이의 시기에 있었던 사실로 옳은 것은? ▶ 43회

> (가) 도평의사사가 글을 올려 과전을 주는 법을 정하고자 요청하니 왕이 따랐다. …… 경기는 사방의 근원이니 마땅히 과전을 설치하여 사대부를 우대하였다. 무릇 경성에 살며 왕실을 보위하는 자는 현직 여부에 상관없이 직위에 따라 과전을 받게 하였다.
>
> (나) 한명회 등이 아뢰기를, "직전(職田)의 세(稅)는 관(官)에서 거두어 관에서 주면 이런 폐단이 없을 것입니다."라고 하였다. [대왕 대비가] 전지하기를, "직전의 세는 소재지의 지방관으로 하여금 감독하여 거두어 주도록 하라."라고 하였다.

① 백성에게 정전을 지급하였다.
② 양전 사업을 실시하여 지계를 발급하였다.
③ 관등에 따라 관리에게 전지와 시지를 차등 지급하였다.
④ 개국 공신에게 인품, 공로를 기준으로 역분전을 지급하였다.
⑤ 수신전, 휼양전 등의 명목으로 세습되는 토지를 폐지하였다.

시전 상인

주요 정답 키워드 # 금난전권 # 황국 중앙 총상회

2. (가) 상인에 대한 설명으로 옳은 것은? ▶ 38회

이곳은 조선 시대의 상점 터가 확인된 종로 피맛골 발굴 현장입니다. 조선 정부는 이 일대에 행랑을 지어 상가를 조성하고 (가) 에게 빌려 주었습니다. (가) 중에는 육의전 상인이 대표적이었습니다.

① 혜상공국을 통해 보호받았다.
② 금난전권이라는 특권을 부여받았다.
③ 전국에 송방이라는 지점을 설치하였다.
④ 책문 후시를 통해 대청 무역을 주도하였다.
⑤ 포구에서 중개·금융·숙박업 등에 주력하였다.

한눈에 보는 해설

→ (가) 과전법 시행(1391, 고려 공양왕), (나) 관수 관급제 실시(1470, 조선 성종)

(가), (나) 사이의 시기에 있었던 사실로 옳은 것은?

> (가) 도평의사사가 글을 올려 과전을 주는 법을 정하고자 요청하니 왕이 따랐다. …… **경기는 사방의 근원이니 마땅히 과전을 설치하여 사대부를 우대하였다. 무릇 경성에 살며 왕실을 보위하는 자는 현직 여부에 상관없이 직위에 따라 과전을 받게 하였다.**
>
> (나) 한명회 등이 아뢰기를, "직전(職田)의 세(稅)는 관(官)에서 거두어 관에서 주면 이런 폐단이 없을 것입니다."라고 하였다. [대왕 대비가] 전지하기를, **"직전의 세는 소재지의 지방관으로 하여금 감독하여 거두어 주도록 하라."**라고 하였다.

⑤ 조선 세조 때 직전법을 실시하여 현직 관리에게만 수조권을 주었고, 관리의 유가족에게 지급했던 세습되는 토지인 수신전·휼양전을 폐지하였다.

선지 분석하기
① 백성에게 정전을 지급하였다. ➡ 신라 성덕왕
② 양전 사업을 실시하여 지계를 발급하였다. ➡ 대한 제국 (근대적 토지 소유권 문서)
③ 관등에 따라 관리에게 전지와 시지를 차등 지급하였다. ➡ 고려 전시과
④ 개국 공신에게 인품, 공로를 기준으로 역분전을 지급하였다. ➡ 고려 태조

한눈에 보는 해설

→ 시전 상인

(가) 상인에 대한 설명으로 옳은 것은?

> 이곳은 조선 시대의 상점 터가 확인된 종로 피맛골 발굴 현장입니다. 조선 정부는 이 일대에 행랑을 지어 상가를 조성하고 (가) 에게 빌려 주었습니다. (가) 중에는 **육의전 상인**이 대표적이었습니다.

② 관허 상인인 시전 상인(육의전 포함)은 금난전권(난전, 즉 잡상인을 금지할 수 있는 권한)이라는 특권을 가지고 있었다.

선지 분석하기
① 혜상공국을 통해 보호받았다. ➡ 혜상공국은 1883년에 만들어진 보부상 보호 단체
③ 전국에 송방이라는 지점을 설치하였다. ➡ 조선 후기 개성의 송상
④ 책문 후시를 통해 대청 무역을 주도하였다. ➡ 조선 후기 책문 후시(중국 요동 지역에 있는 사무역)에서 의주의 만상 및 개성의 송상들이 활동함.
⑤ 포구에서 중개·금융·숙박업 등에 주력하였다. ➡ 조선 후기 객주·여각

세종 때의 경제 정책

주요 정답 키워드 # 농사직설 # 공법(연분 9등법, 전분 6등법)

3. 밑줄 그은 '왕'이 실시한 정책으로 옳은 것은? ▶ 39회

① 결작을 징수하여 재정 부족 문제에 대처하였다.
② 연분 9등법을 시행하여 수취 체제를 정비하였다.
③ 기유약조를 체결하여 일본과의 무역을 재개하였다.
④ 설점수세제를 시행하여 민간의 광산 개발을 허용하였다.
⑤ 직전법을 실시하여 현직 관리에게만 수조권을 지급하였다.

한눈에 보는 해설

밑줄 그은 '왕'(→세종)이 실시한 정책으로 옳은 것은?

(우리 풍토에 맞는 농법을 보급하기 위한 서적을 편찬하라는 왕의 명을 → 농사직설 받았다고 하네.)

② 세종은 풍흉에 따라 최고 20두에서 최하 4두까지 납부하게 하는 연분 9등법을 실시하였다.

선지 분석하기
① 결작을 징수하여 재정 부족 문제에 대처하였다. ➡ 영조의 균역법
③ 기유약조를 체결하여 일본과의 무역을 재개하였다. ➡ 광해군
④ 설점수세제를 시행하여 민간의 광산 개발을 허용하였다. ➡ 효종
⑤ 직전법을 실시하여 현직 관리에게만 수조권을 지급하였다. ➡ 세조

조운 제도

주요 정답 키워드 # 경창 # 바닷길

4. 지도와 관련하여 당시 상황을 옳게 설명한 것은? ▶ 4회

① 조창은 대부분 육상 교통로가 시작되는 내륙 지방에 설치되어 있었다.
② 평안도와 함경도에서 거둔 조세는 육상 교통로를 통해 서울로 옮겼다.
③ 경상도에서 거둔 조세는 모두 낙동강을 통해 바닷가로 운송되었다.
④ 강원도에서 거둔 조세는 주로 한강을 통해 한성의 경창으로 수송되었다.
⑤ 제주도는 토지가 척박하여 조세를 거두지 않았으므로 조운의 대상이 아니었다.

한눈에 보는 해설

④ 강원도에서 거둔 조세는 소양강창(춘천)과 흥원창(원주)에 모았다가 한강을 통해 경창으로 수송되었다.

선지 분석하기
① 조창은 대부분 육상 교통로가 시작되는 내륙 지방에 설치되어 있었다. ➡ 조창은 강가나 바닷가에 설치
② 평안도와 함경도에서 거둔 조세는 육상 교통로를 통해 서울로 옮겼다. ➡ 평안도, 함경도, 제주도는 조세를 거두지만 서울로 보내지 않고 자체적으로 사용하는 잉류 지역임.
③ 경상도에서 거둔 조세는 모두 낙동강을 통해 바닷가로 운송되었다. ➡ 낙동강을 거쳐 남한강을 통해 서울로 운송
⑤ 제주도는 토지가 척박하여 조세를 거두지 않았으므로 조운의 대상이 아니었다. ➡ 제주도는 조세를 거두지만 서울로 보내지 않고 자체적으로 사용하는 잉류 지역임.

테마 29 조선 전기의 문화(1)

> **출제 POINT**
> 조선왕조실록과 같은 주요 역사서의 특징과 이황·이이 등 주요 유학자의 사상 및 그들이 활동한 시기의 특징을 묻는 문제가 주로 출제된다.

1 한글의 창제

창제	세종 때 집현전 안에 정음청 설치, 훈민정음 반포(1446)
보급	'용비어천가'(훈민정음으로 쓰인 최초의 작품, 왕실의 덕을 찬양), '월인천강지곡'(부처님의 덕을 찬양), '석보상절'(석가모니 일대기) 등 간행

2 역사서

『고려사』	정인지 (세종~문종)	• 고려 왕조의 역사를 자주적 입장에서 재정리 • 고려 말 사실 왜곡(우왕, 창왕) • 기전체, 본기 대신 세가(46권) 편찬
『동국통감』	서거정 (성종)	• 단군 조선에서 고려 말까지의 역사 정리[최초의 통사(通史)] • 외기(삼한 이전) – 삼국기 – 신라기 – 고려기

3 조선왕조실록

의의	• 태종 때 『태조실록』 편찬, 태조~철종 때까지 25대 역대 왕들의 실록을 편찬 • 조선 시대 연구의 1차 자료(1997년 유네스코 세계 기록 유산 등재)
방법	• 왕 사후에 춘추관에 실록청 설치, 편년체 **cf** 국왕은 절대 열람 × ➡ 『국조보감』* 편찬 • 기본 자료: 사관의 사초(史草)와 시정기(時政記) + 보조 자료(일성록, 승정원일기, 의정부등록, 비변사등록 등) ↳ 사관이 날마다 일어난 역사적 사실을 기록한 문서 ↳ 1760년부터 1910년까지 국왕의 동정과 국정에 관한 제반 사항을 수록한 기록
보관	세종 때 4대 사고 설치 ➡ 임진왜란 때 소실(전주 사고 제외) ➡ 광해군 때 5대 사고 정비 ↳ 서울 춘추관·충주·성주·전주

* **『국조보감』**
실록 중 역대 왕들의 선정과 훌륭한 언행만을 발췌하여 간행한 사서로, 국왕들의 정치 교본서로 사용함.

4 지도와 지리서

지도	제작 목적: 부국강병, 중앙 집권 국가 주도 • 혼일강리역대국도지도(태종): 현존 동양 최고 세계 지도, 아라비아 지도학의 영향을 받은 원나라의 세계 지도를 참고하여 한반도와 일본 지도를 첨가, 현재 일본 소장(필사본) **cf** 아메리카 대륙 × • 동국지도(세조, 양성지): 과학 기구(인지의, 규형)를 이용한 최초의 실측 지도
지리서	• 『세종실록지리지』(단종): 단군의 건국 이야기, 독도 등 기록 • 『동국여지승람』(성종): 군현의 연혁, 지세 등 기록

✦ 혼일강리역대국도지도의 우리나라와 중국(일본 류코쿠 대학 소장)

5 윤리서와 법전

윤리서	• 『삼강행실도』(세종): 삼강의 모범이 되는 충신·효자·열녀들의 행실을 그림으로 그리고 이에 설명을 붙임. • 『국조오례의』(세종~성종): 국가의 여러 행사에 필요한 5례[길(吉, 제사), 흉(凶, 장례), 가(嘉, 관·혼), 빈(賓, 빈객), 군(軍, 군대 의식)] 기록
법전	『경국대전』(세조~성종): 조선의 기본 법전, 이전·호전·예전·병전·형전·공전의 6전으로 구성

6 성리학의 발달 ★★
↳ 16세기 사림의 대두로 관념적인 이기론(理氣論)으로 발달

1. 주리론과 주기론의 비교

주리론	• 도덕적·원리적·관념적 세계 중시, 사회 규범 중시, 신분 질서 옹호 • 향촌 중소지주적 경제 기반을 지닌 사림이 발전, 이언적(선구) ➡ **이황**(집대성)
주기론	• 경험적·현실적·물질적 세계 중시, 정치·경제·국방의 개혁과 참여 주장 • 정치적으로 소외된 불우한 사림이 주류, 서경덕(선구)·조식 ➡ **이이**(집대성)

2. 이황과 이이

이황	이이
주리론 집대성	주기론 집대성
• **주자의 이기이원론을 더욱 발전** • 『심경(心經)』 중시, 경(敬, 도덕) 강조	주기론적 입장에서 관념적 도덕 세계와 경험적 현실 세계 중시(일원론적 이기이원론 주장)
도덕적 행위의 근거로서 인간의 심성을 중시(➡ 이기호발설)	이황에 비하여 상대적으로 기의 역할 강조(➡ 기발이승설)
『주자서절요』, 『이학통록』, 『전습록변』 등 ↳ 양명학 비판서	**다양한 개혁 방안 제시**: 『동호문답』, 『만언봉사』, 『격몽요결』, 『기자실기』 등 ↳ 수미법 주장 ↳ 10만 양병설 ↳ 성리학 입문서
『성학십도』 ➡ 군주 스스로 성학을 따를 것을 제시	『성학집요』 ➡ 현명한 신하가 성학을 군주에게 가르쳐 그 기질을 변화시켜야 함을 주장
김성일, 유성룡 등으로 이어져서 영남학파 형성	조헌, 김장생 등으로 이어져서 기호학파 형성
예안 향약 cf 안동 도산 서원 cf **일본 성리학에 영향을 줌.**	해주·서원 향약 cf 파주 자운 서원

🔍 퇴계 이황(1501~1570)
34세에 문과에 급제하여 관직 생활을 시작하였지만 곧 모친상을 당해 삼년상을 치름. 이후 관직에 복귀하였으나 을사사화 등으로 조정이 어지러워지자 이내 관직 생활의 뜻을 접고, 1546년 40대 중반의 나이에 향리로 퇴거하여 학문 연구에 전념. 이후 경상도 풍기군수로 있으면서 주세붕이 창설한 백운동 서원에 대한 사액을 청원하여 백운동 서원이 조선 왕조 최초의 사액 서원인 '소수 서원'이 됨.

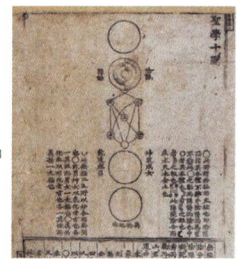

✦ 『성학십도』(이황)

🔍 율곡 이이(1536~1584)
1536년 아버지 이원수와 어머니 신사임당 사이에서 출생. 1558년에 장원 급제한 것을 시작으로 과거를 9번 보았는데 모두 장원 급제해서 '구도장원공'이라 불림. 또한 율곡 이이는 호조좌랑을 시작으로 중요 관직을 역임함.

한능검 쏙쏙 자료

1. 『고려사』 서문
책을 편찬하면서 범례는 사마천의 『사기』를 따랐고, 기본 방향은 직접 왕에게 물어서 결정하였습니다. '본기'라고 하지 않고 '세가'라고 한 것은 대의명분의 중요성을 보인 것입니다. 신우, 신창을 세가에 넣지 않고 열전으로 내려놓은 것은 왕위를 도적질한 사실을 엄히 밝히려 한 것입니다.

2. 『동국통감』 서문
우리 동방은 단군으로부터 기자를 지나 삼한에 이르기까지 증거할 만한 기록이 없고 삼국 시대에 이르러서야 겨우 국사가 있었지만, 매우 간략한데다가 근거 없고 옳지 못한 말들까지 끼었습니다. …… 삼가 삼국 이하의 여러 역사를 뽑고 중국사를 채집하였으며, 편년체를 취하여 사실을 기록하였습니다.

3. 『삼강행실도』
천하의 떳떳한 다섯 가지가 있는데 삼강이 그 수위에 있으니, 실로 삼강은 경륜의 큰 법이요, 일만 가지 교화의 근본이며 원천입니다. …… 우리 주상께서 측근의 신하에게 이렇게 명하셨습니다. "간혹 훌륭한 행실과 높은 절개가 있어도, 풍속 습관에 옮겨져서 보고 듣는 자의 마음을 흥기시키지 못하는 일도 또한 많다. 내가 그중 특별히 남달리 뛰어난 것을 뽑아서 그림과 찬을 만들어 중앙과 지방에 나누어 주고, ……." …… 이를 삼강행실도라고 이름을 하사시고, 주자소로 하여금 인쇄하여 길이 전하게 하였다.

4. 『경국대전』
우리 조종(祖宗)의 심후하신 인덕과 크고 아름다운 규범이 훌륭한 전장(典章)에 퍼졌으니, 이는 경제육전의 원전(元典)·속전(續典)과 등록(謄錄)이며, 또 여러 번 내린 교지가 있어 법이 아름답지 않은 것은 아니지만, 관리들이 재주가 없고 어리석어 제대로 받들어 행하지 못한다. 이는 진실로 법의 과목이 너무 복잡하고 앞뒤가 맞지 않아 하나로 크게 정해지지 않았기 때문이다. 이제 손익을 헤아리고 회통할 것을 산정하여 만대의 성법을 만들고자 한다.

테마 29 실전문제

역사서(조선왕조실록)

주요 정답 키워드 # 춘추관 # 태조~철종 # 편년체 사서

1. (가)~(마)에 대한 설명으로 옳은 것은? ▶ 44회

한국사 과제 안내문

■ 다음에 제시된 조선의 관찬 기록물 중 하나를 선택하여 보고서를 제출하시오.

- 조보 ··· (가)
- 일성록 ·· (나)
- 비변사등록 ·· (다)
- 승정원일기 ·· (라)
- 조선왕조실록 ··· (마)

■ 조사 방법: 문헌 조사, 인터넷 검색 등
■ 제출 기간: 2019년 ○○월 ○○일~○○월 ○○일
■ 분량: A4 용지 3장 이상

---

① (가) – 유네스코 세계 기록 유산으로 등재되었다.
② (나) – 광해군 때부터 기록되기 시작하였다.
③ (다) – 국왕의 비서 기관에서 발행한 관보이다.
④ (라) – 정조가 세손 시절부터 쓴 일기에서 유래하였다.
⑤ (마) – 춘추관 관원들이 편찬 업무에 참여하였다.

세종의 문화적 업적

주요 정답 키워드 # 한글 창제 # 갑인자 # 삼강행실도

2. 밑줄 그은 '왕'의 재위 기간에 있었던 사실로 옳은 것은? ▶ 29회

> 설총이 이두를 제작한 본뜻은 백성을 편리하게 하려 함이 아니겠느냐. 만일 그것이 백성을 편리하게 한 것이라면 지금의 언문(諺文)도 백성을 편리하게 하려는 것이다. 너희들이 설총은 옳다 하면서 <u>왕</u>이 하는 일은 그르다 하니 어찌된 것이냐. …… 내가 만일 언문으로 삼강행실(三綱行實)을 번역하여 민간에 반포하면 어리석은 백성이 모두 쉽게 깨달아서 충신·효자·열녀가 반드시 많이 나올 것이다.

① 청의 요청으로 조총 부대를 파견하였다.
② 법령을 정비하여 경국대전을 완성하였다.
③ 갑인자를 주조하여 활자 인쇄술을 발전시켰다.
④ 청과의 국경선을 정하는 백두산정계비를 세웠다.
⑤ 군역의 부담을 줄여주기 위해 균역법을 시행하였다.

한눈에 보는 해설

(가)~(마)에 대한 설명으로 옳은 것은?

⑤ 「조선왕조실록」은 왕이 죽으면, 평상시에 사관이 작성한 사초와 시정기 등을 토대로 춘추관 관원들이 편찬 업무에 참여하였다. ➡ 유네스코 세계 기록 문화유산(o)

선지 분석하기
① (가) 조보는 조정의 소식을 알리는 관보(官報)로 국가에서 발행한 신문 성격의 문서이다. ➡ 유네스코 세계 기록 문화유산(x)
② (나) 일성록은 정조가 세손 시절부터 기록한 일기에서 시작되어 1760년(영조 36)부터 1910년까지 주로 국왕의 동정과 국정을 기록한 것이다. ➡ 유네스코 세계 기록 문화유산(o)
③ (다) 비변사등록은 조선 중·후기의 국가 최고 회의 기구인 비변사의 기록이다. ➡ 유네스코 세계 기록 문화유산(x)
④ (라) 승정원일기는 국왕의 비서 기관인 승정원에서 기록한 일지이다. ➡ 유네스코 세계 기록 문화유산(o)

한눈에 보는 해설

밑줄 그은 '왕'(세종)의 재위 기간에 있었던 사실로 옳은 것은?

> 설총이 이두를 제작한 본뜻은 백성을 편리하게 하려 함이 아니겠느냐. 만일 그것이 백성을 편리하게 한 것이라면 지금의 언문(諺文)도 백성을 편리하게 하려는 것이다. 너희들이 설총은 옳다 하면서 왕이 하는 일은 그르다 하니 어찌된 것이냐. …… 내가 <mark>만일 언문으로 삼강행실(三綱行實)을 번역하여 민간에 반포</mark>하면 어리석은 백성이 모두 쉽게 깨달아서 충신·효자·열녀가 반드시 많이 나올 것이다. ➡ 삼강행실도(세종)

③ 세종 때 갑인자라는 동활자를 만들어 인쇄 기술을 발전시켰다.

선지 분석하기
① 청의 요청으로 조총 부대를 파견하였다. ➡ 효종 때 나선(러시아) 정벌
② 법령을 정비하여 경국대전을 완성하였다. ➡ 성종
④ 청과의 국경선을 정하는 백두산정계비를 세웠다. ➡ 숙종(1712)
⑤ 군역의 부담을 줄여주기 위해 균역법을 시행하였다. ➡ 영조

이황

주요 정답 키워드 # 성학십도 # 일본의 성리학 발전 # 사단칠정 논쟁

3. 다음 검색창에 들어갈 인물의 활동으로 옳은 것은? ▶ 43회

① 양명학을 연구하여 강화 학파를 형성하였다.
② 명에 대한 의리를 내세워 기축봉사를 올렸다.
③ 군주의 도를 도식으로 설명한 성학십도를 지었다.
④ 다양한 개혁 방안을 제시한 동호문답을 저술하였다.
⑤ 재상 중심의 정치를 강조한 조선경국전을 편찬하였다.

한눈에 보는 해설

다음 검색창에 들어갈 인물의 활동으로 옳은 것은? →이황

③ 이황은 『성학십도』를 통해 군주 스스로 성학을 따를 것을 제시하였다.

선지 분석하기
① 양명학을 연구하여 강화 학파를 형성하였다. ➡ 정제두
② 명에 대한 의리를 내세워 기축봉사를 올렸다. ➡ 송시열
④ 다양한 개혁 방안을 제시한 동호문답을 저술하였다. ➡ 이이
⑤ 재상 중심의 정치를 강조한 조선경국전을 편찬하였다. ➡ 정도전

이이

주요 정답 키워드 # 선조 # 동인과 서인으로 분화 # 격몽요결

4. (가) 인물이 활동한 시기에 있었던 사실로 옳은 것은? ▶ 39회

이 책은 (가) 이/가 성리학을 처음 배우는 학도들의 입문서로 저술한 것이다. 서문에 의하면 제자들에게 뜻을 세우고 몸을 삼가며, 부모를 봉양하고 손님을 접대하는 방법을 가르치고자 지었다고 한다. 총 10장으로 구성되어 있으며, 덕행과 지식의 함양을 위하여 여러 차례 간행되었다.

격몽요결

① 광해군이 중립 외교를 추진하였다.
② 사림이 동인과 서인으로 분화되었다.
③ 경기도에 한해서 대동법이 실시되었다.
④ 폐비 윤씨 사사 사건을 빌미로 사화가 발생하였다.
⑤ 자의 대비의 복상 문제를 둘러싸고 예송이 전개되었다.

한눈에 보는 해설

→이이, 16세기 후반 명종~선조 재위기 활동
(가) 인물이 활동한 시기에 있었던 사실로 옳은 것은?

→격몽요결
이 책은 (가) 이/가 **성리학을 처음 배우는 학도들의 입문서**로 저술한 것이다. 서문에 의하면 제자들에게 뜻을 세우고 몸을 삼가고, 부모를 봉양하고 손님을 접대하는 방법을 가르치고자 지었다고 한다. 총 10장으로 구성되어 있으며, 덕행과 지식의 함양을 위하여 여러 차례 간행되었다.

격몽요결

② 선조 때 이조 전랑직 문제와 척신 문제로 사림이 동인과 서인으로 분열되었다.

선지 분석하기
① 광해군이 중립 외교를 추진하였다. ➡ 17세기 초
③ 경기도에 한해서 대동법이 실시되었다. ➡ 17세기 초 광해군(1609)
④ 폐비 윤씨 사사 사건을 빌미로 사화가 발생하였다. ➡ 갑자사화(1504, 연산군)
⑤ 자의 대비의 복상 문제를 둘러싸고 예송이 전개되었다. ➡ 17세기 현종 때
[1차 기해예송(1659), 2차 갑인예송(1674)]

테마 30 조선 전기의 문화(2)

출제 POINT
조선 전기 과학 기술의 발전 및 예술 작품의 특징을 고르는 문제가 출제된다.

🔍 **조선의 천문학자 이순지 (1406~1465)**

- 세종 때 문신, 천문·역법학자
- 산학, 천문, 풍수 등에 조예가 깊었고, 세종의 명으로 정인지, 김담 등과 함께 자주적 역법서인 『칠정산』 내·외편 저술
- 세종 때 이루어진 모든 천문 기구와 교재의 제작·간행에 참여·총괄함.

1 과학 기술 ✦

천문·과학 기구	• 천체 관측 기구: 혼의, 간의 • 시간 측정 기구: 자격루(물시계, 경복궁), 앙부일구(해시계) • 토지 측량 기구: 인지의·규형(세조 때) • 천상열차분야지도 각석(태조): 고구려 천문도 바탕
역법	『칠정산』(세종): 원의 수시력·명의 대통력 + 아라비아의 회회력 바탕 ➡ 우리나라 최초로 한양(서울) 기준으로 천체 운동 계산
의학	• 『향약집성방』(세종): 우리 풍토에 맞는 약재·치료법 개발 • 『의방유취』(세종): 의학 백과사전 • 『동의보감』(광해군): 허준이 쓴 의서(유네스코 세계 기록 문화유산)
농서 편찬	『농사직설』(세종): 우리 풍토에 맞는 농업 기술 서술

✦ 자격루(물시계)

✦ 앙부일구(해시계)

✦ 천상열차분야지도 각석 (국립 고궁 박물관 소장)

2 건축·그림·공예·문학 ✦

건축	15세기	• 궁궐·성곽·학교 등 공공건물 중심 • 특징: 건물 크기 법적 규제(신분 질서 유지, 사치 방지) • 숭례문(국보 제1호), 해인사 장경판전(유네스코 세계 문화유산), 원각사지 10층 석탑(국보 제2호) 등
	16세기	서원 건축 중심 ➡ 주택+정자+사원 양식(유네스코 세계 문화유산)
그림	15세기	• 중국 화풍의 선택적 수용, 독자적 화풍 개발 • 안견의 '몽유도원도', 강희안의 '고사관수도' 등
	16세기	• 다양한 화풍, 사군자, 산수화 • 신사임당의 '초충도', 이상좌의 '송하보월도' 등
공예	15세기	분청사기
	16세기	(순)백자
문학	15세기	• 집권 양반 담당(훈구파: 사장 중시) • 서거정의 『동문선』: 우리나라 역대 시문 중 우수한 것만 발췌 → 시, 소설, 수필 등의 문학 작품
	16세기	집권 양반 저조(사림파: 경학 중시) ➡ 다른 계층 담당, 내용 다양[서경덕, 윤선도(오우가) 등]

✦ 분청사기 철화어문 병

✦ 순백자병

✦ 숭례문(국보 제1호)

✦ 해인사 장경판고

✦ 해인사 장경판고 수다라장전 입면 상세도 | 장경판고 중 남쪽 건물인 수다라장전은 통풍을 위해 창의 크기를 남쪽과 북쪽을 서로 다르게 함.

✦ 원각사지 10층 석탑(국보 제2호)

✦ 종묘

✦ 사직단

✦ 몽유도원도(안견) | 안평 대군이 꿈속에서 본 도원을 그리게 한 그림(일본 덴리 대학 소장)

✦ 고사관수도(강희안)

✦ 초충도(신사임당)

✦ 송하보월도(이상좌)

한능검 쏙쏙 자료

1. 『칠정산』서문
   왕께서 정흠지, 정초, 정인지 등에게 명하여 중국 역법을 연구하여 묘리를 터득하게 하였다. 자세히 규명되지 않는 것은 왕께서 몸소 판단을 내리시어 모두가 분명히 밝혀지게 되었다. 또 태음통궤(달의 운행 도수를 추산하는 법을 기록한 책)와 태양통궤(태양의 운행 도수를 추산하는 법을 기록한 책)를 중국에서 얻었는데 그 법이 이것과 약간 달랐다. 이를 바로잡아서 내편을 만들었다.

2. 『동문선』서문
   우리나라(조선)는 여러 임금이 대를 이어 백 년이나 인재를 길렀다. 그동안 나온 인물들이 모든 정성을 다하여 문장을 지었다. 이 문(文)이 살아 있는 듯 용솟음치니 옛날 어떤 문(文)에 못지 않다. 이것은 바로 우리의 문(文)이다. 송·원의 문(文)이 아니고 한·당의 문(文)도 아니다. 바로 우리나라의 문(文)이다.

3. 윤선도의 오우가
   내 버디 몇치나 ᄒ니 水石(수석)과 松竹(송죽)이라.
   東山(동산)의 돌 오르니 긔 더욱 반갑고야.
   두어라 이 다숫밧긔 또 더ᄒ야 머엇ᄒ리.

테마 30 실전문제

과학 기술의 발전

주요 정답 키워드 # 역법서(칠정산) # 장영실 # 앙부일구

1. (가)에 들어갈 내용으로 옳은 것은? ▶ 42회

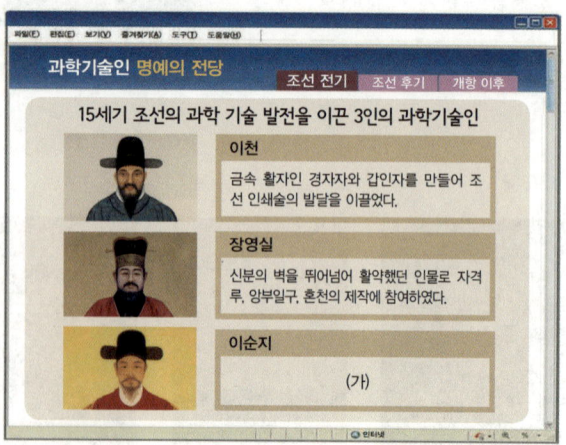

① 기기도설을 참고하여 거중기를 설계하였다.
② 최초로 100리척 축척법을 사용하여 지도를 만들었다.
③ 홍역에 관한 국내외 자료를 종합하여 의서를 편찬하였다.
④ 한양을 기준으로 천체 운동을 계산한 역법서를 저술하였다.
⑤ 체질에 따라 처방을 달리해야 한다는 사상 의학을 확립하였다.

한눈에 보는 해설

(가)에 들어갈 내용으로 옳은 것은?

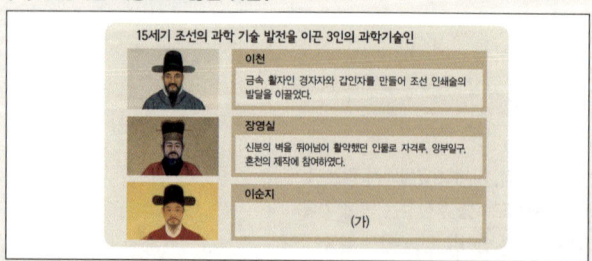

④ 이순지는 세종의 명으로 정인지, 김담 등과 함께 한양을 기준으로 천체 운동을 계산한 역법서인 『칠정산』을 저술하였다.

선지 분석하기

① 기기도설을 참고하여 거중기를 설계하였다. ➡ 정조 때 정약용
② 최초로 100리척 축척법을 사용하여 지도를 만들었다. ➡ 영조 때 정상기의 『동국지도』
③ 홍역에 관한 국내외 자료를 종합하여 의서를 편찬하였다. ➡ 정조 때 정약용의 『마과회통』
⑤ 체질에 따라 처방을 달리해야 한다는 사상 의학을 확립하였다. ➡ 고종 때 이제마의 『동의수세보원』

조선 전기의 건축물

주요 정답 키워드 # 선농단 # 종묘 # 사직단

2. (가)~(마)에 대한 설명으로 옳은 것은? ▶ 44회

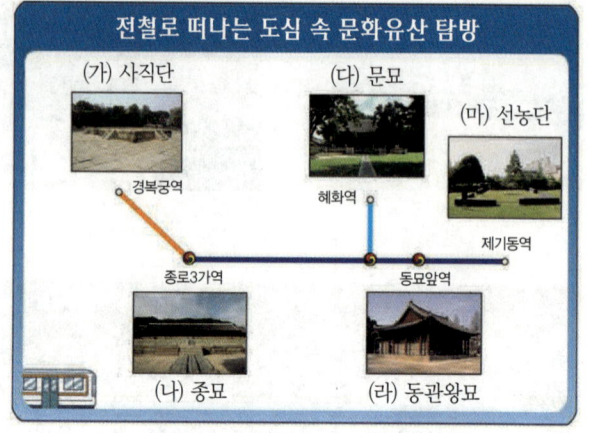

① (가) - 역대 국왕과 왕비의 신주를 모신 곳이다.
② (나) - 촉의 장수인 관우를 제사지내는 사당이다.
③ (다) - 흥선 대원군이 집권한 시기에 혁파되었다.
④ (라) - 대성전과 명륜당을 중심으로 구성되어 있다.
⑤ (마) - 국왕이 신농, 후직에게 풍년을 기원하던 곳이다.

한눈에 보는 해설

(가)~(마)에 대한 설명으로 옳은 것은?

⑤ 선농단은 임금이 풍년을 기원하기 위해 농경에 관계되는 신농, 후직에게 제사지내던 곳이다.

선지 분석하기

① (가) 사직단 - 토지신과 곡물신에게 제사를 지내는 장소
② (나) 종묘 - 역대 국왕과 왕비의 신주를 모신 사당(유네스코 세계 문화유산)
③ (다) 문묘 - 공자와 그의 제자들을 모신 사당으로 대성전과 명륜당을 중심으로 구성됨
④ (라) 동관왕묘 - 중국 관우에게 제사지내는 사당

조선 전기 문화유산

주요 정답 키워드 | # 원각사지 10층 석탑(원나라 탑 양식) # 대리석탑

3. (가)에 해당하는 문화유산으로 옳은 것은? ▶44회

문화유산 발표 대회

이것은 조선 전기의 석탑으로, 국보 제2호입니다. 원나라 탑 양식의 영향을 받았으며, 화려한 조각이 돋보이는 석탑입니다.

①
②  ③  ④
⑤

한눈에 보는 해설

(가)에 해당하는 문화유산으로 옳은 것은?

이것은 조선 전기의 석탑으로, **국보 제2호**입니다. **원나라 탑 양식의 영향**을 받았으며, 화려한 조각이 돋보이는 석탑입니다.

① 세조 때 조성된 국보 제2호인 원각사지 10층 석탑은 고려 후기 경천사지 10층 석탑을 모방하여 만든 대리석탑으로, 종로 탑골 공원에 위치하고 있다.

선지 분석하기

②
➡ 부여 정림사지 5층 석탑(백제)

③
➡ 경주 불국사 다보탑(신라)

④
➡ 양양 진전사지 3층 석탑(신라)

⑤
➡ 익산 미륵사지 석탑(백제)

분청사기

주요 정답 키워드 | # 회청색의 도자기

4. (가)에 들어갈 문화유산으로 옳은 것은? ▶27회

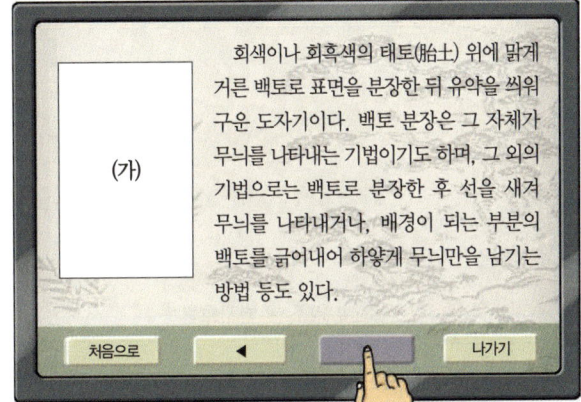

회색이나 회흑색의 태토(胎土) 위에 맑게 거른 백토로 표면을 분장한 뒤 유약을 씌워 구운 도자기이다. 백토 분장은 그 자체가 무늬를 나타내는 기법이기도 하며, 그 외의 기법으로는 백토로 분장한 후 선을 새겨 무늬를 나타내거나, 배경이 되는 부분의 백토를 긁어내어 하얗게 무늬만을 남기는 방법 등도 있다.

①  ②  ③
④  ⑤

한눈에 보는 해설

(가)에 들어갈 문화유산으로 옳은 것은?

회색이나 회흑색의 태토(胎土) 위에 맑게 거른 **백토로 표면을 분장한 뒤 유약을 씌워 구운 도자기**이다. 백토 분장은 그 자체가 무늬를 나타내는 기법이기도 하며, 그 외의 기법으로는 백토로 분장한 후 선을 새겨 무늬를 나타내거나, 배경이 되는 부분의 백토를 긁어내어 하얗게 무늬만을 남기는 방법 등도 있다.

① 분청사기 ➡ 조선 전기 도자기

선지 분석하기

②
➡ 청자 참외 모양 병 (고려)

③
➡ 청자 상감 운학문 매병 (고려)

④
➡ 청화 백자 매죽 항아리 (조선 후기)

⑤ ➡ 백자 달 항아리 (조선 후기)

빈출 키워드

출제순위 1 정치 # 정조 # 영조 # 병자호란

출제순위 2 문화 # 정약용 # 박지원 # 풍속화

출제순위 3 경제 # 대동법 # 조선 후기 경제 상황

한능검 최근 3개년 출제 분석

시대 구분	시대별 출제문항수/전체 출제문항수
선사 및 초기 국가	34 / 800
고대 사회	110 / 800
중세 사회	137 / 800
근세 사회(조선 전기)	77 / 800
근대 태동기(조선 후기)	90 / 800
근대 사회 발전기	116 / 800
민족 독립운동기	107 / 800
현대 사회	97 / 800
통합	32 / 800

90(11%)

최근 3년(57회~72회) 800문항을 분석한 결과 근대 태동기(조선 후기)는 90문제(11%)가 출제되었습니다. 출제 순위는 정치사가 1위, 문화사가 2위입니다.

PART

05

근대 태동기
(조선 후기)

테마31 통치 체제의 변화와 붕당 정치의 전개

테마32 숙종·영조·정조의 탕평책과 19세기 세도 정치

테마33 조선 후기의 대외 관계

테마34 조선 후기의 경제

테마35 조선 후기의 사회

테마36 조선 후기의 문화(1)

테마37 조선 후기의 문화(2)

테마 31 통치 체제의 변화와 붕당 정치의 전개

1 조선 후기 통치 체제의 개편

출제 POINT
조선 후기 정치 체제의 변화(비변사, 군사 제도)와 예송 논쟁과 관련한 붕당 정치의 전개 과정을 묻는 문제가 자주 출제된다.

1. 비변사: 중앙 정치 제도의 변화

설치	삼포왜란(1510, 중종 5년)을 계기로 처음 설치 ➡ 여진과 일본의 침입에 대비한 임시 기구
상설 기구화	을묘왜변(1555, 명종 10년)을 계기로 상설 기구로 변화
국가 최고 기구화	임진왜란 계기 ➡ 문무 고위 관리들의 합의 기관으로 강화 ➡ 국방은 물론 외교·재정·사회·인사 문제 등 처리
구성원	3정승·5조 판서(공조 판서 제외) 등 국가의 주요 관원 참여
영향	왕권 약화, 의정부와 6조의 기능 약화 cf 19세기 흥선 대원군에 의해 비변사 폐지

🔎 조선 후기 주요 연표

1659	현종, 기해예송
1674	갑인예송
1680	숙종, 경신환국
1689	기사환국
1708	대동법 전국 시행
1712	백두산정계비 건립
1725	영조, 탕평교서 발표
1750	균역법 실시
1801	순조, 신유박해
1811	홍경래의 난
1862	철종, 임술 농민 봉기

2. 군사 제도

(1) 중앙군의 개편: 5군영 설치

구분	설치 시기	임무	특징	편제	경제 기반
훈련도감	임진왜란 중 (선조, 1593)	수도 방어	• 중앙군의 핵심 군영 • 유성룡의 건의로 설치 • 장번 급료병 (직업 군인, 용병제)	삼수병[포수(총), 사수(활), 살수(창)]	• 삼수미세 (1결당 2.2두) • 보(군포)
어영청	인조반정 이후 (인조, 1623)	수도 방어	북벌의 본영 (효종 때)	지방군의 번상 (기·보병)	보(군포)
총융청	이괄의 난 이후 (인조, 1624)	경기 일대 방어	북한산성에 설치	경기 속오군	경비 자담
수어청	정묘호란 이후 (인조, 1626)	남한산성과 주변 방어	남한산성에 설치	경기 속오군	경비 자담
금위영	숙종(1682)	수도 방어	5군영 체제 완성	지방군의 번상 (기·보병)	보(군포)

🔎 조선 전·후기의 군사 제도 비교

구분	전기	후기
중앙군	5위	5군영
지방군	영진군	속오군
특수군	잡색군	
전국적 방위 체제	〈15세기〉 진관 체제 ➡ 〈16세기〉 제승방략 체제	〈임란 중〉 진관 복구 + 속오군 체제

(2) 지방군의 개편: 속오군 설치

편제	양반에서부터 아래로는 노비에 이르기까지 모두 속오군으로 편제 ➡ 속오법*에 의해 훈련
운영	평상시에는 생업에 종사하면서 향촌을 지키다가, 유사시에 전투에 동원될 수 있도록 조직·운영

✱ 속오법
명장 척계광의 『기효신서』에 나오는 군대 조직법으로, 5명을 1오(伍)로 편성한 것. 조선 후기의 중앙군과 지방군이 모두 이에 따라 조직됨.

2 붕당 정치의 전개 ★★★

구분	붕당 성립기		붕당 정치기	환국기		탕평 정치기		세도 정치기
시기	선조 ❶	광해군 ❷	인조 ❸ · 효종 ❹ · 현종 ❺	숙종 ❻ 경신환국 ❼ 기사환국 ❽ 갑술환국 cf 명목상의 탕평책	경종	영조 cf 완론 탕평책	정조 cf 준론 탕평책	순조 · 헌종 · 철종

붕당의 분열	❶ 동인 ─ 북인 ❷
	     └ 남인 ❺ ❼
	└ 서인 ❸ ❹ ❻ ❽ ─── 노론
	                          └ 소론							

1. 선조
(1) 붕당 발생: 이조 전랑직 문제와 척신 정치* 청산 문제를 둘러싸고 동인(김효원을 영수로 하는 신진 사림)과 서인(심의겸을 추종하는 기성 사림)으로 분당(分黨)
→ 5품에 해당되는 이조의 관직, 3사 임명권과 후임자 추천권을 갖고 있음.
(2) 동인의 분열: 정여립 모반 사건*(1589)과 서인 정철의 건저의 사건*(1591)을 계기로 서인에 대한 처벌을 둘러싸고 동인은 북인(강경파: 조식·서경덕계)과 남인(온건파: 이황계)으로 분열

2. 광해군: 북인(조식 추앙) 집권 ➡ 계축옥사*(1613)로 인조반정(1623)의 빌미 마련
→ 청과 후금 사이에 실리적 중립 외교 추진

3. 인조
(1) 서인 집권: 서인과 남인의 공존 관계 유지 ➡ 친명배금 외교 추진 ➡ 호란 발생
(2) 새로운 군영 설치: 어영청·총융청·수어청 등의 군영을 설치하고 권력 기반을 확보

4. 효종
(1) 북벌론 강화: 효종은 인조 때 병자호란의 결과 청에 인질로 잡혀갔던 수모를 설욕하기 위해 적극적인 북벌 운동을 계획, 어영청을 2만 명으로 확대
(2) 산림*의 등용: 서인 송시열·송준길 등 산림을 대거 등용, 동시에 남인 허적·허목·윤선도 같은 산림도 등용

5. 현종: 예송 논쟁(차남으로 왕위에 오른 효종을 정통으로 보느냐에 관한 서인과 남인의 예법에 대한 논쟁) 전개

기해예송 (1차, 1659)	효종이 죽자 효종의 계모인 자의 대비의 상복 입는 기간을 둘러싸고 논쟁 발생 ➡ 서인은 1년설, 남인은 3년설을 주장 ∴ 서인의 1년설(기년설) 채택
갑인예송 (2차, 1674)	효종의 왕비가 죽자 자의 대비의 상복 입는 기간을 놓고 다시 논쟁 발생 ➡ 서인은 9개월설(대공설), 남인은 1년설(기년설)을 주장 ➡ ∴ 남인의 1년설 채택

> **한능검 콕콕 자료**
>
> **1. 비변사의 기능 강화**
> 김익희가 상소하였다. "요즈음 비변사가 큰일이건 작은 일이건 모두 취급합니다. 의정부는 한갓 겉 이름만 가지고, 6조는 할 일을 모두 빼앗기고 말았습니다. 이름은 변방의 방비를 담당하는 것[備邊]이라고 하면서 과거에 대한 판정이나 비빈 간택까지도 모두 여기서 합니다." 「효종실록」
>
> **2. 1차 예송 논쟁(기해예송)**
> 예조가 아뢰기를, "자의 왕대비께서 선왕의 상에 입어야 할 복제를 결정해야 하는데, 어떤 사람은 삼년복을 입어야 한다고 하고 어떤 사람은 기년복(期年服)을 입어야 한다고 하니 어떻게 결정해야 할지 모르겠습니다."라고 하였다. 이에 국왕은 여러 대신에게 의견을 물은 다음 기년복으로 결정하였다. 「현종실록」

✻ **척신 정치**
명종 때 외척에 의해 주도된 정치

✻ **정여립 모반 사건(1589)**
전주 출신의 정여립이 일부 동인 사림과 연결되어 역모를 일으킨 사건

✻ **정철의 건저의 사건(1591)**
정철이 세자 책봉을 왕에게 건의한 것을 문제 삼아 정철 일파를 몰아낸 사건

✻ **계축옥사(1613)**
광해군 5년(1613)에 새로운 왕위 옹립 가능성을 배제하기 위하여 영창 대군(선조의 열네 번째 아들이자 인목 대비의 아들)과 임해군(광해군의 친형)을 제거하고 계모인 인목 대비를 서궁(西宮)에 유폐시킨 사건

✻ **산림**
시골에 은거해 있던 학덕 높은 학자 가운데 국가의 부름을 받아 특별대우를 받던 인물

테마 31 실전문제

비변사

주요 정답 키워드 # 세도 정치 시기에 외척의 세력 기반 # 임진왜란 이후 기능 확대

1. (가)에 대한 설명으로 옳은 것을 〈보기〉에서 고른 것은? ▶ 40회

> 변방의 일은 병조가 주관하는 것입니다. …… 그런데 근래 변방 일을 위해 (가) 을/를 설치했고, 변방에 관계되는 모든 일을 실제로 다 장악하고 있습니다. …… 혹 병조 판서가 참여하는 경우가 있기는 하지만 도리어 지엽적인 입장이 되어버렸고, 참판 이하의 당상관은 전혀 일의 내용을 모르고 있습니다. …… 청컨대 혁파하소서.

보기
㉠ 왕명 출납을 맡은 왕의 비서 기관이었다.
㉡ 임진왜란 이후 조직과 기능이 확대되었다.
㉢ 조광조를 비롯한 사림의 건의로 혁파되었다.
㉣ 세도 정치 시기에 외척의 세력 기반이 되었다.

① ㉠, ㉡　　② ㉠, ㉢
③ ㉡, ㉢　　④ ㉡, ㉣
⑤ ㉢, ㉣

훈련도감

주요 정답 키워드 # 급료를 받는 상비군 # 삼수병(포수, 살수, 사수)

2. (가) 군사 조직에 대한 설명으로 옳은 것은? ▶ 38회

> [왕이] 비망기로 전교하였다. "…… 적의 난리를 겪는 2년 동안 군사 한 명을 훈련시키거나 무기 하나를 수리한 것이 없이, 명의 군대만을 바라보며 적이 제 발로 물러가기만을 기다렸으니 불가하지 않겠는가. …… 과인의 생각에는 따로 (가) 을/를 설치하여 합당한 인원을 차출해서 장정을 뽑아 날마다 활을 익히기도 하고 조총을 쏘기도 하여 모든 무예를 훈련시키도록 하고 싶으니, 의논하여 처리하라."라고 하였다.

① 수원 화성에 외영을 두었다.
② 국경 지대인 양계에 설치되었다.
③ 후금과의 항쟁 과정에서 창설되었다.
④ 급료를 받는 상비군이 주축을 이루었다.
⑤ 응양군과 용호군으로 구성된 친위 부대였다.

한눈에 보는 해설

→ 비변사
(가)에 대한 설명으로 옳은 것을 〈보기〉에서 고른 것은?

> 변방의 일은 병조가 주관하는 것입니다. …… 그런데 근래 **변방 일을 위해 (가) 을/를 설치**했고, 변방에 관계되는 모든 일을 실제로 다 장악하고 있습니다. …… 혹 병조 판서가 참여하는 경우가 있기는 하지만 도리어 지엽적인 입장이 되어버렸고, 참판 이하의 당상관은 전혀 일의 내용을 모르고 있습니다. …… 청컨대 혁파하소서.

(㉡㉣) 비변사는 중종 때(1510) 삼포왜란을 계기로 설치된 임시 군무 협의 기구이다. 이후 을묘왜변을 계기로 상설 기구가 되었고, 임진왜란 때 문무 고위 관리들의 합의 기관으로 확대되었다. 19세기에는 세도 정치의 중심 기구 역할을 하였으나, 흥선 대원군에 의해 기능이 축소(➡ 폐지)되었다.

선지 분석하기
㉠ 왕명 출납을 맡은 왕의 비서 기관이었다. ➡ 승정원
㉢ 조광조를 비롯한 사림의 건의로 혁파되었다. ➡ 소격서(도교 행사 기구)

→ 훈련도감
(가) 군사 조직에 대한 설명으로 옳은 것은?

> [왕이] 비망기로 전교하였다. "…… →임진왜란 **적의 난리를 겪는 2년 동안** 군사 한 명을 훈련시키거나 무기 하나를 수리한 것이 없이, 명의 군대만을 바라보며 적이 제 발로 물러가기만을 기다렸으니 불가하지 않겠는가. …… 과인의 생각에는 따로 (가) 을/를 설치하여 합당한 인원을 차출해서 장정을 뽑아 날마다 **활을 익히기도** 하고 **조총을 쏘기도** 하여 모든 무예를 훈련시키도록 하고 싶으니, →사수 →포수 의논하여 처리하라."라고 하였다.

④ 훈련도감에 소속된 군인들[포수(총), 사수(활), 살수(창)로 구성된 삼수병]은 일정한 급료를 받고 모집된 상비군으로 직업 군인의 성격을 띠고 있다.

선지 분석하기　→구성 밖에 있는 병영
① 수원 화성에 외영을 두었다. ➡ 조선 정조 때 장용영(왕의 친위 부대)을 내영(왕의 경호, 수도 방어)과 외영(수원 화성)으로 확대 개편
② 국경 지대인 양계에 설치되었다. ➡ 주진군(고려의 지방군)
③ 후금과의 항쟁 과정에서 창설되었다. ➡ 어영청, 총융청, 수어청(조선 인조)
⑤ 응양군과 용호군으로 구성된 친위 부대였다. ➡ 2군(고려의 중앙군)

남인

주요 정답 키워드 # 이언적과 이황의 제자 # 예송 논쟁

3. (가) 붕당에 대한 설명으로 옳은 것은? ▶ 44회

> 홍문관에서 아뢰기를, "윤국형은 우성전과 유성룡의 심복이며 또한 이성중과 한 집안 사람입니다. 당초 신묘 연간에 양사에서 정철을 탄핵할 때에 옥당은 여러 날 동안이나 거론하지 않았습니다. …… 유성룡이 다시 재상이 되자 윤국형 등이 선비들을 구별하여 자기들에게 붙는 자를 (가) (이)라 하고, 뜻을 달리하는 자를 북인이라 하여 결국 당쟁의 실마리를 크게 열어 놓았습니다. 이처럼 유성룡이 사당(私黨)을 키우고 사류(士類)를 배척하는 데에 모두 윤국형 등이 도왔던 것입니다."라고 하였다.

① 광해군 시기에 국정을 이끌었다.
② 경신환국으로 정권을 장악하였다.
③ 이언적과 이황의 제자들이 주류를 이루었다.
④ 기해예송에서 자의 대비의 기년복을 주장하였다.
⑤ 정여립 모반 사건을 내세워 기축옥사를 주도하였다.

예송 논쟁

주요 정답 키워드 # 현종 # 효종 사후 # 자의 대비 복상 기간 논쟁

4. (가)에 대한 설명으로 옳은 것은? ▶ 43회

현종 때 일어난 (가) 에 대해 말씀해 주십시오.

(가) 은/는 효종 사후 인조의 계비인 자의 대비의 복상 기간을 두고 벌어진 논쟁입니다.

① 사림과 훈구의 갈등이 원인이 되었다.
② 서인과 남인 사이에 발생한 전례 문제이다.
③ 북인이 정국을 주도하던 시기에 전개되었다.
④ 외척 세력인 대윤과 소윤의 대립으로 일어났다.
⑤ 동인이 남인과 북인으로 분열되는 결과를 가져왔다.

한눈에 보는 해설

→ 남인
(가) 붕당 에 대한 설명으로 옳은 것은?

> 홍문관에서 아뢰기를, "윤국형은 우성전과 유성룡의 **심복**이며 또한 이성중과 한 집안 사람입니다. 당초 신묘 연간에 양사에서 **정철을 탄핵할 때**에 옥당은 여러 날 동안이나 거론하지 않았습니다. …… 유성룡이 다시 재상이 되자 윤국형 등이 선비들을 구별하여 자기들에게 붙는 자를 (가) (이)라 하고, **뜻을 달리하는 자를 북인**이라 하여 결국 당쟁의 실마리를 크게 열어 놓았습니다. 이처럼 **유성룡이 사당(私黨)을 키우고 사류(士類)를 배척하는 데에 모두 윤국형 등이 도왔던 것입니다**."라고 하였다.
> → 정철의 건저의 사건 계기

③ 남인은 주로 이언적·이황 계열의 사림으로, 유성룡·김성일이 주축이 되어 이루어졌다.

선지 분석하기

① 광해군 시기에 국정을 이끌었다. ➡ 북인
② 경신환국으로 정권을 장악하였다. ➡ 서인
④ 기해예송에서 자의 대비의 기년복을 주장하였다. ➡ 서인
  ↳ 1년 상복 착용
⑤ 정여립 모반 사건을 내세워 기축옥사를 주도하였다. ➡ 서인

한눈에 보는 해설

→ 기해예송
(가) 에 대한 설명으로 옳은 것은?

현종 때 일어난 (가) 에 대해 말씀해 주십시오.

(가) 은/는 효종 사후 **인조의 계비인 자의 대비의 복상 기간을 두고 벌어진 논쟁**입니다.

② 예송 논쟁은 효종의 계모인 자의 대비의 상복 착용 기간에 대한 서인과 남인의 논쟁이다.

선지 분석하기

① 사림과 훈구의 갈등이 원인이 되었다. ➡ 사화
③ 북인이 정국을 주도하던 시기에 전개되었다. ➡ 광해군 재위 시기
④ 외척 세력인 대윤과 소윤의 대립으로 일어났다. ➡ 을사사화(1545, 명종)
⑤ 동인이 남인과 북인으로 분열되는 결과를 가져왔다. ➡ 선조 때 발생한 정여립 모반 사건(1589)과 정철의 건저의 사건(1591) 계기

테마 31_통치 체제의 변화와 붕당 정치의 전개

테마 32. 숙종·영조·정조의 탕평책과 19세기 세도 정치

> '탕평'이란 용어는 『서경(書經)』 홍범조의 '王道蕩蕩 王道平平'에서 비롯되었는데, 왕도는 동양 사회의 기본적 정치 원리로서, 임금은 항상 치우침이 없이 공평해야 한다는 것임.

출제 POINT
숙종·영조·정조의 업적과 환국의 순서를 묻는 문제가 주로 출제된다.

🔍 조선 후기 각 왕의 탕평책

숙종	처음 실시, 능력 중심의 인사 관리 강조 ➡ 숙종의 편당(偏黨)적인 조처와 노론 중심의 일당 전제화로 명목상의 탕평책
영조	당파의 시비를 가리지 않고 어느 당파든 온건하고 타협적인 인물을 등용하여 왕권에 순종시키는 데 주력하는 완론 탕평책
정조	당파의 시시비비(是是非非)를 철저하게 가리는 적극적인 준론 탕평책

✱ **이인좌의 난(1728, 영조 4년)** 소론 강경파와 남인 일부가 경종의 죽음에 영조와 노론이 관계되었다고 하면서 영조의 탕평책에 반대하여 일으킨 사건

✱ **나주 괘서 사건(1755, 영조 31년)** 영조를 비난한 소론 윤지의 모역 사건. 이를 계기로 소론계 명문 가문과 학자들이 처벌됨.

◆ 청계천 준설 기념 행사(1760)

◆ 규장각(창덕궁 주합루)

1 숙종 ★★

1. 붕당 정치의 변질, 환국의 전개

경신환국 (1680, 숙종 6년)	• 원인: 남인 허적의 기름 천막 사건, 서인의 역모설 • 결과: 남인 실각, 서인 집권, 서인의 일당 전제 정치 ➡ 서인의 분열(노론 vs 소론)
기사환국 (1689, 숙종 15년)	• 원인: 장희빈 소생의 세자(후에 경종) 책봉을 서인 송시열 등이 반대 • 결과: 서인 축출, 남인 집권 cf 송시열 처형
갑술환국 (1694, 숙종 20년)	• 원인: 서인(노론, 소론)의 폐비 민씨(인현 왕후) 복위 운동 전개 ➡ 남인의 탄압 • 결과: 남인 축출, 서인 집권

2. 개혁 정치

개혁 시도	대동법의 전국적 실시(평안도·함경도 제외), 상평통보 유통
백두산정계비 건립(1712)	백두산 정상에 정계비를 세워 청나라와 조선 간의 영토 경계선을 확정 cf 백두산정계비: 서쪽은 압록강, 동쪽은 토문강을 경계로 함.
독도	에도 막부와 협상하여 왜인의 울릉도·독도 출입 금지를 보장받음. cf 안용복이 대마도주로부터 독도가 조선 영토라는 서계를 받아옴(1696).
민족의식 강조	이순신 사당에 '현충(顯忠)'이라는 시호를 내림.

2 영조 ★★★

완론 탕평책	'탕평교서' 발표, 온건하고 타협적인 인물 등용, 당파를 초월한 탕평파 육성, 탕평비 건립 but 이인좌의 난✱(1728), 나주 괘서 사건✱(소론·남인 강경파) 발생 ➡ ∴ 노론 주도
왕권 강화책	• 산림의 존재 부정, 서원 정리(붕당 근거지) • 이조 전랑의 권한 약화 • 병권의 병조 귀속
개혁 시도	• 균역법 실시: 양인 장정의 군포 액수를 2필에서 1필로 반감 • 노비종모법 실시: 노비의 신분을 모계의 신분쪽으로 확정 • 신문고 제도 부활 및 격쟁·상언(上言) 활성화 → 백성이 임금에게 직접 글을 올리는 것 • 청계천 준설 → 임금 행차시 백성이 징이나 꽹과리를 쳐서 자신의 억울한 사연을 호소하는 제도
편찬 사업	『동국문헌비고』(홍봉한, 한국학 백과사전), 『속대전』(법전), 『동국지도』(정상기, 백리척 최초 고안) 등

3 정조 ★★★

준론 탕평책	당파의 시비(是非)를 적극적으로 가리는 적극적 탕평책 추진 ➡ 시파 등용
왕권 강화책	• 규장각(학술 기구), 장용영(국왕 친위 부대) 설치 → 사도 세자의 죽음을 애도했던 세력 • 초계문신 제도 실시: 37세 이하 관리 재교육, 규장각에서 위탁 교육, 40세에 졸업 • 지방 통제 강화(어사 제도 강화), 수령의 권한 강화(향약 주관) • 수원 화성 축조[대유둔전(국영 농장) 경영]

개혁 시도	• **신해통공** 실시(1791): 육의전을 제외한 시전 상인의 금난전권 혁파 • **공장안**(장인 등록제) **폐지** • 서얼에 대한 차별 완화: 규장각 검서관에 일부 서얼 등용(이덕무, 박제가, 서이수, 유득공 등) • 문체반정: 고(古)문체 사용, 서울 노론계의 신문체 억압
편찬 사업	『**대전통편**』(법전), 『**일성록**』(정조가 세손 때부터 쓰기 시작, 이후 규장각 관원들이 기록한 국정 일기, 유네스코 기록 문화유산), 『홍재전서』(정조의 시문집) 등

4 19세기 세도 정치의 권력 구조와 폐단

권력 구조	• **소수 유력 가문이 정치 주도** • 권력이 비변사에 집중, 3사의 언론 기능 완전 상실
순조 (1800~1834)	• 노론 벽파의 정국 주도 ➡ 규장각 출신 인물 축출, 장용영 혁파, 훈련도감 장악, 천주교 박해(**신유박해**, 1801) ➡ 실학 위축, **정약용(강진)·정약전(흑산도) 유배** • **공노비**(납공 노비) **해방**(1801) • 일본과 국교 단절(1811) • **홍경래의 난 발생**(1811): 19세기 최초의 민란
헌종 (1834~1849)	풍양 조씨 집권
철종 (1849~1863)	• 안동 김씨 집권 • **신해허통**(1851): 서얼의 청요직 진출 완전 허용 • **동학 발생**(1860): 경주 몰락 양반 최제우 창시 • **임술민란**(1862): 진주 민란 계기, 전국적 발생 ➡ 안핵사 박규수의 건의로 **삼정이정청 설치**

❖ 정조의 원행을묘정리의궤
 (시흥환어행렬도)

첫째 날: 창덕궁을 출발해서 시흥에 도착하다.
둘째 날: 시흥을 출발해서 화성에 도착하다.
셋째 날: 향교 대성전을 참배하고 과거를 실시하다.
넷째 날: 현륭원을 참배하고 장용영의 군사를 조련시키다.
다섯째 날: 혜경궁 홍씨의 회갑 잔치를 베풀다.
여섯째 날: 노인을 위로하는 잔치를 베풀다.
일곱째 날: 화성을 출발해서 시흥에 도착하다.
여덟째 날: 시흥을 출발해서 창덕궁에 도착하다.

「원행을묘정리의궤」

한능검 쏙쏙

1. 경신대환국
궐내에 보관하던 기름 먹인 장막을 허적이 다 가져갔음을 듣고 임금이 노하여, "궐내에서 쓰는 장막을 마음대로 가져가는 것은 한명회도 못하던 짓이다." 하고 말하였다. 시종에게 알아보게 하니, 잔치에 참석한 서인은 몇 사람뿐이었고, 허적의 당파가 많아 기세가 등등하였다고 아뢰었다. 이에 임금이 남인을 제거할 결심을 하였다. …… 허적이 잡혀오자 임금이 모든 관직을 삭탈하였다.
「연려실기술」

2. 영조의 탕평교서
우리나라는 본래 치우쳐 있고 작아서 사람을 쓰는 방법 역시 넓지 못한데, 요즈음에 이르러서는 사람을 임용하는 곳이 모두 당목(黨目) 가운데 사람이었으니, 이와 같이 하고도 천리(天理)의 공(公)에 합하여 온 세상의 마음을 복종시킬 수 있겠는가? 지난해까지 함께 벼슬하였던 조정이 지금은 왜 전과 같지 않은가? …… 피차가 서로를 공격하여 공언(公言)이 막혀지고 역당(逆黨)으로 지목하면 옥석(玉石)이 구분되지 않을 것이니, 저가 나를 공격하는 데에서 그 장차 가려서 하겠는가, 가리지 않고 하겠는가?
「영조실록」

3. 영조의 탕평비
周而不比(주이불비), 乃君子之公心(내군자지공심)
比而不周(비이불주), 寔小人之私意(식소인지사의)
원만해 편벽되지 않음은 곧 군자의 공정한 마음이요,
편벽해 원만하지 않음은 바로 소인의 사사로운 마음이다.

4. 정조의 정책
왕은 행차 때면 길에 나온 백성들을 불러 직접 의견을 들었다. 또한, 척신 세력을 제거하여 정치의 기강을 바로잡았고, 당색을 가리지 않고 어진 이들을 모아 학문을 장려하였다. 침전에는 '탕탕평평실(蕩蕩平平室)'이라는 편액을 달았으며, "하나의 달빛이 땅 위의 모든 강물에 비치니 강물은 세상 사람들이요, 달은 태극이며 그 태극은 바로 나다."라고 하였다.

❖ 탕평비

테마 32 실전문제

숙종

주요 정답 키워드 # 조선과 청 사이의 경계비   # 동쪽 토문강 경계

1. 밑줄 그은 '이 왕'의 재위 시기에 있었던 사실로 옳은 것은? ▶ 71회

- 이것은 조선과 청 사이의 경계를 나타내고자 세운 비석의 탁본입니다. 비석에 대해 자세히 설명해 주시겠어요?
- 이 비석은 국경을 분명히 하기 위해 청에서 파견한 오라총관 목극등과 이 왕이 보낸 조선의 관리들이 현지를 답사하고 세웠습니다. 비석에는 서쪽은 압록강, 동쪽은 토문강을 경계로 한다는 내용이 새겨져 있습니다.

① 최제우가 혹세무민의 죄로 처형되었다.
② 변급, 신류 등이 나선 정벌에 참여하였다.
③ 국왕의 친위 부대인 장용영이 창설되었다.
④ 경신환국 등 여러 차례 환국이 발생하였다.
⑤ 정여립 모반 사건을 빌미로 기축옥사가 일어났다.

환국

주요 정답 키워드 # 경신년 옥사   # 희빈 장씨 소생의 원자 책봉 문제

2. 다음 상황 이후에 전개된 사실로 옳은 것은? ▶ 42회

> 인평 대군의 아들 여러 복(복창군·복선군·복평군)이 본래 교만하고 억세었는데, 임금이 초년에 자주 병을 앓았으므로 그들이 몰래 못된 생각을 품고 바라서는 안 될 자리를 넘보았다. …… 남인에 붙어서 윤휴와 허목을 스승으로 삼고 …… 그들이 허적의 서자 허견을 보고 말하기를, "임금에게 만약 불행한 일이 생기면 너는 우리를 후사로 삼게 하라. 우리는 너에게 병조 판서를 시킬 것이다."라고 하였다. …… 이 때 김석주가 남몰래 그 기미를 알고 경신년 옥사를 일으켰다.
>
> 「연려실기술」

① 자의 대비의 복상 문제로 예송이 전개되었다.
② 정여립 모반 사건으로 서인이 정국을 주도하였다.
③ 이괄의 난이 일어나 반란군이 도성을 장악하였다.
④ 북인이 서인과 남인을 배제한 채 정국을 독점하였다.
⑤ 희빈 장씨 소생의 원자 책봉 문제로 환국이 발생되었다.

한눈에 보는 해설

밑줄 그은 '이 왕'(→숙종)의 재위 시기에 있었던 사실로 옳은 것은?

- 이것은 **조선과 청 사이의 경계를 나타내고자 세운 비석**의 탁본입니다. 비석에 대해 자세히 설명해 주시겠어요?
- 이 비석은 국경을 분명히 하기 위해 청에서 파견한 오라총관 목극등과 이 왕이 보낸 조선의 관리들이 현지를 답사하고 세웠습니다. 비석에는 **서쪽은 압록강, 동쪽은 토문강**을 경계로 한다는 내용이 새겨져 있습니다.

④ 숙종 때 경신환국 등 여러 차례 환국이 발생하였다.

선지 분석하기
① 최제우가 혹세무민의 죄로 처형되었다. ➡ 철종 때
② 변급, 신류 등이 나선 정벌에 참여하였다. ➡ 효종 때
③ 국왕의 친위 부대인 장용영이 창설되었다. ➡ 정조 때
⑤ 정여립 모반 사건을 빌미로 기축옥사가 일어났다. ➡ 선조 때

한눈에 보는 해설

다음 상황(→경신환국(1680, 숙종 6년)) 이후에 전개된 사실로 옳은 것은?

> **인평**(→인조의 셋째 아들이자 효종의 동생) **대군**의 아들 여러 복(복창군·복선군·복평군)이 본래 교만하고 억세었는데, 임금이 초년에 자주 병을 앓았으므로 그들이 몰래 못된 생각을 품고 바라서는 안 될 자리를 넘보았다. …… **남인에 붙어서 윤휴와 허목을 스승으로 삼고** …… 그들이 허적의 서자 허견을 보고 말하기를, "임금(→숙종)에게 만약 불행한 일이 생기면 너는 우리를 후사로 삼게 하라. 우리는 너에게 병조 판서를 시킬 것이다."라고 하였다. …… 이때 김석주가 남몰래 그 기미를 알고 **경신년 옥사**(→경신환국(1680))를 일으켰다.
>
> 「연려실기술」

⑤ 희빈 장씨 소생의 원자 책봉 문제로 기사환국(1689, 숙종 15년)이 발생되었다.

선지 분석하기
① 자의 대비의 복상 문제로 예송이 전개되었다. ➡ 현종 때
② 정여립 모반 사건으로 서인이 정국을 주도하였다. ➡ 선조 때
③ 이괄의 난이 일어나 반란군이 도성을 장악하였다. ➡ 인조 때(1624)
④ 북인이 서인과 남인을 배제한 채 정국을 독점하였다. ➡ 광해군 때

영조

주요 정답 키워드 # 탕평비 # 균역법 # 청계천 준설 # 이인좌의 난

3. (가) 왕의 재위 기간에 있었던 사실로 옳은 것은? ▶ 46회

통정공 무신일기

이 책은 이승원이 무신난(戊申亂)의 전개 과정을 기록한 일기로, 경상도 거창에서 반란군을 이끌던 정희량 세력의 활동 내용 등이 기록되어 있다. 무신난은 이인좌, 정희량 등이 세제(世弟)였던 (가) 의 즉위 과정에 의혹을 제기하며 일으킨 반란이다.

① 허적과 윤휴 등 남인들이 대거 축출되었다.
② 박규수의 건의로 삼정이정청이 설치되었다.
③ 자의 대비의 복상 문제로 예송이 전개되었다.
④ 붕당의 폐해를 경계하기 위한 탕평비가 건립되었다.
⑤ 왕조의 통치 규범을 재정비한 대전통편이 편찬되었다.

정조

주요 정답 키워드 # 초계문신제 # 규장각 # 장용영 # 수원 화성

4. 밑줄 그은 '이 왕'의 업적으로 옳은 것은? ▶ 45회

이곳 만석거(萬石渠)는 이 왕이 수원 화성을 건립하면서 축조한 수리 시설 중 하나입니다. 수갑(水閘) 및 수도(水道)를 만든 기술의 혁신성, 백성들의 식량 생산에 이바지 한 점, 풍경의 아름다움 등 역사 문화적 가치를 인정받아 2017년 세계 관개 시설물 유산으로 등재되었습니다.

① 집현전을 계승한 홍문관을 설치하였다.
② 군역의 부담을 줄이고자 균역법을 제정하였다.
③ 초계문신제를 실시하여 문신들을 재교육하였다.
④ 붕당의 폐해를 경계하기 위해 탕평비를 건립하였다.
⑤ 삼정의 문란을 해결하기 위해 삼정이정청을 설치하였다.

테마 33 조선 후기의 대외 관계

출제 POINT
병자호란의 전개 과정 및 주요 사건의 순서, 조선 통신사 파견의 특징을 묻는 문제가 주로 출제된다.

🔍 척화파(斥和派)와 주화파(主和派)

구분	척화파	주화파
입장	주전론(主戰論)	강화론(講和論)
주장	무력 응징	외교 담판
성격	대의명분 존중, 화이론(華夷論)	실리 중시, 내정 개혁 치중
인물	김상헌, 3학사(홍익한, 윤집, 오달제) 등	최명길

🔍 소현 세자의 업적

소현 세자는 청나라에 인질로 억류되어 있으면서 조선인 포로의 속환 문제와 청나라의 조선에 대한 병력 지원 요구 등 여러 정치·경제적 현안을 맡아 처리함. 베이징에 있을 때는 독일의 예수회 선교사이자 천문학자인 아담 샬과 교류하며 천구의와 천문서, 천주상 등을 선물로 받음.

1 호란 ✯✯✯✯

1. 정묘호란(1627, 인조 5년)

원인	• 인조반정(1623) 이후 서인의 친명배금 외교 • 명의 철산 가도(椵島) 사건(1623, 인조 1년): 명의 장군 모문룡이 요동 탈환을 위해 평안도 철산 가도에 도독부를 설치하고 주둔 • 이괄의 난(1624, 인조 2년): 인조반정 이후 논공행상에 불만을 품은 이괄이 반란 ➡ 잔여 세력들이 후금에 투항, 인조반정의 부당함을 호소하면서 조선 정벌 요청
경과	• 광해군을 위해 보복한다는 명분으로 후금 침입 ➡ 정봉수(용골산성), 이립(의주) 등 의병 발생 • 인조, 강화도로 피신
결과	조선의 패배, 형제 관계 체결

2. 병자호란(1636, 인조 14년)

원인	• 후금은 국호를 청이라 고치고 황제를 칭하면서 조선에 군신 관계를 요구 • 조정의 의견(척화파와 주화파) 대립 ➡ 척화 주전론 우세
경과	세자빈 강씨, 원손(元孫), 둘째 아들 봉림 대군(후에 효종), 셋째 아들 인평 대군은 강화도로 피신, 인조와 소현 세자는 남한산성으로 피신하여 45일간 항전
결과	• 삼전도(현재 서울 송파)에서 굴욕적인 강화 체결 ➡ 군신 관계 체결, 삼전도비 건립 • 두 왕자(소현 세자·봉림 대군)와 척화파 주동 삼학사(홍익한·윤집·오달제), 수많은 백성들이 청에 압송 ➡ 환향녀 문제 발생

◆ 정묘호란과 병자호란

◆ 삼전도비 | 병자호란 때 청 태종이 조선을 침략하고 이를 기념하기 위해 세운 비로, 뒷면은 몽골 문자와 만주 문자, 앞면은 한자로 되어 있음.

◆ 김준룡 장군 전승지 및 비 | 김준룡은 병자호란 당시 남한산성으로 피난한 국왕을 구하기 위해 근왕병을 이끌고 광교산에서 항전함.

2 왜란·호란 이후의 대외 관계 cf 테마 26

1. 청

북벌론	17세기 효종 때 추진, 성리학적 명분상 주장, but 효종의 죽음으로 실패, 서인의 정권 유지 수단으로 이용 cf 효종 때 청의 요청으로 나선(러시아) 정벌: 변급(1차, 1654)·신유(2차, 1658) 등 조총 부대 원병 나감.
북학론	18세기 후반 진보적 지식인들이 청의 문화 중 이로운 것을 수용하자고 주장
간도 문제	백두산정계비 건립(숙종, 1712) ➡ 19세기 간도 귀속 문제 야기 cf 백두산정계비문 중 토문강에 대한 해석 차이: 청-두만강, 조선-송화강 상류 주장 ➡ 간도 협약(1909, 일본과 청 체결)으로 청의 영토로 귀속

◆ 백두산정계비(그래픽 복원도)

2. 일본

조·일 국교 재개 (1607, 선조 40년)	• 에도 막부의 국교 재개 요청 • 조선 통신사 파견(1607~1811, 총 12회): 막부(일본의 실권자)가 교체될 때 막부의 요청으로 파견, 비정기 사절 cf 조선 통신사 기록물(유네스코 세계 기록 문화유산 등재)
기유약조 (1609, 광해군 1년)	부산포에 왜관 설치, 제한 무역 허용(세사미두 100석, 세견선 20척)
독도 문제	숙종 때 안용복이 일본에 가서 대마도주로부터 울릉도와 독도가 조선 영토임을 확인받음.

◆ 통신사의 행로

◆ 통신사 행렬도(국사 편찬 위원회 소장) | 1711년(숙종 37)에 파견된 통신사 행렬도 중 정사(正使)의 행렬 부분

한능검 쏙쏙 자료

1. 광해군의 중립 외교
명이 임진왜란 때 나라를 다시 세워준 은혜는 만세토록 잊을 수 없다. 선왕(선조)이 즉위하여 40년 동안 지성으로 사대(事大)하여 평생 등을 서쪽(중국 쪽)으로 대고 앉은 적이 없었다. 광해군은 배은망덕하여 천명의 두려움을 모르고 음흉하게 두 마음을 품어 오랑캐에게 정성을 바쳐 기미년 오랑캐를 칠 싸움에 이르러 장수에게 "정세를 보아 향배를 정하라."라고 일렀다. 우리 삼한 예의의 나라로 하여금 오랑캐와 짐승의 지경으로 돌아가게 하였으니 통탄해 본들 어찌 말을 다하겠는가?
『광해군일기』

2. 주화론과 척화론
• 최명길의 주화론: 자기의 힘을 헤아리지 아니하고 경망하게 큰소리를 쳐서 오랑캐들의 노여움을 도발, 마침내는 백성이 도탄에 빠지고 종묘와 사직에 제사 지내지 못하게 된다면 그 허물이 이보다 클 수 있겠습니까.
『지천집』
• 윤집의 척화론: 차라리 나라가 없어질지라도 의리는 저버릴 수 없습니다. …… 어찌 차마 화의를 주장하는 것입니까.
『인조실록』

3. 독도 – 동해에 있는 울릉도 외 일도(독도)를 지적 편찬에 넣을 것인가에 대한 품의
울릉도를 관할로 할 것인가에 대해 시마네 현으로부터 별지와 같은 질의가 있어서 조사해본 결과, 울릉도는 1692년 조선인이 입도한 이후 별지 서류에서 요약 정리한 바, 1696년 정월 제1호 구정부(막부)의 평의, 제2호 역관에의 통보서, 제3호 조선에서 온 서한, 제4호 이에 대한 우리나라(일본)의 답서 및 보고서 등과 같이, 우리나라(일본)와 관계없는 곳이라고 들었습니다.
일본 내무성이 태정관(일본 최고 권력 기관)에 올린 품의서(1877. 3. 17.)

백두산정계비(19세기 초 함경도 지방관의 일기)

7월 26일 한양을 출발하다.
8월 2일 원산을 지나다.
8월 19일 무산에 도착하다.
8월 25일 산에 오르다.
8월 28일 산 위에 비석이 서 있는데, '오라(烏喇) 총관 목극등(穆克登)이 황제의 뜻을 받들어 변경을 조사하고 이곳에와 살펴보니, 서쪽은 압록강이 되고 동쪽은 토문강이 된다. 그러므로 분수령 위에 돌을 새겨 기록한다.'라고 새겨져 있다.
9월 1일 산에서 내려오다.
박내겸, 『북막일기』

테마 33 실전문제

호란

주요 정답 키워드   # 김상용 강화도 순절   # 김준룡 전승비   # 삼전도비   # 최명길

1. 다음 교서가 발표된 전쟁 기간에 있었던 사실로 옳은 것은? ▶46회

> 과인이 덕이 부족하여 이같은 불운을 만나 오랑캐의 침략을 받았다. 지난 정묘년에는 변란이 생겼을 때에 임시방편으로 강화를 허락하여 치욕을 감수하였다. 지금 오랑캐가 황제를 참칭(僭稱)하고 우리나라를 업신여기므로 천하의 대의를 위해 그 사신을 배척하였다가 이 같은 환란을 만났다. 이제 화의는 이미 끊어졌고 오로지 결전이 있을 뿐이다. …… 저 오랑캐가 외로운 형세로 깊숙이 들어왔으니, 사방의 원병이 이어 달려 오고 하늘이 돕는다면 우리는 이길 것이다.

① 김상용이 강화도에서 순절하였다.
② 정문부가 길주에서 의병을 이끌었다.
③ 조·명 연합군이 평양성을 탈환하였다.
④ 정봉수와 이립이 용골산성에서 항전하였다.
⑤ 포수, 사수, 살수로 구성된 훈련도감이 설치되었다.

2. 다음 자료를 활용한 탐구 활동으로 가장 적절한 것은? ▶43회

> 최명길이 아뢰기를, "종묘사직의 존망이 호흡하는 사이에 달려 있어 해볼 만한 일이 없으니, 청컨대 혼자 말을 타고 달려가서 적장을 보고 까닭 없이 군사를 발동하여 몰래 깊이 쳐들어온 뜻을 묻겠습니다. 오랑캐가 만일 다시 신의 말을 듣지 않고 신을 죽인다면 신은 마땅히 말발굽 아래에서 죽을 것이요, 다행히 서로 이야기가 되면 잠시라도 그들의 칼날을 멈추게 할 것이니, 한성 가까운 곳에서 방어할 만한 땅은 남한산성만한 데가 없으니, 청컨대 전하께서는 [도성의] 수구문을 통해 나가신 후 서둘러 산성으로 옮기시어 일의 추이를 보소서."라고 하였다.
> 「연려실기술」

① 삼별초의 이동 경로를 찾아본다.
② 통신사의 활동 내용을 살펴본다.
③ 위화도 회군의 결과를 알아본다.
④ 계해약조의 체결 과정을 조사한다.
⑤ 삼전도비의 건립 배경을 파악한다.

한눈에 보는 해설

다음 교서가 발표된 전쟁 기간에 있었던 사실로 옳은 것은?

→ 병자호란(1636)

> → 정묘호란(1627)
> 과인이 덕이 부족하여 이같은 불운을 만나 **오랑캐의 침략**을 받았다. **지난 정묘년에는 변란이 생겼을 때에** 임시방편으로 강화를 허락하여 치욕을 감수하였다. 지금 **오랑캐가 황제를 참칭(僭稱)**하고 우리나라를 업신여기므로 천하의 대의를 위해 그 사신을 배척하였다가 이 같은 환란을 만났다. 이제 화의는 이미 끊어졌고 오로지 결전이 있을 뿐이다. …… 저 오랑캐가 외로운 형세로 깊숙이 들어왔으니, 사방의 원병이 이어 달려 오고 하늘이 돕는다면 우리는 이길 것이다.

① 김상용은 병자호란 때 세자빈과 원손 등 왕족을 모시고 강화도로 건너갔으나 강화성이 함락되자 화약에 불을 질러 순절하였다.

선지 분석하기
② 정문부가 길주에서 의병을 이끌었다. ➡ 임진왜란(1592)
③ 조·명 연합군이 평양성을 탈환하였다. ➡ 임진왜란(1592~1597) 당시 상황, 조·명 연합군의 평양성 탈환(1593)
④ 정봉수와 이립이 용골산성에서 항전하였다. ➡ 정묘호란(1627)
⑤ 포수, 사수, 살수로 구성된 훈련도감이 설치되었다. ➡ 임진왜란 중(1593)

한눈에 보는 해설

다음 자료를 활용한 탐구 활동으로 가장 적절한 것은?

> **최명길**이 아뢰기를, "종묘사직의 존망이 호흡하는 사이에 달려 있어 해볼 만한 일이 없으니, 청컨대 혼자 말을 타고 달려가서 적장을 보고 까닭 없이 군사를 발동하여 몰래 깊이 쳐들어온 뜻을 묻겠습니다. 오랑캐가 만일 다시 신의 말을 듣지 않고 신을 죽인다면 신은 마땅히 말발굽 아래에서 죽을 것이요, 다행히 서로 이야기가 되면 잠시라도 그들의 칼날을 멈추게 할 것이니, **한성 가까운 곳에서 방어할 만한 땅은 남한산성만한 데가 없으니, 청컨대 전하께서는 [도성의] 수구문을 통해 나가신 후 서둘러 산성으로 옮기시어 일의 추이를 보소서.**"라고 하였다. → 병자호란 당시 남한산성으로 피난 「연려실기술」

⑤ 삼전도비는 병자호란 때 청 태종이 조선을 침략하고 이를 기념하기 위해 세운 비이다.

선지 분석하기
① 삼별초의 이동 경로를 찾아본다. ➡ 고려의 대몽 항쟁
② 통신사의 활동 내용을 살펴본다. ➡ 일본에 조선 문물 전파
③ 위화도 회군의 결과를 알아본다. ➡ 조선 건국 과정
④ 계해약조의 체결 과정을 조사한다. ➡ 세종 때 일본과 제한 무역 체결

조선 통신사

주요 정답 키워드 # 문화 교류 # 19세기까지 파견 # 막부의 요청

3. (가)에 대한 설명으로 옳은 것은? ▶ 41회

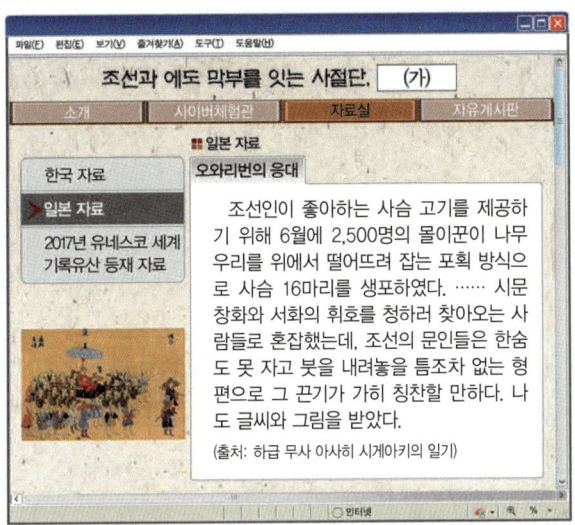

① 매년 정기적으로 파견되었다.
② 다녀온 여정을 연행록으로 남겼다.
③ 하정사, 성절사, 천추사 등이 있었다.
④ 사절 왕래를 위하여 북평관을 개설하였다.
⑤ 19세기 초까지 파견되어 문화 교류의 역할을 하였다.

한눈에 보는 해설

→ 조선 통신사
(가)에 대한 설명으로 옳은 것은?

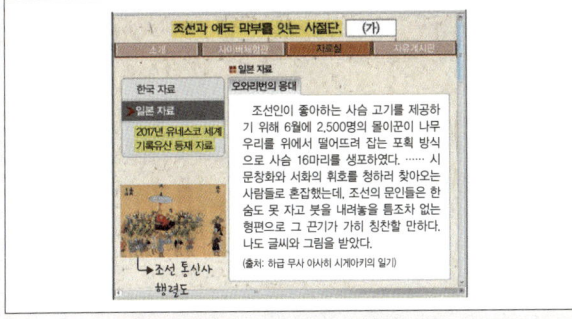

⑤ 일본의 막부 장군이 교체될 때 그 권위를 국제적으로 보장받기 원하는 일본 측의 요청으로 파견된 통신사는 1607~1811년까지 12회 파견되었는데, 이들은 한일 간의 문화 교류의 역할을 하였다.

선지 분석하기
① 매년 정기적으로 파견되었다. ➡ 조천사(명)·연행사(청)
② 다녀온 여정을 연행록으로 남겼다. ➡ 연행사(청)
③ 하정사, 성절사, 천추사 등이 있었다. ➡ 중국에 보낸 정기 사절단
④ 사절 왕래를 위하여 북평관을 개설하였다. ➡ 여진의 사신을 접대하기 위해 한양에 설치

사건 순서

주요 정답 키워드 # 병자호란 # 백두산정계비 # 나선 정벌 # 이괄의 난

4. (가), (나) 사이의 시기에 있었던 사실로 옳은 것은? ▶ 40회

> (가) 정묘년 때 맹약을 잠시라도 지켜서 몇 년이나마 화(禍)를 늦춰야 합니다. 그 사이 어진 정치를 베풀어 민심을 수습하며 성을 쌓고 군량을 비축해야 합니다. 또 방어를 더욱 튼튼히 하고 군사를 집합시켜 일사불란하게 해야 합니다. 그런 다음 적의 허점을 노리는 것이 우리로서는 최상의 계책일 것입니다. 「지천집」
>
> (나) 오라총관 목극등이 …… 국경을 정하기 위하여 백두산에 이르렀다. 우리나라에서는 접반사 박권, 함경도 순찰사 이선부, 역관 김경문 등을 보내어 응접하게 하였다. …… 목극등이 중천(中泉)의 물줄기가 나뉘는 위치에 앉아서 말하기를, "이곳이 분수령이라 할 수 있다."라고 하고, 그곳에 경계를 정하고 돌을 깎아서 비를 세웠다. 「만기요람」

① 조총 부대가 파견되어 러시아 군대와 교전하였다.
② 명의 요청에 따라 강홍립이 이끄는 부대가 파병되었다.
③ 후금의 침입에 대비하여 이괄이 평안도에 주둔하였다.
④ 용골산성에서 정봉수와 이립이 의병을 이끌고 항전하였다.
⑤ 포수, 살수, 사수의 삼수병으로 구성된 훈련도감이 설치되었다.

한눈에 보는 해설

→ (가) 병자호란(1636) 당시의 주화론, (나) 백두산정계비 건립(1712, 숙종)
(가), (나) 사이의 시기에 있었던 사실로 옳은 것은?

> (가) **정묘년 때 맹약**을 잠시라도 지켜서 몇 년이나마 화(禍)를 늦춰야 합니다. 그 사이 어진 정치를 베풀어 민심을 수습하며 성을 쌓고 군량을 비축해야 합니다. 또 방어를 더욱 튼튼히 하고 군사를 집합시켜 일사불란하게 해야 합니다. 그런 다음 적의 허점을 노리는 것이 우리로서는 최상의 계책일 것입니다. 「지천집」
>
> (나) **오라총관 목극등**이 …… 국경을 정하기 위하여 **백두산**에 이르렀다. 우리나라에서는 접반사 박권, 함경도 순찰사 이선부, 역관 김경문 등을 보내어 응접하게 하였다. …… 목극등이 중천(中泉)의 물줄기가 나뉘는 위치에 앉아서 말하기를, "이곳이 분수령이라 할 수 있다."라고 하고, 그곳에 **경계를 정하고 돌을 깎아서 비를 세웠다**. 「만기요람」
> └ 백두산정계비

① 효종 때 러시아 세력의 침략으로 위협을 느낀 청이 정벌군의 파견을 요청하자, 조선에서는 변급(1차, 1654), 신유(2차, 1658) 등 두 차례에 걸쳐 조총 부대를 보냈다(나선 정벌).

선지 분석하기
② 명의 요청에 따라 강홍립이 이끄는 부대가 파병되었다. ➡ 광해군
③ 후금의 침입에 대비하여 이괄이 평안도에 주둔하였다. ➡ 이괄의 난(1624, 인조)
④ 용골산성에서 정봉수와 이립이 의병을 이끌고 항전하였다. ➡ 정묘호란(인조)
⑤ 포수, 살수, 사수의 삼수병으로 구성된 훈련도감이 설치되었다. ➡ 임진왜란 계기(1593, 선조)

테마 34 조선 후기의 경제

출제 POINT
대동법과 균역법의 특징 및 조선 후기 경제 상황을 묻는 문제가 주로 출제되고 있다.

🔍 조선 전·후기의 수취 제도 비교

구분	전기	후기
전세	연분 9등법(세종): 풍흉에 따라 1결당 최고 20두~4두 징수	영정법(인조): 풍흉 무관, 1결당 4두(~6두) 징수
	전분 6등법(세종): 토지의 비옥도를 6등급으로 구분	
공납	민호 단위, 현물 징수	대동법: 토지 결수 단위, 쌀(포·전) 징수
군역	군적수포제: 양인 장정 12개월마다 베 2필 징수	균역법: 양인 장정 12개월마다 베 1필 징수, 보충액 징수

* 공인(貢人)
대동법 실시로 등장. 왕실과 관청의 수요품을 조달하는 어용 특허 상인

1 수취 체제의 개편 ☆☆☆

1. 배경: 왜란과 호란으로 농촌 사회 붕괴 ➡ 수취 체제의 개편 필요

2. 전세: 영정법의 시행

내용	풍흉에 관계 없이 1결당 미곡 4두(~6두)로 고정
결과	전세율 인하, but 당시 대다수가 소작농이었기에 실질적으로 농민에게는 큰 도움 못 됨.

3. 공납: 대동법의 시행(선혜청 담당)

개편 배경	방납(공납을 대신 납부하는 것)의 폐단으로 농민 부담 가중
내용	민호(호구)에게 토산물(현물)을 부과·징수하던 공납(상공)을 토지 결수에 따라 쌀[米]로 징수, 산간 지역은 삼베나 무명[布]·동전[錢]으로 징수
실시 과정	광해군 때 이원익 주장, 경기도 처음 실시 ➡ 효종 때 김육이 충청도, 전라도에 대동법 실시 주장 ➡ 숙종 때 전국 실시(잉류 지역 제외)
결과	양반 지주의 부담 증가, 농민 부담 감소, 국가 재정 안정
영향	• 공인*(공납 청부업자)의 대두: 도고(독점적 도매업자) 발달, 상품 화폐 경제의 발달 촉진 • 새로운 상업 도시의 출현: 삼랑진(경상도), 강경(충청도), 원산(함경도) 등 쌀의 집산지 ➡ 새로운 상업 도시화
한계	진상, 별공 등의 현물 징수 존속

◆ 대동세의 징수와 운송

4. 군역: 균역법의 시행(균역청 담당)

개편 배경	16세기 군적수포제 실시로 인한 군포 부담의 증가 ➡ 인징(이웃사람에게 징수)·족징(친척에게 징수)·백골징포(이미 죽은 사람에게 징수)·황구첨정(어린아이에게도 군포 징수) 등 폐단 야기
내용	• 영조 때 실시 • 양인: 12개월마다 군포 1필 징수(감포론) • 부족분 보충: 선무군관세(일부 상류층에게 군포 1필 징수)와 결작(지주에게 1결당 2두 징수) 마련, 잡세(어장세·염전세·선박세)를 균역청에서 징수
결과	농민의 부담 감소, 국가 재정 안정

2 조선 후기의 경제 생활 ☆☆☆

1. 농업

농법의 변화	• 이앙법(논), 견종법(밭)의 전국적 확대 • 결과: 광작(경작지 확대) 유행 ➡ 농민의 계층 분화(일부 부농층의 대두, 다수 소작농의 몰락 ➡ 도시나 광산으로 이동, 임노동자화됨.)
지대의 변화	타조법(1/2 병작반수, 지주에게 유리, 관행) ➡ 도조법(1/3 계약 지대, 소작농에게 유리)의 일부 등장
작물의 변화	• 상품 작물의 재배: 곡물, 목화, 채소, 담배, 약초 등 • 새로운 구황 작물의 재배: 고구마(18세기 일본에서 도입), 감자(19세기 청에서 도입)

2. 상업 및 대외 무역

관상	• 중앙: 시전 상인, **공인**(대동법 실시 결과 출현한 관허 상인) • 지방: **보부상**(장시에서 활동한 행상)
사상	• 한양: 이현(동대문), 칠패(남대문), 종루 등 사상 대두, **경강상인**(한강 중심) • 지방: **송상**(개성), 유상(평양), 만상(의주), **내상**(동래) 등 지방 도시에서 사상들의 활동 활발 • 포구 상업의 활발: 선상(경강상인), **객주·여각** 등이 활동 → 상품의 매매·운송·보관·숙박·금융업 등 담당 • **도고**(독점적 도매상인) 등장 cf 정조의 신해통공(1791): 육의전을 제외한 시전 상인의 금난전권 폐지
장시	15세기 말, 전라도에서 처음 발생 ➡ 16세기, 전국 개설 ➡ 후기, 전국 1,000여 개 개설, 일부 상설 시장으로 변화
대외 무역	• 청: 국경 무역 – **개시**(공무역)·**후시**(사무역) 설치 예 중강 개시, 중강 후시, 책문 후시 등 • 일본: 부산에 **왜관 개시·후시** 설치

◆ 조선 후기의 상업과 무역 활동

※ 설점수세제
국가가 비용을 대어 광산 지역에 제련장과 부대 시설을 포함한 점(店)을 설치하고 그 경영을 민간에게 맡기는 대신, 채취한 광물의 일부를 국가에 납세하도록 하는 제도

3. 수공업과 광업, 화폐

수공업	• 관장제 수공업 약화, **납포장**(세금을 내는 자유 수공업자) 증가 • **선대제 수공업**: 대상인이 물주가 되어 영세한 수공업자에게 원료와 임금 제공 ➡ 조선 후기 보편적 현상 cf 정조의 공장안 폐지
광업	• 효종의 **설점수세제** 실시로 사채 허용 • 광산의 경영 형태 변화: 18세기 후반 분업화·협업화 현상 대두[**덕대**(전문 경영인) 대두]
화폐	• 인조(17C): 상평통보 처음 주조 ➡ 실패 • 효종(17C): 상평통보 재주조 ➡ 실패 • **숙종**(18C): **상평통보 전국적 유통** ➡ **전황 현상 발생**(화폐의 일시적 퇴장 현상) cf **폐전론**(중농학파 실학자 이익 주장), **용전론**(중상학파 실학자 박지원 주장) • 흥선 대원군(19C): **당백전**(고액 화폐, 경복궁 중건 비용) 주조 ➡ 물가 상승, 경제 혼란 초래

◆ 대장간(김홍도)

◆ 상평통보

한능검 쏙쏙 자료

1. 대동법
선혜청을 설치하였다. 처음에 영의정 이원익이 제의하기를 "각 고을의 진상(進上)과 공물(貢物)이 각급 관청의 방납인에 의해 저지되어, 한 물건의 값이 3, 4배 혹은 수십, 수백 배까지 되어 그 폐해가 극심하고 특히 경기 지방은 더욱 그러합니다. 지금 마땅히 별도로 1청(廳)을 설치하여 매년 봄가을로 백성에게서 쌀을 거두되, 토지 1결마다 2번에 걸쳐 8두(斗)씩 거두어 본청(本廳)에 수납하게 하고, 본청은 그때의 물가 시세를 보아 쌀로써 방납인에게 지급하여 수시로 무역해서 납부하게 하소서."라고 하니 임금이 이에 따랐다. 이때 왕의 교지 중에 선혜(宣惠)라는 말이 있어 이로써 청(廳)의 이름을 삼았다.
『광해군일기』

2. 균역법
나라의 100여 년에 걸친 고질 병폐로서 가장 심한 것은 양역(良役)이다. …… 혹 한 집안에 아비와 아들, 할아비와 손자가 군적에 한꺼번에 기록되어 있거나 혹은 3, 4명의 형제가 한꺼번에 군포를 납부해야 하며, 또한 이웃의 이웃이 견책당하고, 친척의 친척이 징수를 당하고, 어린아이는 젖 밑에서 군정에 편성되고, 죽은 자는 지하에서 징수를 당하며, 한 사람이 도망하면 열 집이 보존되지 못하니, 비록 좋은 재상과 현명한 수령이라도 역시 어찌할 바를 모른다.
『영조실록』

테마 34 실전문제

대동법

주요 정답 키워드 | # 이원익 # 공물을 토지 결수에 따라 쌀로 납부 # 공인

1. 밑줄 그은 '제도'에 대한 설명으로 옳은 것을 〈보기〉에서 고른 것은? ▶ 70회

– 이원익의 건의로 경기도에서 시행되는 수취 제도에 대해 설명해 주세요.
– 이번에 시행되는 제도는 지방의 특산물을 징수하면서 나타난 방납의 폐단을 막아 백성들의 부담을 줄여주기 위한 것입니다. 공물을 현물 대신 토지의 결수에 따라 쌀로 납부합니다.

〈보기〉
㉠ 선혜청에서 관련 업무를 담당하였다.
㉡ 재정을 보충하기 위해 지주에게 결작을 부과하였다.
㉢ 관청에 물품을 조달하는 공인이 등장하는 배경이 되었다.
㉣ 어장세, 선박세 등이 국가 재정으로 귀속되는 결과를 가져왔다.

① ㉠, ㉡ ② ㉠, ㉢ ③ ㉡, ㉢
④ ㉡, ㉣ ⑤ ㉢, ㉣

균역법

주요 정답 키워드 | # 군포 감소 # 어염세·선박세 # 선무군관포

2. 밑줄 그은 '대책'의 내용으로 옳은 것을 〈보기〉에서 고른 것은? ▶ 41회

– 임금께서 군포를 기존의 절반인 1필로 줄이는 법을 시행한다더군.
– 그렇다면 세입이 감소할 텐데 이를 보충하기 위해 마련된 대책이 무엇인지 궁금하네.

〈보기〉
㉠ 양전 사업을 실시하여 지계를 발급하였다.
㉡ 어염세, 선박세를 국가 재정으로 귀속시켰다.
㉢ 선무군관에게 1년에 1필의 군포를 징수하였다.
㉣ 수신전, 휼양전 등의 명목으로 세습되는 토지를 폐지하였다.

① ㉠, ㉡ ② ㉠, ㉢ ③ ㉡, ㉢
④ ㉡, ㉣ ⑤ ㉢, ㉣

한눈에 보는 해설

밑줄 그은 '제도'에 대한 설명으로 옳은 것을 〈보기〉에서 고른 것은?
→ 대동법

㉠㉢ 공물을 현물 대신 토지의 결수에 따라 쌀로 납부하는 대동법은 선혜청에서 담당하였으며, 관청에 물품을 조달하는 공인이 등장하는 배경이 되었다.

선지 분석하기
㉡ 재정을 보충하기 위해 지주에게 결작을 부과하였다. ➡ 균역법
㉣ 어장세, 선박세 등이 국가 재정으로 귀속되는 결과를 가져왔다. ➡ 균역법

한눈에 보는 해설

밑줄 그은 '대책'의 내용으로 옳은 것을 〈보기〉에서 고른 것은?
→ 균역법 시행에 따른 재정 보충 방법

㉡㉢ 균역법 시행에 따라 절감된 군포의 수입을 보충하기 위해 일부 특권층에게 선무군관세로 군포 1필을 징수하였으며, 지주에게 결작으로 1결당 2두를 징수하였다. 또한 각 아문이나 궁방에서 징수하던 어세, 염세, 선(박)세를 균역청에서 징수하였다.

선지 분석하기
㉠ 양전 사업을 실시하여 지계를 발급하였다. ➡ 광무개혁 (근대적 토지 소유권 문서)
㉣ 수신전, 휼양전 등의 명목으로 세습되는 토지를 폐지하였다. ➡ 직전법(세조)

조선 후기 경제 상황

주요 정답 키워드 # 상품 작물 재배 # 이앙법 확산 # 광작 # 설점수세제

3. 다음 대화가 이루어진 시기의 경제 상황으로 옳지 않은 것은? ▶ 46회

① 담배, 면화 등이 상품 작물로 재배되었다.
② 경기 지역에 한하여 과전법이 실시되었다.
③ 국경 지대에서 개시 무역과 후시 무역이 이루어졌다.
④ 모내기법의 확산으로 벼와 보리의 이모작이 성행하였다.
⑤ 설점수세제의 시행으로 민간의 광산 개발이 활기를 띠었다.

한눈에 보는 해설

다음 대화가 이루어진 <u>시기</u>의 경제 상황으로 옳지 않은 것은? → 조선 후기

② 고려 후기 권문세족의 농장 확대로 인한 토지 소유의 불균형을 해결하기 위해 혁명파 신진 사대부 정도전, 조준 등에 의해 경기 지역에 한하여 과전법을 시행하였다(고려 공양왕, 1391).

조선 후기 상인

주요 정답 키워드 # 송상(송방) # 만상(청과의 무역) # 경강상인(한강)

4. (가), (나)에 대한 설명으로 가장 적절한 것은? ▶ 44회

① (가) - 혜상공국을 통해 정부의 보호를 받았다.
② (가) - 전국 각지에 송방이라는 지점을 설치하였다.
③ (나) - 책문 후시를 통해 청과의 무역을 주도하였다.
④ (나) - 금난전권을 행사해 사상의 활동을 억압하였다.
⑤ (가), (나) - 근대적 상회사인 대동 상회를 설립하였다.

한눈에 보는 해설

(가), (나)에 대한 설명으로 적절한 것은? → (가) 송상, (나) 경강상인

② 송상(개성)은 전국에 송방이라는 지점을 설치하여 인삼을 재배·판매하였다.

선지 분석하기
① (가) - 혜상공국을 통해 정부의 보호를 받았다. ➡ 혜상공국은 1883년에 설치된 보부상 특혜 단체
③ (나) - 책문 후시를 통해 청과의 무역을 주도하였다. ➡ 만상(의주)
④ (나) - 금난전권을 행사해 사상의 활동을 억압하였다. ➡ 시전 상인
⑤ (가), (나) - 근대적 상회사인 대동 상회를 설립하였다. ➡ 평안도 상인들이 1883년 대동 상회 설립

테마 35 조선 후기의 사회

출제 POINT
서학(천주교)과 동학의 전래 과정 및 성격, 19세기 빈번히 발생한 농민 봉기의 전개 과정을 묻는 문제가 주로 출제된다.

1 조선 후기 사회 구조의 변동

1. 신분제의 동요

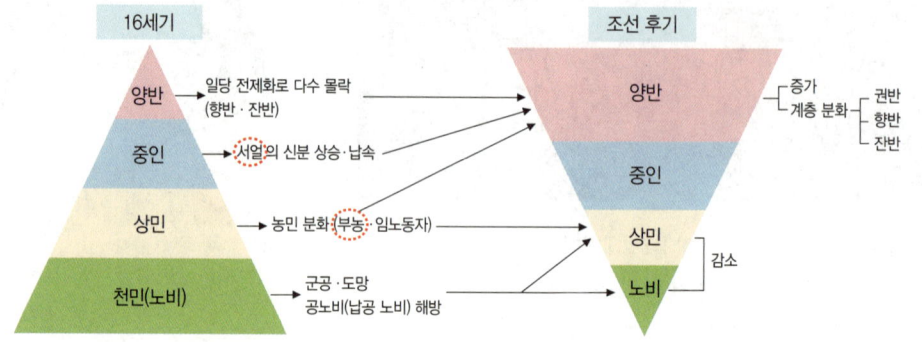

신분제의 동요	양반 수 증가, 상민·노비 수 감소
중간 계층의 신분 상승 운동	• **서얼**: 정조 때 유득공, 이덕무, 박제가, 서이수 등 일부 서얼 출신을 규장각 검서관으로 등용 ➡ 철종 때 **신해허통**으로 서얼의 청요직 진출 완전 허용됨. • 중인: 철종 때 대규모 소청 운동 전개 ➡ 실패

2. 조선 후기 향촌 질서와 농민층의 변화

양반의 향촌 지배 약화	• 양반의 권위 약화 • 사족들의 지위 강화 노력: 촌락 단위의 동약 실시, **문중 서원·사우 남설**, **동성 마을 형성**
부농 계층의 대두	• 경제력을 바탕으로 공명첩과 납속을 통한 부농층의 신분 상승 ➡ 부농층은 사족들의 향촌 지배권에 도전 • 부농층과 향권의 결합 ➡ 수령 및 향리 세력 성장, 향회 기능 변화 ➡ 농민 수탈 • **향전**: 신향(새롭게 양반이 된 부농층)과 구향(기존 양반)의 향촌에서의 권력 싸움

3. 가족 제도의 변화

사림의 향촌 지배 ➡ 『주자가례』와 향약 보급 계기

구분	(고려~) 조선 전기	조선 후기
생활 윤리	전통적 생활 윤리	성리학적 생활 윤리 보급(민간 신앙·풍습을 음사로 규정)
가족 제도	부계·모계가 함께 영향	부계 위주 형태
혼인 형태	**남귀여가혼(데릴사위제)**	**친영 제도**(혼례 후 남자 집에서 생활)
재산 상속	**남녀 균분 상속**	**장자 중심 상속**
제사 담당	**자녀 윤회 봉사**	**장자 봉사** cf 아들이 없으면 양자 입양
여성 지위	가정 내 지위가 비교적 높음. cf 조선 태종: 여성 재가 금지, 서얼 차별	남존여비

2 사회 변혁의 움직임 ★★

1. 사회 불안과 예언 사상의 대두: 비기(『정감록』), 예언 사상, 무격·미륵 신앙 성행
→ 샤머니즘
→ 미륵불이 환생하여 중생을 구원한다는 신앙

2. 천주교의 전파

수용 과정	17세기 청을 통해 서양 학문으로 수용 ➡ 18세기 후반 일부 남인이 신앙으로 수용 ➡ 여성, 불우한 계급에게 확산
정부의 탄압	• 원인: 인간 평등 주장과 조상에 대한 제사 부정 • **신해박해**(정조, 1791): 윤지충이 어머니 제사에 신주를 불태움. ➡ 윤지충 등 사형, 이승훈(최초 세례 교인) 유배 • **신유박해**(순조, 1801): 이승훈·정약종·주문모(청나라 신부) 사형, 정약용·정약전 유배, **황사영 백서 사건** • **병인박해**(고종, 1866): 프랑스 신부 9명과 수많은 천주교 신자 박해 ➡ 병인양요의 원인

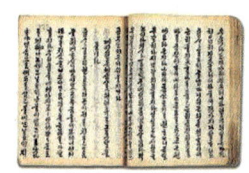
◆ 『천주실의』 | 원래 마테오 리치가 한문으로 지은 천주교 교리서로 모든 사람이 이해하기 쉽도록 18C에 한글로 옮김.

→ 천주교도 황사영이 북경에 있는 프랑스 신부에게 보낸 편지로 종교의 자유를 위해 프랑스 함대의 파견 요청

3. 동학

창시	경주 몰락 양반 최제우 창시(1860) ➡ 서학(천주교)에 반대, but 종합적 성격(유교 + 불교 + 도교 + 샤머니즘 + 천주교도 일부 수용)
내용	**인내천**(사람이 곧 하늘), **시천주**(마음속 천주를 모심.) ➡ 인간 평등, 후천개벽 ➡ 조선 왕조 부정, **보국안민**(나라를 구하고 백성을 구하자) ➡ 반외세
정부의 탄압	혹세무민을 이유로 최제우 사형 ➡ 2대 교주 최시형이 충청도 보은을 근거로 『**동경대전**』과 『**용담유사**』를 펴내고, 교리와 교단[포접제(抱接制)]을 정비

→ 어리석은 백성을 더욱 어리석게 만든 짓
→ 동학 포교용 한글 가사집
→ 동학 경전

4. 민란의 발생

배경	19세기 세도 정치의 문란, 관리의 부정과 탐학, 삼정 문란
홍경래의 난 (순조, 1811)	• 원인: **세도 정치의 폐단, 서북 지역에 대한 차별** • 경과: 몰락 양반 홍경래의 지휘 아래 몰락 농민, 중소 상인, 광산 노동자 합세 ➡ **청천강 이북 지역 장악** ➡ 5개월 만에 진압
임술민란 (철종, 1862)	• 원인: 지배층의 부정과 탐학 • 경과: **진주 민란 계기**(경상 우병사 백낙신의 횡포), 유계춘이 주도 ➡ **전국적 발생** • 결과: 삼정의 문란을 시정하기 위해 안핵사 박규수의 건의로 **삼정이정청 설치**, but 개혁 실패

→ 전정, 군정, 환곡

◆ 19세기의 농민 봉기

한능검 쏙쏙 사료

1. 조선 후기 신분제의 동요
근래 아전의 풍속이 나날이 변하여 하찮은 아전이 길에서 양반을 만나도 절을 하지 않으려 한다. 아전의 아들·손자로서 아전의 역을 맡지 않은 자가 고을 안의 양반을 대할 때 맞먹듯이 너 나하며 자(字)를 부르고 예의를 차리지 않는다.
『목민심서』

2. 홍경래의 격문
평서 대원수는 급히 격문을 띄우노니 관서의 부로와 자제와 공·사 천민들은 모두 이 격문을 들으라. 무릇 관서는 성인 기자의 옛 터요, 단군 시조의 옛 근거지로서 의관(衣冠, 유교 문화를 생활화하는 사람)이 급제하고 문물이 아울러 발달한 곳이다. 그러나 조정에서는 관서를 버림이 분토와 다름없다. …… 지금 임금이 나이가 어려 권세 있는 간신배가 그 세를 날로 떨치고 김조순·박종경의 무리가 국가 권력을 오로지 갖고 노니 어진 하늘이 재앙을 내린다. …… 이제 격문을 띄워 먼저 열부군후에게 알리노니, 절대로 동요하지 말고 성문을 활짝 열어 우리 군대를 맞으라.

3. 임술민란
임술년 2월 19일 진주민 수만 명이 머리에 흰 수건을 두르고 손에는 나무 몽둥이를 들고 무리를 지어 진주 읍내에 모여 서리들의 가옥 수십 호를 불사르고 부숴서 그 움직임이 결코 가볍지 않았다. 병사가 해산시키고자 장시에 나가니 흰 수건을 두른 백성들이 당 위에서 그를 빙 둘러싸고는 백성의 재물을 횡령한 죄목, 아전들이 세금을 포탈하고 강제로 징수한 일들을 면전에서 여러 번 문책하는데 그 능멸하고 핍박함이 조금도 거리낌이 없었다.
『임술록』

테마 35 실전문제

중인

주요 정답 키워드 # 소청 운동 # 시사 # 위항 문학

1. (가) 신분에 대한 설명으로 옳은 것은? ▶ 40회

이항견문록

이 책은 (가) 출신인 유재건이 지은 인물 행적기로, 위항 문학 발달에 크게 기여하였다. (가) 은/는 자신들의 신분에 따른 사회적인 차별에 불만이 많았는데, 시사(詩社)를 조직하는 등의 문예 활동을 통해 스스로의 위상을 높이고자 하였다. 책의 서문에는 이항(里巷)에 묻혀 있는 유능한 인사들의 행적을 기록하여 세상에 널리 알리고자 이 책을 썼다고 밝히고 있다.

* 이항: 마을의 거리

① 매매, 증여, 상속의 대상이 되었다.
② 장례원을 통해 국가의 관리를 받았다.
③ 공장안에 등록되어 수공업 제품 생산을 담당하였다.
④ 양인이지만 천역을 담당하는 신량역천으로 분류되었다.
⑤ 관직 진출 제한을 없애달라는 소청 운동을 전개하였다.

천주교

주요 정답 키워드 # 황사영 # 의민단 # 서학

2. (가) 종교에 대한 설명으로 옳은 것은? ▶ 46회

이것은 황사영이 쓴 백서입니다. 백서에는 (가) 에 대한 정부의 탄압 상황과 신앙의 자유를 얻기 위해 외국 군대의 출병을 요청하는 내용 등이 쓰여 있습니다.

① 개벽, 신여성 등의 잡지를 발행하였다.
② 하늘에 제사 지내는 초제를 거행하였다.
③ 동경대전과 용담유사를 경전으로 삼았다.
④ 박중빈을 중심으로 새생활 운동을 추진하였다.
⑤ 만주에서 의민단을 조직하여 독립 전쟁을 전개하였다.

동학

주요 정답 키워드 # 시천주 # 동경대전 # 최제우

3. (가) 종교에 대한 설명으로 옳은 것은? ▶ 44회

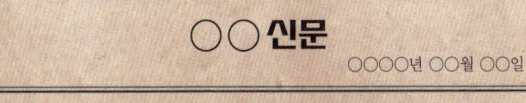
○○○○년 ○○월 ○○일

최제우, 경주에서 체포

경상도 일대를 중심으로 교세를 확장하고 있던 (가) 의 교주 최제우가 23명의 제자들과 함께 경주에서 체포되었다. 체포 후 대구의 감영으로 이송되어 현재 문초가 진행되고 있으며, 혹세무민의 죄가 적용되어 효수에 처해질 것으로 보인다.

① 배재 학당을 세워 신학문 보급에 기여하였다.
② 마음속에 한울님을 모시는 시천주를 강조하였다.
③ 일제의 통제에 맞서 사찰령 폐지 운동을 펼쳤다.
④ 간척 사업을 추진하고 새생활 운동을 전개하였다.
⑤ 제사와 신주를 모시는 문제로 정부의 탄압을 받았다.

임술민란

주요 정답 키워드 # 박규수(안핵사) # 삼정이정청 # 백낙신 # 유계춘

4. (가) 사건에 대한 설명으로 옳은 것은? ▶ 42회

이곳은 유계춘의 무덤입니다. 그는 경상 우병사 백낙신의 탐학과 향리들의 횡포에 맞서 농민들과 함께 (가) 을/를 일으켰습니다. 이를 계기로 농민 봉기가 삼남 지방으로 확산되었습니다.

① 청의 군대에 의해 진압되었다.
② 최제우가 동학을 창시하는 계기가 되었다.
③ 왕이 도성을 떠나 공산성으로 피란하였다.
④ 남접과 북접이 연합하여 조직적으로 전개되었다.
⑤ 사건의 수습을 위해 박규수가 안핵사로 파견되었다.

한눈에 보는 해설

▶동학
(가) 종교에 대한 설명으로 옳은 것은?

▶동학의 창시자
최제우, 경주에서 체포

경상도 일대를 중심으로 교세를 확장하고 있던 (가) 의 **교주 최제우가 23명의 제자들과 함께 경주에서 체포**되었다. 체포 후 대구의 감영으로 이송되어 현재 문초가 진행되고 있으며, 혹세무민의 죄가 적용되어 효수에 처해질 것으로 보인다.
└▶세상을 어지럽히고 백성을 속임

② 동학은 마음속의 천주(한울님)를 모시는 시천주(侍天主)와 사람이 곧 하늘이라는 인내천(人乃天) 사상을 강조하였다.

선지 분석하기
① 배재 학당을 세워 신학문 보급에 기여하였다. ➡ 개신교(아펜젤러)
③ 일제의 통제에 맞서 사찰령 폐지 운동을 펼쳤다. ➡ 불교
④ 간척 사업을 추진하고 새생활 운동을 전개하였다. ➡ 원불교
⑤ 제사와 신주를 모시는 문제로 정부의 탄압을 받았다. ➡ 천주교

한눈에 보는 해설

▶진주 민란(1862)
(가) 사건에 대한 설명으로 옳은 것은?

▶진주 민란의 주동자   ▶진주 민란의 원인
이곳은 유계춘의 무덤입니다. 그는 **경상 우병사 백낙신의 탐학과 향리들의 횡포**에 맞서 농민들과 함께 (가) 을/를 일으켰습니다. 이를 계기로 **농민 봉기가 삼남 지방으로 확산**되었습니다.
└▶임술 농민 봉기

⑤ 임술민란 당시 안핵사로 파견된 박규수는 민란의 원인이 삼정의 문란에 있다고 보고 그 수습책으로 삼정이정청의 설치를 주장하였다.

선지 분석하기
① 청의 군대에 의해 진압되었다. ➡ 임오군란(1882), 갑신정변(1884) 때 상황
② 최제우가 동학을 창시하는 계기가 되었다. ➡ 동학은 1860년 창시
③ 왕이 도성을 떠나 공산성(공주)으로 피란하였다. ➡ 이괄의 난(1624) 때 상황
④ 남접과 북접이 연합하여 조직적으로 전개되었다. ➡ 동학 농민 운동(1894) 2차 봉기 상황

테마 36 조선 후기의 문화(1)

> **출제 POINT**
> 주요 실학자의 개혁안을 물어보는 문제가 주로 출제된다.
>
> 🔍 **남인 윤휴의 개혁 사상**
>
>
>
> 1. 숙종 초기 북벌론과 군사력 강화 주장
> 2. 지패법(종이로 만든 신분증) 건의
> 3. 주자와 다른 유교 경전 해석 시도

1 성리학의 변화 ✭

성리학의 절대화	의리 명분론 강조, 주자 중심의 성리학 절대화(송시열 중심) ← 유교에서 교리를 어지럽히고 사상에 어긋나는 행동을 하는 사람
성리학의 비판	윤휴, 박세당(『사변록』) 등 유교 경전에 대해 주자와 다른 해설 제시 ➡ 성리학자들에게 사문난적으로 몰림.
호락논쟁 – 노론 내부의 사상 논쟁	**호론** (충청도 노론)	인물성이론(人物性異論) 주장: 인간과 사물의 본성이 다르다는 주장, 기(氣)의 특수성 강조, 기존의 신분 질서 유지 주장, **북벌론 주장** ➡ 19세기 위정척사 사상으로 계승
	낙론 (서울·경기 노론)	인물성동론(人物性同論) 주장: 인간과 사물의 본성이 같다는 주장, 이(理)의 보편성 강조, 조선 후기의 사회 변화 수용, **18세기 북학파 실학사상** ➡ 19세기 개화사상으로 계승

2 양명학 ✭

사상	**지행합일**(知行合一)의 실천성을 중시
수용 과정	**16세기 중종 때 명에서 수용**, 이황이 『전습록변』에서 양명학을 이단으로 규정 ➡ 18세기 경기 지방의 소론 계열과 왕의 불우한 종친, 서얼들에게 확산 ➡ **정제두를 중심으로 강화학파 형성**, but 가학(家學)으로 계승
계승	한말 이건창, 박은식(『유교구신론』), 정인보 등 국학자에게 계승

3 사회 개혁론(실학)의 대두 ✭✭✭

1. 중농학파(경세치용 학파)

유형원	• 저서: 『반계수록』 등 • **균전론**: 관리, 선비, 농민 등에게 **차등 있게 토지 재분배** 주장
이익 (성호 학파 형성)	• 저서: 『성호사설』, 『곽우록』 등 • **한전론**: 한 가정의 생활을 유지하는 데 필요한 일정한 토지를 **영업전**으로 하고, 영업전은 법으로 매매 금지, 나머지 토지는 자유 매매 허용 • 나라의 6좀 제시: 양반 문벌제도, 노비 제도, 과거 제도, 기교(사치와 미신 숭배 등), 승려, 게으름 • 고리대와 화폐의 폐단 비판 ➡ 폐전론 주장 • 붕당론: 밥그릇 싸움 ➡ 양반의 수와 특권 제한 주장
정약용	• 신유박해(1801) 때 전라도 강진으로 유배 ➡ 500여 권의 **『여유당전서』** 저술 • 저서: **『목민심서』**(지방관이 지켜야 할 도리 제시), **『경세유표』**(중앙 정치 제도의 개혁 방안), **『흠흠신서』**(형벌 제도의 개혁 방안) 등 • **여전제**(일종의 공동 농장 제도) 제시 ➡ 이후 **정전제**로 수정 ← 국가가 장기적으로 토지를 사들여 가난한 농민에게 분배, 지주의 토지는 병작 농민에게 골고루 소작 • 백성의 이익과 의사가 적극 반영되는 정치 제도의 개선 방안 제시 • 기타: **수원 화성** 설계(거중기 사용), 한강 주교(배다리) 설계, '애절양'(삼정의 문란을 비판한 한시) · **『마과회통』**(종두법 연구) 등 저술

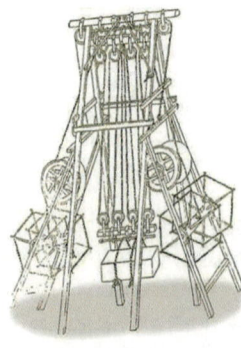

✦ 정약용의 거중기 | 수원 화성 축조 때 사용

2. 중상학파(이용후생 학파·북학파)

유수원	• 저서: 『우서』(우리나라와 중국의 문물 비교, 정치·경제·사회·문화 전반에 걸친 개혁안 제시) • 국가 조정하에 상공업 진흥 ➡ 사·농·공·상의 직업적 평등화, 전문화 주장
홍대용	• 저서: 『임하경륜』, 『의산문답』, 『담헌연기』 등 • 균전제 주장: 성인 남자에게 2결 지급 • 지전설 주장: 『의산문답』에서 지구의 1일 1회전설 주장 ➡ 성리학적 세계관 비판
박지원	• 저서: 『열하일기』, 『과농소초』 등 • 한전제: 지주의 토지 소유 제한 주장 • 청과의 통상 강조, 수레와 선박의 이용, 화폐 유통의 필요성 주장 • 양반 문벌제도의 비생산성 비판(『허생전』, 『호질』, 『양반전』 등)
박제가	• 저서: 『북학의』 • 청과의 통상 강화, 수레와 선박의 이용, 절약보다 소비 권장

🔍 중농학파와 중상학파

구분	중농학파	중상학파 (북학파)
공통점	• 재야의 지식인 ➡ 현실 미반영 • 성격: 실증적, 민족적, 근대 지향적, 피지배층 입장 반영 • 목표: 민생 안정, 부국강병	
차이점	• 농업 중심 ➡ 토지 제도 자체의 개혁 중시 • 남인 계열 (농촌 거주, 근경 남인)	• 상공업 중심 ➡ 토지 제도보다는 농업 기술상의 개혁 중시 • 노론 계열 (도시 거주, 북학파, 낙론)

한능검 목록 자료

1. 윤휴
천하의 많은 이치를 어찌하여 주자만 알고 나는 모른단 말인가. 주자가 다시 태어난다면 내 학설을 인정하지 않겠지만 공자나 맹자가 다시 태어난다면 내 학설이 승리하게 될 것이다.　　　　『백호집』

2. 이익의 한전제
국가에서는 마땅히 한 집의 생활에 맞추어 재산을 계산해서 한전(限田)의 영토 몇 부(負)를 한 집의 영업전(永業田)으로 만들어 주어 농토가 많은 사람도 빼앗지 않고, …… 농토가 많아서 팔려고 하는 사람은 영업전 몇 부를 제외하고는 역시 허락하며 …… 이렇게 되면 가난한 집은 당장에 집이 없어지는 걱정이 없을 것이고, 부유한 가정은 비록 파산하는 지경에 이르더라도 영업전만은 남아 있을 것이다.　　　　『성호집』

3. 정약용의 여전제
이제 농사짓는 사람은 토지를 갖고 농사짓지 않는 사람은 토지를 갖지 못하게 하려면 여전제를 실시하여야 한다. 산골짜기와 시냇물의 지세를 기준으로 구역을 획정하여 경계를 삼고, 그 경계선 안에 포괄되어 있는 지역을 1여로 한다. …… 1여마다 여장을 두며 무릇 1여의 인민이 공동으로 경작하게 한다. …… 여민들이 농경하는 경우 여장은 매일 개개인의 노동량을 장부에 기록하여 두었다가 가을이 오면 오곡의 수확물을 모두 여장의 집에 가져온 다음 분배한다.　　　　『여유당전서』

4. 홍대용의 균전제
아홉 도의 전답을 고루 나누어 3분의 1을 취해서 아내가 있는 남자에 한해서는 각각 2결(結)을 받도록 한다.　『임하경륜』

5. 박지원의 한전제
토지 소유를 제한하는 법령을 세우십시오. 모년 모월 이후부터 제한된 토지보다 많은 자는 더 가질 수 없고, …… 법령 이후에 제한을 넘어 더 점유한 자는 백성이 적발하면 백성에게 주고, 관아에서 적발하면 관아에서 몰수하십시오. 이렇게 한다면 수십 년이 못 가서 전국의 토지는 균등하게 될 것입니다.　　　　『한민명전의』

6. 박제가의 소비론
대체로 재물을 비유하건대, 샘[井]과 같은 것이다. 퍼내면 차고, 버려두면 말라 버린다. 그러므로 비단옷을 입지 않아서 나라에 비단 짜는 사람이 없게 되면 여공이 쇠퇴하고, 쭈그러진 그릇을 싫어하지 않아 공장(工匠)의 일이 없게 되면 기예가 망하게 되고, 농사가 황폐해지면 농법을 잃게 되므로 결국 사·농·공·상의 4민이 모두 곤궁해져서 서로 구제할 수 없게 된다.　　　　『북학의』

7. 홍대용의 지전설
천체가 운행하는 것이나 지구가 자전하는 것은 그 세가 동일하니, 분리해서 설명할 필요가 없다. 생각건대 9만 리의 둘레를 한 바퀴 도는데 이처럼 빠르며, 저 별들과 지구와의 거리는 겨우 반경(半徑)밖에 되지 않는데도 오히려 몇 천만 억의 별들이 있는지 알 수가 없다. 하물며 은하계 밖에도 또 다른 별들이 있지 않겠는가!　　　　『의산문답』

테마 36 실전문제

사상의 변화

주요 정답 키워드 # 호락논쟁 # 양명학 # 사문난적 # 윤휴

1. 다음은 조선 후기 사상의 변화에 대한 논문의 목차이다. (가)~(라)에 대한 설명으로 옳은 것을 <보기>에서 모두 고른 것은? ▶ 4회

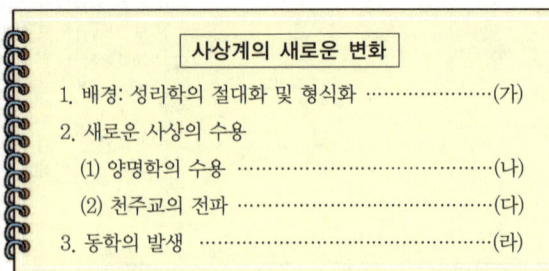

사상계의 새로운 변화
1. 배경: 성리학의 절대화 및 형식화 ················(가)
2. 새로운 사상의 수용
   (1) 양명학의 수용 ····································(나)
   (2) 천주교의 전파 ····································(다)
3. 동학의 발생 ···(라)

보기
(가) - 윤휴, 박세당 등이 노론에 의해 사문난적으로 몰렸다.
(나) - 인간과 사물의 본성에 관한 호락논쟁이 벌어졌다.
(다) - 유교의 제사 의식을 거부하여 탄압을 받았다.
(라) - 시천주, 인내천 사상을 강조하였다.

① (가), (나)
② (나), (다)
③ (가), (다), (라)
④ (나), (다), (라)
⑤ (가), (나), (다), (라)

한눈에 보는 해설

다음은 조선 후기 사상의 변화에 대한 논문의 목차이다. (가)~(라)에 대한 설명으로 옳은 것을 <보기>에서 모두 고른 것은?

(가) 윤휴와 박세당 등은 주자 중심의 성리학의 절대화 및 형식화에 반대하여 주자와 다른 유교 경전 해석을 시도하였으나, 노론에 의해 사문난적으로 몰렸다.
(다) 천주교는 유교 제사 의식을 거부하였고 모든 인간이 천주 앞에 평등하며 내세에서의 영생을 약속하는 등 유교적 봉건 질서에 위협을 주었기 때문에 탄압을 받았다.
(라) 동학의 기본 사상으로, 마음속의 천주(한울님)를 모실 때[시천주(侍天主)] 사람이 곧 하늘[인내천(人乃天)]이 된다고 보았다.

선지 분석하기
(나) - 인간과 사물의 본성에 관한 호락논쟁이 벌어졌다. ➡ 노론 내부의 성리학 논쟁

윤휴

주요 정답 키워드 # 사문난적 # 북벌론 # 경신환국

2. 다음 검색창에 들어갈 인물의 활동으로 옳은 것은? ▶ 41회

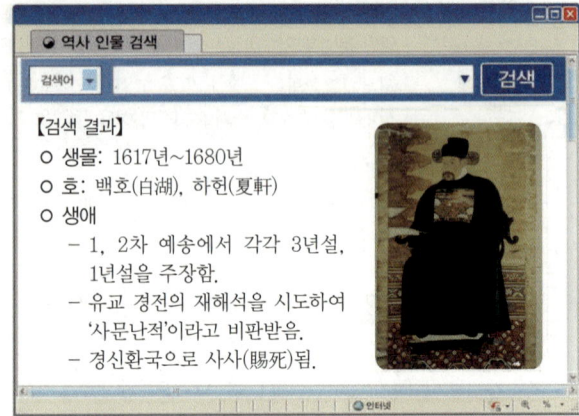

역사 인물 검색
【검색 결과】
○ 생몰: 1617년~1680년
○ 호: 백호(白湖), 하헌(夏軒)
○ 생애
   - 1, 2차 예송에서 각각 3년설, 1년설을 주장함.
   - 유교 경전의 재해석을 시도하여 '사문난적'이라고 비판받음.
   - 경신환국으로 사사(賜死)됨.

① 사화의 발단이 된 조의제문을 작성하였다.
② 청의 정세 변화를 계기로 북벌을 주장하였다.
③ 반계수록에서 토지 제도 개혁론을 제시하였다.
④ 양반전을 지어 양반의 허례와 무능을 지적하였다.
⑤ 충청도 지역까지 대동법의 확대 실시를 건의하였다.

한눈에 보는 해설

다음 검색창에 들어갈 인물(→윤휴)의 활동으로 옳은 것은?

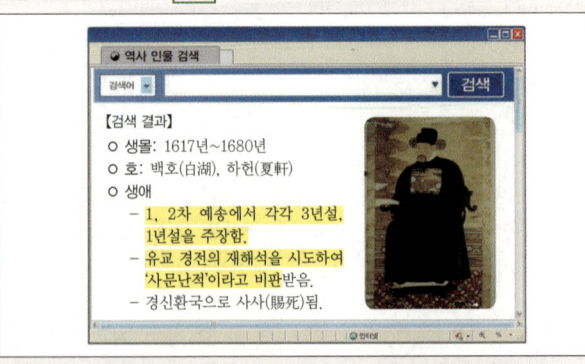

② 청나라에서 일어난 정치적 반란을 보고 기회로 판단한 윤휴는 현종·숙종 초기에 북벌을 주장하였다.

선지 분석하기
① 사화의 발단이 된 조의제문을 작성하였다. ➡ 김종직(세조)
③ 반계수록에서 토지 제도 개혁론을 제시하였다. ➡ 중농학파 실학자 유형원
④ 양반전을 지어 양반의 허례와 무능을 지적하였다. ➡ 중상학파 실학자 박지원
⑤ 충청도 지역까지 대동법의 확대 실시를 건의하였다. ➡ 김육(효종)

정약용

주요 정답 키워드   # 경세유표   # 여전제   # 목민심서   # 거중기

3. 다음 주장을 펼친 인물에 대한 설명으로 옳은 것은?   ▶ 41회

> 이제 농사를 짓는 사람은 전지(田地)를 얻게 하고 농사를 짓지 않는 사람은 전지를 얻지 못하게 하고자 한다면, 여전(閭田)의 법을 시행하여 나의 뜻을 이룰 수 있을 것이다. 무엇을 여전이라 하는가? 산골짜기와 천원(川原)의 형세로써 나누어 경계로 삼아 그 안을 여(閭)라 한다. …… 여에는 여장(閭長)을 두고 무릇 한 여의 전지는 그 여의 사람들로 하여금 다 함께 경작하게 한다. …… 추수 때에는 …… 그 양곡을 나누는데, 먼저 국가에 세를 내고 그 다음은 여장의 봉급을 주고, 그 나머지를 가지고 장부에 의해, 일한 만큼 (여민에게) 분배한다.
> 「전론」

① 의산문답에서 중국 중심의 세계관을 비판하였다.
② 동의수세보원을 저술하여 사상 의학을 확립하였다.
③ 우서에서 사농공상의 직업적 평등과 전문화를 주장하였다.
④ 경세유표를 저술하여 국가 제도의 개혁 방향을 제시하였다.
⑤ 북학의에서 재물을 우물에 비유하여 절약보다 소비를 권장하였다.

홍대용

주요 정답 키워드   # 지전설   # 무한우주론   # 의산문답

4. 다음 글을 쓴 인물에 대한 설명으로 옳은 것은?   ▶ 42회

> 중국은 서양에 대해서 경도의 차이가 1백 80도에 이르는데, 중국 사람은 중국을 정계(正界)로 삼고 서양을 도계(倒界)로 삼으며, 서양 사람은 서양을 정계로 삼고 중국을 도계로 삼는다. 그러나 실제에 있어서는 하늘을 이고 땅을 밟는 사람은 지역에 따라 모두 그러하니, 횡(橫)이나 도(倒)할 것 없이 다 정계다.
> 「의산문답」

① 지전설과 무한우주론을 주장하였다.
② 남북국이라는 용어를 처음 사용하였다.
③ 북한산비가 진흥왕 순수비임을 고증하였다.
④ 서얼 출신으로 규장각 검서관에 등용되었다.
⑤ 여전론을 통해 마을 단위 토지 분배와 공동 경작을 주장하였다.

한눈에 보는 해설

다음 주장을 펼친 **인물**에 대한 설명으로 옳은 것은? → 정약용

> 이제 농사를 짓는 사람은 전지(田地)를 얻게 하고 농사를 짓지 않는 사람은 전지를 얻지 못하게 하고자 한다면, **여전(閭田)의 법**을 시행하여 나의 뜻을 이룰 수 있을 것이다. 무엇을 여전이라 하는가? 산골짜기와 천원(川原)의 형세로써 나누어 경계로 삼아 그 안을 **여(閭)**라 한다. …… **여에는 여장(閭長)을 두고 무릇 한 여의 전지는 그 여의 사람들로 하여금 다 함께 경작하게 한다.**
> → 정약용의 여전론(공동 농장 제도)
> …… 추수 때에는 …… 그 양곡을 나누는데, 먼저 국가에 세를 내고 그 다음은 여장의 봉급을 주고, 그 나머지를 가지고 장부에 의해, 일한 만큼 (여민에게) 분배한다.
> 「전론」

④ 정약용은 『경세유표』를 저술하여 중앙 정치 제도의 개혁 방안을 제시하였고, 서양 과학 기술을 수용하기 위한 이용감의 설치를 주장하였다.

선지 분석하기
① 의산문답에서 중국 중심의 세계관을 비판하였다. ➡ 홍대용
② 동의수세보원을 저술하여 사상 의학을 확립하였다. ➡ 이제마
③ 우서에서 사농공상의 직업적 평등과 전문화를 주장하였다. ➡ 유수원
⑤ 북학의에서 재물을 우물에 비유하여 절약보다 소비를 권장하였다. ➡ 박제가

한눈에 보는 해설

다음 글을 쓴 **인물**에 대한 설명으로 옳은 것은? → 홍대용

> 중국은 서양에 대해서 경도의 차이가 1백 80도에 이르는데, 중국 사람은 중국을 정계(正界)로 삼고 서양을 도계(倒界)로 삼으며, 서양 사람은 서양을 정계로 삼고 중국을 도계로 삼는다. 그러나 **실제에 있어서는 하늘을 이고 땅을 밟는 사람은 지역에 따라 모두 그러하니, 횡(橫)이나 도(倒)할 것 없이 다 정계다.**
> → 중국적 세계관 비판
> 「의산문답」

① 홍대용은 『의산문답』에서 실옹과 허자의 문답 형식을 빌려 지전설과 함께 지구가 우주의 중심이 아니라는 무한우주론을 주장하여 성리학적 세계관을 비판하였다.

선지 분석하기
② 남북국이라는 용어를 처음 사용하였다. ➡ 유득공의 『발해고』
③ 북한산비가 진흥왕 순수비임을 고증하였다. ➡ 김정희
④ 서얼 출신으로 규장각 검서관에 등용되었다. ➡ 박제가, 이덕무, 유득공, 서이수
⑤ 여전론을 통해 마을 단위 토지 분배와 공동 경작을 주장하였다. ➡ 정약용

테마 37 조선 후기의 문화(2)

> **출제 POINT**
> 조선 후기 그림과 건축물의 특징을 알고 해당 문화유산의 화보를 직접 고르는 문제가 주로 출제된다.

◆ 곤여만국전도(마테오 리치)

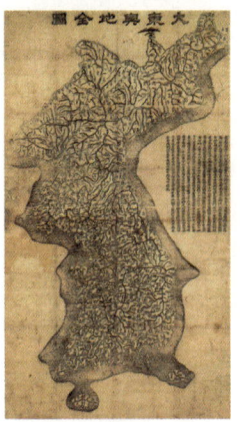
◆ 대동여지도(김정호)

◆ 법주사 팔상전(충북 보은)

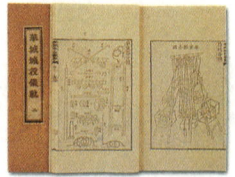
◆ 화성성역의궤 | 조선 시대 화성(수원) 성곽 축조에 대한 경위와 제도, 의식 등을 수록한 책

1 역사학: 민족적, 자주적, 실증적 역사서의 출현 ✶

동사(東史) (이종휘, 영조)	· 기전체: 최초로 '단군 본기'를 설정 · 단군 조선~고려까지 서술(통사): 단군 조선-기자 조선-삼한-부여-고구려-발해로 이어지는 역사 인식 제시
동사강목 (안정복, 영조~정조)	· 단군 조선~고려까지 서술(통사) · 삼한 정통론 제시: 단군 조선-기자 조선-삼한(마한)-(통일)신라-고려를 정통으로 인식 ➡ 중국 중심의 역사관 탈피
발해고(유득공, 정조)	통일 신라와 발해를 남북국 시대로 최초 규정
연려실기술(이긍익, 정조)	조선의 정치와 문화를 실증적·객관적으로 서술(기사본말체)
해동역사(한치윤, 순조)	· 기전체: 단군 조선에서 고려까지 서술(통사) · 500여 종의 외국 자료를 인용하여 국사 인식의 폭 확대

2 과학 기술의 발달 ✶

배경	17세기 중국으로부터 '곤여만국전도'(마테오 리치) 도입 ➡ 조선 지식인의 세계관 확대
천문	· 지전설: 김석문(최초 수용), 홍대용(무한우주론) 주장 · 19세기 최한기: 『명남루총서』에서 광학, 파동 이론, 기온 측정, 우주 체계 등의 이론과학에 이르기까지 광범위한 분야를 다룸.
지리	· 지도 제작 목적: 경제상·문화상 호기심, 개인 주도 · 동국지도(정상기, 영조): 최초로 백리척 고안 · 대동여지도(김정호, 철종): '매방 10리' 표시, 목판본 ➡ 지도의 대중화 시도
의학	· 17세기: 『동의보감』(허준) – 전통 한의학 체계적 정리, 중국·일본에서도 간행(유네스코 세계 기록 문화유산) · 18세기: 『마과회통』(정약용) – 박제가와 함께 종두법 연구 · 19세기: 『동의수세보원』(이제마) – 체질에 따른 사상 의학 제시

3 문학과 예술의 새 경향 ✶✶✶

1. 건축

17세기	금산사 미륵전, 화엄사 각황전, 법주사 팔상전(현존 가장 오래된 목조 5층탑) ➡ 모두 규모가 큰 다층 건물, 내부는 하나로 통하는 구조
18세기	수원 화성(정약용 설계, 거중기 사용)
19세기	흥선 대원군의 경복궁 복원

2. 문학

한문학	사회 비판적 한문학의 대두: 박지원의 「양반전」·「허생전」·「호질」 등(한문 소설), 정약용의 「애절양」(한시)
서민 문학	· 한글 소설: 홍길동전(허균), 춘향전(작자 미상) 등 · 사설시조 유행: 서민들의 소박한 감정을 사실적으로 묘사 · 판소리·가면극 성행
중인(위항) 문학	중인의 사회·경제적 지위 향상 ➡ 시사(詩社) 조직

3. 그림 및 도자기

진경산수화	중국의 남종 문인화를 우리의 고유 산수에 맞추어 토착화시킨 **진경(실경)산수화** 출현 ➡ **겸재 정선** 개척, '**인왕제색도**'와 '**금강전도**' 등
풍속화	조선 후기의 사회·경제적 새로운 변화를 그림으로 표현 • **김홍도**(도화서 출신, 전문 화가): 서민의 일상적 그림, 정조 관련 기록화 그림. ➡ '서당도' 등 • **신윤복**(문인화가): 주로 도회지 양반의 풍류 생활, 부녀자의 풍습, 남녀 사이의 애정 등을 그림. ➡ '단오풍정' 등
서양 화법	18세기 말 원근법, 명암법 등 서양 화법 도입 ➡ **강세황**의 '영통골 입구도' 등
19세기	실학적 화풍이 시들고, 복고적 화풍이 다시 유행 ➡ **김정희**의 '세한도', 장승업의 '삼인문년도' 등
민화	서민의 기복적 염원 그림, 해·달·꽃·동물·물고기 등 표현, 작자 미상
청화 백자	흰 바탕에 푸른 색깔로 그림을 그린 **청화 백자** 유행

> 🔍 **추사 김정희**(1786~1856)
> • 역대 비문 연구 ➡ 추사체 창안
> • 신라 진흥왕의 북한산비 고증
> • 제주도 유배 생활 중 '세한도' 그림.

✦ 인왕제색도(정선)

✦ 금강전도(정선)

✦ 서당도(김홍도)

✦ 단오풍정(신윤복)

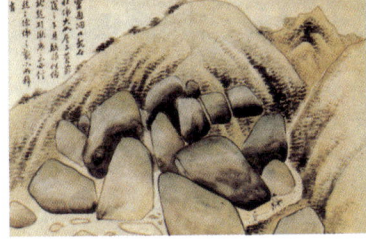
✦ 영통골 입구도(강세황)

✦ 세한도(김정희)

✦ 까치호랑이(작가 미상)

✦ 청화 백자

한능검 쏙쏙 자료

1. 유득공의 발해 인식

부여씨(백제)가 망하고 고씨(고구려)가 망한 다음, 김씨(신라)가 남방을 차지하고 대씨(발해)가 북방을 차지하여 발해라 하였으니, 이것을 <u>남북국</u>이라 한다. 남북국에는 남북국의 사서가 있었을 텐데, 고려가 편찬하지 않은 것은 잘못이다. 저 대씨가 어떤 사람인가? 바로 고구려 사람이다. 그들이 차지하고 있던 땅은 어떤 땅인가? 바로 고구려 땅이다.

『발해고』

2. 애절양(哀絶陽)

갈밭 마을 젊은 여인 울음도 서러워라.
현문 향해 울부짖다 하늘 보고 호소하네.
군인 남편 못 돌아옴은 있을 법도 한 일이나
예로부터 남절양은 들어 보지 못했노라.
<u>시아버지 죽어서 이미 상복 입었고</u>
갓난아기 배냇물도 안 말랐는데 삼대의 이름이 군적에 실리다니.
달려가서 억울함을 호소하려도
범 같은 문지기 버티어 있고 이정이 호통하여 단벌 소만 끌려갔네.
남편 문득 칼을 갈아 방 안으로 뛰어들자 붉은 피 자리에 낭자하구나.
스스로 한탄하네. 아이 낳은 죄로구나.

정약용, 『여유당전서』

테마 37 실전문제

법주사 팔상전

주요 정답 키워드 # 조선 유일 목탑

1. (가)에 들어갈 문화유산으로 옳은 것은? ▶ 45회

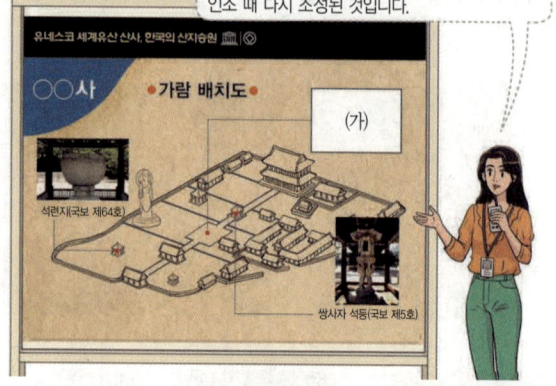

국보 제55호인 (가) 은 현존하는 유일의 조선 시대 목탑으로 임진왜란 때 불타 없어졌는데, 인조 때 다시 조성된 것입니다.

①  마곡사 대웅보전
②  금산사 미륵전
③  화엄사 각황전
④  무량사 극락전
⑤  법주사 팔상전

한눈에 보는 해설

(가)에 들어갈 문화유산으로 옳은 것은?

국보 제55호인 (가) 은 **현존하는 유일의 조선 시대 목탑**으로 임진왜란 때 불타 없어졌는데, 인조 때 다시 조성된 것입니다.

⑤ 현존하는 가장 오래된 목조 5층 탑인 법주사 팔상전은 17세기 대표적인 건축물로, 규모가 큰 다층 건물이며 내부는 하나로 통하는 구조를 가지고 있다.

TIP 시험에 꼭 나오는 탑
- 익산 미륵사지 석탑: 백제탑, 현존 최고의 목조탑 양식의 석탑
- 부여 정림사지 5층 석탑: 백제탑, 소정방의 '평제탑'이라는 흑역사 남음.
- 불국사 3층 석탑: 통일 신라 대표 3층 석탑, '무구 정광 대다라니경' 발견
- 양양 진전사지 3층 석탑: 통일 신라 말 석탑, 선종의 영향
- 월정사 8각 9층 석탑: 고려 전기, 송의 영향
- 경천사지 10층 석탑: 고려 후기, 원의 영향, 대리석 ➡ 원각사지 10층 석탑(조선 세조)에 영향

김정희

주요 정답 키워드 # 제주 유배 # 세한도

2. 밑줄 그은 '이 인물'에 대한 설명으로 옳은 것은? ▶ 71회

이것은 이 인물이 제주도 유배지에서 부인에게 보낸 한글 편지입니다. 편지에는 유배 생활의 곤궁함과 함께 위독한 부인에 대한 걱정과 그리움이 담겨 있습니다. 독창적인 서체로 유명한 이 인물은 유배지에서 세한도를 그리기도 하였습니다.

① 기대승과 사단칠정 논쟁을 전개하였다.
② 북한산비가 진흥왕 순수비임을 고증하였다.
③ 양명학을 연구하여 강화학파를 형성하였다.
④ 청으로부터 시헌력을 도입하자고 건의하였다.
⑤ 열하일기에서 수레와 선박의 사용을 강조하였다.

한눈에 보는 해설

밑줄 그은 '이 인물'(→김정희)에 대한 설명으로 옳은 것은?

이것은 이 인물이 **제주도 유배지**에서 부인에게 보낸 한글 편지입니다. 편지에는 유배 생활의 곤궁함과 함께 위독한 부인에 대한 걱정과 그리움이 담겨 있습니다. 독창적인 서체로 유명한 이 인물은 유배지에서 **세한도**를 그리기도 하였습니다.

② 추사 김정희는 청에서 금석학을 연구하여 『금석과안록』을 저술하였고, 북한산비가 진흥왕 순수비임을 고증하였다.

선지 분석하기
① 기대승과 사단칠정 논쟁을 전개하였다. ➡ 이황
③ 양명학을 연구하여 강화학파를 형성하였다. ➡ 정제두
④ 청으로부터 시헌력을 도입하자고 건의하였다. ➡ 김육
⑤ 열하일기에서 수레와 선박의 사용을 강조하였다. ➡ 박지원

그림

주요 정답 키워드   # 정선 # 풍속화 # 김홍도 # 신윤복

3. 다음 특별전에 전시될 그림으로 가장 적절한 것은? ▶ 43회

①  ②  ③

④  ⑤

4. (가)에 들어갈 그림으로 가장 적절한 것은? ▶ 39회

①  ②  ③

④  ⑤

한눈에 보는 해설

다음 특별전에 전시될 그림으로 가장 적절한 것은?

◆ 단원 특별전 ◆

우리 미술관에서는 **풍속화, 산수화, 기록화, 초상화 등 다양한 분야**에서 뛰어난 작품을 남긴 **단원**의 예술 세계를 만날 수 있는 특별전을 마련하였습니다. → 김홍도의 호

③  → 김홍도의 '타작도'

선지 분석하기

①  ②
→ 김득신의 '파적도'(18세기 풍속화) → 신사임당의 '초충도'(16세기)

④  ⑤
→ 정선의 '인왕제색도'(18세기 진경산수화) → 김정희의 '세한도'(19세기)

한눈에 보는 해설

(가)에 들어갈 그림으로 가장 적절한 것은?

◆ 혜원 특별전 ◆

조선 후기 **풍속화**의 주제와 화풍을 발전시킨 **혜원**의 작품을 만날 수 있는 특별전을 마련하였습니다. → 신윤복의 호

③  → 신윤복의 '월하정인'

선지 분석하기

①  ②
→ 김득신의 '노상알현도'(18세기) → 김홍도의 '무동'(18세기)

④  ⑤
→ 김준근의 '밭갈이'(19세기) → 유숙의 '수계도권'(19세기)

빈출 키워드

출제순위 1 정치 # 흥선 대원군 # 강화도 조약 # 갑오개혁

출제순위 2 문화 # 전차 개통 이후 사건 # 육영 공원 # 대한매일신보

출제순위 3 경제 # 국채 보상 운동 # 메가타의 화폐 정리 사업 # 보안회

한능검 최근 3개년 출제 분석

시대 구분	시대별 출제문항수/전체 출제문항수
선사 및 초기 국가	34 / 800
고대 사회	110 / 800
중세 사회	137 / 800
근세 사회(조선 전기)	77 / 800
근대 태동기(조선 후기)	90 / 800
근대 사회 발전기	116 / 800
민족 독립운동기	107 / 800
현대 사회	97 / 800
통합	32 / 800

116(14.5%)

최근 3년(57회~72회) 800문항을 분석한 결과 근대 사회 발전기는 116문제(14.5%)가 출제되었습니다. 출제 순위는 정치사가 1위, 문화사가 2위입니다.

PART

06

근대 사회 발전기

테마38 흥선 대원군의 정책과 외세의 침입
테마39 외세와의 조약 및 불평등성
테마40 정부의 개화 정책 및 위정척사 사상
테마41 임오군란과 갑신정변
테마42 동학 농민 운동과 갑오개혁
테마43 독립 협회와 대한 제국, 독도와 간도
테마44 국권 피탈 과정 및 우리의 저항
테마45 열강의 경제적 침탈과 경제적 구국 운동
테마46 근대 문화의 형성

테마 38 흥선 대원군의 정책과 외세의 침입

출제 POINT
흥선 대원군의 정책 및 대원군 집권기의 주요 사건을 시대순으로 물어보는 문제가 주로 출제된다.

대원군 집권기 주요 연표
- 1863 ○ 흥선 대원군 집권
- 1866 ○ 병인박해, 제너럴셔먼호 사건, 병인양요
- 1868 ○ 오페르트 도굴 사건
- 1871 ○ 신미양요
- 1873 ○ 최익현의 상소, 흥선 대원군 하야

◆ 흥선 대원군(이하응, 1820~1898)

🔍 대원군
국왕이 아들이나 형제 없이 승하하면, 가까운 왕족이 양자로 들어가 왕위를 계승함. 이때 국왕의 친아버지를 대원군이라고 함. 흥선 대원군은 영조의 5대손으로 둘째 아들 명복(命福)이 국왕으로 즉위하면서 10년 동안 권력을 행사함.

✱ 만동묘
임진왜란 때 조선을 도와준 데 대한 보답으로 당시 황제였던 명의 신종을 기리기 위해 조선 숙종 때 세운 사당

🔍 영조와 흥선 대원군의 공통점
1. 서원 대폭 정리
2. 군역 개혁 예 균역법, 호포제
3. 법전 정비 예 『속대전』, 『대전회통』

1 흥선 대원군(1863~1873)의 개혁 정책 ★★★★

배경	세도 정치로 인한 국정 혼란과 민생 파탄, 서양 세력의 침투로 인한 위기의식 고조
왕권 강화책	• 비변사 축소(➡ 폐지), **의정부**(정무 담당)·삼군부(군사 담당) **부활** ➡ 정치와 군사의 분리 • 법전 편찬: 『**대전회통**』, 『육전조례』 • **경복궁 중건**: 원납전(기부금) 징수, 당백전(고액 화폐) 남발, 양반의 묘지림 벌목

민생 안정책	• 삼정의 개혁
	  ― 전정: 토지 겸병 금지, 은결 찾아내 조세 수입 증대, 부분적 양전 사업
	  ― 군정: **호포제 실시**(양반에게도 군포 징수)
	  ― 환곡: 사창제로 전환
	• **만동묘**와 **서원 대폭 정리**(47개만 남김.) ➡ 유생들의 반발

◆ 당백전

호포제 실시 전(1792): 면제층 노비(36%), 납부층 양인(15%), 면제층 양반(49%), 총 3,100호
호포제 실시 후(1872): 노비(7%), 면제층 관리(19%), 납부층 양반·양인(74%), 총 3,137호

2 흥선 대원군의 통상 수교 거부 정책과 양요 ★★★★

병인박해 (1866. 1.)	천주교에 대한 대대적 탄압 ➡ 프랑스 선교사 9명, 수천 명의 천주교도 처형
제너럴셔먼호 사건 (1866. 7.)	미국 상선 제너럴셔먼호가 대동강을 건너와 통상 요구 ➡ 평양 군민이 배를 불태워 침몰(cf 당시 평양 감사: 박규수)
병인양요 (1866. 9.)	• 병인박해를 구실로 **프랑스**가 **강화도 침략** ➡ 문수산성(한성근), 정족산성(양헌수)에서 프랑스군 격퇴 • 프랑스군이 퇴각 중 강화도 외규장각 도서 등 문화재 약탈(cf 2011년 5년 단위의 임대 형식으로 『조선왕조의궤』 반환)
오페르트 도굴 사건 (1868)	독일 상인 오페르트가 충남 덕산의 남연군(흥선 대원군의 아버지) 묘를 도굴하려다가 실패
신미양요 (1871)	제너럴셔먼호 사건을 구실로 **미국**이 **강화도 침략** ➡ **어재연 부대**가 광성보와 갑곶 등에서 맞서 싸움. ➡ 미군이 어재연 장군 부대의 수자기 약탈(cf 2007년 장기 임대 방식으로 반환)
척화비 건립	"서양 오랑캐가 침범하여 싸우지 않음은 곧 화의하는 것이요, 화의를 주장함은 나라를 파는 것이다[洋夷侵犯 非戰則和 主和賣國 戒我萬年子孫 丙寅作辛未立]."라는 내용의 척화비를 전국에 건립

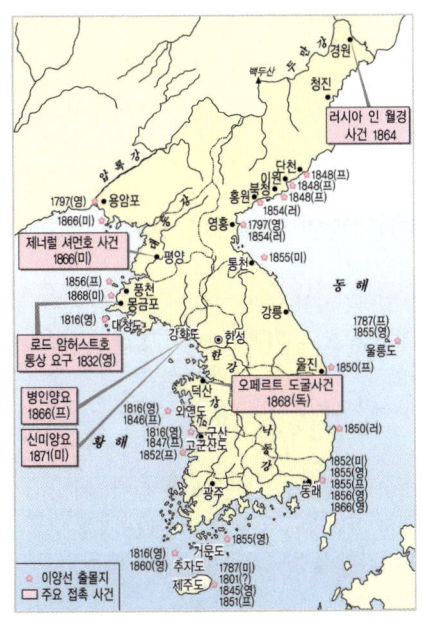

✧ 문호 개방 이전의 열강의 조선 침투

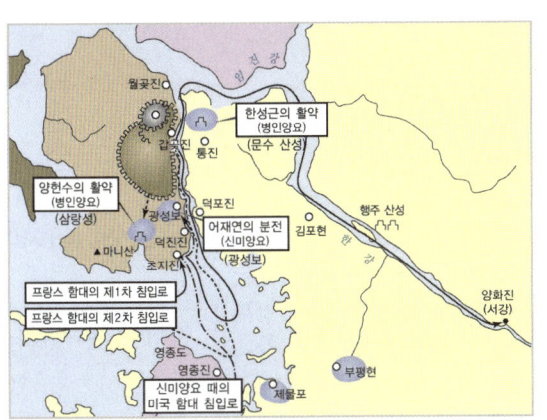

✧ 병인양요와 신미양요

✧ 어재연 장군기

✧ 척화비

한능검 꼭꼭 자료

1. 흥선 대원군의 인재 등용

대원군이 집권한 후 어느 공회 석상에서 음성을 높여 여러 재신을 향해 말하기를, "나는 천리를 끌어다 지척을 삼겠으며, 태산을 깎아 내려 평지를 만들고, 또한 남대문을 3층으로 높이려 하는데 여러 공들은 어떠시오?"라고 물었다. …… 대개 천리지척이라는 말은 종친을 높인다는 뜻이요, 남대문 3층이란 말은 남인을 천거하겠다는 뜻이요, 태산을 평지로 만들겠다는 말은 노론을 억압하겠다는 의사이다.

황현, 『매천야록』

2. 경복궁 타령

에 — 헤이야 얼널널거리고 방에 흥애로다. / 을축년 4월 초 3일에 경복궁 새 대궐 짓는 데 헛방아 찧는 소리다. …… 남문 열고 바라 둥당치니 계명산천에 달이 살짝 밝았네. / 경복궁 역사가 언제나 끝나 그리던 가족을 만나 볼까.

3. 호포제의 시행

나라 제도로서 인정(人丁)에 대한 세를 신포라 하였는데, 충신과 공신의 자손에게는 모두 신포가 면제되어 있었다. 대원군은 이를 수정하고자 동포라는 법을 제정하였다. …… 이 때문에 예전에는 면제되던 자라도 신포를 바치지 않을 수 없게 되었다. 조정의 관리들이 이 법의 시행을 저지하고자 하여, "만일 이와 같이 하면 국가에서 충신과 공신을 포상하고 장려하는 후한 뜻이 자연히 사라지게 됩니다."라고 하였다. 대원군은 이를 듣지 않으면서, "충신과 공신이 이룩한 사업도 종사와 백성을 위한 것이었다. 지금 그 후손이 면세를 받기 때문에 일반 평민이 법에 정한 세금보다 무거운 부담을 지게 된다면 충신의 본뜻이 아닐 것이다." 하여 단연 그 법을 시행하였다.

박제형, 『근세조선정감』

4. 흥선 대원군의 서원 철폐

백성을 해치는 자는 공자가 다시 살아난다고 하여도 내가 용서 못한다. 하물며 서원은 우리나라의 선유(先儒)에 제사 지내는 곳인데 어찌 이런 곳이 도적이 숨는 곳이 되겠느냐?

서원 철폐 당시 흥선 대원군의 말

5. 오페르트 도굴 사건

너희 나라와 우리나라 사이에는 원래 왕래도 없었고, 은혜를 입거나 원수를 진 일도 없다. 이번 덕산 묘지에서 저지른 사건은 사람으로서 차마 할 수 있는 일이겠는가? 또한, 방비가 없는 것을 엿보아 몰래 들이닥쳐 소동을 일으키며, 무기를 빼앗고 백성들의 재물을 강탈하는 것도 사리로 볼 때, 어찌 할 수 있는 일이겠는가? 이런 사태에서 우리나라 신하와 백성들은 있는 힘을 다하여 한 마음으로 네놈들과 같은 하늘을 이고 살 수 없다는 것을 다짐할 뿐이다.

『고종실록』 1868. 4. 23.

테마 38 실전문제

흥선 대원군

주요 정답 키워드 # 서원·만동묘 철폐 # 사창제 # 호포제 # 최익현 상소

1. (가) 인물이 추진한 정책으로 옳은 것은? ▶ 43회

> 나라 안의 서원과 사묘(祠廟)를 모두 철폐하고 남긴 것은 48개소에 불과하였다. …… 만동묘는 철폐한 후 그 황묘위판(皇廟位版)은 북원*의 대보단으로 옮겨 봉안하였다. …… 서원을 창설할 때에는 매우 좋은 뜻으로 시작하였지만 오랜 세월이 흐르는 동안 날로 폐단이 심하였다. …… 그러므로 서원 철폐령을 내린 것을 어찌 막을 수 있겠는가? 그 일이 (가) (으)로부터 나온 것이라고 해서 모두 비방할 일은 아니다.
> 『매천야록』
> *북원: 창덕궁 금원

① 나선 정벌을 위해 조총 부대를 파견하였다.
② 청과의 경계를 정한 백두산정계비를 세웠다.
③ 신유박해로 수많은 천주교인들을 처형하였다.
④ 대전통편을 편찬하여 통치 체제를 정비하였다.
⑤ 환곡의 폐단을 시정하고자 사창제를 실시하였다.

2. (가), (나) 사이의 시기에 있었던 사실로 옳은 것은? ▶ 47회

> (가) 왕이 창덕궁 인정전에서 즉위하였다. 그때 나이가 12살이었기 때문에 [신정]익황후가 수렴청정을 하였다. 친아버지인 흥선군을 높여 대원군으로 삼아 모든 정사에 참여하게 하고 신하의 예와는 달리 대우하였다.
> 『대한계년사』
>
> (나) 최익현이 상소를 올려 대원군의 잘못을 탄핵하기를, "만약 그 자리가 아닌데도 국정에 관여하는 자는 단지 그 지위와 자리의 녹을 중요하게 여기기 때문입니다."라고 하였다. 왕이 너그러운 비답을 내려 특별히 그를 호조 참판에 발탁하고 총애하였다. …… 대원군이 분노하여 양주 직곡으로 물러나자 권력은 모두 민씨의 손아귀에 들어갔다.
> 『대한계년사』

① 사창제가 실시되었다.
② 속대전이 편찬되었다.
③ 장용영이 설치되었다.
④ 계해약조가 체결되었다.
⑤ 백두산정계비가 건립되었다.

한눈에 보는 해설

→ 흥선 대원군
(가) 인물이 추진한 정책으로 옳은 것은?

→ 서원 철폐
> 나라 안의 서원과 사묘(祠廟)를 모두 철폐하고 남긴 것은 48개소에 불과하였다. …… 만동묘는 철폐한 후 그 황묘위판(皇廟位版)은 북원의 대보단으로 옮겨 봉안하였다. …… 서원을 창설할 때에는 매우 좋은 뜻으로 시작하였지만 오랜 세월이 흐르는 동안 날로 폐단이 심하였다. …… 그러므로 서원 철폐령을 내린 것을 어찌 막을 수 있겠는가? 그 일이 (가) (으)로부터 나온 것이라고 해서 모두 비방할 일은 아니다.
> 『매천야록』

⑤ 흥선 대원군은 삼정 중 폐단이 가장 심했던 환곡제를 없애고 사창제를 실시하여 농민 부담을 줄였다.

선지 분석하기
① 나선 정벌을 위해 조총 부대를 파견하였다. ➡ 조선 효종
② 청과의 경계를 정한 백두산정계비를 세웠다. ➡ 조선 숙종
③ 신유박해로 수많은 천주교인들을 처형하였다. ➡ 조선 순조
④ 대전통편을 편찬하여 통치 체제를 정비하였다. ➡ 조선 정조

한눈에 보는 해설

→ (가) 흥선 대원군 집권(1863), (나) 흥선 대원군 하야, 고종 친정(1873)
(가), (나) 사이의 시기에 있었던 사실로 옳은 것은?

> (가) 왕이 창덕궁 인정전에서 즉위하였다. 그때 나이가 12살이었기 때문에 [신정]익황후가 수렴청정을 하였다. 친아버지인 흥선군을 높여 대원군으로 삼아 모든 정사에 참여하게 하고 신하의 예와는 달리 대우하였다. 『대한계년사』
>
> (나) 최익현이 상소를 올려 대원군의 잘못을 탄핵하기를, "만약 그 자리가 아닌데도 국정에 관여하는 자는 단지 그 지위와 자리의 녹을 중요하게 여기기 때문입니다."라고 하였다. 왕이 너그러운 비답을 내려 특별히 그를 호조 참판에 발탁하고 총애하였다. …… 대원군이 분노하여 양주 직곡으로 물러나자 권력은 모두 민씨의 손아귀에 들어갔다. 『대한계년사』

① 흥선 대원군은 삼정 중 폐단이 가장 심했던 환곡제를 없애고 사창제를 실시하였다.

선지 분석하기
② 속대전이 편찬되었다. ➡ 조선 영조
③ 장용영이 설치되었다. ➡ 조선 정조
④ 계해약조가 체결되었다. ➡ 조선 세종
⑤ 백두산정계비가 건립되었다. ➡ 조선 숙종

병인양요

주요 정답 키워드 # 병인박해 # 의궤 # 양헌수

3. (가) 사건의 원인으로 옳은 것은? ▶ 47회

□□신문

제△△호   ○○○○년 ○○월 ○○일

프랑스에서 의궤 모사본 발견

프랑스에서 1900년 전후에 제작된 것으로 추정되는 의궤 모사본이 발견되었다. 국외 소재 문화재 재단은 (가) 당시 프랑스군이 약탈한 외규장각 의궤 중 '헌종대왕국장도감의궤'와 '효현왕후국장도감의궤'를 프랑스인이 베껴 그린 것으로 보이는 모사본을 발견하였다고 밝혔다.

헌종대왕국장도감의궤 모사본

① 고종이 국외 중립을 선언하였다.
② 함경도 관찰사가 방곡령을 선포하였다.
③ 오페르트가 남연군 묘를 도굴하려 하였다.
④ 위안스카이가 이끄는 군대가 조선에 상륙하였다.
⑤ 병인박해로 천주교 선교사와 신자들이 처형되었다.

신미양요

주요 정답 키워드 # 어재연 # 척화비 # 제너럴셔먼호

4. 다음 서신이 교환된 이후에 전개된 사실로 옳은 것은? ▶ 46회

대원군 귀하
남의 무덤을 파는 것은 예의가 없는 행동이지만 무력을 동원하여 백성을 도탄에 빠뜨리는 것보다 낫기 때문에 하는 수 없이 그렇게 하였소. …… 귀국의 안위가 귀하의 처리에 달려 있으니 좋은 대책을 강구하는 것이 어떻겠소.

영종 첨사 회답
너희들이 이번 덕산 묘소에서 저지른 변고야말로 어찌 인간의 도리상 차마 할 수 있는 일이겠는가? …… 따라서 우리나라 신하와 백성은 있는 힘을 다하여 너희와는 같은 하늘을 이고 살 수 없다는 것을 맹세한다.

① 어재연 부대가 광성보에서 항전하였다.
② 외규장각의 의궤가 국외로 약탈되었다.
③ 평양 관민이 제너럴셔먼호를 불태웠다.
④ 로즈 제독의 함대가 양화진을 침입하였다.
⑤ 양헌수 부대가 정족산성에서 프랑스군을 격퇴하였다.

한눈에 보는 해설

→ 병인양요(1866)
(가) 사건의 원인으로 옳은 것은?

프랑스에서 의궤 모사본 발견
프랑스에서 1900년 전후에 제작된 것으로 추정되는 의궤 모사본이 발견되었다. 국외 소재 문화재 재단은 (가) 당시 프랑스군이 약탈한 외규장각 의궤 중 '헌종대왕국장도감의궤'와 '효현왕후국장도감의궤'를 프랑스인이 베껴 그린 것으로 보이는 모사본을 발견하였다고 밝혔다.

⑤ 9명의 프랑스 신부와 수천 명의 신도들을 처형한 병인박해(1866)로 인해 병인양요가 발생하였는데, 강화도를 침범한 프랑스는 강화도 외규장각에 있던 『조선왕조의궤』 등 수많은 문화유산을 약탈해 갔다.

선지 분석하기
① 고종이 국외 중립을 선언하였다. ➡ 거문도 사건(1885) 당시
② 함경도 관찰사가 방곡령을 선포하였다. ➡ 1889년
③ 오페르트가 남연군 묘를 도굴하려 하였다. ➡ 1868년
④ 위안스카이가 이끄는 군대가 조선에 상륙하였다. ➡ 임오군란(1882) 당시

한눈에 보는 해설

→ 오페르트 도굴 사건(1868)
다음 서신이 교환된 이후에 전개된 사실로 옳은 것은?

대원군 귀하
남의 무덤을 파는 것은 예의가 없는 행동이지만 무력을 동원하여 백성을 도탄에 빠뜨리는 것보다 낫기 때문에 하는 수 없이 그렇게 하였소. …… 귀국의 안위가 귀하의 처리에 달려 있으니 좋은 대책을 강구하는 것이 어떻겠소.

영종 첨사 회답
너희들이 이번 덕산 묘소에서 저지른 변고야말로 어찌 인간의 도리상 차마 할 수 있는 일이겠는가? …… 따라서 우리나라 신하와 백성은 있는 힘을 다하여 너희와는 같은 하늘을 이고 살 수 없다는 것을 맹세한다.

① 어재연 부대가 광성보에서 항전하였다. ➡ 신미양요(1871)

선지 분석하기
② 외규장각의 의궤가 국외로 약탈되었다. ➡ 병인양요(1866)
③ 평양 관민이 제너럴셔먼호를 불태웠다. ➡ 제너럴셔먼호 사건(1866)
④ 로즈 제독의 함대가 양화진을 침입하였다. ➡ 병인양요(1866)
⑤ 양헌수 부대가 정족산성에서 프랑스군을 격퇴하였다. ➡ 병인양요(1866)

테마 39 외세와의 조약 및 불평등성

> **출제 POINT**
> 강화도 조약, 조·미 수호 통상 조약 등 외세와의 불평등 조약의 내용을 묻는 문제가 주로 출제된다.

🧑 1870~1880년대 주요 연표

1875	○ 운요호 사건
1876	○ 강화도 조약(조·일 수호 조규)
	○ 조·일 수호 조규 부록
	○ 조·일 통상 장정
1880	○ 「조선책략」
1882	○ 조·미 수호 통상 조약
	○ 임오군란
1884	○ 조·러 통상 조약
	○ 갑신정변
1885	○ 거문도 사건
1889	○ 방곡령 사건

* **운요호 사건**
일본이 군함 운요호를 강화도 초지진에 접근시켜 조선 측의 포격을 유도하였고, 영종도를 습격한 사건

1 배경

흥선 대원군의 하야	만동묘·서원 철폐에 대한 유생들의 반발 ➡ **최익현의 대원군 하야 상소(계유상소)** ➡ 고종의 친정 체제 수립(1873)
개화론의 대두	박규수, 오경석, 유흥기 등 통상 개화론자들의 개항의 필요성 주장

2 강화도 조약(조·일 수호 조규, 1876) ☆☆☆

배경	운요호 사건(1875)*을 빌미로 일본이 조선에 대해 문호 개방 강요		
내용	조항	주요 내용	의미
	1관	조선국은 자주의 나라, 일본과 평등한 권리 가짐.	**조선에 대한 청의 종주권 부정**
	4관·5관	조선국은 부산 외에 두 곳을 개항하고, 일본인이 왕래 통상함을 허가[부산(1876), 원산(1880), 인천(1883) 개항]	**경제적(부산), 군사적(원산), 정치적(인천) 침략 목적**
	7관	일본국의 항해자가 자유로이 해안을 측량하도록 허가	**해안 측량권 인정** / 결정적 자주권 침해
	10관	일본국 인민이 조선국 지정의 각 항구에 머무르는 동안에 죄를 범한 것은 모두 일본 관원이 심판함.	**치외 법권 인정** /
의의	조선이 **외국과 맺은 최초의 근대적 조약**, but 불평등 조약		
후속 조약	• 조·일 수호 조규 부록(1876. 8.): 개항장에서 일본 상인의 활동 범위(간행이정)를 사방 10리 이내로 제한, 개항장에서 일본 화폐 허용, 일본 외교관의 국내 여행 허용 • 조·일 무역 규칙(통상 장정, 1876. 8.): 일본의 수출입 상품에 대한 무관세, 무항세, 양곡의 무제한 유출 cf 1883년 (개정) 조·일 통상 장정: 수출입 상품에 대한 관세(10%), 최혜국 대우 규정, 방곡령 조항 제시		

* **「조선책략」**
청나라 외교인 황쭌셴의 저서로, 2차 수신사 김홍집이 가지고 와서 1880년에 고종에게 바친 책. 러시아를 막기 위해 '친중국(親中國), 결일본(結日本), 연미방(聯美邦)' 할 것을 주장함.

3 조·미 수호 통상 조약(1882) ☆☆☆

배경	『조선책략』*의 영향, 청의 알선		
내용	조항	주요 내용	의미
	1관	제3국이 한쪽 정부에 부당하게 또는 억압적으로 행동할 때 다른 한쪽 정부는 원만한 타결을 위해 주선함.	거중 조정 규정
	2관	체결국은 각각 외교 대표를 상호 교환하여 양국의 수도에 주재시킴.	• 초대 공사 푸트(Foote) 부임 • **보빙사 파견(1883)** ➡ 박정양을 미국 공사로 파견(1887)
	4관	치외 법권은 잠정적으로 함.	치외 법권 인정 ➡ 불평등 조약
	5관	무역을 목적으로 조선국에 오는 미국 상인 및 상선은 모든 수출입 상품에 대하여 관세를 지불해야 함.	관세 협정 체결
	14관	조약을 체결한 뒤에 통상 무역 상호 교류 등에서 본 조약에 부여되지 않은 어떠한 권리나 특혜를 다른 나라에 허가할 때에는 자동적으로 미국 관민에게도 똑같이 주어짐.	**최혜국 대우** ➡ 불평등 조약
의의	서구 국가와 맺은 최초의 조약(협정 관세, 최혜국 대우, 거중 조정 조항 포함)		

🔍 **최혜국 대우**
통상·항해 조약 등에서 한 나라가 어떤 외국에 부여하고 있는 가장 유리한 대우를 상대국에도 부여하는 일

4 여러 나라와의 수교

1. 서양

청의 중재	미국(1882), 영국(1883), 독일(1883), 프랑스(1886, 천주교의 선교 인정 문제로 지연)	불평등 조약 (치외 법권, 최혜국 대우 인정)
직접 수교	러시아(1884, 청과 일본의 견제로 지연)	

2. 청: 조·청 상민 수륙 무역 장정(1882)

배경	임오군란을 계기로 내정 간섭을 강화한 청이 조선에 대한 경제적 침략을 강화하기 위해 체결
내용	조선이 청의 속방(屬方)이라는 것을 명시, 치외 법권, 청 상인의 내지 통상권, 연안 어업권 등을 규정
영향	최초 내지 통상권 허용 ➡ 조선 상인(객주, 여각, 보부상 등)의 활동 위축, 청 상인과 일본 상인 간의 무역 경쟁 심화

한능검 콕콕 자료

1. **연미론(聯美論)의 대두**
   오늘날 조선의 급선무는 러시아를 막는 일보다 더 급한 것이 없다. 러시아를 막는 책략은 어떠한가. 중국과 친하고 일본과 맺고 미국과 이어짐으로써 자강을 도모할 따름이다. …… 미국의 강성함은 유럽의 여러 대지와 더불어 동서양 사이에 끼어 있기 때문에 항상 약소한 자를 돕고 공의(公儀)를 유지하여 유럽 사람에게 함부로 악한 짓을 못하게 하고 있다.
   황쭌셴, 『조선책략』

2. **강화도 조약의 불평등 경제 조약**
   제4관 조선국은 부산 외에 두 개 항구를 개항하고 일본인이 왕래 통상함을 허가한다.
   제7관 조선국은 일본국의 항해자가 자유로이 해안을 측량하도록 허가한다.
   제9관 양국 관리는 양국 인민의 자유로운 무역 활동에 일체 간섭하지 않는다.
   제10관 일본국 인민이 조선국이 지정한 각 항구에서 죄를 범할 경우 일본국 관원이 재판한다.

3. **조·미 수호 통상 조약(1882)**
   조선국이 어느 때든지 어느 국가나 어느 나라 상인에게 본 조약에 의하여 부여되지 않는 어떤 특혜를 허가할 때는 이와 같은 특혜는 미합중국의 관민과 상인 및 공민에게도 무조건 균점된다.

4. **조·청 상민 수륙 무역 장정(1882)**
   오직 이번에 체결하는 장정은 중국이 속방을 후대하는 뜻에서 나온 것인 만큼 다른 각국과 일체 균점(均霑)하는 예와 다르다.
   제4조 조선 상민(商民)은 베이징에 있는 자를 제외하고는 규정에 따라 교역을 할 수 있도록 한다. 또한, 중국 상민이 조선의 양화진과 서울에 들어가 행상을 하거나 영업소를 차릴 수 있도록 하되, 여러 물건을 모아서 내륙 지방에 운반하여 점포를 차려 놓고 팔 경우는 지방관의 허가를 받도록 한다.

5. **개정 조·일 통상 장정(1883)**
   제37조 만약 조선국에 가뭄·수해·병란(兵亂) 등의 일이 있어 국내 식량 결핍을 우려하여 조선 정부가 잠정적으로 양미(糧米)의 수출을 금지하고자 할 때에는, 반드시 먼저 1개월 전에 지방관이 일본 영사관에 통고해야 한다. 또한, 그러한 시기를 미리 항구의 일본 상민에게 예고하여 그대로 준수해야 한다.

테마 39 실전문제

외세와의 불평등 조약

주요 정답 키워드 # 부산 외 2곳의 항구 개항 # 운요호 사건 # 조·일 수호 조규의 후속 조치

1. 밑줄 그은 '조약'에 대한 설명으로 옳은 것은? ▶ 43회

이번에 우리 측 대표 신헌과 일본 측 대표 구로다가 조약을 체결했다는군.

그렇다네. 작년에 일어났던 운요호 사건을 빌미로 일본이 요구했다더군.

① 방곡령을 선포할 수 있는 조항을 명시하였다.
② 메가타가 재정 고문으로 부임하는 근거가 되었다.
③ 외국에 대한 최혜국 대우를 처음으로 규정하였다.
④ 부산 외 2곳에 개항장이 설치되는 결과를 가져왔다.
⑤ 고종이 헤이그에 특사를 파견하여 부당성을 알리고자 하였다.

2. (가), (나) 조약 사이의 시기에 볼 수 있는 모습으로 가장 적절한 것은? ▶ 71회

> (가) 부산항에서 일본국 인민이 통행할 수 있는 도로 이정(里程)은 부두로부터 기산하여 조선 이법(里法)으로 동서남북 직경 10리로 정한다. 동래부는 이정 밖에 있지만 특별히 왕래할 수 있다. 일본국 인민은 마음대로 통행하며 조선 토산물과 일본국 물품을 사고팔 수 있다.
>
> (나) 통상 지역에서 조선 이법 100리 이내, 혹은 장래 양국 관원이 서로 의논하여 정하는 경계 안에서 영국 인민은 여행증명서 없이 마음대로 돌아다닐 수 있다. 여행증명서를 지닌 영국 인민은 조선 각지를 돌아다니며 통상하거나, 각종 화물을 들여와 팔거나(단, 조선 정부가 불허한 서적·인쇄물 등은 제외), 일체 토산물을 구매할 수 있다.

① 거문도를 불법으로 점거하는 영국 군인
② 남연군 묘의 도굴을 시도하는 독일 상인
③ 부산 절영도의 조차를 요구하는 러시아 공사
④ 조청 상민 수륙 무역 장정을 체결하는 청 관리
⑤ 톈진 조약에 따라 조선에서 철수하는 일본 군인

한눈에 보는 해설

→ 강화도 조약(1876)
밑줄 그은 '조약'에 대한 설명으로 옳은 것은?

이번에 우리 측 대표 신헌과 일본 측 대표 구로다가 조약을 체결했다는군.

그렇다네. 작년에 일어났던 **운요호 사건**을 빌미로 일본이 요구했다더군. → 강화도 조약의 원인

④ 강화도 조약 체결 결과 부산(1876), 원산(1880), 인천(1883)이 개항되었다.

선지 분석하기
① 방곡령을 선포할 수 있는 조항을 명시하였다. ➡ 개정 조·일 통상 장정(1883)
② 메가타가 재정 고문으로 부임하는 근거가 되었다. ➡ 제1차 한·일 협약(1904)
③ 외국에 대한 최혜국 대우를 처음으로 규정하였다. ➡ 조·미 수호 통상 조약(1882)
⑤ 고종이 헤이그에 특사를 파견하여 부당성을 알리고자 하였다. ➡ 고종은 을사늑약(1905)의 부당성을 알리기 위해 1907년 헤이그에 특사 파견

한눈에 보는 해설

→ (가) 조·일 수호 조규 부록(1876), (나) 조·영 통상 조약(1883)
(가), (나) 조약 사이의 시기에 볼 수 있는 모습으로 가장 적절한 것은?

(가) **부산항**에서 **일본국 인민이 통행할 수 있는 도로 이정(里程)**은 부두로부터 기산하여 조선 이법(里法)으로 **동서남북 직경 10리로 정한다**. 동래부는 이정 밖에 있지만 특별히 왕래할 수 있다. 일본국 인민은 마음대로 통행하며 조선 토산물과 일본국 물품을 사고팔 수 있다.

(나) **통상 지역에서** 조선 이법 100리 이내, 혹은 장래 양국 관원이 서로 의논하여 정하는 경계 안에서 **영국 인민은 여행증명서 없이 마음대로 돌아다닐 수 있다.** 여행증명서를 지닌 영국 인민은 조선 각지를 돌아다니며 통상하거나, 각종 화물을 들여와 팔거나(단, 조선 정부가 불허한 서적·인쇄물 등은 제외), 일체 토산물을 구매할 수 있다.

④ 1882년에 조·청 상민 수륙 무역 장정을 체결하였다.

선지 분석하기
① 거문도를 불법으로 점거하는 영국 군인 ➡ 거문도 사건(1885)
② 남연군 묘의 도굴을 시도하는 독일 상인 ➡ 오페르트 도굴 사건(1868)
③ 부산 절영도의 조차를 요구하는 러시아 공사 ➡ 절영도 사건(1889)
⑤ 톈진 조약에 따라 조선에서 철수하는 일본 군인 ➡ 톈진 조약(1885)

조·미 수호 통상 조약

주요 정답 키워드 # 서양 국가와 맺은 최초 조약 # 최혜국 대우 # 거중 조정

3. 다음 조약에 대한 설명으로 옳은 것은? ▶41회

> 제1관   사후 대조선국 군주와 대미국 대통령과 아울러 그 인민은 각각 모두 영원히 화평하고 우호를 다진다. 만약 타국이 어떤 불공평하게 하고 경시하는 일이 있으면 통지를 거쳐 반드시 서로 도와주며 중간에서 잘 조정해 두터운 우의와 관심을 보여준다.
> ⋮
> 제14관   현재 양국이 의논해 정한 이후 대조선국 군주가 어떤 혜택·은전의 이익을 타국 혹은 그 나라 상인에게 베풀면 …… 미국과 그 상인이 종래 점유하지 않고 이 조약에 없는 것 또한 미국 관민이 일체 균점하도록 승인한다.

① 양곡의 무제한 유출 조항을 포함하고 있다.
② 외국 상인의 내지 통상권을 최초로 규정하였다.
③ 청의 알선으로 서양 국가와 맺은 최초의 조약이다.
④ 스티븐스가 외교 고문으로 부임하는 계기가 되었다.
⑤ 부산, 원산, 인천에 개항장이 설치되는 결과를 가져왔다.

한눈에 보는 해설

→ 조·미 수호 통상 조약(1882)

다음 조약에 대한 설명으로 옳은 것은?

> 제1관   **사후 대조선국 군주와 대미국 대통령과 아울러 그 인민은 각각 모두 영원히 화평하고 우호를 다진다.** 만약 타국이 어떤 불공평하게 하고 경시하는 일이 있으면 통지를 거쳐 반드시 서로 도와주며 중간에서 잘 조정해 두터운 우의와 관심을 보여준다.
> 제14관   현재 양국이 의논해 정한 이후 **대조선국 군주가 어떤 혜택·은전의 이익을 타국 혹은 그 나라 상인에게 베풀면 …… 미국과 그 상인이 종래 점유하지 않고 이 조약에 없는 것 또한 미국 관민이 일체 균점하도록 승인한다.** → 최혜국 조항

③ 러시아를 견제하기 위한 청의 알선으로 서양 국가 중 최초로 미국과 조약을 체결하였다.

선지 분석하기
① 양곡의 무제한 유출 조항을 포함하고 있다. ➡ 조·일 무역 규칙(or 조·일 통상 장정, 1876)
② 외국 상인의 내지 통상권을 최초로 규정하였다. ➡ 조·청 상민 수륙 무역 장정 (1882)
④ 스티븐스가 외교 고문으로 부임하는 계기가 되었다. ➡ 제1차 한·일 협약(1904)
⑤ 부산, 원산, 인천에 개항장이 설치되는 결과를 가져왔다. ➡ 강화도 조약(or 조·일 수호 조규, 1876)

조·청 상민 수륙 무역 장정

주요 정답 키워드 # 임오군란 # 내지 통상권

4. 다음 조약이 맺어진 배경으로 가장 적절한 것은? ▶44회

> 제1조   중국 상무위원은 개항한 조선의 항구에 주재하면서 본국의 상인을 돌본다. …… 중대한 사건을 맞아 조선 관원과 임의로 결정하기가 어려울 경우 북양 대신에게 청하여 조선 국왕에게 공문서를 보내 처리하게 한다.
> 제2조   중국 상인이 조선 항구에서 개별적으로 고소를 제기할 일이 있을 경우 중국 상무위원에게 넘겨 심의 판결한다. 이밖에 재산 문제에 관한 범죄 사건에 조선 인민이 원고가 되고 중국 인민이 피고일 때에도 중국 상무위원이 체포하여 심의 판결한다.

① 영국이 거문도를 불법 점령하였다.
② 청·일 전쟁에서 일본이 승리하였다.
③ 구식 군인들이 임오군란을 일으켰다.
④ 시전 상인들이 철시 투쟁을 전개하였다.
⑤ 운요호가 강화도에 접근하여 무력 시위를 벌였다.

한눈에 보는 해설

→ 조·청 상민 수륙 무역 장정(1882)

다음 조약이 맺어진 배경으로 가장 적절한 것은?

> 제1조   **중국 상무위원**은 개항한 조선의 항구에 주재하면서 본국의 상인을 돌본다. …… 중대한 사건을 맞아 조선 관원과 임의로 결정하기가 어려울 경우 북양 대신에게 청하여 조선 국왕에게 공문서를 보내 처리하게 한다.
> 제2조   **중국 상인이 조선 항구에서 개별적으로 고소를 제기할 일이 있을 경우 중국 상무위원에게 넘겨 심의 판결한다.** 이밖에 재산 문제에 관한 범죄 사건에 조선 인민이 원고가 되고 중국 인민이 피고일 때에도 중국 상무위원이 체포하여 심의 판결한다.

③ 조·청 상민 수륙 무역 장정(1882)은 구식 군인들이 일으킨 임오군란의 결과 맺은 조약이다.

선지 분석하기
① 영국이 거문도를 불법 점령하였다. ➡ 거문도 사건(1885)
② 청·일 전쟁에서 일본이 승리하였다. ➡ 청·일 전쟁(1894~1895)
④ 시전 상인들이 철시 투쟁을 전개하였다. ➡ 조·청 상민 수륙 무역 장정(1882)의 체결 결과
⑤ 운요호가 강화도에 접근하여 무력 시위를 벌였다. ➡ 강화도 조약(1876)의 체결 배경

테마 40 정부의 개화 정책 및 위정척사 사상

출제 POINT
개화 정책을 위해 설치한 기구의 특징과 『조선책략』 유포 이후의 상황을 묻는 문제가 주로 출제된다.

🏛 **정부의 개화 정책**

- 1876 ○ 1차 수신사 김기수 파견(일)
- 1880 ○ 2차 수신사 김홍집 파견(일)
  ○ 정부, 통리기무아문 설치
- 1881 ○ 조사 시찰단 파견(일)
  ○ 영선사 파견(청)
  ○ 정부, 별기군 설치
- 1883 ○ 보빙사 파견(미)

🔍 **동양 삼국의 개화사상**

조선	개화사상	동도서기(東道西器)
청	양무운동	중체서용(中體西用)
일본	문명개화론	화혼양재(和魂洋才)

✱ 통리기무아문(1880~1882)
1880년(고종 17) 12월 청나라 제도를 본떠 조직한 관청으로 군국기밀과 일반 정치를 두루 맡아봄. 1882년 6월 임오군란을 계기로 대원군이 재집권하자 폐지됨.

✱ 별기군
- 1881년에 설치된 신식 군대
- 일본 교관을 초빙
- 양반 자제 100명을 사관생도화
- 임오군란 원인 중의 하나로, 군란을 계기로 폐지됨.

1 정부의 개화 정책 ★★

1. 개화사상의 대두

시대적 배경	청과 일본의 문호 개방
사상적 배경	북학파 실학 사상 계승 + 청의 **양무운동**과 일본의 **문명개화론**의 영향

→ 중국의 전통적인 제도는 유지, 서양의 근대적 기술을 받아들이자.
→ 서양의 기술뿐만 아니라 제도와 사상, 그리고 문화까지 받아들이자.

📋 **개화파의 형성 및 발전 과정**

18세기	1860년대	1870년대 초	1880년대(개화사상의 2원화)		1890년대
북학 사상	**통상 개화론**	**개화사상**	**온건 개화파**(동도서기론)	**급진 개화파**(문명개화론)	**독립 협회**
박지원 홍대용 박제가 이덕무	박규수 오경석 유홍기 이동인	김윤식 김홍집 김옥균 박영효 어윤중	김윤식·김홍집· 어윤중	김옥균·박영효· 홍영식·서광범	국권·민권 수호 운동
			청의 양무운동 모델(전제 군주제)	일본의 문명개화론 모델(입헌 군주제) ➡ 갑신정변	

2. 정부의 개화 정책

제도 개편	• 관제 개편: **통리기무아문**✱(1880~1882)과 산하에 12사 설치 • 군제 개편: 5군영 ➡ 2영(무위영·장어영), **별기군**✱(신식 군대) 창설(일본식 군사 훈련)	
해외 시찰단	수신사 (일본)	• 1차(1876): 강화도 조약 체결 후 일본의 요청으로 김기수 등 파견 ➡ 귀국 후 김기수는 『일동기유』, 『수신사일기』 저술 • 2차(1880): **김홍집** 등 파견, 황쭌셴(청의 외교관)의 『**조선책략**』을 들여옴. • 3차(1882): 임오군란 직후 제물포 조약에 따라 사과를 위해 박영효, 서광범 등 파견
	조사 시찰단 (1881, 일본)	박정양, 어윤중, 홍영식, 유길준 등 총 62명 파견(일명 신사 유람단)
	영선사 (1881, 청)	김윤식 인솔하에 38명의 학도와 장인(匠人)을 톈진으로 파견, 청의 무기 제조법과 근대적 군사 제도 학습 ➡ 경비 부족으로 1년 만에 입국 ➡ **기기창**(근대적 무기 제조 공장, 1883) 설치
	보빙사 (1883, 미국)	조·미 수호 통상 조약 체결 후 민영익, 홍영식, 서광범, 유길준 등이 파견되어 미국 아서 대통령 접견 ➡ 신식 우편 제도 및 농업 기술 등 수용

✧ 보빙사

✧ 보빙사가 미국 대통령을 만남.

2 위정척사 운동 ★★

→ 정학(正學)과 정도(正道)를 지키고 사학(邪學)과 이단을 물리친다는 뜻

1. 위정척사 사상의 대두

시대적 배경	정부의 개화 정책과 외세의 침략에 대해 유생층이 반발
사상적 배경	성리학을 수호, 성리학 이외의 모든 종교와 사상을 배격 ➡ 유생·양반 중심

2. 전개 과정

1860년대	통상 반대 운동, 척화 주전론 ➡ 흥선 대원군의 통상 수교 거부 정책 뒷받침(이항로, 기정진)
1870년대	개항 불가론, 왜양일체론(최익현의 '개항 반대 5불가소')
1880년대	• 정부의 개화 정책 추진 반대 ➡ 홍재학의 만언 척사소(1881) • 『조선책략』 유포 반발 ➡ 이만손의 영남 만인소(1881, 청은 원래부터 섬기던 나라, 일본은 우리에게 매여 있던 나라, 미국은 본래 모르던 나라, 러시아는 우리와 혐의가 없는 나라임을 주장)
1890년대	일본의 침략에 저항하는 항일 의병 운동으로 계승(을미의병, 1895, 유인석, 기우만 등)
한계	시대적 과제 제시 못함, 성리학적 세계관에서 벗어나지 못함.

🔍 최익현(1833~1906)
1. 1873년 대원군의 서원 철폐 항의 상소 올림.
2. 1876년 강화도 조약 당시 개항 반대 5불가소 ➡ 흑산도 유배
3. 1895년 을미사변 당시 청토역복의제소(請討逆復衣制疏) 올림.
4. 1905년 을사조약 당시 을사 5적(五賊) 처단을 주장한 청토오적소(請討五賊疏)를 올리고 의병 봉기 ➡ 대마도 감금(순국)

한능검 콕콕 자료

1. 개화사상
외국의 교(敎)는 사(邪)로서 마땅히 멀리해야 하지만, 그 기(器)는, 즉 리(利)로서 가히 이용후생의 바탕이 될 것인즉, 농·상·의약·배·수레 등의 종류는 어찌 이를 꺼려서 멀리하겠는가? 『일성록』, 고종 19년 9월 5일, 곽기락의 상소

2. 최익현의 왜양일체론에 대한 5불가소
일단 강화를 맺으면 물자를 교역하게 되는데 저들의 상품은 모두 음사기완한 것이고 또 수공업품이므로 무한한 것이나, 우리의 물화는 필수품이며 땅에서 생산되는 유한한 것이므로 이내 우리는 황폐해질 것이다.

3. 황쭌셴의 『조선책략』
조선 땅덩어리는 실로 아시아의 요충을 차지하고 있어 형세가 반드시 다투게 마련이며, …… 그렇다면 오늘날 조선의 책략은 러시아를 막는 일보다 더 급한 것이 없을 것이다. 러시아를 막는 책략은 어떠한가? 중국과 친하고, 일본과 맺고, 미국과 이어짐으로써 자강을 도모할 따름이다.

4. 이만손의 영남 만인소
수신사 김홍집이 가져와 유포한 황쭌셴의 사사로운 책자를 보노라면 어느새 털끝이 일어서고 쓸개가 떨리며 울음이 복받치고 눈물이 흐릅니다.
중국은 우리가 신하로서 섬기는 바이며 해마다 옥과 비단을 보내는 수레가 요동과 계주를 이었습니다. …… 이제 무엇을 더 친할 것이 있겠습니까?
일본은 우리에게 매여 있던 나라입니다. …… 만약 그들이 우리의 허술함을 알고 충돌을 자행할 경우 이를 제지할 길이 없게 되는 것입니다.
미국은 우리가 본래 모르던 나라입니다. 갑자기 황쭌셴의 종용을 받고 우리 스스로가 끌어들인다면, 그들이 풍랑을 헤치고 험한 바닷길을 건너와 우리를 괴롭히고 우리의 재산을 약탈하거나, 저들이 우리의 약점을 잡아 어려운 청을 강요한다면 이를 어찌 감당하겠습니까?
러시아는 본래 우리와는 혐의(嫌疑)가 없는 나라입니다. 공연히 남의 이간을 듣고 우리의 위신을 손상시키거나 원교를 핑계로 근린을 배척하다가 만에 하나 환란이 일어나면 장차 이를 어찌하겠습니까?

테마 40 실전문제

통리기무아문

주요 정답 키워드 # 별기군 # 영선사 # 개화 정책 총괄 부서 # 12사

1. 다음 서술형 평가의 답안에 들어갈 내용으로 옳은 것은? ▶42회

서술형 평가 ○학년 ○○반 이름: ○○○

◎ 밑줄 그은 '이 기구'에서 추진한 정책을 서술하시오.

이 기구는 변화하는 국내외 정세에 대응하고 개화 정책을 총괄하기 위해 1880년에 설치되었다. 소속 부서로 외교 업무를 담당하는 사대사와 교린사, 중앙과 지방의 군사를 통솔하는 군무사, 외국과의 통상에 관한 일을 맡는 통상사, 외국어 번역을 맡은 어학사, 재정 사무를 담당한 이용사 등 12사가 있었다.

답안:

---

① 재판소를 설치하여 사법권을 독립시켰다.
② 미국과 합작하여 한성 전기 회사를 설립하였다.
③ 5군영을 2영으로 축소하고 별기군을 창설하였다.
④ 재정 문제를 해결하기 위해 당백전을 주조하였다.
⑤ 교육 입국 조서를 반포하고 외국어 학교 관제를 마련하였다.

해외 시찰단

주요 정답 키워드 # 영선사(기기창 설립) # 보빙사(미국 대통령 접견)

2. (가), (나) 사절단에 대한 설명으로 옳은 것은? ▶43회

나는 (가) (으)로서 학생과 기술자를 인솔하여 청으로 가서 전기, 화학 등 선진 과학 기술을 배우게 하고, 우리나라와 미국과의 조약 체결에 관한 일을 이홍장과 협의하였습니다.

나는 미국 공사의 부임에 대한 답례와 양국의 친선을 위해 파견된 (나) 의 전권대신으로 홍영식, 서광범 등과 미국 대통령 아서를 접견하고 국서와 신임장을 제출하였습니다.

① (가) – 귀국할 때 조선책략을 가지고 들어왔다.
② (가) – 무기 제조 공장인 기기창 설립의 계기를 마련하였다.
③ (나) – 보고 들은 내용을 해동제국기로 남겼다.
④ (나) – 해국도지, 영환지략을 들여와 국내에 소개하였다.
⑤ (가), (나) – 암행어사 형태로 비밀리에 파견되었다.

한눈에 보는 해설

다음 서술형 평가의 답안에 들어갈 내용으로 옳은 것은?

◎ 밑줄 그은 '이 기구'에서 추진한 정책을 서술하시오.

— 통리기무아문 — 이 기구는 변화하는 <mark>국내외 정세에 대응하고 개화 정책을 총괄하기 위해 1880년에 설치</mark>되었다. 소속 부서로 외교 업무를 담당하는 사대사와 교린사, 중앙과 지방의 군사를 통솔하는 군무사, 외국과의 통상에 관한 일을 맡는 통상사, 외국어 번역을 맡은 어학사, 재정 사무를 담당한 이용사 등 <mark>12사</mark>가 있었다.

답안:

③ 정부의 개혁 기구인 통리기무아문(1880~1882)에서는 5군영을 무위영, 장어영의 2영으로 통합·개편하였으며, 신식 군대의 양성을 위하여 별기군을 창설하였다.

선지 분석하기
① 재판소를 설치하여 사법권을 독립시켰다. ➡ 제2차 갑오개혁(1895)
② 미국과 합작하여 한성 전기 회사를 설립하였다. ➡ 1898년
④ 재정 문제를 해결하기 위해 당백전을 주조하였다. ➡ 흥선 대원군 재위 시기
⑤ 교육 입국 조서를 반포하고 외국어 학교 관제를 마련하였다. ➡ 1895년

한눈에 보는 해설

→ (가) 영선사(1881), (나) 보빙사(1883)

(가), (나) 사절단에 대한 설명으로 옳은 것은?

나는 (가) (으)로서 <mark>학생과 기술자를 인솔하여 청으로 가서 전기, 화학 등 선진 과학 기술을 배우게</mark> 하고, 우리나라와 미국과의 조약 체결에 관한 일을 이홍장과 협의하였습니다.

나는 <mark>미국 공사의 부임에 대한 답례와 양국의 친선을 위해 파견된</mark> (나) 의 전권대신으로 홍영식, 서광범 등과 미국 대통령 아서를 접견하고 국서와 신임장을 제출하였습니다.

② 영선사로 파견된 일행은 소기의 성과를 거두지 못하고 1년 만에 귀국하였다. 그러나 이들의 활동을 계기로 서울에 근대 무기 제조 공장인 기기창(1883)이 세워지게 되었다.

선지 분석하기
① (가) – 귀국할 때 조선책략을 가지고 들어왔다. ➡ 2차 수신사(김홍집, 1880)
③ (나) – 보고 들은 내용을 해동제국기로 남겼다. ➡ 신숙주(성종)
④ (나) – 해국도지, 영환지략을 들여와 국내에 소개하였다. ➡ 역관 오경석의 활동
⑤ (가), (나) – 암행어사 형태로 비밀리에 파견되었다. ➡ 조사 시찰단(일본, 1881)

『조선책략』 유포 이후의 상황

3. 다음 가상 대화 이후 전개된 사실로 옳은 것을 〈보기〉에서 고른 것은? ▶47회

보기
㉠ 운요호 사건이 일어났다.
㉡ 전국에 척화비가 건립되었다.
㉢ 이만손 등이 영남 만인소를 올렸다.
㉣ 조·미 수호 통상 조약이 체결되었다.

① ㉠, ㉡   ② ㉠, ㉢
③ ㉡, ㉢   ④ ㉡, ㉣
⑤ ㉢, ㉣

주요 정답 키워드 # 영남 만인소 # 조·미 수호 통상 조약

4. 다음 상소가 올려진 이후의 사실로 옳은 것은? ▶39회

> 진실로 황준헌의 말처럼 러시아가 비록 병탄할 힘과 침략할 뜻이 있다고 해도, 장차 만 리 밖의 구원을 앉아 기다리면서 홀로 가까운 오랑캐들과 싸우겠습니까? 이야말로 이해 관계가 뚜렷한 것입니다. 지금 조정은 어찌 백해무익한 일을 해서 러시아 오랑캐에게는 없는 마음을 갖게 하고, 미국에게는 일도 아닌 것을 일로 삼게 하여 오랑캐를 불러 들이려 합니까?

① 조·미 수호 통상 조약이 체결되었다.
② 어재연 부대가 광성보에서 항전하였다.
③ 운요호가 강화도 초지진을 공격하였다.
④ 프랑스군이 외규장각 도서를 약탈하였다.
⑤ 제2차 수신사 김홍집이 조선책략을 들여왔다.

한눈에 보는 해설

『조선책략』 유포(1880)
다음 가상 대화 이후 전개된 사실로 옳은 것을 〈보기〉에서 고른 것은?

→ 『조선책략』의 주요 내용

㉢ 이만손 등의 영남 만인소 ➡ 1881년
㉣ 조·미 수호 통상 조약 체결 ➡ 1882년

선지 분석하기
㉠ 운요호 사건이 일어났다. ➡ 1875년
㉡ 전국에 척화비가 건립되었다. ➡ 1871년

한눈에 보는 해설

영남 만인소(1881)
다음 상소가 올려진 이후의 사실로 옳은 것은?

> 진실로 **황준헌**의 말처럼 러시아가 비록 병탄할 힘과 침략할 뜻이 있다고 해도, 장차 만 리 밖의 구원을 앉아 기다리면서 홀로 가까운 오랑캐들과 싸우겠습니까? 이야말로 이해 관계가 뚜렷한 것입니다. **지금 조정은 어찌 백해무익한 일을 해서 러시아 오랑캐에게는 없는 마음을 갖게 하고, 미국에게는 일도 아닌 것을 일로 삼게 하여 오랑캐를 불러 들이려 합니까?**

① 조·미 수호 통상 조약 체결 ➡ 1882년

선지 분석하기
② 어재연 부대가 광성보에서 항전하였다. ➡ 신미양요(1871)
③ 운요호가 강화도 초지진을 공격하였다. ➡ 운요호 사건(1875)
④ 프랑스군이 외규장각 도서를 약탈하였다. ➡ 병인양요(1866)
⑤ 제2차 수신사 김홍집이 조선책략을 들여왔다. ➡ 『조선책략』 유포(1880)는 영남 만인소 사건(1881)이 발생하게 된 배경

테마 41 임오군란과 갑신정변

출제 POINT
임오군란과 갑신정변의 배경 및 전개 과정을 묻는 문제가 주로 출제된다.

1 임오군란(1882) ★★

배경	• **구식 군대에 대한 차별 대우**: 13개월치 봉급 미지급, 별기군 우대 • 도시 빈민층의 불안: 일본의 쌀 대량 매입 ➡ 국내 쌀값 폭등 등
전개 과정	• 구식 군인들이 봉기를 일으킴. ➡ 일본 공사관 습격, 도시 빈민도 합세, 궁궐 침입, 민비는 충주로 피신 ➡ 흥선 대원군 재집권, 별기군·통리기무아문 폐지 등 개화 정책 무효화 • 민씨 세력의 재집권: 민씨 정권의 청군 파병 요청 ➡ 청군의 군란 진압 및 흥선 대원군을 청에 압송 ➡ 민씨 일파 재집권
결과 — 청	• 내정 간섭 강화: 군대 주둔, 고문 파견[마젠창(세무·행정 고문)·묄렌도르프(외교 고문)] • **조·청 상민 수륙 무역 장정** 체결(1882): 조선에 대한 청의 종주권[속방(屬邦)] 명시, 치외 법권, **청 상인의 내지 통상 허용**
결과 — 일본	• **제물포 조약**(1882): **일본 공사관의 경비병 주둔 허용**, 배상금 지급, 3차 수신사 박영효 파견 • 조·일 수호 조규 (부록) 속약(1882): 일본 상인의 활동 범위 개항장 사방 50리, 2년 뒤 100리로 확대

2 1880년대 개화운동의 두 방향: 온건 개화파와 급진 개화파

구분	대표 인물	개화의 모델	개혁의 방법
온건 개화파 (사대당)	김홍집, 김윤식, 어윤중 등 + 민씨 정권	청의 양무운동	• 점진적 개혁 ➡ 동도서기론 • 청과 사대 관계 주장
급진 개화파 (개화당)	김옥균, 박영효, 홍영식, 서광범 등 소장파 관료들	일본의 메이지 유신	• 급진적 개혁 ➡ 문명개화론 • 청의 간섭을 물리쳐 자주독립 • 일본 차관 도입 주장

3 갑신정변(1884): 위로부터의 개혁 ★★★

배경	친청 세력의 개화파 탄압, 청·프 전쟁으로 조선 내 청군 일부 철수, 일본 공사의 지원 약속
전개 과정	**우정국 축하연에서 사대당 요인들 살해** ➡ 왕과 왕비를 경우궁(순조의 생모 사당)으로 이동 ➡ **김옥균·박영효·홍영식(우정총판)·서광범 등을 중심으로 개화당 정부 수립, 14개조 개혁 요강** 발표 ➡ 청군의 개입(창덕궁 공격) ➡ 개화당 홍영식·박영교 등 피살, 김옥균·박영효·서광범·서재필 등은 일본 망명
14개조 개혁 주요 요강	• **청에 잡혀간 흥선 대원군 귀국, 청에 대한 사대 폐지** • 신분제 폐지 및 능력에 따른 인재 등용, 내시부 폐지 • 지조법(조세) 개혁, 규장각 폐지, 근대적 경찰 제도(순사) 도입 • 혜상공국(보부상 특혜 기관) 폐지 • 재정 기관을 호조로 일원화 • **내각 권한 강화(입헌 군주제)**: 의정부·6조 외 불필요한 기관 폐지, 의정부에서 정령 의결 및 반포

✧ 갑신정변의 주역들 | 왼쪽부터 박영효, 서광범, 서재필, 김옥균

✧ 갑신정변 전개 과정

결과	• 청의 내정 간섭 강화 • **한성 조약**(조·일, 1885): 일본에 배상금 지불, 일본 공사관 신축 비용 부담 • **톈진 조약**(청·일, 1885): 조선에서 청·일 양국군 철수, 장차 조선에 파병할 경우 상대국에게 미리 통보(일본은 청과 동등하게 조선에 대한 파병권 획득)
의의와 한계	• 의의: 전제 군주제를 입헌 군주제로 바꾸려는 정치 개혁을 최초로 시도, 봉건적 신분 제도 타파 주장, 위로부터의 개혁 운동 • 한계: 일반 민중의 지지 미약, 외세에 의존, 토지 제도 개혁 ×

갑신정변 실패 이후 주도 세력의 활동

김옥균은 10년간 일본에서 망명 생활을 하면서 일본과의 협력을 모색하였고, 상하이로 이홍장을 만나러 갔다가 자객 홍종우에게 암살당함. 박영효·서광범·서재필은 1885년 미국으로 건너갔고, 1894년 박영효와 서광범은 귀국하여 2차 갑오개혁에 참여함.

4 갑신정변 이후의 국내외 정세

국내외 상황	• 러시아의 남하 정책: 조·러 통상 조약(1884) 체결 • **거문도 사건**(1885~1887): 영국은 러시아의 남하를 저지하기 위해 거문도를 점령
중립화론 대두	**부들러**(독일 영사), **유길준** 등 중립국 주장
방곡령 사건 (1889)	일본의 경제적 침략 본격: 지나친 곡물 유출 ➡ 함경도와 황해도 지방에서는 곡물 수출을 금하는 방곡령을 선포, but **개정 조·일 통상 장정(1883)** 에 의해 실패 └ 방곡령을 선포할 경우 1개월 전에 상대국에 예고해야 하는 조·일 통상 장정의 규정을 위배했다는 절차상 문제를 트집 잡음.

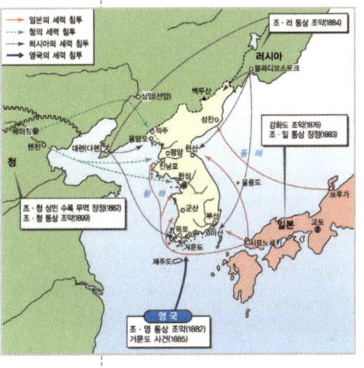

✦ 한반도를 둘러싼 외세의 각축

한능검 쏙쏙 자료

1. 임오군란
군졸들은 먼저 교동 이최응의 집을 부수고 벌벌 떨고 있는 이최응을 죽였다. 군병들은 다시 살아날까 염려하여 긴 창으로 항문을 찔러 창날이 머리와 뺨에 나오는 것을 확인하고서야 멈추었다. 그리고 나서 '장안의 민가 놈은 다 죽이겠다.'고 호언하면서 민겸호, 민태호, 민규호, 민두호, 민영익, 민치서, 민치상, 민영목, 민창식을 종로로 끌고 나와 난자하여 죽였다.
『저상일월』

2. 제물포 조약
제4관 흉도들의 포악한 행동으로 인하여 <u>일본국이 입은 손해와 공사(公使)를 호위한 육해군의 비용 중에서 50만 원을 조선국에서 보충[塡補]한다</u>(매년 10만 원씩 지불하여 5개년에 걸쳐 청산한다).
제5관 <u>일본 공사관에 군사 약간을 두어 경비를 서게 한다</u>(병영을 설치하거나 고치는 일은 조선국이 맡는다. 조선의 군사와 백성이 규약을 지킨 지 1년이 되어 일본 공사가 직접 경비가 필요치 않다고 할 때에는 군사를 철수해도 무방하다).
제6관 조선국 특파 대관이 국서를 가지고 일본국에 사과한다.

3. 톈진 조약
제1조 <u>청국은 조선에 주둔한 군대를 철수한다. 일본국은 공사관 호위를 위해 조선에 주재한 병력을 철수한다.</u>
제3조 <u>앞으로 만약 조선에 변란이나 중대 사건이 일어나 청·일 두 나라나 어떤 한 국가가 파병을 하려고 할 때에는 마땅히 그에 앞서 쌍방이 문서로서 알려야 한다.</u> 그 사건이 진정된 뒤에는 즉시 병력을 전부 철수시킨다.

4. 유길준의 중립국 구상
우리나라가 아시아의 중립국이 되는 것은 러시아를 막는 중요한 계기가 될 것이며, 또 아시아의 대국들이 서로 균형을 이루는 정략도 될 것이다. …… 오직 중립 한 가지만이 진실로 우리나라를 지키는 방책이지만, 이를 우리가 먼저 제창할 수 없으니, 중국이 이를 맡아서 처리해 주도록 청하는 것이 좋을 듯하다.
『유길준 전서』

테마 41 실전문제

사건 순서

주요 정답 키워드 # 통리기무아문 설치 # 임오군란 # 갑신정변 # 거문도 점령

1. (가)~(라)를 일어난 순서대로 옳게 나열한 것은? ▶ 43회

> (가) 의정부에서 아뢰기를, "아문을 설치하는 일에 대해서 이미 연석에서 하교하셨으니 …… 신들이 충분히 상의한 다음 설치하기에 합당한 것을 절목으로 써서 드립니다."라고 하니 [왕이] 알았다고 답하였다. 【절목】1. 아문의 호칭은 통리기무아문으로 한다.
>
> (나) 대원군에게 군국사무를 처리하라는 명이 내려지자 대원군은 궐내에서 거처하며 …… 5군영의 군사 제도를 복구하라는 명령을 내려 군량을 지급하도록 하였다. 그리고 난병들은 물러가라는 명을 내리고 대사면령을 내렸다.
>
> (다) 민영익이 우영사로서 우정국 낙성연에 참가하였다가 흉도 여러 명이 휘두른 칼에 맞아 당상 위로 돌아와 쓰러졌다. …… 왕이 경우궁으로 처처를 옮기자 각 비빈과 동궁도 황급히 따라갔다.
>
> (라) 김윤식이 영국 총영사 아스톤에게 거문도를 점거한 지 3개월이 경과하였을 뿐 아니라 우리나라 조야의 여론이 비등하고 있으므로 속히 섬을 점거하고 있는 군대를 철수시킬 것을 요청하였다.

① (가) - (나) - (다) - (라)
② (가) - (나) - (라) - (다)
③ (나) - (가) - (다) - (라)
④ (나) - (가) - (라) - (다)
⑤ (다) - (나) - (가) - (라)

임오군란

주요 정답 키워드 # 제물포 조약(일본 공사관에 경비병 주둔) # 청의 내정 간섭 시작

2. 다음 자료에 나타난 사건에 대한 설명으로 옳은 것은? ▶ 46회

> 난군(亂軍)이 궐을 침범하였다는 소식을 들었다. 이때에 나라 재정이 고갈되어 각 영이 군인에게 지급할 봉급을 몇 개월 동안 지급하지 못하였다. 영에 소속된 군인이 어느 날 밤에 부대를 조직하고 갑자기 궐내로 진입하여 멋대로 난리를 일으켰다. 중전의 국상(國喪)이 공포되자 선생은 가평 관아로 달려가 망곡례를 행하였다. 얼마 후 국상이 와전되어 사실이 아님을 알고, 군중과는 달리 상복을 입지 않고 집 밖으로 나가지 않았다.
> 「성재집」

① 통감부의 방해와 탄압으로 실패하였다.
② 통리기무아문이 설치되는 배경이 되었다.
③ 홍범 14조를 개혁의 기본 방향으로 제시하였다.
④ 일본 공사관에 경비병이 주둔하는 계기가 되었다.
⑤ 김기수가 수신사로 일본에 파견되는 결과를 가져왔다.

한눈에 보는 해설

(가)~(라)를 일어난 순서대로 옳게 나열한 것은?

① (가) 통리기무아문 설치(1880) ➡ (나) 임오군란(1882) ➡ (다) 갑신정변(1884) ➡ (라) 거문도 사건(1885)

한눈에 보는 해설

다음 자료에 나타난 사건(임오군란(1882))에 대한 설명으로 옳은 것은?

④ 임오군란 결과 체결된 제물포 조약(1882)에서 일본에게 배상금을 지급하고, 일본 공사관에 경비병 주둔을 허용하였다.

선지 분석하기

① 통감부의 방해와 탄압으로 실패하였다. ➡ 통감부 설치(1906)
② 통리기무아문이 설치되는 배경이 되었다. ➡ 통리기무아문 설치(1880)
③ 홍범 14조를 개혁의 기본 방향으로 제시하였다. ➡ 갑오개혁(1894)
⑤ 김기수가 수신사로 일본에 파견되는 결과를 가져왔다. ➡ 강화도 조약 체결 이후 일본의 요청으로 김기수가 1차 수신사(1876)로 일본에 파견됨.

갑신정변

주요 정답 키워드　# 청·프 전쟁　# 우정총국 개국 축하연　# 14개조 개혁안

3. (가)에 대한 설명으로 옳은 것은?　▶ 70회

① 전개 과정에서 집강소가 설치되었다.
② 수신사가 파견되는 데 영향을 주었다.
③ 한성 조약이 체결되는 결과를 가져왔다.
④ 사태 수습을 위해 박규수가 안핵사로 파견되었다.
⑤ 구식 군인에 대한 차별 대우가 발단이 되어 일어났다.

4. 밑줄 그은 '개혁'에 대한 설명으로 옳은 것을 〈보기〉에서 고른 것은?　▶ 44회

외무성 아시아국장 카프니스트 백작님께

요즘 상하이에 거주하는 유럽인들이 조선인 망명자 살해 사건으로 들썩이고 있습니다. 그는 일본인들의 협력을 기반으로 새로운 질서를 마련하기 위해 청·프 전쟁이 벌어진 틈을 타서 자기의 뜻을 펼치기 시작하였습니다. 이에 [정변을 일으켜] 기존의 대신들을 대부분 몰아내고, 스스로 참판에 오르는 등 새로운 관료 조직을 구성하였습니다. 그러나 일본에 대한 뿌리 깊은 증오심으로 조선 민중은 일본인들의 협력을 전제로 한 그의 <u>개혁</u>에 적대감을 갖게 되었습니다. ……

베이징 주재 러시아 공사 보르

〈보기〉
㉠ 집강소를 중심으로 시행되었다.
㉡ 토지의 균등 분배를 추진하였다.
㉢ 청의 군사 개입으로 실패하였다.
㉣ 국가 재정을 호조로 일원화하고자 하였다.

① ㉠, ㉡　② ㉠, ㉢　③ ㉡, ㉢
④ ㉡, ㉣　⑤ ㉢, ㉣

한눈에 보는 해설

→ 갑신정변(1884)
(가)에 대한 설명으로 옳은 것은?

③ 갑신정변 결과 일본과 조선은 한성 조약을, 일본과 청은 톈진 조약을 체결하였다.

선지 분석하기
① 전개 과정에서 집강소가 설치되었다. ➡ 동학 농민 운동(1894)
② 수신사가 파견되는 데 영향을 주었다. ➡ 강화도 조약(1876)을 계기로 수신사 파견
④ 사태 수습을 위해 박규수가 안핵사로 파견되었다. ➡ 임술민란(1862)
⑤ 구식 군인에 대한 차별 대우가 발단이 되어 일어났다. ➡ 임오군란(1882)

한눈에 보는 해설

→ 갑신정변(1884)
밑줄 그은 '개혁'에 대한 설명으로 옳은 것을 〈보기〉에서 고른 것은?

외무성 아시아국장 카프니스트 백작님께 → 1894년 김옥균 암살 사건

요즘 상하이에 거주하는 유럽인들이 조선인 망명자 살해 사건으로 들썩이고 있습니다. 그는 일본인들의 협력을 기반으로 새로운 질서를 마련하기 위해 → 김옥균
청·프 전쟁이 벌어진 틈을 타서 자기의 뜻을 펼치기 시작하였습니다. 이에 [정변을 일으켜] 기존의 대신들을 대부분 몰아내고, 스스로 참판에 오르는 등 새로운 관료 조직을 구성하였습니다. 그러나 일본에 대한 뿌리 깊은 증오심으로 조선 민중은 일본인들의 협력을 전제로 한 그의 개혁에 적대감을 갖게 되었습니다. ……
베이징 주재 러시아 공사 보르

㉢ 갑신정변은 청나라 군대가 왕궁(창덕궁)을 포위하여 일본군과의 총격전 끝에 왕을 구출함으로써 3일 만에 실패하게 되었다.
㉣ 갑신정변 세력들은 14개조 개혁 요강에서 모든 재정은 호조에서 일원화 할 것을 주장하였다.

선지 분석하기
㉠ 집강소를 중심으로 시행되었다. ➡ 동학 농민 운동(폐정 개혁안 12개조)
㉡ 토지의 균등 분배를 추진하였다. ➡ 동학 농민 운동(폐정 개혁안 12개조)

테마 41_ 임오군란과 갑신정변

테마 42 동학 농민 운동과 갑오개혁

출제 POINT
동학 농민 운동의 전개 과정과 갑오개혁의 내용을 묻는 문제가 주로 출제된다.

1894~1895년 주요 연표

- 1894 ○ 동학 농민 운동
  - ○ 청·일 전쟁 발발
  - ○ 1차 갑오개혁
- 1895 ○ 2차 갑오개혁
  - ○ 시모노세키 조약 체결
  - ○ 삼국 간섭
  - ○ 을미사변
  - ○ 을미개혁

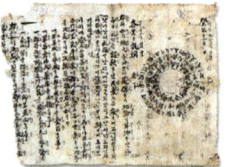

◆ 고부 농민 봉기 때 사발통문

폐정 개혁 12개조

1. 동학도는 정부와의 원한을 씻고 서정에 협력한다.
2. 탐관오리는 그 죄상을 조사하여 엄징한다.
3. 횡포한 부호(富豪)를 엄징한다.
4. 불량한 유림과 양반의 무리를 징벌한다.
5. 노비 문서를 소각한다.
6. 7종의 천인 차별을 개선하고 백정이 쓰는 평량갓은 없앤다.
7. 청상과부의 개가를 허용한다.
8. 무명의 잡세는 일체 폐지한다.
9. 관리 채용에 지벌(地閥)을 타파하고 인재를 등용한다.
10. 왜와 통하는 자는 엄징한다.
11. 공사채를 물론하고 기왕의 것을 무효로 한다.
12. 토지는 평균하여 분작한다.

1 동학 농민 운동(1894) ★★★☆

1. **교조 신원 운동**: 1차 삼례 집회(1892) ➡ 2차 서울 복합 상소(1893) ➡ 3차 보은 집회(1893, 정치적·사회적 각성)
   → 동학 교조 최제우의 억울함을 풀어 달라는 동학교도의 운동

2. **동학 농민 운동 전개 과정**

제1기 (고부 민란, 1894. 1.)	• 고부 군수 조병갑의 탐학, 전봉준 봉기 ➡ 10여 일 만에 해산
제2기 (1차 농민 봉기, 1894. 3.)	• 안핵사 이용태의 편파적 민란 처리 원인 ➡ 고부, 백산(호남 창의소 조직, 4대 강령·격문 발표), 태인 등 봉기 ➡ 황토현 전투 ➡ 장성 황룡촌 전투[경군(京軍)과 접전] ➡ 전주 점령 • 보국안민, 제폭구민의 기치를 내걸었던 시기 cf 정부의 두 가지 반응 ┌ 동학군에게 휴전 제의 ➡ 전주 화약 체결(5월 8일) └ 청군에게 진압 요구 ➡ 청군, 아산만 상륙(5월 5일~5월 7일) ➡ 일본군, 인천 상륙(5월 6일~5월 9일) ➡ 일본의 경복궁 점령(6월 21일) ➡ 청·일 전쟁 발발(6월 23일) ➡ 1차 갑오개혁 실시(6월 25일)
제3기 (폐정 개혁안 실천기, 1894. 5.)	정부와 전주 화약 체결, 집강소 설치(전라도) ➡ 폐정 개혁안을 실천에 옮긴 시기 → 지방의 행정과 치안을 담당하는 민정 기관
제4기 (재봉기, 1894. 9.)	• 정부의 개혁(교정청) 부진, 일본의 내정 간섭 강화 • 삼례 재봉기 ➡ 논산 집결 ➡ 공주 우금치에서 패배 cf 전봉준 – 순창에서 검거
성격	• 반봉건: 노비 문서 소각, 토지 평균 분작 등 요구 • 반외세: 척(斥)왜양 주장
의의와 한계	• 의의: 갑오개혁에 일부 영향, 농민군 잔여 세력이 의병 운동에 가담 • 한계: 다양한 지지 기반 확보 미흡, 근대 사회 건설을 위한 구체적 방안 미비

◆ 동학 농민 운동의 전개

2 갑오개혁(1·2차) ★★★☆

1. **1차 갑오개혁(1894)**

내각	군국기무처 설치, 1차 김홍집 내각, 흥선 대원군 섭정	
	→ 초정부적 회의 기구 → 친일 내각	
정치·행정	• 정부와 왕실 사무 분리 • 6조제 ➡ 80아문 • 과거제 폐지	• 중국 연호 폐지 ➡ 개국 기년 사용 • 경무청 신설 • 문무관 차별 폐지
경제	• 도량형 통일 • 조세 금납제	• 재정 일원화(탁지아문) • 은 본위제 채택
사회	• 공·사노비제 혁파 • 조혼 금지	• 연좌제 폐지 • 과부 재가 허용

2. 2차 갑오개혁(1895)

2차 김홍집 내각	청·일 전쟁에서 일본의 승세 ➡ 군국기무처 폐지, 흥선 대원군 축출 ➡ 홍범 14조(최초의 근대적 헌법) 발표 ➡ 2차 김홍집·박영효 연립 내각 구성, 2차 갑오개혁 실시 ➡ 삼국 간섭(1895)으로 일본 세력 약화, 개혁 중단
정치·행정	• 내각제 시행 • 8도제 ➡ 23부제 • 궁내부 내장원 신설 • 8아문제 ➡ 7부제 • 사법권과 행정권 분리(재판소 설치) • 훈련대·시위대 설치
교육	고종의 교육 입국 조서 발표 ➡ 한성 사범 학교 설립, 외국어 학교 관제 발표

3 시모노세키 조약 체결(1895)

청·일 전쟁에서 일본의 승리 ➡ 시모노세키 조약 체결로 일본의 요동반도와 타이완 차지

4 삼국 간섭(1895)

러시아·프랑스·독일이 결합하여 일본에 간섭, 일본은 요동반도를 청에 반환, 친러파 득세

5 을미사변과 을미개혁(1895) ★★

을미사변		명성 황후 시해 사건 발생(친러 세력 축출) ➡ 제4차 김홍집 내각에서 개혁 추진 ➡ 아관 파천으로 개혁 중단
을미개혁	정치·행정	• '건양' 연호 사용 • 친위대(중앙)·진위대(지방) 설치
	사회·교육	단발령 실시, 태양력 사용, 종두법 실시(지석영), 소학교령 제정, 우편 제도 실시

🔍 홍범 14조

1. 청에 의존하려는 생각을 버리고 자주독립의 기초를 세운다.
2. 왕실 전범(典範)을 제정하여 왕위 계승의 법칙과 종친과 외척과의 구별을 명확히 한다.
3. 임금은 각 대신과 의논하여 정사를 행하고, 종실(宗室), 외척의 내정 간섭을 용납하지 않는다.
4. 왕실 사무와 국정 사무를 나누어 서로 혼동하지 않는다.
5. 의정부(議政府) 및 각 아문(衙門)의 직무, 권한을 명백히 규정한다.
6. 납세는 법으로 정하고 함부로 세금을 징수하지 아니한다.
7. 조세의 징수와 경비 지출은 모두 탁지아문(度支衙門)의 관할에 속한다.
8. 왕실의 경비는 솔선하여 절약하고 이로써 각 아문과 지방관의 모범이 되게 한다.
9. 왕실과 관부(官府)의 1년 회계를 예정하여 재정의 기초를 확립한다.
10. 지방 제도를 개정하여 지방 관리의 직권을 제한한다.
11. 총명한 젊은이들을 파견하여 외국의 학술, 기예를 견습시킨다.
12. 장교를 교육하고 징병을 실시하여 군제의 근본을 확립한다.
13. 민법, 형법을 제정하여 인민의 생명과 재산을 보전한다.
14. 문벌을 가리지 않고 인재 등용의 길을 넓힌다.

한능검 콕콕 자료

1. **전봉준의 격문**
   우리가 의(義)를 들어 이에 이름은 그 본의가 다른 데 있지 아니하고, 창생을 도탄에서 건지고 국가를 반석 위에다 두고자 함이다. 안으로는 탐학한 관리의 머리를 베고, 밖으로는 횡포한 강적의 무리를 구축하고자 함이다. 양반과 호강의 앞에서 고통을 받는 민중들과 방백과 수령의 밑에서 굴욕을 받는 소리(小吏)들은 우리와 같이 원한이 깊은 자이다. 조금도 주저치 말고 이 시각으로 일어서라. 만일 기회를 잃으면 후회해도 미치지 못하리라. 『동학사』

2. **전봉준 장군에 대한 공초 기록**
   다음의 문답은 "내 백성을 위해서 힘을 다하였는데 사형을 받을 이유가 있는가?"라고 큰소리로 부르짖었던 녹두 장군 전봉준에 대한 공초(죄인이 범죄 사실을 진술한 것) 기록의 일부를 발췌한 것이다. ……
   문: 다시 봉기한 것은 무슨 이유인가?
   답: 그 후에 들으니, 귀국이 개화라 일컫고 처음부터 일언반구의 말도 없이 군대를 거느리고 우리의 서울로 쳐들어와 밤중에 왕궁을 공격하여 임금을 놀라게 하였다하기로, 초야의 사민이 충군 애국지심으로 분개함을 이기지 못하여 의병을 규합하고 일본인과 접전하여 이 사실을 일차로 묻고자 함이었다.

3. **단발령**
   1895년 11월 고종은 비로소 머리를 깎고 내외의 신하와 백성들에게 명하여 모두 머리를 깎도록 하였다. …… 머리를 깎으라는 명령이 내려지니 곡성이 하늘을 진동하고 사람들은 분노해서 목숨을 끊으려 하였다. 황현, 『매천야록』

테마 42 실전문제

동학 농민 운동

주요 정답 키워드 　#보국안민　#전주 화약　#전봉준　#백산 격문　#집강소　#공주 우금치

1. 밑줄 그은 '이 운동'에서 제기된 주장으로 옳은 것은?　▶ 24회

학술 대회 안내

우리 연구회에서는 올해로 120주년을 맞은 이 운동의 성격과 의의를 조명하기 위해 학술 대회를 개최하고자 합니다.

■ 발표 주제
　• 백산 격문에 나타난 반봉건적 성격
　• 집강소의 폐정 개혁 활동 분석
　• 공주 우금치 전투의 전개 과정

■ 날짜: 2014년 ○○월 ○○일
■ 장소: ○○대학교 대강당

① 국가 재정은 탁지부에서 전담해야 한다.
② 원수부를 설치하여 국방을 강화해야 한다.
③ 러시아의 절영도 조차 요구를 거부해야 한다.
④ 관민이 협력하여 전제 황권을 공고히 해야 한다.
⑤ 노비 문서를 소각하고 백정의 평량갓을 없애야 한다.

2. (가) 시기에 있었던 사실로 옳은 것은?　▶ 43회

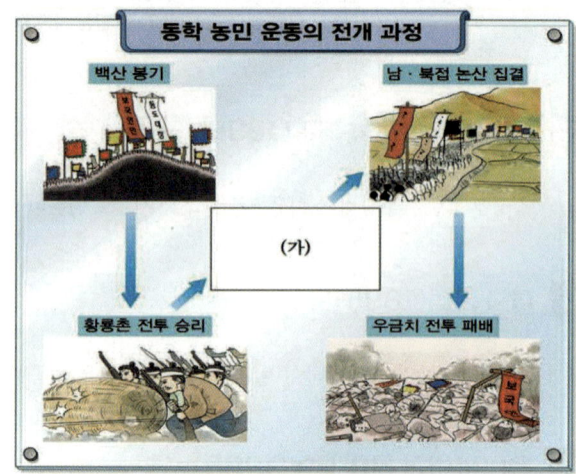

① 정부와 농민군 사이에 전주 화약이 체결되었다.
② 교조 신원을 요구하는 삼례 집회가 개최되었다.
③ 농민군이 황토현 전투에서 관군에게 승리하였다.
④ 사태 수습을 위해 이용태가 안핵사로 파견되었다.
⑤ 전봉준이 농민들을 이끌고 고부 관아를 습격하였다.

한눈에 보는 해설

밑줄 그은 '이 운동'(→동학 농민 운동(1894))에서 제기된 주장으로 옳은 것은?

우리 연구회에서는 올해로 120주년을 맞은 이 운동의 성격과 의의를 조명하기 위해 학술 대회를 개최하고자 합니다.

■ 발표 주제
　• **백산 격문**에 나타난 반봉건적 성격
　• **집강소**의 폐정 개혁 활동 분석
　• **공주 우금치 전투**의 전개 과정
■ 날짜: 2014년 ○○월 ○○일
■ 장소: ○○대학교 대강당

⑤ 동학 농민군은 폐정 개혁 12개조에서 노비 문서 소각, 7종의 천인 차별 개선 및 백정이 쓰는 평량갓 없애기 등을 주장하였다.

선지 분석하기
① 국가 재정은 탁지부에서 전담해야 한다. ➡ 독립 협회의 헌의 6조(1898)
② 원수부를 설치하여 국방을 강화해야 한다. ➡ 대한 제국의 원수부 설치(1899)
③ 러시아의 절영도 조차 요구를 거부해야 한다. ➡ 독립 협회(1896~1898)의 주장
④ 관민이 협력하여 전제 황권을 공고히 해야 한다. ➡ 독립 협회의 헌의 6조(1898)

한눈에 보는 해설

(가) 시기에 있었던 사실로 옳은 것은?

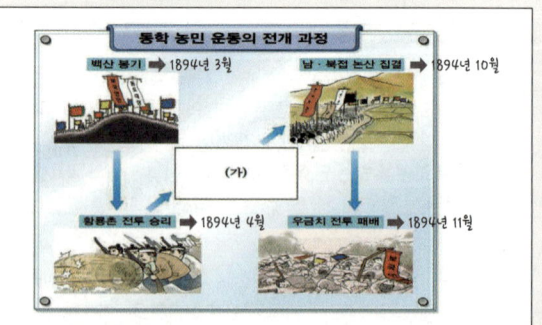

① 전주 화약 ➡ 1894. 5.

선지 분석하기
② 교조 신원을 요구하는 삼례 집회가 개최되었다. ➡ 1892, 1차 교조 신원 운동
③ 농민군이 황토현 전투에서 관군에게 승리하였다. ➡ 1894. 4. cf. 황토현 전투 → 황룡촌 전투
④ 사태 수습을 위해 이용태가 안핵사로 파견되었다. ➡ 1894. 1.
⑤ 전봉준이 농민들을 이끌고 고부 관아를 습격하였다. ➡ 1894. 1.

갑오개혁

주요 정답 키워드 # 김홍집·박영효 내각 # 단발령 공포

3. (가) 시기에 있었던 사실로 옳은 것은? ▶ 72회

① 과거제가 폐지되었다.
② 호포제가 실시되었다.
③ 교정청이 설치되었다.
④ 5군영이 2영으로 통합되었다.
⑤ 교육 입국 조서가 반포되었다.

사건 순서

주요 정답 키워드 # 아관 파천 # 단발령 # 을미사변

4. (가)~(다)를 일어난 순서대로 옳게 나열한 것은? ▶ 47회

> (가) 왕이 경복궁을 나오니 이범진, 이윤용 등이 러시아 공사관으로 옮기게 하였다. 김홍집 등이 군중에게 잡혀 살해되자 유길준, 장박 등은 도주하였다.
>
> (나) 오늘 대군주 폐하께서 내리신 조칙에서 "짐이 신민(臣民)에 앞서 머리카락을 자르니, 너희들은 짐의 뜻을 잘 본받아 만국과 나란히 서는 대업(大業)을 이루라."라고 하셨다.
>
> (다) 광화문을 통해 들어온 일본 병사들은 건청궁으로 침입하였다. …… 일본 장교는 흉악한 일본 자객들이 왕후를 수색하는 것을 도왔다. 자객들은 여러 방을 샅샅이 뒤졌고 마침내 왕후를 찾아내어 시해하였다.

① (가) - (나) - (다) ② (가) - (다) - (나)
③ (나) - (가) - (다) ④ (나) - (다) - (가)
⑤ (다) - (나) - (가)

테마 43 독립 협회와 대한 제국, 독도와 간도

출제 POINT
독립 협회의 활동 및 대한 제국의 광무개혁을 묻는 문제가 주로 출제된다.

1890년대 주요 연표

- 1896 ○ 아관 파천
  ○ 독립신문 창간
  ○ 독립 협회 창립
- 1897 ○ 고종의 경운궁 환궁
  ○ 대한 제국으로 국호 변경
  ○ 독립 협회의 독립문 완공
- 1898 ○ 독립 협회의 만(관)민 공동회 개최
- 1899 ○ 원수부 설치
  ○ 대한국 국제 제정

*** 아관 파천**
러시아 공사 베베르의 협조를 얻어 1896년 2월 11일 국왕과 왕세자의 거처를 극비리에 정동에 있던 러시아 공사관으로 옮긴 사건

◆ 서재필(1864~1951)

◆ 환(원)구단(1897)

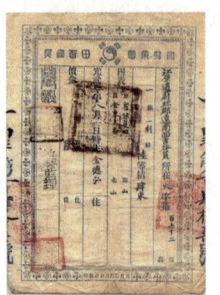
◆ 지계

1 독립 협회(1896~1898) ☆☆☆

창립	• 을미사변과 단발령에 대한 반발(을미의병) ➡ 아관 파천*(1896. 2.) ➡ 러시아 등 열강의 이권 침탈 본격화 ➡ 서재필 귀국 후 독립신문 창간(1896. 4.), 독립 협회 창립(1896. 7.) • 진보적 지식인(서재필, 윤치호, 장지연, 남궁억 등) + 도시 시민층 등 광범위한 사회 구성원 ➡ 근대적 시민단체
활동	• 자강 개혁·자주 국권·자유 민권 운동 전개 • 청나라 사신을 맞이하던 영은문 자리에 독립문 건립 • 만(관)민 공동회(1898) 개최, 박정양의 진보 내각 구성 ➡ 헌의 6조 결의, 의회식 중추원 관제 반포 • 이권 수호 운동: 러시아의 절영도 조차 저지, 한·러 은행 폐쇄, 프랑스의 광산 채굴권 요구 좌절
해산	중추원 관제 반포 ➡ 보수 세력의 모함 ➡ 황국 협회(1898, 보부상 단체)를 이용하여 만민 공동회 습격 ➡ 독립 협회 해산
의의	민중을 대상으로 자주 국권 운동 전개 ➡ 근대적·자주적 민중 운동

◆ 독립문

2 대한 제국(1897)의 광무개혁 ☆☆☆

배경	• 아관 파천(1896) 1년만에 고종의 경운궁(덕수궁) 환궁(1897) ➡ 국호 '대한 제국', 연호 '광무', 환(원)구단을 세우고 황제 즉위식 거행(1897. 10.) • 개혁 방향: 구본신참(舊本新參, 옛 것을 근본으로 새 것을 참고한다.) ➡ 동도서기적 개화파 등용
정치	• 전제 황권 강화 • 대한국 국제 제정(1899): 교정소 설치(1897, 황제 직속 입법 기구) ➡ 황제권의 무한함 선포 • 관제 개편: 지방 23부 ➡ 13도, 중추원(황제 자문 기구) 설치
군사	원수부 설치(1899), 황제가 육해군 통솔
경제	양전 사업 실시: 양지아문(1898), 지계아문(1901) 설치 ➡ 지계 발급(근대적 토지 소유권 마련) ➡ 러·일 전쟁으로 실패
사회	실업 학교·의학교·외국어 학교 설립, 유학생 파견, 파리 만국 박람회 참가(1900)
의의	외세 간섭을 배제한 자주적 입장에서 추진된 근대적 개혁, 근대적 국가로의 전환 시도
한계	보수적 개혁(전제 군주권 강화, 독립 협회 탄압), 열강의 간섭으로 실패

3 대한 제국의 간도와 독도 ★★

간도	**간도 관리사** 파견(1902): 1900년 러시아의 만주 점령 ➡ 1902년 **이범윤**을 간도 관리사로 파견, 간도를 함경도 행정 구역으로 포함, 현지에서 포병 양성 및 조세 징수 cf 간도 협약(간도에 관한 청·일 협정, 1909): 일제는 만주의 안봉선 철도 부설권과 푸순 광산 채굴권을 얻는 대가로 간도를 청의 영토로 인정
독도	**대한 제국 칙령 제41호**(1900. 10. 25.): 울릉도를 울도군으로 승격, 독도 편입 cf 일본의 독도 강탈(1905. 2.)

독도 관련 주요 국내 기록

『삼국사기』	지증왕 때 **이사부의 우산국**(울릉도, 독도) **복속** 사실 기록
『고려사』	우산국이 왕건에게 내조(來朝)와 함께 방물을 바친 기사와, 1156년(의종 11년) 동해 가운데 울릉도가 있는데 이곳에 주현을 설치한 때도 있다고 기록됨.
『세종실록 지리지』	울릉도와 독도를 강원도 울진현 소속으로 구분
『신증동국 여지승람』	독도가 그려진 최초의 지도인 '팔도총도' 수록
『변례집요』	1693년(숙종 19년) 동래 어부 **안용복**이 일본 대마도 도주로부터 독도와 울릉도가 조선 영토라는 서계를 받아온 기록이 나옴.

한능검 콕콕 사료

1. 아관 파천
지난해 9월부터 반역 도배들이 집요하게 나를 압박해 오고 있다. 최근에는 단발령으로 일어난 전국적 시위의 혼란을 틈타 나와 내 아들을 살해할지 모른다는 두려움에 떨고 있다. 나는 내 아들과 함께 이러한 위급한 상황에서 벗어나 러시아 공관에서 보호받기를 바란다. 나를 구출할 수 있는 다른 수단이란 없다. 나는 두 공사가 나에게 피신처를 마련해 줄 것을 간곡히 당부하는 바이다.

2. 독립 협회의 헌의 6조
1. 외국인에게 의지하지 말고 관민이 한마음으로 힘을 합하여 전제 황권을 견고하게 할 것
2. 외국과의 이권에 관한 계약과 조약은 각 대신과 중추원 의장이 합동 날인하여 시행할 것
3. 국가 재정은 탁지부에서 전관하고 예산과 결산을 국민에게 공포할 것
4. 중대 범죄를 공판하되 피고에게 철저히 설명하여 죄를 스스로 인정한 후 시행할 것
5. 칙임관(최고위 관료층)을 임명할 때에는 정부에 그 뜻을 물어서 중의에 따를 것
6. (갑오개혁 이후 제정된) 장정을 반드시 지킬 것

3. 대한 제국의 지계 발급
제2조 전답·산림·천택·가옥을 매매·양도하는 경우 관계(官契)를 반납한다.
제3조 소유주가 관계를 받지 않거나, 저당 잡힐 때 관허가 없으면 모두 몰수한다.
제4조 대한 제국 인민 외 소유주가 될 권리가 없고, 외국인에게 명의를 빌려주거나 사사로이 매매·저당·양도할 경우 법에 따라 처벌한다.
순창군훈령총등

4. 대한국 국제
제1조 대한국은 세계 만국이 공인한 자주독립 제국이다.
제2조 대한국의 정치는 만세불변의 전제 정치이다.
제3조 대한국 대황제는 무한한 군권을 누린다.
제4조 대한국 신민이 군권을 침해하면 신민의 도리를 잃은 자로 간주한다.
제5조 대한국 대황제는 육·해군을 통솔한다.
제6조 대한국 대황제는 법률을 제정하여 그 반포와 집행을 명하고 대사, 특사, 감형, 복권 등을 명한다.
제7조 대한국 대황제는 행정 각 부의 관제를 정하고 행정상 필요한 칙령을 발한다.
제8조 대한국 대황제는 문무관리의 출척 및 임면권을 가진다.
제9조 대한국 대황제는 각 조약 체결 국가에 사신을 파견하고 선전, 강화 및 제반 조약을 체결한다.

5. 대한 제국 칙령 제41호
제1조 울릉도를 울도로 개칭하여 강원도에 부속하고 도감을 군수로 개정하여 관제 중에 편입하고 군등(君等)은 5등으로 할 것
제2조 군청 위치는 태하동으로 정하고 구역은 울릉 전도(全島)와 죽도(竹島)·석도(石島)를 관할할 것
『고종실록』(1900. 10. 25.)

테마 43 실전문제

독립 협회

주요 정답 키워드 #중추원 개편을 통한 의회 설립 #러시아 절영도 조차 저지 #공화 정치 체제 모함

1. (가) 단체에 대한 설명으로 옳은 것은? ▶46회

> 발신: V. 콜랭 드 플랑시(서울 주재 프랑스 공사)
> 수신: 아노토(프랑스 외무부 장관)
>
> 서울에서 러시아 교관들과 재정 고문의 체류를 반대하려는 움직임이 점점 거세졌습니다. 이를 주도하는 (가) 을/를 따라서 전 국민이 같은 입장을 취하였고 길거리에서 모임을 갖고 있습니다. 10일에 유명한 상인의 주재하에 약 8,000명이 대로에 모여 러시아 장교들과 알렉세예프에 대한 송환을 외부 대신에게 어떻게 요구할 것인가에 대한 토론이 이루어졌습니다. 박수가 터지는 가운데 의견이 만장일치로 결정되었습니다.

① 만세보를 발행하여 민중 계몽에 힘썼다.
② 일본의 황무지 개간권 요구를 저지하였다.
③ 중추원 개편을 통한 의회 설립을 추진하였다.
④ 독립운동 자금 마련을 위해 독립 공채를 발행하였다.
⑤ 대성 학교와 오산 학교를 설립하여 인재를 양성하였다.

2. (가) 단체의 활동으로 옳은 것은? ▶43회

> 11월 4일 밤, 조병식 등은 건의소청 및 도약소의 잡배들로 하여금 광화문 밖의 내국 조방 및 큰길가에 익명서를 붙이도록 하였다. …… 익명서는 " (가) 이/가 11월 5일 본관에서 대회를 열고, 박정양을 대통령으로, 윤치호를 부통령으로, 이상재를 내부대신으로 …… 임명하여 나라의 체제를 공화 정치 체제로 바꾸려 한다."라고 꾸며서 폐하께 모함하고자 한 것이다.
> 「대한계년사」

① 일본의 황무지 개간권 요구를 저지하였다.
② 러시아의 절영도 조차 요구에 반대하였다.
③ 고종의 강제 퇴위 반대 운동을 전개하였다.
④ 계몽 서적 출판을 위해 태극 서관을 설립하였다.
⑤ 일본에게 진 빚을 갚자는 국채 보상 운동을 주도하였다.

한눈에 보는 해설

(가) 단체 에 대한 설명으로 옳은 것은? → 독립 협회

> 발신: V. 콜랭 드 플랑시(서울 주재 프랑스 공사)
> 수신: 아노토(프랑스 외무부 장관)
> 서울에서 **러시아 교관들과 재정 고문의 체류를 반대**하려는 움직임이 점점 거세졌습니다. 이를 주도하는 (가) 을/를 따라서 전 국민이 같은 입장을 취하였고 길거리에서 모임을 갖고 있습니다. **10일에 유명한 상인의 주재하에 약 8,000명이 대로에 모여 러시아 장교들과 알렉세예프에 대한 송환을 외부 대신에게 어떻게 요구할 것인가에 대한 토론**이 이루어졌습니다. 박수가 터지는 가운데 의견이 만장일치로 결정되었습니다.

← 만민 공동회

③ 독립 협회는 국권 수호 운동과 민권 보장 운동을 전개하였으며, 중추원 개편을 통한 의회 설립을 추진하였다.

선지 분석하기
① 만세보를 발행하여 민중 계몽에 힘썼다. ➡ 천도교
② 일본의 황무지 개간권 요구를 저지하였다. ➡ 보안회
④ 독립운동 자금 마련을 위해 독립 공채를 발행하였다. ➡ 상하이 대한민국 임시 정부
⑤ 대성 학교와 오산 학교를 설립하여 인재를 양성하였다. ➡ 신민회

한눈에 보는 해설

(가) 단체 의 활동으로 옳은 것은? → 독립 협회

> 11월 4일 밤, 조병식 등은 건의소청 및 도약소의 잡배들로 하여금 광화문 밖의 내국 조방 및 큰길가에 익명서를 붙이도록 하였다. …… 익명서는 " (가) 이/가 11월 5일 본관에서 대회를 열고, **박정양을 대통령으로, 윤치호를 부통령으로, 이상재를 내부대신으로** …… 임명하여 나라의 체제를 **공화 정치 체제**로 바꾸려 한다."라고 꾸며서 폐하께 모함하고자 한 것이다.
> 「대한계년사」

② 러시아가 저탄소 설치를 위해 부산 절영도(현재 영도)의 조차를 요구하자, 독립 협회는 관민 공동회를 개최하여 러시아의 요구를 좌절시켰다.

선지 분석하기
① 일본의 황무지 개간권 요구를 저지하였다. ➡ 보안회
③ 고종의 강제 퇴위 반대 운동을 전개하였다. ➡ 대한 자강회
④ 계몽 서적 출판을 위해 태극 서관을 설립하였다. ➡ 신민회
⑤ 일본에게 진 빚을 갚자는 국채 보상 운동을 주도하였다. ➡ 국채 보상 기성회

대한 제국

주요 정답 키워드 # 대한국 국제 # 황제 # 이범윤 파견 # 지계 발급

3. (가), (나) 사이의 시기에 볼 수 있는 모습으로 가장 적절한 것은?
▶ 45회

(가) 천지에 고하는 제사를 지냈다. 왕태자가 배참하였다. 예를 마친 뒤 의정부 의정 심순택이 백관을 거느린 채 무릎을 꿇고 아뢰기를, "제례를 마쳤으므로 황제의 자리에 오르소서."라고 하였다. …… 임금이 두 번 세 번 사양하다가 옥새를 받고 황제의 자리에 올랐다.
「고종실록」

(나) 이제 본소(本所)에서 대한국 국제(國制)를 잘 상의하고 확정하여 보고하라는 조칙을 받들어서, 감히 여러 사람들의 의견을 수집하고 공법(公法)을 참조하여 국제 1편을 정함으로써, 본국의 정치는 어떤 정치이고 본국의 군권은 어떤 군권인가를 밝히려 합니다.
「고종실록」

① 영화 아리랑을 관람하는 교사
② 관민 공동회에서 연설하는 백정
③ 육영 공원에서 영어를 배우는 학생
④ 경부선 기차를 타고 부산으로 가는 기자
⑤ 근우회가 주최한 강연회에 참석하는 노동자

4. (가) 시기에 실시된 정책으로 옳은 것은?
▶ 42회

이 어진은 황룡포를 입은 고종의 모습을 그린 것입니다. 본래 조선의 왕은 홍룡포를 입었는데, 고종은 황룡포를 입고 황제 즉위식을 올린 후 새로운 국호인 (가) 을/를 선포하였습니다.

① 이범윤을 간도 관리사로 임명하였다.
② 김윤식을 청에 영선사로 파견하였다.
③ 건양이라는 독자적인 연호를 사용하였다.
④ 행정 기구를 6조에서 8아문으로 개편하였다.
⑤ 공사 노비법을 혁파하고 과거제를 폐지하였다.

한눈에 보는 해설

→ (가) 대한 제국 수립(1897), (나) 대한국 국제 반포(1899)
(가), (나) 사이의 시기에 볼 수 있는 모습으로 가장 적절한 것은?

(가) **천지에 고하는 제사**를 지냈다. 왕태자가 배참하였다. 예를 마친 뒤 의정부 의정 심순택이 백관을 거느린 채 무릎을 꿇고 아뢰기를, "제례를 마쳤으므로 황제의 자리에 오르소서."라고 하였다. …… **임금이 두 번 세 번 사양하다가 옥새를 받고 황제의 자리에 올랐다.** ↳고종
「고종실록」

(나) 이제 본소(本所)에서 **대한국 국제(國制)**를 잘 상의하고 확정하여 보고하라는 조칙을 받들어서, 감히 여러 사람들의 의견을 수집하고 **공법(公法)을 참조하여 국제 1편을 정함으로써, 본국의 정치는 어떤 정치이고 본국의 군권은 어떤 군권인가를 밝히려 합니다.**
「고종실록」

②관민 공동회에서 백정 출신 박성춘의 연설 ➡ 1898년

선지 분석하기
① 영화 아리랑을 관람하는 교사 ➡ 1926년
③ 육영 공원에서 영어를 배우는 학생 ➡ 1886년
④ 경부선 기차를 타고 부산으로 가는 기자 ➡ 경부선 개통(1905)
⑤ 근우회가 주최한 강연회에 참석하는 노동자 ➡ 근우회의 활동(1927~1931)

한눈에 보는 해설

→ 대한 제국(1897~1910)
(가) 시기에 실시된 정책으로 옳은 것은?

이 어진은 **황룡포를 입은 고종의 모습**을 그린 것입니다. 본래 조선의 왕은 홍룡포를 입었는데, 고종은 황룡포를 입고 황제 즉위식을 올린 후 새로운 국호인 (가) 을/를 선포하였습니다.

①대한 제국 정부는 1902년 이범윤을 간도 관리사로 파견하여 간도를 함경도 행정 구역으로 포함시켰다.

선지 분석하기
② 김윤식을 청에 영선사로 파견하였다. ➡ 1881년
③ 건양이라는 독자적인 연호를 사용하였다. ➡ 을미개혁(1895)
④ 행정 기구를 6조에서 8아문으로 개편하였다. ➡ 갑오개혁(1894)
⑤ 공사 노비법을 혁파하고 과거제를 폐지하였다. ➡ 갑오개혁(1894)

테마 44. 국권 피탈 과정 및 우리의 저항(의병 운동, 애국 계몽 운동)

출제 POINT
국권 피탈 과정, 신민회의 활동 및 의병 운동의 전개 과정을 묻는 문제가 출제된다.

1900년대 주요 연표

- 1904 ○ 러·일 전쟁 발발
  - ○ 한·일 의정서
  - ○ 1차 한·일 협약
- 1905 ○ 독도 강탈
  - ○ 가쓰라태프트 밀약
  - ○ 2차 영·일 동맹
  - ○ 을사늑약, 을사의병
- 1907 ○ 고종의 헤이그 특사 파견
  - ○ 고종 강제 퇴위, 순종 즉위
  - ○ 한·일 신협약
  - ○ 군대 해산, 정미의병
  - ○ 신민회 창립
- 1908 ○ 서울 진공 작전
- 1909 ○ 안중근 의거
- 1910 ○ 국권 강탈

일제의 한국 독점을 인정한 제국주의적 조약

조약명	시기	당사국	내용
영·일 동맹 (1차)	1902. 1.	일본과 영국	영국의 청에서의 이권과 일본의 한국에서의 이권 존중
가쓰라·태프트 밀약	1905. 7.	일본과 미국	미국의 필리핀 지배와 일본의 한국 지배 인정
영·일 동맹 (2차)	1905. 8.	일본과 영국	영국의 인도 지배와 일본의 한국 지배 인정
포츠머스 강화 조약	1905. 9.	일본과 러시아	일본은 한국에 대한 지배권을 국제적으로 묵인

1 국권 피탈 과정 ★★

조약명	시기	내용
러·일 전쟁 발발 직전: 대한 제국-국외 중립 선포(1904. 1. 21.)		
한·일 의정서	1904. 2.	대한 제국의 국외 중립 파기, 러시아와 맺은 모든 조약 파기, 일본의 **군사 요지 점령**
제1차 한·일 협약	1904. 8.	**고문 정치**[재정 고문: 메가타(일본), 외교 고문: 스티븐스(미국)] cf 1908년 장인환·전명운의 스티븐스 암살(미국)
제2차 한·일 협약 [을사조(늑)약]	1905. 11.	**외교권 박탈, 통감부 설치** cf 덕수궁 중명전에서 체결 cf 민영환 자결
한·일 신협약 (정미 7조약)	1907. 7.	**차관 정치**(행정권 박탈)
군대 해산	1907. 8.	**군사권 박탈**
기유각서	1909. 7.	사법권 박탈
경찰권 이양	1910. 6.	경찰권 박탈
한·일 병합 조약 (경술국치)	1910. 8. 29.	**국권 박탈, 총독부 설치**, 일본은 한국을 영토로 편입하면서도 일본 헌법을 적용하지 않았고, '조선'이라는 지역으로 지정 cf 한·일 병합 조약의 불법성: 순종의 서명 빠짐, 칙명지보(행정 결재용 옥새) 사용 cf 황현, 이근주 등 자결

2 을사조약에 대한 우리의 저항 ★★★

대표 저항	조약 폐기 상소(조병세, 이상설 등), **자결 순국(민영환)**, **5적 암살단 조직**(나철, 오기호), **장지연의 '시일야방성대곡'**(황성신문)
고종	• 조약 무효 선언: 『대한매일신보』에 친서를 발표하여 황제가 을사조약에 서명하지 않았음을 밝히면서 이 조약이 무효임을 선언 • 워싱턴 특사 파견(1905): 헐버트를 몰래 미국에 보내어 미국의 외교적 지원을 호소 • 헤이그 특사 파견(1907): 이상설·이준·이위종을 네덜란드의 헤이그 제2회 만국 평화 회의에 파견 ➡ 을사조약의 불법성과 일제의 무력적 침략 행위의 부당성을 호소

3 항일 의병 운동 ★★★

을미의병 (1895)	• **을미사변과 단발령 계기** • 유인석, 이소응, 허위 등 유생층 + 일반 농민, 동학 농민군 • 고종의 단발령 철회와 해산 권고 조칙으로 자진 해산
을사의병 (1905)	• **을사조약 계기** • 민종식(홍성), **최익현**(태인 ➡ 순창), **신돌석**(평민 의병장, 일월산 중심) 등
정미의병 (1907)	• **고종의 강제 퇴위와 군대 해산 계기** • 시위대 대대장 박승환의 자결, 해산 군인들의 합류 ➡ 의병의 전국적 확산
서울 진공 작전 (1908)	**13도 창의군 결성**(이인영, 허위, 1907. 12.) ➡ **서울 진공 작전(1908) 전개**, 실패 cf 서울 주재 각국 영사관에 의병을 국제법상 교전 단체로 승인해 줄 것을 요구, 독립군임을 강조 cf 일본의 남한 대토벌 작전(1909)
안중근의 거사(1909)	만주 하얼빈 역에서 침략의 원흉인 이토 히로부미를 사살

198 6편_ 근대 사회 발전기

4 애국 계몽 운동 ★★

성격	사회 진화론의 영향 ➡ 근대화와 실력 양성 강조
보안회(1904)	일본의 황무지 개척권 요구 저지
대한 자강회 (1906)	• 전국에 지회 설치, 『대한 자강회 월보』 간행, 교육과 산업 진흥 • 고종 강제 퇴위 반대, 한 · 일 신협약 반대, 일진회 규탄 ➡ 해산(1907)
신민회 (1907)	• 국권 회복 · 공화 정체의 국민 국가 수립을 위한 비밀 결사 단체 • 안창호, 양기탁, 이동휘 등 참여 • 민족 교육: 대성 학교(평양), 오산 학교(정주) 건립 • 경제 자립: 태극서관(대구), (도)자기 회사(평양) • 해외 독립군 기지 건설: 서간도 삼원보(이시영), 밀산부 한흥동(이상설) • 105인 사건(1911)을 계기로 활동 중단 ➡ 이후 안창호가 미국에서 흥사단(1913) 조직

✧ 헤이그 특사(1907) | 왼쪽부터 이준, 이상설, 이위종

✧ 대한 자강회 월보

한능검 콕콕 자료

1. **을사늑약에 대한 장지연의 시일야방성대곡(是日也放聲大哭)**
이 조약이 성립하지 않음은 상상컨대 이토가 스스로 알 수 있을 바이거늘, 오호라 개돼지 새끼만도 못한 소위 우리 정부 대신이라는 작자들이 영리에 어둡고, 위협에 떨어서 이를 따르고 달갑게 나라를 파는 도적이 되어, 사천 년 강토와 오백 년 종사를 남에게 바치고 이천만 국민을 남의 노예로 만들었으니 저들 개돼지 새끼만도 못한 외부대신 박제순 및 각 대신은 족히 책망할 것도 없으려니와 …… 무슨 면목으로 강경하신 황상 폐하를 대하며 무슨 면목으로 이천만 동포를 대하겠느냐.
아! 원통하고도 분하다. 우리 이천만 남의 노예가 된 동포여! 살았는가? 죽었는가? 단군 기자 조선 이래 사천 년 국민정신이 하룻밤 사이에 별안간 멸망하고 멈추었는가? 아! 원통하고 원통하도다. 동포여! 동포여!
장지연, 『황성신문』(1905. 11. 18.)

2. **을사늑약에 대한 민영환의 유서**
아아, 나라와 국민의 치욕이 여기에 이르렀으니, 우리 국민은 장차 생존 경쟁의 속에서 전멸할 것인가? 그러나 살려고 하는 자는 반드시 죽게 되고 죽음을 기하는 자는 살아 나갈 길이 필연코 있을 것이니, 국민 여러분이 이 이치에 어두우리까. 영환 이 몸이 죽음으로써 황은(皇恩)에 보답하고 이천만 형제 동포 여러분께 사죄하나니, 영환 이 몸이 비록 죽는다 하나 영혼은 살아 있어 반드시 국민 제군을 지하에서 도울 것이다.

3. **을사의병**
작년 10월에 저들이 한 행위는 오랜 옛날에도 일찍이 없던 일로서, 억압으로써 한 조각의 종이에 조인하여 500년 전해 오던 종묘사직이 드디어 하룻밤에 망하였으니. 천지신명도 놀라고 조종(祖宗)의 영혼도 슬퍼하였다. …… 자기 나라 임금을 죽이고 다른 나라 임금까지 침범한 이등박문은 마땅히 세계 여러 나라가 함께 토벌해야 할 역적이다. …… 우리 의병 군사의 올바름을 믿고, 적의 강대함을 두려워하지 말자. 이에 격문을 돌리니 도와 일어나라.
최익현의 격문

4. **해외 동포에게 드리는 격문**
동포이여! 우리는 함께 뭉쳐 우리의 조국을 위해 헌신하여 우리의 독립을 되찾아야 한다. 우리는 야만 일본 제국의 잘못과 광란에 대해서 전 세계에 호소해야 한다. 간교하고 잔인한 일본 제국주의자들은 인류의 적이요, 진보의 적이다. 우리는 모두 일본놈들과 그들의 첩자, 그들의 동맹인과 야만스런 제국주의 군인을 모조리 죽이는 데 힘을 다해야 한다.
대한 관동 창의대장 이인영

5. **안중근의 『동양평화론』**
오늘날, 서양 세력이 동양으로 점차 밀려오는 환난을 동양 인종이 일치단결해서 온 힘을 다하여 방어해야 하는 것이 제일 상책임은 어린아이일지라도 익히 아는 바이다. 그런데 무슨 까닭으로 일본은 이러한 순리의 형세를 돌아보지 않고 같은 인종인 이웃 나라를 약탈하고 우의를 끊어, 스스로 도요새가 조개를 쪼려다 부리를 물리는 형세를 만들어 어부에게 둘 다 잡히기를 기다리는 듯하는가?

6. **신민회 취지서**
신민회는 무엇을 위해 일어남이뇨? 민습(民習)의 완고 부패에 신사상이 시급하며, 민습의 우미(愚迷)에 신교육이 시급하며, 열심의 냉각에 신제창이 시급하며, 원기의 쇠퇴에 신수양(新修養)이 시급하며, 도덕의 타락에 신윤리가 시급하며, 문화의 쇠퇴에 신학술이 시급하며, 실업의 초췌에 신모범이 시급하며, 정치의 부패에 신개혁이 시급이라. …… 간단히 말하면 오직 신정신을 불러 깨우쳐서 신단체를 조직한 후에 신국을 건설할 뿐이다.

테마 44 실전문제

국권 피탈 과정

주요 정답 키워드 # 헤이그 특사 # 한·일 의정서 # 한·일 신협약

1. (가), (나) 조약 사이의 시기에 있었던 사실로 옳은 것은? ▶42회

> (가) 제4조 …… 대한 제국 정부는 대일본 제국 정부의 행동이 용이하도록 충분한 편의를 제공한다. 대일본 제국 정부는 …… 군사 전략상 필요한 지점을 수시로 사용할 수 있다.
>
> (나) 제2조 한국 정부의 법령 제정 및 중요한 행정상 처분은 미리 통감의 승인을 거칠 것
>   ⋮
>   제5조 한국 정부는 통감이 추천하는 일본인을 한국 관리에 임명할 것

① 안중근이 하얼빈에서 이토 히로부미를 사살하였다.
② 의병 진압을 위한 '남한 대토벌' 작전이 전개되었다.
③ 일본이 경복궁을 점령하고 내정 개혁을 요구하였다.
④ 헤이그에서 열린 만국 평화 회의에 특사가 파견되었다.
⑤ 영국군이 러시아를 견제하기 위해 거문도를 불법 점령하였다.

2. 다음 자료에 나타난 사건 이후의 사실로 옳은 것은? ▶45회

> 해산 결의 이틀 전 오전에 군부 대신과 하세가와 대장이 통감부에 모여 현재 한국 군대를 해산하기로 결정한 결과로, 같은 날 오후 9시 40분에 총리와 법부 대신이 황제에게 아뢴 후에 조칙을 반포하였더라.   대한매일신보

① 민영환, 조병세 등이 자결로써 항거하였다.
② 13도 창의군이 서울 진공 작전을 전개하였다.
③ 메가타가 주도한 화폐 정리 사업이 시작되었다.
④ 고종이 헤이그 만국 평화 회의에 특사를 파견하였다.
⑤ 구식 군대가 난을 일으켜 일본 공사관을 습격하였다.

한눈에 보는 해설

→ (가) 한·일 의정서(1904), (나) 한·일 신협약(정미 7조약, 1907)

(가), (나) 조약 사이의 시기에 있었던 사실로 옳은 것은?

> (가) 제4조 …… 대한 제국 정부는 대일본 제국 정부의 행동이 용이하도록 충분한 편의를 제공한다. **대일본 제국 정부는 …… 군사 전략상 필요한 지점을 수시로 사용할 수 있다.**
>
> (나) 제2조 **한국 정부의 법령 제정 및 중요한 행정상 처분은 미리 통감의 승인을 거칠 것**
>   ⋮
>   제5조 한국 정부는 통감이 추천하는 일본인을 한국 관리에 임명할 것

④ 고종은 을사늑약의 부당성을 세계에 호소하기 위해 1907년 헤이그 만국 평화 회의에 특사(이상설, 이위종, 이준)를 파견하였다. 일제는 이것을 빌미로 고종을 강제 퇴위시키고 순종을 즉위시킨 뒤, 한·일 신협약을 체결하였다.

선지 분석하기
① 안중근이 하얼빈에서 이토 히로부미를 사살하였다. ➡ 1909년
② 의병 진압을 위한 '남한 대토벌' 작전이 전개되었다. ➡ 1909년
③ 일본이 경복궁을 점령하고 내정 개혁을 요구하였다. ➡ 갑오개혁(1894)
⑤ 영국군이 러시아를 견제하기 위해 거문도를 불법 점령하였다. ➡ 거문도 사건(1885~1887)

한눈에 보는 해설

→ 1907년 군대 해산

다음 자료에 나타난 **사건** 이후의 사실로 옳은 것은?

> 해산 결의 이틀 전 오전에 군부 대신과 하세가와 대장이 통감부에 모여 현재 **한국 군대를 해산하기로 결정한** 결과로, 같은 날 오후 9시 40분에 총리와 법부 대신이 황제에게 아뢴 후에 조칙을 반포하였더라.   대한매일신보

② 13도 창의군의 서울 진공 작전 ➡ 1908년

선지 분석하기
① 민영환, 조병세 등이 자결로써 항거하였다. ➡ 1905년
③ 메가타가 주도한 화폐 정리 사업이 시작되었다. ➡ 1905년
④ 고종이 헤이그 만국 평화 회의에 특사를 파견하였다. ➡ 1907년
⑤ 구식 군대가 난을 일으켜 일본 공사관을 습격하였다. ➡ 임오군란(1882)

신민회

주요 정답 키워드 　#삼원보　# 신흥 무관 학교　# 태극서관　# 안창호

3. (가) 단체에 대한 설명으로 옳은 것은?　▶ 45회

> (가) 은/는 안창호, 양기탁, 이승훈이 중심이 되어 조직한 비밀 결사 단체로, 국권을 회복한 뒤 공화 정체의 국가를 수립하고자 하였다. 이를 위해서는 실력 양성에 온 힘을 쏟아야 한다고 규정하고 무엇보다 국민을 새롭게 할 것을 주장하였다.

① 연통제를 통해 독립운동 자금을 모았다.
② 일제의 황무지 개간권 요구를 저지하였다.
③ 중추원 개편을 통해 의회 설립을 추진하였다.
④ 복벽주의를 내세우며 의병 전쟁을 준비하였다.
⑤ 남만주 삼원보에 독립운동 기지를 건설하였다.

항일 의병

주요 정답 키워드 　# 허위　# 서울 공격(서울 진공 작전)

4. 다음 사건이 일어난 시기를 연표에서 옳게 고른 것은?　▶ 31회

> 군사장(허위)은 미리 군비를 신속히 정돈하여 철통과 같이 함에 한 방울의 물도 샐 틈이 없는지라. 이에 전군에 명령을 전하여 일제히 진군을 재촉하여 동대문 밖으로 진군하였다. 대군은 긴 뱀의 형세로 천천히 전진하게 하고, 3백 명을 인솔하고 선두에 서서 동대문 밖 삼십 리 되는 곳에 나아가 전군이 모이기를 기다려 일거에 서울을 공격하여 들어가기로 계획하였다. 전군이 모여드는 시기가 어긋나고 일본군이 갑자기 진격하는지라. 여러 시간을 격렬히 사격하다가 후원군이 이르지 않으므로 그대로 퇴진하였더라.

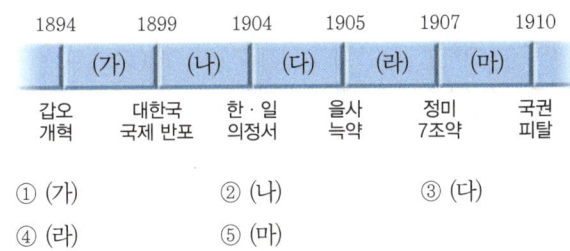

① (가)　　② (나)　　③ (다)
④ (라)　　⑤ (마)

한눈에 보는 해설

(가) 단체에 대한 설명으로 옳은 것은? → 신민회

> (가) 은/는 **안창호, 양기탁, 이승훈이 중심이 되어 조직한 비밀 결사 단체**로, 국권을 회복한 뒤 **공화 정체의 국가를 수립**하고자 하였다. 이를 위해서는 실력 양성에 온 힘을 쏟아야 한다고 규정하고 무엇보다 국민을 새롭게 할 것을 주장하였다.

⑤ 신민회는 이시영·이회영을 중심으로 서간도(남만주) 삼원보에 신한민촌을 세우고 독립운동 기지 건설에 앞장섰다.

선지 분석하기
① 연통제를 통해 독립운동 자금을 모았다. ➡ 대한민국 임시 정부
② 일제의 황무지 개간권 요구를 저지하였다. ➡ 보안회
③ 중추원 개편을 통해 의회 설립을 추진하였다. ➡ 독립 협회
④ 복벽주의를 내세우며 의병 전쟁을 준비하였다. ➡ 독립 의군부

한눈에 보는 해설

다음 사건이 일어난 시기를 연표에서 옳게 고른 것은? → 서울 진공 작전(1908)

> **군사장(허위)**은 미리 군비를 신속히 정돈하여 철통과 같이 함에 한 방울의 물도 샐 틈이 없는지라. 이에 전군에 명령을 전하여 일제히 진군을 재촉하여 동대문 밖으로 진군하였다. 대군은 긴 뱀의 형세로 천천히 전진하게 하고, 3백 명을 인솔하고 선두에 서서 동대문 밖 삼십 리 되는 곳에 나아가 전군이 모이기를 기다려 일거에 **서울을 공격하여 들어가기로 계획**하였다. 전군이 모여드는 시기가 어긋나고 일본군이 갑자기 진격하는지라. 여러 시간을 격렬히 사격하다가 후원군이 이르지 않으므로 그대로 퇴진하였더라.

⑤ 1907년 12월 의병 연합 부대인 13도 창의군을 결성하고 1908년 1월 서울 진공 작전을 전개하였으나 실패하였다.

테마 45. 열강의 경제적 침탈과 경제적 구국 운동

> **출제 POINT**
> 근대 개항기 경제 상황 및 국채 보상 운동의 특징을 묻는 문제가 주로 출제된다.

🗓 경제 관련 주요 연표

- 1876 ○ 강화도 조약
  - ○ 조·일 수호 조규 부록
  - ○ 조·일 통상 장정
- 1882 ○ 조·미 수호 통상 조약
  - ○ 조·청 상민 수륙 무역 장정
- 1883 ○ 개정 조·일 통상 장정
- 1889 ○ 방곡령 사건
- 1896 ○ 아관 파천
- 1898 ○ 시전 상인, 황국 중앙 총상회 조직
  - ○ 독립 협회, 이권 수호 운동
- 1904 ○ 보안회
- 1905 ○ 메가타의 화폐 정리 사업
- 1907 ○ 국채 보상 운동

1 일본과 청의 경제 침략 ★

개항 초기 (1876~1882)	일본 상인의 무역 독점 - **조·일 수호 조규 부록**(1876): 거류지 중계 무역(간행이정 10리) - **조·일 통상 장정**(1876): 일본 수출입 상품에 대한 무관세 및 무항세, 양곡의 무제한 유출	
1880년대 [임오군란(1882) 이후] - 청·일 간의 상권 침탈 경쟁 심화	일본	• **조·일 수호 조규 (부록) 속약**(1882): 내륙 진출 허용(간행이정 50리 ➡ 2년 뒤 100리) • **개정 조·일 통상 장정**(1883): 수출입 상품의 관세 규정(10%의 수입세·선박세), 최혜국 대우 규정, 방곡령 조항 제시
	청	**조·청 상민 수륙 무역 장정**(1882): 양화진 개방, 내지 통상권 최초 확보 ➡ 일본 상인과 경쟁
청·일 전쟁(1894) 이후	일본 상인의 조선 시장 독점	

◆ 한성의 청과 일본 상인 거류지

2 열강의 경제 이권 침탈 ★

1. **배경**: 청·일 전쟁 이후 이권 탈취, 금융 지배, 차관 제공 등 제국주의적 경제 침탈 단계 ➡ **아관 파천을 계기로 본격화** (근거) 최혜국 대우 조약)

2. **이권 침탈 내용**

국가	연도	이권 내용
러시아	1896	• 경원·종성의 광산 채굴권 • 울릉도·압록강 유역 삼림 채벌권
미국	1896	• 경인선 철도 부설권(➡ 일본에 양도) • 운산 금광 채굴권 • 서울의 전기·수도 시설권
프랑스	1896	경의선 철도 부설권(➡ 재정 부족으로 대한 철도 회사에 환수 ➡ 러·일 전쟁 중 일본으로 양도, 1906년 완성)
독일	1897	강원도 당현 금광 채굴권
영국	1900	평안도 은산 금광 채굴권
일본	1897	경인선 철도 부설권 인수(⬅ 미국)
	1898	경부선 철도 부설권
	1900	충청도 직산 금광 채굴권
	1904	경원선 철도 부설권, 경의선 철도 부설권 인수

◆ 열강의 이권 침탈

3. 일본의 금융 지배 및 차관 제공

금융 지배	재정 고문 메가타의 화폐 정리 사업(1905): 일본 제일은행권이 법정 통화로 채택, 금 본위제 ➡ 기존 화폐 교환이 제대로 안 됨. 한국 상공업자 몰락
일본의 차관 제공	• 청·일 전쟁 이후: 일본은 조세 징수권과 해관세 수입을 담보로 차관 제공 • 러·일 전쟁 이후: 화폐 정리, 시설 개간의 명목으로 차관 제공

3 경제적 구국 운동 ★★

방곡령 시행 (1889)	• 원인: 일본 상인의 농촌 시장 침투, 지나친 곡물 반출로 인한 쌀값 폭등, 조선 관권의 저항(함경도, 황해도) • 결과: 개정 조·일 통상 장정(1883)의 규정 근거 ➡ 실패, 방곡령 철회·배상금 지불
상권 수호 운동	• 원인: 개항 초기 외국 상인의 활동 범위는 개항장으로부터 10리 이내로 제한(거류지 무역) ➡ 1880년대 내지 통상 허용 ➡ 청국 상인과 일본 상인의 상권 침탈 경쟁 치열 • 상권 수호 시위: 서울 상인들 철시, 시전 상인들의 황국 중앙 총상회 조직(1898)
이권 수호 운동	독립 협회: 러시아·프랑스의 이권 저지 운동 전개, 황국 중앙 총상회와 함께 상권 수호 운동 전개
황무지 개간권 반대 운동	• 보안회(1904): 일본의 황무지 개간권 요구 철회 ➡ 성공 • 농광 회사(1904): 민간 실업인들이 세운 황무지 개간 회사
국채 보상 운동 (1907)	• 배경: 일본의 차관 제공 • 전개: 대구에서 김광제·서상돈 등에 의해 시작 ➡ 전국 확산, 국채 보상 기성회 중심 • 결과: 일제 통감부의 탄압으로 좌절 cf 국채 보상 운동 기록물: 유네스코 기록 문화유산 등재(2017)

◆ 경제적 자주권 수호 운동

한능검 콕콕 자료

1. **메가타의 화폐 정리 사업**
   제3조 구 백동화의 품질, 무게, 인상(印象), 모양이 소재가치와 액면가가 일치하는 화폐[正貨]로 인정받을 만한 것은 한 개당 금(金) 2전 5리의 비율로 새로운 화폐로 교환한다. 이 기준에 합당하지 않은 부정 백동화는 개당 금 1전의 가격으로 정부에서 사들인다. 만약 매수를 원하지 않는 경우 정부에서 절단하여 돌려준다. 단, 형태나 품질이 조악하여 화폐로 인정할 수 없는 것은 사들이는 대상으로 포함하지 않는다.

2. **상권 수호 운동**
   근일 외국인이 내지의 각부 각군 요지에 점포와 가옥을 사서 장사를 하고 또 전답을 구입한다고 하니 이는 외국과 통상에도 없는 것이요 외국인들이 내지에 와서 점포를 열어 장사를 하고 전답을 사들이면 대한 인민의 상권이 외국인에게 모두 돌아가고 …… 우리나라 각부 각군 지방에 잡거하는 외국 상인을 모두 철거하게 하고 가옥과 전답 구매를 일체 엄금하여 대한 인민의 상업을 흥왕하게 하여 달라.
   『독립신문』

3. **국채 보상 국민 대회의 취지문**
   지금은 우리들이 정신을 새로이 하고 충의를 떨칠 때이니, 국채 1,300만 원은 바로 우리 한(韓) 제국의 존망에 직결된 것이라. …… 그러므로 이 국채를 갚는 방법으론 2,000만 인민이 3개월 동안 흡연을 금하고, 그 대금으로 한 사람이 매달 20전씩 거둔다면 1,300만 원을 모을 수 있으며, 만일 그 액수가 미달할 때에는 1환, 10환, 100환의 특별 모금을 해도 될 것이다.
   『대한매일신보』(1907. 2. 21.)

테마 45 실전문제

국채 보상 운동

주요 정답 키워드　# 금주·금연을 통한 차관 갚기　# 국채 보상 기성회

1. (가)~(라)에 들어갈 내용으로 옳은 것을 〈보기〉에서 고른 것은? ▶39회

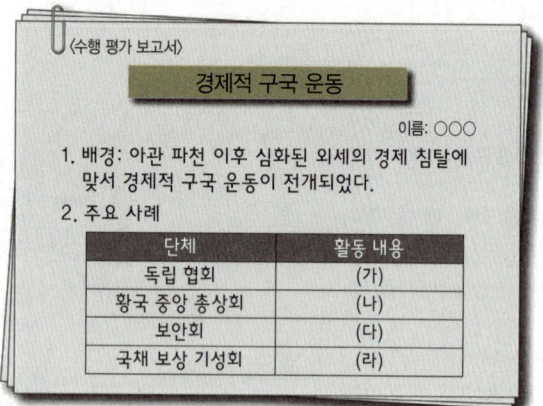

보기
- ㉠ (가) – 대동 상회, 장통 상회를 설립하였다.
- ㉡ (나) – 러시아의 절영도 조차 요구를 저지하였다.
- ㉢ (다) – 일제의 황무지 개간권 요구를 철회시켰다.
- ㉣ (라) – 금주·금연을 통한 차관 갚기 운동을 전개하였다.

① ㉠, ㉡　② ㉠, ㉢　③ ㉡, ㉢
④ ㉡, ㉣　⑤ ㉢, ㉣

2. (가), (나)는 경제 위기를 극복하기 위한 운동이다. 이에 대한 설명으로 옳은 것만을 〈보기〉에서 모두 고른 것은? ▶11회

구분	(가)	(나)
연도	1907년	1997년
배경	차관 도입	외환 부족
목표액	1,300만 원	250억 달러 상당의 금 모으기
모금액	약 18만 7천 원	21억 7천만 달러 상당

보기
- ㉠ (가)는 국채 보상 기성회를 중심으로 전개되었다.
- ㉡ (가)는 독립신문의 적극적인 홍보로 성과를 거두었다.
- ㉢ (나)는 IMF의 관리 체제에서 벗어나기 위해 전개되었다.
- ㉣ (가), (나)는 전국에서 각계각층이 참여하였다.

① ㉠, ㉡　② ㉠, ㉢　③ ㉠, ㉡, ㉢
④ ㉠, ㉢, ㉣　⑤ ㉡, ㉢, ㉣

한눈에 보는 해설

(가)~(라)에 들어갈 내용으로 옳은 것을 〈보기〉에서 고른 것은?

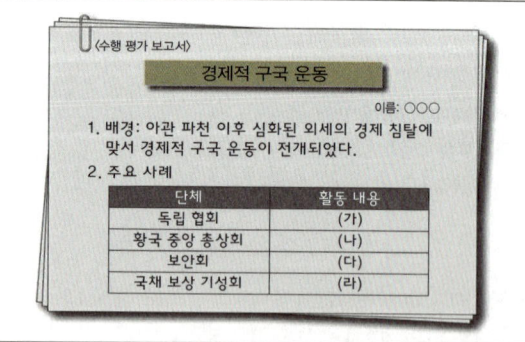

- ㉢ 보안회(1904)는 러·일 전쟁 당시 토지 약탈을 목적으로 일제가 황무지 개간권을 요구하자, 반대 운동을 전개하였다.
- ㉣ 대한 제국의 경제를 예속하려는 일본의 차관에 대응하여 국채 보상 기성회(1907)는 금주·금연을 통한 차관 갚기 운동을 전개하였다.

선지 분석하기
- ㉠ (가) – 대동 상회, 장통 상회를 설립하였다. ➡ 1880년대 일부 상인들이 상회사 설립
- ㉡ (나) – 러시아의 절영도 조차 요구를 저지하였다. ➡ 독립 협회의 활동

한눈에 보는 해설

→ (가) 국채 보상 운동, (나) 금 모으기 운동

(가), (나) 는 경제 위기를 극복하기 위한 운동이다. 이에 대한 설명으로 옳은 것만을 〈보기〉에서 모두 고른 것은?

구분	(가)	(나)
연도	1907년	1997년
배경	차관 도입	외환 부족
목표액	1,300만 원	250억 달러 상당의 금 모으기
모금액	약 18만 7천 원	21억 7천만 달러 상당

- ㉠ (가) – 김광제, 서상돈 등의 발의로 대구에서 시작된 국채 보상 운동은 국채 보상 기성회를 중심으로 전국으로 확산되어 진행되었다.
- ㉢ (나) – 1997년 국제 통화 기금(IMF)을 극복하기 위해 대대적인 금 모으기 운동이 전개되어 단기간에 엄청난 양의 금을 모았다.
- ㉣ (가), (나) – 국채 보상 운동과 금 모으기 운동은 나라의 경제적 위기를 극복하기 위해 전국에서 각계각층이 참여하였다.

선지 분석하기
- ㉡ (가)는 독립신문(1896~1899)의 적극적인 홍보로 성과를 거두었다.
  ➡ 국채 보상 운동(1907)은 대한매일신보(1904~1910)의 홍보로 성과를 거둠.

보부상

주요 정답 키워드 # 황국 협회 # 독립 협회의 활동 방해

3. 다음은 어떤 상인과 관련된 정부 기구의 변화를 나타낸 것이다. 이 상인의 활동으로 옳은 것은?
▶ 4회

① 관리와 결탁하여 대동미 수송을 전담하였다.
② 수송, 위탁, 중계, 대부업 등을 주요 업무로 하였다.
③ 황국 협회에 가입하여 독립 협회의 활동을 방해하였다.
④ 송도부기라고 하는 독자적 장부 기록법을 사용하였다.
⑤ 일제 강점 이후 조선 총독부의 비호하에 영향력을 행사하였다.

화폐 정리 사업

주요 정답 키워드 # 메가타 # 구 백동화 # 차관 도입

4. 밑줄 그은 '이 사업'에 대한 설명으로 옳은 것을 〈보기〉에서 고른 것은?
▶ 28회

역사 신문
제△△호   1905년 ○○월 ○○일

오늘부터 신화폐로 교환해야

정부는 지난 6월 발표한 탁지부령 제1호에 근거하여 구 백동화를 일본의 제일 은행권으로 교환하는 작업을 오늘부터 실시한다고 발표했다. 이 사업을 주도한 인물은 일본 정부가 추천한 재정 고문 메가타로 알려져 추진 배경에 의구심이 증폭된다.

〈보기〉
㉠ 화폐 주조를 위해 전환국이 설립되었다.
㉡ 통화량이 줄어들어 국내 상인들이 타격을 입었다.
㉢ 황국 중앙 총상회가 중심이 되어 반대 운동을 전개하였다.
㉣ 일본에서 차관이 도입되어 정부의 재정 예속화를 심화시켰다.

① ㉠, ㉡   ② ㉠, ㉢   ③ ㉡, ㉢
④ ㉡, ㉣   ⑤ ㉢, ㉣

한눈에 보는 해설

다음은 어떤 상인(→보부상)과 관련된 정부 기구의 변화를 나타낸 것이다. 이 상인의 활동으로 옳은 것은?

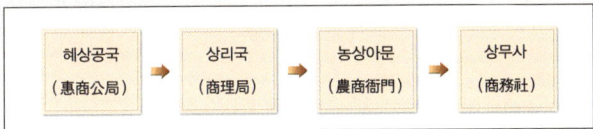

③ 보부상 단체인 황국 협회(1898)는 참정대신 조병식 등의 보수 세력들이 주동이 되어 독립 협회에 대항하기 위해 조직된 단체이다.

선지 분석하기
① 관리와 결탁하여 대동미 수송을 전담하였다. ➡ 경강상인
② 수송, 위탁, 중계, 대부업 등을 주요 업무로 하였다. ➡ 선상, 객주, 여각
④ 송도부기라고 하는 독자적 장부 기록법을 사용하였다. ➡ 송상
⑤ 일제 강점 이후 조선 총독부의 비호하에 영향력을 행사하였다. ➡ 보부상은 독립운동에 일조함.

한눈에 보는 해설

밑줄 그은 '이 사업(→화폐 정리 사업(1905))'에 대한 설명으로 옳은 것을 〈보기〉에서 고른 것은?

오늘부터 신화폐로 교환해야

정부는 지난 6월 발표한 탁지부령 제1호에 근거하여 **구 백동화를 일본의 제일 은행권으로 교환하는 작업**을 오늘부터 실시한다고 발표했다. 이 사업을 주도한 인물은 일본 정부가 추천한 **재정 고문 메가타**로 알려져 추진 배경에 의구심이 증폭된다.

㉡ 화폐 정리 사업 과정에서 질이 나쁜 백동화나 적은 금액은 교환해 주지 않아서 상공업자와 농민들이 큰 피해를 입었다.
㉣ 화폐 정리 사업의 결과 우리나라 은행은 몰락하거나 자주성을 잃게 되었고, 화폐 정리 사업에 필요한 자금을 일본 차관으로 조달하여 대한 제국은 거액의 국채를 떠안게 되었다.

선지 분석하기
㉠ 화폐 주조를 위해 전환국이 설립되었다. ➡ 전환국 설치(1883)
㉢ 황국 중앙 총상회가 중심이 되어 반대 운동을 전개하였다. ➡ 시전 상인들은 황국 중앙 총상회를 조직(1898)하여 독립 협회와 함께 상권 수호 운동을 전개

테마 46 근대 문화의 형성

출제 POINT
근대 시설의 설치 시기와 언론의 활동이 출제된다.

◆ 1887년 경복궁 내 건청궁과 향원정에 전등이 켜진 모습을 그린 그림

◆ 서울의 전차(1899)

◆ 명동 성당(1898)

◆ 덕수궁 석조전(1910)

◆ 「한성순보」

1 근대 시설의 수용

각종 시설		연대	내용
인쇄	박문국	1883	최초의 근대적 인쇄소(➡ 『한성순보』 발행)
통신	전신	1885	서울~인천(청), 서울~의주 간 전신 가설(청)
	전화	1898	경운궁(덕수궁) 내
	전등	1887	경복궁 내 가설
	우편	1895	갑신정변으로 중단 ➡ 1895년 우정국 재개
		1900	만국 우편 연합 가입, 파리 만국 박람회 참석
화폐	전환국	1883	화폐 주조
무기	기기창	1883	근대식 무기 공장(영선사)
교통	철도	경인선	1896	최초의 철도, 미국인 모스 부설권 획득 ➡ 1897년 일본 기공 ➡ 1899년 완성
		경의선	1896	프랑스 부설권 획득 ➡ 재정 부족으로 대한 철도 회사에 환수 ➡ 러·일 전쟁 중 일본으로 양도 ➡ 1906년 완성
		경부선	1898	일본 부설권 획득 ➡ 1901년 기공 ➡ 1905년 개통
	전차	서대문~청량리	1899	콜브란(미국)과 황실이 합작한 한성 전기 회사, 1898년 전차 공사 시작 ➡ 1899년 전차 개통
의료 기관	광혜원	1885	최초의 근대식 병원(알렌) ➡ 제중원으로 개칭
	광제원	1900	국립 병원, 종두법 보급(지석영)
	세브란스 병원	1904	미국인 에비슨 건립
	대한 의원	1907	의료 요원 양성소
건축	독립문(1897, 프랑스 개선문), 명동 성당(1898, 중세 고딕 양식), 덕수궁 석조전(1910, 중세 르네상스 양식)		

2 언론

신문	발행인	활동
한성순보(1883~1884)	박문국	• 우리나라 최초의 신문(관보), 순한문 • 갑신정변의 실패로 폐간 ➡ 한성주보로 부활(1886)
한성주보(1886~1888)	박문국	최초의 국한문 혼용(주간 신문), 최초 상업 광고 게재
독립신문(1896~1899)	독립 협회	최초의 근대적 민간지, 한글판과 영문판
황성신문(1898~1910)	남궁억, 장지연	• 국한문 혼용 신문, 개신 유학자 등 지식인 대상 • 장지연의 '시일야방성대곡'(애국적 논설로 유명)
제국신문(1898~1910)	이종일	중류 이하의 대중과 부녀자 대상, 순한글판 일간지
대한매일신보(1904~1910)	양기탁, 베델(영)	• 순한글, 국한문, 영문 등 3종류로 발행 • 을사조약 이후 항일 운동의 선봉 • 국채 보상 운동에 적극적 활동, 을사조약의 부당성을 폭로한 고종 친서 발표
기타		경향신문(1906~1910, 천주교), 만세보(1906~1907, 천도교)

3 교육

1880년대	원산 학사(1883)	최초의 근대적 사립 학교(학문+무술)
	동문학(1883)	최초의 근대적 영어 강습 기관(정부)
	육영 공원(1886)	최초의 근대적 관립 학교(상류층 자제)
2차 갑오개혁기		교육 입국 조서(1895): 신교육 실시 천명 ➡ 소학교, 중학교, 사범 학교, 외국어 학교 등 각종 관립 학교 설립
사립 학교		• 선교사 건립: 배재학당(1885, 아펜젤러), 이화학당(1886, 스크랜턴), 경신학교(1886, 언더우드) 등 • 민족지사 건립: 보성학교(이용익, 1905), 오산학교(이승훈, 1907), 대성학교(안창호, 1907), 서전서숙(북간도, 이상설, 1906) 등

🔍 북촌 여성 양반들의 활동
- **여성통문**(1898): 우리나라 최초 여성 인권 선언문 발표
- 여성 단체 찬양회 조직(1898)
- 순성 여학교 건립(1899)

4 국학·종교의 변화

1. 국학

국사	• 장지연, 신채호, 박은식 등이 근대 계몽 사학 성립, 구국 위인전·외국 흥망사, 국민 계몽 • 신채호: 「독사신론」(1908) ➡ 민족주의 사학으로의 방향 제시, 「이순신전」, 「을지문덕전」 등 위인전 • 박은식: 「천개소문전」, 「안중근전」 등 • 최남선·박은식: 조선 광문회 설립
국어	국문 연구소 설립(지석영, 주시경, 1907)

2. 종교

유교	박은식의 「유교구신론」(1909) ➡ 유교의 개혁 주장
불교	한용운의 「조선불교유신론」(1913) ➡ 불교의 자주성 회복 및 개혁 주장
천주교	고아원, 양로원 등을 통한 선교 활동, 경향신문(1906) 간행
개신교	의료 및 교육 활동을 통한 선교 활동
천도교	손병희가 동학을 천도교로 개창(1905), 만세보(1906) 간행
대종교	나철 등이 단군 신앙을 발전시켜 대종교(1909) 창시 ➡ 국권 강탈 이후 만주에서 항일 운동의 선봉에 섬.

↳ 1911년 중광단 조직 → 북로 군정서로 개편

🔍 문예의 발달
- 신소설: 이인직의 「혈의 누」, 이해조의 「자유종」, 안국선의 「금수회의록」(1908) 등
- 신체시: 최남선의 '해에게서 소년에게' 발표(잡지 「소년」)
- 신극: 원각사(최초 서양식 극장, 1908)에서 신극 공연

✦ 안국선의 「금수회의록」

한능검 쏙쏙 자료

1. 여성통문
하나님이 세계 인생을 낳으실 때에 사나이나 여편네나 사람은 다 한가지라. 여자도 남자의 학문을 교육받고 여자도 남자와 동등권을 가져 인생에 당한 사업을 다 각기 하는 것이 당연한 도리거늘, …… 총명이 한갓 남자에게만 있는 것이 아니라 여자도 또한 총명한 재질인즉, 여자도 학문과 동등권을 가져 남자를 더욱 이롭게 도울지라. 그리한다면, 남녀간에 고락을 한가지로 하고 사업을 같이 하며 생애를 고르게 하여 나라가 더 부강하고 집안이 태평할 터이니, 그럴 지경이면 어찌 아름답지 아니하리오.
「독립신문」(1898. 1. 4.)

2. 원산 학사
덕원(원산) 부사 정현석이 장계를 올립니다. 신이 다스리는 이곳 읍은 해안의 요충지에 있고 아울러 개항지가 되어 소중함이 다른 곳에 비할 바가 못 됩니다. 개항지를 빈틈없이 운영해 나가는 방도는 인재를 선발하여 쓰는 데 달려 있고, 인재 선발의 요체는 교육에 있습니다. 그러므로 학교를 설립하여 연소하고 총명한 자를 뽑아 교육하고자 합니다.
「덕원부계록」

3. 박은식의 「유교구신론」
유교가 끝내 불교나 기독교와 같이 세계에 대발전을 하지 못함은 무슨 까닭이뇨. 나는 외람됨을 무릅쓰고 3대 문제를 들어 개량 구신의 의견을 바치노라. 첫째는 유교가 인민 사회에 보급할 정신이 부족함이요, 둘째는 내가 동몽(童蒙)을 찾는 것이 아니라 동몽이 나를 찾도록 하는 것이요, 셋째는 주자학을 전적으로 숭상함이라.

테마 46 실전문제

근대 시설

주요 정답 키워드 # 경인선 개통 # 전차 개통 # 명동 성당 완공 # 전환국 설치

1. (가)~(마) 시기에 일어난 역사적 사실로 옳은 것은? ▶ 26회

```
1876   1882   1889   1896   1904   1907
  (가)    (나)    (다)    (라)    (마)
강화도  임오  함경도  아관  한·일  국채
조약   군란  방곡령  파천  의정서  보상
            선포          체결   운동
```

① (가) - 전환국이 설치되어 화폐 발행이 시작되었다.
② (나) - 고딕 양식의 명동 성당이 완공되었다.
③ (다) - 최초의 상업 광고가 실린 한성주보가 발행되었다.
④ (라) - 서울과 인천 사이에 철도가 최초로 개통되었다.
⑤ (마) - 덕원 지방의 관민들이 원산 학사를 설립하였다.

2. 다음 가상 대화가 이루어진 시기 이후에 볼 수 있는 모습으로 가장 적절한 것은? ▶ 40회

자네 들었는가? 며칠 전 한성 전기 회사에서 개통한 전차에 어린아이가 깔려 죽었다고 하네.

나도 들었네. 사고를 보고 격분한 사람들이 전차를 전복시키고 불태웠다더군.

① 척화비를 세우기 위해 돌을 다듬는 석공
② 거문도를 불법 점령하고 있는 영국 군인
③ 연무당에서 일본과 조약을 체결하는 관리
④ 보빙사의 일원으로 미국에 파견되는 역관
⑤ 경부선 철도 개통식을 취재하는 신문 기자

한눈에 보는 해설

(가)~(마) 시기에 일어난 역사적 사실로 옳은 것은?

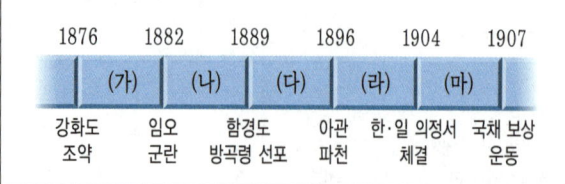

④ 경인선 개통 ➡ 1899년

선지 분석하기
① (가) - 전환국이 설치되어 화폐 발행이 시작되었다. ➡ 1883년
② (나) - 고딕 양식의 명동 성당이 완공되었다. ➡ 1898년
③ (다) - 최초의 상업 광고가 실린 한성주보가 발행되었다. ➡ 1886년
⑤ (마) - 덕원 지방의 관민들이 원산 학사를 설립하였다. ➡ 1883년

한눈에 보는 해설

다음 가상 대화가 이루어진 시기 이후에 볼 수 있는 모습으로 가장 적절한 것은?

→ 1898년
→ 1898년 개통

⑤ 경부선 철도 개통식 ➡ 1905년

선지 분석하기
① 척화비를 세우기 위해 돌을 다듬는 석공 ➡ 1871년
② 거문도를 불법 점령하고 있는 영국 군인 ➡ 1885~1887년
③ 연무당에서 일본과 조약을 체결하는 관리 ➡ 1876년(강화도 조약)
④ 보빙사의 일원으로 미국에 파견되는 역관 ➡ 1883년

근대 시설

주요 정답 키워드   # 원산(학)사   # 근대적 시설

3. 다음 글이 작성된 이후의 사실로 옳지 않은 것은?   ▶ 38회

> 본 [덕원]부는 해안의 요충지에 위치해 있고 아울러 개항지입니다. 이곳을 빈틈없이 잘 운영해 나가는 방도는 인재를 선발하여 쓰는 데 있고 그 핵심은 가르치고 기르는 데 있습니다. 그래서 원산사(元山社)에 글방을 설치하였습니다.
>
> — 덕원 부사 정현석의 장계

① 국한문 혼용체의 황성신문이 발간되었다.
② 교원 양성을 위해 한성 사범 학교가 설립되었다.
③ 헐버트, 길모어 등이 육영 공원 교사로 초빙되었다.
④ 근대 기술을 배우기 위해 청에 영선사 일행이 파견되었다.
⑤ 교육의 기본 방향을 제시한 교육 입국 조서가 반포되었다.

한눈에 보는 해설

→ 원산 학사 설치(1883)
다음 글이 작성된 이후의 사실로 옳지 않은 것은?

> → 원산
> 본 [덕원]부는 해안의 요충지에 위치해 있고 아울러 개항지입니다. 이곳을 빈틈없이 잘 운영해 나가는 방도는 인재를 선발하여 쓰는 데 있고 그 핵심은 가르치고 기르는 데 있습니다. 그래서 **원산사(元山社)에 글방을 설치**하였습니다.
> — 덕원 부사 정현석의 장계

④ 청에 영선사 파견 ➡ 1881년

선지 분석하기
① 국한문 혼용체의 황성신문이 발간되었다. ➡ 황성신문(1898~1910)
② 교원 양성을 위해 한성 사범 학교가 설립되었다. ➡ 1895년
③ 헐버트, 길모어 등이 육영 공원 교사로 초빙되었다. ➡ 육영 공원 설립(1886)
⑤ 교육의 기본 방향을 제시한 교육 입국 조서가 반포되었다. ➡ 고종의 교육 입국 조서 반포(1895)

근대 언론

주요 정답 키워드   # 한성순보(최초의 신문)   # 독립신문(영문판)
대한매일신보(양기탁과 베델, 국채 보상 운동 지원, 총독부 기관지)

4. (가)~(마)에 대한 설명으로 옳은 것은?   ▶ 37회

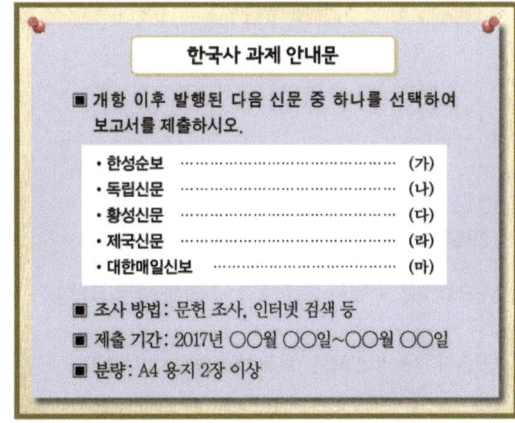

① (가) - 정부에서 발행하는 순한문 신문이었다.
② (나) - 국채 보상 운동을 적극적으로 후원하였다.
③ (다) - 외국인이 읽을 수 있도록 영문으로도 발행되었다.
④ (라) - 국권 피탈 후 총독부의 기관지로 전락하였다.
⑤ (마) - 최초로 상업 광고가 게재되었다.

한눈에 보는 해설

(가)~(마)에 대한 설명으로 옳은 것은?

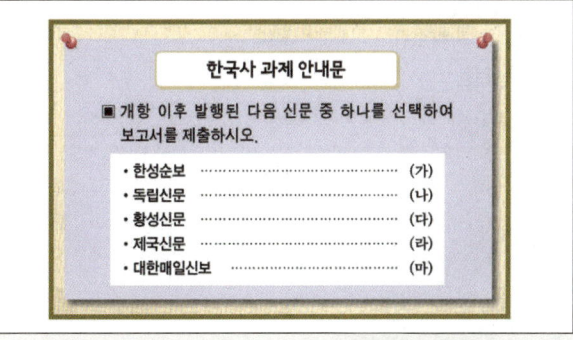

① 우리나라 최초의 신문(관보)인 한성순보는 1883년에 박문국에서 10일에 한 번 한문으로 발행되었으나, 갑신정변의 실패로 1884년에 폐간되었다.

선지 분석하기
② (나) - 국채 보상 운동을 적극적으로 후원하였다. ➡ 대한매일신보
③ (다) - 외국인이 읽을 수 있도록 영문으로도 발행되었다. ➡ 독립신문, 대한매일신보
④ (라) - 국권 피탈 후 총독부의 기관지로 전락하였다. ➡ 대한매일신보는 총독부 기관지인 매일신보(1910)로 전락함.
⑤ (마) - 최초로 상업 광고가 게재되었다. ➡ 한성주보

한 권으로 끝내는 한국사능력검정시험

☑ 빈출 키워드

출제순위 1 정치 # 임시 정부 # 3·1 운동 # 의열단

출제순위 2 문화 # 신채호 # 조선어 학회 # 대종교

출제순위 3 사회 # 신간회 # 형평 운동 # 천도교

☑ 한능검 최근 3개년 출제 분석

시대 구분	시대별 출제문항수/전체 출제문항수
선사 및 초기 국가	34 / 800
고대 사회	110 / 800
중세 사회	137 / 800
근세 사회(조선 전기)	77 / 800
근대 태동기(조선 후기)	90 / 800
근대 사회 발전기	116 / 800
민족 독립운동기	107 / 800
현대 사회	97 / 800
통합	32 / 800

107 (13.5%)

최근 3년(57회~72회) 800문항을 분석한 결과 민족 독립운동기는 107문제(13.5%)가 출제되었습니다. 출제 순위는 정치사가 1위, 문화사가 2위입니다.

PART 07

민족 독립운동기

테마47 일제의 식민 통치

테마48 민족의 저항(1)

테마49 민족의 저항(2)

테마50 민족의 저항(3)

테마51 경제적·사회적 저항 운동

테마52 사회적 민족 운동과 민족 유일당 운동

테마53 민족 문화 수호 운동

테마 47 일제의 식민 통치

출제 POINT
각 시기별 일제의 식민 통치 내용을 묻는 문제가 주로 출제된다.

민족 독립운동기 주요 연표

1910	국권 피탈
1919	3·1 운동, 대한민국 임시 정부 수립
1920	봉오동 전투, 청산리 대첩
1926	6·10 만세 운동
1929	광주 학생 항일 운동
1931	김구, 한인 애국단 조직
1932	이봉창·윤봉길 의거
1935	민족 혁명당, 한국 국민당 조직
1940	한국 광복군 창설
1945	해방

✱ **안악 사건(1910)**
안명근이 서간도에 무관 학교를 설립하기 위해 국내에서 모금 활동을 벌인 것을 일제가 데라우치 총독을 암살하기 위한 군자금을 모금한다고 날조하여 수많은 민족 지도자를 검거한 사건

✱ **105인 사건(1911)**
일제가 안명근의 데라우치 총독 암살 미수 사건을 구실로 신민회 회원들을 체포, 신민회 활동 중지됨.

◆ 조선 총독부의 검열·삭제 지시에 의해 절반 가까운 지면이 비어 있는 상태로 발행된 신문

1 조선 총독부 설치

1. **역할**: 식민 통치의 중추 기관
2. **조선 총독의 권한**: 일본 현역 대장으로 임명, 행정권·입법권·사법권을 장악하고 군대를 통솔 ➡ 일본 내각의 통제를 받지 않은 채 일본 국왕에 직속되어 전권을 위임받음.
3. **중추원**: 총독부 자문 기구 ➡ 친일파 회유, 의장(일본인)의 허락 없이 발언 금지

◆ 조선 총독부 | 일제는 남산에 있던 총독부 청사를 1926년 경복궁 근정전 앞에 새로 지음. 이는 1995년 역사 바로 세우기 정책으로 철거됨.

2 1단계 무단 통치(1910~1919) ✯✯

정치	• **헌병 경찰** 통치: 헌병이 경찰의 업무를 대행 ➡ 독립운동가를 색출·처단 • **태형령 제정**(1912): 태형 제도 부활, 조선인에게만 적용 • **제복과 칼 착용**: 일반 관리, 학교 교원 등도 제복과 칼 착용 • 기본권 박탈: 우리 민족의 언론·집회·출판·결사의 자유 박탈 • 무단 탄압: 안악 사건(1910)✱, 105인 사건(1911)✱ ➡ 신민회 해체(1911)
경제	• **토지 조사 사업**[1910~1918, **토지 조사령(1912)** 공포] – 목적: 근대적 토지 소유권 제도 확립, but 토지 약탈 및 지주층 회유 – 방법: **기한부 신고제**, 증거주의 ➡ 절차 복잡 – 결과: 농민의 관습적 경작권 부정(지주 권리만 인정) ➡ **소작농 증가**, **전 농토의 40% 탈취**[미신고 토지, 공공 기관 소유 토지, 소유권자가 불분명한 토지 ➡ 조선 총독부에 귀속 ➡ 동양 척식 주식회사(1908) 담당, 일본인에게 싼 값에 불하] • **회사령**(1910, **허가제**): 회사 설립 시 총독의 허가를 받도록 함. ➡ 한국인의 기업 활동 억제
문화	1차 조선 교육령(1911): 민족적 사립 학교 억제

◆ 무단 통치 | 제복과 칼을 착용한 관리들

3 2단계 문화 통치(1919~1931) ✯✯

정치	• 배경: **3·1 운동** 계기로 통치 방식 변화, **문화 통치**로 전환 ➡ but 기만적 유화 정책, 친일파 양성 • 문화 통치의 본질: 보통 경찰제 ➡ but 경찰수와 장비 더욱 증가, 문관 총독 임명 허용 ➡ but 실제로는 문관 총독 ✕ • **치안 유지법 제정**(1925): 사회주의자 단속 구실 ➡ but 독립운동가 탄압 목적
경제	• 산미 증식 계획(1920~1935) 실시: 일제의 공업화 추진에 따라 부족한 식량을 한국에서 착취하려는 정책 ➡ 한국 농민은 쌀 수탈뿐만 아니라 증산에 투입된 모든 비용(수리 조합비, 비료 대금, 곡물 운반비 등)도 부담 ➡ 1934년 중단 • 회사령 폐지(또는 개정, 1920, 신고제), **관세령 폐지**(1923)
문화	• 2차 조선 교육령(1922): 보통학교(6년), 3면 1교, **대학 설립 허용** ➡ but 우리 민족의 **민립 대학 설립 운동** 탄압, 일제의 **경성 제국 대학 설립**(1924) • 신문 발행 허가: 조선일보, 동아일보 간행 ➡ but 검열·삭제·압수 등 탄압

4 3단계 민족 말살 통치(1931~1945) ★★★

정치	• 중·일 전쟁을 계기로 **국가 총동원령**(1938) 발표 • **내선일체***, **황국 신민 서사*** 암송, **궁성 요배***, 신사 참배, **일본식 성명 강요**, **국어·국사 교육 금지** • 독립운동가 탄압: 조선 사상범 보호 관찰법(1936) 및 조선 사상범 예방 구금령(1941) 제정 • 언론 탄압: 조선일보와 동아일보 폐간(1940) • 병참 기지화 정책: **지원병 제도**(1938), **징용제**(1939), 근로 보국대(1941), **학도 지원병 제도**(1943), **징병제**(1943), **정신대 근무령**(1944) 등 인적 수탈
경제	• **남면북양 정책**(남쪽은 목화 재배, 북쪽은 양 사육), 농촌 진흥 운동 • 물적 수탈: 주요 산업 통제법(1937), 산미 증식 계획 재실시(1939), 총동원 물자 사용 수용령(1939), 공출제(쌀, 금속제 등), 배급제 등
문화	• **3차 조선 교육령**(1938): 보통학교를 **심상소학교**(1938)로 개편, 이후 **국민학교**로 개칭(1941), **조선어 수의 (선택) 과목으로 채택** ↳ 실질적으로는 조선어 폐지 • 4차 조선 교육령(1943): 군부에 의한 교육 통제

※ **내선일체**
'내'는 내지인 일본을, '선'은 조선을 가리킴. 즉 일본과 조선은 한 몸이라는 뜻

※ **황국 신민 서사**(아동용, 성인용)
"우리들은 대일본 제국의 신민이다. 우리들은 마음을 합하여 천황 폐하에게 충의를 다한다."는 황국 신민 서사를 일본어로 외우도록 강요함.

※ **궁성 요배**
국왕이 사는 곳(동경)을 향해 절을 하는 것

◆ 일본어 사용을 강요하는 포스터 | "훌륭한 병사를 배출하기 위해 국어(일본어) 생활을 실행합시다."

◆ 전쟁터에 강제로 끌려간 한국인 일본군 위안부

◆ 강제 공출된 금속류

한능검 콕콕 자료

1. 태형령(1912)
제2조 100원 이하의 벌금 또는 과료에 처할 자 중 다음 각 호에 해당할 때는 그 정상에 따라 태형에 처할 수 있다.
　1. 조선 내에 일정한 주소를 가지고 있지 않을 때
　2. 무산자라고 인정될 때
제11조 태형은 감옥 또는 즉결 관서에서 비밀리에 집행한다.
제13조 본령은 조선인에 한하여 적용한다.

2. 토지 조사령(1912)
제4관 토지 소유자는 조선 총독이 정하는 기간 내에 주소·씨명, 명칭 및 소유지의 소재, 지목, 자번호(字番號), 사표(四標), 등급, 지적, 결수(結數)를 임시 토지 조사국장에게 신고해야 한다. 단, 국유지는 보관 관청이 임시 토지 조사국장에게 통지해야 한다.

3. 문화 정치의 기만성
조선 문제 해결의 성공 여부는 친일 인물을 많이 얻는 데 있으므로 친일 민간인에게 편의와 원조를 주어 수재 교육의 이름 아래 많은 친일 지식인을 긴 안목으로 키운다.
　　　　　　사이토 마코토 총독, 『조선 민족 운동(3·1 운동)에 대한 대책』(1920)

4. 치안 유지법(1925)
제1조 국체를 변혁하거나 또는 사유 재산 제도를 부인하는 것을 목적으로 결사를 조직하거나 또는 사정을 알고 이에 가입한 자는 10년 이하의 징역 또는 금고에 처한다. 전항의 미수죄는 이를 벌한다.

5. 국가 총동원령(1938)
정부는 전시에 국가 총동원상 필요할 때는 칙령이 정하는 바에 따라 ······
제4조 제국 신민을 징용하여 총동원 업무에 종사하게 할 수 있다.
제7조 노동 쟁의의 예방 혹은 해결에 관하여 필요한 명령을 내리거나 또는 작업소의 폐쇄, 작업 혹은 노무의 중지, 기타의 노동 쟁의에 관한 행위의 제한 혹은 금지를 행할 수 있다.
제8조 물자의 생산·수리·배급·양도·기타의 처분, 사용·소비·소지 및 이동에 관하여 필요한 명령을 내릴 수 있다.
제20조 신문지, 기타 출판물의 게재에 대하여 제한 또는 금지를 행할 수 있다.

테마 47 실전문제

무단 통치 시기

주요 정답 키워드 # 태형령 # 헌병 경찰제 # 토지 조사 사업 # 회사령 # 1차 조선 교육령

1. (가)에 들어갈 내용으로 옳은 것은? ▶39회

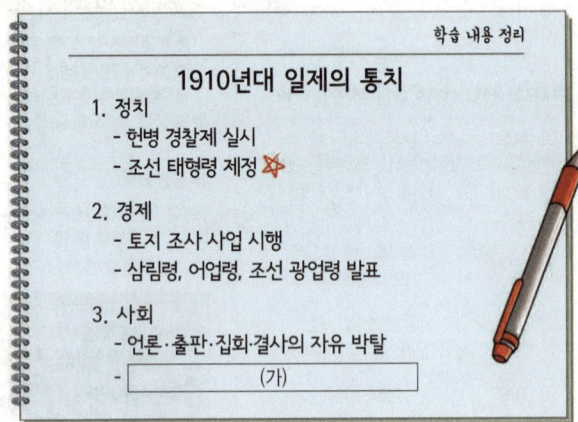

① 국민 교육 헌장 발표
② 경성 제국 대학 설립
③ 한성 사범 학교 관제 마련
④ 소학교 명칭을 국민학교로 변경
⑤ 보통학교 수업 연한을 4년으로 함

2. 밑줄 그은 '이 시기'에 볼 수 있는 일제의 정책으로 옳은 것은? ▶44회

① 국가 총동원법을 제정하여 인력과 물자를 수탈하였다.
② 도 평의회, 부·면 협의회 등의 자문 기구를 설치하였다.
③ 재정 고문 메가타의 주도 아래 화폐 정리 사업을 실시하였다.
④ 회사 설립 시 총독의 허가를 받도록 하는 회사령을 적용하였다.
⑤ 독립운동을 탄압하기 위해 조선 사상범 보호 관찰령을 공포하였다.

한눈에 보는 해설

▶무단 통치 시기 사건
(가)에 들어갈 내용으로 옳은 것은?

```
        1910년대 일제의 통치
              ↳무단 통치 시기
1. 정치
  - 헌병 경찰제 실시
  - 조선 태형령 제정
2. 경제
  - 토지 조사 사업 시행
  - 삼림령, 어업령, 조선 광업령 발표
3. 사회
  - 언론·출판·집회·결사의 자유 박탈
  - (가)
```

⑤ 일제는 1차 조선 교육령(1911)을 발표하여 보통학교 수업 연한을 4년으로 하였다.

선지 분석하기
① 국민 교육 헌장 발표 ➡ 1968년
② 경성 제국 대학 설립 ➡ 1924년(문화 통치 시기)
③ 한성 사범 학교 관제 마련 ➡ 1895년(2차 갑오개혁)
④ 소학교 명칭을 국민학교로 변경 ➡ 1941년(민족 말살 통치 시기)

한눈에 보는 해설

▶1910~1918년(토지 조사 사업이 진행된 무단 통치 시기)
밑줄 그은 '이 시기'에 볼 수 있는 일제의 정책으로 옳은 것은?

이 그림은 **토지 조사 사업이 진행**되던 이 시기에 총독부가 조선에 대한 식민 통치를 미화하고, 그 실적을 선전하기 위해 개최한 조선 물산 공진회의 회의장 전경을 그린 것입니다. 그림에는 경복궁 일부를 헐어내고 물산 공진회장으로 조성한 모습이 그대로 드러나 있는데, 이는 일제가 조선의 정통성과 존엄성을 훼손하려는 의도였습니다.

④ 일제는 1910년에 회사령을 발표하여 한국에서의 기업 설립을 허가제로 하였고, 허가 조건을 위배했을 경우에는 총독이 사업의 금지와 기업의 해산을 명할 수 있게 규정하였다.

선지 분석하기
① 국가 총동원법을 제정하여 인력과 물자를 수탈하였다. ➡ 1938년
② 도 평의회, 부·면 협의회 등의 자문 기구를 설치하였다. ➡ 1920년대
③ 재정 고문 메가타의 주도 아래 화폐 정리 사업을 실시하였다. ➡ 1905년
⑤ 독립운동을 탄압하기 위해 조선 사상범 보호 관찰령을 공포하였다. ➡ 1936년

문화 통치 시기

주요 정답 키워드 # 치안 유지법 # 민족 분열 # 친일파

3. 다음 대책이 발표된 이후 일제가 시행한 정책으로 옳은 것은? ▶42회

> 1. 친일 단체 조직의 필요
> …… 암암리에 조선인 중 …… 친일 인물을 물색케 하고, 그 인물로 하여금 …… 각기 계급 및 사정에 따라 각종의 친일적 단체를 만들게 한 후, 그에게 상당한 편의와 원조를 제공하여 충분히 활동토록 할 것
> ⋮
> 1. 농촌 지도
> …… 조선 내 각 면에 ○재회 등을 조직하고 면장을 그 회장에 추대하고 여기에 간사 및 평의원 등을 두어 유지(有志)가 단체의 주도권을 잡고, 그 단체에는 국유 임야의 일부를 불하하거나 입회를 허가하는 등 당국의 양해 하에 각종 편의를 제공할 것
> 「사이토 마코토 문서」

① 한국인에 한해 적용되는 조선 태형령이 공포되었다.
② 사회주의 운동을 탄압하기 위한 치안 유지법이 마련되었다.
③ 기한 내에 토지를 신고하게 하는 토지 조사령이 제정되었다.
④ 헌병대 사령관이 치안을 총괄하는 경무총감부가 신설되었다.
⑤ 회사 설립 시 총독의 허가를 얻도록 하는 회사령이 발표되었다.

한눈에 보는 해설

→일제의 문화 통치(민족 분열 정책)
다음 대책이 발표된 이후 일제가 시행한 정책으로 옳은 것은?

> 1. **친일 단체 조직**의 필요
> …… 암암리에 조선인 중 …… 친일 인물을 물색케 하고, 그 인물로 하여금 …… 각기 계급 및 사정에 따라 각종의 친일적 단체를 만들게 한 후, 그에게 상당한 편의와 원조를 제공하여 충분히 활동토록 할 것
> ⋮
> 1. 농촌 지도
> …… **조선 내 각 면에 ○재회 등을 조직하고 면장을 그 회장에 추대**하고 여기에 간사 및 평의원 등을 두어 유지(有志)가 단체의 주도권을 잡고, 그 단체에는 국유 임야의 일부를 불하하거나 입회를 허가하는 등 당국의 양해 하에 각종 편의를 제공할 것
> 「사이토 마코토 문서」
> └ 제3대 조선 총독

②3·1 운동 이후 사회주의가 급격히 보급되자, 일제는 무정부주의자와 사회주의자를 단속한다는 구실로 치안 유지법을 공포하였다(1925). 그러나 이 법은 사회주의자뿐만 아니라 민족주의 사상을 지닌 독립운동가들을 탄압하는 데에도 이용되었다.

선지 분석하기
① 한국인에 한해 적용되는 조선 태형령이 공포되었다. ➡ 무단 통치 시기(1912)
③ 기한 내에 토지를 신고하게 하는 토지 조사령이 제정되었다. ➡ 무단 통치 시기(1912)
④ 헌병대 사령관이 치안을 총괄하는 경무총감부가 신설되었다. ➡ 무단 통치 시기
⑤ 회사 설립 시 총독의 허가를 얻도록 하는 회사령이 발표되었다. ➡ 무단 통치 시기(1910)

민족 말살 통치 시기

주요 정답 키워드 # 중·일 전쟁 이후 # 국가 총동원법 시행 시기

4. 밑줄 그은 '시기'에 볼 수 있는 사회 모습으로 가장 적절한 것은? ▶72회

이것은 한 제과업체의 캐러멜 광고로 탱크와 전투기 그림을 활용하여 "캐러멜도 싸우고 있다."라는 문구를 담고 있습니다. 중·일 전쟁 이후 일제가 국가 총동원법을 시행한 시기에 제작된 이 광고는 당시 군국주의 문화가 일상에까지 스며들어 있음을 잘 보여 줍니다.

① 몸뻬 착용을 권장하는 애국반 반장
② 경성 제국 대학 설립을 추진하는 관리
③ 헌병 경찰에게 끌려가 태형을 당하는 농민
④ 원산 총파업에 연대 지원금을 보내는 외국 노동자
⑤ 안창남의 고국 방문 비행을 환영하기 위해 상경하는 청년

한눈에 보는 해설

→민족 말살 통치 시기
밑줄 그은 '시기'에 볼 수 있는 사회 모습으로 가장 적절한 것은?

이것은 한 제과업체의 캐러멜 광고로 탱크와 전투기 그림을 활용하여 "캐러멜도 싸우고 있다."라는 문구를 담고 있습니다. **중·일 전쟁 이후** 일제가 **국가 총동원법**을 시행한 시기에 제작된 이 광고는 당시 군국주의 문화가 일상에까지 스며들어 있음을 잘 보여 줍니다.

①일제는 1937년 중·일 전쟁 이후 일본 농촌 여성들이 입었던 몸뻬 착용을 권장하였다.

선지 분석하기
② 경성 제국 대학 설립을 추진하는 관리 ➡ 1924년(문화 통치 시기)
③ 헌병 경찰에게 끌려가 태형을 당하는 농민 ➡ 1912~1918년(무단 통치 시기)
④ 원산 총파업에 연대 지원금을 보내는 외국 노동자 ➡ 1929년(문화 통치 시기)
⑤ 안창남의 고국 방문 비행을 환영하기 위해 상경하는 청년 ➡ 1922년(문화 통치 시기)

테마 48 민족의 저항(1): 1910년대 국내·외 민족 운동, 3·1 운동

출제 POINT
독립 의군부와 대한 광복회 같은 1910년대에 활동한 독립운동 단체와 3·1 운동의 전개 과정을 묻는 문제가 주로 출제된다.

🌐 1910년대 국내외 주요 연표

- 1910 ○ 연해주, 13도 의군 조직, 성명회 조직
- 1911 ○ 서간도, 경학사 설치 / 북간도, 중광단 설치
- 1912 ○ 국내, 독립 의군부 조직
- 1914 ○ 연해주, 대한 광복군 정부 조직
- 1915 ○ 국내, 대한 광복회 조직
- 1917 ○ 중국 상하이, 대동단결 선언
- 1919 ○ 파리 강화 회의에 김규식 파견
- ○ 만주, 대한 독립 선언 발표
- ○ 일본, 2·8 독립 선언서 발표
- ○ 국내, 3·1 운동

🔍 독립 의군부의 활동
- 총독부, 각국 공사, 일본 정부에 국권 반환 요구서 제출
- 일군 철병에 관한 전국민의 투서 운동 실시
- 전국에 태극기 게양

✱ 복벽주의
일제에 병합당하기 이전의 조선과 같이 국왕이 통치하는 나라를 세우자는 입장

✱ 서전서숙과 명동학교
서전서숙은 이상설 등이 1906년 만주에 설립한 최초의 신학문 민족 교육 기관으로, 역사와 지리 등의 신학문을 가르침. 1908년 만주 북간도에 세워진 명동학교는 1906년 설립되었다가 1년 만에 폐교된 서전서숙의 민족 교육 정신을 계승한 것

1 1910년대 민족 운동 ★★

1. 국내: 비밀 결사 단체들의 활동

독립 의군부 (1912~1914)	의병장 임병찬이 고종의 밀명을 받고 조직, 복벽주의✱, 국권 반환 요구서 발송
대한 광복회 (1915~1918)	박상진·김좌진 주도, 공화정 주장, 독립 전쟁을 위한 군자금 모집, 만주에 독립군 기지 건설

2. 국외: 독립운동 전개

간도	• 삼원보(서간도): 이회영 등 신민회 인사 중심, 자치 기구 경학사(➡ 부민단) 설치, 신흥 강습소(1911) ➡ 신흥 무관 학교로 발전(1919) • 북간도: 중광단(1911, 대종교 중심의 군사 조직) ➡ 북로 군정서로 발전(1919), 서전서숙✱, 명동학교✱ 설립 • 북만주: 밀산부에 독립운동 기지 한흥동 설치
중국 본토	• 신한 혁명당(1915, 신규식·박은식): 대동단결 선언(1917, 공화주의에 의한 정부 수립 주장) • 신한 청년단(1918): 1919년 파리 강화 회의에 김규식 파견
연해주	• 13도 의군(1910): 의병장 출신 유인석, 홍범도 등 조직 • 성명회(1910), 권업회(1911) 등 조직 • 대한 광복군 정부(1914): 정통령(이상설)·부통령(이동휘)으로 하는 정부 형태 • 대한 국민 의회(1919): 전로 한족회 중앙 총회가 조직
미주	• 대한인 국민회(1910, 이승만), 흥사단(1913, 안창호), 대조선 국민군단(1914, 박용만) cf 숭무 학교(1910, 이근영, 멕시코)
일본	조선 청년 독립단(1919): 유학생 중심, 2·8 독립 선언서 발표

◆ 만주와 연해주의 독립운동 기지

2 3·1 운동(1919) ★★★

배경	• 윌슨의 민족 자결주의 원칙, but 패전국 식민지에만 적용(cf 일본은 승전국) • 국외 독립 선언서 발표 – 대한(무오) 독립 선언(1919, 만주, 조소앙 작성): 무장 독립 투쟁 노선을 선언한 최초의 독립 선언서 – 2·8 독립 선언(1919, 일본): 조선 청년 독립단이 동경 기독교 청년회관에서 발표 • 고종의 서거

전개 과정	• 33인의 민족 대표단 구성: 기미 독립 선언서(최남선)·공약 3장(한용운) 작성 ➡ 비폭력·비타협·비협조의 원칙 • 전개: 민족 대표단 33인은 태화관에서 독립 선언서 발표 ➡ 학생과 시민이 탑골 공원에서 시위, 서울과 평양, 의주, 원산 등 전국 확산 ➡ 농촌 및 산간벽지로 확산, 농민들의 적극 참여 • 일제의 탄압: 화성 제암리 학살 사건* 등 민간인 학살
영향	• 민족 주체성 확인 및 독립 의지 천명 • 일제의 통치 방식 변화(무단 통치 ➡ 문화 통치) • 대한민국 임시 정부 수립 계기 • 무장 독립 투쟁의 본격화 • 해외에 영향: 중국의 5·4 운동, 인도의 비폭력·무저항 운동 등 반제국주의 운동에 영향

◆ 3·1 운동의 봉기 지역

🔍 **3·1 운동의 상징 유관순 (1902~1920)**

개신교 집안에서 출생, 이화 학당에서 공부. 1919년 3·1 운동이 일어나자 만세 운동을 벌임. 유관순은 이화 학당이 휴교하자 고향으로 내려와 아우내 장터에서 만세 시위를 주도하다가 체포되어, 모진 고문으로 1920년 19세 나이에 순국함.

* 화성 제암리 학살 사건

1919년 4월 15일 일본군이 경기도 화성 제암리에서 15세 이상의 남자들을 교회에 모이게 한 후 밖에서 문을 잠그고 무차별 사격을 가한 후 교회에 불을 질러 23명을 학살하고 이웃 마을에 가서 또 6명을 살해한 사건

한능검 쏙쏙 사료

1. 이회영 형제들의 '노블레스 오블리주'
8월 초에 여러 형제분이 같이 모여서 같이 만주로 갈 준비를 하였다. 비밀에 땅과 집을 파는데, 여러 집을 한꺼번에 처분하니 얼마나 어려우리요. 그때만 해도 여러 형제분 집은 예전 대갓집이 그렇듯이 종살이를 하는 사람이 수없이 많았고, …… 우리 집 어른(이회영)은 옛날 범절을 따지지 않고 위아래 구분 없이 뜻만 같으면 악수하여 동로로 대접하였다. …… 1만여 석의 재산과 가옥을 모두 팔고 경술년(1910) 12월 30일에 큰집, 작은집이 함께 압록강을 건너 떠났다.
― 이은숙, 「민족 운동가 아내의 수기, 서간도 시종기」

2. 대동단결 선언(1917)
융희 황제가 삼보(토지, 인민, 정치)를 포기한 8월 29일은 바로 우리 동지가 삼보를 계승한 8월 29일이요, 그간에 한순간도 멈춘 적이 없음이라. 우리 동지는 완전한 상속자니 저 황제권이 소멸한 때가 곧 민권이 발생할 때이요, 구한국 최후의 날은 곧 신한국 최초의 날이다. …… 따라서 경술년 융희 황제의 주권 포기는 곧 우리 국민 동지에 대한 묵시적 선위니, 우리 동지는 당연히 삼보를 계승하여 통치할 특권이 있고 대통을 상속할 의무가 있도다.

3. 무오 독립 선언서(대한 독립 선언서, 1919)
우리 대한 동족 남매와 온 세계 우방 동포여! 우리 대한은 완전한 자주독립과 신성한 평등 복리로 우리 자손들에게 대대로 전하게 하기 위하여, 여기 이민족 전제의 학대와 억압을 벗어나서 대한 민주의 자립을 선포하노라. …… 이천만 형제자매여, 궐기하라. 독립군! 독립군은 일제히 천지를 바르게 한다. 한 번 죽음은 사람이 피할 수 없는 것이나, 개돼지와도 같은 삶을 누가 바라겠는가. 살신성인하면 이천만 동포는 같이 부활할 것이다.

4. 기미 독립 선언서(1919)
오등(吾等)은 이에 아(我) 조선의 독립국임과 조선인의 자주민임을 선언하노라. 차(此)로써 세계만방에 고(告)하야 인류 평등의 대의(大義)를 극명하며, 차(此)로써 자손만대에 고(誥)하야 민족자존의 정권을 영유(永有)케 하노라. 반만년 역사의 권위를 장(仗)하야 이를 선언함이며, 이천만 민중의 성충(誠忠)을 합(合)하야 이를 포명(佈明)함이며, 민족의 항구여일(恒久如一)한 자유 발전을 위하야 차(此)를 주장함이며, 인류적 양심의 발로에 기인한 세계 개조의 대기운에 순응 병진(順應幷進)하기 위하야 이를 제기함이니, 시(是)는 천(天)의 명명(明命)이며, 시대의 대세이며, 전 인류 공존동생권의 정당한 발동이라, 천하 하물(天下何物)이던지 차(此)를 저지 억제치 못할지니라.

• 공약 3장
1. 금일 오인의 차거(此擧)는 정의, 인도, 생존, 존영을 위하는 민족의 요구이니, 오직 자유적 정신을 발휘할 것이요, 결코 배타적 감정으로 일주(逸走)하지 말라.
1. 최후의 일인까지, 최후의 일각까지 민족의 정당한 의사를 쾌히 발표하라.
1. 일체의 행동은 가장 질서를 존중하야, 오인의 주장과 태도로 하여금 어디까지든지 광명정대하게 하라.
― 조선 건국 4252년 3월 조선 민족 대표

인도인의 눈으로 본 3·1 운동
'고요한 아침의 나라'라는 뜻을 지닌 조선은 일본의 총칼 아래 민족정신을 무참하게 유린당했다. 일본은 처음 얼마간 근대적인 개혁을 실시했으나 곧이어 마각을 드러냈고, 조선 민족은 독립의 항쟁을 줄기차게 계속했다. 그중에서도 중요한 것은 1919년의 독립 만세 운동이었다. 조선의 청년들은 맨주먹으로 적에 항거하여 용감히 투쟁했다. 3·1 운동은 조선 민족이 단결하여 자유와 독립을 찾으려고 수없이 죽어 가고, 일본 경찰에 잡혀가서 모진 고문을 당하면서도 굴하지 않았던 숭고한 독립운동이었다.
― 네루, 「세계사편력」

테마 48 실전문제

독립 의군부

주요 정답 키워드 # 국권 반환 요구서 # 임병찬 # 고종의 밀지

1. (가) 단체에 대한 설명으로 옳은 것은? ▶ 46회

이것은 임병찬의 순지비(殉趾碑)입니다. 임병찬은 스승인 최익현과 함께 의병을 일으켰다가 체포되어 쓰시마 섬으로 끌려갔습니다. 유배에서 돌아와 의병 봉기를 도모하던 중 고종의 밀지를 받아 (가) 을/를 조직하였습니다.

① 정우회 선언의 영향으로 결성되었다.
② 일제가 꾸며낸 105인 사건으로 해체되었다.
③ 일제가 치안 유지법을 적용하여 탄압하였다.
④ 백산 상회를 통해 독립운동 자금을 마련하였다.
⑤ 국권 반환 요구서를 조선 총독에게 제출할 것을 계획하였다.

한눈에 보는 해설

→ 독립 의군부(1912~1914)

(가) 단체에 대한 설명으로 옳은 것은?

이것은 **임병찬**의 순지비(殉趾碑)입니다. 임병찬은 스승인 최익현과 함께 의병을 일으켰다가 체포되어 쓰시마 섬으로 끌려갔습니다. 유배에서 돌아와 의병 봉기를 도모하던 중 **고종의 밀지를 받아** (가) 을/를 **조직**하였습니다.

⑤ 임병찬이 세운 독립 의군부는 총독부와 각국 공사, 일본 정부에 국권 반환 요구서를 제출하였다.

선지 분석하기
① 정우회 선언의 영향으로 결성되었다. ➡ 정우회 선언(1926) 결과 신간회(1927) 결성
② 일제가 꾸며낸 105인 사건으로 해체되었다. ➡ 신민회(1907~1911)
③ 일제가 치안 유지법을 적용하여 탄압하였다. ➡ 치안 유지법은 1925년 제정
④ 백산 상회를 통해 독립운동 자금을 마련하였다. ➡ 대한민국 임시 정부

대한 광복회

주요 정답 키워드 # 박상진 # 공화 정체 국가 건설

2. (가) 단체에 대한 설명으로 옳은 것은? ▶ 45회

이것은 총사령 박상진이 이끌었던 (가) 소속의 김한종 의사 순국 기념비입니다. 김한종 의사는 이 단체의 충청도 지부장으로, 군자금 모금을 방해한 아산의 도고 면장인 박용하 처단을 주도하였습니다. 일제 경찰에 체포되어 박상진과 함께 대구 형무소에서 순국하였습니다. 1963년 건국 훈장 독립장이 추서되었습니다.

① 공화 정체의 국가 건설을 지향하였다.
② 대한민국 임시 정부의 주도로 결성되었다.
③ 봉오동에서 일본군을 상대로 승리를 거두었다.
④ 구미 위원부를 설치하여 외교 활동을 전개하였다.
⑤ 중국군과 함께 영릉가 전투에서 큰 전과를 올렸다.

한눈에 보는 해설

→ 대한 광복회(1915~1918)

(가) 단체에 대한 설명으로 옳은 것은?

이것은 **총사령 박상진**이 이끌었던 (가) 소속의 김한종 의사 순국 기념비입니다. 김한종 의사는 이 단체의 충청도 지부장으로, **군자금 모금을 방해**한 아산의 도고 면장인 박용하 **처단을 주도**하였습니다. 일제 경찰에 체포되어 박상진과 함께 대구 형무소에서 순국하였습니다. 1963년 건국 훈장 독립장이 추서되었습니다.

① 대한 광복회는 근대 공화 정치를 목표로 혁신 유림들이 주도하였다.

선지 분석하기
② 대한민국 임시 정부의 주도로 결성되었다. ➡ 한인 애국단(1931), 한국 광복군(1940) 등
③ 봉오동에서 일본군을 상대로 승리를 거두었다. ➡ 홍범도의 대한 독립군 등
④ 구미 위원부를 설치하여 외교 활동을 전개하였다. ➡ 대한민국 임시 정부
⑤ 중국군과 함께 영릉가 전투에서 큰 전과를 올렸다. ➡ 조선 혁명군

대한 광복군 정부

주요 정답 키워드 # 이상설(정통령) # 이동휘(부통령)

3. (가)~(마) 단체에 대한 설명으로 옳은 것은? ▶42회

한국사 과제 안내문

■ 다음 국외 독립운동 단체 중 하나를 선택하여 보고서를 제출하시오.
- 간민회 ·· (가)
- 부민단 ·· (나)
- 신한 청년당 ································· (다)
- 대한인 국민회 ······························ (라)
- 대한 광복군 정부 ························ (마)

■ 조사 방법: 문헌 조사, 인터넷 검색 등
■ 제출 기간: 2019년 ○○월 ○○일~○○월 ○○일
■ 분량: A4 용지 3장 이상
---

① (가) - 샌프란시스코에 중앙 총회를 두었다.
② (나) - 숭무 학교를 설립하여 독립군을 양성하였다.
③ (다) - 권업신문을 발행하여 민족 의식을 고취하였다.
④ (라) - 2·8 독립 선언서를 작성하여 발표하였다.
⑤ (마) - 이상설과 이동휘를 정·부통령으로 선임하였다.

한눈에 보는 해설

(가)~(마) 단체에 대한 설명으로 옳은 것은?

한국사 과제 안내문
■ 다음 국외 독립운동 단체 중 하나를 선택하여 보고서를 제출하시오.
- 간민회 ·· (가) 북간도
- 부민단 ·· (나) 남만주
- 신한 청년당 ······························· (다) 상하이
- 대한인 국민회 ··························· (라) 미주
- 대한 광복군 정부 ······················ (마) 연해주

■ 조사 방법: 문헌 조사, 인터넷 검색 등
■ 제출 기간: 2019년 ○○월 ○○일~○○월 ○○일
■ 분량: A4 용지 3장 이상

⑤ 대한 광복군 정부(1914)는 연해주 신한촌에서 이상설과 이동휘를 정·부통령으로 하여 조직된 최초의 임시 정부이다.

선지 분석하기
① (가) - 샌프란시스코에 중앙 총회를 두었다. ➡ 대한인 국민회(미주)
② (나) - 숭무 학교를 설립하여 독립군을 양성하였다. ➡ 이근영(멕시코)
③ (다) - 권업신문을 발행하여 민족 의식을 고취하였다. ➡ 권업회(연해주)
④ (라) - 2·8 독립 선언서를 작성하여 발표하였다. ➡ 조선 청년 독립단(도쿄)

3·1 운동

주요 정답 키워드 # 민족 대표 33인 # 제암리 학살 사건 # 대한민국 임시 정부 수립의 계기

4. 다음 자료에 나타난 민족 운동에 대한 설명으로 옳은 것은? ▶47회

문: 오늘 종로 1가 사거리 큰 길에서 모인 동기를 진술하라.
답: 나는 어제 오후 5시 무렵 경성부 남대문로에 있었는데, 자동차에서 뿌린 독립 선언서를 습득하였다. 나는 그 선언서를 읽고 우리 조선국이 독립되었다고 생각하고 기쁨을 참지 못하였다. 그래서 오늘 오후 1시 무렵 종로 1가 사거리 큰 길 중앙에서 독립 만세를 큰 소리로 계속 외쳤더니 5백 명 가량의 군중이 내 주위에 모여 들었고, 함께 모자를 흔들면서 만세를 계속 부르며 행진하였다.
문: 그 선언서의 내용을 진술하라.
답: 우리 조선이 독립국임과 조선인이 자주민인 것을 선언함 등의 내용이었다. 그리고 조선 민족 대표자 33인의 성명을 기재하고 있었다.   ○○○ 신문조서
---

① 사회주의 세력의 주도 아래 계획되었다.
② 대한민국 임시 정부 수립의 계기가 되었다.
③ 일제가 105인 사건을 조작하여 탄압하였다.
④ 한국인 학생과 일본인 학생 간의 충돌에서 비롯되었다.
⑤ 배우자 가르치자 다 함께 브나로드 등의 구호를 내세웠다.

한눈에 보는 해설

다음 자료에 나타난 민족 운동(→3·1 운동(1919))에 대한 설명으로 옳은 것은?

문: 오늘 종로 1가 사거리 큰 길에서 모인 동기를 진술하라.
답: 나는 어제 오후 5시 무렵 경성부 남대문로에 있었는데, 자동차에서 뿌린 독립 선언서를 습득하였다. 나는 그 선언서를 읽고 우리 조선국이 독립되었다고 생각하고 기쁨을 참지 못하였다. 그래서 오늘 오후 1시 무렵 종로 1가 사거리 큰 길 중앙에서 독립 만세를 큰 소리로 계속 외쳤더니 5백 명 가량의 군중이 내 주위에 모여 들었고, 함께 모자를 흔들면서 만세를 계속 부르며 행진하였다.
문: 그 선언서의 내용을 진술하라.
답: 우리 조선이 독립국임과 조선인이 자주민인 것을 선언함 등의 내용이었다. 그리고 조선 민족 대표자 33인의 성명을 기재하고 있었다. ○○○ 신문조서

② 1919년 3·1 운동 결과 통합적인 독립운동 기구의 필요성이 제기되면서 대한민국 임시 정부가 수립되었다.

선지 분석하기
① 사회주의 세력의 주도 아래 계획되었다. ➡ 6·10 만세 운동(1926) cf. 3·1 운동은 종교계 인사들을 중심으로 준비
③ 일제가 105인 사건을 조작하여 탄압하였다. ➡ 신민회
④ 한국인 학생과 일본인 학생 간의 충돌에서 비롯되었다. ➡ 광주 학생 항일 운동(1929)
⑤ 배우자 가르치자 다 함께 브나로드 등의 구호를 내세웠다. ➡ 동아일보의 브나로드 운동(1931~1934)

테마 49 민족의 저항(2): 대한민국 임시 정부

출제 POINT
임시 정부의 성립 과정 및 주요 활동에 관한 문제가 주로 출제된다.

임시 정부의 주요 연표

- 1919 — 3·1 운동
  - 상하이 대한민국 임시 정부 수립
- 1923 — 국민 대표 회의 소집
- 1925 — 이승만 해임,
  - 2대 대통령 박은식 추대
  - 국무령 중심의 내각 책임제
- 1930 — 한국 독립당 조직
- 1935 — 한국 국민당 조직
- 1940 — 충칭 이동, 한국 광복군 조직
- 1941 — 대일 선전 포고문 발표
  - 건국 강령 발표

※ 조지 루이스 쇼

아일랜드계 영국인으로, 중국의 안동(지금의 단둥)에서 이륭양행이라는 무역 회사를 운영하면서, 상하이에서 수립된 대한민국 임시 정부가 국내와의 연락을 위해 교통 사무국을 설치할 수 있도록 도와줌.

◆ 독립 공채(애국 공채)

1 수립 및 활동 ★★★

배경	• 3·1 운동 계기로 통합 정부의 필요성 대두 • 한성 정부(법통), 상하이 임시 정부, 대한 국민 의회(연해주) 등 여러 정부를 **상하이 대한민국 임시 정부로 통합**(1919. 9.)
구성	• 임시 의정원 구성 → 국호 '대한민국', 민주 공화제 표명, 대한민국 임시 헌장 발표 • 임시 의정원(입법)·국무원(행정)·법원(사법)으로 구성된 3권 분립 • 대통령-이승만, 국무총리-이동휘, 경무국장-김구
주요 활동	• **연통제** 설치: 국내외를 연결하는 비밀 행정 조직 • **교통국** 설치: 정보의 수집·분석·교환과 연락 업무 • 군자금 조달: 만주의 이륭양행(아일랜드인 조지 루이스 쇼※ 운영), 부산의 백산 상회, 독립(애국) 공채 발행, 의연금 모금 • 외교 활동: **파리 강화 회의(김규식 파견)**, **구미 위원부(미국, 이승만)** • 문화: 임시 정부 기관지로 **독립신문** 간행, 사료 편찬소에서 『**한·일 관계 사료집**』 간행 • **한인 애국단** 조직(1931): 김구 조직, **이봉창**의 일본 국왕 폭살 기도(1932), **윤봉길**의 상하이 훙커우 공원 의거(1932)

◆ 임시 정부의 통합

2 국민 대표 회의 ★★

배경	이승만의 '국제 연맹 위임 통치론'으로 갈등
내용	**국민 대표 회의(1923)** 소집: 임시 정부를 해체하고 만주와 연해주로 옮겨가 새로운 정부 수립을 주장한 **창조파**(신채호, 박용만 등)와 임시 정부의 조직만 개조할 것을 주장한 **개조파**(안창호, 여운형)의 의견 갈등으로 결렬
결과	회의 결렬 → 창조파와 개조파의 임시 정부 탈퇴, 국민 대표 회의 반대하고 임시 정부를 그대로 유지할 것을 주장한 **현상유지파(김구, 이동녕)**는 **1925년 이승만을 해임** → **박은식을 제2대 대통령으로 추대**, 박은식 사망(1925)으로 **국무령 중심의 내각 책임제로 헌법 개정**

3 헌정 지도 체제의 변화 ★

구분	정부 형태
제1차(1919. 9.)	대통령 지도제(대통령: 이승만, 국무총리: 이동휘)
제2차 개헌(1925)	**국무령 중심의 내각 책임 지도제로 전환**(국무령: 김구)
제3차 개헌(1927)	**국무 위원 중심제인 집단 지도 체제로 바꾼 후 14년간 유지**
제4차 개헌(1940)	**주석 중심제인 주석 지도 체제로 전환**(주석: 김구)
제5차 개헌(1944)	**주석·부주석 중심 체제로 전환**하여 민족의 광복 때까지 유지(주석: 김구, 부주석: 김규식)

4 1940년 충칭(풍경) 이동 ★★★

한국 독립당 조직(1940)	한국 국민당(김구, 1935), 한국 독립당(조소앙), 조선 혁명당(지청천) 3당 통합 ➡ 임시 정부의 기초 정당인 한국 독립당(1940) 창당
건국 강령 반포(1941)	조소앙의 삼균주의를 바탕으로 독립을 위한 건국 강령 반포 → 정치·경제·교육의 균등주장
한국 광복군 창설(1940)	• 중국 국민당의 협조 및 군사력 보강 ➡ 한국 광복군 조직(1940) • 좌우 합작 시도: 1942년 사회주의 계열인 조선 민족 혁명당의 조선 의용대(김원봉) 합류 • 한국 광복군의 활약: 대일(1941)·대독(1942) 선전 포고 ➡ 영국군의 요청으로 미얀마·인도 전선에 연합군으로서의 참전(1943) ➡ 총사령관 지청천, 지대장 이범석 등이 미국 전략 정보처(O.S.S., 현 CIA의 전신)와 협력하여 국내 진입 작전 계획(1945년 9월 예정), but 일본의 패망으로 실현 못함.

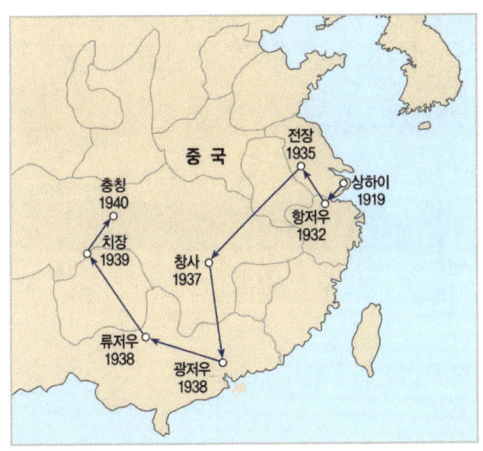

✦ 임시 정부의 이동 경로

✦ 한국 광복군

한능검 쏙쏙 자료

1. 대한민국 임시 헌장 선포문(1919. 4. 11.)
신인(神人)의 일치로, 중외(中外)가 협응하여, 서울에서 일어난 지 30여 일 만에 평화적 독립을 300여 주에 광복하고, 국민의 신임으로 완전히 다시 조직한 임시 정부는 항구적이고 완전한 자주독립의 복리에 우리 자손 만민에게 대대로 계승케 하기 위하여 임시 의정원의 결의로 임시 헌장을 선배포한다.
제1조 대한민국은 민주 공화제로 한다.
제2조 대한민국은 임시 정부가 임시 의정원의 결의에 따라 통치한다.

2. 국민 대표 회의(1923)
국민의 대단결, 이것은 오늘날 독립운동의 성패의 갈림길이며, 우리 운동의 절실한 문제는 오직 여기에서 해결할 것이다. 이에 본 주비회(籌備會)는 시세의 움직임과 민중의 요구에 따라 과거의 모든 착잡한 문제를 해결하고 미래의 완전하고 확실한 방침을 세워서, 우리들의 독립운동이 다시 통일되어 조직적으로 진행되도록 하고자 한다. 이에 국민 대표 회의 소집 사항도 주비하여 책임을 지고 성립시킬 것이다.   국민 대표 회의 준비 위원회 선언서

3. 김구의 나의 소원
네 소원이 무엇이냐 하고 하느님이 내게 물으시면, 나는 서슴지않고 "내 소원은 대한 독립이오." 하고 대답할 것이다. 그 다음 소원은 무엇이냐 하면, 나는 또 "우리나라의 독립이오." 할 것이요, 또 그 다음 소원이 무엇이냐 하는 세 번째 물음에도, 나는 더욱 소리를 높여서 "나의 소원은 우리나라 대한의 완전한 자주독립이오." 하고 대답할 것이다.
「백범일지」

테마 49 실전문제

임시 정부의 활동

주요 정답 키워드 # 삼균주의에 바탕을 둔 건국 강령 발표

1. 다음 공보가 발표된 이후 대한민국 임시 정부의 활동으로 옳은 것은? ▶46회

대한민국 임시 정부 공보 제42호

- 3월 18일 임시 의정원에서 임시 정부 대통령 이승만 각하를 임시 헌법 제21조 제14항에 의하여 탄핵하고 심판에 회부하다.
- 3월 23일 임시 의정원에서 임시 정부 대통령 이승만 각하를 심판, 면직하다.
- 3월 23일 임시 의정원에서 박은식 각하를 임시 헌법 제12조에 의하여 임시 정부 대통령으로 선거하다.
---

① 삼균주의에 바탕을 둔 건국 강령을 발표하였다.
② 무장 투쟁을 위해 육군 주만 참의부를 조직하였다.
③ 독립군 비행사 양성을 위해 한인 비행 학교를 설립하였다.
④ 국민 대표 회의를 개최하여 독립운동의 방향을 논의하였다.
⑤ 파리 강화 회의에 대표단을 파견하여 외교 활동을 전개하였다.

국민 대표 회의

주요 정답 키워드 # 1923년 시기를 꼭 기억하자!

2. 다음 선언서가 발표된 시기를 연표에서 옳게 고른 것은? ▶45회

> 본 국민 대표 회의는 이천만 민중의 공정한 뜻에 바탕을 둔 국민적 대회합으로 최고의 권위를 지녀 …… 독립을 완성하기를 기도하고 이에 선언하노라. …… 본 대표 등은 국민이 위탁한 사명을 받들어 국민적 대단결에 힘쓰며 독립운동이 나아갈 방향을 확립하여 통일적 기관 아래서 대업을 완성하고자 하노라.

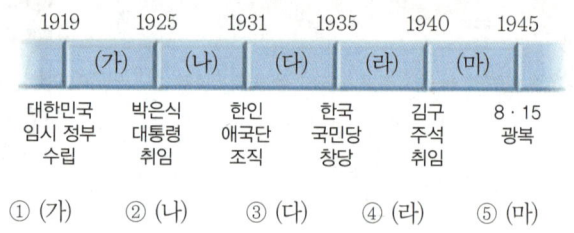

① (가) ② (나) ③ (다) ④ (라) ⑤ (마)

한눈에 보는 해설

→2차 개헌(1925)
다음 공보가 발표된 이후 대한민국 임시 정부의 활동으로 옳은 것은?

대한민국 임시 정부 공보 제42호 →1925년
- 3월 18일 임시 의정원에서 임시 정부 대통령 **이승만 각하를 임시 헌법 제21조 제14항에 의하여 탄핵하고 심판에 회부**하다.
- 3월 23일 임시 의정원에서 **임시 정부 대통령 이승만 각하를 심판, 면직**하다.
- 3월 23일 임시 의정원에서 **박은식 각하를 임시 헌법 제12조에 의하여 임시 정부 대통령으로 선거**하다. →2대 대통령 취임

① 대한민국 임시 정부가 조소앙의 삼균주의를 바탕으로 대한민국 건국 강령을 발표한 것은 1941년의 일이다.

선지 분석하기
② 무장 투쟁을 위해 육군 주만 참의부를 조직하였다. ➡ 1923년
③ 독립군 비행사 양성을 위해 한인 비행 학교를 설립하였다. ➡ 1920년
④ 국민 대표 회의를 개최하여 독립운동의 방향을 논의하였다. ➡ 1923년
⑤ 파리 강화 회의에 대표단을 파견하여 외교 활동을 전개하였다. ➡ 1919년

한눈에 보는 해설

→국민 대표 회의(1923)
다음 선언서가 발표된 시기를 연표에서 옳게 고른 것은?

> 본 **국민 대표 회의**는 이천만 민중의 공정한 뜻에 바탕을 둔 국민적 대회합으로 최고의 권위를 지녀 …… 독립을 완성하기를 기도하고 이에 선언하노라. …… 본 대표 등은 국민이 위탁한 사명을 받들어 국민적 대단결에 힘쓰며 **독립운동이 나아갈 방향을 확립하여 통일적 기관 아래서 대업을 완성**하고자 하노라.

① 임시 정부 내부의 갈등을 조정하기 위하여 1923년에 국민 대표 회의가 개최되었다.

1940년대 임시 정부

주요 정답 키워드 # 한국 독립당 창당 # 4차 개헌 # 삼균주의에 입각한 건국 강령 발표

3. 다음 선언문 발표 이후 일어난 사실로 옳은 것은? ▶47회

> 한국 국민당, 조선 혁명당, 한국 독립당은 각각 자기 당을 해소(解消)하고 새로 한국 독립당을 창립하였음을 중외(中外) 각계에 정중히 선언한다.
> 동지 동포들! 우리 3당이 1당을 조직하게 된 최대 이유는 다음과 같다. 첫째, 원래 3당의 당의(黨義), 당강(黨綱), 당책(黨策)으로든지 독립운동의 의식으로든지 역사적 혁명 노선으로든지 3당 서로가 1당을 세울 만한 통일적 가능성을 충족하게 내포하였던 것이다. 둘째, 수 3년 내로 3당 통일의 예비 행동이 점차로 성숙되었던 것이다. …… 마침내 우리 민족 해방 운동의 역사적 임무를 달성하려면 각계각층의 협력 합작을 통하여 비로소 총동원될 것은 누구도 부인하지 못할 명확한 결론이므로, 가까운 장래에 각방(各方)의 정성 단결이 확립되어야 우리의 광복 대업이 속히 이루어질 것으로 믿는다.

① 김규식이 파리 강화 회의에 대표로 파견되었다.
② 참의부, 신민부, 정의부가 만주 지역에 성립되었다.
③ 윤봉길이 상하이 훙커우 공원에서 의거를 일으켰다.
④ 삼균주의에 입각한 대한민국 건국 강령이 발표되었다.
⑤ 독립운동의 방략을 논의하기 위한 국민 대표 회의가 개최되었다.

4. 다음 공고가 발표된 이후 대한민국 임시 정부의 활동으로 옳은 것은? ▶43회

> **임시 정부 포유문**
>
> 1. 본 정부는 이번 제32회 임시 의정원 회의에 임시 약헌 개정으로 제출하여 임시 정부의 조직 기구를 변경하였으니 …… 국무 위원회 주석과 국무 위원을 모두 의회에서 선출하여 종전에 국무 위원끼리 주석을 호선하던 제도를 폐하였다. 또 국무 위원회 주석은 일반 국무를 처리함에는 총리격을 가졌고, 그 외 정부를 대표하며 국군을 총감하는 권리를 설정하였으니 이 방면으로는 국가 원수격을 가지게 되었다.

① 파리 강화 회의에 독립 청원서를 제출하였다.
② 삼균주의에 바탕을 둔 건국 강령을 발표하였다.
③ 무장 투쟁을 위해 육군 주만 참의부를 조직하였다.
④ 국민 대표 회의를 열어 독립운동의 방향을 논의하였다.
⑤ 임시 사료 편찬회를 두어 한·일 관계 사료집을 간행하였다.

테마 50 민족의 저항(3): 무장 독립운동

출제 POINT
시기별 무장 독립운동의 전개 과정을 묻는 문제 및 의열 활동에 대한 문제가 출제된다.

무장 독립운동 주요 연표

- 1920 ○ 봉오동 전투
  ○ 훈춘 사건
  ○ 청산리 대첩
  ○ 간도 참변
- 1921 ○ 자유시 참변
- 1923~1925 ○ 참의부·정의부·신민부 성립
- 1929 ○ 조선 혁명당, 조선 혁명군 조직
- 1930 ○ 한국 독립당, 한국 독립군 조직
- 1932~1934 ○ 한·중 연합 작전
- 1937 ○ 보천보 전투
- 1938 ○ 중국 한커우, 조선 의용대 조직
- 1940 ○ 중국 충칭, 한국 광복군 조직

✱ 훈춘 사건
1920년 봉오동에서 패한 일본은 만주 마적들을 매수하여 훈춘의 일본 영사관을 공격하여 일본인을 죽이게 함. 일본은 마적들의 정체를 중국·한국인 무력 단체로 조작·발표한 뒤, 일본 영사관 및 거류민을 보호한다는 구실로 중국의 승인 없이 대규모 병력을 불법 출동시켜 훈춘 지역의 한인들을 대량 학살함.

◆ 독립군의 자유시 이동

1 1920년대 무장 독립운동 ★★★

봉오동 전투 (1920. 6.)	봉오동을 기습한 일본군 1개 대대 병력 공격 ➡ 대한 독립군(홍범도), 북로 군정서군(김좌진) 등이 연합하여 승리 cf 일본은 이후 훈춘 사건✱ 조작
청산리 대첩 (1920. 10.)	훈춘 사건을 명분으로 1만 5천 명의 일본군이 청산리 공격 ➡ 북로 군정서군(김좌진), 대한 독립군(홍범도) 등 연합, 6일간 10여 차례 전투(백운평 전투, 완루구 전투, 어랑촌 전투, 천보산 전투, 고동하 전투 등)에서 일본군 격파
간도 참변 (1920. 10.)	일제가 간도에 사는 한국인을 무차별 학살한 사건 ➡ 독립군은 밀산부 한흥동으로 이동, 대한 독립군단 조직(서일, 1920. 12.) ➡ 일본의 추격을 피해 소련으로 이동
자유시 참변 (1921)	러시아 적색군을 도와 내전에 참여 ➡ 러시아 적색군의 무장 해제 요구, 이에 반발하는 독립군을 공격 ➡ 만주로 다시 귀환 cf 홍범도 - 러시아 잔존
독립군의 재정비 (3부의 성립)	• 육군 주만 참의부(1923): 임시 정부 직속, 압록강 건너편 지역 • 정의부(1924): 남만주 일대 • 신민부(1925): 소련 영토에서 되돌아온 독립군 중심, 북만주 일대 ➡ 역할: 민주적 민정 기관 + 군정 기관
미쓰야 협정 (1925)	한국 독립군 탄압을 위해 일제 총독부 경무국장 미쓰야와 만주 군벌 장쭤린이 체결한 협정
해외 민족 유일당 운동	• 전민족 유일당 촉성회파(북만주): 혁신 의회(1928) 조직 ➡ 한국 독립당, 한국 독립군(지청천) 조직 • 전민족 유일당 협의회파(남만주): 국민부(1929) 조직 ➡ 조선 혁명당, 조선 혁명군(양세봉) 조직

◆ 무장 독립군의 대일 항전

2 1930~1940년대 무장 투쟁 ★★★

1. 만주: 만주 사변(1931) 계기로 한·중 연합 작전 전개

한국 독립군(지청천)	중국 호로군과 연합 ➡ 쌍성보 전투(1932), 사도하자 전투(1933), 대전자령 전투(1933), 동경성 전투(1933) 등
조선 혁명군(양세봉)	중국 의용군과 연합 ➡ 영릉가 전투(1932), 흥경성 전투(1933) 등
1930년대 중반 변화	• 1930년대 중반 일본군의 대토벌 작전, 중국군의 사기 저하, 한·중 양군의 의견 대립 등으로 약화 ➡ 대부분 중국 본토로 이동, 한국 광복군 창설(1940)에 참여 • 1930년대 만주: 중국 공산당의 동북 항일 연군(1936) 개편, 조국 광복회 조직 ➡ 함경도 갑산면 보천보 전투(1937)

◆ 1930년대 무장 독립 전쟁

2. 중국 본토

조선 의용대 (1938)	김원봉을 중심으로 조선 민족 혁명당이 조직(한커우, 1938), 중국 국민당 정부 지원하에 창설된 중국 관내 최초의 한인 무장 부대
대한민국 임시 정부 (충칭)	한국 국민당(1935) 조직 ➡ 충칭 이동(1940), 한국 독립당(1940)·한국 광복군 조직(1940) ➡ 대일(1941)·대독(1942) 선전 포고 ➡ 인도·미얀마 전선 참가 (1943) ➡ 국내 진입 작전 계획(1945. 9.) cf 1942년 김원봉의 조선 의용대 합류
조선 의용군 (1942)	조선 의용대 화북 지대 김두봉이 연안의 중국 공산당과 결합 ➡ 조선 독립 동맹(1942) 결성, 군사 조직으로 조선 의용군 조직 + 중국 팔로군과 화북 지역에서 항일 전쟁 ➡ 해방 후 북한 인민군

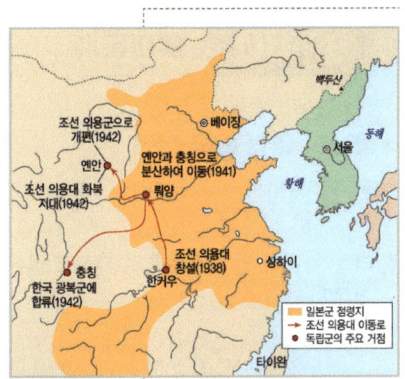

◆ 조선 의용대의 변화

3 의열 투쟁 ★★★

의열단	• 1919년 김원봉, 윤세주 등이 만주 길림성에서 조직 • 의열단 선언서: 신채호의 「조선 혁명 선언」(1923) • 활동: 부산 경찰서 투탄 의거(1920, 박재혁), 밀양 경찰서 투탄 의거(1920, 최수봉), 조선 총독부 투탄 의거(1921, 김익상), 상하이 황포탄에서 일본 육군 대장 암살 시도(1922, 김익상, 오성륜, 이종암), 종로 경찰서 투탄 의거(1923, 김상옥), 일본 궁성(이중교) 투탄 의거(1924, 김지섭), 조선 식산 은행·동양 척식 회사 투탄 의거(1926, 나석주) • 1926년 중국 국민당의 황포 군관 학교 입교 • 조선 혁명 간부 학교(1932) 창립 ➡ 민족 혁명당(1935) 결성 ➡ 우한(한커우) 이동, 조선 의용대(1938) 결성
한인 애국단	• 1931년 김구가 상하이에서 조직 • 활동: 일본 히로히토 국왕 폭살 기도(1932, 이봉창), 상하이 홍커우 공원 투탄 의거(1932, 윤봉길) ➡ 중국 국민당의 임시 정부 지원 강화 계기
기타	• 강우규(1919): 사이토 총독 폭살 기도, 대한 노인단 소속 • 육삼정 의거(1933): 이강훈·원심창·백정기의 흑색 공포단

한능검 콕콕 자료

1. 조선 혁명 선언(신채호 작성)
이상의 이유에 의하여 우리는 '외교', '준비' 등의 미몽을 버리고 민중 직접 혁명의 수단을 취함을 선언하노라. 혁명의 길은 파괴로부터 개척할지니라. 그러나 파괴만 하려고 파괴하는 것이 아니라, 건설하려고 파괴하는 것이니, 만일 건설할 줄을 모르면 파괴할 줄도 모를지며, 파괴할 줄을 모르면, 건설할 줄도 모를지니라. …… 왜? '조선'이란 그 위에 '일본'이란 이민족, 그것이 전제(專制)하여 있으니, 이민족 전제의 밑에 있는 조선은 고유의 조선이 아니니, 고유의 조선을 발견하기 위하여 다른 민족 통치를 파괴함이니라.

2. 윤봉길 의사가 어린 두 아들에게 남긴 유언
너희도 만일 피가 있고 / 뼈가 있다면 / 반드시 조선을 위해 / 용감한 투사가 되어라. / 태극의 깃발을 높이 드날리고 / 나의 빈 무덤 앞에 찾아와 / 한 잔의 술을 부어 놓아라. / 그리고 너희들은 아비 없음을 슬퍼하지 마라. / 사랑하는 어머니가 있으니 ……

3. 한국 독립군의 활동
아군은 사도하자에 주둔 병력을 증강시키면서 훈련에 여념이 없었다. 새벽에 적군은 황가둔에서 이도하 방면을 거쳐 사도하로 진격하여 왔다. 그런데 적군은 아군이 세운 작전대로 함정에 들어왔고, 이에 일제히 포문을 열어 급습함으로써 적군은 응전할 사이도 없이 격파되었다.

4. 한국 광복군 창설 선언문
대한민국 임시 정부는 대한민국 원년(1919) 정부가 공포한 군사 조직법에 의거하여 중화민국 총통 장개석 원수의 특별 허락으로 중화민국 영토 내에 광복군을 조직하고, 대한민국 22년(1940) 9월 17일 한국 광복군 총사령부를 창설함을 이에 선언한다.

독립운동가 이봉창(1900~1932)

1931년 상하이로 건너가 한인 애국단 가입, 임시 정부 김구의 지시로 일본 국왕 히로히토 암살을 결심하고 일본으로 감. 1932년 관병식을 마치고 돌아가는 히로히토에게 수류탄을 던졌으나 실패, 체포 후 김구에 대해 끝까지 밝히지 않고 사형이 선고됨. 위 사진은 이봉창 의사가 거사를 앞두고 찍은 사진으로, 가슴의 선서문에는 "조국의 독립과 자유를 위해 적의 우두머리를 처단하겠다."라는 글이 쓰여 있음.

독립운동가 윤봉길(1908~1932)

1932년 상하이 한인 애국단에 입단. 김구 등과 협의하여 1932년 4월 일왕 생일 행사장에 폭탄 투척, 상하이 파견대장 등을 즉사시키는 거사(상하이 홍커우 공원 의거)를 일으키고 현장에서 체포되어 총살됨. 이 사건은 중국 등 세계에 알려져 중국 장제스가 격찬하였으며, 중국이 우리의 독립운동을 지원하는 계기가 됨. 위 사진은 윤봉길 의사가 한인 애국단장 김구와 찍은 사진임.

테마 50 실전문제

청산리 대첩 이후 사건

주요 정답 키워드 # 미쓰야 협정 # 자유시 이동

1. 다음 사건이 일어난 이후의 사실로 옳은 것을 <보기>에서 고른 것은? ▶ 46회

> 천수평에서 북로 군정서의 기습 공격을 받아 참패한 일본군은 그들을 추격하여 어랑촌으로 들어갔다. 어랑촌 전투는 해가 질 때까지 계속되었는데, 북로 군정서는 지형적 이점을 활용하여 일본군의 공격을 효과적으로 방어하였다. 교전 중 독립군 연합 부대가 합류하였고, 치열한 접전 끝에 일본군에 큰 승리를 거두었다.

<보기>
㉠ 13도 창의군이 서울 진공 작전을 추진하였다.
㉡ 일제가 중국 군벌과 미쓰야 협정을 체결하였다.
㉢ 일제가 이른바 남한 대토벌 작전을 전개하였다.
㉣ 독립군이 전열을 정비하기 위해 자유시로 이동하였다.

① ㉠, ㉡ ② ㉠, ㉢
③ ㉡, ㉢ ④ ㉡, ㉣
⑤ ㉢, ㉣

의열단

주요 정답 키워드 # 김원봉 # 황푸 군관 학교 입학 # 나석주 # 동양 척식 주식회사에 폭탄 투척

2. (가) 단체에 대한 설명으로 옳은 것은? ▶ 43회

> 김창숙은 동년 음력 3월 중순에 상하이에 도착하여 본래부터 친분이 있는 (가) 의 간부 김원봉, 유우근, 한봉근 등을 만나 여러 가지로 의논하였다. …… (가) 의 단원인 나석주를 조선에 잠입시켜 동양 척식 주식회사, 조선 식산 은행 등에 폭탄을 던지고 권총을 난사하여 인명을 살상케 하였다는 것인데, 김창숙은 나석주가 조선에 건너가서 암살할 자로 영남의 부호 장모, 하모, 권모 등을 지적한 일까지 있었다고 한다.

① 태평양 전쟁 발발 이후에 조직되었다.
② 고종의 밀지를 받아 결성된 비밀 단체였다.
③ 만민 공동회를 열어 민권 신장을 추구하였다.
④ 일제가 조작한 105인 사건으로 큰 타격을 입었다.
⑤ 단원 일부가 황푸 군관 학교에 입학해 군사 훈련을 받았다.

한눈에 보는 해설

→ 청산리 대첩(1920. 10.)

다음 사건이 일어난 이후의 사실로 옳은 것을 <보기>에서 고른 것은?

> 천수평에서 **북로 군정서의 기습 공격**을 받아 **참패한 일본군**은 그들을 추격하여 어랑촌으로 들어갔다. **어랑촌 전투**는 해가 질 때까지 계속되었는데, 북로 군정서는 지형적 이점을 활용하여 일본군의 공격을 효과적으로 방어하였다. 교전 중 **독립군 연합 부대가 합류**하였고, 치열한 접전 끝에 일본군에 큰 승리를 거두었다.

㉡ 미쓰야 협정 ➡ 1925년
㉣ 자유시 이동 ➡ 1921년

선지 분석하기
㉠ 13도 창의군이 서울 진공 작전을 추진하였다. ➡ 1908년
㉢ 일제가 이른바 남한 대토벌 작전을 전개하였다. ➡ 1909년

한눈에 보는 해설

→ 의열단

(가) 단체에 대한 설명으로 옳은 것은?

> 김창숙은 동년 음력 3월 중순에 상하이에 도착하여 본래부터 친분이 있는 (가) 의 간부 **김원봉**, 유우근, 한봉근 등을 만나 여러 가지로 의논하였다. …… (가) 의 **단원인 나석주**를 조선에 잠입시켜 **동양 척식 주식회사, 조선 식산 은행 등에 폭탄을 던지고** 권총을 난사하여 인명을 살상케 하였다는 것인데, 김창숙은 나석주가 조선에 건너가서 암살할 자로 영남의 부호 장모, 하모, 권모 등을 지적한 일까지 있었다고 한다.

⑤ 의열단은 1920년대 중반부터 개인 의열 투쟁에 한계를 느끼고 조직적 무장 투쟁 노선으로 전환하였다. 그 결과 1926년 의열단 단원들은 중국 국민당의 황포(푸) 군관 학교에 입학하여 정식 군사 교육을 받았다.

선지 분석하기
① 태평양 전쟁 발발 이후에 조직되었다. ➡ 의열단 조직 - 1919년, 태평양 전쟁 - 1941년
② 고종의 밀지를 받아 결성된 비밀 단체였다. ➡ 독립 의군부(1912)
③ 만민 공동회를 열어 민권 신장을 추구하였다. ➡ 독립 협회(1896~1898)
④ 일제가 조작한 105인 사건으로 큰 타격을 입었다. ➡ 신민회(1907~1911)

한국 독립군

주요 정답 키워드 # 대전자령 전투 # 지청천

3. 밑줄 그은 '이 부대'의 활동으로 옳은 것? ▶ 44회

이 건물은 승은문으로, 총사령 지청천이 이끈 이 부대가 길림 자위군과 연합하여 만주국 군대를 격파한 쌍성보 전투의 현장입니다.

① 동북 항일 연군으로 개편되어 유격전을 전개하였다.
② 대전자령 전투에서 일본군을 상대로 승리를 거두었다.
③ 간도 참변 이후 조직을 정비하고 자유시로 이동하였다.
④ 홍범도 부대와 연합하여 청산리에서 일본군과 교전하였다.
⑤ 조선 혁명당의 군사 조직으로 남만주 지역에서 활약하였다.

한눈에 보는 해설

밑줄 그은 '이 부대'(→한국 독립군)의 활동으로 옳은 것은?

이 건물은 승은문으로, **총사령 지청천**이 이끈 이 부대가 길림 자위군과 연합하여 만주국 군대를 격파한 **쌍성보 전투**의 현장입니다. →1932년

② **한국 독립군**은 만주 사변(1931) 이후 중국 호로군과 연합하여 쌍성보 전투(1932)·대전자령 전투(1933)·사도하자 전투(1933)·동경성 전투(1933)에서 승리하였다.

선지 분석하기
① 동북 항일 연군으로 개편되어 유격전을 전개하였다. ➡ 동북 인민 혁명군
③ 간도 참변 이후 조직을 정비하고 자유시로 이동하였다. ➡ 대한 독립군단
④ 홍범도 부대와 연합하여 청산리에서 일본군과 교전하였다. ➡ 김좌진의 북로 군정서 등
⑤ 조선 혁명당의 군사 조직으로 남만주 지역에서 활약하였다. ➡ 조선 혁명군

한국 광복군

주요 정답 키워드 # 대한민국 임시 정부 산하 부대 # 충칭 # 국내 진공 작전

4. (가) 군대에 대한 설명으로 옳은 것? ▶ 44회

이것은 대한민국 임시 정부 산하의 (가) 총사령부 건물로, 지난 3월 이곳 충칭의 옛 터에 복원되었습니다. 과거 임시 정부가 중국의 도움으로 (가) 을/를 창설하였듯이, 오늘날 이 총사령부 건물도 양국의 노력으로 세울 수 있었습니다.

① 김좌진의 지휘 아래 활동하였다.
② 자유시 참변으로 큰 타격을 입었다.
③ 미국과 연계하여 국내 진공 작전을 계획하였다.
④ 중국 관내(關內)에서 결성된 최초의 한인 무장 부대였다.
⑤ 중국 호로군과 연합 작전을 통해 항일 전쟁을 전개하였다.

한눈에 보는 해설

(가) 군대(→한국 광복군)에 대한 설명으로 옳은 것은?

이것은 **대한민국 임시 정부 산하**의 (가) 총사령부 건물로, 지난 3월 이곳 **충칭**의 옛 터에 복원되었습니다. 과거 임시 정부가 중국의 도움으로 → 한국 광복군이 창설된 곳
(가) 을/를 창설하였듯이, 오늘날 이 총사령부 건물도 양국의 노력으로 세울 수 있었습니다.

③ 대한민국 임시 정부의 한국 광복군은 중국 주둔 미국 전략 정보국(OSS)과 합작하여 1945년 9월 국내 진공 작전을 계획하였으나 일본의 패망으로 실현되지 못하였다.

선지 분석하기
① 김좌진의 지휘 아래 활동하였다. ➡ 북로 군정서군
② 자유시 참변으로 큰 타격을 입었다. ➡ 대한 독립군단(1920)
④ 중국 관내(關內)에서 결성된 최초의 한인 무장 부대였다. ➡ 조선 의용대(1938)
⑤ 중국 호로군과 연합 작전을 통해 항일 전쟁을 전개하였다. ➡ 한국 독립군(1930)

테마 51 경제적·사회적 저항 운동

출제 POINT
경제적·사회적 저항 운동의 전개 과정 및 그 특징을 묻는 문제가 주로 출제된다.

경제적·사회적 사건 주요 연표
- 1920 ○ 조선 총독부, 회사령 폐지
- 1922 ○ 민립 대학 설립 운동 전개
  ○ 천도교, 어린이날 제정
- 1923 ○ 물산 장려 운동 전국 확산
  ○ 조선 총독부, 관세령 폐지
  ○ 조선 형평사 조직
- 1924 ○ 조선 총독부, 경성 제국 대학 설립
- 1925 ○ 카프(KAPF) 결성
- 1931~1934 ○ 동아일보의 브나로드 운동 전개

◆ 국산품 애용 선전 광고 (경성 방직 주식회사)

◆ 암태도 소작 쟁의(1923)

◆ 평양 평원 고무 공장 노동자 강주룡의 고공 투쟁(1931)

※ 브나로드
브나로드(Vnarod)란 러시아어로 '민중 속으로'라는 뜻

1 경제적 저항 운동 ★

1. 민족주의 계열

민족 기업	지주·서민 출신 민족 기업 설립, 민족 금융업 성장 ➡ 일제의 탄압으로 위축
물산 장려 운동	• 배경: 회사령 철폐(1920)와 관세령 철폐 움직임 cf 관세령 철폐(1923) • 전개: 평양에서 조만식이 조선 물산 장려회 발기(1920) ➡ 서울에서 조선 물산 장려회 조직(1923) ➡ 전국 확산 • 실천 요강: '내 살림 내 것으로'라는 구호 아래 국산품 애용과 병행하여 소비 절약을 통한 민족 경제의 자립 도모 • 결과: 일제의 방해, 일부 자본가와 상인의 폭리 추구로 토산물 가격 상승, 사회주의 계열의 비판

2. 사회주의 계열

농민 운동	• 배경: 토지 조사 사업, 산미 증식 계획 등 일본의 경제 약탈 정책, 일본인 지주와 조선인 친일 지주의 약탈 등 • 성격: 초기 – 생존권 투쟁 ➡ 후기 – 항일 민족 운동 • 전개: 조선 농민 총동맹 결성(1927) ➡ 1930년대 더욱 격렬해짐. • 대표 농민 운동: 암태도 소작 쟁의(1923~1924), 동양 척식 주식회사 농장 소작 쟁의(1924)
노동 운동	• 배경: 식민지 공업화에 따른 가혹한 노동 조건 • 성격: 초기 – 생존권 투쟁 ➡ 후기 – 항일 민족 운동 • 전개: 조선 노동 총동맹 결성(1927) ➡ 1930년대 절정 ➡ 일제의 가혹한 탄압으로 1930년대 후반 감소 • 대표 노동 운동: 서울(경성) 고무 공장 여성 노동자들의 아사 동맹(1923), 원산 노동자 총파업(1929), 평양 평원 고무 공장 강주룡의 고공 농성(1931) ➡ 중국, 프랑스, 블라디보스토크의 노동자들이 격려전문을 보내옴.

2 사회적 저항 운동 ★

1. 민족주의 계열

민립 대학 설립 운동	• 배경: 2차 조선 교육령(1922)에서 대학 설립 허용 • 전개: 이상재를 중심으로 민립 대학 기성 준비회(1922) 결성 ➡ '한민족 1,000만이 한 사람 1원씩'이라는 구호 아래 모금 운동 전개 • 결과: 일제의 방해로 좌절 ➡ 일제가 경성 제국 대학(1924) 설립
문맹 퇴치 운동	• 야학: 1920년대 활발하게 전개, 한글 보급 • 문자 보급 운동: 1930년대 조선일보 주도, "아는 것이 힘, 배워야 산다."라는 구호 아래 전개 • 브나로드※ 운동(1931~1934): 동아일보 주도
소년 운동	• 천도교 계열의 방정환이 '어린이날'(1922년 5월 1일) 제정 • 조선 소년 연합회 조직 • 중·일 전쟁 이후 일제의 탄압으로 중단

◆ 브나로드 운동 광고(동아일보)

2. 사회주의 계열

여성 운동	• 사회주의 사상의 영향으로 의식 변화, 여성 해방 강조 • 근우회: 1927년 신간회 자매단체로 결성
형평 운동	1923년 백정 이학찬과 진주 백정들이 조선 형평사 설립, 신분 해방과 민족 차별 철폐 주장
신경향파 문학의 대두	사회주의 영향으로 문학의 사회적 기능 강조 ➡ 조선 프롤레타리아 예술가 동맹[카프(KAPF)] 결성 (1925)

❶ 민족주의 운동과 사회주의 운동의 비교

구분	경제적·사회적 운동	문화 운동

민족주의 운동	• 실력 양성 운동(물산 장려 운동)
	• 소년 운동(천도교)
		• 문맹 퇴치 운동
		  - 조선일보의 문자 보급 운동
		  - 동아일보의 브나로드 운동(1931~1934)
		• 국학 운동

사회주의 운동	대중 운동(청년·학생 운동, 농민·노동 운동)	신경향파 문학(KAPF 조직)

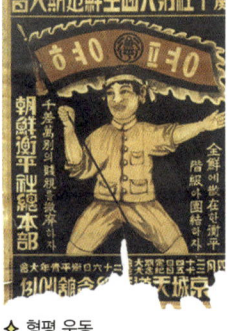
✧ 형평 운동

한능검 꼭꼭 자료

1. **물산 장려회 궐기문**
   내 살림 내 것으로.
   보아라, 우리의 먹고 입고 쓰는 것이 거의 다 우리의 손으로 만든 것이 아니었다.
   이것이 제일 세상에 무섭고 위태한 일인 줄을 오늘에야 우리는 깨달았다.
   피가 있고 눈물이 있는 형제자매들아.
   우리가 서로 붙잡고 서로 의지하여 살고서 볼 일이다.
   입어라, 조선 사람이 짠 것을.
   먹어라, 조선 사람이 만든 것을.
   써라, 조선 사람이 지은 것을.
   조선 사람, 조선 것

2. **제2차 조선 교육령(1922)**
   1. 보통학교의 수업 연한을 4년에서 6년으로, 고등 보통학교는 4년에서 5년으로 연장한다.
   2. 조선인과 일본인의 공학을 원칙으로 한다.

3. **조선 형평사 취지문**
   공평(公平)은 사회의 근본이고 애정은 인류의 본령이다. 지금까지 조선의 백정은 어떠한 지위와 압박을 받아 왔던가? …… 그러한 까닭으로 우리는 계급을 타파하고 모욕적 칭호를 폐지하여 우리도 참다운 인간이 되는 것을 기하자는 것이 우리의 주장이다.

4. **조선 민립 대학 설립 기성회의 발기 취지서(1923)**
   우리의 운명을 어떻게 개혁할까? 정치냐, 외교냐, 산업이냐? 물론 이와 같은 일이 모두 필요하도다. 그러나 그 기초가 되고 요건이 되며, 가장 시급한 일이 되고 가장 먼저 해결할 필요가 있으며, 가장 힘 있고, 필요한 수단은 교육이 아니면 아니 된다. …… 민중의 보편적 지식은 보통 교육으로도 가능하지만 심오한 지식과 학문은 고등 교육이 아니면 불가하며, 사회 최고의 비판을 구하며 유능한 인물을 양성하려면 …… 오늘날 조선인이 세계 문화 민족의 일원으로 남과 어깨를 견주고 우리의 생존을 유지하며 문화의 창조와 향상을 기도하려면, 대학의 설립이 아니고는 다른 방도가 없도다.

테마 51 실전문제

물산 장려 운동

주요 정답 키워드 # '조선 사람 조선 것' # 평양 # 물산 장려회

1. (가) 민족 운동에 대한 설명으로 옳은 것은? ▶40회

> [가]에 대한 반대 측 의견을 종합하건대 크게 두 가지 논점이 있는 것 같다. 하나는 일본인 측이나 또는 관청의 일부분에서 일종의 일본 제품 배척 운동으로 간주하고 불온한 사상이라고 공격하는 것이다. 또 하나는 소위 사회주의자 중 일부 논객이 주장하는 것인데, [가]은/는 유산 계급의 이익을 위한 것이며 무산 계급에는 아무 관련이 없으니 유산 계급만의 운동으로 남겨 버리자는 것이다.
> — 동아일보

① 조선 노동 총동맹의 주도로 추진되었다.
② 진주에서 시작되어 전국으로 확산되었다.
③ 국민의 성금을 모아 국채를 갚고자 하였다.
④ 조선 사람 조선 것이라는 구호를 내세웠다.
⑤ 농민 단체를 결성하여 소작 쟁의를 전개하였다.

한눈에 보는 해설

→ 물산 장려 운동(1923)
(가) 민족 운동 에 대한 설명으로 옳은 것은?

> [가]에 대한 반대 측 의견을 종합하건대 크게 두 가지 논점이 있는 것 같다. 하나는 일본인 측이나 또는 관청의 일부분에서 **일종의 일본 제품 배척 운동**으로 간주하고 불온한 사상이라고 공격하는 것이다. 또 하나는 소위 **사회주의자 중 일부 논객이 주장하는 것인데**, [가]은/는 **유산 계급의 이익을 위한 것**이며 무산 계급에는 아무 관련이 없으니 유산 계급만의 운동으로 남겨 버리자는 것이다.
> 동아일보

④ 물산 장려 운동(1923)은 '내 살림 내 것으로', '조선 사람 조선 것'이라는 구호를 내세웠다.

선지 분석하기
① 조선 노동 총동맹의 주도로 추진되었다. ➡ 노동 운동
② 진주에서 시작되어 전국으로 확산되었다. ➡ 형평 운동
③ 국민의 성금을 모아 국채를 갚고자 하였다. ➡ 국채 보상 운동
⑤ 농민 단체를 결성하여 소작 쟁의를 전개하였다. ➡ 농민 운동

소년 운동

주요 정답 키워드 # 천도교 세력 중심 # 어린이

2. 다음 자료에 나타난 사회 운동에 대한 설명으로 옳은 것은? ▶47회

> **어린 동무들에게**
> • 돋는 해와 지는 해를 반드시 보기로 합시다.
> • 어른에게는 물론이고 당신들끼리도 서로 존대하기로 합시다.
> • 뒷간이나 담벽에 글씨를 쓰거나 그림 같은 것을 그리지 말기로 합시다.
> • 길가에서 떼를 지어 놀거나 유리 같은 것을 버리지 말기로 합시다.
> • 꽃이나 풀을 꺾지 말고, 동물을 사랑하기로 합시다.
> • 전차나 기차에서는 어른에게 자리를 사양하기로 합시다.
> • 입은 꼭 다물고 몸은 바르게 가지기로 합시다.
> — 1923년 5월 1일 어린이날 기념 선전문 —

① 통감부의 탄압으로 중단되었다.
② 김광제, 서상돈 등이 주도하였다.
③ 서당 규칙을 제정하는 계기가 되었다.
④ 천도교 세력이 중심이 되어 추진하였다.
⑤ 평양에서 시작하여 전국으로 확산되었다.

한눈에 보는 해설

→ 소년 운동
다음 자료에 나타난 사회 운동 에 대한 설명으로 옳은 것은?

> 어린 동무들에게
> • 돋는 해와 지는 해를 반드시 보기로 합시다.
> • 어른에게는 물론이고 당신들끼리도 서로 존대하기로 합시다.
> • 뒷간이나 담벽에 글씨를 쓰거나 그림 같은 것을 그리지 말기로 합시다.
> • 길가에서 떼를 지어 놀거나 유리 같은 것을 버리지 말기로 합시다.
> • 꽃이나 풀을 꺾지 말고, 동물을 사랑하기로 합시다.
> • 전차나 기차에서는 어른에게 자리를 사양하기로 합시다.
> • 입은 꼭 다물고 몸은 바르게 가지기로 합시다.
> **1923년 5월 1일 어린이날 기념 선전문**

④ 1922년 방정환이 이끄는 천도교 서울 지부 소년회에서 '어린이날'을 선포하고 1923년 5월 1일을 '어린이날'로 정하였다.

선지 분석하기
① 통감부의 탄압으로 중단되었다. ➡ 통감부는 1910년 폐지되었으므로, 시기상 맞지 않음.
② 김광제, 서상돈 등이 주도하였다. ➡ 국채 보상 운동
③ 서당 규칙을 제정하는 계기가 되었다. ➡ 서당 규칙은 1918년 제정되었으므로, 시기상 맞지 않음.
⑤ 평양에서 시작하여 전국으로 확산되었다. ➡ 물산 장려 운동

노동 운동

주요 정답 키워드 # 원산 노동자 총파업 # 강주룡의 고공 농성 # 조선 노동 총동맹 # 아사 동맹

3. 다음 성명서가 발표된 이후의 사실로 옳은 것은? ▶ 41회

> 금반 우리의 노동 정지는 다만 국제 통상 주식회사 원산 지점이 계약을 무시하고 부두 노동 조합 제1구에 대하여 노동을 정지시킨 것으로 인하여 각 세포 단체가 동정을 표한 것뿐이다. 그러므로 결코 동맹 파업을 행한 것은 아니다. 그럼에도 불구하고 재향 군인회, 소방대가 출동한다 하여 온 도시를 경동케 함은 실로 이해할 수 없는 현상이니 …… 또한 원산 상업 회의소가 우리 연합회 회원과 그 가족 만여 명을 비(非) 시민과 같이 보는 행동을 감행하고 있는 것이 사실임으로 …… 상업 회의소에 대하여 입회 연설회를 개최할 것을 요구하였다.
> — 동아일보

① 조선 노동 총동맹과 조선 농민 총동맹이 성립되었다.
② 경성 고무 여자 직공 조합이 아사 동맹을 결성하였다.
③ 노동자 강주룡이 을밀대 지붕에서 고공 농성을 전개하였다.
④ 전국 단위의 노동 운동 단체인 조선 노동 공제회가 조직되었다.
⑤ 백정에 대한 차별 철폐를 요구하는 조선 형평사가 창립되었다.

4. 다음 대화에 나타난 사건에 대한 설명으로 옳은 것은? ▶ 39회

① 조선 노동 총동맹 결성으로 이어졌다.
② 원산 총파업이 일어나는 계기가 되었다.
③ 대한매일신보 등 언론 단체들이 참여하였다.
④ 임금 삭감 반대, 노동 조건 개선을 주장하였다.
⑤ 백정에 대한 사회적 차별 철폐를 목적으로 하였다.

한눈에 보는 해설

→ 원산 노동자 총파업(1929)
다음 **성명서**가 발표된 이후의 사실로 옳은 것은?

> **금반 우리의 노동 정지는 다만 국제 통상 주식회사 원산 지점**이 계약을 무시하고 부두 노동 조합 제1구에 대하여 노동을 정지시킨 것으로 인하여 각 세포 단체가 동정을 표한 것뿐이다. 그러므로 결코 동맹 파업을 행한 것은 아니다. 그럼에도 불구하고 재향 군인회, 소방대가 출동한다 하여 온 도시를 경동케 함은 실로 이해할 수 없는 현상이니 …… 또한 **원산 상업 회의소**가 우리 연합회 회원과 그 가족 만여 명을 비(非) 시민과 같이 보는 행동을 감행하고 있는 것이 사실임으로 …… 상업 회의소에 대하여 입회 연설회를 개최할 것을 요구하였다.

③ 노동자 강주룡이 을밀대 지붕에서 고공 농성을 전개하였다. ➡ 1931년

전지 분석하기
① 조선 노동 총동맹과 조선 농민 총동맹이 성립되었다. ➡ 1927년
② 경성 고무 여자 직공 조합이 아사 동맹을 결성하였다. ➡ 1923년
④ 전국 단위의 노동 운동 단체인 조선 노동 공제회가 조직되었다. ➡ 1920년
⑤ 백정에 대한 차별 철폐를 요구하는 조선 형평사가 창립되었다. ➡ 1923년

한눈에 보는 해설

→ 강주룡의 고공 농성(1931)
다음 대화에 나타난 **사건**에 대한 설명으로 옳은 것은?

④ 강주룡(1901~1932)은 1931년 평양 고무 공업조합이 임금 삭감, 근무 시간 연장, 정리해고를 단행하자 파업을 주도하여 임금 인하를 막아 냈다.

전지 분석하기
① 조선 노동 총동맹 결성으로 이어졌다. ➡ 1927년
② 원산 총파업이 일어나는 계기가 되었다. ➡ 1929년
③ 대한매일신보 등 언론 단체들이 참여하였다. ➡ 국채 보상 운동(1907)
⑤ 백정에 대한 사회적 차별 철폐를 목적으로 하였다. ➡ 형평 운동(1923)

테마 52 사회적 민족 운동과 민족 유일당 운동

출제 POINT
6·10 만세 운동과 광주 학생 항일 운동, 신간회와 근우회의 주요 활동을 묻는 문제가 주로 출제된다.

사회적 운동 주요 연표
- 1926 ○ 6·10 만세 운동
- 1927 ○ 신간회·근우회 창립
- 1929 ○ 광주 학생 항일 운동
- 1931 ○ 신간회·근우회 해산

◆ 6·10 만세 운동

◆ 광주 학생 항일 운동 기념탑 (광주 북구)

※ 신간회
'신간출고목(新幹出古木, 고목에서 새로운 가지가 솟는다.)'에서 명칭을 취하여 신간회라고 함.

◆ 신간회 결성을 축하하는 삽화 (1928. 1.)

1 사회적 민족 운동 ☆☆

6·10 만세 운동 (1926)	• 배경: 식민지 교육에 대한 반발과 학생 의식의 성장 • 전개: 학생(조선 학생 과학 연구회)과 사회주의계·천도교 계열에 의해 순종의 인산일에 대규모 군중 시위 운동 계획 ➡ 사회주의 계열 사전 검거 ➡ 학생 주도 • 의의: 민족 유일당 운동의 계기 마련, 학생 운동 고양
광주 학생 항일 운동 (1929)	• 배경: 학생 운동의 조직화, 식민지 교육에 대한 반발 • 전개: 광주에서 한·일 학생 간 충돌 ➡ 광주 지역 학생들의 대규모 시위 ➡ 신간회 등 여러 사회단체들의 지지, 전국 확산 • 의의: 3·1 운동 이후 최대 규모의 민족 운동

2 민족 유일당 운동과 신간회(1927~1931) ☆☆

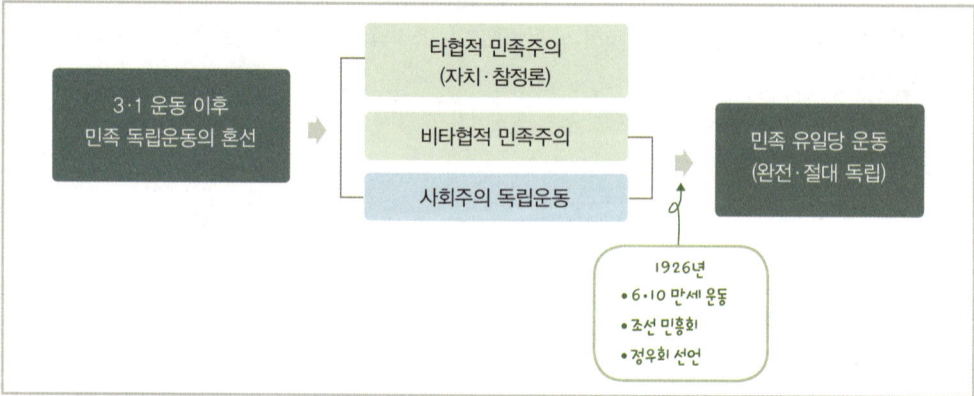

1. 신간회*(1927~1931)

배경	• 타협적 민족 운동의 대두[자치·참정론의 대두, 이광수의 『민족적 경륜』(1924)] • 중국의 1차 국·공 합작(1924), 6·10 만세 운동(1926) • 민족주의 진영에서의 사회주의와의 연대 모색(조선 민흥회, 1926) • 사회주의 진영에서의 '비타협적 민족주의와의 협동 전선 구축' 선언(정우회 선언, 1926) 계기
결성	• 민족 유일당, 민족 협동 전선 구호 아래 이상재(회장), 홍명희(부회장), 안재홍 등 결성 ➡ 개인 본위 조직 단체 • 조직 구성: 중앙 본부 – 민족주의자, 지방 의회 – 사회주의자
특징	• 합법 단체, 좌우 합작 단체 • 기본 강령: 민족의 대동단결, 정치·경제적 각성, 기회주의 배격
활동	• 광주 학생 항일 운동(1929) 진상 보고를 위한 민중 대회 개최 계획 ➡ 실패 • 사회 운동 전개: 한국인 본위의 교육 실시, 착취 기관 철폐, 여성의 법률적·사회적 차별 폐지, 수재민 구호 운동, 재만 동포 운동 등 • 농민·노동·학생 운동의 지원: 소작·노동 쟁의, 동맹 휴학 지도 • 전국 순회강연: 민족의식 고취, 일제의 잔악성 규탄

해소	• 일제의 탄압, 내부 계열 간의 이념 대립 • 중앙 본부의 일부 민족주의자들에게 자치론자들을 포용하려는 우경화 경향이 나타남. • 코민테른의 노선 변화(통일 전선 강화 ➡ 적색노조론)
의의	민족주의자와 사회주의자들이 처음으로 민족 연합 전선을 구축하여 독립운동 전개

2. 근우회(1927~1931)

결성	1927년 신간회 자매단체로 결성
강령	'조선 여자의 공고한 단결을 도모함', '조선 여자의 지위 향상을 도모함'
활동	국내와 일본, 간도 등에 수십 개의 지회를 두고 강연회, 부인 강좌, 야학 등을 통해 여성 노동자의 조직화와 여성 계몽에 노력

한능검 쏙쏙 자료

1. 6·10 만세 운동 때의 격문
    조선 민중아! 우리의 철천지원수는 자본·제국주의 일본이다. 이천만 동포야! 죽음을 각오하고 싸우자.
    만세 만세 조선 독립 만세
    - 조선은 조선인의 조선이다.
    - 학교의 용어는 조선어로
    - 학교장은 조선 사람이어야 한다.
    - 동양 척식 회사를 철폐하자.
    - 일본인 물품을 배격하자.
    - 8시간 노동제를 실시하라.
    - 동일 노동 동일 임금
    - 소작제를 4·6제로 하고 공과금을 지주가 납부한다.
    - 소작권은 이동하지 못한다.
    - 일본인 지주의 소작료는 주지 말자.

2. 광주 학생 항일 운동 때의 격문
    학생 대중이여, 궐기하라! 검거된 학생은 우리 손으로 탈환하자.
    언론·결사·집회·출판의 자유를 획득하라. / 식민지 교육 제도를 철폐하라.
    조선인 본위의 교육 제도를 확립하라. / 용감한 학생, 대중이여!
    최후까지 우리의 슬로건을 지지하라. / 그리고 궐기하라.
    전사여, 힘차게 싸워라.

3. 정우회 선언
    우리가 승리를 향해 나아가기 위해서는 현실적으로 가능한 모든 조건을 충분히 이용하지 않으면 안될 것이며, 민족주의 세력에 대해서도 그것이 타락하지 않는 한 적극적으로 제휴하여, 대중의 개량적 이익을 위해서도 종래의 소극적인 태도를 버리고 세차게 싸워야 할 것이다.

4. 신간회 창립 당시 강령(1927. 2.)
    - 우리는 정치·경제적 각성을 촉진함.
    - 우리는 단결을 공고히 함.
    - 우리는 기회주의를 일체 부인함.

5. 근우회 창립 취지문
    인류 사회는 많은 불합리를 생산하는 동시에 그 해결을 우리에게 요구해 마지않는다. 여성 문제는 그중의 하나이다. 세계는 이 요구에 응하여 분연하게 활동하고 있다. 세계 자매는 수천 년래의 악몽에서 깨어나 우리 앞에 가로막고 있는 모든 질곡을 분쇄하기 위하여 싸워 온 지 이미 오래이다. …… 우리는 운동상 실천에서 배운 것이 있으니 우리가 실지로 우리 자체를 위하여 우리 사회를 위하여 분투하려면, 우선 조선 자매 전체의 역량을 공고히 단결하여 운동을 전반적으로 전개하지 아니하면 아니 된다. 일어나라! 오너라! 단결하자! 분투하자! 조선 자매들아! 미래는 우리의 것이다.

테마 52 실전문제

신간회

주요 정답 키워드 # 민족 유일당 운동의 일환으로 창립 # 광주 학생 항일 운동 지원

1. (가) 단체에 대한 설명으로 옳은 것은? ▶42회

> 지난 3일 전남 광주에서 일어난 고보학생 대 중학생의 충돌 사건에 대하여 종로에 있는 (가) 본부에서는 제19회 중앙상무집행위원회의 결의로 장성·송정·광주 세 지회에 대하여 긴급 조사 보고를 지령하는 동시에 사태의 진전을 주시하고 있던 바, 지난 8일 밤 중요 간부들이 긴급 상의한 결과, 사건 내용을 철저히 조사하고 구금된 학생들의 석방도 교섭하기 위하여 중앙집행위원장 허헌, 서기장 황상규, 회계 김병로 세 최고 간부를 광주까지 특파하기로 하고 9일 오전 10시 특급 열차로 광주에 향하게 하였다더라.
> ─ 동아일보

① 조선 혁명 선언을 활동 지침으로 삼았다.
② 민족 유일당 운동의 일환으로 창립되었다.
③ 조선학 운동을 전개하여 여유당전서를 간행하였다.
④ 조소앙의 삼균주의를 기초로 기본 강령을 발표하였다.
⑤ 대성 학교와 오산 학교를 세워 민족 교육을 전개하였다.

2. (가) 단체에 대한 설명으로 옳은 것은? ▶45회

> (가) 은/는 '우리는 정치적, 경제적, 사회적 각성을 촉진함', '우리는 단결을 공고히 함', '우리는 일체 기회주의를 부인함'이라는 3대 강령 하에서 탄생되어 금일까지 140개 지회의 39,000여 명의 회원을 포함한 단체가 되었다.
> ─「동광」

① 민족 유일당 운동의 일환으로 결성되었다.
② 이상설, 이동휘를 정·부통령에 선임하였다.
③ 일제가 조작한 105인 사건으로 조직이 해체되었다.
④ 조선 총독부에 국권 반환 요구서를 발송하려 하였다.
⑤ 오산 학교와 대성 학교를 세워 민족 교육을 실시하였다.

◦◦ 한눈에 보는 해설

(가) 단체에 대한 설명으로 옳은 것은? → 신간회

> 지난 3일 **전남 광주에서 일어난 고보학생 대 중학생의 충돌 사건**에 대하여(→ 광주 학생 항일 운동(1929)) 종로에 있는 (가) 본부에서는 제19회 중앙상무집행위원회의 결의로 장성·송정·광주 세 지회에 대하여 **긴급 조사 보고를 지령**하는 동시에 사태의 진전을 주시하고 있던 바, 지난 8일 밤 중요 간부들이 긴급 상의한 결과, **사건 내용을 철저히 조사**하고 구금된 학생들의 석방도 교섭하기 위하여 중앙집행위원장 허헌, 서기장 황상규, 회계 김병로 세 최고 간부를 광주까지 특파하기로 하고 9일 오전 10시 특급 열차로 광주에 향하게 하였다더라. ─ 동아일보

② 국내에서 민족 유일당 운동이 전개되어 신간회가 결성되었다.

선지 분석하기
① 조선 혁명 선언을 활동 지침으로 삼았다. ➡ 의열단
③ 조선학 운동을 전개하여 여유당전서를 간행하였다. ➡ 정인보, 안재홍 등이 조선학 운동(1934) 전개
④ 조소앙의 삼균주의를 기초로 기본 강령을 발표하였다. ➡ 대한민국 임시 정부
⑤ 대성 학교와 오산 학교를 세워 민족 교육을 전개하였다. ➡ 신민회

◦◦ 한눈에 보는 해설

(가) 단체에 대한 설명으로 옳은 것은? → 신간회

> (가) 은/는 '**우리는 정치적, 경제적, 사회적 각성을 촉진함**', '**우리는 단결을 공고히 함**', '**우리는 일체 기회주의를 부인함**'이라는 3대 강령 하에서 탄생되어 금일까지 140개 지회의 39,000여 명의 회원을 포함한 단체가 되었다. (→ 신간회 강령)
> ─「동광」

① 국내에서 민족 유일당 운동이 전개되어 신간회가 결성되었다.

선지 분석하기
② 이상설, 이동휘를 정·부통령에 선임하였다. ➡ 대한 광복군 정부
③ 일제가 조작한 105인 사건으로 조직이 해체되었다. ➡ 신민회
④ 조선 총독부에 국권 반환 요구서를 발송하려 하였다. ➡ 독립 의군부
⑤ 오산 학교와 대성 학교를 세워 민족 교육을 실시하였다. ➡ 신민회

근우회

주요 정답 키워드 # 신간회와 연계 # 여성의 권익

3. (가) 단체에 대한 설명으로 옳은 것은? ▶16회

> **(가) 창립 취지문**
>
> 인류 사회는 많은 불합리를 생산하는 동시에, 그 해결을 우리에게 요구해 마지않는다. 여성 문제는 그중의 하나이다. …… 우리는 운동상 실천으로부터 배운 것이 있으니, 우리가 실지로 우리 자체를 위하여, 우리 사회를 위하여 분투하려면 우선 조선 자매 전체의 역량을 공고히 단결하여 운동을 전반적으로 전개하지 아니하면 아니 된다. 일어나라! 오너라! 단결하자! 분투하자! 조선의 자매들아! 미래는 우리의 것이다.   1927년 5월

① 6·10 만세 운동을 후원하였다.
② 조선 여자 교육회의 결성에 영향을 주었다.
③ 통감부의 방해와 탄압을 받아 해산되었다.
④ 국채를 갚기 위한 모금 운동에 참여하였다.
⑤ 신간회와 연계하여 여성의 권익을 옹호하였다.

한눈에 보는 해설

→ 근우회(1927~1931)

(가) 단체에 대한 설명으로 옳은 것은?

> **(가) 창립 취지문**
>
> 인류 사회는 많은 불합리를 생산하는 동시에, 그 해결을 우리에게 요구해 마지않는다. 여성 문제는 그중의 하나이다. …… 우리는 운동상 실천으로부터 배운 것이 있으니, 우리가 실지로 우리 자체를 위하여, 우리 사회를 위하여 분투하려면 우선 **조선 자매 전체의 역량을 공고히 단결하여 운동을 전반적으로 전개하지 아니하면 아니 된다.** 일어나라! 오너라! 단결하자! 분투하자! **조선의 자매들아! 미래는 우리의 것이다.**   1927년 5월

⑤ 1927년 신간회의 자매단체로 창립된 근우회는 여성 계몽 활동과 함께 여성 노동자의 권익 옹호에 앞장섰다.

선지 분석하기

① 6·10 만세 운동을 후원하였다. ➡ 근우회 창립-1927년, 6·10 만세 운동-1926년
② 조선 여자 교육회의 결성에 영향을 주었다. ➡ 조선 여자 교육회 결성(1920)
③ 통감부의 방해와 탄압을 받아 해산되었다. ➡ 통감부는 1910년까지 존재
④ 국채를 갚기 위한 모금 운동에 참여하였다. ➡ 국채 보상 운동(1907)

사건 순서

주요 정답 키워드 # 6·10 만세 운동 # 광주 학생 항일 운동

4. (가), (나) 격문이 작성된 사이의 시기에 있었던 사실로 옳은 것은? ▶44회

> (가) 왕조의 마지막 군주였던 창덕궁 주인이 53세의 나이로 지난 4월 25일에 서거하였다. …… 지금 우리 민족의 통곡과 복상은 군주의 죽음 때문이 아니고 경술년 8월 29일 이래 사무친 슬픔 때문이다. …… 슬퍼하는 민중들이여! 하나가 되어 혁명 단체 깃발 밑으로 모이자! 금일의 통곡복상의 충성과 의분을 모아 우리들의 해방 투쟁에 바치자!
>
> (나) 조선 청년 대중이여! 궐기하라. 제국주의적 침략에 대한 반항적 투쟁으로서 광주 학생 사건을 지지하고 성원하라. …… 저들은 소위 사법 경찰을 총동원하여 광주 조선 학생 동지 400여 명을 참혹한 철쇄에 묶어 넣었다. 여러분! 궐기하라! 우리들이 흘리는 선혈의 마지막 한 방울까지 조선 학생의 이익과 약소민족의 승리를 위하여 항쟁적 전투에 공헌하라!

① 김상옥이 종로 경찰서에 폭탄을 투척하였다.
② 동아일보를 중심으로 브나로드 운동이 전개되었다.
③ 고액 소작료에 반발하여 암태도 소작 쟁의가 발생하였다.
④ 사회주의 세력의 활동 방향을 밝힌 정우회 선언이 발표되었다.
⑤ 일제가 데라우치 총독 암살 미수 사건을 계기로 105인 사건을 날조하였다.

한눈에 보는 해설

→ (가) 6·10 만세 운동(1926), (나) 광주 학생 항일 운동(1929)

(가), (나) 격문이 작성된 사이의 시기에 있었던 사실로 옳은 것은?

> (가) **왕조의 마지막 군주였던 창덕궁 주인이 53세의 나이로 지난 4월 25일에 서거하였다.** [순종] …… 지금 우리 민족의 통곡과 복상은 군주의 죽음 때문이 아니고 경술년 8월 29일 이래 사무친 슬픔 때문이다. …… 슬퍼하는 민중들이여! 하나가 되어 혁명 단체 깃발 밑으로 모이자! 금일의 통곡복상의 충성과 의분을 모아 우리들의 해방 투쟁에 바치자!
>
> (나) 조선 청년 대중이여! 궐기하라. 제국주의적 침략에 대한 반항적 투쟁으로서 **광주 학생 사건을 지지하고 성원하라.** [광주 학생 항일 운동(1929)] …… 저들은 소위 사법 경찰을 총동원하여 광주 조선 학생 동지 400여 명을 참혹한 철쇄에 묶어 넣었다. 여러분! 궐기하라! 우리들이 흘리는 선혈의 마지막 한 방울까지 조선 학생의 이익과 약소민족의 승리를 위하여 항쟁적 전투에 공헌하라!

④ 1926년 6·10 만세 운동 이후, 사회주의 세력의 활동 방향을 밝힌 정우회 선언이 발표되었다.

선지 분석하기

① 김상옥이 종로 경찰서에 폭탄을 투척하였다. ➡ 1923년
② 동아일보를 중심으로 브나로드 운동이 전개되었다. ➡ 1931~1934년
③ 고액 소작료에 반발하여 암태도 소작 쟁의가 발생하였다. ➡ 1923년
⑤ 일제가 데라우치 총독 암살 미수 사건을 계기로 105인 사건을 날조하였다. ➡ 1911년

테마 53 민족 문화 수호 운동

출제 POINT
신채호, 박은식, 백남운의 역사학, 조선어 연구회와 조선어 학회의 활동을 물어보는 문제가 주로 출제된다.

✱ 만선 사관
한국사가 만주 지역의 역사 변화에 직접적인 영향을 받아 왔다는 사관

✱ 임나일본부설
일본의 야마토[大和] 정권이 4C 후반 한반도 남부 지역에 진출하여 신라와 백제로부터 조공을 받았고, 특히 가야에는 일본부(日本府)라는 기관을 두어 6C 중엽까지 직접 지배하였다는 설

1 역사 ✿✿

1. 일제의 한국사 왜곡
(1) **일제의 식민 사관**: 일제는 민족의 긍지와 유대감을 심어 주는 우리의 민족사를 그들의 식민 통치에 유리한 방향으로 왜곡

이론	내용	근거
타율성론	우리 민족의 역사는 주체적으로 발전하지 못하고 주변 국가에 종속되어 전개되었다는 주장	사대 외교, 만선 사관✱
		지정학적 숙명론, 임나일본부설✱
정체성론	우리 민족의 역사는 오랫동안 정체되고 발전하지 못하였다는 주장	봉건제 결여
당파성론	우리의 민족성은 분열성이 강하여 항상 내분하여 싸웠다는 주장	붕당 정치

(2) **조선사 편수회 조직(1925)**: 총독부 산하 연구 기관으로, 한국사를 왜곡·서술, 『조선사』 편찬

2. 우리 역사의 수호
(1) 민족주의 사학

성격	우리 문화의 우수성과 한국사의 주체적 발전을 강조
박은식	민족 혼을 강조, 『한국통사』, 『한국독립운동지혈사』 등
신채호	민족정신으로 낭가사상을 강조, 『조선사연구초』(1925), 『조선상고사』(1931) 등
조선학 운동 (1934)	다산 정약용 서거 100주기를 맞이하여 1934년에 시작된 조선학 운동은 (신)민족주의 사학자인 정인보, 문일평, 안재홍, 백남운 등이 주도 ➡ 정인보('얼' 강조), 문일평[조선심(心)], 안재홍(신민족주의와 신민주주의)

(2) 사회 경제 사학

성격	일제의 정체성 이론에 대응하여 사적 유물론에 입각하여 한국사의 세계사적 보편성 강조
백남운	『조선사회경제사』·『조선봉건사회경제사』에서 한국사도 고대 노예 사회와 중세 봉건 사회를 거쳐 발전해 왔음을 주장

(3) 실증주의 사학

성격	문헌 고증을 통해서 있었던 사실 그대로를 밝혀내는 것에 목적을 둠.
진단 학회 (1934)	청구 학회를 중심으로 한 일본 어용 학자들의 왜곡된 한국학 연구에 반발 ➡ 이윤재, 이병도, 손진태 등이 진단 학회를 조직하여 실증 사관을 표방, 『진단 학보』 발간, 1942년 진단 학회 사건으로 해산

2 국어 연구 ✿✿

조선어 연구회 (1921)	• 주시경의 국문 연구소(1907)의 전통 계승 • 한글의 연구와 더불어 강습회·강연회를 통하여 한글 보급에 노력 • 잡지 『한글』 간행, 한글 기념일 '가갸날' 제정
조선어 학회 (1931)	• 최현배, 이윤재 등이 조직 • 한글 맞춤법 통일안과 표준어의 제정, 『우리말 큰사전』의 편찬 시도 • 조선어 학회 사건(1942)으로 해산

◆ 조선어 학회 회원들

3 교육과 종교 활동

민족 교육	• 사립 학교, 종교 계통의 학교, 개량 서당, 강습소, 야학 등 • 민립 대학 설립 운동(1922): 이상재 등이 조선 교육회 조직 후 전개 ➡ 실패, 일제의 경성 제국 대학 설립 • 문맹 퇴치 운동: 조선일보의 문자 보급 운동, 동아일보의 브나로드 운동(1931~1934), 조선어 연구회(1921) ➡ 조선어 학회(1931~1942)
종교 활동	• 개신교: 신사 참배 거부 운동 • 천주교: 사회 사업 확대, 『경향』 출간, 항일 운동 단체인 의민단 조직 • 천도교: 제2의 3·1 운동 계획(1922), 청년·여성·어린이 운동 전개, 잡지 『개벽』 등 발간 • 대종교: 적극적인 무장 항일 투쟁(무장 단체인 중광단 ➡ 북로 군정서군 결성) • 불교: 한용운의 조선 불교 유신회 결성 ➡ 일제의 사찰령* 반대, 만(卍)당 결성 • 원불교: 개간 사업과 저축 운동 전개, 남녀평등, 허례허식 폐지 등 새생활 운동 전개

＊ 일제의 사찰령
1911년 일제는 사찰령을 공포하여 총독이 사찰의 병합과 재산 관리를 하도록 허가함.

4 문예 활동

문학	• 1910년대: 계몽적 성격, 이광수의 『무정』 • 1920년대: 사회주의, 신경향파 문학[카프(KAPF) 문학] • 1930년대: 순수 문학, 친일 문학(최남선, 이광수), 저항 문학(윤동주, 이육사)
음악	창가 유행, 애국가(안익태), 봉선화(홍난파)
미술	안중식(동양화), 고희동·이중섭(서양화)
연극	토월회(1923) ➡ 극예술 연구회(1931)
영화	나운규의 '아리랑'(1926)

◆ 안중식의 어해도

◆ 이중섭의 소

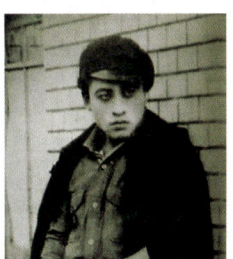

◆ '아리랑'의 나운규(조선 키네마 주식회사 제작)

한능검 쏙쏙 사료

1. 박은식
나라는 형체이고 역사는 정신이다. 지금 한국의 형체는 무너졌으나 정신이 멸하지 않으면 형체는 부활할 때가 있을 것이다. …… 대개 국교(國敎)·국학·국어·국문·국사는 혼(魂)에 속하는 것이요, 전곡·군대·성지·함선·기계 등은 백(魄)에 속하는 것이므로 혼의 됨됨은 백에 따라 죽고 사는 것이 아니다. 그러므로 국교와 국사가 망하지 않으면 그 나라도 망하지 않는 것이다.
『한국통사』

2. 신채호의 역사 인식
역사란 무엇이뇨. 인류 사회의 아(我)와 비아(非我)의 투쟁이 시간에서 발전하여 공간까지 확대되는 심적 활동의 상태의 기록이니, 세계사라 하면 세계 인류의 그리되어 온 상태의 기록이며, 조선사라 하면 조선 민족이 그리되어 온 상태의 기록이니라. 그리하여 아에 대한 비아의 접촉이 많을수록 비아에 대한 아의 투쟁이 더욱 맹렬하여 인류 사회의 활동이 휴식할 사이가 없으며, 역사의 전도가 완결될 날이 없다. 그러므로 역사는 아와 비아의 투쟁의 기록이니라.
『조선상고사』

3. 백남운의 사회 경제 사학
우리 조선의 역사적 발전의 전 과정은 지리적인 조건, 인종적인 골상, 문화 형태의 외형적 특징 등 다소의 차이를 인정한다 하더라도, 외관상 특수성이 다른 문화 민족의 역사적인 발전 법칙과 구별되어야 할 독자적인 것은 아니며, 세계사적인 일원적 역법칙에 의해 다른 제 민족과 거의 같은 발전 과정을 거쳐 왔던 것이다.
『조선사회경제사』

테마 53 실전문제

역사학의 발전

주요 정답 키워드 # 박은식 # 신채호 # 정인보 # 조선학 운동

1. (가)~(마)에 들어갈 내용으로 옳은 것은? ▶ 46회

   〈수행 평가 보고서〉
   1. 주제: 민족 문화 수호를 위한 노력
   2. 내용: 일제의 역사 왜곡과 동화(同化) 정책에 맞서 우리의 말과 역사를 지키고자 헌신한 인물들의 활동에 대하여 조사하였다.

인물	활동
신채호	(가)
백남운	(나)
정인보	(다)
이윤재	(라)
최현배	(마)

   ① (가) - 잡지 한글의 간행을 주도하였다.
   ② (나) - 한글 맞춤법 통일안 제정에 참여하였다.
   ③ (다) - 민족의 얼을 강조하고 조선학 운동을 추진하였다.
   ④ (라) - 애국심 고취를 위해 을지문덕전을 집필하였다.
   ⑤ (마) - 조선사회경제사에서 식민 사학의 정체성론을 반박하였다.

2. (가), (나)를 주장한 인물에 대한 설명으로 옳은 것을 〈보기〉에서 고른 것은? ▶ 16회

   (가) 옛사람이 이르기를 나라는 멸할 수 있으나 역사는 멸할 수 없다고 하였으니, 대개 나라는 형체이고 역사는 정신이기 때문이다. 지금 우리나라의 형체는 허물어졌으나 정신만은 살아남아야 할 것이다.

   (나) 역사란 무엇이뇨. 인류 사회의 아(我)와 비아(非我)의 투쟁이 시간부터 발전하며 공간부터 확대하는 심적 활동의 기록이니, 세계사라 하면 세계 인류의 그리되어 온 상태의 기록이며 조선사라 하면 조선 민족의 그리되어 온 상태의 기록이니라.

   〈보기〉
   ㉠ (가) - 진단 학회를 창립하고 진단 학보를 발행하였다.
   ㉡ (가) - 양명학에 토대를 두고 유교구신론을 주장하였다.
   ㉢ (나) - 유물 사관을 바탕으로 사회 경제 사학을 확립하였다.
   ㉣ (나) - 국민 대표 회의에서 새로운 정부 수립을 주장하였다.

   ① ㉠, ㉡ ② ㉠, ㉢ ③ ㉡, ㉢
   ④ ㉡, ㉣ ⑤ ㉢, ㉣

한눈에 보는 해설

(가)~(마)에 들어갈 내용으로 옳은 것은?

〈수행 평가 보고서〉
1. 주제: 민족 문화 수호를 위한 노력
2. 내용: 일제의 역사 왜곡과 동화(同化) 정책에 맞서 우리의 말과 역사를 지키고자 헌신한 인물들의 활동에 대하여 조사하였다.

인물	활동
신채호	(가)
백남운	(나)
정인보	(다)
이윤재	(라)
최현배	(마)

③ (다) - 정인보는 민족의 얼을 강조하고 조선학 운동을 추진하였다.

[선지 분석하기]
① (가) - 잡지 한글의 간행을 주도하였다. ➡ 이윤재
② (나) - 한글 맞춤법 통일안 제정에 참여하였다. ➡ 이윤재, 최현배
④ (라) - 애국심 고취를 위해 을지문덕전을 집필하였다. ➡ 신채호
⑤ (마) - 조선사회경제사에서 식민 사학의 정체성론을 반박하였다. ➡ 백남운

한눈에 보는 해설

→ (가) 박은식, (나) 신채호

(가), (나)를 주장한 인물에 대한 설명으로 옳은 것을 〈보기〉에서 고른 것은?

(가) 옛사람이 이르기를 나라는 멸할 수 있으나 역사는 멸할 수 없다고 하였으니, 대개 **나라는 형체이고 역사는 정신이기 때문이다. 지금 우리나라의 형체는 허물어졌으나 정신만은 살아남아야 할 것이다.**
→ 박은식의 『한국통사』   → 신채호의 『조선상고사』

(나) **역사란 무엇이뇨. 인류 사회의 아(我)와 비아(非我)의 투쟁이 시간부터 발전하며 공간부터 확대하는 심적 활동의 기록**이니, 세계사라 하면 세계 인류의 그리되어 온 상태의 기록이며 조선사라 하면 조선 민족의 그리되어 온 상태의 기록이니라.

㉡ 양명학자 박은식은 1909년 「유교구신론」을 발표하여, 주자 중심의 유학을 비판하였다.
㉣ 신채호, 박용만 등 창조파는 국민 대표 회의에서 임시 정부를 해체하고 연해주로 옮겨가 새로운 정부를 수립하자고 주장하였다.

[선지 분석하기]
㉠ (가) - 진단 학회를 창립하고 진단 학보를 발행하였다. ➡ 이병도, 손진태 등
㉢ (나) - 유물 사관을 바탕으로 사회 경제 사학을 확립하였다. ➡ 백남운

시기별 문화 발달

주요 정답 키워드 # 아리랑 # 카프(KAPF) # 원각사 # 손기정

3. 다음 영화가 처음 개봉되었던 당시에 볼 수 있는 모습으로 가장 적절한 것은? ▶ 43회

이 사진은 나운규가 감독·주연을 맡아 제작한 영화의 장면과 제작진의 모습입니다. 단성사에서 개봉된 이 영화는 식민 지배를 받던 한국인의 고통스런 삶을 표현한 작품입니다.

① 카프(KAPF)에서 활동하는 신경향파 작가
② 원각사에서 은세계 공연을 관람하는 학생
③ 육영 공원에서 영어를 가르치는 미국인 교사
④ 전차 개통식에 참여하는 한성 전기 회사 직원
⑤ 손기정 선수의 올림픽 우승 소식을 보도하는 기자

종교

주요 정답 키워드 # 천도교(잡지 개벽) # 대종교(중광단)

4. (가), (나)에 들어갈 내용으로 옳은 것은? ▶ 42회

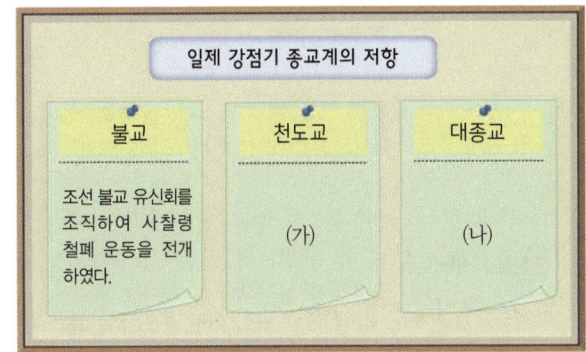

① (가) - 의민단을 조직하여 무장 투쟁을 전개하였다.
② (가) - 잡지 개벽을 발행하여 민족 의식을 고취하였다.
③ (나) - 경향신문을 발간하여 민중 계몽에 힘썼다.
④ (나) - 배재 학당을 세워 신학문 보급에 기여하였다.
⑤ (가), (나) - 을사오적을 처단하기 위해 자신회를 결성하였다.

한눈에 보는 해설

다음 영화가 처음 개봉되었던 당시(→1926년)에 볼 수 있는 모습으로 가장 적절한 것은?

이 사진은 **나운규가 감독·주연을 맡아 제작한 영화**(→아리랑(1926))의 장면과 제작진의 모습입니다. 단성사에서 개봉된 이 영화는 식민 지배를 받던 한국인의 고통스런 삶을 표현한 작품입니다.

① 카프(KAPF)에서 활동하는 신경향파 작가 ➡ 1925~1935년

선지 분석하기
② 원각사에서 은세계 공연을 관람하는 학생 ➡ 원각사(1908~1909)
③ 육영 공원에서 영어를 가르치는 미국인 교사 ➡ 육영 공원(1886~1894)
④ 전차 개통식에 참여하는 한성 전기 회사 직원 ➡ 전차 개통식(1899)
⑤ 손기정 선수의 올림픽 우승 소식을 보도하는 기자 ➡ 1936년

한눈에 보는 해설

(가), (나)에 들어갈 내용으로 옳은 것은?

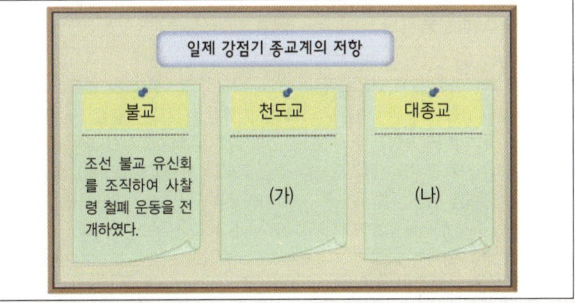

② 천도교는 『개벽』, 『신여성』 등의 잡지를 발간하여 평등사상을 보급하고 민족 의식을 높였다.

선지 분석하기
① (가) - 의민단을 조직하여 무장 투쟁을 전개하였다. ➡ 천주교
③ (나) - 경향신문을 발간하여 민중 계몽에 힘썼다. ➡ 천주교
④ (나) - 배재 학당을 세워 신학문 보급에 기여하였다. ➡ 개신교
⑤ (가), (나) - 을사오적을 처단하기 위해 자신회를 결성하였다. ➡ 대종교(나철, 오기호)

빈출 키워드

출제순위 1 정치 # 6·25 전쟁 # 유신 정부 # 김대중 정부의 통일 정책

출제순위 2 경제 # 경제 개발 5개년 계획 # 박정희 정부의 경제 정책 # 금융 실명제

출제순위 3 사회 # 전태일

한능검 최근 3개년 출제 분석

시대 구분	시대별 출제문항수/전체 출제문항수
선사 및 초기 국가	34 / 800
고대 사회	110 / 800
중세 사회	137 / 800
근세 사회(조선 전기)	77 / 800
근대 태동기(조선 후기)	90 / 800
근대 사회 발전기	116 / 800
민족 독립운동기	107 / 800
현대 사회	97 / 800
통합	32 / 800

97(12%)

최근 3년(57회~72회) 800문항을 분석한 결과 현대 사회는 97문제(12%)가 출제되었습니다. 출제순위는 정치사가 1위, 경제사가 2위입니다.

PART

08

현대 사회

테마54 8·15 광복과 해방 공간의 주요 사건
테마55 대한민국 정부 수립과 6·25 전쟁
테마56 민주주의 시련과 발전(1)
테마57 민주주의 시련과 발전(2)
테마58 통일 정책, 현대의 경제·사회·문화

테마 54. 8·15 광복과 해방 공간의 주요 사건

출제 POINT
한국의 독립을 논의한 국제 회담 및 해방 전후 시기 주요 사건을 묻는 문제가 주로 출제된다.

현대 주요 연표
- 1945 ○ 8·15 광복
- 1948 ○ 대한민국 정부 수립, 반민족 행위 처벌법 제정
- 1949 ○ 농지 개혁법 공포
- 1950 ○ 6·25 전쟁
- 1953 ○ 휴전 협정 조인
- 1960 ○ 4·19 혁명
- 1964 ○ 6·3 시위
- 1972 ○ 7·4 남북 공동 성명
- 1979 ○ 부·마 민주 항쟁
- 1980 ○ 5·18 광주 민주화 운동
- 1987 ○ 6월 민주 항쟁
- 1988 ○ 서울 올림픽

여운형이 조선 총독에게 요구한 5개 조항
1. 전국적으로 정치범·경제범을 즉시 석방할 것
2. 서울의 3개월분 식량을 확보할 것
3. 치안 유지와 건국 활동을 위한 정치 운동에 대하여 절대로 간섭하지 말 것
4. 학생과 청년을 조직·훈련하는 데 간섭하지 말 것
5. 노동자와 농민을 건국 사업에 동원하는 데 대하여 절대로 간섭하지 말 것

1 광복 직전의 건국 준비 활동 ★★

1. 건국 준비 활동: 민주 공화국 수립 준비

대한민국 임시 정부(충칭)	민족주의 계열의 독립운동 단체들을 한국 독립당(1940)으로 통합, 대한민국 건국 강령 제정(1941, 조소앙의 삼균주의 채택)
조선 독립 동맹(옌안, 1942)	김두봉 결성, 조선 의용군 조직, 중국 공산당과 결합 ➡ 해방 이후 북한 인민군(연안파)에 참여
조선 건국 동맹(국내, 1944)	여운형 주도, 민족 연합 전선 ➡ 해방 직후 조선 건국 준비 위원회 조직(여운형+안재홍)

2. 8·15 광복
(1) 우리 문제가 논의된 국제 회담

카이로 회담(1943. 11.)	미·영·중, 적당한 시기에(in due course) 한국의 독립 결의
얄타 회담(1945. 2.)	미·영·소, 소련의 대일전 참가 결정
포츠담 회담(1945. 7.)	미·영·중+소, 카이로 선언의 한국 독립 재확인 cf 회담 당일은 미·영·중 참석, 소련은 이후 참석

(2) 8·15 광복(1945): 국내외에서 끊임없이 전개해 온 민족의 독립 투쟁의 결실, 2차 세계 대전에서 연합군의 승리
(3) 국토의 분단과 미·소 군정(軍政)의 실시: 한반도에 남아 있던 일본군의 무장 해제를 구실로 미국의 38도선 제안을 소련이 수용

2 광복 직후의 정치 상황 ★★

1. 조선 건국 준비 위원회(1945. 8. 15.)

결성	중도 좌파 여운형, 중도 우파 안재홍 등 좌우 연합, but 송진우, 김성수 등의 민족주의 우익 세력은 불참
활동	• 치안대 설치, 북한 지역 포함 145개 지부 조직 • 조선 인민 공화국 수립(1945. 9.): 박헌영 등 조선 공산당 계열이 실권 장악 ➡ 일부 세력 탈퇴, 미군정의 불인정

2. 군정 후(後) 남·북한 정세
(1) 여러 정당 구성

한국 민주당(송진우·김성수)	미군정 연결, 임시 정부 지지, 건국 준비 위원회 반대
독립 촉성 중앙 협의회	이승만 회장 추대, 초기 각 정당 및 200여 개 단체 참여, 공동 투쟁·공동 노선 결의 ➡ 친일파 문제 갈등 야기 ➡ 박헌영(조선 공산당) 이탈
한국 독립당(김구)	남·북한 통일 정부 수립 운동
조선 공산당(박헌영)	좌익 박헌영 조직(이후 남조선 노동당으로 개편)

(2) 미군정(1945~1948)

군정 선포	우익 세력 지원, 신한 공사 설립, 충칭의 대한민국 임시 정부와 조선 인민 공화국 부정
1기(1945~1947)	직접 통치기
2기(1947~1948)	남조선 과도 입법 의원 구성(➡ 남조선 과도 정부, 의장-김규식, 민정 장관-안재홍)

3. 모스크바 3국 외상 회의(1945. 12.)

내용	• 미국·영국·소련의 외상 회의 • 내용: 임시 민주 정부 수립, 미·소 공동 위원회 설치, 미·영·중·소의 최고 5년간 신탁 통치 실시 등
우리의 반응	• 신탁 통치 반대 국민 총동원 위원회 조직: 반탁 운동 전개 • 우익(이승만·김구): 반탁 • 좌익: 반탁 ➡ 찬탁 운동으로 선회

◆ 반탁 운동(1945. 12.)

4. 미·소 공동 위원회

1차 미·소 공동 위원회 (1946. 3.)	서울 덕수궁 석조전에서 임시 정부 수립을 위한 미·소 공동 위원회를 개최 ➡ 미·소 간 입장 차이로 결렬 (cf 미국의 주장: 모든 정치 단체를 정부 수립에 참여, 소련의 주장: 신탁 통치를 지지하는 정치 단체만 정부 수립에 참여)
이승만의 정읍 발언 (1946. 6.)	남한만 단독 정부 수립 주장
좌우 합작 운동	• 김규식·안재홍(중도 우파), 여운형(중도 좌파)의 좌우 합작 위원회 구성(1946. 7.) 및 좌우 합작 7원칙 발표(1946. 10.) • 미군정의 좌우 합작 운동 지원 cf 좌우 합작 7원칙에 대한 각 세력의 반응: 김구의 한국 독립당 - 지지, 이승만계 - 조건부 찬성(반대), 한국 민주당과 조선 공산당 - 반대
2차 미·소 공동 위원회 (1947. 5.)	트루먼 독트린*으로 동서 냉전 시작 ➡ 2차 미·소 공동 위원회 결렬 ➡ 미국, 우리 문제를 UN에 상정
여운형 암살(1947. 7.)	좌우 합작 운동 실패

* **트루먼 독트린**
공산 세력의 위협에 저항하고 있는 자유민을 미국이 도울 것이라 천명한 정책. 이에 따라 미국은 그리스를 원조하여 그리스의 공산 반란을 진압하고, 터키의 공산화를 막기 위해 터키에도 원조를 제공함.

한능검 쏙쏙 자료

1. **대한민국 임시 정부의 건국 강령**
   제3장 건국
   2. 삼균 제도를 골자로 한 헌법을 실시하여 정치·경제·교육의 민주적 시설로 실제상 균형을 도모하며, 전국의 토지와 대생산 기관의 국유가 완성되고 전국의 학령 아동 전체가 고급 교육의 무상 교육이 완성되고 보통 선거 제도가 구속 없이 완전히 실시되어 ……

2. **신탁 통치 반대 국민 총동원 위원회의 반탁 시위 선언문**
   카이로·포츠담 선언과 국제 헌장으로 세계에 공약한 한국의 독립은 이번에 모스크바에서 열린 3국 외상 회의의 신탁 관리 결의로써 수포로 돌아갔으니, 다시 우리 3천만은 영예로운 피로써 자주독립을 이루지 않으면 안 될 단계에 들어섰다. 동포여! 8·15 이전과 이후, 피차의 과오와 마찰을 청산하고자 우리 정부 밑에 뭉치자. 그리하여 그 지도하에 3천만의 모든 힘을 발휘하여 신탁 관리제를 배격하는 국민운동을 전개하자. 그리고 완전한 자주독립을 이루는 날까지 3천만 전 민족은 최후의 피 한 방울이 다하도록 항쟁할 것을 선언한다.

3. **이승만의 정읍 발언(1946. 6. 3.)**
   이제 우리는 무기 휴회된 미·소 공동 위원회가 재개될 기색도 보이지 않으며 통일 정부를 고대하나 여의케 되지 않으니, 우리는 남방만이라도 임시 정부, 혹은 위원회 같은 것을 조직하여 38 이북에서 소련이 철퇴하도록 세계 공론에 호소하여야 될 것이니, 여러분도 결심하여야 할 것입니다.
   국사 편찬 위원회, 「자료 대한민국사 Ⅱ」

4. **좌우 합작 7원칙 발표(1946. 10. 4.)**
   조선의 좌우 합작은 민족 독립의 단계요, 남북 통일의 관건인 점에 있어서 3천만 민족의 지상 명령이며 국제 민주화의 필연적 요청이었음에도 불구하고 저간의 복잡다단한 내외 정세로 오랫동안 파란곡절을 거듭해 오던 바, 10월 4일 좌우 대표가 회담한 결과 좌측의 5원칙과 우측의 8원칙을 절충하여 7원칙을 결정하였다. 이에 다음과 같은 합작 원칙과 입법 기구에 대한 요망을 작성하여 발표한다.
   1. 조선의 민주 독립을 보장한 3상 회의 결정에 의하여 남북을 통한 좌우 합작으로 민주주의 임시 정부를 수립할 것
   2. 미·소 공동 위원회의 속개를 요청하는 공동 성명을 발할 것
   3. 토지 개혁에 있어서 몰수, 유조건 몰수, 체감 매상 등으로 토지를 농민에게 무상으로 분배하며, 시가지의 기지 및 대건물을 적정 처리하며, 중요 산업을 국유화하며, 사회 노동법령 및 정치적 자유를 기본으로 지방 자치제의 확립을 속히 실시하며, 통화 및 민생 문제 등을 급속히 처리하며, 민주주의 건국 과업 완수에 매진할 것

테마 54 실전문제

미·소 공동 위원회 및 주요 사건

주요 정답 키워드 # 덕수궁 석조전 # 임시 정부 수립

[1~2] 다음 자료를 읽고 물음에 답하시오. ▶ 47회

(가) 모스크바 삼상 회의에서 결정한 조선에 관한 제3조 제2항에 의거하여 구성된 ㉠ 이/가 3천만의 큰 희망 속에 20일 드디어 덕수궁 석조전에서 출범하였다. 조선의 진로를 좌우하는 중대한 관건을 쥐고 있는 만큼 그 추이는 자못 3천만 민중의 주목을 받고 있다.

(나) 조선인이 다 아는 것과 같이 ㉠ 이/가 난관에 봉착함으로 인하여 미국 측은 조선의 독립과 통일 문제를 유엔 총회에 제출하였다. 그리고 대다수의 세계 각국은 41대 6으로 이 문제를 유엔 총회에 상정시키기로 가결하였다. …… 조선인에게 권고하고 싶은 것은 이 중요한 시간에 유엔 총회가 조선 문제를 해결할 수 있다는 믿음을 가지고 평화를 애호하는 세계의 모든 국가가 모인 유엔 총회의 결정을 전적으로 지지하여야 할 것이다.

1. ㉠ 기구에 대한 설명으로 옳은 것은?

① 반공을 국시로 내건 혁명 공약을 발표하였다.
② 정치인들의 활동을 규제하고, 언론 기관을 통폐합하였다.
③ 정수의 3분의 1에 해당하는 국회 의원 선출권을 행사하였다.
④ 조선 인민 공화국을 수립하고 전국 각 지역에 인민 위원회를 조직하였다.
⑤ 임시 민주 정부 수립을 위한 협의에 참여할 단체의 범위를 두고 논쟁하였다.

2. (가), (나) 사이의 시기에 있었던 사실로 옳은 것은?

① 김구, 김규식 등이 남북 협상에 참석하였다.
② 반민족 행위 특별 조사 위원회가 구성되었다.
③ 좌우 합작 위원회에서 좌우 합작 7원칙을 발표하였다.
④ 유상 매수, 유상 분배 원칙의 농지 개혁법이 제정되었다.
⑤ 우리나라 최초의 보통 선거인 5·10 총선거가 실시되었다.

한눈에 보는 해설

[1~2] 다음 자료를 읽고 물음에 답하시오.

(가) 모스크바 삼상 회의에서 결정한 조선에 관한 제3조 제2항에 의거하여 구성된 ㉠ 이/가 3천만의 큰 희망 속에 20일 드디어 덕수궁 석조전에서 출범하였다. 조선의 진로를 좌우하는 중대한 관건을 쥐고 있는 만큼 그 추이는 자못 3천만 민중의 주목을 받고 있다.

(나) 조선인이 다 아는 것과 같이 ㉠ 이/가 난관에 봉착함으로 인하여 미국 측은 조선의 독립과 통일 문제를 유엔 총회에 제출하였다. 그리고 대다수의 세계 각국은 41대 6으로 이 문제를 유엔 총회에 상정시키기로 가결하였다. …… 조선인에게 권고하고 싶은 것은 이 중요한 시간에 유엔 총회가 조선 문제를 해결할 수 있다는 믿음을 가지고 평화를 애호하는 세계의 모든 국가가 모인 유엔 총회의 결정을 전적으로 지지하여야 할 것이다.

→ 미·소 공동 위원회

1. ㉠ 기구에 대한 설명으로 옳은 것은?

⑤ 1차 미·소 공동 위원회(1946. 3.) 당시 소련은 신탁 통치 결정을 지지하는 정치 단체만 미·소 공동 위원회와의 협의 대상으로 참여시키자고 주장하였고, 미국은 모든 정치 단체의 참여를 주장하였다.

선지 분석하기

① 반공을 국시로 내건 혁명 공약을 발표하였다. ➡ 5·16 군사 정변 세력
② 정치인들의 활동을 규제하고, 언론 기관을 통폐합하였다. ➡ 전두환 정부
③ 정수의 3분의 1에 해당하는 국회 의원 선출권을 행사하였다. ➡ 유신 정부(박정희)
④ 조선 인민 공화국을 수립하고 전국 각 지역에 인민 위원회를 조직하였다. ➡ 조선 건국 준비 위원회(1945. 9.)

→ (가) 미·소 공동 위원회 출범(1946. 3.), (나) 2차 미·소 공동 위원회(1947. 5.)

2. (가), (나) 사이의 시기에 있었던 사실로 옳은 것은?

③ 좌우 합작 위원회에서 좌우 합작 7원칙을 발표하였다. ➡ 좌우 합작 위원회(1946. 7.), 좌우 합작 7원칙 발표(1946. 10.)

선지 분석하기

① 김구, 김규식 등이 남북 협상에 참석하였다. ➡ 1948. 4.
② 반민족 행위 특별 조사 위원회가 구성되었다. ➡ 1948. 9.
④ 유상 매수, 유상 분배 원칙의 농지 개혁법이 제정되었다. ➡ 1949년 제정, 1950년 부분 수정·실시
⑤ 우리나라 최초의 보통 선거인 5·10 총선거가 실시되었다. ➡ 1948. 5.

좌·우 합작 위원회

주요 정답 키워드 # 여운형 # 7원칙

3. 밑줄 그은 '위원회'에 대한 설명으로 옳은 것은? ▶ 37회

> 본 위원회는 합작 원칙에 합의하여 다음 사항을 알립니다.
> 첫째, 모스크바 3국 외상 회의 결정에 의하여 좌우 합작으로 민주주의 임시 정부를 수립할 것 ……
> 셋째, 토지 개혁에 있어 몰수, 유조건 몰수, 체감 매상 등으로 토지를 농민에게 무상으로 분여할 것

① 통일 정부 구성을 위한 남북 협상을 추진하였다.
② 유엔 감시하에 치러진 남북한 총선거에 참여하였다.
③ 여운형, 김규식 등 중도 세력을 중심으로 결성되었다.
④ 반민족 행위 처벌을 위한 특별 조사 위원회의 활동을 방해하였다.
⑤ 귀속 재산 처리법을 제정하여 일본인들이 남기고 간 재산을 처리하였다.

한눈에 보는 해설

→ 좌우 합작 위원회
밑줄 그은 '위원회'에 대한 설명으로 옳은 것은?

> 본 위원회는 합작 원칙에 합의하여 다음 사항을 알립니다.
> 첫째, 모스크바 3국 외상 회의 결정에 의하여 **좌우 합작으로 민주주의 임시 정부를 수립할 것** …… → 좌·우 합작 7원칙
> 셋째, 토지 개혁에 있어 **몰수, 유조건 몰수, 체감 매상** 등으로 토지를 농민에게 **무상으로 분여할 것** ……

③ 중도 좌파 여운형과 중도 우파 김규식을 중심으로 하는 좌우 합작 위원회(1946. 7.)가 구성되어 좌우 합작 7원칙을 발표(1946. 10.)하고 좌우 합작 운동을 적극 추진하였다.

선지 분석하기
① 통일 정부 구성을 위한 남북 협상을 추진하였다. ➡ 김구와 김규식
② 유엔 감시하에 치러진 남북한 총선거에 참여하였다. ➡ 남북한 총선거는 무산됨.
④ 반민족 행위 처벌을 위한 특별 조사 위원회의 활동을 방해하였다. ➡ 이승만 정부
⑤ 귀속 재산 처리법을 제정하여 일본인들이 남기고 간 재산을 처리하였다. ➡ 이승만 정부

사건 순서

주요 정답 키워드 # 좌우 합작 위원회 # 모스크바 3국 외상 회의 # 남북 협상

4. (가)~(다)를 발표된 순서대로 옳게 나열한 것은? ▶ 41회

(가)
> 1. 조선의 민주 독립을 보장한 삼상 회의 결정에 의하여 남북을 통한 좌우 합작으로 민주주의 임시 정부를 수립할 것
> ⋮
> 4. 친일파 민족 반역자를 처리할 조례를 본 합작 위원회에서 입법 기구에 제안하여 입법 기구로 하여금 심리 결정하여 실시케 할 것

(나)
> 3. …… 공동 위원회의 제안은 최고 5년 기한의 4개국 신탁 통치 협약을 작성하기 위해 미·영·소·중 4국 정부가 공동 참작할 수 있도록 조선 임시 정부와 협의한 후 제출되어야 한다.

(다)
> 3. 외국 군대가 철퇴한 이후 하기(下記) 제 정당·단체들은 공동 명의로써 전 조선 정치 회의를 소집하여 조선 인민의 각층각계를 대표하는 민주주의 임시 정부가 즉시 수립될 것이며 ……
> 4. 상기 사실에 의거하여 본 성명서에 서명한 제 정당·사회단체들은 남조선 단독 선거의 결과를 결코 인정하지 않으며 지지하지 않을 것이다.

① (가) - (나) - (다)
② (가) - (다) - (나)
③ (나) - (가) - (다)
④ (나) - (다) - (가)
⑤ (다) - (나) - (가)

한눈에 보는 해설

(가)~(다)를 발표된 순서대로 옳게 나열한 것은?

(가) 1. 조선의 민주 독립을 보장한 삼상 회의 결정에 의하여 남북을 통한 **좌우 합작으로 민주주의 임시 정부를 수립할 것**
    → 좌·우 합작 7원칙
    ⋮
4. 친일파 민족 반역자를 처리할 조례를 본 합작 위원회에서 입법 기구에 제안하여 입법 기구로 하여금 심리 결정하여 실시케 할 것

(나) 3. …… 공동 위원회의 제안은 최고 5년 기한의 4개국 신탁 통치 협약을 작성하기 위해 **미·영·소·중 4국 정부가 공동 참작할 수 있도록 조선 임시 정부와 협의한 후 제출**되어야 한다.

(다) 3. 외국 군대가 철퇴한 이후 하기(下記) 제 정당·단체들은 공동 명의로써 전 조선 정치 회의를 소집하여 조선 인민의 각층각계를 대표하는 민주주의 임시 정부가 즉시 수립될 것이며 ……
4. **상기 사실에 의거하여 본 성명서에 서명한 제 정당·사회단체들은 남조선 단독 선거의 결과를 결코 인정하지 않으며 지지하지 않을 것이다.**

③ (나) 모스크바 3국 외상 회의 결정서(1945. 12.) ➡ (가) 좌우 합작 7원칙(1946. 10.) ➡ (다) 남북 제 정당·사회단체 공동 성명서(1948. 4.)

테마 55 대한민국 정부 수립과 6·25 전쟁

출제 POINT
제헌 국회의 활동 및 6·25 전쟁의 전개 과정을 묻는 문제가 주로 출제된다.

대한민국 정부 수립 과정

- 1945. 8. 15. ○ 일본의 무조건 항복
- 1945. 9. ○ 38도선 분할(미·소)
- 1945. 12. ○ 반탁 운동
- 1946. 3. ○ 1차 미·소 공동 위원회
- 1947. 5. ○ 2차 미·소 공동 위원회
- 1947. 9. ○ 유엔에 한국 독립 문제 상정
- 1947. 11. ○ 유엔에서 한국 총선거안 가결
- 1948. 5. 10. ○ 총선거 실시
- 1948. 7. 17. ○ 민주 헌법 제정
- 1948. 8. 15. ○ 대한민국 정부 수립

🔍 제주 4·3 사건
1947년 3월 1일을 기점으로 1948년 4월 3일 발생한 소요 사태, 그리고 1954년 9월까지 남로당의 지휘를 받은 제주 빨치산 조직의 진압 과정에서 제주민들이 희생당한 사건을 말함. 2000년에 「제주 4·3 사건 진상규명 및 희생자 명예회복에 관한 특별법」이 제정됨.

1 대한민국 정부 수립 ★★★

한국 문제 UN 상정	미국의 한국 문제 UN 상정(1947. 9.) ➡ 유엔 한국 임시 위원단 구성(1948) ➡ 남북 총선거를 통한 통일 정부 수립 결정 ➡ 소련 반대 ➡ UN 소총회 최종 결정(남한만 총선)
남북 협상 추진 (1948. 4.)	김구·김규식 등 단독 정부 수립 반대(김구의 '삼천만 동포에게 읍고함') 및 남북 협상 제안 ➡ 남북 지도자 연석회의 개최(평양, 김구·김규식·김일성·김두봉·조소앙·안재홍 등 695명 참가, but 이승만, 송진우, 김성수 불참), 단독 정부 수립 반대 및 외국군 철수 주장 ➡ ∴ 실패 cf 좌우익의 대립 격화[제주 4·3 사건(1948), 여수·순천 10·19 사건(1948)]
남한 단독 총선거 (1948. 5. 10.)	• 최초 민주 보통 선거에 의한 남한만의 단독 총선거 실시(선거권 - 만 21세 이상) • 좌익(남조선 노동당), 김구와 김규식 등 남북 협상파는 단독 선거 반대 및 불참 • 제주 4·3 사건(1948)으로 제주 일부 지역은 총선거 실시 못함.
대한민국 정부 수립	• 5·10 총선거로 선출된 의원들이 제헌 국회 구성(임기 2년) • 헌법 제정(1948. 7.): 임시 정부 법통 계승, 3권 분립의 대통령 중심제, 단원제, 국회 간접 선거에 의한 대통령 선출 등의 민주 공화국 헌법 제정 • 대한민국 정부 수립 선포(8. 15.): 제헌 국회에서 간접 선거를 통해 대통령에 이승만, 부통령에 이시영 선출 • 1948년 12월 유엔 총회에서 한반도 유일의 합법 정부로 승인

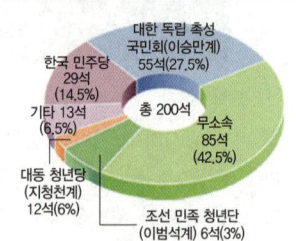
◆ 제헌 국회 소속 정당별 의석수

◆ 남북 협상을 위해 38도선에 선 김구 (1948. 4.)

◆ 5·10 총선거

◆ 대한민국 정부 수립 경축식

2 제헌 국회의 활동 ★★

반민족 행위 처벌법 제정 (1948. 9.)	• 목적: 민족정기를 세우고 친일파 청산 • 내용: 친일 행위를 한 사람들의 처벌과 공민권 제한 등 • 실행: 반민족 행위 특별 조사 위원회 설치 ➡ 친일 혐의를 받았던 주요 인사들 조사 • 반공 정책을 우선시했던 이승만 정부의 소극적인 태도로 1949년 종료
농지 개혁법 제정 (1949)	• 목적: 농민들에게 토지 배분 • 내용: 3정보를 상한으로 하고, 그 이상의 농지를 유상 매수, 농민에게 3정보 한도에서 유상 분배, 농민은 5년간 현물(수확량의 30%)로 땅값을 상환 • 한계: 농지만 대상(산림, 임야 제외)

3 6·25 전쟁 ★★★

배경	미국이 극동 방위선에서 한반도를 제외한다고 발표(애치슨 라인, 1950. 1.)
경과	전쟁 발발(1950. 6. 25.) ➡ 유엔, 북한의 남침을 불법으로 규정, 16개국 유엔군 파견 결정 ➡ 북한군의 서울 점령, 한강 인도교 폭파(6. 28.) ➡ 유엔 지상군 부산으로 상륙(7. 1.) ➡ 한국 작전 지휘권, 유엔군 총사령관에 위임(7. 16.) ➡ 낙동강 저지선까지 후퇴 ➡ 인천 상륙 작전(9. 15.) ➡ 서울 수복(9. 28.) ➡ 국군, 38도선 돌파(10. 1.) ➡ 국군, 평양 탈환(10. 19.), 압록강 진격 ➡ 중국군 개입(10. 25.) ➡ 흥남 철수(12. 15.) ➡ 서울 재함락(1951. 1. 4.) ➡ 거창 양민 학살 사건(2. 11.) ➡ 유엔군 총사령관, 북한 측에 정전 회담 제의(6. 30.) ➡ 휴전 회담 본회의 시작(개성, 7. 10.) ➡ 거제도 공산 포로 폭동 발생(1952. 5. 7.) ➡ 포로 교환 협정 조인(1953. 6. 8.) ➡ 이승만 정부, 반공 포로 2만 5천 명 석방(6. 18.) ➡ 판문점에서 휴전 협정 조인(7. 27.) ➡ 한·미 상호 방위 조약 체결(1953. 10.)

휴전 회담	쟁점	유엔군 측	공산군 측
	휴전 방식	선휴전, 후협상	선협상, 후휴전
	군사 분계선	38선 북방의 어느 선	38선 기준
	포로 송환	개별 자유 송환	전원 강제 송환

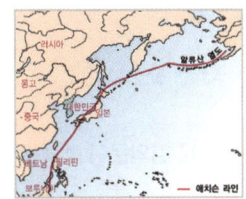
◆ 애치슨 라인

◆ 흥남 철수(1950)

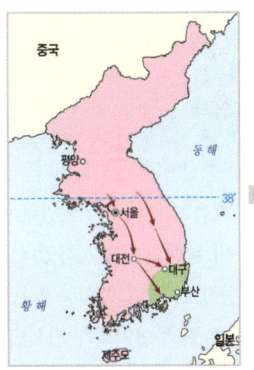
◆ 북한군 남침(1950. 6. ~ 9.)

◆ 국군·유엔군 반격(1950. 9. ~ 10.)

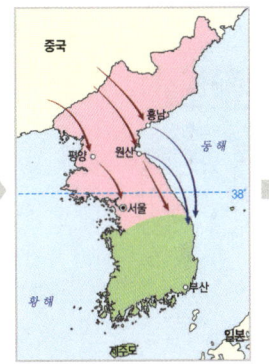
◆ 중국군 개입(1950. 10. ~ 1951. 1.)

◆ 전선 고착·휴전(1951. 1. ~ 1953. 7.)

한능검 폭폭 자료

1. 김구의 '삼천만 동포에게 읍고함'(1948. 2. 10.)

   한국이 있어야 한국 사람이 있고, 한국 사람이 있고야 민주주의도 공산주의도 또 무슨 단체도 있을 수 있는 것이다. 그러면 우리의 자주독립적 통일 정부를 수립하려는 이때에 있어서 어찌 개인이나 자기의 집단의 사리사욕에 탐하여 국가 민족의 백년대계를 그르칠 자가 있으랴? …… 마음속의 38선이 무너지고야 땅 위의 38선도 철폐될 수 있다. …… 현시에 있어서 나의 단일한 염원은 삼천만 동포와 손을 잡고 통일된 조국의 달성을 위하여 공동 분투하는 것뿐이다. 이 육신을 조국이 수요한다면 당장에라도 제단에 바치겠다. 나는 통일된 조국을 건설하려다가 38선을 베고 쓰러질지언정 일신에 구차한 안일을 취하여 단독 정부를 세우는 데는 협력하지 아니하겠다.   국사 편찬 위원회, 「자료 대한민국사」

2. 반민족 행위 처벌법 규정

   제1조 일본 정부와 통모하여 한·일 합병에 적극 협력한 자, 한국의 주권을 침해하는 조약 또는 문서에 조인한 자와 모의한 자는 사형 또는 무기 징역에 처하고, 그 재산과 유산의 전부 혹은 2분의 1 이상을 몰수한다.

   제3조 일본 치하 독립운동자나 그 가족을 악의로 살상·박해한 자 또는 이를 지휘한 자는 사형·무기 또는 5년 이상의 징역에 처하고 그 재산의 전부 혹은 일부를 몰수한다.

테마 55 실전문제

사건 순서

주요 정답 키워드 # 유엔 총회 # 남북 협상 # 5·10 총선거

1. 다음 결의문이 채택된 시기를 연표에서 옳게 고른 것은? ▶46회

> 총회가 당면하고 있는 한국 문제는 근본적으로 한국민 자체의 문제이며 그 자유와 독립에 관련된 문제이므로 …… 총회는 한국 대표가 한국 주재 군정 당국에 의하여 지명된 자가 아니라 한국민에 의하여 실제로 정당하게 선출된 자라는 것을 감시하기 위하여, 조속히 유엔 한국 임시 위원단을 설치하여 한국에 주재케 하고, 이 위원단에게 한국 전체를 여행·감시·협의할 수 있는 권한을 부여할 것을 결의한다.

1945.8.	1945.12.	1946.3.	1946.10.	1947.5.	1948.8.
	(가)	(나)	(다)	(라)	(마)
8·15 광복	모스크바 3국 외상 회의 개최	제1차 미·소 공동 위원회 개최	좌우 합작 7원칙 발표	제2차 미·소 공동 위원회 개최	대한민국 정부 수립

① (가) ② (나) ③ (다)
④ (라) ⑤ (마)

2. (가), (나) 사이의 시기에 있었던 사실로 옳은 것은? ▶44회

> (가) 나의 연령이 이제 70하고도 3인 바 나에게 남은 것은 금일 금일하는 여생이 있을 뿐이다. 이제 새삼스럽게 재물을 탐내며 영예를 탐낼 것이냐? 더구나 외군 군정 하에 있는 정권을 탐낼 것이냐? …… 나는 통일된 조국을 건설하려다가 38선을 베고 쓰러질지언정 일신에 구차한 안일을 취하여 단독 정부를 세우는 데는 협력하지 아니하겠다.
>
> (나) 이 민국은 기미 3월 1일에 우리 13도 대표들이 서울에 모여서 국민 대회를 열고 대한 독립 민주국임을 세계에 공포하고 임시 정부를 건설하여 민주주의의 기초를 세운 것입니다. …… 이 국회는 전 민족을 대표한 국회이며 이 국회에서 탄생되는 민국 정부는 완전한 한국 전체를 대표한 중앙 정부임을 이에 또한 공포하는 바입니다.

① 우리나라 최초의 보통 선거인 5·10 총선거가 실시되었다.
② 남한만의 단독 정부 수립을 주장한 정읍 발언이 제기되었다.
③ 여운형이 중심이 되어 조선 건국 준비 위원회를 조직하였다.
④ 좌우 합작 위원회가 결성되어 좌우 합작 7원칙에 합의하였다.
⑤ 민족주의 정당을 중심으로 독립 촉성 중앙 협의회가 결성되었다.

한눈에 보는 해설

다음 결의문이 채택된 시기를 연표에서 옳게 고른 것은? (→유엔 총회 결의문)

> **총회**(→유엔 총회)가 당면하고 있는 한국 문제는 근본적으로 한국민 자체의 문제이며 그 자유와 독립에 관련된 문제이므로 …… 총회는 한국 대표가 한국 주재 군정 당국에 의하여 지명된 자가 아니라 한국민에 의하여 실제로 정당하게 선출된 자라는 것을 감시하기 위하여, 조속히 **유엔 한국 임시 위원단을 설치하여 한국에 주재케** 하고, 이 위원단에게 한국 전체를 여행·감시·협의할 수 있는 권한을 부여할 것을 결의한다.

⑤ 1947년 11월 유엔 총회에서 한반도 총선거 실시를 위해 유엔 한국 임시 위원단의 파견을 결정하였다.

한눈에 보는 해설

→ (가) 김구의 '삼천만 동포에게 읍고함'(1948. 2.), (나) 제헌 국회 개회사(1948. 5.)

(가), (나) 사이의 시기에 있었던 사실로 옳은 것은?

> (가)(→김구) 나의 연령이 이제 70하고도 3인 바 나에게 남은 것은 금일 금일하는 여생이 있을 뿐이다. 이제 새삼스럽게 재물을 탐내며 영예를 탐낼 것이냐? 더구나 외군 군정 하에 있는 정권을 탐낼 것이냐? …… **나는 통일된 조국을 건설하려다가 38선을 베고 쓰러질지언정 일신에 구차한 안일을 취하여 단독 정부를 세우는 데는 협력하지 아니하겠다.**
>
> (나) 이 민국은 기미 3월 1일에 우리 13도 대표들이 서울에 모여서 국민 대회를 열고 대한 독립 민주국임을 세계에 공포하고 임시 정부를 건설하여 민주주의의 기초를 세운 것입니다. …… **이 국회는 전 민족을 대표한 국회이며 이 국회에서 탄생되는 민국 정부는 완전한 한국 전체를 대표한 중앙 정부임을 이에 또한 공포하는 바입니다.** (→제헌 국회)

① 5·10 총선거 실시 ➡ 1948. 5. 10.

선지 분석하기

② 남한만의 단독 정부 수립을 주장한 정읍 발언이 제기되었다. ➡ 1946. 6.
③ 여운형이 중심이 되어 조선 건국 준비 위원회를 조직하였다. ➡ 1945. 8.
④ 좌우 합작 위원회가 결성되어 좌우 합작 7원칙에 합의하였다. ➡ 1946. 10.
⑤ 민족주의 정당을 중심으로 독립 촉성 중앙 협의회가 결성되었다. ➡ 1945. 10.

제헌 의회

주요 정답 키워드 # 5·10 총선거 # 반민족 행위 특별 조사 위원회 설치 # 농지 개혁법

3. 밑줄 그은 '국회'에 대한 설명으로 옳은 것은? ▶42회

> 지난 5·10 총선을 통해 구성된 국회가 반민족 행위자를 처벌할 수 있는 법안을 통과시켰습니다. 이 법의 적용을 받는 자는 한·일 합방에 협력한 자, 한국의 주권을 침해하는 데 도움을 준 자, 일본 치하 독립운동자나 그 가족을 살상·박해한 자 등입니다. 아울러 반민족 행위를 예비 조사하기 위해 특별 조사 위원회를 설치하기로 했습니다.

① 민의원, 참의원의 양원으로 운영되었다.
② 한·미 자유 무역 협정(FTA)을 비준하였다.
③ 초대 대통령에 한해 중임 제한을 철폐하였다.
④ 유상 매수·유상 분배 원칙의 농지 개혁법을 제정하였다.
⑤ 의원 정수 3분의 1이 통일 주체 국민 회의에서 선출되었다.

6·25 전쟁

주요 정답 키워드 # 전개 과정을 확실히 파악하자!!

4. 밑줄 그은 '이 작전'이 실행된 시기를 연표에서 옳게 고른 것은? ▶39회

> 친애하는 ○○○ 귀하
>
> …… 말씀하신 대로 인천항은 많은 난점을 안고 있습니다. 이곳은 좁은 단일 수로로 대규모 함정의 진입이 불가능하고, 적이 기뢰를 매설할 경우 많은 피해가 예상됩니다. 이와 같은 어려운 조건 때문에 적군도 이 작전이 불가능하다고 판단할 것입니다. 하지만 바로 그 점이 적을 기습할 수 있는 충분한 요소라고 확신합니다. 우리는 이 작전으로 많은 인적·물적·시간적 손실을 최소화시킬 수 있을 것입니다.

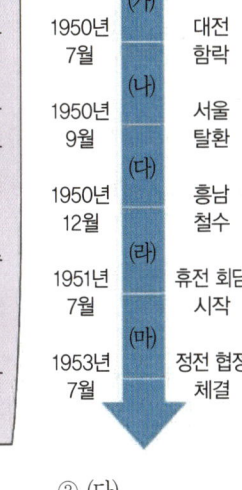

① (가) ② (나) ③ (다)
④ (라) ⑤ (마)

한눈에 보는 해설

밑줄 그은 '국회'(→제헌 국회)에 대한 설명으로 옳은 것은?

> 지난 **5·10 총선을 통해 구성된** 국회가 **반민족 행위자를 처벌할 수 있는 법안**을 통과시켰습니다. 이 법의 적용을 받는 자는 한·일 합방에 협력한 자, 한국의 주권을 침해하는 데 도움을 준 자, 일본 치하 독립운동자나 그 가족을 살상·박해한 자 등입니다. 아울러 **반민족 행위를 예비 조사하기 위해 특별 조사 위원회를 설치**하기로 했습니다. (반민족 행위 처벌법)

④ 제헌 국회(1948~1950)가 제정한 대표적인 법안은 농지 개혁법과 반민족 행위 처벌법이다. 농지 개혁법은 3정보를 상한으로 그 이상의 농지를 국가가 유상 매수하고 농민에게 3정보 한도 내에서 유상 분배하는 방식으로 제정하였다.

선지 분석하기

① 민의원, 참의원의 양원으로 운영되었다. ➡ 4·19 혁명(1960) 이후 3차 개헌 결과 국회
② 한·미 자유 무역 협정(FTA)을 비준하였다. ➡ 이명박 정부(2011)
③ 초대 대통령에 한해 중임 제한을 철폐하였다. ➡ 2차 개헌(사사오입 개헌, 1954)
⑤ 의원 정수 3분의 1이 통일 주체 국민 회의에서 선출되었다. ➡ 7차 개헌(유신 헌법, 박정희 정부)

한눈에 보는 해설

밑줄 그은 '이 작전'(→유엔군의 인천 상륙 작전(1950. 9.))이 실행된 시기를 연표에서 옳게 고른 것은?

> 친애하는 ○○○ 귀하
>
> …… 말씀하신 대로 **인천항**은 많은 난점을 안고 있습니다. 이곳은 좁은 단일 수로로 대규모 함정의 진입이 불가능하고, 적이 기뢰를 매설할 경우 많은 피해가 예상됩니다. 이와 같은 어려운 조건 때문에 적군도 이 작전이 불가능하다고 판단할 것입니다. 하지만 바로 그 점이 **적을 기습할 수 있는 충분한 요소라고 확신**합니다. 우리는 이 작전으로 많은 인적·물적·시간적 손실을 최소화시킬 수 있을 것입니다.

② 인천 상륙 작전 ➡ 1950. 9. 15.

테마 56 민주주의 시련과 발전(1)

출제 POINT
이승만 정부와 장면 내각의 업적, 4·19 혁명을 묻는 문제가 주로 출제된다.

✴ 삼백 비리
몇몇 기업들이 정부의 특혜 속에 삼백 산업(밀가루, 설탕, 면화)을 일으켜 재벌로 성장하고 정치 자금을 제공한 일을 말함.

✴ 사사오입(四捨五入)
재적 203명 중 찬성 135표, 반대 60표, 기권 7표로 개헌 정족수인 136표에 1표가 미달되자 자유당은 국회 의원 재적 203명의 3분의 2는 135.333……으로 소수점 4 이하는 반올림이 안 되어 135명이 정족수가 된다고 주장함.

✴ 죽산(竹山) 조봉암(1898~1959)

일제 강점기부터 공산주의 활동에 가담, 독립운동을 전개함. 제헌 국회와 2대 국회 의원 선거에서 당선, 이승만 정부에서 초대 농림부 장관을 역임함.

🔍 **4·19 혁명의 주요 일지**
1960. 2. 28. 대구 학생 의거
　　 3. 15. 3·15 마산 의거
　　 4. 11. 김주열 시신 발견
　　 4. 18. 고대 학생들의 시위
　　 4. 19. 시위 학생과 시민들에게 발포
　　 4. 25. 대학 교수들의 시국 선언문 발표
　　 4. 26. 이승만 사임

1 이승만 정부(1948~1960) ★★★

경제 정책	• 농지 개혁(1949년 제정, 1950년 실시): 유상 매수, 유상 분배(3정보 한도) • 1950년대 미국의 원조 경제 ➡ 소비재와 소비재 산업의 원료 중심의 원조, 삼백(三白) 산업(밀가루, 설탕, 면화) 중심 cf 삼백 비리✴ 발생
반공 정책	• 반공 정책과 북진 통일 주장 • 국가 보안법 제정(1949), 반공 포로 석방(1953. 6.), 한·미 상호 방위 조약(1953. 10.) 체결
장기 집권 시도	**발췌 개헌 (1차 개헌, 1952)** • 배경: 2대 국회 의원 선거(1950. 5.)에서 정부에 비판적인 무소속 출마자들이 대거 당선 • 과정: 임시 수도 부산에서 자유당 조직(1951. 12.) ➡ 대통령 직선제 정부안과 내각 책임제 국회안을 발췌·혼합한 '발췌 개헌안'을 강제로 통과 • 내용: 대통령 직선제, 국회 양원제 **사사오입✴ 개헌 (2차 개헌, 1954)** • 배경: 이승만의 장기 집권 목적 • 내용: 초대 대통령의 중임 제한(3선 금지 조항) 철폐 **진보당 사건 (1958. 1.)** • 배경: 3대 대통령 선거(1956. 5.)에서 대통령에 이승만이, 부통령에 민주당의 장면이 선출됨. but 조봉암(진보당)이 유효 득표의 30%(2위)를 차지하는 돌풍 일으킴. • 내용: 조봉암✴을 간첩죄로 처형 • 진보당 사건 이후 진보 세력 탄압: 신국가 보안법 제정(1958. 12. 대공사찰과 언론 통제 강화), 경향신문 폐간(1959)
4·19 혁명 (1960)	• 3·15 부정 선거(1960): 1960년 정·부통령 선거에서 이기붕을 부통령으로 당선시키기 위해 대대적인 부정 선거 자행 • 과정: 3·15 마산 의거 ➡ 김주열의 죽음 ➡ 3·15 부정 선거 규탄 시위의 확산(4. 19.) ➡ 경찰 발포, 계엄령 선포 ➡ 대학 교수단의 시국 선언문 발표(4. 25.), 미국의 퇴진 권유 ➡ 이승만의 하야(4. 26.) • 결과: 허정 과도 정부 수립 ➡ 3차 개헌 실시[내각 책임제와 국회 양원제(민의원, 참의원 구성)]

cf 이승만: 1대·2대·3대 대통령 역임

◆ 못살겠다. 갈아보자! | 1956년 대선 당시 야당인 민주당(대통령 후보 신익희, 부통령 후보 장면)은 이 구호를 내세워 기대를 모았지만 신익희 후보가 선거 전 갑자기 죽음을 맞게 되었다.

◆ 3·15 마산 의거(1960) | 사전 투표, 3인조·9인조 공개 투표, 투표함 바꿔치기 등 온갖 부정 선거에 분노한 학생과 시민들이 마산에서 시위를 전개하였다.

2 장면 내각(1960~1961) ★★

성립	허정 과도 정부 구성 ➡ 총선에서 민주당 압승 ➡ 국회에서 윤보선 대통령(4대 대통령)과 장면 국무총리 선출
주요 정책	경제 개발 5개년 계획 수립, but 실시 못함[➡ 5·16 군정에서 실시(1962)].
통일 정책	• 정부: '선건설 후통일' 주장, 소극적 ➡ '가자 북으로, 오라 남으로'라는 구호를 외치며 남북 학생 회담 환영 및 통일 촉진 궐기 대회를 엶. • 학생·혁신 세력: 남북 학생 회담 제안(1961), 중립화 통일론 주장
한계	민주당 내의 갈등 심화 ➡ 5·16 군사 정변(1961)으로 중단

3 박정희 정부(1963~1972) ★★★

출범	• 1963년 5대 대통령 선거를 통해 당선 • 정치: 강력한 대통령 중심제, 단원제 국회 • 경제: '조국의 근대화, 민족 중흥' ➡ 급속한 경제 성장 정책 실시
주요 정책	• 제1차(1962~1966) · 제2차(1967~1971) 경제 개발 5개년 계획 • 베트남 국군 파병(1964~1973): 미국의 요청으로 파병, 미국은 한국군의 추가 파병에 대한 군사적 · 경제적 보상 조치로 브라운 각서(1966)* 채택 • 한 · 일 국교 정상화(1965): 김종필 · 오히라 회담(1962)* ➡ 6 · 3 시위(굴욕적 한 · 일 회담 반대, 1964) ➡ 계엄령 선포, 한 · 일 협정 체결(1965) • 국민 교육 헌장 · 향토 예비군 창설(1968) • 새마을 운동(1970~), 경부 고속 도로 개통(1970) • 3선 개헌(6차 개헌, 1969): 대통령 3회 연임 허용
통일 정책	7 · 4 남북 공동 성명(1972): 자주적 · 평화적 · 민족적 대단결, 남북 조절 위원회 설치

4 유신 정부(1972~1979) ★★★

유신 헌법	• 배경: 7대 대통령 선거에서 고전(苦戰, 여촌야도 현상, 영 · 호남 지역 격차), 닉슨 독트린 선언(1969, 베트남으로부터 미군 철수, 주한 미군 감축 등 국제 정세 급변), 국제 유가 급등 • 과정: 전국에 비상계엄령 선포, 국회 해산, 정치 활동 금지 ➡ 7차 개헌(유신 헌법, 1972) 발표 • 유신 헌법 주요 내용: 대통령의 초법적 지위 강화, 긴급 조치권, 국회 해산권, 국회 의원 1/3 직접 임명권(유신 정우회), 대법원장 임명권 ➡ ∴ 일명 한국적 민주주의 • 장기 집권: 통일 주체 국민 회의에서 간접 선거로 대통령 선출(임기 6년, 연임 제한 철폐)
주요 정책	• 제3차(1972~1976) · 제4차(1977~1981) 경제 개발 5개년 계획 • 학도 호국단, 민방위단 결성(1975) • 100억 달러 수출 달성(1977)
반(反) 유신 운동	김대중 납치 사건(1973), 민청학련 사건(1974), 인혁당 재건위 사건(1974), 3 · 1 민주 구국 선언(1976), YH 사건(1979), 야당 당수 김영삼 국회 의원 제명(1979), 부 · 마 항쟁(1979) ➡ 10 · 26 사태(1979) cf 긴급 조치 1호(1974)

cf 박정희: 5대 · 6대 · 7대 · 8대 · 9대 대통령 역임
- 7대: 6차 개헌으로 당선
- 8대 · 9대: 유신 헌법으로 당선

* **브라운 각서(1966)**
제5조 1965년 5월에 대한민국에 대하여 이미 약속한 바 있는 1억 5천만 달러 AID 차관에 추가하여 …… 대한민국의 경제 발전을 지원하기 위하여 추가 AID 차관을 제공한다.

* **김종필 · 오히라 회담(1962)**
• 일제 35년간의 지배에 대한 보상으로 일본은 3억 달러를 10년간 걸쳐서 지불하되 그 명목은 '독립 축하금'으로 한다.
• 경제 협력의 명분으로 정부 간의 차관 2억 달러를 3.5%, 7년 거치 20년 상환이라는 조건으로 10년간 제공하며 민간 상업 차관으로 1억 달러를 제공한다.
• 독도 문제를 국제 사법 재판소에 이관한다.

◆ 6 · 3 시위

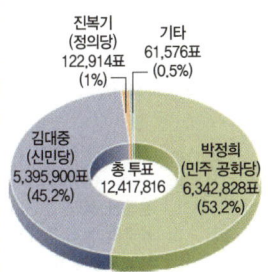
◆ 7대 대통령 선거 후보자별 득표율

한능검 꼭꼭 자료

1. **서울대학교 학생회의 4월 혁명 선언문**
   상아의 진리탑을 박차고 거리에 나선 우리는 질풍과 같은 역사의 조류에 자신을 참여시킴으로써 이성과 진리 그리고 자유의 대학 정신을 현실의 참담한 박토에 뿌리려 하는 바이다. …… 관료와 경찰은 민주를 위장한 가부장적 전제 권력의 하수인으로 발 벗었다. 민주주의 이념의 최저의 공리인 선거권마저 권력의 마수 앞에 농단되었다.

2. **대학 교수단의 시국 선언문**
   3·15 선거는 불법 선거이다. 공명선거에 의하여 정·부통령 선거를 다시 실시하라.

3. **한·일 기본 조약(1965. 6. 22.)**
   대한민국과 일본국은 양국 국민 관계의 역사적 배경을 고려하며, 선린(善隣) 관계 및 주권 상호 존중의 원칙에 입각한 양국 간 관계의 정상화를 상호 희망함을 고려하고, 양국의 공통 복지 및 공동 이익을 증진하고 국제 평화 및 안전을 유지하는 데 양국이 국제 연합 헌장의 원칙에 합당하게 긴밀히 협력함이 중요하다는 것을 인식하고, 1951년 9월 8일 샌프란시스코 시에서 서명된 일본국과의 평화 조약 관계 규정 및 1948년 12월 12일 국제 연합 총회에서 채택된 제195(Ⅲ)호를 상기하며 본 기본 관계에 관한 조약을 체결하기로 결정한다.

테마 56 실전문제

이승만 정부

주요 정답 키워드 # 위수령 # 4·19 혁명 # 3·15 부정 선거

1. 다음 법령이 제정된 정부 시기의 사실로 옳은 것은? ▶41회

> 제1조 본령은 육군 군대가 영구히 일지구에 주둔하여 당해 지구의 경비, 육군의 질서 및 군기의 감시와 육군에 속하는 건축물 기타 시설의 보호에 임함을 목적으로 한다.
> …
> 제12조 위수 사령관은 재해 또는 비상사태에 제하여 지방 장관으로부터 병력의 청구를 받았을 때에는 육군 총참모장에게 상신하여 그 승인을 얻어 이에 응할 수 있다. 전항의 경우에 있어서 사태 긴급하여 육군 총참모장의 승인을 기다릴 수 없을 때에는 즉시 그 요구에 응할 수 있다. 단, 위수 사령관은 지체 없이 이를 육군 총참모장에게 보고하여야 한다.

① 5년 단임의 대통령 직선제 개헌이 이루어졌다.
② 부정 선거에 항거하는 4·19 혁명이 전국 각지에서 일어났다.
③ 호헌 철폐와 독재 타도 등의 구호를 내세운 시위가 전개되었다.
④ 치안본부 대공 분실에서 박종철 고문 치사 사건이 발생하였다.
⑤ 신군부의 계엄 확대와 무력 진압에 저항하는 시위가 벌어졌다.

장면 내각

주요 정답 키워드 # 윤보선 대통령 # 내각 책임제(3차 개헌) # 민의원 # 참의원

2. 밑줄 그은 '헌법'이 적용된 시기에 있었던 사실로 옳은 것은? ▶46회

> 민주당의 윤보선 의원이 국회에서 208표를 얻어 대통령에 당선되었습니다. 내각 책임제를 골자로 개정된 헌법에 따라 선출된 윤보선 대통령은 국가의 원수로서 나라를 대표하고, 국무총리 지명권과 긴급 재정 처분권, 그리고 국군 통수권 등의 권한을 가지며 임기는 5년입니다.

① 반민족 행위 처벌법이 제정되었다.
② 통일 주체 국민 회의가 조직되었다.
③ 2년 임기의 국회 의원이 선출되었다.
④ 조봉암을 중심으로 진보당이 창당되었다.
⑤ 국회가 민의원, 참의원의 양원으로 운영되었다.

사건 순서

주요 정답 키워드 # 반민족 행위 특별법 # 사사오입 개헌 # 직선제 개헌 # 3·15 부정 선거 # 진보당 사건

3. (가), (나) 사이의 시기에 있었던 사실로 옳은 것은? ▶ 38회

> (가) 반민족 행위 특별 조사 위원회(반민 특위)가 본격적으로 친일 청산에 나서자, 친일 경력이 있던 일부 경찰과 친일파들은 '공산당과 싸우는 애국지사를 잡아 간 반민 특위 위원은 공산당'이라며 시위를 벌였다. 대통령은 특별 담화를 발표하고, 공산당과 내통했다는 구실로 반민 특위 소속 국회 의원들을 구속하였다.
>
> (나) 자유당은 당시 대통령에 한하여 중임 제한을 적용하지 않는다는 내용을 골자로 하는 개헌을 추진하였다. 그해 11월, 개헌안은 의결 정족수에 1명이 부족하여 부결되었는데, 사사오입의 논리를 내세워 개헌안이 다시 통과된 것으로 번복하였다.

① 정부 형태가 내각 책임제로 바뀌었다.
② 장기 독재를 가능하게 한 유신 헌법이 공포되었다.
③ 평화 통일론을 주장한 진보당의 조봉암이 구속되었다.
④ 임시 수도 부산에서 대통령 직선제 개헌안이 통과되었다.
⑤ 여당 부통령 후보 당선을 위한 3·15 부정 선거가 자행되었다.

4. (가), (나) 문서가 작성된 사이의 시기에 있었던 사실로 옳은 것은? ▶ 45회

> (가)
> 1. 무상 원조에 대해 한국 측은 3억 5천만 달러, 일본 측은 2억 5천만 달러를 주장한 바 3억 달러를 10년에 걸쳐 공여하는 조건으로 양측 수뇌에게 건의함.
>   ⋮
> 3. 수출입 은행 차관에 대해 …… 양측 합의에 따라 국교 정상화 이전이라도 협력하도록 추진할 것을 양측 수뇌에게 건의함.
>
> (나)
> 제1조 양 체약 당사국 간에 외교 및 영사 관계를 수립한다.
> 제2조 1910년 8월 22일 및 그 이전에 대한 제국과 일본 제국 간에 체결된 모든 조약 및 협정이 이미 무효임을 확인한다.
>   ⋮

① 한·미 상호 방위 조약이 체결되었다.
② 6·3 시위가 전개되고 비상 계엄령이 선포되었다.
③ 경찰이 반민족 행위 특별 조사 위원회를 습격하였다.
④ 평화 통일론을 주장한 진보당의 조봉암이 구속되었다.
⑤ 유상 매수, 유상 분배 원칙의 농지 개혁법이 제정되었다.

한눈에 보는 해설

→ (가) 반민족 행위 특별 조사 위원회(1948~1949), (나) 사사오입 개헌(1954)

(가), (나) 사이의 시기에 있었던 사실로 옳은 것은?

> (가) **반민족 행위 특별 조사 위원회(반민 특위)**가 본격적으로 친일 청산에 나서자, 친일 경력이 있던 일부 경찰과 친일파들은 '공산당과 싸우는 애국지사를 잡아 간 반민 특위 위원은 공산당'이라며 시위를 벌였다. 대통령은 특별 담화를 발표하고, 공산당과 내통했다는 구실로 반민 특위 소속 국회 의원들을 구속하였다. *사사오입 개헌(1954)*
> (나) 자유당은 **당시 대통령에 한하여 중임 제한을 적용하지 않는다는 내용을 골자로 하는 개헌**을 추진하였다. 그해 11월, 개헌안은 의결 정족수에 1명이 부족하여 부결되었는데, 사사오입의 논리를 내세워 개헌안이 다시 통과된 것으로 번복하였다.

④ 임시 수도 부산에서 대통령 직선제 개헌안이 통과되었다. ➡ 발췌 개헌(1차 개헌, 1952)

선지 분석하기
① 정부 형태가 내각 책임제로 바뀌었다. ➡ 3차 개헌(1960)
② 장기 독재를 가능하게 한 유신 헌법이 공포되었다. ➡ 7차 개헌(1972)
③ 평화 통일론을 주장한 진보당의 조봉암이 구속되었다. ➡ 진보당 사건(1958)
⑤ 여당 부통령 후보 당선을 위한 3·15 부정 선거가 자행되었다. ➡ 3·15 부정 선거(1960)

한눈에 보는 해설

→ (가) 김종필·오히라 비밀 회담(1962), (나) 한·일 협정(1965)

(가), (나) 문서가 작성된 사이의 시기에 있었던 사실로 옳은 것은?

> (가)
> 1. **무상 원조에 대해 한국 측은 3억 5천만 달러, 일본 측은 2억 5천만 달러를 주장한 바 3억 달러를 10년에 걸쳐 공여하는 조건으로 양측 수뇌에게 건의함.**
>   ⋮
> 3. 수출입 은행 차관에 대해 …… 양측 합의에 따라 국교 정상화 이전이라도 협력하도록 추진할 것을 양측 수뇌에게 건의함.
>
> (나)
> 제1조 양 체약 당사국 간에 외교 및 영사 관계를 수립한다.
> 제2조 **1910년 8월 22일 및 그 이전에 대한 제국과 일본 제국 간에 체결된 모든 조약 및 협정이 이미 무효임을 확인**한다.

② 6·3 시위가 전개되고 비상 계엄령이 선포되었다. ➡ 박정희 정부(1964)

선지 분석하기
① 한·미 상호 방위 조약이 체결되었다. ➡ 이승만 정부(1953)
③ 경찰이 반민족 행위 특별 조사 위원회를 습격하였다. ➡ 이승만 정부(1949)
④ 평화 통일론을 주장한 진보당의 조봉암이 구속되었다. ➡ 이승만 정부[진보당 사건(1958)]
⑤ 유상 매수, 유상 분배 원칙의 농지 개혁법이 제정되었다. ➡ 이승만 정부(1949)

테마 56_ 민주주의 시련과 발전(1) 253

테마 57 민주주의 시련과 발전(2)

출제 POINT
각 시기별 정부의 정책 및 헌법 개헌의 순서를 묻는 문제가 주로 출제된다.

1 전두환 정부(1981~1988) ☆☆

1. 신군부의 등장과 5·18 광주 민주화 운동

신군부의 출범	10·26 사태(1979)로 계엄령 선포, 통일 주체 국민 회의에서 최규하 대통령 선출 ➡ 12·12 사태(전두환, 노태우 등 신군부의 군권·정치적 실권 장악, 1979)
서울의 봄 (1980. 5.)	시민·학생의 유신 헌법 폐지, 전두환 퇴진, 계엄 해제 요구 ➡ 서울역 평화 행진 ➡ 신군부 비상계엄령 전국 확대, 정치 활동 금지, 김대중 등 주요 민주 인사 구속
5·18 광주 민주화 운동 (1980)	민주화를 요구하는 대규모 시위 발생 ➡ 계엄군의 과잉 진압 cf 5·18 광주 민주화 운동 기록물 - 유네스코 세계 기록 문화유산 등재
전두환 정부 출범	• 신군부 세력의 활동: 국가 보위 비상 대책 위원회 구성, 사실상의 군정 실시, 언론 통폐합, 삼청 교육대 운영 • 8차 개헌(1980): 간선제, 7년 단임제 ➡ 대통령 선거인단에서 전두환 선출, 전두환 정부 출범, 복지 사회 건설·정의 사회 구현 표방

◆ 5·18 광주 민주화 운동

2. 전두환 정부

주요 정책	• 해외여행 자유화, 야간 통행금지 전면 해제(1981), 프로 야구 출범, 서울 아시아 경기 대회 개최(1986) • 공직자 윤리법 발표(1983), 남북 이산가족 방문단 및 예술 공연단의 교환 방문(1985), 정치 활동 피규제자를 단계적 해금[cf 신한 민주당 창당(1985)], 일부 학생·교수의 복학·복직 허용, 학도 호국단 폐지, 중·고생의 교복 자율화 조치 등
6월 민주 항쟁 (1987)	• 민주화 운동 탄압: 박종철 고문 사망 사건, 전두환 대통령의 4·13 호헌 조치 • '호헌 철폐, 민주 헌법 쟁취, 독재 타도'를 외치는 시위가 민주 헌법 쟁취 국민운동 본부 주관으로 전국적으로 발생 ➡ 민주 정의당 대표 노태우의 6·29 선언(1987) 발표, 여·야 합의 개헌(5년 단임의 대통령 직선제, 9차 개헌)

◆ 6월 민주 항쟁

2 노태우 정부(1988~1993) ☆☆

출범	6·29 민주화 선언(1987, 6월 민주 항쟁에서 주장한 국민의 민주화 요구 수렴) ➡ 대통령 직선제 개헌 선언, 제13대 대통령 선거로 노태우 정부 출범
주요 정책	• 북방 외교: 헝가리(1989)·폴란드(1989)·소련(1990)·중국(1992)과 수교 • 통일 정책: 7·7 선언(1988), 한민족 공동체 통일 방안(1989), 남북한 UN 동시 가입(1991), 남북 기본 합의서(1991), 한반도 비핵화 공동 선언(1992) • 제24회 서울 올림픽 개최(1988), 3당 합당[1990, 민주 정의당(노태우), 통일 민주당(김영삼), 신민주 공화당(김종필) ➡ 민주 자유당 통합], 지방 자치제 부분 실시(1991) cf 전교조 결성(1989), but 불법 단체 규정

3 김영삼 정부(1993~1998) ★★★

출범	제14대 대통령 선거 ➡ 김영삼 정부 출범
주요 정책	• 공직자 재산 등록제(1993), 금융 실명제(1993), 우루과이 라운드(UR) 협정 타결(1993), 지방 자치제 전면 실시(1995), 경제 협력 개발 기구(OECD) 가입(1996) • 역사 바로 세우기(1995): 구 조선 총독부 청사 철거, 경복궁 복원, 12·12 사태와 5·18 광주 민주화 운동 재평가 등 • 국제 통화 기금(IMF) 구제 사태 발생(1997)

4 김대중 정부(1998~2003) ★★★

출범	외환 위기 속에서 제15대 대통령 선거 ➡ 김대중 정부 출범
주요 정책	• 금강산 관광 사업 시행(1998), 전교조 합법화(1999) • 6·15 남북 공동 선언(2000), 경의선 철도 복원(2000) 및 개성 공업 지구 제정(2002), 이산가족 방문단 교환 • 국제 통화 기금(IMF) 구제 탈퇴

5 노무현 정부(2003~2008) ★

출범	제16대 대통령 선거 ➡ 노무현 정부 출범
주요 정책	• 과거사 진상 위원회 설치, 친일파 명단 공개 • 10·4 남북 정상 회담(2007), 경의선 시범 운행(2007) • 호주제 폐지(2008)

한능검 쪽쪽 자료

1. **유신 헌법**
   제39조 대통령은 통일 주체 국민 회의에서 토론 없이 무기명 투표로 선거한다.
   제40조 통일 주체 국민 회의는 국회 의원 정수의 3분의 1에 해당하는 수의 국회 의원을 선거한다.
   제47조 대통령의 임기는 6년으로 한다.
   제59조 대통령은 국회를 해산할 수 있다.

2. **5·18 광주 민주화 운동**
   우리는 왜 총을 들 수밖에 없었는가? 그 대답은 너무나 간단합니다. 너무나 무자비한 만행을 더 이상 보고 있을 수만 없어서 너도 나도 총을 들고 나섰던 것입니다. …… 그러나 정부 당국에서는 17일 야간에 계엄령을 확대 선포하고 일부 학생과 민주 인사, 정치인을 도무지 믿을 수 없는 구실로 불법 연행했습니다. …… 그러나 아! 이럴 수가 있단 말입니까? 계엄 당국은 18일 오후부터 공수 부대를 대량 투입하여 시내 곳곳에서 학생, 젊은이들에게 무차별 살상을 자행하였으니! ……

3. **6·10 국민 대회 선언(1987)**
   오늘 우리는 전 세계 이목이 우리를 주시하는 가운데 40년 독재 정치를 청산하고 희망찬 민주 국가를 건설하기 위한 거보를 전 국민과 함께 내딛는다. 미래의 소망인 꽃다운 젊은이를 야만적인 고문으로 죽여 놓고 그것도 모자라서 뻔뻔스럽게 국민을 속이려 했던 현 정권에게 국민의 분노가 무엇인지를 분명히 보여 주고, 국민적 여망인 개헌을 일방적으로 파기한 4·13 폭거를 철회시키기 위한 민주 장정을 시작한다.

4. **6·29 선언(1987)**
   오늘 저는 각계각층이 서로 사랑하고 화합하여 이 나라의 국민임을 자랑스럽게 여기고, 정부 역시 국민들로부터 슬기와 용기와 진정한 힘을 얻을 수 있는 위대한 조국을 건설해야 한다는 비장한 각오로 역사와 국민 앞에 서게 되었습니다. 첫째, 여·야 합의하에 조속히 대통령 직선제로 개헌하고 새 헌법에 의한 대통령 선거를 통해 1988년 2월 평화적 정부 이양을 실현하도록 해야겠습니다.

🔍 대한민국 헌법 개정 내용

- **제헌 헌법(1948)**: 대통령 중심제(4년, 대통령 간선제)

1차(1952) 발췌 개헌	대통령 직선제, 국회 양원제
2차(1954) 사사오입 개헌	초대 대통령에 대한 중임 제한 철폐
3차(1960)	• 내각 책임제, 국회 양원제(민·참의원) • 대통령 간선제, 대통령이 국무총리 지명
4차(1960)	3·15 부정 선거 관련자와 반(反)민주 행위자 처벌을 위한 개헌 실시
5차(1962)	• 대통령 중심제(4년)·직선제 • 국회 단원제 및 무소속 금지
6차(1969)	대통령 3선 개헌
7차(1972) 10월 유신 헌법	• 대통령 중심제(6년, 종신 집권 가능) • 대통령에게 강력한 권한 부여: 긴급 조치, 국회 해산권 등 • 통일 주체 국민 회의 신설 ➡ 대통령 선출(간선제)
8차(1980)	• 대통령 중심제(7년 단임) • 대통령 선거인단 ➡ 대통령 선출(간선제)
9차(1987)	• 대통령 중심제(5년 단임), 직선제 • 대통령 권한 축소: 비상 조치권, 국회 해산권 폐지

금융 실명제(1993)

저는 이 순간 엄숙한 마음으로 헌법 제76조 1항의 규정에 의거하여, 「금융 실명 거래 및 비밀 보장에 관한 대통령 긴급 명령」을 반포합니다. 아울러 헌법 제47조 3항의 규정에 따라, 대통령의 긴급 명령을 심의하기 위한 임시 국회 소집을 요청하고자 합니다. …… 이 시간 이후 모든 금융 거래는 실명으로만 이루어집니다.

테마 57 실전문제

전두환 정부

주요 정답 키워드 # 직선제 개헌 청원 서명 운동 # 5·18 광주 민주화 운동 # 야간 통행금지 # 프로 야구 출범

1. 밑줄 그은 '총선' 이후의 사실로 옳은 것은? ▶ 47회

① 의원 내각제를 골자로 하는 개헌이 이루어졌다.
② 3·15 부정 선거로 여당 부통령 후보가 당선되었다.
③ 신군부에 의해 비상 계엄이 전국으로 확대 선포되었다.
④ 직선제 개헌을 청원하는 1천만 명 서명 운동이 전개되었다.
⑤ 긴급 조치 철폐를 요구하는 3·1 민주 구국 선언이 발표되었다.

한눈에 보는 해설

밑줄 그은 '총선' 이후의 사실로 옳은 것은?
→ 1985년 총선(전두환 정부)

○ 이번 총선에서는 **김대중, 김영삼이 이끈 신한 민주당**이 돌풍을 일으켜 창당 한 달 만에 제1야당으로 급부상했군. →신한 민주당 창당(1985)

○ **여당인 민주 정의당과 정부의 권위주의적 통치에 대한 반발**과 민주화를 요구하는 시민들의 열망이 표출된 것 같아.

④ 1986년 신한 민주당은 직선제 개헌을 위한 1천만 명 서명 운동을 전개하였고, 민주화를 요구하는 국민적 저항이 전국적으로 일어나 1987년 6월 민주 항쟁으로 발전하게 되었다.

선지 분석하기
① 의원 내각제를 골자로 하는 개헌이 이루어졌다. ➡ 3차 개헌(1960)
② 3·15 부정 선거로 여당 부통령 후보가 당선되었다. ➡ 4·19 혁명(1960)의 원인
③ 신군부에 의해 비상 계엄이 전국으로 확대 선포되었다. ➡ 신군부의 출현(1979. 12·12 사태)
⑤ 긴급 조치 철폐를 요구하는 3·1 민주 구국 선언이 발표되었다. ➡ 유신 정부 시기(1976)

2. 다음 뉴스가 보도된 정부 시기의 사실로 옳은 것은? ▶ 72회

① 서울 올림픽 대회가 개최되었다.
② 보도 지침으로 언론이 통제되었다.
③ 삼풍 백화점 붕괴 사고가 일어났다.
④ 양성 평등의 실현을 위해 호주제가 폐지되었다.
⑤ 사회 통합을 위한 다문화 가족 지원법이 시행되었다.

한눈에 보는 해설

다음 뉴스가 보도된 정부 시기의 사실로 옳은 것은?
→ 전두환 정부

문교부가 **중고등학생의 교복과 두발을 자율화**하겠다고 발표한 데이어, 오늘부터 **야간 통행 금지 해제**가 본격 적용되었습니다. 시민들은 새벽 거리를 활보하며 37년 만에 되찾은 24시간의 자유를 만끽하게 되었습니다.

② 전두환 정부 초기에는 언론보도 지침과 삼청 교육대 같은 강경책을 실시하였다.

선지 분석하기
① 서울 올림픽 대회가 개최되었다. ➡ 노태우 정부(1988)
③ 삼풍 백화점 붕괴 사고가 일어났다. ➡ 김영삼 정부(1995)
④ 양성 평등의 실현을 위해 호주제가 폐지되었다. ➡ 노무현 정부(2008. 1.)
⑤ 사회 통합을 위한 다문화 가족 지원법이 시행되었다. ➡ 이명박 정부(2008)

6월 민주화 운동

주요 정답 키워드 # 4·13 호헌 조치 # 야만적인 고문 # 직선제 개헌

3. 다음 선언문을 발표한 민주화 운동에 대한 설명으로 옳은 것은? ▶ 45회

> 국민 합의 배신한 4·13 호헌 조치는
> 무효임을 전 국민의 이름으로 선언한다.
>
> 오늘 우리는 전 세계 이목이 우리를 주시하는 가운데 40년 독재 정치를 청산하고 희망찬 민주 국가를 건설하기 위한 거보를 전 국민과 함께 내딛는다. 국가의 미래요 소망인 꽃다운 젊은이를 야만적인 고문으로 죽여 놓고 그것도 모자라 뻔뻔스럽게 국민을 속이려 했던 현 정권에게 국민의 분노가 무엇인지를 분명히 보여 주고, 국민적 여망인 개헌을 일방적으로 파기한 4·13 폭거를 철회시키기 위한 민주 장정을 시작한다.

① 장면 내각이 출범하는 배경이 되었다.
② 5년 단임의 대통령 직선제 개헌을 이끌어 냈다.
③ 3·15 부정 선거에 항의하는 시위에서 시작되었다.
④ 신군부의 비상 계엄 확대가 원인이 되어 일어났다.
⑤ 3·1 민주 구국 선언을 통해 긴급 조치 철폐 등을 요구하였다.

개헌

주요 정답 키워드 # 총 9차의 개헌 # 순서 확인

4. (가)~(라)의 헌법을 공포된 순서대로 옳게 나열한 것은? ▶ 40회

(가)	제69조 ① 대통령의 임기는 4년으로 한다. ② 대통령이 궐위된 경우의 후임자는 전임자의 잔임 기간 중 재임한다. ③ 대통령의 계속 재임은 3기에 한한다.
(나)	제39조 ① 대통령은 통일 주체 국민 회의에서 토론 없이 무기명 투표로 선거한다. 제47조 대통령의 임기는 6년으로 한다.
(다)	제39조 ① 대통령은 대통령 선거인단에서 무기명 투표로 선거한다. 제45조 대통령의 임기는 7년으로 하며, 중임할 수 없다.
(라)	제67조 ① 대통령은 국민의 보통·평등·직접·비밀선거에 의하여 선출한다. 제70조 대통령의 임기는 5년으로 하며, 중임할 수 없다.

① (가) - (나) - (다) - (라)
② (가) - (다) - (라) - (나)
③ (나) - (가) - (라) - (다)
④ (나) - (라) - (가) - (다)
⑤ (다) - (라) - (나) - (가)

한눈에 보는 해설

다음 선언문을 발표한 <u>민주화 운동</u>에 대한 설명으로 옳은 것은?
→ 6월 민주 항쟁(1987)

> 국민 합의 배신한 **4·13 호헌 조치**는 → 6월 민주 항쟁의 배경
> 무효임을 전 국민의 이름으로 선언한다.
>
> 오늘 우리는 전 세계 이목이 우리를 주시하는 가운데 40년 독재 정치를 청산하고 희망찬 민주 국가를 건설하기 위한 거보를 전 국민과 함께 내딛는다. 국가의 미래요 소망인 **꽃다운 젊은이를 야만적인 고문으로 죽여 놓고** 그것
> └→ 박종철 고문 사건
> 도 모자라 뻔뻔스럽게 국민을 속이려 했던 현 정권에게 국민의 분노가 무엇인지를 분명히 보여 주고, 국민적 여망인 개헌을 일방적으로 파기한 **4·13 폭거를 철회시키기 위한 민주 장정을 시작**한다.

② 6월 민주 항쟁(1987)을 계기로 국회에서는 5년 단임의 대통령 직선제 등을 골자로 하는 9차 개헌이 이루어졌다.

선지 분석하기
① 장면 내각이 출범하는 배경이 되었다. ➡ 4·19 혁명(1960)
③ 3·15 부정 선거에 항의하는 시위에서 시작되었다. ➡ 4·19 혁명(1960)
④ 신군부의 비상 계엄 확대가 원인이 되어 일어났다. ➡ 5·18 광주 민주화 운동 (1980)
⑤ 3·1 민주 구국 선언을 통해 긴급 조치 철폐 등을 요구하였다. ➡ 유신 체제에 대한 반발(1976)

한눈에 보는 해설

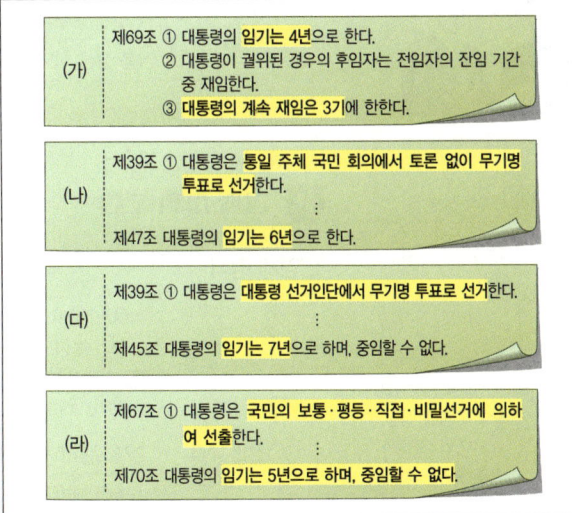

① (가) 3선 개헌(1969) ➡ (나) 7차 개헌(유신 헌법, 1972) ➡ (다) 8차 개헌 (1980) ➡ (라) 9차 개헌(1987)

테마 58 통일 정책, 현대의 경제·사회·문화

출제 POINT
통일 정책의 순서 및 각 정부 시기 시행된 통일 정책을 묻는 문제가 주로 출제된다.

◆ 1차 남북 이산가족 만남(1985)

◆ 1차 남북 정상 회담(2000)

◆ 2차 남북 정상 회담(2007)

◆ 3차 남북 정상 회담(2018)

✱ 경제 개발 5개년 계획

1차 경제 개발 계획 (1962~1966)	노동 집약적 경공업 육성
2차 경제 개발 계획 (1967~1971)	• 경공업 및 비료·시멘트·정유 산업 육성 • 사회 간접 자본 확충
3차·4차 경제 개발 계획 (1972~1981)	• 중화학 공업 육성, 2·3차 산업 비중 증가 • 수출 증가(1977년 100억 달러, 1981년 200억 달러 달성) • 사회 간접 자본 확충 (1970년 경부 고속 도로) • 새마을 운동

1 통일 정책 ★★★

박정희 정부	• 8·15 선언(1970): 선의의 체제 경쟁 제안 • 남북 적십자 회담 제의(1971): 남북 적십자 회담 개최(1972. 8.) • 7·4 남북 공동 성명(1972): 자주·평화·민족 대단결의 3대 원칙 천명 ➡ 남북 조절 위원회 설치, 서울-평양 간 상설 직통 전화 가설 • 6·23 평화 통일 선언(1973): 남북한 유엔 동시 가입과 호혜 평등의 원칙, 모든 국가에 대한 문호 개방
전두환 정부	• 민족 화합 민주 통일 방안(1982) • 남북 이산가족 고향 방문단과 예술 공연단 교환(1985)
노태우 정부	• 7·7 선언(1988): 북한을 민족 공동체의 일원으로 인식한다고 발표 ➡ 적극적인 대북 협력 의지 표명 • 한민족 공동체 통일 방안(1989): 자주·평화·민주의 원칙 ➡ '남북 연합'(중간 단계) 설정 • 남북한 유엔 동시 가입(1991): 남북 화해 가능성과 국제적 지위 향상 • 남북 기본 합의서(1991): 남북 사이의 상호 이해와 불가침 및 교류 협력에 대한 합의서 - 남북이 서로의 국가적 실체 인정, 국가로는 승인 안 함. - 남북 군사 당국자 간 직통 전화 가설 • 한반도 비핵화 선언(1992): 핵무기 개발 포기 합의서 채택 ➡ 평화 통일에 유리한 조건 조성
김영삼 정부	3단계 3기조 통일 정책(1993) - 3단계: 화해와 협력, 남북 연합 단계, 통일 국가 단계 - 3기조: 민주적 국민 합의, 공존공영, 민족 복리
김대중 정부	6·15 남북 공동 선언(2000): 1차 남북 정상 회담 개최(평양) - 남측의 연합제 안과 북측의 낮은 단계의 연방제 안의 공통점 인정 - 결과: 경의선 복구, 개성 공업 지구 조성(2002) 등 남북 교류 협력 사업 확대 **cf** 정주영 회장의 소떼 방북(1998) ➡ 금강산 관광: 해로(1998) ➡ 육로(2003)
노무현 정부	10·4 남북 공동 선언(2007): 2차 남북 정상 회담 개최(평양) - 남북 관계 발전과 평화 번영을 위한 선언
문재인 정부	3차 남북 정상 회담 개최(2018, 평양)

2 경제·사회·문화 ★

1. 경제 정책

이승만 정부	1950년대 미국의 원조 경제: 생활필수품, 소비재 원료(면화, 설탕, 밀가루), 농산물 원조 ➡ 1958년 미국의 불황으로 원조 감소, 유상 차관으로 전환 **cf** 3백 비리: 일부 기업들이 정부의 특혜 속에 삼백 산업(면화, 설탕, 밀가루)을 일으켜 재벌로 성장, 정치 자금 제공
장면 내각	경제 개발 5개년 계획 수립 ➡ 5·16 군정에서 실시(1962)
박정희 정부	• 경제 개발 5개년 계획✱ 진행 ➡ 급속한 경제 성장 이룸. • 경제 위기: 1차 석유 파동(1973, 산유국들의 건설 투자 확대, 우리 기업이 대거 참여하여 극복), 2차 석유 파동(1978, 중화학 공업의 지나친 투자와 맞물려 경제 위기) ➡ 1980년대에 마이너스 경제 성장률, 급속한 인플레이션, 경기 불황, 국제 수지 악화 등

전두환 정부의 경제 정책	• 경제 안정화 정책: 구조 조정에 적극 개입, 과잉 투자 조정, 부실기업 정리, 재정·금융 긴축 정책 실시 • 3저 호황(저금리, 저유가, 저달러) ➡ 자동차·가전제품·기계·철강 등 중화학 분야 주도의 고도 성장 └ 다자간 무역 협상 개시를 위한 각료 선언 • 우루과이 라운드(1986) 협상 시작
김영삼 정부의 경제 정책	• 1993년 우루과이 라운드(UR) 협상(1986~1993) 타결 • 1996년 경제 협력 개발 기구(OECD) 가입 • 1997년 국제 통화 기금(IMF) 금융 위기 초래
김대중 정부의 경제 정책	금 모으기 운동, 대대적 구조 조정, 노사정 위원회 구성(1998), 신자유주의 경제 정책 ➡ 2001년 IMF 관리 체제 극복

2. 노동 운동

(1) 전태일 분신 사건(1970)*, YH 사건(1979)*

(2) 1987년 6월 민주 항쟁 이후 노동 운동 합법화, 전국적으로 노동조합 결성, 국제 노동 기구(ILO) 가입(1991), 노사정 위원회 구성(1998), 전교조 결성(1989년 ➡ 1999년 합법화)

3. 교육

이승만 정부	초등학교 의무 교육(1950), 6-3-3-4학제 완비(1952), 학도 호국단 설치, 1인 1기 교육
박정희 정부	• 교육의 중앙 집권화와 관료적 통제, 국민 교육 헌장 선포(1968), 중학교 무시험 진학 제도(1969) • 유신 체제하 새마을 교육, 주체적 민족 사관 강조, '국민 윤리' 신설, 국사 교육 강화
전두환 정부	국수주의적 역사 강조, 독립 기념관 건립, 과외 금지, 졸업 정원제 실시(➡ 폐지), 대학 입학 본고사 폐지, 도서·벽지 중학교 무상 의무 교육(1985)
노태우 정부	대학 자율권 부여, 전국 교직원 노동조합 결성(1989) ➡ 반체제 집단으로 규정
김영삼 정부	조선 총독부 청사 철거(1995~1996), 교육 개혁(1995), 대학 수학 능력 시험 도입, 중학교 무상 교육 확대(1994), 7차 교육 과정(1997) 실시
김대중 정부	전국 모든 중학교 무상 의무 교육 실시, 대학 개혁(학과별 모집제 폐지, 교과 성적 외 특기·봉사 활동·교장 추천제 대학 입학 가능 등), 브레인 코리아(BK) 21 사업(정보 기술, 생명 공학 대폭 지원)

* **전태일 분신 사건(1970)**
근로기준법 준수를 외치며 노동자 전태일이 분신한 사건

* **YH 사건(1979)**
가발 생산 업체인 YH 무역이 1979년에 폐업하자, 회사의 정상화와 노동자의 생존권 보장을 요구하며 야당인 신민당사에서 농성을 벌인 사건

한능검 꼭꼭 자료

1. 7·4 남북 공동 성명
쌍방은 다음과 같은 조국 통일 원칙들에 합의를 보았다.
첫째, 통일은 외세에 의존하거나 외세의 간섭을 받음이 없이 자주적으로 해결한다.
둘째, 통일은 서로 상대방을 반대하는 무력행사에 의거하지 않고 평화적으로 실현한다.
셋째, 사상과 이념·제도의 차이를 초월하여 하나의 민족으로서 민족적 대단결을 도모한다.

2. 남북 기본 합의서
제1조 남과 북은 서로 상대방의 체제를 인정하고 존중한다.
제9조 남과 북은 상대방에 대하여 무력을 사용하지 않으며 상대방을 무력으로 침략하지 아니한다.
제15조 남과 북은 민족 경제의 통일적이며 균형적인 발전과 민족 전체의 복리 향상을 도모하기 위하여 자원의 공동 개발, 민족 내부 교류로서 물자 교류, 합작 투자 등 경제 교류와 협력을 실시한다.

3. 6·15 남북 공동 선언문
1. 남과 북은 나라의 통일 문제를 그 주인인 우리 민족끼리 서로 힘을 합쳐 자주적으로 해결해 나가기로 하였다.
2. 남과 북은 나라의 통일을 위한 남측의 연합제 안과 북측의 낮은 단계의 연방제 안이 서로 공통점이 있다고 인정하고 앞으로 이 방향에서 통일을 지향시켜 나가기로 하였다.

테마 58 실전문제

통일 정책 순서

주요 정답 키워드 # 7·4 남북 공동 성명 # 10·4 남북 공동 선언 # 정주영 북한 방문

1. (가)~(라)의 사건을 일어난 순서대로 옳게 나열한 것은? ▶40회

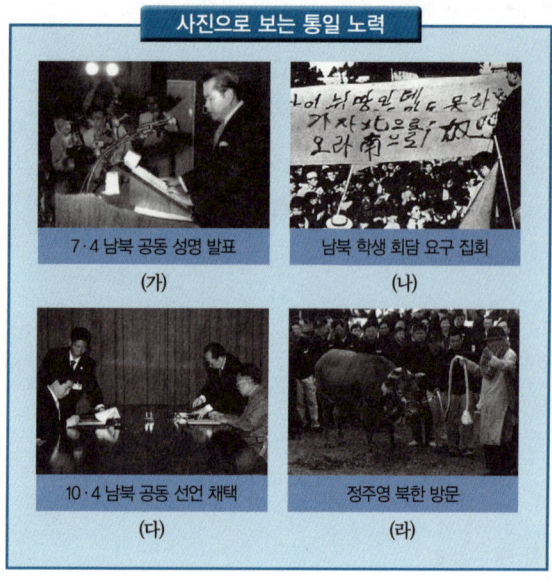

① (가) – (나) – (다) – (라)
② (가) – (다) – (라) – (나)
③ (나) – (가) – (라) – (다)
④ (나) – (라) – (가) – (다)
⑤ (다) – (라) – (나) – (가)

노태우 정부의 통일 정책

주요 정답 키워드 # 남북 기본 합의서 # 7·7 특별 선언 # 유엔 동시 가입

2. 다음 정부 시기의 통일 노력으로 옳은 것은? ▶42회

① 남북 기본 합의서를 교환하였다.
② 7·4 남북 공동 성명을 발표하였다.
③ 개성 공업 지구 조성에 합의하였다.
④ 10·4 남북 공동 선언을 채택하였다.
⑤ 이산가족 고향 방문을 최초로 성사시켰다.

한눈에 보는 해설

(가)~(라)의 사건을 일어난 순서대로 옳게 나열한 것은?
③ (나) 남북 학생 회담 요구 집회(1961) ➡ (가) 7·4 남북 공동 성명 발표(1972) ➡ (라) 정주영 북한 방문(1998) ➡ (다) 10·4 남북 공동 선언 채택(2007)

한눈에 보는 해설

→노태우 정부
다음 정부 시기의 통일 노력으로 옳은 것은?

① 남북 기본 합의서는 1991년 노태우 정부 때 채택되었다.

선지 분석하기
② 7·4 남북 공동 성명을 발표하였다. ➡ 박정희 정부(1972)
③ 개성 공업 지구 조성에 합의하였다. ➡ 김대중 정부
④ 10·4 남북 공동 선언을 채택하였다. ➡ 노무현 정부(2007)
⑤ 이산가족 고향 방문을 최초로 성사시켰다. ➡ 전두환 정부(1985)

김대중 정부의 통일 정책

주요 정답 키워드 # 6·15 남북 공동 선언 # 경의선 복구 # 개성 공단

3. 다음 경축사를 발표한 정부의 통일 노력으로 옳은 것은? ▶ 43회

> 지난 3년 반은 개혁을 통해 외환 위기를 성공적으로 극복하고, 21세기 세계 일류 국가로 들어설 수 있는 기틀을 마련하고자 힘써온 시기였습니다. 우리는 국제 통화 기금(IMF)으로부터 지원받았던 195억 달러의 차관을 3년 앞당겨 전액 상환하게 되었습니다.

① 7·4 남북 공동 성명을 발표하였다.
② 남북한이 유엔에 동시 가입하였다.
③ 6·15 남북 공동 선언을 채택하였다.
④ 한반도 비핵화 공동 선언에 서명하였다.
⑤ 최초의 이산가족 고향 방문을 실현하였다.

한눈에 보는 해설

다음 경축사를 발표한 **정부**(→김대중 정부)의 통일 노력으로 옳은 것은?

> 지난 3년 반은 개혁을 통해 **외환 위기를 성공적으로 극복**하고 21세기 세계 일류 국가로 들어설 수 있는 기틀을 마련하고자 힘써온 시기였습니다. 우리는 **국제 통화 기금(IMF)**으로부터 지원받았던 195억 달러의 차관을 3년 앞당겨 **전액 상환**하게 되었습니다.

③ 김대중 정부는 남북 정상 회담을 개최하여 6·15 남북 공동 선언(2000)을 채택하였다.

선지 분석하기
① 7·4 남북 공동 성명을 발표하였다. ➡ 박정희 정부(1972)
② 남북한이 유엔에 동시 가입하였다. ➡ 노태우 정부(1991)
④ 한반도 비핵화 공동 선언에 서명하였다. ➡ 노태우 정부(1992)
⑤ 최초의 이산가족 고향 방문을 실현하였다. ➡ 전두환 정부(1985)

1970년대 경제 상황

주요 정답 키워드 # 전태일 분신 사건 # 수출 100억 달러

4. 다음 뉴스에 보도된 사건 이후의 사실로 옳은 것을 〈보기〉에서 고른 것은? ▶ 38회

> 어제 동대문 평화시장 재단사 전태일 씨가 분신하는 사건이 발생하였습니다. 이 과정에서 그는 노동자들의 열악한 근무 환경 실태를 고발하며 근로 기준법의 준수를 외쳤습니다.

보기
㉠ 최저 임금법이 제정되었다.
㉡ 한·미 원조 협정이 체결되었다.
㉢ 연간 수출액 100억 달러가 달성되었다.
㉣ 제1차 경제 개발 5개년 계획이 추진되었다.

① ㉠, ㉡
② ㉠, ㉢
③ ㉡, ㉢
④ ㉡, ㉣
⑤ ㉢, ㉣

한눈에 보는 해설

다음 **뉴스에 보도된 사건**(→전태일 분신 사건(1970)) 이후의 사실로 옳은 것을 〈보기〉에서 고른 것은?

> 어제 동대문 평화시장 재단사 **전태일 씨가 분신**하는 사건이 발생하였습니다. 이 과정에서 그는 노동자들의 열악한 근무 환경 실태를 고발하며 근로 기준법의 준수를 외쳤습니다.

㉠ 최저 임금법이 제정되었다. ➡ 1986년
㉢ 연간 수출액 100억 달러가 달성되었다. ➡ 1977년

선지 분석하기
㉡ 한·미 원조 협정이 체결되었다. ➡ 1948년
㉣ 제1차 경제 개발 5개년 계획이 추진되었다. ➡ 1962년~1966년

한 권으로 끝내는 한국사능력검정시험

✅ 빈출 키워드

출제순위 1 지역
공주 # 평양 # 개경

출제순위 2 유네스코
사원 # 조선왕조의궤 # 조선 통신사

출제순위 3 인물
김구 # 여운형 # 김원봉

✅ 한능검 최근 3개년 출제 분석

시대 구분	시대별 출제문항수/전체 출제문항수
선사 및 초기 국가	34 / 800
고대 사회	110 / 800
중세 사회	137 / 800
근세 사회(조선 전기)	77 / 800
근대 태동기(조선 후기)	90 / 800
근대 사회 발전기	116 / 800
민족 독립운동기	107 / 800
현대 사회	97 / 800
통합	32 / 800

32(4%)

> 최근 3년(57회~72회) 800문항을 분석한 결과 통합 문제는 32문제(4%)가 출제되었습니다. 출제 순위는 지역사가 1위, 유네스코 문화유산이 2위입니다.

PART 09

부록

테마59 지역사
테마60 세시풍속과 민속놀이
테마61 유네스코 세계 문화유산과 조선의 궁궐
테마62 근현대사 인물사

테마 59 지역사

> **출제 POINT**
> 한능검에서는 특정 지역의 역사를 물어보는 문제가 최소 한 문제는 꼭 출제된다! 독도를 비롯한 주요 지역의 역사를 확실히 정리해 두자.

🔍 독도의 행정 및 지리적 위치

1. 위치: 동경 131° 52′ / 북위 37° 14′
2. 거리: 울릉도 동남쪽으로부터 87.4km, 일본 은기도(隱岐島, 오키시마)로부터 157.5km
3. 주소: 경상북도 울릉군 울릉읍 독도리 1-96
   도로명 주소: 경상북도 울릉군 울릉읍 독도 이사부길(동도), 독도 안용복길(서도)
4. 소유자: 대한민국 정부(천연기념물 제336호 지정)

✦ 백두산정계비(그래픽 복원도)

1 독도 ★★★

관련 인물	• **이사부**: 신라 지증왕 때 우산국(울릉도, 독도) 복속 • **안용복**: 조선 후기 숙종 때 동래 어부 안용복이 일본 대마도 도주로부터 독도와 울릉도가 조선 영토라는 서계를 받아옴.
기록물	우리 기록	• 『삼국사기』: 독도가 제일 처음 기록된 책 • 『세종실록지리지』: 울릉도와 독도를 강원도 울진현 소속으로 구분 • 대한 제국 칙령 제41호(1900. 10. 25.): 울릉도를 울도군으로 승격, 독도 편입
	외국 기록	• 당빌(프랑스 지도학자)의 조선왕국전도(1737): 독도(우산도)가 조선 왕국의 영토로 그려짐. • 일본: 『은주시청합기』(17세기), 태정관 문서(1877) 등 ➡ 모두 독도를 조선 영토로 인정
일본의 독도 관련 주장	• 러·일 전쟁 중 일본은 독도를 무주지로 규정 ➡ **다케시마로 개칭하고 시마네 현에 편입(1905. 5.)** • '다케시마의 날' 제정: 2005년 일본 시마네 현에서 '다케시마의 날' 조례안을 가결
해방 이후 독도 관련 역사	• 연합국: 1946년 1월 독도를 한국에 반환하는 군령을 발표 • 이승만 라인: 독도를 우리 영토에 포함(일명 '평화선') • 한·일 어업 협정(1965): 양측에 공동 규제 수역(평균 50해리)을 설정 – 평화선을 없앰. • 신 한·일 어업 협정(1999): 독도를 자원의 공동 관리가 이루어지는 중간 수역 속에 위치시킴.

2 간도 ★★

백두산정계비 건립(숙종, 1712)	18세기 숙종 때 조선과 청 사이에 국경 문제가 발생하자 두 나라 합의 하에 백두산정계비를 건립 ➡ 서쪽으로 압록강, 동쪽으로 **토문강**을 경계로 함.
19세기 간도 귀속 문제 발생	• 간도 귀속 문제 야기: 19세기 말에 **토문강의 해석**(청의 주장: 두만강, 조선의 주장: 송화강 지류)을 둘러싸고 조선과 청 사이에 간도 귀속 문제에 대한 분쟁 일어남. • **간도 관리사 파견**: 1902년 **이범윤**을 간도 관리사로 파견, 간도를 함경도 행정 구역에 포함
간도 협약 (1909)	**일본**과 **청** 사이에 **간도 협약을 체결** ➡ 만주의 안봉선 철도 부설권과 푸순 광산 채굴권을 얻는 대가로 간도를 청의 영토로 인정 cf 을사조약(1905)이 무효이기에 간도 협약도 무효

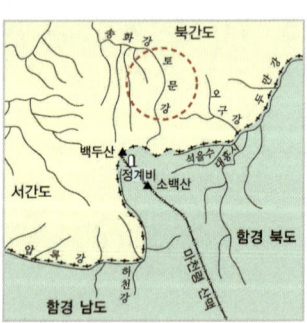

✦ 백두산정계비(위치도) | 백두산정계비는 1931년 만주 사변 직후 사라짐.

3 주요 지역 ★★★

함경도	원산	북관 대첩비(18세기), 강화도 조약으로 개방(1876), 원산 학사(1883), 원산 노동자 총파업(1929)
	흥남	흥남 학생 반공 의거(1946), 흥남 철수(1950, 1·4 후퇴)
평안도	평양	고구려 도읍지(장수왕), 고려 때 묘청의 난(1135), 제너럴셔먼호 사건(1866), 안창호의 대성 학교(1908), 강주룡의 고공 농성(1931), 일제 강점기 물산 장려 운동의 시작(조만식), 남북 협상(1948), 남북 정상 회담 개최(2000, 2007, 2018)

경기도	강화도	• 청동기 고인돌 유적지(유네스코 세계 문화유산) • 고려: 몽골 침입 때 **강화 천도**(1232, 최우 정권), **삼별초의 항쟁** (1270~1273, 강화도 ➡ 진도 ➡ 제주도) • 조선: 강화도 마니산 초제(참성단), 17세기 광해군의 5대 사고 중 하나(정족산 사고), 정묘호란 당시 인조 피신, 18세기 **강화 학파**(양명학, 정제두), **병인양요**(1866), **신미양요**(1871), **강화도 조약**(1876)
	개경 (現 황해도)	• 고려: 도읍지, **이자겸의 난**(1126), **만적의 난**(1198), 고려 충신 정몽주가 숨진 선죽교, 고려 태조 왕건의 왕릉(왕건의 청동상 발견) • 개성 공단 건설(2000년 시작)
	기타	여주 고달사지 승탑(고려), **수원 화성**(조선 정조, 거중기 사용, 유네스코 세계 문화유산), 광주 **남한산성**(병자호란 당시 인조 피난, 유네스코 세계 문화유산), 조선 왕릉(구리, 여주, 남양주, 유네스코 세계 문화유산)
충청도	공주	• 구석기 유적(**공주 석장리**) • 백제: 2차 수도(**문주왕의 웅진 천도**) - 공주 송산리 고분군[무령왕릉, 6호분(사신도)] cf 백제 역사 유적 지구(공주, 부여, 익산) - 유네스코 세계 문화유산 • (통일)신라: 김헌창의 난(왕위 쟁탈전) • 고려: **공주 명학소의 망이 · 망소이의 난**(1176) • 조선: 동학 농민 운동의 **공주 우금치 전투**(1894)
	부여	백제 3차 수도(**성왕의 사비 천도**), 정림사지 5층 석탑, **능산리 고분군**, **백제 금동 대향로**(용봉 봉래산 금동 향로), 사택지적비 등
	충주	**충주(중원) 고구려비**(고구려 남한강 진출), 통일 신라의 5소경 중 하나(중원경), 고려 몽골 항쟁지(충주 다인철소), 조선 4대 사고 중 하나, 조선 9개 조창 중 하나(가흥창)
	단양	구석기 유적(금굴, 상시, 수양개), 신라 단양 적성비
	보은	**법주사 팔상전**(17세기 현존 최고의 목조 5층탑), 동학의 제3차 교조 신원 운동(1893)
	청주	청주 흥덕사(고려 「**직지심체요절**」 제작 장소)
경상도	경주	신라 도읍지, **유네스코 세계 문화유산** ① 경주 역사 지구/ ② 석굴암 · 불국사 / ③ 안동 하회 · 경주 양동 조선의 역사 마을
	영주	**부석사 무량수전**(고려 후기), 부석사 소조 아미타여래 좌상
	안동	통일 신라의 신세동 7층 전탑, **고려 후기의 봉정사 극락전**(현존, 최고의 목조 건축), 조선의 도산 서원, 안동 하회 마을
	부산	신석기 패총, 김해 조개더미, 가야 유적지, 조선 왜관 설치, **임시 정부의 백산 상회**(안희제 창립), 6 · 25 전쟁 중 임시 수도(발췌 개헌, 1952)
	합천	**해인사**(장경판고 - 팔만대장경 보관)
	진주	진주 대첩(임진왜란), 진주민란(임술민란의 시초, 1862), **조선 형평사 조직**(1923)
전라도	강진	고려 청자 도요지, **만덕사**(고려 후기 요세의 백련결사), **다산 초당**(정약용 유배지)
	익산	백제 무왕의 익산 천도 시도, 익산 미륵사지 석탑(현존, 최고)
	기타	• 진도: 고려 후기 삼별초의 난(용장산성) • **완도**: 신라 하대 **장보고의 청해진** • 흑산도: 정약전 유배지(「자산어보」)
강원도	평창	오대산 상원사 동종(통일 신라, 최고), **월정사 8각 9층 석탑**(고려 전기), 오대산 사고(조선왕조실록)
	양양	진전사지 3층 석탑(신라 하대 선종)
제주도		**삼별초의 난**(고려), 탐라 총관부(고려), 광해군과 추사 김정희 유배지, 김만덕[조선 후기 여성 상인, 의녀(義女)], 제주 4·3 사건

테마 59 실전문제

독도

주요 정답 키워드 # 우산국 # 안용복

1. (가)에 해당하는 섬에 대한 설명으로 옳은 것은? ▶ 45회

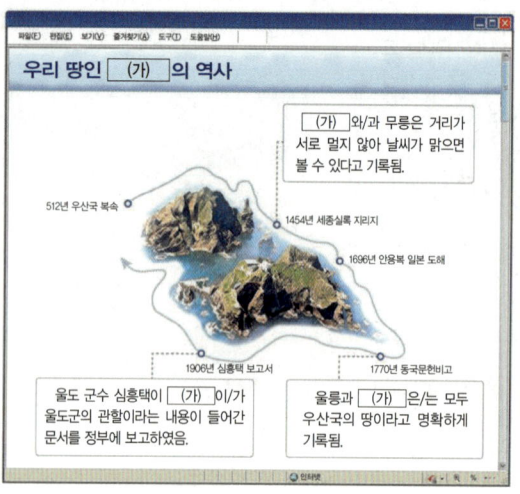

① 몽골에 항전할 때 임시 수도였다.
② 정약전이 자산어보를 저술한 섬이다.
③ 하멜 일행이 표류하다가 도착한 곳이다.
④ 양헌수 부대가 프랑스군을 격퇴한 장소이다.
⑤ 대한 제국 칙령 제41호에서 관할 영토로 명시한 곳이다.

한눈에 보는 해설

→ 독도
(가)에 해당하는 섬에 대한 설명으로 옳은 것은?

- 512년 **우산국 복속**
- 1454년 세종실록 지리지: (가) 와/과 무릉은 거리가 서로 멀지 않아 날씨가 맑으면 볼 수 있다고 기록됨.
- 1696년 **안용복 일본 도해**
- 1770년 동국문헌비고: 울릉과 (가) 은/는 모두 **우산국의 땅**이라고 명확하게 기록됨.
- 1906년 심흥택 보고서: **울도 군수** 심흥택이 (가) 이/가 **울도군의 관할**이라는 내용이 들어간 문서를 정부에 보고하였음.

⑤ 대한 제국 칙령 제41호 제2조에는 "군청 위치는 태하동으로 정하고, 관할 구역은 울릉 전도와 죽도, 석도(독도)로 한다."라고 기록되어 있다.

선지 분석하기
① 몽골에 항전할 때 임시 수도였다. ➡ 강화도
② 정약전이 자산어보를 저술한 섬이다. ➡ 흑산도
③ 하멜 일행이 표류하다가 도착한 곳이다. ➡ 제주도
④ 양헌수 부대가 프랑스군을 격퇴한 장소이다. ➡ 강화도

주요 지역

주요 정답 키워드 # 평양 # 서울 # 목포 # 진주 # 대구

2. (가)~(마) 지역에서 있었던 사실로 옳은 것은? ▶ 38회

① (가) – 지주 문재철의 횡포에 맞선 소작 쟁의가 발생하였다.
② (나) – 상권 수호를 위해 황국 중앙 총상회가 조직되었다.
③ (다) – 김광제 등의 발의로 국채 보상 운동이 일어났다.
④ (라) – 토산품 애용을 위한 조선 물산 장려회가 발족되었다.
⑤ (마) – 백정에 대한 차별 철폐를 위해 조선 형평사가 창립되었다.

한눈에 보는 해설

(가)~(마) 지역에서 있었던 사실로 옳은 것은?

② 1898년 시전 상인들은 서울에서 황국 중앙 총상회를 조직하여 외국인의 불법적인 내륙 상업 활동을 엄단할 것을 요구하며 상권 수호 운동을 전개하였다.

선지 분석하기
① (가) – 지주 문재철의 횡포에 맞선 소작 쟁의가 발생하였다. ➡ 신안(암태도 소작 쟁의, 1923)
③ (다) – 김광제 등의 발의로 국채 보상 운동이 일어났다. ➡ 대구(1907)
④ (라) – 토산품 애용을 위한 조선 물산 장려회가 발족되었다. ➡ 평양(1920)
⑤ (마) – 백정에 대한 차별 철폐를 위해 조선 형평사가 창립되었다. ➡ 진주(1923)

평양

주요 정답 키워드 # 을밀대 # 안학궁 터

3. (가) 지역에서 있었던 사실로 옳지 않은 것은? ▶43회

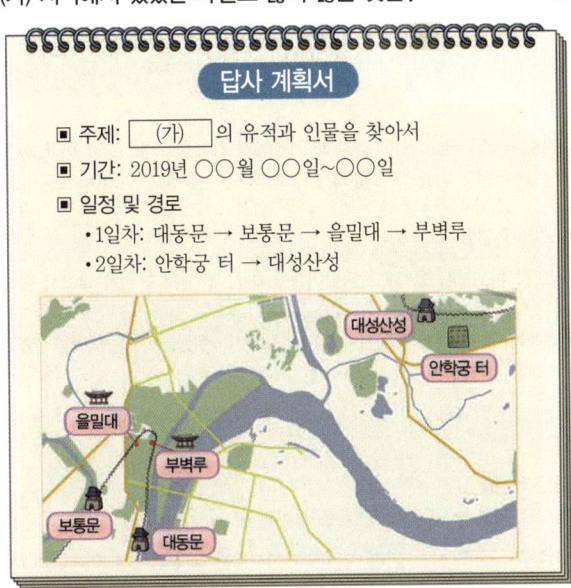

① 제1차 미·소 공동 위원회가 개최되었다.
② 안창호가 민족 교육을 위해 대성 학교를 설립하였다.
③ 고무 공장 노동자 강주룡이 노동 쟁의를 전개하였다.
④ 미국 상선 제너럴셔먼호가 관민들에 의해 불태워졌다.
⑤ 조만식 등을 중심으로 조선 물산 장려회가 결성되었다.

한눈에 보는 해설

→ 평양
(가) 지역에서 있었던 사실로 옳지 않은 것은?

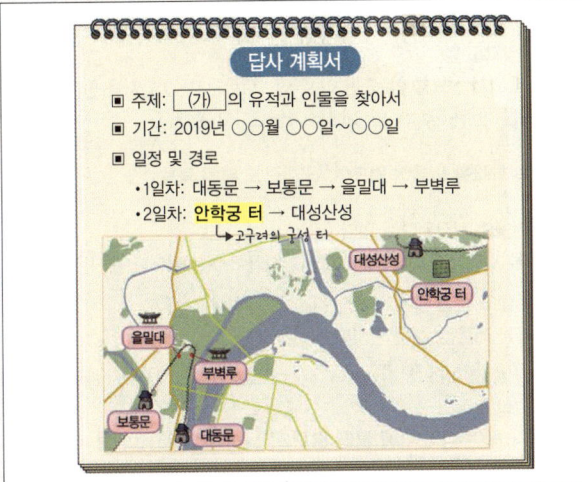

① 제1차 미·소 공동 위원회가 개최되었다. ➡ 서울

주요 사찰

주요 정답 키워드 # 흥덕사 # 개태사 # 봉정사 # 인각사 # 해인사

4. (가)~(마)에 대한 탐구 활동으로 적절하지 않은 것은? ▶41회

① (가) - 직지심체요절의 인쇄 과정을 파악한다.
② (나) - 팔상전에 나타난 목탑 양식의 특징을 찾아본다.
③ (다) - 팔만대장경판의 보존 방식에 대해 조사한다.
④ (라) - 일연이 삼국유사를 집필한 경위를 알아본다.
⑤ (마) - 주심포 양식 건축물의 구조와 특징을 분석한다.

한눈에 보는 해설

(가)~(마)에 대한 탐구 활동으로 적절하지 않은 것은?

② 보은 법주사에 있는 팔상전은 현존하는 가장 오래된 목탑이다.

선지 분석하기

① (가) - 직지심체요절의 인쇄 과정을 파악한다. ➡ 청주 흥덕사
③ (다) - 팔만대장경판의 보존 방식에 대해 조사한다. ➡ 합천 해인사
④ (라) - 일연이 삼국유사를 집필한 경위를 알아본다. ➡ 군위 인각사
⑤ (마) - 주심포 양식 건축물의 구조와 특징을 분석한다. ➡ 안동 봉정사 극락전, 예산 수덕사 대웅전, 영주 부석사 무량수전 등

테마 60 세시풍속과 민속놀이

출제 POINT
한능검에서는 세시풍속 및 민속놀이를 묻는 문제가 출제된다.

✦ 널뛰기

✦ 그네뛰기

✦ 단오풍정(신윤복)

✦ 견우직녀도(평남 남포 덕흥리 고분)

1 세시풍속 ★★

봄	설날 (음력 1월 1일)	• 새해를 맞이하는 첫날, 떡국을 먹고 일가 친척과 어른에게 세배를 드림. 설날 이른 아침에 '조리'를 사서 벽에 걸어 두는데 이를 '복조리'라 함. 그해의 신수를 보기 위하여 '토정비결'을 보기도 함. • 민속놀이: 윷놀이, 널뛰기, 연날리기 등
	정월 대보름 (음력 1월 15일)	• 대보름 아침에 대청소를 하고 부럼을 깨고 귀밝이술을 마심. 남에게 더위를 팔아서 한여름 더위를 피하고자 하는 매서(賣暑)도 행함, 오곡밥을 지어먹음. (더위를 팜) • 민속놀이: 마을 공동체의 동신제(洞神祭)가 열림, 지신밟기 · 쥐불놀이 · 동채싸움 · 줄다리기 · 기와밟기 · 쇠머리대기 · 널뛰기 · 제기차기 · 연날리기 등
	한식	동지로부터 105일 되는 날(양력 4월경)로, 조상에게 제사를 올리거나 벌초하고 성묘하는 한식 절사(寒食節祀)를 행함.
	삼짇날 (음력 3월 3일)	• 강남의 제비가 돌아온다는 날 • 민속놀이: 진달래꽃으로 전을 부쳐먹는 화전(花煎)놀이를 함.
여름	초파일 (음력 4월)	석가모니가 탄생한 날로 '부처님 오신 날'이라 하여 불교신자들은 절에 가는데, 이 날 절에서는 큰 재(齋)를 올리고 각 전각에 등불을 켬.
	단오 (음력 5월 5일)	• 수리 · 천중절 · 중오절 · 수릿날이라고도 함. • 창포 삶은 물에 머리와 얼굴을 씻고 창포 뿌리를 깎아 비녀를 만들어 머리에 꽂고 그네뛰기를 하며, 남자들은 씨름을 즐김. • 임금이 신하들에게 부채를 나누어 주고, 수리취떡을 만들어 먹음.
	유두 (음력 6월 15일)	음식을 장만해 산간 폭포에서 몸을 씻고 서늘하게 하루를 보냄.
	칠석 (음력 7월 7일)	• 헤어져 있던 견우와 직녀가 만나는 날 • 햇볕에 옷을 내어 말리고, 저녁에는 '칠석(七夕)'이라 하여 처녀들은 견우(牽牛) · 직녀(織女) 두 별을 보고 절하며 바느질이 늘기를 빔.
	백중 (음력 7월 15일)	농민들은 이날을 '호미씻이'라 하여 음식을 장만해서 산기슭 들판에 나가 농악을 울리며 하루를 즐김.
가을	추석 (음력 8월 15일)	• 한가위 · 가배 · 중추절이라고도 함. • 햇곡식으로 조상의 산소에 가서 성묘를 함. 송편 · 시루떡 · 토란단자 · 밤단자를 만들어 먹음. • 신라 유리왕 때 길쌈시합을 한 뒤 잔치를 연 것에서 기원했다고 전해짐.
	중양절 (음력 9월 9일)	각 가정에서는 철음식으로 '화채'를 만들어 먹으며, '국화전'도 부쳐 먹음.
겨울	입동(음력 10월)	• 24절기의 열아홉 번째, 겨울이 시작된다는 의미 • 김장을 담그거나 노인들을 위로하기 위해 치계미(雉鷄米)라 하여 선물이나 음식을 대접함.
	동지(음력 11월)	• 1년 중 낮의 길이가 가장 짧고 밤의 길이가 가장 긴 날 • 팥죽을 쑤어 먹는데, 죽물을 대문간, 대문 판자에 뿌림.
	섣달(음력 12월)	• 연말이 가까워지면 세찬(歲饌)이라 하여, 마른 생선 · 육포 · 곶감 · 사과 · 배 등을 친척 또는 친지들 사이에 주고받음. • 이날 밤에는 '해지킴'이라 하여 집 안팎에 불을 밝히고, 남녀가 다 새벽이 될 때까지 자지 않고 밤을 새움.

2 민속놀이

차전놀이 (안동)	통일 신라 말 후백제의 왕 견훤이 고려 태조 왕건과 자웅을 겨루고자 안동으로 진격해왔을 때 이곳 사람들은 견훤을 낙동강 물속에 밀어 넣었는데 이로 말미암아 팔짱을 낀 채 어깨로만 상대편을 밀어내는 차전놀이가 생겼다고 한다. 또 다른 전설에는 견훤이 쳐들어왔을 때 이 고을 사람인 권행, 김선평, 장정필(이들을 모신 3태사묘가 안동에 있어 지금도 해마다 제사를 지냄.)이 짐수레와 같은 수레 여러 개를 만들어 타고 이를 격파한 데서 비롯한 놀이라고도 함.
강강술래	• 밝은 보름달이 뜬 밤에 수십 명의 마을 처녀들이 모여서 손을 맞잡아 둥그렇게 원을 만들어 돌며, 한 사람이 '강강술래'의 앞부분을 선창하면 뒷소리를 하는 여러 사람이 이어받아 노래를 부르는 민속놀이 • 정유재란 때 이순신이 수병을 거느리고 왜군과 대치하고 있을 때 적의 군사에게 해안을 경비하는 우리 군세의 많음을 보이기 위하여, 왜군이 우리 해안에 상륙하는 것을 감시하는 데서 유래되었다는 설도 있음.
(안동) 놋다리밟기	• 음력 정월 대보름 경상북도 안동에서 사람들이 허리를 굽혀 행렬을 만들고 그 위를 어리고 예쁜 소녀를 공주로 뽑아 걸어가게 하는 성인 여자 놀이 • 고려 말 공민왕이 홍건적의 난을 피해 노국 공주와 안동 지방으로 피난을 가던 중 개울을 건널 때 마을 소녀들이 나와 등을 굽히고 그 위로 공주를 건너게 한데에서 유래
그네뛰기	한 사람 또는 두 사람이 그네에 올라타고 앞뒤로 왔다 갔다하는 놀이, 특히 단오날에는 명절 풍속 중 하나로 남성들의 씨름과 더불어 대표적인 여성들의 놀이로서 성행함.
윷놀이	4개의 윷가락을 던져 엎어지고 뒤집어진 상태에 따라 윷판 위의 말을 움직여 승부를 겨루는 놀이
투호놀이	옛날 궁중이나 양반집에서 즐겨 했던 놀이로 동서로 편을 갈라 항아리 속에 화살을 던지는 놀이
씨름	두 사람이 샅바나 띠 또는 바지의 허리춤을 잡고 힘과 기술을 겨루어 상대를 먼저 땅에 넘어뜨리는 것으로 승부를 결정하는 놀이
연날리기	음력 정월 초하루에서부터 보름까지 행하던 민족전래의 기예로 연을 공중에 띄우는 놀이
지신밟기	음력 정초에 땅의 신을 진압함으로써 악귀와 잡신을 물리치고, 마을의 안녕과 풍작 및 가정의 다복을 축원하는 놀이
백중놀이	• 머슴들이 김매기를 모두 마친 후에 택일하여 음식을 푸짐하게 장만하고 나누어 먹으며 노는 놀이 • 백중은 음력 7월 보름날을 뜻함.

◆ 차전놀이

◆ 강강술래

◆ (안동) 놋다리밟기

테마 60 실전문제

세시풍속

주요 정답 키워드 # 음력 6월 보름 # 강남 갔던 제비가 돌아오는 날

1. (가)에 들어갈 세시풍속으로 옳은 것은? ▶ 45회

액운 쫓고 더위 쫓는 (가)

(가) 은/는 음력 6월 보름날로 이날 동쪽으로 흐르는 물에 머리를 감으면 나쁜 기운이 날아가고, 더위를 타지 않는다고 합니다. 이날을 앞두고 다채로운 행사를 마련하였으니 시민 여러분의 많은 참여 바랍니다.

- 일시: 2019년 ○○월 ○○일 10:00~17:00
- 장소: △△문화원 야외 체험장
- 체험 프로그램
  - 탁족 놀이 - 시원한 물에 발 담가 더위 쫓기
  - 햇밀로 구슬 모양의 오색면 만들기 – 오색면을 색실에 꿰어서 허리에 매달아 액운 막기
  - 수단 만들기 – 찹쌀가루, 밀가루로 경단을 만들어 얼음 꿀물에 넣어 먹기

① 동지 ② 한식 ③ 칠석
④ 유두 ⑤ 삼짇날

한눈에 보는 해설

(가)에 들어갈 세시풍속으로 옳은 것은?

봄의 첫 걸음, (가) → 유두 전통문화 축제

액운 쫓고 더위 쫓는, (가)

(가) 은/는 음력 6월 보름날로 **이날 동쪽으로 흐르는 물에 머리를 감으면 나쁜 기운이 날아가고, 더위를 타지 않는다고 합니다.** 이날을 앞두고 다채로운 행사를 마련하였으니 시민 여러분의 많은 참여바랍니다.

일시: 2019년 ○○월 ○○일 10:00~17:00
장소: △△문화원 야외 체험장
체험 프로그램
 ✿ 탁족 놀이-시원한 물에 발 담가 더위 쫓기
 ✿ 햇밀로 구슬 모양의 오색면 만들기-오색면을 색실에 꿰어서 허리에 매달아 액운 막기
 ✿ 수단 만들기-찹쌀가루, 밀가루로 경단을 만들어 얼음 꿀물에 넣어 먹기

④ 유두(음력 6월 15일)에 대한 설명이다.

선지 분석하기

① 동지 ➡ 음력 11월경
② 한식 ➡ 동지 후 105일째 되는 날(양력 4월경)
③ 칠석 ➡ 음력 7월 7일
⑤ 삼짇날 ➡ 음력 3월 3일

2. (가)에 들어갈 세시풍속으로 옳은 것은? ▶ 32회

봄의 첫 걸음, (가) 전통문화 축제

강남 갔던 제비가 돌아와 새봄을 알린다는 (가) 을/를 맞아 시민들이 참여할 수 있는 다채로운 행사를 마련하였습니다.

- 일자: 2016년 ○○월 ○○일
- 장소: △△ 전통 문화 센터

〈체험 1〉
■ 화전 만들기
 – 진달래꽃으로 장식한 화전 부치기

〈체험 2〉
■ 노랑나비 날려 보내기
 – 이 날 노랑나비를 보면 길하다는 풍습에 따라 시민들에게 행운을 드리고자 살아있는 노랑나비를 날려 보내기

① 백중 ② 칠석 ③ 대보름
④ 삼짇날 ⑤ 한가위

한눈에 보는 해설

(가)에 들어갈 세시풍속으로 옳은 것은?

봄의 첫 걸음, (가) → 삼짇날 전통문화 축제

강남 갔던 제비가 돌아와 새봄을 알린다는 (가) 을/를 맞아 시민들이 참여할 수 있는 다채로운 행사를 마련하였습니다.

○ 일자: 2016년 ○○월 ○○일
○ 장소: △△ 전통문화 센터

〈체험 1〉
■ 화전 만들기 – **진달래꽃으로 장식한 화전** 부치기

〈체험 2〉
■ 노랑나비 날려 보내기 – 이 날 노랑나비를 보면 길하다는 풍습에 따라 시민들에게 행운을 드리고자 살아있는 노랑나비를 날려 보내기

④ 삼짇날(음력 3월 3일)에 대한 설명이다.

선지 분석하기

① 백중 ➡ 음력 7월 15일
② 칠석 ➡ 음력 7월 7일
③ 대보름 ➡ 음력 1월 15일
⑤ 한가위 ➡ 음력 8월 15일

세시풍속

3. 다음 자료에서 설명하는 민속놀이로 옳은 것은? ▶ 16회

> 이 민속놀이는 안동에서 계승되는 것으로, 그 유래에 관하여 다음과 같은 이야기가 전해진다.
>
> 고려군과 후백제군이 안동에서 대치할 때 안동 사람들이 왕건을 지원하여 크게 승리하였다. 이후 안동에서는 이 승리를 기념하여 마을 청년들이 동·서로 편을 나누어 서로 싸우는 이 민속놀이가 시작되었다고 한다.

①
놋다리밟기

②
동채싸움(차전놀이)

③
격구

④
석전(돌팔매놀이)

⑤
연날리기

주요 정답 키워드 # 안동 # 왕건 지원 # 정유재란 # 이순신 # 부녀자 동원

4. 다음 내용과 가장 관련 깊은 민속놀이로 옳은 것은? ▶ 15회

> 정유재란 때 이순신이 삼도 수군통제사로 재차 부임하여 전라 우수영에 진을 치고 왜군이 황해로 진출하는 길을 차단하고 있었다. 이순신이 거느린 전선(戰船)은 10여 척에 지나지 않았으나, 왜군의 전선은 130여 척이었다. 당시 남해 일대에서는 남자를 찾기가 어려웠다. 모두 군사로 불려 나갔거나 군수 물자를 실어 나르는 일에 동원되었기 때문이다. 그래서 이순신은 조선군에 많은 군사가 있는 것처럼 보이기 위해 부녀자들을 동원하여 이 민속놀이를 하게 하였다고 전해진다.

①
②
③
④
⑤

한눈에 보는 해설

→ 동채싸움(차전놀이)

다음 자료에서 설명하는 민속놀이로 옳은 것은?

> 이 민속놀이는 **안동에서 계승되는 것**으로, 그 유래에 관하여 다음과 같은 이야기가 전해진다.
> **고려군과 후백제군이 안동에서 대치할 때 안동 사람들이 왕건을 지원하여 크게 승리**하였다. 이후 안동에서는 이 승리를 기념하여 마을 청년들이 동·서로 편을 나누어 서로 싸우는 이 민속놀이가 시작되었다고 한다.

②동채싸움(차전놀이)에 대한 설명이다.

한눈에 보는 해설

→ 강강술래

다음 내용과 가장 관련 깊은 민속놀이로 옳은 것은?

> **정유재란 때 이순신**이 삼도 수군통제사로 재차 부임하여 전라 우수영에 진을 치고 왜군이 황해로 진출하는 길을 차단하고 있었다. 이순신이 거느린 전선(戰船)은 10여 척에 지나지 않았으나, 왜군의 전선은 130여 척이었다. 당시 남해 일대에서는 남자를 찾기가 어려웠다. 모두 군사로 불려 나갔거나 군수 물자를 실어 나르는 일에 동원되었기 때문이다. 그래서 **이순신은 조선군에 많은 군사가 있는 것처럼 보이기 위해 부녀자들을 동원하여 이 민속놀이를 하게 하였다고** 전해진다.

④강강술래에 대한 설명이다.

선지 분석하기

①  ➡ 널뛰기
② ➡ 그네뛰기
③  ➡ 놋다리밟기
⑤  ➡ 처용무

테마 61 유네스코 세계 문화유산과 조선의 궁궐

◆ 첨성대

◆ 해인사 장경판전

◆ 수원 화성

◆ 부석사 무량수전

◆ 도산 서원

◆ 유교책판

1 유네스코 세계 문화유산 ✩✩✩

세계 문화 유산	• **경주 역사 유적 지구**: 남산 지구(미륵곡 석불 좌상, 배동 석조 여래 삼존 입상, 나정, 포석정 등), 월성 지구(월성, 계림, 첨성대 등), 대릉원 지구(신라 왕·왕비·귀족 등의 무덤, 천마도 등), 황룡사 지구(황룡사지, 분황사), 산성 지구(명활산성) • **해인사 장경판전**: 세계 유일의 대장경판 보관용 건물, 건물 내 적당한 환기와 온도, 습도 조절 등의 기능을 자연적으로 해결 가능 • **종묘**: 조선 왕조의 역대 왕과 왕비의 신주를 모신 조선 왕조의 사당, 정면이 매우 길고 수평성이 강조된 독특한 형식 • **창덕궁**: 조선 태종 5년(1405) 경복궁의 이궁(離宮)으로 지어진 궁궐 • **수원 화성**: 조선 제22대 임금인 정조가 사도 세자의 무덤을 화성으로 옮기면서 축성 • **백제 역사 유적 지구**: 공주(공산성, 송산리 고분군), 부여(관북리 유적, 부소산성, 정림사지, 능산리 고분군, 부여 나성), 익산(왕궁리 유적, 미륵사지) • **산사, 한국의 산지 승원**: 경남 양산 통도사, 경북 영주 부석사, 충북 보은 법주사, 전남 해남 대흥사, 경북 안동 봉정사, 충남 공주 마곡사, 전남 순천 선암사 • **서원**: 소수 서원(경북 영주, 안향 배향), 도산 서원(경북 안동, 이황 배향), 병산 서원(경북 안동, 류성룡 배향), 옥산 서원(경북 경주, 이언적 배향), 도동 서원(대구 달성, 김굉필 배향), 남계 서원(경남 함양, 정여창 배향), 필암 서원(전남 장성, 김인후 배향), 무성 서원(전북 정읍, 최치원 배향), 돈암 서원(충남 논산, 김장생 배향) • **석굴암·불국사 / 제주 화산섬과 용암 동굴 / 남한산성 / 조선 왕릉 / 하회·양동마을 / 고인돌 유적** • **갯벌**: 충남 서천, 전북 고창, 전남 신안, 보성·순천의 갯벌 • **가야 고분군**: 경북 고령 지산동, 경남 김해 대성동, 경남 함안 말이산, 경남 창녕 교동·송현동, 경남 고성 송학동, 경남 합천 옥전, 전북 남원 유곡리·두락리
세계 기록 유산	• **훈민정음**: 세종 25년(1443) 완성, 우리말의 표기에 적합한 문자 체계 완성 • 『**조선왕조실록**』: 태조부터 철종까지 25대 472년간(1392~1863)의 조선 왕조의 역사를 편년체로 기록한 책 • 『**직지심체요절**』: 공민왕 21년(1372)에 백운화상이 저술한 『백운화상초록불조직지심체요절』을 청주 흥덕사에서 금속 활자로 인쇄 • 『**승정원일기**』: 승정원에서 있었던 일들을 기록한 책, 『조선왕조실록』 편찬의 기본 자료 • 『**조선왕조의궤**』: 조선 왕실에서 국가의 주요 행사[길례(제사), 가례(혼인), 빈례(사신 접대), 흉례(장례), 군례(군사 훈련)]가 있을 때 남겼던 기록 문서 • **고려 대장경판·제경판**: 일명 팔만대장경, 몽골군의 침입을 불교의 힘으로 막아 보고자 편찬 • 『**동의보감**』: 광해군 5년(1613)에 허준 저술, 동아시아 의학 지식과 기술 집대성 • 『**일성록**』: 조선 후기 국정 운영 사항을 일기 형식으로 정리해 놓은 책 • 『**난중일기**』: 이순신이 쓴 것으로, 임진왜란의 상황을 구체적으로 알려줌. • **한국의 유교책판**: 유학 관련 책판(冊板, 책을 인쇄하기 위해 글을 새긴 나무판) 718종 6만 4,226장 • 5·18 광주 민주화 운동 관련 기록물 / KBS 특별 생방송 '이산가족을 찾습니다.' 1983년 방영 기록물 / 새마을 운동 기록물 / 국채 보상 운동 기록물 / 조선 통신사 기록물 / 조선 왕실 어보와 어책 / 동학 농민 운동 기록물 / 4·19 혁명 기록물
무형 유산	종묘 제례·종묘 제례악 / 판소리 / 강릉 단오제 / 강강술래 / 남사당놀이 / 영산재 / 제주 칠머리당 영등굿 / 처용무 / 가곡 / 대목장 / 매사냥 / 택견 / 줄타기 / 한산 모시짜기 / 아리랑 / 김장 문화 / 농악 / 줄다리기 / 제주 해녀 문화 / 씨름(남북 공동 등재) / 연등회 / 탈춤 / 장 담그기 문화

▶유네스코 문화유산에 새롭게 등재되는 내용은 선우한국사 카페(cafe.naver.com/swkuksa)에 빠르게 올려드리겠습니다.

2 조선의 궁궐 ☆☆☆

경복궁	• 조선 시대 궁궐 중 가장 중심이 되는 곳, 태조 3년(1394) 건립 • 임진왜란으로 불에 탐. ➡ 고종 4년(1867) 재건 • 건물 배치의 기본 형식[좌묘우사 전조후시(左廟右社 前朝後市)]을 지킨 궁궐 • 궁궐의 핵심 공간: 광화문 - 근정전 - 사정전 - 강녕전 - 교태전(일직선 상 위치)
덕수궁	• 월산 대군(성종의 형)의 집터 ➡ 임진왜란 이후 선조의 임시 거처(정릉동 행궁) ➡ 광해군 때 경운궁으로 개칭 ➡ 아관 파천(1896) 이후 1897년 고종은 경운궁으로 거처를 옮김. ➡ 1907년 덕수궁으로 개칭 • 건물 배치: 정전과 침전이 있는 구역, 선원전(역대 임금과 왕비의 초상화를 모시는 곳)이 있는 구역, 서양식 건물인 중명전(1905년 을사늑약 체결 장소)과 석조전(르네상스 양식) 등이 있음.
운현궁	고종의 생부인 흥선 대원군의 저택
창경궁	• 세종 대왕 때 상왕 태종을 위해 창건한 수강궁이 있었던 자리에 지은 궁궐 • 성종 때는 세조의 비와 덕종의 비, 예종의 비를 모시기 위해 명정전, 문정전, 통명전을 짓고 창경궁이라 명명 • 일제 강점기에 창경원으로 격하, 동물원으로 바뀜.
창덕궁	• 3대 태종이 1405년 이궁으로 지은 궁궐 • 임진왜란 때 전소 ➡ 광해군이 재건 • 조선 궁궐 중 가장 오랜 기간 동안 임금들이 기거 • 창덕궁 후원: 우리나라 최대의 궁중 정원 cf 유네스코 세계 문화유산 cf 동궐도: 창덕궁 그림
종묘	• 조선 왕조 역대 왕과 왕비의 신주를 모신 조선 왕조의 사당 • 정면이 매우 길고 수평성이 강조된 독특한 형식의 건물 • 정전: 매년 각 계절과 섣달에 대제 시행 • 영녕전: 매년 봄가을과 섣달에 제향일을 따로 정하여 제례 지냄. cf 유네스코 세계 문화유산

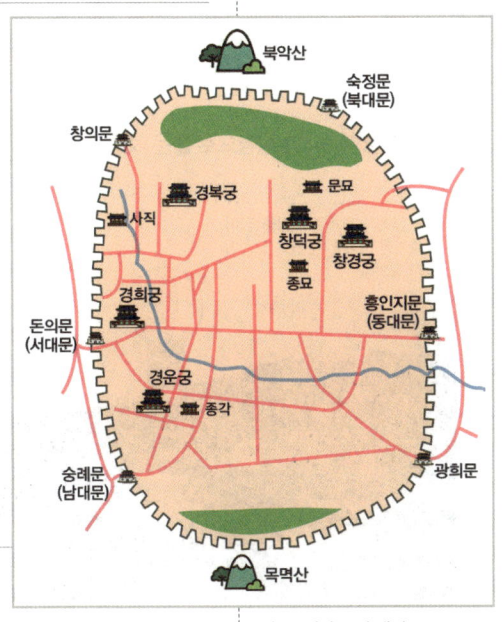

◆ 조선의 궁궐 배치도

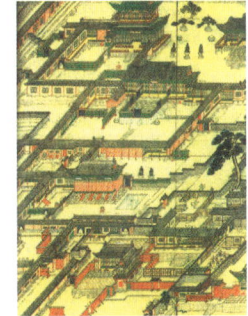

◆ 동궐도(東闕圖), 창덕궁 대조전 일대

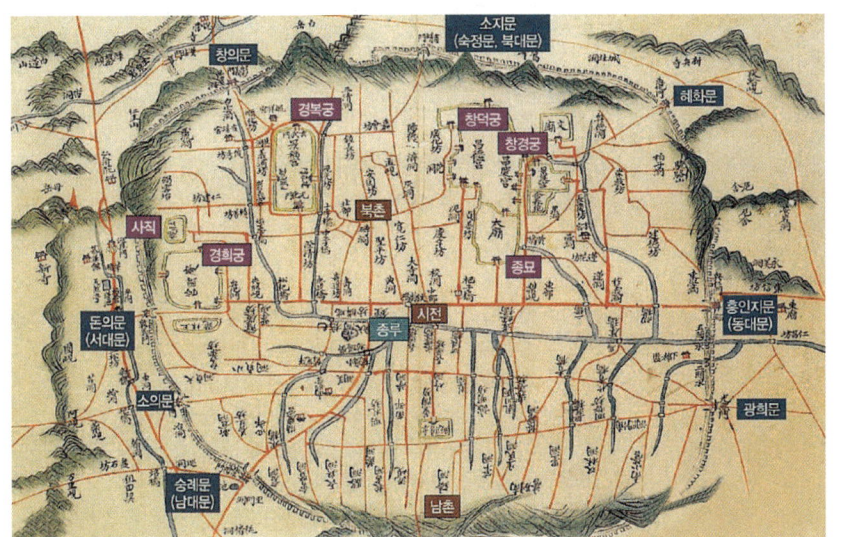

◆ 한양 지도

◆ 종묘 정전

◆ 규장각

테마 61 실전문제

유네스코 세계 문화유산

주요 정답 키워드 # 정조 # 행궁 # 장용영 # 법주사 팔상전 # 부석사 무량수전 # 봉정사 극락전

1. (가) 문화유산에 대한 설명으로 옳은 것을 〈보기〉에서 고른 것은?
▶ 62회

> 정조가 정치적 이상을 담아 축조한 (가) 안의 모습이 참 예쁘네!
>
> 정조가 행차할 때 머물렀던 행궁과 장용영 군사를 지휘했던 서장대도 보여.

〈보기〉
㉠ 고종이 아관 파천 이후 환궁한 곳이다.
㉡ 포루, 공심돈 등 방어 시설을 갖추었다.
㉢ 당백전을 발행하여 건설 비용에 충당하였다.
㉣ 정약용이 고안한 거중기 등을 이용하여 축조되었다.

① ㉠, ㉡   ② ㉠, ㉢   ③ ㉡, ㉢
④ ㉡, ㉣   ⑤ ㉢, ㉣

한눈에 보는 해설

→ 수원 화성
(가) 문화유산 에 대한 설명으로 옳은 것을 〈보기〉에서 고른 것은?

> 정조가 정치적 이상을 담아 축조한 (가) 안의 모습이 참 예쁘네!
>
> 정조가 행차할 때 머물렀던 **행궁**과 **장용영** 군사를 지휘했던 서장대도 보여.

㉡ 수원 화성은 중국, 일본 등지에서 찾아볼 수 없는 평산성의 형태로 포루, 공심돈 등 군사적 방어 시설을 갖추었다.
㉣ 수원 화성은 규장각 문신 정약용이 동서양의 기술서를 참고하여 만든 『성화주략』을 지침서로 하였고, 정약용이 고안한 거중기, 녹로 등을 이용하여 2년만에 축조되었다.

선지 분석하기
㉠ 고종이 아관 파천 이후 환궁한 곳이다. ➡ 덕수궁
㉢ 당백전을 발행하여 건설 비용에 충당하였다. ➡ 흥선 대원군의 경복궁 중건 당시 상황

2. (가)~(마)에 대한 설명으로 적절하지 않은 것은?
▶ 70회

답사 계획서
• 주제: 불교 문화유산이 숨 쉬는 곳, 산사(山寺)를 찾아서
  - 유네스코가 주목한 사찰을 중심으로
• 기간: 2024년 ○○월 ○○일~○○일
• 경로: 보은 법주사 → 영주 부석사 → 안동 봉정사 → 합천 해인사
  → 순천 선암사

(가) 보은 법주사
(나) 영주 부석사
(다) 안동 봉정사
(라) 합천 해인사
(마) 순천 선암사

① (가) - 오층 목조탑 내부에 부처의 일생을 그린 팔상도가 있다.
② (나) - 배흘림기둥에 주심포 양식으로 축조된 무량수전이 있다.
③ (다) - 현존하는 우리나라 최고(最古)의 목조 건물인 극락전이 있다.
④ (라) - 팔만대장경판을 보관하고 있는 장경판전이 있다.
⑤ (마) - 무구정광대다라니경이 발견된 삼층 석탑이 있다.

한눈에 보는 해설

(가)~(마)에 대한 설명으로 적절하지 않은 것은?
⑤ 무구정광대다라니경이 발견된 삼층 석탑(석가탑)이 있는 곳은 경주 불국사이다.

선지 분석하기
① (가) - 조선 17세기 건축인 법주사 팔상전은 현존 가장 오래된 목조 5층 탑으로 내부에는 부처의 일생을 그린 팔상도가 있다.
② (나) - 고려 후기 건축인 부석사 무량수전은 배흘림기둥에 주심포 양식, 팔작지붕 양식으로 내부에는 소조 아미타여래 좌상이 모셔져 있다.
③ (다) - 고려 후기 건축인 봉정사 극락전은 현존하는 우리나라 최고(最古)의 목조 건물로 주심포 양식, 맞배지붕 양식이다.
④ (라) - 합천 해인사에는 팔만대장경판(고려 후기 제작)을 보관하고 있는 장경판전(조선 초 건축)이 있다.

유네스코 기록 문화유산

주요 정답 키워드 # 파리 # 정순 왕후 혼례식 행렬

3. (가) 문화유산에 대한 설명으로 옳은 것을 <보기>에서 고른 것은?
▶ 62회

저는 지금 파리에서 열린 한지 공예 특별전에 나와 있습니다. 이 작품은 영조와 정순 왕후의 혼례식 행렬을 1,100여 점의 닥종이 인형으로 재현한 것입니다. 조선 시대 왕실이나 국가의 큰 행사가 있을 때 일체의 관련 사실을 글과 그림으로 기록한 책인 [(가)]을/를 바탕으로 제작되었습니다.

[보기]
㉠ 사초와 시정기를 바탕으로 편찬되었다.
㉡ 연대순으로 기록하는 편년체로 구성되었다.
㉢ 왕의 열람을 위한 어람용이 따로 제작되었다.
㉣ 병인양요 당시 일부가 프랑스군에게 약탈되었다.

① ㉠, ㉡   ② ㉠, ㉢
③ ㉡, ㉢   ④ ㉡, ㉣
⑤ ㉢, ㉣

한눈에 보는 해설

→ 조선왕조의궤

(가) 문화유산에 대한 설명으로 옳은 것을 <보기>에서 고른 것은?

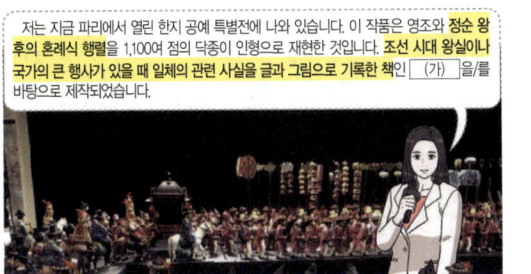

저는 지금 **파리**에서 열린 한지 공예 특별전에 나와 있습니다. 이 작품은 영조와 **정순 왕후의 혼례식 행렬**을 1,100여 점의 닥종이 인형으로 재현한 것입니다. **조선 시대 왕실이나 국가의 큰 행사가 있을 때** 일체의 관련 사실을 글과 그림으로 기록한 책인 [(가)]을/를 바탕으로 제작되었습니다.

㉢ 『조선왕조의궤』는 왕의 열람을 위한 어람용을 따로 제작하였다.
㉣ 병인양요(1866) 당시 강화도를 침범한 프랑스군은 강화도 외규장각에 있던 『조선왕조의궤』를 약탈하였다.

[선지 분석하기]
㉠ 사초와 시정기를 바탕으로 편찬되었다. ➡ 『조선왕조실록』
㉡ 연대순으로 기록하는 편년체로 구성되었다. ➡ 『조선왕조실록』

조선의 궁궐

주요 정답 키워드 # 돈화문 # 인정전 # 연경당 # 후원

4. (가) 궁궐에 대한 설명으로 옳은 것은?
▶ 64회

2023 달빛기행

유네스코 세계유산에 등재된 조선의 궁궐 [(가)]에 여러분을 초대합니다.
달빛과 별이 어우러진 밤하늘 아래 자연과 어우러진 고궁의 아름다움을 느껴 보시기 바랍니다.

◆ 관람 동선 ◆
돈화문 → 금천교 → 인정전 → 낙선재 →
부용지 → 연경당 → 후원 숲길 → 돈화문

■ 일시 : 2023년 ○○월 ○○일 19:00~21:00
■ 주관 : △△ 문화재단

① 일제에 의해 동물원 등이 설치되었다.
② 도성 내 서쪽에 있어 서궐이라고 불렸다.
③ 인목 대비가 광해군에 의해 유폐된 장소이다.
④ 정도전이 궁궐과 주요 전각의 명칭을 정하였다.
⑤ 태종이 도읍을 한양으로 다시 옮기며 건립하였다.

한눈에 보는 해설

→ 창덕궁

(가) 궁궐에 대한 설명으로 옳은 것은?

유네스코 세계유산에 등재된 조선의 궁궐 [(가)]에 여러분을 초대합니다. 달빛과 별이 어우러진 밤하늘 아래 자연과 어우러진 고궁의 아름다움을 느껴 보시기 바랍니다.

◆ 관람 동선: **돈화문** → 금천교 → **인정전** → **낙선재** → 부용지 → **연경당** → **후원 숲길** → **돈화문**

⑤ 태종이 도읍을 한양으로 다시 옮기고 건립한 창덕궁은 자연지형을 이용한 자유로운 전각 배치가 이루어졌는데, 돈화문(정문), 인정전(정전), 선정전(편전, 유일한 청기와 지붕), 낙선재, 연경당(사대부 집 형식으로 건축), 후원 등으로 구성되었다. 동궐로 불렸던 창덕궁은 1997년 유네스코 세계 문화유산에 등재되었다.

[선지 분석하기]
① 일제에 의해 동물원 등이 설치되었다. ➡ 창경궁
② 도성 내 서쪽에 있어 서궐이라고 불렸다. ➡ 경희궁
③ 인목 대비가 광해군에 의해 유폐된 장소이다. ➡ 경운궁
④ 정도전이 궁궐과 주요 전각의 명칭을 정하였다. ➡ 경복궁

테마 62 근현대사 인물사

흥선 대원군(1820~1898) ★★★

(가) 인물이 실시한 정책으로 옳지 않은 것은? ▶32회

자료는 고종의 즉위로 권력을 장악한 [(가)] 이/가 쓴 편지이다. 그는 이양선(異樣船)의 접근에 대한 대응 방안으로 서리와 장교를 상인으로 위장시켜 서서히 동정을 살피라고 하고 있다. 이 편지를 통해 서양 세력의 침략적 접근에 대처하고자 했던 그의 통상 수교 거부 의지를 단편적으로나마 살펴볼 수 있다. 이러한 통상 수교 거부 의지는 신미양요 직후 그가 세운 척화비를 통해서도 확인할 수 있다.

① 속대전을 편찬하여 통치 체제를 정비하였다.
② 국가 재정 확충을 위해 호포제를 실시하였다.
③ 삼군부를 부활시켜 군국기무를 전담하게 하였다.
④ 경복궁을 중건하여 왕실의 권위를 세우고자 하였다.
⑤ 사창제를 실시하여 환곡의 폐단을 시정하고자 하였다.

한눈에 보는 해설

→ 흥선 대원군
[(가) 인물]이 실시한 정책으로 옳지 않은 것은?

자료는 <mark>고종의 즉위로 권력을 장악한</mark> [(가)] 이/가 쓴 편지이다. 그는 이양선(異樣船)의 접근에 대한 대응 방안으로 서리와 장교를 상인으로 위장시켜 서서히 동정을 살피라고 하고 있다. 이 편지를 통해 서양 세력의 침략적 접근에 대처하고자 했던 그의 통상 수교 거부 의지를 단편적으로나마 살펴볼 수 있다. 이러한 통상 수교 거부 의지는 신미양요 직후 <mark>그가 세운 척화비를</mark> 통해서도 확인할 수 있다. → 흥선 대원군

①<mark>속대전</mark>은 조선 영조 재위 시기에 편찬되었다.

인물 알아보기

- 1863년 12살인 고종의 즉위로 대원군에 봉해지고 섭정 시작
- 개혁 정치: 비변사의 기능 약화 및 폐지, 법전 정비(『대전회통』, 『육전조례』), 경복궁 중건(원납전, 당백전), 호포법 실시, 환곡을 사창제로 개혁, 서원 및 만동묘 철폐, 통상 수교 거부 정책(병인양요, 신미양요, 척화비 건립) 등

박정양(1841~1905) ★

(가) 인물에 대한 설명으로 옳은 것은? ▶44회

본국은 서양의 여러 나라 중 귀국과 가장 먼저 조약을 체결하였고, 우의가 돈독하여 사절이 왕래한 지 여러 해가 되었습니다. 이에 짐이 믿고 아끼는 종2품 협판 내무부사 [(가)] 을/를 초대 주미 공사에 임명하여, 귀국으로 가서 수도에 머물며 교섭 사무를 처리하도록 하려고 합니다. 본 대신은 충성스럽고 근실하며 매사에 꼼꼼하고 자세하므로 그 직책을 능히 감당할 수 있을 것이니, 대통령께서도 성실하게 서로 믿고 우대하는 예에 따라 대해 주시기를 바랍니다.

① 민족 교육을 위해 대성 학교를 설립하였다.
② 서유견문을 집필하여 서양 근대 문물을 소개하였다.
③ 영국인 베델과 제휴하여 대한매일신보를 창간하였다.
④ 헤이그에서 열린 만국 평화 회의에 특사로 파견되었다.
⑤ 독립 협회의 제안을 받아들여 중추원 관제 개편을 추진하였다.

한눈에 보는 해설

→ 박정양
[(가) 인물]에 대한 설명으로 옳은 것은? →1887년

본국은 서양의 여러 나라 중 귀국과 가장 먼저 조약을 체결하였고, 우의가 돈독하여 사절이 왕래한 지 여러 해가 되었습니다. 이에 짐이 믿고 아끼는 종2품 협판 내무부사 [(가)] 을/를 <mark>초대 주미 공사에 임명</mark>하여, 귀국으로 가서 수도에 머물며 교섭 사무를 처리하도록 하려고 합니다. 본 대신은 충성스럽고 근실하며 매사에 꼼꼼하고 자세하므로 그 직책을 능히 감당할 수 있을 것이니, 대통령께서도 성실하게 서로 믿고 우대하는 예에 따라 대해 주시기를 바랍니다.

⑤박정양은 독립 협회 관민 공동회의 제안을 받아들여 중추원 관제 개편을 추진하였다.

선지 분석하기

① 민족 교육을 위해 대성 학교를 설립하였다. ➡ 안창호
② 서유견문을 집필하여 서양 근대 문물을 소개하였다. ➡ 유길준
③ 영국인 베델과 제휴하여 대한매일신보를 창간하였다. ➡ 양기탁
④ 헤이그에서 열린 만국 평화 회의에 특사로 파견되었다. ➡ 이상설, 이준, 이위종

인물 알아보기

- 조선 후기 대신
- 1881년 <mark>조사 시찰단(신사 유람단)</mark>으로 일본에 다녀옴. 1887년 주미 전권공사로 임명, 갑오개혁 때 군국기무처 회의원으로 임명됨, 3차 김홍집 내각의 내부대신이 됨.
- 1898년 독립 협회의 만민 공동회에서 시정 개혁을 약속, <mark>중추원 관제 개편 추진</mark> ➡ but 수구파의 반대로 실패

유길준(1856~1914) ☆

밑줄 그은 '이 사람'에 관한 설명으로 옳지 않은 것은? ▶9회

> 세일럼 시(市)는 외국의 한 젊은이에게 우리의 관습과 예절을 가르치는 특별한 기회를 갖게 되었다. 피바디 박물관장 모스는, 영어를 배우기 위해 조선에서 온 스물여섯 살 청년인 이 사람을 로렐가의 자택에 유숙시키고 있다. 그는 일본에 1년 체류하면서 일본어를 배운 바 있다. 청년은 모스 교수와 일본어로 대화한다. 그는 지난주 처음으로 양복을 입었으나 집에서는 입지 않는다. 그는 외양과 태도에서 대단히 신사답다.
> — 세일럼 이브닝 뉴스, 1883. 11. 10.

① 1870년경 - 박규수 문하에서 수학하였다.
② 1881년 - 조사 시찰단의 일원으로 참여하였다.
③ 1884년 - 갑신정변 실패 후 일본으로 망명하였다.
④ 1880년대 중반 - 중립화론을 제기하였다.
⑤ 1895년 - 서유견문을 출간하였다.

최익현(1833~1906) ☆☆☆

(가) 인물의 활동으로 옳은 것은? ▶36회

이 사당은 위정척사 운동을 주도한 (가) 의 위패를 모신 충청남도 청양의 모덕사입니다. 흥선 대원군의 하야와 고종의 친정(親政)을 요구하는 상소를 올렸던 그는 왜양일체론을 내세워 강화도 조약 체결에 반대하였습니다.

① 한국독립운동지혈사를 저술하였다.
② 봉오동 전투에서 일본군을 격파하였다.
③ 고종의 밀지를 받아 독립 의군부를 조직하였다.
④ 을사늑약 체결에 반대하여 태인에서 의병을 일으켰다.
⑤ 13도 창의군을 결성하여 서울 진공 작전을 전개하였다.

한눈에 보는 해설

밑줄 그은 '이 사람'(→유길준)에 관한 설명으로 옳지 않은 것은?

> 세일럼 시(市)는 외국의 한 젊은이에게 우리의 관습과 예절을 가르치는 특별한 기회를 갖게 되었다. **피바디 박물관장 모스는, 영어를 배우기 위해 조선에서 온 스물여섯 살 청년인 이 사람을 로렐가의 자택에 유숙시키고 있다. 그는 일본에 1년 체류하면서 일본어를 배운 바 있다.** 청년은 모스 교수와 일본어로 대화한다. 그는 지난주 처음으로 양복을 입었으나 집에서는 입지 않는다. 그는 외양과 태도에서 대단히 신사답다.
> — 세일럼 이브닝 뉴스, 1883. 11. 10.

③ 갑신정변 실패 후 일본으로 망명한 인물은 김옥균, 박영효, 서광범, 서재필 등이다.

인물 알아보기

- 박규수 문하에서 김옥균·박영효·홍영식 등과 친분을 가지게 됨.
- 1881년 조사 시찰단 단장이던 어윤중 수행원으로 일본 파견 ➡ 후쿠자와 유키치(문명 개화론자)가 세운 게이오 의숙에 입학
- 1883년 보빙사 일행으로 미국에 파견, 국비 유학생으로 잔류, 1885년 유럽 각국을 시찰하고 귀국 ➡ 갑신정변의 개화당으로 몰려 구금, '조선 중립화론' 주장
- 주요 저서: 『서유견문』(1895), 『조선문전』(1897~1902), 『대한문전』(1909)

한눈에 보는 해설

(가) 인물(→최익현)의 활동으로 옳은 것은?

이 사당은 **위정척사 운동을 주도**한 (가) 의 위패를 모신 충청남도 청양의 모덕사입니다. **흥선 대원군의 하야와 고종의 친정(親政)을 요구하는 상소를** 올렸던 그는 왜양일체론을 내세워 **강화도 조약 체결에 반대**하였습니다.

④ 을사조약[을사늑약(제2차 한·일 협약), 1905]이 체결되자 최익현은 태인에서 유생을 모아 의병을 일으켰다.

선지 분석하기

① 한국독립운동지혈사를 저술하였다. ➡ 박은식
② 봉오동 전투에서 일본군을 격파하였다. ➡ 홍범도
③ 고종의 밀지를 받아 독립 의군부를 조직하였다. ➡ 임병찬
⑤ 13도 창의군을 결성하여 서울 진공 작전을 전개하였다. ➡ 이인영, 허위

인물 알아보기

- 흥선 대원군의 하야와 고종의 친정 요구
- 1876년 조·일 수호 조규(강화도 조약)를 반대하며 '개항 반대 5불가소'를 올려 흑산도로 유배, 1895년 단발령에 반대하다가 투옥
- 1905년 을사조약 체결 후 조약의 무효를 주장하며 '창의토적소(倡義討賊疏)'를 올림.
- 74세 고령으로 전북 태인에서 의병을 모집, 순창에서 을사의병 전개, 체포되어 쓰시마섬에 유배된 후 1906년 순국

전봉준(1855~1895) ★★★

(가) 인물에 대한 설명으로 옳은 것은? ▶41회

> 심문자: 재차 기포(起包)한 것을 일본 군사가 궁궐을 침범하였다고 한 까닭에 다시 일어났다 하니, 다시 일어난 후에는 일본 병사에게 무슨 행동을 하려 하였느냐.
> 진술자: 궁궐을 침범한 연유를 힐문하고자 하였다.
> 심문자: 그러면 일본 병사나 각국 사람이 경성에 머물고 있는 자를 내쫓으려 하였느냐.
> 진술자: 그런 것이 아니라 각국인은 다만 통상만 하는데 일본인은 병사를 거느리고 경성에 진을 치고 있으므로 우리나라 영토를 침략하는가 하고 의아해한 것이다.
>
> 「 (가) 공초」

① 을사늑약에 반대하여 의병을 일으켰다.
② 독립 협회를 창립하고 독립문을 세웠다.
③ 지부복궐척화의소를 올려 왜양일체론을 주장하였다.
④ 13도 창의군을 지휘하여 서울 진공 작전을 전개하였다.
⑤ 보국안민을 기치로 우금치에서 일본군 및 관군과 맞서 싸웠다.

한눈에 보는 해설

→전봉준
(가) 인물에 대한 설명으로 옳은 것은?

> 심문자: 재차 **기포(起包)한 것을 일본 군사가 궁궐을 침범하였다고 한 까닭에 다시 일어났다** 하니, 다시 일어난 후에는 일본 병사에게 무슨 행동을 하려 하였느냐. — 상해 재봉기(1894. 9.)
> 진술자: 궁궐을 침범한 연유를 힐문하고자 하였다.
> 심문자: 그러면 일본 병사나 각국 사람이 경성에 머물고 있는 자를 내쫓으려 하였느냐.
> 진술자: 그런 것이 아니라 각국인은 다만 통상만 하는데 일본인은 병사를 거느리고 경성에 진을 치고 있으므로 우리나라 영토를 침략하는가 하고 의아해한 것이다.
>
> 「 (가) 공초」

⑤ 전봉준은 보국안민을 기치로 공주 우금치에서 일본군 및 관군과 맞서 싸웠으나 패한 후 순창에서 체포되었다.

선지 분석하기
① 을사늑약에 반대하여 의병을 일으켰다. ➡ 민종식, 최익현, 신돌석 등의 을사의병
② 독립 협회를 창립하고 독립문을 세웠다. ➡ 서재필
③ 지부복궐척화의소를 올려 왜양일체론을 주장하였다. ➡ 최익현
④ 13도 창의군을 지휘하여 서울 진공 작전을 전개하였다. ➡ 이인영, 허위

인물 알아보기

- 1890년 동학에 입교, 고부 접주로 임명됨.
- 1894년 고부 군수 조병갑의 탐학에 반발하여 고부 민란을 주도, 안핵사 이용태가 책임을 동학교도에게 돌리자 백산 봉기 일으킴.
- 1894년 4월 말 전주성 점령, 5월 8일 전주 화약 체결 후 집강소 설치, 청·일 전쟁 발발 후 농민군 재봉기, 공주 우금치 전투에서 패한 후 순창에서 체포됨.

주시경(1876~1914) ★★

다음 인물에 대한 설명으로 옳은 것은? ▶38회

이 달의 인물
한글을 사랑한 ○○○
- 호: 한힌샘, 백천(白泉)
- 생몰: 1876년~1914년
- 주요 활동
  - 독립신문 교보원 활동
  - 국문 동식회 조직
  - 국어문법, 말의 소리 저술
- 서훈: 1980년 건국 훈장 대통령장

① 잡지 한글을 간행하였다.
② 한글 맞춤법 통일안을 제정하였다.
③ 가갸날을 제정하고 기념식을 거행하였다.
④ 국문 연구소에서 한글 연구를 체계화하였다.
⑤ 조선어 학회 사건으로 구속되어 옥고를 치렀다.

한눈에 보는 해설

→주시경
다음 인물에 대한 설명으로 옳은 것은?

- 호: 한힌샘, 백천(白泉)
- 생몰: 1876년~1914년
- 주요 활동
  - **독립신문 교보원 활동**
  - **국문 동식회 조직**
  - **국어문법, 말의 소리 저술**
- 서훈: 1980년 건국 훈장 대통령장

④ 주시경, 지석영 등을 중심으로 국문 연구소를 설치(1907)하여 한글의 발음, 글자체, 철자법 등을 연구·정리하였다.

선지 분석하기
① 잡지 한글을 간행하였다. ➡ 조선어 연구회(이윤재, 최현배 등)의 활동
② 한글 맞춤법 통일안을 제정하였다. ➡ 조선어 학회(1931~1942)의 활동
③ 가갸날을 제정하고 기념식을 거행하였다. ➡ 조선어 연구회의 활동
⑤ 조선어 학회 사건으로 구속되어 옥고를 치렀다. ➡ 조선어 학회 사건(1942)

인물 알아보기

- 1896년 「독립신문」 발간에 관여, 독립신문사 안에 '국문 동식회' (최초 국문법 연구 단체) 조직, 서재필 추방 이후에 「제국신문」 기자 역임
- 1907년 국문 연구소(1907) 연구 위원 역임
- 저서: 「국문문법」(1905), 「말」(1908?), 「말의 소리」(1914) 등

안중근(1879~1910)

다음 학생들이 발표하고 있는 인물에 대한 설명으로 옳은 것은? ▶ 46회

> 대한의군 참모중장 ○○○
>
> (왼쪽) 이것은 그가 뤼순에서 재판받는 장면을 묘사한 취재 삽화입니다. 재판장, 검사, 변호사들이 모두 일본인으로 구성된 불공정한 재판 상황을 보여주고 있습니다.
>
> (오른쪽) 사형 판결을 받은 그는 동양평화론을 저술하던 중 순국하였습니다. 이 글에서 그는 일제의 침략상을 비판하며 한·중·일이 대등한 위치에서 상호 협력해야 한다고 주장하였습니다.

① 동양 척식 주식회사에 폭탄을 투척하였다.
② 하얼빈 역에서 이토 히로부미를 사살하였다.
③ 한인 애국단을 결성하여 의거 활동을 전개하였다.
④ 조선 혁명 간부 학교를 세워 독립군을 양성하였다.
⑤ 명동 성당 앞에서 이완용을 습격하여 중상을 입혔다.

한눈에 보는 해설

다음 학생들이 발표하고 있는 인물(→안중근)에 대한 설명으로 옳은 것은?

○ 이것은 그가 뤼순에서 재판받는 장면을 묘사한 취재 삽화입니다. 재판장, 검사, 변호사들이 모두 일본인으로 구성된 불공정한 재판 상황을 보여주고 있습니다.
○ **사형 판결을 받은 그는 동양평화론을 저술하던 중 순국**하였습니다. 이 글에서 그는 일제의 침략상을 비판하며 한·중·일이 대등한 위치에서 상호 협력해야 한다고 주장하였습니다.

② 안중근은 1909년 만주 하얼빈에서 초대 통감인 이토 히로부미를 저격하였다.

선지 분석하기
① 동양 척식 주식회사에 폭탄을 투척하였다. ➡ 나석주
③ 한인 애국단을 결성하여 의거 활동을 전개하였다. ➡ 김구
④ 조선 혁명 간부 학교를 세워 독립군을 양성하였다. ➡ 김원봉
⑤ 명동 성당 앞에서 이완용을 습격하여 중상을 입혔다. ➡ 이재명

인물 알아보기

- 1895년 가톨릭교에 입교, 1906년 삼흥학교 설립
- 1907년 대구에서 시작된 **국채 보상 운동을 평양에서 주도**, 연해주로 망명하여 의병 활동 전개
- 1909년 3월 동지 11명과 **단지회** 결성, 1909년 만주 하얼빈 역에서 **이토 히로부미 사살** 후 현장 체포, 뤼순 감옥에 수감 중 이듬해 3월 26일 사형, 『**동양평화론**』 집필(미완성)

이상설(1870~1917)

(가)에 들어갈 내용으로 옳은 것은? ▶ 36회

보재(溥齋) 이상설 선생의 항일 투쟁

활동 지역	주요 활동
국내(서울)	을사늑약 체결 비판과 을사 5적 처단 상소
간도	서전서숙 설립과 민족 교육 실시
네덜란드(헤이그)	만국 평화 회의에 파견되어 을사늑약의 부당성 폭로
미국	애국 동지 대표자 회의 참석과 국민회 결성에 기여
러시아(연해주)	(가)
중국(상하이)	신한 혁명당 결성과 외교 활동

① 숭무 학교 설립과 무장 투쟁 준비
② 한인 애국단 결성과 항일 의거 활동
③ 권업회 조직과 대한 광복군 정부 수립
④ 한국 광복군 창설과 국내 정진군 훈련
⑤ 국민 대표 회의 참여와 대한민국 임시 정부 활동

한눈에 보는 해설

(가)에 들어갈 내용으로 옳은 것은?

보재(溥齋) 이상설 선생의 항일 투쟁

활동 지역	주요 활동
국내(서울)	을사늑약 체결 비판과 **을사 5적 처단 상소**
간도	**서전서숙 설립**과 민족 교육 실시
네덜란드(헤이그)	**만국 평화 회의에 파견**되어 을사늑약의 부당성 폭로
미국	애국 동지 대표자 회의 참석과 국민회 결성에 기여
러시아(연해주)	(가)
중국(상하이)	**신한 혁명당** 결성과 외교 활동

③ 이상설은 1911년 권업회를 조직했으며, 1914년 이동휘 등과 대한 광복군 정부를 수립하여 정통령에 선임되었다.

선지 분석하기
① 숭무 학교 설립과 무장 투쟁 준비 ➡ 이근영(멕시코)
② 한인 애국단 결성과 항일 의거 활동 ➡ 김구
④ 한국 광복군 창설과 국내 정진군 훈련 ➡ 대한민국 임시 정부(사령관 지청천)
⑤ 국민 대표 회의 참여와 대한민국 임시 정부 활동 ➡ 창조파(신채호, 박용만 등), 개조파(안창호, 여운형 등), 현상유지파(이동녕, 김구 등)

인물 알아보기

- 1905년 을사조약 체결 후 조약 무효 상소
- 1906년 이동녕 등과 간도에 **서전서숙** 설립, 1907년 고종의 밀지로 헤이그 만국 평화 회의에 이준·이위종과 파견, 이후 연해주 블라디보스토크에서 **한흥동** 건설
- 1910년 유인석·이범윤 등과 **13도 의군 편성**, **성명회** 조직, 1911년 **권업회** 조직, 1914년 이동휘 등과 **대한 광복군 정부** 수립, 1915년 **신한 혁명당** 조직

이회영(1867~1932) ☆☆☆

다음 인물의 활동으로 옳은 것은? ▶26회

○○○ 연보

1867년	서울 저동 출생
1905년	나인영, 기산도 등과 함께 을사오적 암살 모의
1910년	6형제 50여 명의 가족이 전 재산을 처분하여 독립운동 자금을 마련한 후 만주로 망명
1911년	재만 한인 자치 기관인 경학사를 조직
1931년	항일 구국 연맹을 결성하고 비밀 행동 조직인 흑색 공포단을 조직
1932년	다롄에서 일본 경찰에 검거되어 모진 고문 끝에 순국

① 의열단을 창설하여 무장 투쟁을 전개하였다.
② 미군과 연계하여 국내 진공 작전을 추진하였다.
③ 신흥 강습소를 설립하여 독립군을 양성하였다.
④ 한국 독립군을 이끌고 대전자령 전투에 참여하였다.
⑤ 중국 의용군과 연합하여 흥경성 전투를 지휘하였다.

한눈에 보는 해설

다음 인물(→이회영)의 활동으로 옳은 것은?

- 1867년 서울 저동 출생
- 1905년 나인영, 기산도 등과 함께 을사오적 암살 모의
- 1910년 6형제 50여 명의 **가족이 전 재산을 처분하여 독립운동 자금을 마련한 후 만주로 망명**
- 1911년 재만 한인 자치 기관인 **경학사**를 조직
- 1931년 항일 구국 연맹을 결성하고 비밀 행동 조직인 흑색 공포단을 조직
- 1932년 다롄에서 일본 경찰에 검거되어 모진 고문 끝에 순국

③ 신민회 회원인 이시영·이회영·이상룡·이동녕 등은 서간도 삼원보에 세운 자치 기구인 경학사(1911)를 모체로 신흥 강습소(1911)를 설립하여 독립군을 양성하였다.

선지 분석하기
① 의열단을 창설하여 무장 투쟁을 전개하였다. ➡ 김원봉
② 미군과 연계하여 국내 진공 작전을 추진하였다. ➡ 한국 광복군
④ 한국 독립군을 이끌고 대전자령 전투에 참여하였다. ➡ 지청천
⑤ 중국 의용군과 연합하여 흥경성 전투를 지휘하였다. ➡ 양세봉(조선 혁명군)

인물 알아보기

- 1906년 간도 용정촌에 **서전서숙** 설립 (cf. 이상설)
- 1907년 **신민회** 조직
- 1910년 만주로 가 독립군 기지 건설에 매진(경학사, **신흥 강습소** 설립)
- 1918년 고종의 국외 망명 시도
- 1919년 상하이 임시 정부 참여
- 1931년 상하이 항일 구국 연맹 조직, 흑색 공포단 조직
- 1932년 주만 일본군 사령관 암살 목표로 다롄에 가는 중 체포, 옥사

한용운(1879~1944) ☆

다음과 같이 주장한 인물의 활동으로 옳은 것은? ▶23회

> 불교의 유신은 마땅히 먼저 파괴를 해야 한다. 유신이란 무엇인가? 파괴의 자손이다. …… 그러나 파괴라고 해서 모든 것을 무너뜨려 없애버리는 것을 뜻하지 않는다. 다만 구습 중에서 시대에 맞지 않은 것을 고쳐서 이를 새로운 방향으로 나아가야 한다는 것뿐이다.
> — 조선 불교 유신론

① 만주에서 의민단을 조직하였다.
② 만세보를 발행하여 계몽 활동을 펼쳤다.
③ 님의 침묵 등의 문학 작품을 발표하였다.
④ 대성 학교를 설립하여 교육 활동에 힘썼다.
⑤ 중광단에 가입하여 독립 전쟁에 참여하였다.

한눈에 보는 해설

다음과 같이 주장한 인물(→한용운)의 활동으로 옳은 것은?

> **불교의 유신**은 마땅히 먼저 파괴를 해야 한다. 유신이란 무엇인가? 파괴의 자손이다. …… 그러나 파괴라고 해서 모든 것을 무너뜨려 없애버리는 것을 뜻하지 않는다. 다만 구습 중에서 시대에 맞지 않은 것을 고쳐서 이를 새로운 방향으로 나아가야 한다는 것뿐이다.
> — **조선 불교 유신론**

③ 한용운은 '님의 침묵'이라는 시에서 조국에 대한 사랑과 열망을 표현하였다(1926).

선지 분석하기
① 만주에서 의민단을 조직하였다. ➡ 천주교 단체(단장: 방우룡)
② 만세보를 발행하여 계몽 활동을 펼쳤다. ➡ 손병희(천도교)
④ 대성 학교를 설립하여 교육 활동에 힘썼다. ➡ 안창호(신민회)
⑤ 중광단에 가입하여 독립 전쟁에 참여하였다. ➡ 서일(대종교)

인물 알아보기

- 한말 독립운동가, 승려, 시인
- 1896년 설악산 오세암에 입산, 1913년 불교 유신을 강조하는 『**조선불교유신론**』 저술
- 1919년 **3·1 운동** 때 민족 대표 33인 중 1인으로 **독립 선언서에 참여**하고 체포되어 3년 복역, 1926년 시집 『**님의 침묵**』을 출판하여 저항 문학에 앞장섬. 1927년 신간회 결성에 참여. 1938년 불교 항일 단체인 **만당(卍黨)** 사건의 배후자로 검거됨.

홍범도(1868~1943) ☆☆☆

(가) 인물에 대한 설명으로 옳은 것은? ▶ 43회

> 저는 지금 카자흐스탄 크질오르다에 있습니다. 이곳은 (가) 이/가 근무하였던 옛 고려 극장 건물입니다. 대한 독립군 총사령관이었던 그는 1937년 옛 소련의 강제 이주 정책에 의해 연해주에서 중앙아시아 지역으로 이주하였습니다. 최근 그의 유해 봉환 문제가 제기되면서 국내외 독립운동가의 예우와 선양 사업에 대한 관심이 높아지고 있습니다.

① 양기탁 등과 함께 신민회를 조직하였다.
② 광복에 대비하여 조선 건국 동맹을 결성하였다.
③ 봉오동 전투에서 일본군을 상대로 승리를 거두었다.
④ 독립군을 양성하기 위하여 신흥 강습소를 설립하였다.
⑤ 독립 투쟁 과정을 정리한 한국독립운동지혈사를 저술하였다.

한눈에 보는 해설

(가) 인물 → 홍범도 에 대한 설명으로 옳은 것은?

> 저는 지금 **카자흐스탄** 크질오르다에 있습니다. 이곳은 (가) 이/가 근무하였던 옛 고려 극장 건물입니다. **대한 독립군 총사령관**이었던 그는 **1937년** 옛 소련의 강제 이주 정책에 의해 **연해주에서 중앙아시아 지역으로 이주**하였습니다. 최근 그의 유해 봉환 문제가 제기되면서 국내외 독립운동가의 예우와 선양 사업에 대한 관심이 높아지고 있습니다.

③ 홍범도의 대한 독립군은 최진동의 군무 도독부군, 안무의 국민회 독립군과 연합하여 봉오동을 기습해 온 일본군 1개 대대 병력을 공격하여 대승리를 거두었다(봉오동 전투, 1920).

선지 분석하기
① 양기탁 등과 함께 신민회를 조직하였다. ➡ 안창호
② 광복에 대비하여 조선 건국 동맹을 결성하였다. ➡ 여운형
④ 독립군을 양성하기 위하여 신흥 강습소를 설립하였다. ➡ 이회영
⑤ 독립 투쟁 과정을 정리한 한국독립운동지혈사를 저술하였다. ➡ 박은식

인물 알아보기

- 1907년 산포수·광산 노동자를 규합한 **의병** 구성
- 1919년 3·1 운동 이후 만주에서 **대한 독립군 총사령관**이 되어 전과를 올림. 1920년 **봉오동 전투**에서 승리, 청산리 전투에도 참가, 이후 서일과 함께 **대한 독립군단을 조직**하고 부총재가 됨.
- 1921년 자유시로 이동, 자유시 사변 이후 이르쿠츠크로 이동, 이후 연해주 집단 농장에서 한인들에게 민족의식 고취
- 1937년 스탈린의 강제 이주 정책에 따라 카자흐스탄으로 이주, 극장 야간 수위, 정미소 노동자 등으로 일하다가 사망 ➡ 2021년 유해 고국으로 돌아옴.

안창호(1878~1938) ☆☆☆

다음 방송에서 소개하는 인물에 대한 설명으로 옳은 것은? ▶ 47회

이곳은 도산 ○○○ 기념관입니다. 이 인물에 대해 알고 있는 사실을 올려 주세요.
- 신민회 결성을 주도했어요.
- 서북 학회를 조직했어요.
- 흥사단을 창설했어요.

① 국문 연구소의 위원으로서 국문 연구에 힘썼다.
② 대성 학교를 설립하여 민족 교육을 실시하였다.
③ 도쿄에서 일왕이 탄 마차를 향해 폭탄을 던졌다.
④ 한국독립운동지혈사에서 독립 투쟁을 서술하였다.
⑤ 13도 창의군을 이끌고 서울 진공 작전을 전개하였다.

한눈에 보는 해설

다음 방송에서 소개하는 인물 → 안창호 에 대한 설명으로 옳은 것은?

 이곳은 **도산 ○○○ 기념관**입니다. 이 인물에 대해 알고 있는 사실을 올려 주세요.
 신민회 결성을 주도했어요.
 서북 학회를 조직했어요.
 흥사단을 창설했어요.

② 안창호, 양기탁, 신채호 등이 중심이 되어 설립한 신민회는 평양에 대성 학교, 정주에 오산 학교를 설립하여 민족 교육을 실시하였다.

선지 분석하기
① 국문 연구소의 위원으로서 국문 연구에 힘썼다. ➡ 지석영, 주시경 등
③ 도쿄에서 일왕이 탄 마차를 향해 폭탄을 던졌다. ➡ 이봉창
④ 한국독립운동지혈사에서 독립 투쟁을 서술하였다. ➡ 박은식
⑤ 13도 창의군을 이끌고 서울 진공 작전을 전개하였다. ➡ 이인영, 허위

인물 알아보기

- 1897년 독립 협회 가입, 1898년 이상재 등과 만민 공동회 개최, 1899년 점진학교 설립
- 미국으로 건너가 1905년 대한인 공립협회 설립, 귀국 후 **1907년 양기탁·신채호 등과 신민회 조직**, 105인 사건(1911)으로 신민회가 해체되자 **1913년 미국 샌프란시스코에서 흥사단 조직**
- 1919년 3·1 운동 이후 상하이로 가 **임시 정부 조직**에 참여, 1923년 국민 대표 회의가 결렬되자 1924년 미국에서 흥사단 조직 강화, 1926년 상하이로 가서 독립운동 단체 통합을 위해 노력, 1932년 윤봉길 의거로 체포, 복역 후 가출옥되어 휴양 중 **1937년 수양 동우회 사건으로 재투옥**, 병으로 보석된 후 1938년 사망

박은식(1859~1925)

다음 글을 쓴 인물에 대한 설명으로 옳은 것은? ▶ 29회

> 내가 세상에 태어난 이후 목격한 최근의 역사는 힘써 볼만한 일이다. 이에 갑자년(1864)부터 신해년(1911)에 이르기까지 3편 114장을 지어 통사(痛史)라 이름 하니 감히 정사(正史)를 자처하는 것은 아니다. 다행히 우리 동포들이 국혼(國魂)이 담겨 있는 것임을 인정하여 버리거나 내던지지 않기를 바랄 뿐이다.

① 조선사 편수회에 들어가 조선사 편찬에 참여하였다.
② 진단 학회에 참여하여 진단 학보 발간에 기여하였다.
③ 한국독립운동지혈사에서 독립 투쟁 과정을 서술하였다.
④ 독사신론을 발표하여 민족을 역사 서술의 중심에 두었다.
⑤ 조선사회경제사에서 식민주의 사학의 정체성 이론을 반박하였다.

한눈에 보는 해설

다음 글을 쓴 인물(박은식)에 대한 설명으로 옳은 것은?

> 내가 세상에 태어난 이후 목격한 최근의 **역사**는 힘써 볼만한 일이다. 이에 갑자년(1864)부터 신해년(1911)에 이르기까지 3편 114장을 지어 **통사(痛史)**『한국통사』라 이름 하니 감히 정사(正史)를 자처하는 것은 아니다. 다행히 우리 동포들이 **국혼(國魂)**이 담겨 있는 것임을 인정하여 버리거나 내던지지 않기를 바랄 뿐이다.

③ 박은식은 『한국독립운동지혈사』(1920)에서 일제 침략에 대항하여 투쟁한 한민족의 독립운동을 서술하였다.

선지 분석하기
① 조선사 편수회에 들어가 조선사 편찬에 참여하였다. ➡ 최남선, 이병도 등
② 진단 학회에 참여하여 진단 학보 발간에 기여하였다. ➡ 이병도
④ 독사신론을 발표하여 민족을 역사 서술의 중심에 두었다. ➡ 신채호
⑤ 조선사회경제사에서 식민주의 사학의 정체성 이론을 반박하였다. ➡ 백남운

인물 알아보기

- 호: 겸곡, 백암, 필명: 태백광노(太白狂奴), 무치생(無恥生) 등
- 「황성신문」・「대한매일신보」의 주필, 대한 자강회・신민회 가입
- 1909년 「유교구신론」 발표(주자 중심의 유학을 비판, 대동사상과 대동교 주창)
- 1915년 이상설・신규식 등과 신한 혁명당 조직, 신규식과 대동보국단 조직
- 『한국통사』(1915)에서 근대 이후 일본의 한국 침략 과정 서술. 서문에 '역사는 신(神)이요, 나라는 형(形)이다.' - 민족 혼 강조
- 『한국독립운동지혈사』(1920)에서 일제 침략에 대항하여 투쟁한 한민족의 독립운동 서술
- 1925년 임시 정부 2대 대통령에 취임
- 기타 저서: 『천개소문전』, 『안중근전』 등

신채호(1880~1936)

다음 인물의 활동으로 옳은 것은? ▶ 27회

○○○ 연보

- 1880년 충청도 회덕현 출생
- 1898년 성균관 입교, 독립 협회 가입
- 1907년 대한매일신보 논설진으로 초빙됨.
- 1914년 환인 동창 학교에서 민족 교육 실시 고구려 유적 답사
- 1928년 무정부주의 동방 연맹 사건으로 체포됨.
- 1931년 조선상고사가 신문에 연재됨.
- 1936년 뤼순 감옥에서 순국

① 하얼빈에서 이토 히로부미를 사살하였다.
② 한인 애국단을 조직하여 무장 투쟁을 전개하였다.
③ 명동 학교를 설립하여 민족 의식 고취에 노력하였다.
④ 대조선 국민군단을 결성하여 군사 훈련을 실시하였다.
⑤ 민중의 직접 혁명을 주장하는 조선 혁명 선언을 집필하였다.

한눈에 보는 해설

다음 인물(신채호)의 활동으로 옳은 것은?

- 1880년 충청도 회덕현 출생
- 1898년 성균관 입교, 독립 협회 가입
- 1907년 **대한매일신보 논설진**으로 초빙됨.
- 1914년 환인 동창 학교에서 민족 교육 실시, 고구려 유적 답사
- 1928년 무정부주의 동방 연맹 사건으로 체포됨.
- 1931년 **조선상고사**가 신문에 연재됨.
- 1936년 **뤼순 감옥에서 순국**

⑤ 신채호는 의열단 선언서인 '조선 혁명 선언'(1923)을 작성하여 일부 독립운동가들의 문화주의・외교론・준비론 등의 입장을 비판하고 '민중에 의한 직접 혁명론'을 주장하였다.

선지 분석하기
① 하얼빈에서 이토 히로부미를 사살하였다. ➡ 안중근
② 한인 애국단을 조직하여 무장 투쟁을 전개하였다. ➡ 김구
③ 명동 학교를 설립하여 민족 의식 고취에 노력하였다. ➡ 김약연
④ 대조선 국민군단을 결성하여 군사 훈련을 실시하였다. ➡ 박용만

인물 알아보기

- 호: 일편단심, 단생(丹生), 단재(丹齋)
- 독립 협회 활동, 「황성신문」 기자, 「대한매일신보」 주필, 신민회 활동, 국채 보상 운동 관여
- 1910년 연해주 권업회 기관지 「권업신문」 창간, 1913년 중국에서 박달학원 건립
- 1923년 상하이에서 개최된 국민 대표 회의에서 창조파로 활동, 임시 정부 탈퇴, 의열단의 '조선 혁명 선언'(1923) 작성
- 「독사신론」(1908)에서 민족주의 사학으로의 방향 제시
- 『조선사연구초』(1925)에서 묘청의 난을 '조선 1천년래 제일대 사건'으로 평가, 낭가사상 강조
- 『조선상고사』(1931)에서 역사를 '아(我)와 비아(非我)의 투쟁의 기록'으로 정의

지청천(1888~1957)

(가) 인물에 대한 설명으로 옳은 것은? ▶ 41회

이것은 한국 광복군 총사령관을 역임한 (가) 의 흉상입니다. 이 흉상은 3·1절과 대한민국 임시 정부 수립 99주년을 기념하기 위해 대한민국 육군 사관 학교에 건립되었습니다. 그는 일본 육군 사관 학교를 졸업하였으나 만주 지역으로 망명하여 신흥 무관 학교에서 독립군 양성에 힘썼습니다. 또한 한국 독립군의 총사령관으로 대전자령 전투를 지휘하여 승리로 이끌었습니다.

① 숭무 학교를 설립하여 독립군을 양성하였다.
② 쌍성보 전투에서 한·중 연합 작전을 전개하였다.
③ 독립군 비행사 육성을 위해 한인 비행 학교를 세웠다.
④ 독립군 연합 부대를 이끌고 청산리 전투에서 승리하였다.
⑤ 일제 패망과 광복에 대비하여 조선 건국 동맹을 결성하였다.

한눈에 보는 해설

→지청천
(가) 인물 에 대한 설명으로 옳은 것은?

이것은 **한국 광복군 총사령관을 역임한** (가) 의 흉상입니다. 이 흉상은 3·1절과 대한민국 임시 정부 수립 99주년을 기념하기 위해 대한민국 육군 사관 학교에 건립되었습니다. 그는 일본 육군 사관 학교를 졸업하였으나 만주 지역으로 망명하여 **신흥 무관 학교에서 독립군 양성**에 힘썼습니다. 또한 **한국 독립군의 총사령관으로 대전자령 전투**를 지휘하여 승리로 이끌었습니다.

② 북만주에서 지청천이 인솔하는 한국 독립군(혁신 의회 소속)이 중국 호로군과 한·중 연합군을 편성하여 쌍성보 전투(1932), 대전자령 전투(1933), 사도하자 전투(1933), 동경성 전투(1933)에서 형식상의 일본·만주 연합 부대를 크게 격파하였다.

선지 분석하기
① 숭무 학교를 설립하여 독립군을 양성하였다. ➡ 이근영(멕시코)
③ 독립군 비행사 육성을 위해 한인 비행 학교를 세웠다. ➡ 노백린(미국)
④ 독립군 연합 부대를 이끌고 청산리 전투에서 승리하였다. ➡ 김좌진(만주)
⑤ 일제 패망과 광복에 대비하여 조선 건국 동맹을 결성하였다. ➡ 여운형(국내)

인물 알아보기

- 1907년 대한 제국 군대 해산 이후 일본 유학
- 1919년 **신흥 무관 학교** 설립
- 1920년 김좌진 등과 **대한 독립 군단** 조직, 1924년 양기탁 등과 **정의부** 조직, 1930년 **한국 독립군** 창설, 중국 호로군과 연합 작전 전개(쌍성보·사도하자·동경성·대전자령 전투), 1940년 **임시 정부 한국 광복군의 총사령관**에 임명
- 1945년 광복 후 귀국하여 대동 청년당 결성, **1948년 제헌 국회 의원**, 정부 수립 후 2대 국회 의원 역임

남자현(1872~1933)

(가) 인물의 활동으로 옳은 것은? ▶ 48회

이곳은 경상북도 영양군에 있는 독립운동가 (가) 의 옛 거처입니다. (가) 은/는 조선 총독 암살을 기도하였고, 국제 연맹 조사단에 강력한 독립 의지를 표명하는 혈서를 전달하고자 시도하였습니다. 이후 만주국 주재 일본 대사 암살 계획이 발각되어 체포된 뒤 순국하였습니다.

① 동양 척식 주식회사에 폭탄을 투척하였다.
② 하얼빈 역에서 이토 히로부미를 사살하였다.
③ 명동 성당 앞에서 이완용을 습격하여 중상을 입혔다.
④ 간도에서 여자 권학회를 조직하여 계몽 활동에 힘썼다.
⑤ 평양 을밀대 지붕에서 임금 삭감에 저항하여 농성을 벌였다.

한눈에 보는 해설

→남자현
(가) 인물의 활동으로 옳은 것은?

이곳은 경상북도 영양군에 있는 독립운동가 (가) 의 옛 거처입니다. (가) 은/는 **조선 총독 암살**을 기도하였고, **국제 연맹 조사단에 강력한 독립 의지**를 표명하는 혈서를 전달하고자 시도하였습니다. 이후 만주국 주재 일본 대사 암살 계획이 발각되어 체포된 뒤 순국하였습니다.

④ 남자현은 간도 일대에 12곳의 교회 및 여자 권학회를 조직하였고 10여 곳에 여성 교육 기관을 세우기도 하였다.

선지 분석하기
① 동양 척식 주식회사에 폭탄을 투척하였다. ➡ 나석주
② 하얼빈 역에서 이토 히로부미를 사살하였다. ➡ 안중근
③ 명동 성당 앞에서 이완용을 습격하여 중상을 입혔다. ➡ 이재명
⑤ 평양 을밀대 지붕에서 임금 삭감에 저항하여 농성을 벌였다. ➡ 강주룡

인물 알아보기

- 20대 중반에 의병 투쟁하던 남편을 잃음.
- 3·1 운동 참가 이후 만주로 망명, **여자 권학회 조직**, 여성 교육에 힘씀.
- 1926년 53살에 서울에 잠입하여 **사이토 총독 암살 기도**
- 1932년 만주국 수립으로 국제 연맹 리튼 조사단이 하얼빈에 오자, 흰 수건에 '**한국독립원**'이라는 혈서를 써서 **독립을 호소**, 체포

김원봉(1898~1958) ☆☆☆

다음 인물에 대한 설명으로 옳은 것은? ▶ 45회

○○○ 연보

- 1919년 의열단 조직
- 1932년 조선 혁명 간부 학교 설립
- 1935년 민족 혁명당 조직
- 1937년 조선 민족 전선 연맹 결성
- 1938년 조선 의용대 창설
- 1944년 대한민국 임시 정부 군무부장

① 대조선 국민군단을 조직하였다.
② 한국 광복군 부사령관으로 활약하였다.
③ 하얼빈 역에서 이토 히로부미를 사살하였다.
④ 한국 독립군을 이끌고 쌍성보 전투에서 승리하였다.
⑤ 일제의 패망과 광복에 대비하여 조선 건국 동맹을 결성하였다.

한눈에 보는 해설

→김원봉
다음 인물에 대한 설명으로 옳은 것은?

- **1919년 의열단 조직**
- 1932년 조선 혁명 간부 학교 설립
- **1935년 민족 혁명당 조직**
- 1937년 조선 민족 전선 연맹 결성
- **1938년 조선 의용대 창설**
- 1944년 대한민국 임시 정부 군무부장

② 조선 의용대가 1942년 한국 광복군에 합류한 이후 김원봉은 광복군 1지대의 대장과 광복군 부사령관을 겸임하였다.

선지 분석하기
① 대조선 국민군단을 조직하였다. ➡ 박용만
③ 하얼빈 역에서 이토 히로부미를 사살하였다. ➡ 안중근
④ 한국 독립군을 이끌고 쌍성보 전투에서 승리하였다. ➡ 지청천
⑤ 일제의 패망과 광복에 대비하여 조선 건국 동맹을 결성하였다. ➡ 여운형

인물 알아보기

- 1919년 의열단 조직, 국내 일본 기관 파괴, 요인 암살 등 무정부주의적 투쟁, 1925년 황포 군관 학교 졸업, 1935년 민족 혁명당 결성, 1938년 조선 의용대 편성, 1942년 대한민국 임시 정부 광복군 부사령관에 임명됨, 1944년 임시 정부 국무 위원 및 군무부장 등으로 활동
- 1948년 남북 협상 때 월북, 북한 최고 인민 회의 대의원에 임명, 1958년 8월 종파 사건 때 숙청됨.

조소앙(1887~1958) ☆☆☆

다음 인물에 대한 설명으로 옳은 것은? ▶ 35회

① 도쿄에서 일왕의 행렬에 폭탄을 투척하였다.
② 재미 한인을 중심으로 흥사단을 조직하였다.
③ 일본의 침략 과정을 서술한 한국통사를 저술하였다.
④ 새로운 국가 건설의 이념으로 삼균주의를 주창하였다.
⑤ 일제의 패망과 광복에 대비하여 조선 건국 동맹을 결성하였다.

한눈에 보는 해설

→조소앙
다음 인물에 대한 설명으로 옳은 것은?

- **1917년 대동단결 선언 발표** → 조소앙, 신규식, 박은식 등 14명 발기, 공화주의 표방
- 1919년 대한민국 임시 정부 국무원 비서장
- 1927년 한국 독립당 관내 촉성회 연합회 결성
- **1930년 한국 독립당 결성**
- **1944년 대한민국 임시 정부 외무부장**

④ 조소앙은 독립운동 내부의 좌·우익 사상의 대립을 지양·종합하고, 이를 독립운동의 기본 방략 및 미래 조국 건설의 지침으로 삼기 위해 삼균주의를 체계화하였다.

선지 분석하기
① 도쿄에서 일왕의 행렬에 폭탄을 투척하였다. ➡ 이봉창
② 재미 한인을 중심으로 흥사단을 조직하였다. ➡ 안창호
③ 일본의 침략 과정을 서술한 한국통사를 저술하였다. ➡ 박은식
⑤ 일제의 패망과 광복에 대비하여 조선 건국 동맹을 결성하였다. ➡ 여운형

인물 알아보기

- 1919년 만주 길림에서 대한(무오) 독립 선언서 작성, 대한 독립 의군부 조직, 4월 상하이에서 대한민국 임시 정부 수립에 참여
- 1930년 이동녕·김구·안창호 등과 한국 독립당 창당, 1941년 대한민국 임시 정부는 조소앙의 삼균주의에 입각한 건국 강령 발표, 임시 정부 외무부장으로 활약
- 1948년 단독 정부 수립에 반대하고 김구 등과 남북 협상에 참여, 1950년 2대 국회 의원 선거에서 최다 득표로 당선되었으나 6·25 전쟁 때 강제 납북됨.

백남운(1895~1979) ★★

다음 글을 쓴 인물의 활동으로 옳은 것은? ▶ 42회

> 우리 조선의 역사적 발전의 전 과정은 …… 외관상의 이른바 특수성이 다른 문화 민족의 역사적 발전 법칙과 구별될 만큼 독자적인 것이 아니며, 세계사적인 일원론적 역사 법칙에 의해 다른 여러 민족과 거의 같은 궤도의 발전 과정을 거쳐 왔던 것이다. …… 여기에서 조선사 연구의 법칙성이 가능하게 되며, 그리고 세계사적 방법론 아래서만 과거의 민족 생활 발전사를 내면적으로 이해함과 동시에 현실의 위압적인 특수성에 대해 절망을 모르는 적극적인 해결책을 발견할 수 있을 것이다.

① 조선사 편수회에 들어가 조선사 편찬에 참여하였다.
② 실증주의 사학의 연구를 위해 진단 학회를 창립하였다.
③ 한국독립운동지혈사에서 독립 투쟁 과정을 서술하였다.
④ 임시 사료 편찬회에서 한·일 관계 사료집을 편찬하였다.
⑤ 식민 사학을 반박하는 조선봉건사회경제사를 저술하였다.

한눈에 보는 해설

다음 글을 쓴 인물(→백남운)의 활동으로 옳은 것은?

> 우리 조선의 역사적 발전의 전 과정은 …… 외관상의 이른바 특수성이 다른 문화 민족의 역사적 발전 법칙과 구별될 만큼 독자적인 것이 아니며, **세계사적인 일원론적 역사 법칙에 의해 다른 여러 민족과 거의 같은 궤도의 발전 과정을 거쳐 왔던 것이다.** …… 여기에서 조선사 연구의 법칙성이 가능하게 되며, 그리고 세계사적 방법론 아래서만 과거의 민족 생활 발전사를 내면적으로 이해함과 동시에 현실의 위압적인 특수성에 대해 절망을 모르는 적극적인 해결책을 발견할 수 있을 것이다.

⑤ 백남운은 『조선사회경제사』와 『조선봉건사회경제사』에서 한국사도 고대 노예 사회와 중세 봉건 사회를 거쳐 발전해 왔음을 주장하였다.

선지 분석하기

① 조선사 편수회에 들어가 조선사 편찬에 참여하였다. ➡ 최남선, 이병도 등
② 실증주의 사학의 연구를 위해 진단 학회를 창립하였다. ➡ 이병도
③ 한국독립운동지혈사에서 독립 투쟁 과정을 서술하였다. ➡ 박은식
④ 임시 사료 편찬회에서 한·일 관계 사료집을 편찬하였다. ➡ 대한민국 임시 정부

인물 알아보기

- 사회 경제 사학자
- 일제의 정체성론에 대항하여 **한국사의 역사 발전을 사회·경제사적인 역사 발전 법칙과 동일한 범주에서 파악**
- 좌익 역사가 중 비교적 온건한 인물, 해방 후 양심적 지주·자본가와 연합하여 새 나라를 건설해야 한다는 '**연합성 신민주주의**' 주장, 1947년 월북
- 저서: 『조선사회경제사』, 『조선봉건사회경제사』 등

여운형(1886~1947) ★★★

다음 가상 인터뷰의 주인공에 대한 설명으로 옳은 것은? ▶ 38회

① 좌우 합작 위원회의 주축이 되었다.
② 김규식과 함께 남북 협상에 참여하였다.
③ 재미 한인을 중심으로 흥사단을 설립하였다.
④ 정읍에서 남한만의 단독 정부 수립을 주장하였다.
⑤ 중국 국민당과 협력하여 조선 의용대를 창설하였다.

한눈에 보는 해설

다음 가상 인터뷰의 주인공(→여운형)에 대한 설명으로 옳은 것은?

① 중도 우파 김규식과 중도 좌파 여운형을 중심으로 좌우 합작 위원회(1946. 7.)가 구성되었다.

선지 분석하기

② 김규식과 함께 남북 협상에 참여하였다. ➡ 김구
③ 재미 한인을 중심으로 흥사단을 설립하였다. ➡ 안창호
④ 정읍에서 남한만의 단독 정부 수립을 주장하였다. ➡ 이승만
⑤ 중국 국민당과 협력하여 조선 의용대를 창설하였다. ➡ 김원봉

인물 알아보기

- 1918년 **신한 청년당** 조직, 1919년 대한민국 임시 정부 참여, 1923년 국민 대표 회의에서 임시 정부 개조 주장(개조파)
- 1933년 조선중앙일보 사장 역임, 1936년 조선중앙일보의 일장기 말소 사건으로 사장직 퇴임
- 1943년 조선 민족 해방 연맹 조직, 1944년 **조선 건국 동맹** 조직, 1945년 **조선 건국 준비 위원회** 위원장
- 1946~1947년 김규식, 안재홍 등과 **좌우 합작 운동** 주도
- 1947년 암살됨.

김규식(1881~1950) ★★

다음 인물에 대한 설명으로 옳은 것은? ▶ 42회

① 의열단을 조직하여 단장으로 활동하였다.
② 재미 한인을 중심으로 흥사단을 창립하였다.
③ 신흥 강습소를 설립하여 독립군을 양성하였다.
④ 민족 자주 연맹을 이끌고 남북 협상에 참여하였다.
⑤ 일제의 패망과 건국에 대비하여 조선 건국 동맹을 결성하였다.

한눈에 보는 해설

다음 인물(→김규식)에 대한 설명으로 옳은 것은?

■ 공적 개요
- **1919년 파리 강화 회의 민족 대표**
- **1935년 민족 혁명당** 설립 참여
- **1944년 대한민국 임시 정부 부주석**

④ 김규식, 홍명희 등 중도파는 민족 자주 연맹을 결성하여 미·소 양군 철수와 남북 통일 정부 수립을 위한 남북 정치 단체 대표자 회의 개최를 중요한 정책으로 내걸었다.

선지 분석하기
① 의열단을 조직하여 단장으로 활동하였다. ➡ 김원봉
② 재미 한인을 중심으로 흥사단을 창립하였다. ➡ 안창호
③ 신흥 강습소를 설립하여 독립군을 양성하였다. ➡ 이회영
⑤ 일제의 패망과 건국에 대비하여 조선 건국 동맹을 결성하였다. ➡ 여운형

인물 알아보기

- 1919년 3·1 운동 전(前) **신한 청년단(당)** 대표로 파리 강화 회의 참석, 3·1 운동 이후 임시 정부의 외교총장을 맡아 파리 강화 회의에 참석, 1935년 김원봉 등과 **민족 혁명당 조직**, 1944년 임시 정부 부주석 역임
- 광복 후 우익 지도자로 **신탁 통치 반대 운동 전개**, 1946년 좌우 합작 운동 전개, 남조선 과도 정부 입법 의원 의장 역임, 1947년 **민족 자주 연맹 조직**, 1948년 남한 단독 총선거에 반대하고 김구 등과 북한에 가서 **남북 협상 시도**, 6·25 전쟁 때 납북됨.

장준하(1918~1975) ★

다음 인물의 활동으로 옳은 것은? ▶ 40회

○○○ 연보
- 1918년 평안북도 의주 출생
- 1942년 도쿄 일본신학교 재학
- 1944년 학병 강제 징집
- 1947년 조선 민족 청년단 활동
- 1953년 사상계 창간 주도
- 1962년 막사이사이상(賞) 수상
- 1967년 제7대 총선에서 옥중 출마하여 국회 의원에 당선
- 1973년 민주 회복을 위한 개헌 청원 백만인 서명 운동 주도
- 1975년 사망
- 1991년 건국 훈장 애국장 추서

① 삼균주의를 바탕으로 건국 강령을 기초하였다.
② 한국 광복군의 일원으로 국내 진공 작전을 준비하였다.
③ 민중의 직접 혁명을 주장하는 조선 혁명 선언을 집필하였다.
④ 일제의 패망과 광복에 대비하여 조선 건국 동맹을 결성하였다.
⑤ 중국 국민당 정부의 지원을 받아 조선 혁명 간부 학교를 설립하였다.

한눈에 보는 해설

다음 인물(→장준하)의 활동으로 옳은 것은?

- 1918년 평안북도 의주 출생
- 1942년 도쿄 일본신학교 재학
- 1944년 학병 강제 징집
- 1947년 조선 민족 청년단 활동
- 1953년 **사상계** 창간 주도
- 1962년 막사이사이상(賞) 수상
- 1967년 제7대 총선에서 옥중 출마하여 국회 의원에 당선
- 1973년 민주 회복을 위한 **개헌 청원 백만인 서명 운동 주도**
- 1975년 사망
- 1991년 건국 훈장 애국장 추서

② 장준하는 한국 광복군의 일원으로 국내 진공 작전을 위해 조직된 국내 정진군에 자원했으나, 일본의 항복 소식으로 국내 진공 작전은 실현되지 못하였다.

선지 분석하기
① 삼균주의를 바탕으로 건국 강령을 기초하였다. ➡ 조소앙
③ 민중의 직접 혁명을 주장하는 조선 혁명 선언을 집필하였다. ➡ 신채호
④ 일제의 패망과 광복에 대비하여 조선 건국 동맹을 결성하였다. ➡ 여운형
⑤ 중국 국민당 정부의 지원을 받아 조선 혁명 간부 학교를 설립하였다. ➡ 김원봉

인물 알아보기

- 1945년 대한민국 임시 정부 광복군 활동
- 1953년 종합 교양지 「사상계」 창간
- 1962년 한국인 최초 막사이사이 언론상 수상, 자서전 「돌베개」 저술
- 1967년 옥중 출마하여 7대 신민당 소속 국회 의원에 당선, 1973년 민주 통일당 창당, 최고위원이 됨. **개헌 청원 백만인 서명 운동 주도**, 민주화 운동을 주도하면서 여러 차례 투옥됨.
- 1975년 '박정희 대통령에게 보내는 공개서한' 등을 통해 박정희 정권에 맞섬. 1975년 포천 약사봉에서 의문사

이승만(1875~1965) ☆☆☆

(가), (나) 주장을 한 인물의 활동으로 옳지 않은 것은? ▶33회

> (가) 이제 우리는 무기 휴회된 미·소 공동 위원회가 재개될 기색도 보이지 않으며, 통일 정부를 고대하나 여의케 되지 않으니, 우리는 남방만이라도 임시 정부, 혹은 위원회 같은 것을 조직하여 38도선 이북에서 소련이 철퇴하도록 세계 공론에 호소하여야 될 것이니 ······.
>
> (나) 현시(現時)에 있어서 나의 유일한 염원은 3천만 동포와 손을 잡고 통일된 조국의 달성을 위하여 공동 분투하는 것뿐이다. ······ 나는 통일된 조국을 건설하려다 38도선을 베고 쓰러질지언정 일신에 구차한 안일을 취하여 단독 정부를 세우는 데는 협력하지 아니하겠다.

① (가) - 국제 연맹에 위임 통치 청원을 시도하였다.
② (가) - 여운형과 함께 좌우 합작 위원회를 조직하였다.
③ (나) - 의거 활동을 전개하기 위해 한인 애국단을 결성하였다.
④ (나) - 분단을 막기 위해 평양에 가서 김일성 등과 회담하였다.
⑤ (가), (나) - 신탁 통치에 반대하는 운동을 전개하였다.

인물 알아보기

- 1898년 독립 협회의 만민 공동회 참여
- 1904년 미국 유학
- 1919년 상하이 대한민국 임시 정부 초대 대통령으로 추대되었으나 1923년 탄핵됨.
- 광복 후 귀국하여 독립 촉성 중앙 협의회 총재로 좌익 세력과 대립, 1946년 6월 남한 단독 정부 수립 계획 발표, 1948년 국회에서 초대 대통령으로 당선됨. 1951년 자유당 창당, 1952년 발췌 개헌안 통과시키고 2대 대통령에 당선, 1954년 사사오입 개헌안 통과시키고 1956년 3대 대통령에 당선, 1960년 3·15 부정 선거로 대통령에 4선되었으나 4·19 혁명으로 사임

김구(1876~1949) ☆☆☆

밑줄 그은 '이 인물'에 대한 설명으로 옳은 것은? ▶12회

> **역사 신문** 2011년 ○월 ○일
>
> **경교장 본모습 내년 광복절에 본다**
>
>
>
> 광복 후 대한민국 임시 정부 첫 국무 회의가 열렸던 경교장(사적 465호)이 복원 공사에 들어가 내년 광복절에 온전히 복원된다.
> 경교장은 일제 시대에 큰돈을 번 ○○○이 자신의 친일 행적을 반성하는 뜻으로 이 인물에게 제공한 저택이다. 이후 집무실과 숙소로 사용되던 경교장은 이 인물의 서거 후 대사관·병원 등으로 쓰이다가, 2005년에 집무실이 기념실로 단장되었다.

① 항일 무력 단체인 한인 애국단을 결성하였다.
② 광복군 창설에 참여하여 광복군 사령관을 지냈다.
③ 국민 대표 회의의 예비 회의의 임시 의장직을 맡았다.
④ 대한민국 임시 정부의 초대 국무총리로 추대되었다.
⑤ 신한 청년당의 대표로 파리 강화 회의에 참가하였다.

인물 알아보기

- 1893년 동학 입교, 1896년 일본군 중위를 살해, 사형 확정, 1898년 탈옥하여 승려가 되었다가 환속, 1903년 기독교 입교
- 신민회 참여 후 1911년 안악 사건으로 체포, 1919년 상하이로 망명, 대한민국 임시 정부에 참여, 초대 경무국장 역임, 1930년 이동녕 등과 한국 독립당 창당, 1931년 한인 애국단 조직, 1935년 한국 국민당 조직, 1940년 한국 독립당 조직하고 임시 정부 주석에 선출됨.
- 1948년 2월 '3천만 동포에게 읍고함'이라는 성명 발표, 통일 정부 수립을 위한 남북 협상 제창, 1949년 6월 육군 소위 안두희에게 암살당함.

파이널
실전 예상
모의고사

한국사능력검정시험 실전 모의고사

1. (가) 시대의 생활 모습으로 옳은 것은? [1점]

> 이번에 우리 답사 모임에서 가볼 곳은 고창 고인돌 유적지입니다. 이곳은 우리나라에서 가장 규모가 큰 고인돌 군집으로 1.5킬로미터 안에 447기의 다양한 고인돌이 모여 있는 고인돌 박물관입니다. 이곳은 1~6코스로 구성되어 있고 4코스에는 (가) 시대에 고인돌을 만들 때 사용된 화강석을 캐내던 채석장도 남아있습니다.

◆ 고창 고인돌 유적지를 찾아서 ◆

① 계급의 분화가 시작되었다.
② 농경을 처음으로 시작하였다.
③ 중국과 활발하게 교류하였다.
④ 빗살무늬 토기를 사용하였다.
⑤ 주로 동굴이나 강가의 막집에서 살았다.

2. 다음 자료에서 설명하는 나라의 사실로 옳은 것은? [1점]

> 서로 죽이면 그때에 곧 죽인다. 서로 상하게 하면 곡식으로 배상하게 한다. 도둑질한 자는 남자는 그 집의 가노(家奴)로 삼고 여자는 비(婢)로 삼는다. 노비에서 벗어나기를 원하는 자는 50만 전을 내야 하는데 비록 면하여 민의 신분이 되어도 사람들이 이를 부끄럽게 여겨 장가들고자 하여도 결혼할 사람이 없다. 이런 까닭에 그 백성들이 끝내 서로 도둑질하지 않았고 문을 닫는 사람이 없었다. 부인들은 단정하여 음란한 일이 없었다. — 『한서』 지리지

① 동맹이라는 제천 행사가 있었다.
② 상, 대부, 장군 등의 관직을 두었다.
③ 대가들의 호칭에 말, 소, 돼지, 개 등의 가축 이름을 붙였다.
④ 단궁, 반어피(바다표범 가죽), 과하마 등의 특산물로 중국과 교역하였다.
⑤ 민며느리제의 혼인 풍습이 있었다.

3. (가), (나) 나라에 대한 설명으로 옳은 것은? [2점]

> (가) 음력 12월에 지내는 제천 행사가 있는데, 이를 영고라고 한다. 이때에는 형옥을 중단하고 죄수를 풀어주었다.
> (나) 해마다 10월 하늘에 제사를 지내는데, 밤낮으로 술 마시며 노래 부르고 춤추니 이를 무천이라고 한다. — 『삼국지』

① (가) – 신성 지역인 소도가 있었다.
② (가) – 지방의 여러 성에 욕살, 처려근지 등을 두었다.
③ (나) – 다른 부족의 영역을 침범하면 책화라 하여 노비나 소, 말로 변상하였다.
④ (나) – 낙랑과 왜에 철을 수출하였다.
⑤ (가), (나) – 골품에 따라 관등 승진에 제한을 두었다.

4. 다음 자료와 관련되어 발해와 고구려의 문화적 유사성을 알 수 있는 발해의 유물로 옳은 것은? [3점]

> • 우리는 고(구)려의 옛 땅을 되찾고, 부여의 전통을 이어받았다.
> • 발해왕에게 칙서를 내렸다. (일본) 천황은 삼가 고(구)려 국왕에게 문안한다. — 『속일본기』

①
②
③
④
⑤

5. 밑줄 그은 '무덤 주인'이 왕위에 있었던 시기의 사실로 옳은 것은? [2점]

1971년 7월, 공주시 송산리 고분군 배수로 공사 도중에 벽돌무덤이 우연히 발견되었습니다. 무덤 입구를 열자, 무덤 주인을 알려 주는 지석이 놓여 있었으며, 백제는 물론 중국의 남조와 왜에서 만들어진 갖가지 유물들이 고스란히 남아 있었습니다.

① 동진을 통해 불교를 받아들였다.
② 나·제 동맹을 처음 결성하였다.
③ 대가야를 완전히 정복하였다.
④ 지방에 22개의 담로를 두었다.
⑤ 익산 미륵사지 석탑을 건립하였다.

6. (가) 국가에 대한 설명으로 옳지 않은 것은? [2점]

□□신문

김해·고령 등 (가) 고분군 7곳, 유네스코 세계 문화유산됐다.

유네스코 "고대 문명의 주요 증거"

한반도 남부에 남아 있는 유적 7곳을 묶은 고분군이 유네스코 세계 문화유산됐다. … (가) 은/는 기원 전후 562년까지 주로 낙동강 유역을 중심으로 번성한 작은 나라들의 총칭이다.

① 낙동강 하류의 변한 지역에서 성장하였다.
② 철기를 활발히 생산하여 주변국에 수출하였다.
③ 골품에 따라 관등이나 관직 승진에 제한이 있었다.
④ 금관가야를 중심으로 전기 가야 연맹이 결성되었다.
⑤ 대가야를 중심으로 후기 가야 연맹이 결성되었다.

7. (가), (나) 비석에서 기록된 업적을 세운 국왕에 대한 설명으로 옳은 것은? [3점]

영락 10년, 왕이 보병과 기병 5만을 보내 신라를 구원하게 하였다. …… 왕의 군사가 이르니 왜의 군사가 도망갔다.

태창 원년, 왕이 순수하고 돌에 새겨 기록하였다. …… 영토를 개척하여 백성과 토지를 널리 확보하였다.

① (가) – 백제의 수도 한성을 공격하여 함락시켰다.
② (가) – 만주 대부분을 정복하였다.
③ (나) – 금관가야를 정복하여 영토를 확장하였다.
④ (나) – 김흠돌의 모역을 진압하고 진골 귀족을 숙청하였다.
⑤ (가), (나) – 고구려의 정복 사업과 관련된 비석이다.

8. 다음 사건이 있었던 시기의 신라 국왕에 대한 설명으로 옳은 것은? [2점]

이찬 이사부가 하슬라주 군주가 되어, '우산국 사람이 우매하고 사나워서 위엄으로 복종시키기는 어려우니 계책을 써서 굴복시키는 것이 좋겠다.'라고 생각하였다. 이에 나무로 사자 모형을 많이 만들어 배에 나누어 싣고 우산국 해안에 이르러, 속임수로 통고하기를 "만약에 너희가 항복하지 않는다면 곧바로 이 맹수들을 풀어 너희를 짓밟아 죽이겠다."라고 하였다. 그 나라 사람이 두려워 즉시 항복하였다.

① 독서삼품과를 실시하였다.
② 국호를 '신라'로 확정하였다.
③ 관료전을 지급하였다.
④ 율령을 반포하였다.
⑤ 최초의 진골 출신 왕이었다.

9. 밑줄 그은 '이 시기'에 있었던 사실로 적절한 것은? [2점]

> 이번 시간에 살펴볼 인물은 최치원으로, 그가 쓴 해인사 묘길상탑기에는 진성 여왕이 다스리던 이 시기의 혼란스러운 사회상이 묘사되어 있습니다. 그럼 최치원의 해인사 묘길상탑기의 글을 읽어보기로 하지요.

> 당나라 소종 황제가 중흥을 이룰 때, 전쟁과 흉년이라는 두 가지 재앙이 서쪽에서 그치고 동쪽으로 오니 굶어서 죽고 전쟁으로 죽은 시체가 들판에 별처럼 늘어 있었다.

① 김흠돌의 난
② 공주 명학소의 난
③ 만적의 난
④ 원종·애노의 난
⑤ 홍경래의 난

10. 밑줄 그은 '이 왕'에 대한 설명으로 옳은 것은? [2점]

> 문무왕이 왜병을 진압하고자 감은사를 처음 창건하려 했으나, 끝내지 못하고 죽어 바다의 용이 되었다. 뒤이어 즉위한 이 왕이 공사를 마무리하였다. 금당 돌계단 아래에 동쪽을 향하여 구멍을 하나 뚫어 두었으니, 용이 절에 들어와서 돌아다니게 하려고 마련한 것이다. 유언에 따라 유골을 간직해 둔 곳을 대왕암(大王岩)이라고 불렀다. 『삼국유사』

① 국학을 설립하여 유학을 교육하였다.
② 백성에게 처음으로 정전을 지급하였다.
③ 녹읍을 부활하였다.
④ 96각간의 난을 진압하였다.
⑤ 불국사와 석굴암을 조성하였다.

11. 밑줄 그은 '이 나라'에 대한 설명으로 옳은 것은? [2점]

> • 이 나라에서 귀하게 여기는 것에는 태백산의 토끼, 남해부의 다시마, 책성부의 된장, 부여부의 사슴, 막힐부의 돼지, 솔빈부의 말, 현주의 베, 옥주의 면, 용주의 명주, 위성의 철, 노성의 쌀 등이 있다. 『신당서』

> • 이 나라의 땅은 영주(營州)의 동쪽 2천 리에 있으며, 남으로는 신라와 서로 접한다. 월희말갈에서 동북으로 흑수말갈에 이르는데, 사방 2천 리, 호는 십여 만, 병사는 수만 명이다. 『신당서』

① 5도 양계의 지방 제도를 두었다.
② 신라에 침입한 왜구를 격퇴하였다.
③ 9서당 10정의 군사 조직을 두었다.
④ 왕족인 부여씨와 8성의 귀족의 지배층을 두었다.
⑤ 교육 기관으로 주자감을 두었다.

12. 밑줄 그은 '교서'를 내린 왕의 재위 기간에 볼 수 있는 모습으로 가장 적절한 것은? [3점]

> 12년 2월에 양경(兩京)과 12목(牧)에 상평창을 설치하였다. 그리고 왕께서 교서를 내리기를 "『한서』 「식화지」에 '천승(千乘)의 나라는 반드시 천금(千金)의 값이 있어 해마다 풍흉에 따라서 조적(糶糴)*을 행하되 백성에게 남음이 있으면 적게 거두고 백성이 부족하면 이를 많이 나누어 주었다.'라고 하였다. 그러니 이제 이 법에 의거하여 이를 행한다."

> *조적(糶糴): 환곡(還穀)을 방출하는 것. 즉, 봄에 백성들에게 나라의 곡식을 꾸어 주는 것을 조(糶)라 하고, 가을에 백성에게서 봄에 꾸어 주었던 곡식에 10분의 1의 이자를 덧붙여 거두어 들이는 것을 적(糴)이라 함.

① 9재 학당에서 유교 경전을 공부하는 학생
② 섬학전의 재정을 관리하는 관원
③ 복원궁에서 도교 행사를 관리하는 관원
④ 국자감 학생을 가르치는 박사
⑤ 삼별초를 지휘하는 무신

13. 다음 자료의 상황이 나타난 시기를 연표에서 옳게 고른 것은? [2점]

소손녕이 서희에게 말하기를 "그대 나라는 신라 땅에서 일어났고 고구려 땅은 우리의 소유인데 그대들이 침범해왔다. 또 (고려는) 우리와 국경을 접하고 있는데 바다를 넘어 송(宋)을 섬겼으므로 이제 군사를 이끌고 온 것이다. 만일 땅을 떼어서 바치고 통교한다면 무사할 것이다."라고 하였다. 서희가 말하기를, "아니다. 우리나라가 곧 고구려의 옛 땅이다. 그러므로 국호를 고려라 하고 평양에 도읍하였으니 만일 국토의 경계로 말한다면 상국(거란)의 동경(東京)은 전부 우리 지역 안에 있는데 어찌 영토를 침범한 것이라 하는가? …… 만일 여진을 내쫓고 우리 옛 땅을 되찾아 성과 요새를 쌓고 도로를 만들면 어찌 교빙하지 않겠는가?"라고 하였다. 말하는 기운이 매우 강개하므로 소손녕은 강요할 수 없음을 알고는 드디어 사실을 정리하여 아뢰었다. 거란의 임금이 말하기를 "고려가 이미 화해를 청하였으니 마땅히 군대를 해산할 것이다." 하였다.

(가)	(나)	(다)	(라)	(마)
광군사 설치	귀주 대첩	천리장성 완성	별무반 편성	이자겸의 난	조위총의 난

① (가) ② (나) ③ (다)
④ (라) ⑤ (마)

14. 밑줄 그은 '이 왕'의 재위 기간에 있었던 사실로 옳은 것은? [2점]

안성 망이산성에서 '준풍 4년(峻豊四年)'이라는 글씨가 새겨진 기와가 발견되었습니다. 준풍이라는 연호를 사용하였던 이 왕은 백관의 공복을 정하고 개경을 황도로 명명하는 등 국왕 중심의 통치 체제 확립을 도모하였습니다.

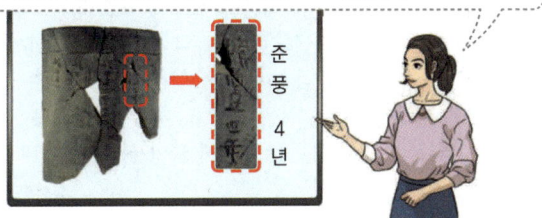

① 전국을 5도와 양계로 나누었다.
② 정동행성 이문소를 폐지하였다.
③ 압록강과 도련포에 걸쳐 천리장성을 쌓았다.
④ 쌍기의 건의를 받아들여 과거 제도를 실시하였다.
⑤ 취민유도 원칙을 내세워 백성에 대한 과도한 수취를 금했다.

15. 밑줄 그은 '방안'에 해당하는 내용으로 옳은 것은? [2점]

역사 신문

제△△호　　　　　　　　　　○○○○년 ○○월 ○○일

관학 교육의 위기, 정부가 나설 차례

전직 문하시중 출신인 최충이 은퇴 후 세운 사립 학교인 9재 학당에 개경 문벌 귀족의 자제가 대거 몰리면서 개경에 사학 12도가 생기는 등 사학이 크게 융성하고 있다. 이러한 상황에서 국학 폐지론까지 제기되자 정부는 제술업, 명경업 등 과거에 응시하려는 사람은 국자감에 300일 이상 출석해야 한다는 규정을 만드는 등 관학을 진흥하기 위한 방안을 마련하고 있다.

① 경당을 세워 지방 청소년들의 학문과 무술을 가르쳤다.
② 서원을 세워 유학 교육의 지방 확대를 도모하였다.
③ 유향소를 통해 덕망있는 인사들이 향촌 풍습을 바로 잡게 하였다.
④ 장학 기금인 양현고를 두어 학생 유치를 도모하였다.
⑤ 초계문신제를 시행하여 하급 관리들의 재교육을 실시하였다.

16. (가)~(다)를 일어난 순서대로 옳게 나열한 것은? [3점]

(가) 이고 등이 임종식, 이복기, 한뢰를 비롯하여 왕을 모시던 문관 및 대소 신료들을 살해하였다. 정중부 등이 왕을 모시고 궁으로 돌아왔다.

(나) 김부식이 군대를 모아서 서경을 공격하였다. 서경이 함락되자 조광은 스스로 불에 뛰어들어 죽었다.

(다) 최사전의 회유에 따라 척준경은 마음을 돌려 계책을 정하고 이자겸을 제거하였다.

① (가)-(나)-(다)　② (나)-(가)-(다)
③ (나)-(다)-(가)　④ (다)-(가)-(나)
⑤ (다)-(나)-(가)

17. 다음 밑줄 그은 '국왕'의 재위 시기에 있었던 사실로 옳은 것은? [2점]

> 오늘 살펴볼 건물은 유네스코 세계 문화유산인 종묘입니다. 종묘는 조선 왕조 역대 왕과 왕비 및 추존된 왕과 왕비의 신주를 모신 유교 사당으로 가장 장엄한 건축물 중의 하나입니다. 그런데 종묘의 동쪽 별당에는 특이하게도 고려 31대 국왕과 왕비의 신당이 있습니다. 신당에 모셔진 이 그림은 조선 초기에 그린 것으로 짐작하고 있습니다. 이 국왕에 대하여 잠시 알아보도록 할까요?

① 경기에 한하여 과전법을 실시하였다.
② 원의 요청으로 일본 원정을 지시하였다.
③ 신돈을 전민변정도감의 판사로 임명하였다.
④ 빈민 구제 도감인 의창을 설치하였다.
⑤ 이성계가 위화도 회군을 일으켰다.

18. 다음 대화에 해당되는 문화유산으로 옳은 것은? [3점]

- 이 건물 안에는 신라 영향을 받은 아미타 불상이 모셔져 있어.
- 고려의 목조 건축에 대하여 이야기해볼까?
- 공포가 기둥 위에만 있는 주심포 양식의 건물로 지붕 형태는 팔작지붕이야.

①
안동 봉정사 극락전

②
보은 법주사 팔상전

③
구례 화엄사 각황전

④
예산 수덕사 대웅전

⑤
영주 부석사 무량수전

19. (가)~(마)에 들어갈 내용으로 옳은 것은? [3점]

> 〈2025년도 하계 한국사 강좌〉
> **한국 불교사의 중요 인물**
> 우리 학회에서는 승려들의 활동을 통해 불교사의 흐름을 파악하는 자리를 마련하였습니다. 관심 있는 분들의 많은 참여를 바랍니다.
>
> ◆ 강좌 주제 ◆
> 제1강 혜초, (가)
> 제2강 원효, (나)
> 제3강 의상, (다)
> 제4강 의천, (라)
> 제5강 지눌, (마)
>
> • 기간: 2025년 ○○월 ○○일~○○월 ○○일
> • 장소: □□박물관 제3강당
> • 주최: △△학회

① (가) – 황룡사 구층 목탑 건립을 건의하다
② (나) – 대승기신론소를 저술하다
③ (다) – 세속 오계를 제시하다
④ (라) – 정혜쌍수를 주장하다
⑤ (마) – 유불일치를 주장하다

20. 다음과 같은 주장을 한 인물에 대한 설명으로 옳은 것은? [1점]

> 임금의 자질에는 어리석은 자질도 있고 현명한 자질도 있으며, 강력한 자질도 있고 유약한 자질도 있어서 한결같지 않다. 임금의 아름다운 점은 따르고 나쁜 점은 바로 잡으며, 옳은 일은 받들고 옳지 않은 것은 막아서, 임금이 가장 올바른 경지에 들어가게 해야 한다.
> — 『조선경국전』

① 최초의 서원인 백운동 서원을 건립하였다.
② 원나라를 통해 성리학을 처음 받아들였다.
③ 불씨잡변을 지어 불교를 비판하였다.
④ 일본에 다녀와 해동제국기를 편찬하였다.
⑤ 역성혁명을 반대하여 개경 선죽교에서 살해되었다.

21. 밑줄 그은 '왕'의 업적으로 옳은 것은? [1점]

> 풍토에 따라 곡식을 심고 가꾸는 법이 다르니, 고을의 경험 많은 농부를 각 도의 감사가 방문하여 농사짓는 방법을 알아본 후 아뢰라고 왕께서 명령하셨다. 이어 왕께서 정초와 변효문 등을 시켜 감사가 아뢴 바 중에서 꼭 필요하고 중요한 것만을 뽑아 『농사직설』을 편찬하게 하셨다.

① 유교적 질서를 확립하기 위하여 윤리서인 삼강행실도를 편찬하였다.
② 경국대전을 간행하여 국가 통치 체제를 마련하였다.
③ 주자소를 설치하고 구리로 계미자를 주조하였다.
④ 조광조를 등용하여 개혁 정치를 실시하였다.
⑤ 화통도감을 설치하여 국방력을 강화하였다.

22. (가), (나) 사이의 시기에 있었던 사실로 옳은 것은? [3점]

> (가) 임금께서 전지(傳旨)를 내리기를, "…… 지금 그 제자 김일손이 찬수한 사초 내에 부도(不道)한 말로 선왕조의 일을 터무니없이 기록하고, 또 그 스승 김종직의 「조의제문」을 실었다."
>
> (나) 윤임은 화심(禍心)을 품고 오래도록 흉계를 쌓아 왔다. 처음에는 동궁(東宮)이 외롭다는 말을 주창하여 사림들 사이에 의심을 일으켰고, 중간에는 정유삼흉(丁酉三兇)의 무리와 결탁하여 국모를 해치려고 꾀하였고, …… 이에 윤임·유관·유인숙 세 사람에게는 사사(賜死)만 명한다.

① 서인이 반정을 일으켜 정권을 장악하였다.
② 위훈 삭제를 주장한 조광조 일파가 제거되었다.
③ 이인좌를 중심으로 한 일부 소론 세력이 난을 일으켰다.
④ 이조 전랑의 임명 문제를 둘러싸고 사림 간 대립이 일어났다.
⑤ 희빈 장씨 소생의 원자 책봉 문제로 환국이 발생하였다.

23. 밑줄 그은 '비석'이 세워진 계기가 된 전쟁에 대한 설명으로 옳은 것은? [3점]

저는 지금 서울 송파구에 있는 우리 옛 문화유산 앞에 있습니다. 이 비석은 인조 17년(1639) 삼전도(지금의 서울 송파구 삼전동)에 세워진 청 태종 공덕비입니다.

① 전쟁 후에 두 나라는 형제의 맹약을 맺었다.
② 전쟁이 끝나고 청은 소현 세자와 봉림 대군을 인질로 데려갔다.
③ 인조와 왕실은 강화도로 피난 갔다.
④ 정봉수가 용골산성에서 의병을 일으켜 이들과 싸웠다.
⑤ 조약 체결에 대한 답례로 보빙사를 보냈다.

24. 다음과 같은 행사를 주관한 국왕의 정책으로 옳은 것은? [2점]

첫째 날: 창덕궁을 출발해서 시흥에 도착하다.
둘째 날: 시흥을 출발해서 화성에 도착하다.
셋째 날: 향교 대성전을 참배하고 과거를 실시하다.
넷째 날: 현륭원을 참배하고 장용영의 군사를 조련시키다.
다섯째 날: 혜경궁 홍씨의 회갑 잔치를 베풀다.
여섯째 날: 노인을 위로하는 잔치를 베풀다.
일곱째 날: 화성을 출발해서 시흥에 도착하다.
여덟째 날: 시흥을 출발해서 창덕궁에 도착하다.

① 경기도에 한하여 대동법을 실시하였다.
② 한양을 기준으로 한 역법서인 칠정산을 만들었다.
③ 동양에서 가장 오래된 세계 지도인 혼일강리역대국도를 만들었다.
④ 어영청을 중심으로 북벌을 주장하였다.
⑤ 창덕궁 후원에 규장각을 설치하였다.

25. (가) 기구에 대한 설명으로 옳은 것은? [2점]

> 재신(宰臣)으로서 이 일을 맡은 사람을 지변재상(知邊宰相)이라고 불렀습니다. 그러나 (가) 은/는 일시적인 전쟁 때문에 설치한 것으로 국가의 중요한 모든 일들을 참으로 다 맡긴 것은 아니었습니다. 오늘에 와서 큰일이건 작은 일이건 중요한 것으로 취급되지 않는 것이 없는데, 정부는 한갓 헛이름만 지니고 육조는 모두 그 직임을 상실하였습니다. 명칭은 '변방의 방비를 담당하는 것'이라고 하면서 과거에 대한 판하(判下)나 비빈(妃嬪)을 간택하는 등의 일까지도 모두 여기를 경유하여 나옵니다.
> 「효종실록」

① 업무 일지인 내각일력을 작성하였다.
② 사헌부, 사간원과 함께 3사로 불렸다.
③ 흥선 대원군 집권기에 혁파하였다.
④ 국왕 직속 사법 기구로 중죄인을 다스렸다.
⑤ 왕명을 출납하는 역할을 하였다.

26. (가) 시기에 있었던 사실로 옳은 것은? [3점]

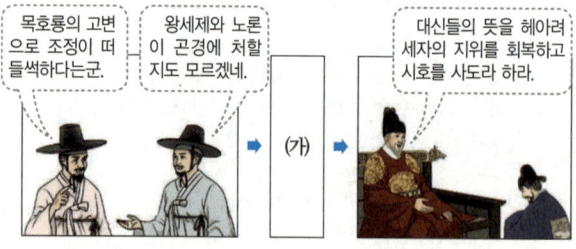

① 강홍립으로 하여금 명과 후금 사이에 중립적 태도를 취하게 하였다.
② 훈구파와 사림파 사이에 사화가 발생하였다.
③ 왕위 계승을 둘러싸고 왕자의 난이 발생하였다.
④ 이인좌를 중심으로 소론 세력 등이 난을 일으켰다.
⑤ 조대비의 복상 문제로 예송 논쟁이 발생하였다.

27. 다음 대화에 나타난 수취 제도에 대한 내용으로 옳은 것은? [2점]

호(戶)에 부과하던 공물을 토지에 부과하게 되면서 땅이 많은 대가(大家)와 거족(巨族)이 불만을 가져 원망을 하고 있으니 가뜩이나 어려운 시기에 심히 걱정스럽군.

부자는 토지 소유에 비례하여 많은 액수의 세금을 한꺼번에 내기 어렵다고 불평하지만, 수확과 노동력이 많은 부자가 가난한 사람도 여태껏 그럭저럭 납부해 온 것을 왜 못 내겠소?

① 광해군 때 경기도에서 처음으로 실시되었다.
② 농민의 군포 부담을 1년에 1필로 줄여 주었다.
③ 지주에게 토지 1결당 2두의 결작미를 징수하였다.
④ 면세층이었던 양반들에게 군포를 징수하였다.
⑤ 풍흉과 관계없이 전세를 4두로 고정하여 징수하였다.

28. 다음 글을 쓴 사람에 대한 설명으로 옳은 것은? [2점]

> 오늘날 백성을 다스리는 자는 백성에게서 걷어들이는 데만 급급하고 백성을 부양하는 방법은 알지 못한다. …… '심서(心書)'라고 이름 붙인 까닭은 무엇인가? 백성을 다스릴 마음은 있지만 몸소 실행할 수 없기 때문에 그렇게 이름붙인 것이다.

① 청나라 견문기인 열하일기를 썼다.
② 천주교 신앙 문제로 정부의 탄압을 받았다.
③ 농가집성을 펴내 이앙법 보급에 공헌하였다.
④ 우리나라에서 처음으로 지전설을 주장하였다.
⑤ 많은 제자를 길러서 성호학파를 형성하였다.

29. 다음 작품이 제작된 시기에 볼 수 있는 모습으로 적절하지 않은 것은? [1점]

이 작품은 화창한 봄날, 고양이가 병아리 한 마리를 훔쳐 달아나버리자 어미닭과 주인 부부가 화들짝 놀라 쫓아가는 모습을 익살스럽게 표현한 그림입니다.

① 한글소설을 읽어주는 전기수
② 시사를 조직하여 활동하는 중인
③ 주전도감에서 해동통보를 주조하는 장인
④ 왕조 교체를 예언한 정감록을 읽는 양반
⑤ 왜관 개시·후시에서 상업에 종사하는 내상

30. (가)~(라)를 일어난 순서대로 옳게 나열한 것은? [3점]

(가) 남쪽 지방에서 반란군이 봉기하였다. 가장 심한 자들은 운문을 거점으로 한 김사미와 초전의 효심이었다. 이들은 유랑민을 불러 모아 주현을 습격하여 노략질하였다.

(나) 진주의 난민들이 소동을 일으킨 것은 오로지 전 우병사 백낙신이 탐욕을 부려 수탈하였기 때문입니다. …… 이에 민심이 들끓고 노여움이 일제히 폭발해서 전에 듣지 못하던 변란으로 나타난 것입니다.

(다) 여러 주·군에서 공물과 조세를 보내지 않아 나라의 씀씀이가 궁핍하게 되었으므로 왕이 사자를 보내 독촉하였다. 이로 인해 도적들이 곳곳에서 벌떼처럼 일어났다. 원종과 애노 등이 사벌주를 근거지로 반란을 일으켰다.

(라) 평서 대원수는 급히 격문을 띄우노라. …… 조정에서는 서쪽 땅을 더러운 흙처럼 버렸다. 심지어 권세있는 집의 노비들도 서쪽 사람을 보면 반드시 평안도놈이라 일컫는다. 서쪽 땅에 있는 자로서 어찌 억울하고 원통하지 않겠는가.

① (가) - (나) - (다) - (라)
② (가) - (다) - (나) - (라)
③ (가) - (다) - (라) - (나)
④ (다) - (가) - (나) - (라)
⑤ (다) - (가) - (라) - (나)

31. 다음 상황이 나타난 시기를 연표에서 옳게 고른 것은? [1점]

평안 감사 박규수가 올립니다.
평양부에 와서 정박한 이양선에서 더욱 미쳐 날뛰면서 포를 쏘고 총을 쏘아대어 우리 쪽 사람들을 살해하였습니다. 그들을 제압하고 이기는 방책으로는 화공 전술보다 더 좋은 것이 없으므로 일제히 불을 질러서 그 불길이 저들의 배에 번져가게 하였습니다.

(가)	(나)	(다)	(라)	(마)
고종 즉위	오페르트 도굴 사건	신미양요	운요호 사건	조·미 수호 통상 조약	조·프 수호 통상 조약

① (가)　　② (나)　　③ (다)
④ (라)　　⑤ (마)

32. 다음 검색창에 들어갈 조약에 대한 설명으로 옳은 것은? [1점]

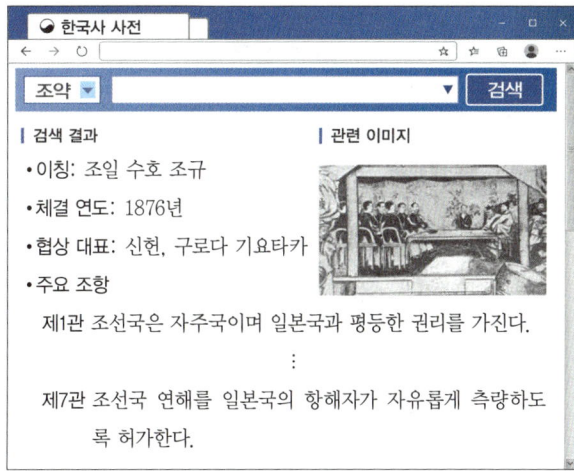

한국사 사전
조약 ▼　　　　　검색

검색 결과
• 이칭: 조일 수호 조규
• 체결 연도: 1876년
• 협상 대표: 신헌, 구로다 기요타카
• 주요 조항
　제1관 조선국은 자주국이며 일본국과 평등한 권리를 가진다.
　　⋮
　제7관 조선국 연해를 일본국의 항해자가 자유롭게 측량하도록 허가한다.

① 치외 법권을 규정하였다.
② 최혜국 조관이 최초로 들어갔다.
③ 천주교 포교 허용의 근거가 되었다.
④ 일본 공사관 주변에 군대 주둔을 허용하였다.
⑤ 최초로 내지 통상권을 얻어내었다.

33. 밑줄 그은 '사건'의 결과로 옳은 것은? [2점]

> 4~5명의 개화당이 사건을 일으켜서 나라를 위태롭게 한 다음 청나라 사람의 억압과 능멸이 대단하였다. …… 종전에는 개화가 이롭다고 말하면 그다지 싫어하지 않았으나 이 사건 이후 조야(朝野) 모두 '개화당은 충의를 모르고 외인과 연결하여 매국배종(賣國背宗)하였다.'고 하였다.
> 「윤치호일기」

① 청·일 양국은 군대 파견 시, 상호 통보키로 합의하였다.
② 신식 군대인 별기군이 폐지되었다.
③ 일본에 수신사와 조사 시찰단을 파견하였다.
④ 조·청 상민 수륙 무역 장정이 체결되었다.
⑤ 철도 부설권을 비롯한 이권 침탈이 가속화되었다.

34. 밑줄 그은 '개혁'의 내용으로 옳은 것은? [2점]

 이번에 새로 만들어진 군국기무처에서 여러 개혁을 추진했다더군.

 궁내부를 설치하여 왕실 사무와 국정 사무를 분리하였다고 들었네.

① 전환국을 설치하였다.
② 육영 공원을 설립하였다.
③ 공사노비법을 혁파하였다.
④ 태양력을 채택하였다.
⑤ 지계를 발급하였다.

35. 다음과 같은 주제로 토론회를 개최한 단체에 대한 설명으로 옳은 것은? [1점]

일자	주제
1897. 8. 29.	조선에 급선무는 인민의 교육
1897. 9. 5.	도로 수정하는 것이 위생에 제일 방책
⋮	⋮
1897. 12. 26.	인민의 귀로 듣고 눈으로 보는 것을 개명케 하려면 우리나라 신문이며 다른 나라 신문지들을 널리 반포하는 것이 제일 긴요함.

① 「교육 입국 조서」를 작성해 공포하였다.
② 영은문이 있던 자리 부근에 독립문을 세웠다.
③ 개혁의 기본 강령인 「홍범 14조」를 발표하였다.
④ 일본에 진 빚을 갚자는 국채 보상 운동을 일으켰다.
⑤ 일본의 황무지 개간권 요구에 대하여 대중적 반대 운동을 벌였다.

36. (가) 시기에 있었던 사실로 옳지 않은 것은? [1점]

서울특별시 중구 소공동에 위치한 환구단은 천자(天子)가 하늘에 제사를 지내는 단(壇)을 말합니다. 러시아 공사관에서 경운궁으로 환궁한 고종은 나라 이름을 (가) (으)로 선포하고 환구단에 나아가 천지에 고하는 제사를 드린 후 황제에 즉위했습니다.

① 원수부를 설치해 황제가 군대를 통솔하였다.
② 지계아문을 설립하여 지계를 발급하였다.
③ 입헌 군주제의 도입을 시도해 민주주의를 발전시켰다.
④ 대한국 국제를 반포하였다.
⑤ 이범윤을 간도 관리사로 파견하였다.

37. 밑줄 그은 '이 시기'에 시행된 일제의 정책으로 옳은 것은? [1점]

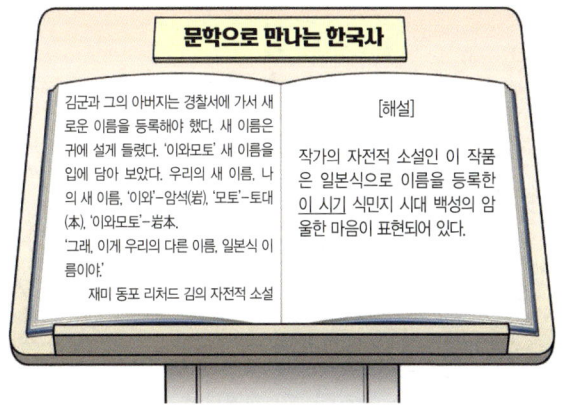

① 헌병 경찰제를 실시하였다.
② 토지 조사령을 발표하였다.
③ 회사령을 발표하였다.
④ 여자 근로 정신령을 만들었다.
⑤ 경성 제국 대학을 설립하였다.

38. 다음과 관련된 민족 운동에 대한 설명으로 옳은 것은? [1점]

① 나라 빚을 갚기 위해 전개되었다.
② 통감부의 탄압으로 중단되었다.
③ 평양에서 조만식을 중심으로 시작되었다.
④ 가뭄과 홍수로 인해 중단되었다.
⑤ 일본, 프랑스 등지의 노동 단체로부터 격려 전문을 받았다.

39. 밑줄 그은 '이 부대'에 대한 설명으로 옳은 것은? [2점]

① 봉오동 전투에서 일본군을 격파하였다.
② 사도하자 전투에서 일본군을 격파하였다.
③ 홍범도 부대와 연합하여 청산리에서 일본군과 교전하였다.
④ 미국 O.S.S와 함께 국내 진입 작전을 계획하였다.
⑤ 조선 혁명당의 군사 조직으로 남만주 지역에서 활약하였다.

40. (가) 단체의 활동에 대한 설명으로 옳지 않은 것은? [2점]

> 탑골 공원에 모인 수많은 학생과 시민이 독립 선언식을 거행하고 만세를 부르며 거리를 행진하였다. 이후 만세 시위는 전국으로 확산되었다. 이 운동을 계기로 독립운동가 사이에는 독립운동을 더욱 조직적으로 전개하자는 공감대가 형성되어 (가) 이/가 만들어졌다. (가) 은/는 구미 위원부를 설치하는 등 적극적으로 독립운동을 펼쳐 나갔다.

① 독립 공채를 발행하였다.
② 기관지로 「독립신문」을 발간하였다.
③ 비밀 행정 조직인 연통부를 설치하였다.
④ 재정 확보를 위하여 전환국을 설립하였다.
⑤ 사료 편찬소를 두고 한·일 관계 사료집을 만들었다.

41. (가), (나) 격문이 작성된 사이의 시기에 있었던 사실로 옳은 것은? [1점]

> (가) 왕조의 마지막 군주였던 창덕궁 주인이 53세의 나이로 지난 4월 25일에 서거하였다. …… 지금 우리 민족의 통곡과 복상은 군주의 죽음 때문이 아니고 경술년 8월 29일 이래 사무친 슬픔 때문이다. …… 슬퍼하는 민중들이여! 하나가 되어 혁명 단체 깃발 밑으로 모이라! 금일의 통곡복상의 충성과 의분을 모아 우리들의 해방 투쟁에 바치자!
>
> (나) 조선 청년 대중이여! 궐기하라. 제국주의적 침략에 대한 반항적 투쟁으로서 광주 학생 사건을 지지하고 성원하라. …… 저들은 소위 사법 경찰을 총동원하여 광주 조선 학생 동지 400여 명을 참혹한 철쇄에 묶어 넣었다. 여러분! 궐기하라! 우리들이 흘리는 선혈의 마지막 한 방울까지 조선 학생의 이익과 약소민족의 승리를 위하여 항쟁적 전투에 공헌하라!

① 신간회가 창설되었다.
② 진단 학회가 설립되었다.
③ 진주에서 조선 형평사가 창립되었다.
④ 대구에서 국채 보상 운동이 시작되었다.
⑤ 동아일보를 중심으로 브나로드 운동이 전개되었다.

42. (가)~(마) 지역에서 있었던 사실로 옳지 않은 것은? [3점]

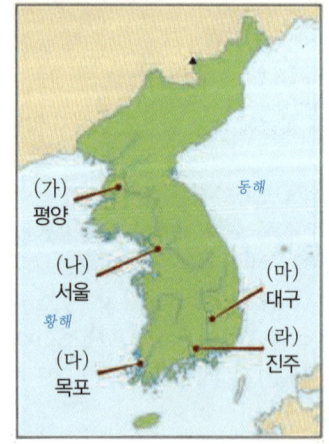

① (가) – 임진왜란 때 선조가 피신하였다.
② (나) – 상권 수호를 위해 황국 중앙 총상회가 조직되었다.
③ (다) – 강화도 조약으로 개항을 하게 되었다.
④ (라) – 백정에 대한 차별 철폐를 위해 조선 형평사가 창립되었다.
⑤ (마) – 김광제 등의 발의로 국채 보상 운동이 일어났다.

43. (가), (나) 사이의 시기에 있었던 사실로 옳은 것은? [2점]

> (가) □□일보
> 하지 중장, 특별 성명 발표
> 오늘 오전 조선 주둔 미군 최고 사령관 하지 중장은 미소 공동 위원회 무기 휴회에 관한 중대 성명서를 발표하였다. 이는 덕수궁 석조전에서의 역사적인 개막 이후 49일 만의 일이다.
>
> (나) □□일보
> 제2차 미소 공동 위원회 개막
> 미소 공동 위원회는 제1차 회의가 무기 휴회된 지 만 1년 16일 만인 오늘 오후 2시 정각에 시내 덕수궁 석조전에서 고대하던 제2차 회의의 역사적 막을 열었다.

① 조선 건국 준비 위원회가 조직되었다.
② 모스크바 3국 외상 회의가 개최되었다.
③ 좌우 합작 위원회가 좌우 합작 7원칙을 발표하였다.
④ 농지 개혁법이 제정되었다.
⑤ 포츠담 회담이 개최되었다.

44. (가) 인물이 주장했을 구호로 옳지 않은 것은? [2점]

> **(가) 선생의 생애**
> 1907년 국채 보상 단연 동맹 지회 설립
> 1918년 상하이에서 신한 청년당 조직
> 1921년 고려 공산당 가입
> 1944년 조선 건국 동맹 조직
> 1945년 조선 건국 준비 위원회 결성
> 1946년 좌우 합작 운동 주도
> 1947년 서울 혜화동 로터리에서 피격·사망

① 한반도 분단을 막고 통일 정부를 수립하자!
② 나라 빚을 갚아 일본의 간섭에서 벗어나자!
③ 조선 사람은 조선 사람이 만든 물건을 쓰자!
④ 일제의 패망에 대비하여 건국을 준비하자!
⑤ 파리 강화 회의에 대표를 보내 일제의 침략상을 알리자!

45. 다음 선언문과 관계된 사건과 관련된 설명으로 옳은 것은? [2점]

> 1. 마산, 서울 기타 각지의 데모는 주권을 빼앗긴 국민의 울분을 대신하여 궐기한 학생들의 순수한 정의감의 발로이며 부정과 불의에는 언제나 항거하는 민족정기의 표현이다.
> … (중략) …
> 3. 합법적이고 평화적인 데모 학생에게 총탄과 폭력을 거리낌 없이 남용하여 참극을 빚어낸 경찰은 자유와 민주를 기본으로 한 대한민국의 국립 경찰이 아니라 불법과 폭력으로 권력을 유지하려는 일부 정부 집단의 사병이다.
> — 대학 교수단 4·25 선언문

① 전두환 정부는 4·13 호헌 조치를 발표하였다.
② 자유당 정권은 대대적으로 3·15 부정 선거를 저질렀다.
③ 12·12 사태 이후 신군부가 계엄령을 전국에 확대하였다.
④ 박정희 정부는 한·일 협정을 체결하여 양국의 국교를 정상화하였다.
⑤ 일부 군인들이 5·16 군사 정변을 일으켰다.

46. 다음 헌법이 시행 중인 시기에 있었던 사실로 옳은 것은? [2점]

> 제38조 ① 대통령은 통일에 관한 중요 정책을 결정하거나 변경함에 있어서, 국론 통일을 위하여 필요하다고 인정할 때에는 통일 주체 국민 회의의 심의에 붙일 수 있다.
> ② 제1항의 경우에 통일 주체 국민 회의에서 재적 대의원 과반수의 찬성을 얻은 통일 정책은 국민의 총의로 본다.
> 제40조 통일 주체 국민 회의는 국회 의원 정수의 3분의 1에 해당하는 수의 국회 의원을 선거한다.

① 서울 올림픽이 개최되었다.
② 야간 통행 금지가 해제되었다.
③ 박종철 고문 치사 사건이 발생하였다.
④ 부·마 민주 항쟁이 일어났다.
⑤ 남북 이산가족 고향 방문이 최초로 이루어졌다.

47. 다음 연설을 한 대통령의 집권기에 일어난 사실로 가장 옳은 것은? [2점]

> 저는 이 순간 엄숙한 마음으로 헌법 제76조 제1항의 규정에 의거하여, 「금융 실명 거래 및 비밀 보장에 관한 대통령 긴급 명령」을 반포합니다. …… 금융 실명제에 대한 우리 국민의 합의와 개혁에 대한 강력한 열망에 비추어 국회 의원 여러분이 압도적인 지지로 승인해 주실 것을 믿어 의심치 않습니다. 친애하는 국민 여러분, 드디어 우리는 금융 실명제를 실시합니다. 이 시간 이후 모든 금융 거래는 실명으로만 이루어집니다. 금융 실명제가 실시되지 않고는 이 땅의 부정부패를 원천적으로 봉쇄할 수가 없습니다.

① YH 무역 사건이 일어났다.
② 제4차 경제 개발 계획이 추진되었다.
③ 국민 기초 생활 보장법이 시행되었다.
④ 경제 협력 개발 기구(OECD)에 가입하였다.
⑤ 7·4 남북 공동 성명을 발표하였다.

48. 다음 민주화 운동의 원인으로 가장 적절한 것은? [2점]

> 1. 당일 10시 각 본부별 종파별로 고문 살인 조작 규탄 및 호헌 철폐 국민 대회를 개최한 후 오후 6시를 기하여 성공회 대성당에 집결, 국민 운동 본부가 주관하는 국민 대회를 개최한다.
> 2. (1) 오후 6시 국기 하강식을 기하여 전국민은 있는 자리에서 애국가를 제창하고
> (2) 애국가가 끝난 후 자동차는 경적을 울리고
> (3) 전국 사찰, 성당, 교회는 타종을 하고
> (4) 국민들은 형편에 따라 만세 삼창(민주 헌법 쟁취 만세, 민주주의 만세, 대한민국 만세)을 하던지 제자리에서 11분간 묵념을 함으로써 민주 쟁취의 결의를 다진다.
> — 국민 운동 본부, 「국민 대회 행동 요강」

① 대통령이 긴급 조치 1호를 발동하였다.
② 정부가 4·13 조치로 대통령 직선제 요구를 거부하였다.
③ 한·일 기본 조약을 체결하여 일본과 국교를 정상화하였다.
④ 전태일이 근로기준법 준수를 요구하며 분신하였다.
⑤ 신군부 세력이 12·12 쿠데타를 일으켰다.

49. 다음 뉴스가 보도된 정부 시기에 있었던 사실로 옳은 것은? [2점]

① 남한과 북한은 함께 유엔에 가입하였다.
② 7·4 남북 공동 성명을 발표하였다.
③ 6·15 남북 공동 선언을 발표하였다.
④ 제2차 남북 정상 회담을 개최하였다.
⑤ 6·23 평화 통일 외교 정책을 선언하였다.

50. (가)~(마)에 들어갈 내용으로 옳지 않은 것은? [3점]

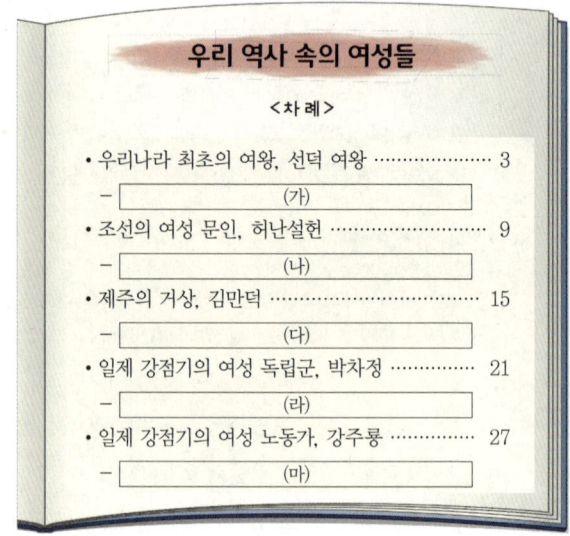

① (가) - 분황사 모전 석탑을 건립하다
② (나) - 가정생활 지침서인 규합총서를 서술하다
③ (다) - 제주 대기근 때 재산을 기부하여 백성을 구제하다
④ (라) - 조선 의용대 부녀 복무단장으로서 무장 투쟁을 전개하다
⑤ (마) - 임금 삭감에 저항하여 을밀대 지붕에서 고공농성을 하다

정답 및 해설

정답

1	①	2	②	3	③	4	②	5	④
6	③	7	②	8	②	9	④	10	①
11	⑤	12	④	13	①	14	④	15	④
16	⑤	17	③	18	⑤	19	②	20	③
21	①	22	②	23	②	24	⑤	25	③
26	④	27	①	28	②	29	③	30	⑤
31	①	32	①	33	①	34	③	35	②
36	③	37	④	38	③	39	②	40	④
41	①	42	③	43	③	44	③	45	②
46	④	47	④	48	②	49	①	50	②

1. ―――――――――――――――――――― ①

정답 알아보기

(가) 시대는 청동기이다. ① 고인돌은 청동기 대표 유적으로 이 시기에 계급이 발생하였다.

선지 분석하기

②④ 신석기, ③ 철기, ⑤ 구석기 시대의 모습이다.

2. ―――――――――――――――――――― ②

정답 알아보기

제시문은 고조선의 8조 금법이다. ② 고조선은 상, 대부, 장군 등의 관직을 두었다.

선지 분석하기

① 고구려, ③ 부여, ④ 동예, ⑤ 옥저의 모습이다.

3. ―――――――――――――――――――― ③

정답 알아보기

제시문의 (가)는 부여, (나)는 동예에 대한 설명이다. ③ 동예에 대한 설명이다.

선지 분석하기

① 삼한, ② 고구려, ④ 변한, ⑤ 신라에 대한 설명이다.

4. ―――――――――――――――――――― ②

정답 알아보기

첫 번째 제시문은 발해 무왕이 일본에 보낸 외교 문서이고, 두 번째 제시문은 일본이 발해 문왕에게 보낸 외교 문서로, 발해의 고구려 계승 의식을 알 수 있다. ② 발해 동경에서 발견된 이불병좌상은 얼굴이나 광배, 의상 등에 이르기까지 그 조각 수법이 고구려 양식을 계승하였다.

선지 분석하기

① 서산 마애 삼존 불상(백제)
③ 금동 미륵보살 반가상(삼국)
④ 연가 7년명 금동 여래 입상(고구려)
⑤ 논산 관촉사 석조 미륵보살 입상(고려)

5. ―――――――――――――――――――― ④

정답 알아보기

제시문은 백제 무령왕릉에 대한 내용으로, 무덤 주인은 무령왕이다. ④ 무령왕은 특수 지방 행정 구역인 22개의 담로를 설치하고 왕족을 파견하였다.

선지 분석하기

① 백제 침류왕, ② 백제 비유왕과 신라 눌지왕, ③ 신라 진흥왕, ⑤ 백제 무왕의 업적이다.

6. ―――――――――――――――――――― ③

정답 알아보기

제시문의 (가)는 가야이다. ③ 신라에 대한 내용이다.

선지 분석하기

①②④⑤ 가야에 대한 내용이다.

7. ―――――――――――――――――――― ②

정답 알아보기

(가)는 장수왕이 건립한 광개토대왕릉비로 광개토 대왕의 정복 관련 내용이 기록되어 있다. (나)는 진흥왕이 건립한 진흥왕 순수비로 진흥왕의 정복 사업이 기록되어 있다. ② 광개토 대왕은 요동 및 만주 대부분을 차지하였다.

선지 분석하기

① 고구려 장수왕 때 일이다.
③ 신라 법흥왕(6세기) 때 일이다.
④ 신라 중대 신문왕(7세기) 때 일이다.
⑤ (가)는 고구려, (나)는 신라의 정복 사업과 관련된 비문이다.

8. ―――――――――――――――――――― ②

정답 알아보기

제시문은 이사부의 우산국(울릉도, 독도) 정벌 관련 내용으로, 지증왕 때 일이다. ② 지증왕은 한화 정책(漢化政策)을 펼쳐, 국호를 사로국에서 신라(新羅)로, 왕호를 마립간에서 왕(王)으로 바꾸었다.

선지 분석하기

① 원성왕, ③ 신문왕, ④ 법흥왕, ⑤ 무열왕에 대한 설명이다.

9. ―――――――――――――――――――― ④

정답 알아보기

④ 제시문의 '이 시기'에 일어난 사건으로는 원종·애노의 난이 있다.

선지 분석하기

① 신라 신문왕, ②③ 고려 무신 집권기, ⑤ 조선 후기에 발생한 사건이다.

10. ―――――――――――――――――――― ①

정답 알아보기

밑줄 그은 '이 왕'은 신문왕이다. ① 신문왕은 유교 정치 이념의 확립을 위하여 유학 사상을 강조하고, 유학 교육을 위하여 국학을 설립하였다.

선지 분석하기

② 성덕왕, ③⑤ 경덕왕, ④ 혜공왕 때 일이다.

11. ⑤

정답 알아보기

밑줄 그은 '이 나라'는 발해이다. ⑤ 발해 문왕 때 교육 기관으로 주자감을 두었다.

선지 분석하기

① 고려, ② 고구려, ③ 통일 신라, ④ 백제에 대한 내용이다.

12. ④

정답 알아보기

제시문은 고려 성종의 상평창 설치와 관련된 교서이다. ④ 성종 때 국립 대학 국자감을 설치하였다.

선지 분석하기

① 문종 때 최충이 사립 학교인 9재 학당을 설치하였다.
② 충렬왕 때 안향의 건의로 국학생의 학비를 조달하는 장학 기금인 섬학전을 설치하였다.
③ 예종 때 개경에 도교 사원인 복원궁을 설치하였다.
⑤ 최우에 의해 삼별초가 설치되었다.

13. ①

정답 알아보기

광군사 설치(947, 정종) ➡ 귀주 대첩(1019, 현종) ➡ 천리장성 완성(1044, 정종) ➡ 별무반 편성(1104, 숙종) ➡ 이자겸의 난(1126, 인종) ➡ 조위총의 난(1174, 명종)
① 제시문은 거란의 1차 침입(993) 당시 서희의 주장이다. 서희는 거란의 소손녕과 외교 담판 결과 고려와 송의 단교를 조건으로 강동 6주의 관할권을 받아냈다. 그 결과 고려는 압록강 어귀까지 영토를 확장하게 되었다.

14. ④

정답 알아보기

밑줄 그은 '이 왕'은 고려 광종이다. ④ 광종은 후주에서 귀화한 쌍기의 건의를 받아들여 과거 제도를 실시하였다.

선지 분석하기

① 현종, ② 공민왕, ③ 1033년(덕종 2)~1044년(정종 10), ⑤ 태조 때의 일이다.

15. ④

정답 알아보기

④ 최충의 9재 학당의 여파로 관학이 위축되자, 예종은 관학을 진흥시키기 위해 양현고를 두어 장학 기금을 마련하였다.

선지 분석하기

① 고구려, ②③ 조선, ⑤ 조선 정조 때 상황이다.

16. ⑤

정답 알아보기

(다) 이자겸의 난(1126, 인종 4년) ➡ (나) 묘청의 난 진압(1135, 인종 13년) ➡ (가) 무신 정변(1170, 의종 24년)

17. ③

정답 알아보기

밑줄 그은 국왕은 고려 공민왕이다. ③ 공민왕은 권세가들의 대토지 불법 소유와 농민 문제를 해결하기 위해 전민변정도감을 설치하고 신돈을 판사로 임명하였다.

선지 분석하기

① 공양왕, ② 충렬왕, ④ 성종, ⑤ 우왕 때 일이다.

18. ⑤

정답 알아보기

⑤ 영주 부석사 무량수전에 대한 설명이다. 부석사 무량수전은 안동 봉정사 극락전(현존 최고의 건축), 예산 수덕사 대웅전과 함께 고려의 대표적인 건축물로서 주심포 양식, 배흘림기둥, 팔작지붕의 건축 양식을 가지고 있다.

선지 분석하기

① 안동 봉정사 극락전(고려 후기)은 현존하는 가장 오래된 목조 건축으로 주심포 양식과 단층 맞배지붕 양식이다.
② 법주사 팔상전(1624년 중건)은 현존 가장 오래된 목조 5층 탑이다.
③ 화엄사 각황전(1643년 중건)은 내부 전체가 한 칸의 방으로 만들어진 목조 건축이다.
④ 수덕사 대웅전(고려 후기)은 안동 봉정사 극락전과 함께 가장 오래된 건물 중의 하나로 주심포 양식과 단층 맞배지붕 양식이다.

19. ②

정답 알아보기

② 원효는 『대승기신론소』를 저술하였다.

선지 분석하기

① 황룡사 구층 목탑 건립은 선덕 여왕 때 자장에 의해 이루어졌다.
③ 세속 오계는 진평왕 때 원광에 의해 이루어졌다.
④ 정혜쌍수는 고려 승려 지눌의 주장이다.
⑤ 유불일치설은 고려 승려 혜심의 주장이다.

20. ③

정답 알아보기

제시문을 주장한 인물은 고려 말 혁명파 신진 사대부였던 정도전이다. ③ 정도전은 불교를 비판하는 『불씨잡변』을 지어 조선 왕조의 사상적 기반을 마련하였다.

선지 분석하기

① 주세붕, ② 안향, ④ 신숙주, ⑤ 정몽주에 대한 내용이다.

21. ①

정답 알아보기

제시문의 밑줄 그은 '왕'은 세종이다. ① 세종은 유교적 질서를 확립하기 위하여 윤리서인 삼강행실도를 편찬하였다.

선지 분석하기

② 조선 성종, ③ 조선 태종, ④ 조선 중종, ⑤ 고려 우왕의 업적이다.

22. ②

정답 알아보기

(가) 무오사화(1498, 연산군 4년), (나) 을사사화(1545, 명종 원년)
② 기묘사화(1519, 중종 14년)

선지 분석하기

① 인조반정(1623, 광해군 15년)
③ 이인좌의 난(1728, 영조 4년)
④ 1575년 전후 선조 집권기
⑤ 기사환국(1689, 숙종 15년)

23. ②

정답 알아보기

삼전도비는 병자호란(1636, 인조 14년) 때 청에게 패배하고 굴욕적인 강화 협정을 맺은 뒤 청 태종의 요청으로 그의 공덕을 적은 비로 1639년(인조 17)에 세워졌다. ② 병자호란 결과 청은 소현 세자와 봉림 대군 등을 인질로 데려갔다.

선지 분석하기

① 정묘호란(1627, 인조 5년)의 결과 청나라와 조선은 형제 관계를 체결하였다. 병자호란의 결과 군신 관계를 맺게 되었다.
③④ 정묘호란 때 일이다.
⑤ 보빙사(1883)는 1882년 미국과 조약을 맺고 파견된 외교 사절단이다. 청에는 연행사를 파견하였다.

24. ⑤

정답 알아보기

제시문은 정조의 화성 행차와 관련된 내용이다. ⑤ 정조는 창덕궁 후원에 규장각을 두고 학술 연구 및 인재 양성을 도모하였다.

선지 분석하기

① 광해군, ② 세종, ③ 태종, ④ 효종 때 일이다.

25. ③

정답 알아보기

제시문의 (가) 기구는 비변사이다. ③ 비변사는 중종 때 삼포왜란을 계기로 처음 설치되었다가 명종 때 을묘왜변을 계기로 상설 기구화되었다. 선조 때 임진왜란을 계기로 국가 최고 기구가 되었고 19세기 흥선 대원군 집권기에 혁파되었다.

선지 분석하기

① 규장각, ② 홍문관, ④ 의금부, ⑤ 승정원에 대한 내용이다.

26. ④

정답 알아보기

첫 번째 화보는 경종 때 지관(地官) 목호룡이 '임금을 죽이려는 역적이 있다.'라는 고변(告變)을 하게 되자, 경종은 연잉군(후에 영조)을 지지하는 노론 4대신을 사형시키고 왕세제인 연잉군을 감금시켰던 사건에 대한 내용이다. 두 번째 화보는 영조가 그의 아들을 죽이고 이후 지위를 회복시켜 시호를 사도(思悼)로 내려주는 내용이다. ④ 영조 초기에 경종을 영조가 독살하였다고 하면서 이인좌를 중심으로 소론들이 난을 일으켰다.

선지 분석하기

① 광해군, ② 16세기 상황, ③ 태조, ⑤ 현종 때 일이다.

27. ①

정답 알아보기

제시문은 대동법 실시에 대한 찬반 의견이다. ① 대동법은 이원익의 주장으로 광해군 때 경기도에서 처음 실시되어, 숙종 때 잉류 지역을 제외한 전국에서 실시되었다.

선지 분석하기

②③ 균역법(영조), ④ 호포법(흥선 대원군), ⑤ 영정법(인조)에 대한 내용이다.

28. ②

정답 알아보기

제시문은 정약용의 『목민심서』에 대한 내용이다. ② 정약용은 신유박해(1801, 순조 1년)로 전라도 강진에서 18년간 유배 생활을 하였다.

선지 분석하기

① 박지원, ③ 신속, ④ 김석문, ⑤ 이익에 대한 내용이다.

29. ③

정답 알아보기

제시된 작품은 조선 후기 대표적인 풍속화 중의 하나인 김득신의 '야묘도추'이다.
③ 고려 숙종 때의 모습이다.

선지 분석하기

①②④⑤ 조선 후기의 모습이다.

30. ⑤

정답 알아보기

(다) 원종·애노의 난(신라 하대) ➡ (가) 김사미·효심의 난(고려 무신 집권기) ➡ (라) 홍경래의 난(조선 후기, 1811) ➡ (나) 임술민란(조선 후기, 1862)

31. ①

정답 알아보기

고종 즉위(1863) ➡ 오페르트 도굴 사건(1868) ➡ 신미양요(1871) ➡ 운요호 사건(1875) ➡ 조·미 수호 통상 조약(1882) ➡ 조·프 수호 통상 조약(1886)
① 제시문의 상황은 제너럴셔먼호 사건(1866)이다.

32. ①

정답 알아보기

제시문은 강화도 조약(조·일 수호 조규, 병자 수호 조약, 1876)에 대한 내용이다. ① 강화도 조약에서 치외 법권이 규정되었다.

선지 분석하기

② 조·미 수호 통상 조약(1882)
③ 조·프 수호 통상 조약(1886)
④ 제물포 조약(1882)
⑤ 조·청 상민 수륙 무역 장정(1882)

33. ①

정답 알아보기

밑줄 그은 '사건'은 갑신정변(1884)이다. ① 갑신정변 결과 청과 일본은 조선에서 군대를 철수하고, 만약 다시 군대 파견시 상대국에게 통보키로 합의한 톈진 조약(1885)을 체결하였다.

선지 분석하기

② 임오군란(1882)을 계기로 별기군이 폐지되었다.
③ 1876년 강화도 조약을 계기로 수신사와 조사 시찰단이 파견되었다.
④ 임오군란(1882) 결과 조·청 상민 수륙 무역 장정이 체결되었다.
⑤ 아관 파천(1896)을 계기로 이권 침탈이 본격화되었다.

34. ③

정답 알아보기

제시문은 갑오개혁(1894)에 대한 내용이다. ③ 갑오개혁으로 공사노비법이 혁파되었다.

선지 분석하기

① 1883년, ② 1886년, ④ 을미개혁(1895), ⑤ 1901년의 일이다.

35. ②

정답 알아보기

제시문은 독립 협회의 주최로 서울 종로에서 열린 민중 집회인 만민 공동회(1898)의 토론 주제이다. ② 독립 협회는 청나라 사신을 맞이하던 영은문 자리에 독립문을 세웠다.

선지 분석하기

① 1895년, ③ 갑오개혁, ④ 국채 보상 기성회(1907), ⑤ 보안회(1904)에 대한 내용이다.

36. ③

정답 알아보기

(가)는 대한 제국(1897~1910)이다. ③ 대한 제국은 전제 군주제를 주장하여 황제권을 강화하였다.

선지 분석하기

① 원수부 설치(1899), ② 지계 발급(1901), ④ 대한국 국제 반포(1899), ⑤ 이범윤을 간도 관리사로 파견(1902)

37. ④

정답 알아보기

밑줄 그은 '이 시기'는 일제 침략 3단계 창씨개명(1940)이 이루어지던 시기이다. ④ 여자 근로 정신령(1944)

선지 분석하기

①②③ 일제 침략 1단계(1910~1919) 시기의 내용이다.
⑤ 경성 제국 대학 설립은 1924년으로, 일제 침략 2단계(1919~1931) 시기의 내용이다.

38. ③

정답 알아보기

제시된 화보는 조선 물산 장려 운동에 대한 내용이다. ③ 조선 물산 장려 운동은 1922년 조만식을 중심으로 평양에서 시작되어 전국적으로 확산되었다.

선지 분석하기

① 국채 보상 운동(1907)에 대한 내용이다.
② 조선 물산 장려 운동은 총독부의 탄압으로 중단되었다.
④ 역사적 사실이 아니다.
⑤ 원산 노동자 총파업(1929)에 대한 내용이다.

39. ②

정답 알아보기

밑줄 그은 '이 부대'는 한국 독립군(1930)이다. ② 한국 독립군은 중국 의용군과 연합하여 쌍성보 전투, 사도하자 전투, 대전자령 전투 등에서 일본군을 격파하였다.

선지 분석하기

① 홍범도의 대한 독립 군단을 중심으로 한 독립군 연합 부대, ③ 김좌진의 북로 군정서군, ④ 한국 광복군, ⑤ 조선 혁명군에 대한 내용이다.

40. ④

정답 알아보기

(가) 단체는 대한민국 임시 정부(1919)이다. ④ 전환국(1883)

선지 분석하기

①②③⑤ 대한민국 임시 정부의 활동이다.

41. ①

정답 알아보기

(가) 6·10 만세 운동(1926), (나) 광주 학생 항일 운동(1929)
① 신간회 창립(1927)

선지 분석하기

② 진단 학회 설립(1934), ③ 조선 형평사 설립(1923), ④ 국채 보상 운동(1907), ⑤ 브나로드 운동(1931~1934)

42. ③

정답 알아보기

③ 강화도 조약(1876)으로 일본에 의해 강제로 부산, 원산, 인천이 개항되었다. 목포는 1897년 대한 제국 시기에 자발적으로 개항하였다.

선지 분석하기

① (가) – 임진왜란 때 선조는 평양으로 피신하였다.
② (나) – 1898년 시전상인들이 상권 수호를 위해 서울에서 황국 중앙 총상회를 조직하였다.
④ (라) – 1923년 백정에 대한 차별 철폐와 민족 해방을 주장하면서 진주에서 조선 형평사가 창립되었다.
⑤ (마) – 1907년 서상돈, 김광제 등에 의해 대구에서 국채 보상 운동이 시작되어 전국적으로 확산되었다.

43. ③

정답 알아보기

(가) 1차 미·소 공동 위원회 무기 휴회 성명서 발표(1946. 5. 6.), (나) 2차 미·소 공동 위원회 개최(1947. 5. 21.)
③ 좌우 합작 7원칙 발표(1946. 10.)

선지 분석하기

① 조선 건국 준비 위원회 조직(1945)
② 모스크바 3국 외상 회의 개최(1945. 12.)
④ 농지 개혁법 제정(1949년 제정, 1950년 부분 수정 및 실시)
⑤ 포츠담 회담 개최(1945. 7.)

44. ③

정답 알아보기

(가) 인물은 여운형이다. ③ '조선 사람은 조선 사람이 만든 물건을 쓰자!'는 1920년 조만식 등의 주도로 시작된 물산 장려 운동의 구호이다. 여운형은 물산 장려 운동에 참여하지 않았다.

선지 분석하기

①②④⑤ 여운형과 관련된 내용이다.

45. ②

정답 알아보기

제시된 선언문은 4·19 혁명(1960) 당시 대학 교수들의 시국 선언문이다. ② 자유당 정권의 3·15 부정 선거를 계기로 1960년 4·19 혁명이 일어나게 되었다.

선지 분석하기

① 1987년 6월 민주 항쟁의 배경이다.
③ 1980년 5·18 광주 민주화 운동의 배경이다.
④ 한·일 협정(1965)을 반대한 시위는 6·3 시위(1964)이다.
⑤ 5·16 군사 정변은 1961년에 발생하였다.

46. ④

정답 알아보기

제시문은 유신 헌법(1972)의 내용이다. ④ 유신 헌법이 시행 중인 시기(1972~1980)에 부·마 민주 항쟁(1979)이 발생하였다.

선지 분석하기

① 노태우 정부, ②③⑤ 전두환 정부 때의 일이다.

47. ④

정답 알아보기

제시문은 김영삼 정부(1993~1998)에서 발표한 금융 실명제(1993)에 대한 내용이다. ④ 경제 협력 개발 기구(OECD) 가입(1996)

선지 분석하기

① YH 무역 사건(1979, 유신 정부), ② 제4차 경제 개발 계획(1977~1981, 유신 정부), ③ 국민 기초 생활 보장법 시행(2000, 김대중 정부), ⑤ 7·4 남북 공동 성명 발표(1972, 박정희 정부)

48. ②

정답 알아보기

제시문 중 '고문 살인 조작 규탄 및 호헌 철폐'를 통해 6월 민주 항쟁(1987)임을 알 수 있다. ② 6월 민주 항쟁은 1987년 1월에 발생한 박종철 고문 사건과 헌법을 개정할 수 없다는 전두환 대통령의 4·13 호헌(護憲) 조치를 계기로 발생하였다.

선지 분석하기

① 긴급 조치 1호의 발동(1974)은 유신 정부 때이다.
③ 1965년 한·일 협정을 반대한 시위는 6·3 시위(1964)이다.
④ 1970년 전태일이 근로기준법 준수를 요구하며 분신하였다.
⑤ 1979년 신군부 세력이 12·12 쿠데타를 일으켰다.

49. ①

정답 알아보기

제시문은 노태우 정부(1988~1993) 때 발표한 남북 기본 합의서(1991) 내용이다.
① 노태우 정부 시기인 1991년에 남한과 북한은 함께 유엔에 가입하였다.

선지 분석하기

② 7·4 남북 공동 성명 발표(1972) – 박정희 정부
③ 6·15 남북 공동 선언 발표(2000) – 김대중 정부
④ 제2차 남북 정상 회담 개최(2007) – 노무현 정부
⑤ 6·23 평화 통일 외교 정책 선언(1973) – 유신 정부

50. ②

정답 알아보기

② 가정생활 지침서인 규합총서를 서술한 인물은 조선 후기 여성 실학자인 이빙허각이다.

개념+기출+모의고사+미니북까지
한능검 한권으로 끝내기!

선우빈

주요 약력
- 現, 박문각 공무원 한국사 대표교수
- 現, EBS 공무원 한국사 대표교수
- 2006년 방송대학TV 공무원 한국사 전임교수
- 중등 2급 정교사[사회(역사)]

주요 저서

[이론서]
간추린 선우한국사 압축기본서 (박문각)
선우빈 선우한국사 기본서 (박문각)
한권으로 끝내는 한국사능력검정시험 심화 (박문각)
선우한국사 핵심사료 450 (박문각)

[문제집]
선우한국사 기출족보 기본편/심화편 (박문각)

[요약집]
한국사 연결고리 (박문각)

동영상강의	www.pmg.co.kr
한국사카페	cafe.naver.com/swkuksa
You Tube 채널	선우빈 한국사

초판 인쇄 2025년 4월 25일 | 초판 발행 2025년 4월 30일
편저자 선우빈 | 발행인 박 용 | 발행처 (주)박문각출판
등록 2015. 4. 29. 제2019-000137호
주소 06654 서울시 서초구 효령로 283 서경빌딩 4층
교재 문의 02-6466-7202 | 온라인강의 문의 02-6466-7201
팩스 02-584-2927

이 책의 무단 전재 또는 복제 행위를 금합니다.

정가 24,000원   ISBN 979-11-7262-784-3

저자와의
협의하에
인지생략

한 권으로 끝내는 한국사능력검정시험

시험장 핵심 미니북

박문각 한국사 능력검정

심화 1·2·3급

최신판

선우빈 편저

개념+기출+모의고사+미니북까지
한능검 한권으로 끝내기!

박문각

온라인강의 www.pmg.co.kr

CONTENTS
목차

1편 선사 시대 및 초기 국가 · 4

2편 고대 사회 · 7

3편 중세 사회 · 10

4편 근세 사회 · 15

5편 근대 태동기 · 20

6편 근대 사회 발전기 · 26

7편 민족 독립운동기 · 29

8편 현대 사회 · 31

부록 유네스코 문화유산 · 35

연표로 읽는 주요 역사 · 36

PART 01 선사 시대 및 초기 국가

1 선사 시대

시기	구석기	신석기	청동기	철기
연대	70만 년 전	B.C. 8,000년	B.C. 2,000~1,500년	B.C. 5세기
특징	사람 살기 시작	간석기, 토기 ⇨ 농경, 원시 신앙·직조 생활 시작	사유 재산, 계급 발생, 선민사상, 벼농사 시작	벼농사 발달, 중국과의 교류 활발
유물·유적	1. 유물 ① 뗀석기 　• 조리용: 긁개, 밀개 　• 사냥용: 주먹 도끼, 찍개 ② 골각기 2. 유적: 전국적 분포 ① 단양 금굴 ② 공주 석장리 ③ 연천 전곡리: 유럽 아슐리안계 주먹 도끼(동아시아 최초 출토) ④ 청원 두루봉 동굴: 어린아이 인골 출토(일명 '흥수아이') ⑤ 단양 수양개: 석기 제작지	1. 유물 ① 간석기 　• 농기구: 돌괭이, 돌삽, 돌보습 　• 직조용: 가락바퀴 ② 토기 　• 이른 민무늬 토기: 양양 오산리, 부산 동삼동 　• 덧무늬 토기 　• 빗살무늬 토기: 서울 암사동, 평양 남경, 김해 수가리 등 강가·바닷가 출토 ③ 가락바퀴, 뼈바늘 ⇨ 원시 수공업 생활 ④ 조개껍데기 가면 2. 유적 ① 움집: 바닥-반지하형, 원형 or 모가 둥근 방형, 중앙-화덕 ② 웅기 굴포리 조개더미: 인골 동침(⇨ 태양 숭배), 토기·화살촉(⇨ 사후 세계 인정)	1. 유물 ① 간석기: 반달 돌칼(이삭 자르는 농기구) ② 토기: 민무늬 토기, 미송리식 토기 등 ③ 청동기: 비파형 동검, 거친무늬 거울 2. 유적 ① 움집: 바닥-반지상형(주춧돌 사용), 직사각형 ⇨ 구릉, 산간(배산임수), 집단 취락 형성 ② 무덤: 고인돌, 돌무지무덤·돌널무덤	1. 유물 ① 간석기 ② 토기: 민무늬·덧띠·검은 간 토기 등 ③ 청동기: 세형동검(⇨ 거푸집 출토, 한국식 동검), 잔무늬 거울 ④ 철기: 철제 농기구, 철제 무기 등장 ⑤ 명도전, 오수전, 반량전 등 중국 화폐 출토, 붓(한자 보급) 출토 ⇨ 중국과의 활발한 교류 증거 2. 유적 ① 지상형 가옥, 귀틀집 ② 돌무지무덤·돌널무덤, 독무덤, 널무덤 ③ 조개더미(김해, 웅천, 마산, 성산)
경제·사회·문화	① 동굴 ⇨ 후기: 막집(불 땐 자리) ② 무리 사회, 이동 생활 ③ 평등 사회	3. 경제: 초기-어로, 사냥 ⇨ 후기-일부 농경 시작(조·피·수수 등 잡곡류 재배) 4. 사회 ① 씨족 중심의 부족 사회 ⇨ 족외혼, 폐쇄적 경제 ② 평등 사회, 모계 사회 ③ 원시 신앙 발생: 애니미즘, 토테미즘, 샤머니즘, 조상 숭배 등	3. 경제: 벼농사 시작(일부 저습지) 4. 사회: 사유 재산·계급 발생 ⇨ 군장 출현 ⇨ 군장 국가 대두 5. 문화 ① 선민사상 ········▶ ② 바위그림 ········▶ 　[울주 대곡리 반구대(어로, 수렵 장면) 　 고령 장기리(기하학적 무늬)	3. 경제: 벼농사 발달(삼한-저수지 축조), 밭갈이에 가축 이용(삼한) 4. 사회: 연맹 왕국의 대두

4 • 한권으로 끝!내는 한국사능력검정시험

2 고조선

(1) **청동기 단계**: 건국(B.C. 2,333) 및 발전
(2) **중심지**: 전기 - 요령 ⇨ 후기 - 대동강(왕검성)
   - cf) 고조선 초기 세력 범위 증거: 비파형 동검, 거친무늬 거울, 미송리식 토기, 탁자식 고인돌
(3) **정치 체제**: 왕 아래 상·대부·장군 등 관직 체제
(4) **발전**
   ① B.C. 5세기: 전국 시대 혼란기 ⇨ 유이민의 유입(철기 처음 도입)
   ② B.C. 300년 전후: 연의 침입 ⇨ 요령(요서·요동) 상실
   ③ B.C. 3세기 ┌ 부왕, 준왕 ⇨ 왕위 부자 세습
              └ 진·한 교체기 ⇨ 유이민의 유입, 위만의 남하 (준왕 때)
   ④ B.C. 2세기: 위만 조선의 성립(B.C. 194) ⇨ 본격 철기 단계, 한과 남방의 진 사이의 중계 무역, 정복 사업(⇨ 진번·임둔 등 복속)
   ⑤ B.C. 108년: 한 무제에 의해 우거왕 때 멸망 ⇨ 한4군 설치

▲ 고조선의 세력 범위

(5) **사회 성격**
   ① 단군 건국 이야기
      • 환인·환웅: 천손 후예의 선민사상
      • 풍백·우사·운사: 농경·형벌 사회, 애니미즘, 지배층의 분화
      • 홍익인간: 인본주의, 지배층의 대두
      • 단군왕검: 제정일치, 샤머니즘, 군장 국가 형성
   ② 8조 금법: 『한서』 지리지(반고)
      • 사람을 죽이면 사형 ⇨ 개인의 생명 존중
      • 상해 시 곡물 배상 ⇨ 농경 사회, 사유 재산
      • 도둑질하면 노비 ⇨ 노비가 존재하는 계급 사회
      cf) 여자 정절 중시 ⇨ 남성 중심의 가부장적 사회

🔍 **단군 건국 이야기 수록 문헌**

삼국유사	고려 충렬왕
제왕운기	
세종실록지리지	조선 초기
응제시주	
동국여지승람	

3 초기 국가(『삼국지』 위세 동이전 기록)

구분	부여	고구려	옥저	동예	삼한
위치	송화강 유역	동가강 유역(졸본) ⇨ 통구(집안)	함흥평야	원산만, 강원 북부	한강 이남
국가 형태	연맹 왕국 (5부족 연맹체)	연맹 왕국 (5부족 연맹체)	군장 국가 (연맹체를 형성하지 못함. ⇨ 왕 ×)		연맹 왕국 (진왕, 마한왕)
군장	마가, 우가, 저가, 구가(가축 이름의 군장)	상가, 고추가, 대로, 패자 등	삼로, 읍군		신지, 견지, 읍차, 부례
경제	• 반농반목 • 말, 모피, 주옥	• 약탈 경제(부경) • 맥궁(활)	소금·해산물 풍부	• 방직 기술 발달 • 과하마, 단궁(활), 반어피	• 벼농사 발달(저수지 축조) • 철 생산 풍부(변한)
제천 행사	영고(12월)	동맹(10월)		무천(10월)	수릿날(5월), 계절제(10월)
장례	순장	돌무지무덤	가족 공동묘 (세골장)	가족이 병으로 죽을 경우 집을 버리거나 헐어버림.	돌무덤, 돌널무덤, 돌무지무덤 등
결혼 풍속	형사취수제 (일부다처제)	• 형사취수제 • 데릴사위제 (서옥제)	민며느리제 (계약 결혼)	족외혼	
법률 · 기타	• 1책 12법 • 4출도, 은력 • 우제점법	• 1책 12법 • 우제점법		책화(⇨ 씨족 사회 유풍)	• 두레 • 제정 분리(신성 지역 소도 존재) • 귀틀집, 초가집
발전	• 3세기 선비족의 침략으로 쇠퇴 • 고구려에 복속 (문자왕, 494)	중앙 집권 국가로 발전	고구려 태조왕에 의해 복속	고구려와 신라에 복속	• 마한 ⇨ 백제로 발전 • 진한 ⇨ 신라로 발전 • 변한 ⇨ 가야로 발전

▲ 여러 나라의 성장

PART 02 고대 사회

1 삼국의 발전 과정(2C~7C)

구분	고구려 (부여족, 5부족 연맹체)	백제 (부여족, 5부족 연맹체)	신라 (박, 석, 김 : 3부족 ⇨ 6부족)
2C	• **태조왕** 　－옥저·동예 복속, 낙랑 공격 　－계루부 고씨 왕위 세습 • **고국천왕** 　－진대법, 부자 세습	1. **위례성**(⇨ **한성**) **시대**	
3C	• **동천왕** 　－오 교류, 위 견제 　－서안평 공격	• **고이왕** 　－왕위 세습 　－율령 반포, 6좌평 제도	
4C	• **미천왕** 　－서안평 차지 　－낙랑·대방 축출(⇨ 고조선 고토 회복) • **고국원왕** 　－전연 침입, 근초고왕의 침입으로 전사 • **소수림왕** 　－전진 수교 　－태학 설립, 불교 도입(⇦ 전진), 율령 반포	• **근초고왕** 　－부자 세습, 마한 완전 차지 　－요서(일시 점령)·산둥 　 －일본 ⇨ 고대 상업권 형성 　－칠지도(왜왕에게 하사) • **침류왕** 　－불교 도입(⇦ 동진)	• **내물왕**(마립간) 　－김씨에 의한 왕위 세습 　－광개토 대왕의 도움으로 왜구 격퇴 　　(cf 호우명 그릇)
5C	• **광개토 대왕**(4세기 말~5세기 초) 　－요동 및 만주 대부분 차지, 신라에 들어온 왜군 격퇴(cf 광개토 대왕릉비) 　－영락(최초의 연호) • **장수왕** 　① 남하 정책(국내성 ⇨ 평양) 　　⇔ 나·제 동맹(433) 　② 남한강 차지(충주 고구려비) 　－다면 외교(송, 북위, 유연) 　－경당(지방, 사학) • **문자왕** 　－동부여 복속(최대 판도)	• **비유왕** 　－나·제 동맹 체결(433) • **개로왕** 　－한성 함락, 북위 국서 • **문주왕** : 공주 천도 2. **웅진(공주) 시대** • **동성왕** 　－결혼 동맹, 탐라 복속	• **눌지왕**(마립간) 　－부자 세습, 나·제 동맹 체결, 불교 도입 • **소지왕**(마립간) 　－결혼 동맹, 시장·우역 설치
6C	귀족 연립 정치기(왕권 약화)	• **무령왕**(영동대장군 사마왕) 　－22담로 설치(왕족 : 지방 파견) 　－무령왕릉(벽돌무덤) 3. **사비 시대** • **성왕** 　① 사비(부여) 천도 　　(⇨ 남부여) 　② 한강 일시 회복, 나·제 동맹 결렬, 관산성 전투 사망 　－22부, 불교 전파(일본)	• **지증왕** 　－한화(漢化) 정책 　－우산국(울릉도·독도) 복속, 우경 실시, 동시전 설치 • **법흥왕**(불교식 왕명기) 　－율령 반포(울진 봉평 신라비) 　－병부 설치, 상대등 제도, 불교 공인 　－금관가야 정벌 • **진흥왕**(불교식 왕명기) 　① 나·제 동맹 의거 : 신라－상류(단양 적성비), 백제－하류(성왕) 차지 　② 백제의 한강 하류 다시 탈환(북한산비) 　　⇨ 나·제 동맹 결렬 　③ 대가야 정벌(창녕비) 　④ 함경도 진출(황초령비, 마운령비) • **진평왕** : 원광의 걸사표, 세속 5계
7C	❶ 여·수 전쟁 : 요서－선제 공격(을지문덕의 살수 대첩, 612) ❷ 여·당 전쟁 : 천리장성(보장왕 : 연개소문－요동 지방 군사력 장악) ⇨ 안시성 싸움(645) • **보장왕** : 고구려 멸망(668)	• **무왕** : 익산 천도 시도 ⇨ 익산 미륵사지 석탑 • **의자왕** : 대야성·당항성 공격 ⇨ 백제 멸망(660) cf 사택지적비(불교+도교)	• **선덕 여왕**(불교식 왕명기) 　－황룡사 9층 목탑, 첨성대 • **진덕 여왕**(마지막 성골, 불교식 왕명기) 　－나·당 동맹 체결(648) ❸ 나·당 동맹 ⇨ 백제 멸망(660) ⇨ 고구려 멸망(668) ❹ 나·당 전쟁(670~676, 매소성·기벌포 싸움) ⇨ 삼국 통일 완성

2 신라의 시대별 특징(『삼국사기』 시대 구분)

시대 \ 특징	왕통	수상	토지 제도	불교	기타
상대	성골(내물계)	상대등(귀족: 선출)	녹읍(조세, 공납, 역)	불교식 왕명	
중대(전제 왕권 강화) • 무열왕(654~661) • 문무왕(661~681) • 신문왕(681~692) • 성덕왕(702~737) • 경덕왕(742~765) • 혜공왕(765~780)	진골(무열계)	시중(왕: 임명)	• 신문왕: 관료전 지급 ⇨ 녹읍 폐지 • 성덕왕: 정전 지급 • 경덕왕: 녹읍 부활	• 통일 전후기 ⇨ 교종·선종 도입 • 중대 ⇨ 교종의 유행(5교) • 원효의 정토종 • 의상의 화엄종	신문왕 - 김흠돌의 모역 사건 계기 ⇨ 진골 귀족 대거 숙청, 6두품 등용 - 교육: 국학 설치 - 군사: 9서당 10정 설치 - 지방: 9주 5소경 완성
하대(지방 세력 대두) • 선덕왕(780~785) • 원성왕(785~798) • 진성 여왕(887~897) • 경순왕(927~935)	진골(내물계) ⇨ 왕위 쟁탈전(김헌창·장보고의 난)	상대등	녹읍, 농장 확대	선종의 유행(9산)	• 호족의 대두 • 6두품: 호족·선종과 연결

3 정치 구조 비교

구분	관등	수상	중앙 관제	귀족 합의 제도	지방 조직	특수 구역	군사 조직
고구려	• 14관등 • 관등명: ~형, ~사자	대대로(3년마다 귀족들이 선출)	확실하지 않음.	제가 회의	5부(욕살)	3경제 • 국내성 • 평양성 • 한성	지방관이 군사 지휘
백제	• 16관등 • 관등명: ~솔, ~덕	상좌평	• 6좌평(무령왕) • 22부(성왕)	정사암 제도	5방(방령)	22담로(왕족 파견)	
신라	• 17관등 • 관등명: ~찬	상대등	집사부 등 10부	화백 제도	5주(군주)	2소경(장: 사신)	
통일 신라	통일 전과 같음.	시중(왕: 임명)	집사부 등 14부	화백 제도	9주(총관 ⇨ 도독)	5소경(장: 사신)	• 9서당(중앙군) • 10정(지방군)
발해		대내상	3성 6부	정당성	15부(도독)	5경	10위(중앙군)

ⓒf 백제: 6품 나솔 이상은 은제 장식 사용, 자색·비색·청색 관복
ⓒf 신라: 자색·비색·청색·황색 관복, 골품 제도에 의해 관등 결정

4 사회 체제

구분	지배층	피지배층	법률	사회 제도
고구려	• 왕족 - 고씨 • 5부 출신 귀족	하호(농민), 노비	• 1책 12법(도둑질하면 12배로 배상) • 반역, 패전, 살인 ⇨ 사형	진대법(춘대추납의 빈민 구제 제도)
백제	• 왕족 - 부여씨 • 8성 귀족	하호(농민), 노비	• 도둑질 ⇨ 귀양+2배 배상 • 관리가 뇌물 수수 시 ⇨ 3배 배상+금고형 • 간음한 여자 ⇨ 남편 집 노비	
신라	• 왕족(골) • 귀족(품)	농민, 노비		• 화랑도 제도 • 골품 제도 • 화백 제도
발해	• 왕족 - 대씨 • 귀족 - 고씨	말갈족		전통적 말갈 사회의 내부 조직 유지

5 문화

구분	고구려	백제	신라	통일 신라	발해

고분	• 초기: 석총(장군총)
	• 후기: 토총(내부-굴식 돌방무덤, 벽화 있음)
	  ─ 강서대묘(사신도: 도교 영향)
	  ─ 쌍영총(인물도)
	  ─ 무용총(수렵도, 무용도)
		• 한성: 서울 석촌동 고분 ⇨ 초기 고구려 양식(돌무지무덤)
		• 웅진: 공주 송산리 고분군 - 굴식 돌방무덤, 벽돌무덤(무령왕릉, 6호분)
		• 사비: 부여 능산리 고분
			돌무지덧널무덤(천마총, 호우총 등)	• 굴식 돌방무덤+무덤 주위에 둘레돌 두르기 시작
				• 화장법
					• 굴식 돌방무덤(정혜 공주) ⇨ 고구려 영향
					• 벽돌무덤(정효 공주) ⇨ 중국 영향

불상	연가 7년명 금동 여래 입상	서산 마애 삼존 불상	경주 배동 석조 여래 삼존 입상	석굴암 본존불	이불병좌상
	삼국 공통: 금동 미륵보살 반가 사유상				
탑	현존 ×	• 익산 미륵사지 석탑(목탑 양식, 현존 최고) • 정림사지 5층 석탑(일명 '평제탑')	• 황룡사 9층 목탑 • 분황사 (모전) 석탑	• 감은사지 3층 석탑 • 불국사 3층 석탑(석가탑) • 화엄사 4사자 3층 석탑	영광탑(벽돌탑)
			첨성대	말기: 양양 진전사지 3층 석탑	발해 석등
일본 전파	• 혜자 • 담징(호류사 벽화)	• 아직기·왕인 ⇨ 한자, 유교 전파(4C) • 노리사치계(6C) ⇨ 불교	조선술, 축제술		
일본 영향	아스카 문화			하쿠호 문화	

PART 03 중세 사회

1 고려 사회 총정리(집권 세력의 변천 과정 및 대외 관계·문화 성격)

1. 주요 왕 및 집권 세력의 변천 과정

나말 여초	전기	중기	후기(무신 집권기)	후기(원 간섭기)	말기
후삼국 분열기	태조…광종·경종·성종·목종·현종·문종	숙종·예종·인종	왕권 약화	충렬왕·충선왕…충목왕…공민왕	우왕·창왕·공양왕

호족 → 중앙 관리 → 문벌 귀족 → 무신 집권 → 권문세족 → 신진 사대부
- 6두품
- 선종
- (일부)
- 지방 호족 (향리, 다수)
- (특권: 음서, 공음전)
- (1170~1270)
- → 신진 사대부

2. 이민족과의 항쟁 과정

	친송북진 정책	남송	원(몽골)		홍건적·왜구
• 당 멸망 ⇨ 5대 10국 분열기 • 거란 흥기 ⇨ 발해 멸망 (926) • 태조: 만부교 사건 • 정종: 광군 설치	① 10C 말~11C 초 거란의 3차 침입 • 1차: 서희의 강동 6주(성종) • 2차: 양규(현종) • 3차: 강감찬의 귀주 대첩(현종)	② 11C 말~12C 초 • 여진 침입 ⇨ 윤관의 별무반 설치, 함흥 9성 설치 ⇨ 반환 • 금 건국(1115), 고려에 사대 요구 ⇨ 고려 응락	③ 13C 몽골 침입 • 몽골의 6차 침입(1231~1270): 김윤후의 처인성 (용인) 싸움 • 삼별초의 항쟁(1270~1273): 강화도 ⇨ 진도 (용장산성) ⇨ 제주도 • 문화재 소실: 초조대장경, 황룡사 9층 목탑 등 • 문화 사업: 팔만 대장경 조판		④ 14세기 후반 • 홍건적의 침입 -1차 침입(1359, 공민왕 8년) ⇨ 서경 함락 -2차 침입(1361, 공민왕 10년) ⇨ 개경 함락 • 왜구의 침입 -최영의 홍산 대첩(1376) -이성계의 황산 대첩(1380) -최무선의 진포 싸움(화통도감 설치) -박위의 쓰시마 토벌(1383)

3. 문화의 성격

		자주적	보수적	반성적·자주적	민족의식 고조	개혁적
역사		『7대 실록』 (현존 ×)	김부식의 『삼국사기』 ⇨ 현존 최고의 사서 (기전체)	이규보의 『동명왕편』 ⇨ 고구려 계승 의식	• 일연의 『삼국유사』 • 이승휴의 『제왕운기』 ⇨ 고조선 계승 의식	이제현의 『사략』
유학		관학 발달 (국자감, 향학)	최충 - 9재 학당 ⇨ 사학 발달, 관학 위축 ⇨ 관학 진흥책		성리학 도입 (충렬왕, 안향)	
불교	선종 유행	• 5교 9산의 대립 • 천태종 도입	의천의 해동 천태종	• 신앙 결사 운동 • 지눌의 조계종		불교 비판(정도전의 『불씨잡변』)

2 정치

(1) 전기 주요 왕의 업적

구분	주요 정책

태조	• 애민 정책: 흑창 설치
	• 북진 정책: 고구려 계승 이념을 토대로 북방 영토 확장(청천강~영흥만), 서경 중시, 거란 배격, 고구려계 발해 유민 포섭
	• 호족 세력 통합
	  - 회유책: 중앙 관리로 수용, 정략 결혼, 사성 정책, 지방 호족 ⇨ 자치 허용
	  - 견제책: 사심관 제도, 기인 제도
	• 숭불 정책: 연등회와 팔관회 중시

광종	• 노비안검법 시행 • 과거 제도 시행 • 칭제 건원, 독자적 연호 사용(광덕, 준풍), 제위보(빈민 구제 기금) 설치
성종	• 유교적 정치 질서의 강화: 최승로의 시무 28조 수용 • 지방 12목 설치, 지방관 파견 • 유학 진흥: 국자감 정비, 과거 제도 정비 • 중앙 통치 기구 개편: 2성 6부제, 중추원·삼사·도병마사·식목도감 설치 • 경제 정책: 건원중보 화폐 발행, 의창(춘대추납의 빈민 구제 제도) 설치, 상평창(평상시 쌀 비축 ⇨ 비상시 물가 조절) 설치 • 외교: 거란의 1차 침입(993) ⇨ 서희의 외교 담판으로 강동 6주 획득
현종	• 지방 제도 정비: 경기, 5도 양계 • 외교: 거란의 침입[2차 - 양규, 3차 - 강감찬의 귀주 대첩(1019)], 초조대장경 편찬 ⇨ 거란 침입 후 대책: 개경에 나성 축조, 『7대 실록』 편찬(현존 ×)

(2) 중기 주요 왕의 업적

구분	주요 정책
숙종	• 관학 진흥책: 국자감 안에 서적포 설치 • 화폐 정책: 주전도감 설치, 삼한통(중)보·해동통보·활구(은병) 주조 • 별무반(여진 토벌 특수군) 설치
예종	• 관학 진흥책: 국학 안에 7재 설치, 양현고(장학 재단) 설치 • 윤관의 여진 2차 정벌 ⇨ 동북 9성 설치, but 여진에게 반환
인종	• 금의 사대 요구 응낙(1126) • 이자겸의 난(1126)·묘청의 난(1135) 발생 • 김부식의 『삼국사기』 편찬(1145)

(3) **고려 후기(무신 집권기)**: 왕권 약화, 문벌 귀족 몰락, 무신 사이의 권력 쟁탈

무신 정권 변천 과정	이의방 – 정중부	경대승	이의민	최충헌	최우	최항 – 최의	김준 – 임연 – 임유무
	무신 연합 정치기			최씨 무신 집권기			무신 몰락기
특징	중방(무신 최고 합의 기구)	• 중방 • 도방 처음 설치(사병 양성소)	중방	• 도병마사 설치 • 조계종(수선사 결사) 후원 • 이규보 발탁	• 정방(인사권) 및 서방 설치 • 삼별초 조직 • 강화도 천도(1232) • 팔만대장경 조판		
민란	망이·망소이의 난(1176)	전주 관노의 난	김사미·효심의 난(1193)	• 만적의 난 • 최광수의 난	이연년의 난		

(4) **원 간섭기 공민왕의 정책**

대외적	관제 복구(2성 6부로 복구), 쌍성총관부 탈환(1356), 정동행성 이문소 폐지, 친원파 제거, 요동 수복 운동 전개
대내적	전민변정도감 설치(신돈 등용), 정방 폐지, 과거 제도 정비 ⇨ 신진 사대부 등용

3 정치 제도

(1) **2성 6부**
  ① 중서문하성: 재신(2품 이상)+낭사(3품 이하)
  ② 상서성: 6부(이부·호부·예부·병부·형부·공부) 총괄
(2) **도병마사**: 중서문하성의 재신+중추원의 추밀 ⇨ 국가 최고 합의 기구, 왕권 견제
(3) **대간(대성 제도)**: 중서문하성의 낭사+어사대 ⇨ 간쟁권, 봉박권, 서경권(왕이 관리 임명 시 또는 법률의 개편 시 대성의 관리들에게 동의를 구하는 제도)
(4) **중추원**: 군사 기밀 담당(추밀), 왕명 출납(승선)
(5) **어사대**: 관리 감찰
(6) **삼사**: 화폐와 곡식의 출납 담당

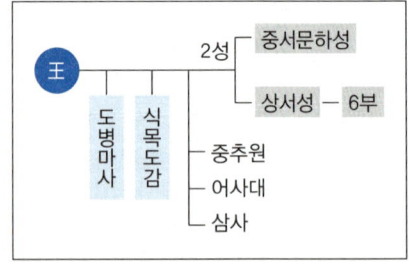

4 지방 제도

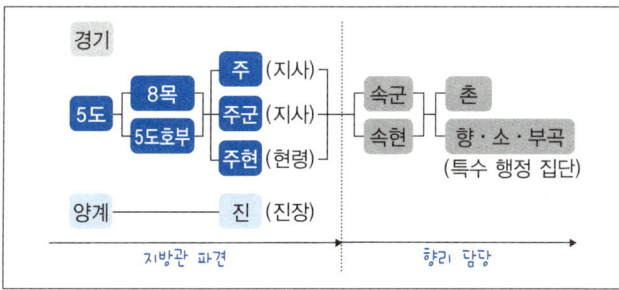

특징
- 일반적 행정 구역(5도)과 군사적 행정 구역(양계) 구별
- 지방관이 파견된 주군·주현보다 지방관이 파견되지 않은 속군·속현이 많음.
- 속군·속현 실무 담당: 향리

5 경제

(1) **토지 제도**

① 전시과 정비 과정

구분	시기	지급 대상자	지급 기준	특징	지급 규모
역분전	태조	개국 공신	성행(性行), 공로	논공행상적	경기 대상
시정 전시과	경종	문무 직산관	관직의 고하와 인품	역분전을 모체로 함.	• 전국적 규모 • 전지(과전)+ 시지(임야) 지급
개정 전시과	목종	문무 직산관	관직	• 18품 전시과 • 군인전 명시	
경정 전시과	문종	문무 현직 관리	관직	• 공음전시과의 법제화 • 무관 차별 개선 • 한외과(限外科) 소멸	

② 전시과의 토지 종류

전시과(과전)	문무 현직 관료, 18등급 지급(1대 제한)	공음전	5품 이상 고급 관리(⇨ 세습)
한인전	6품 이하의 하급 관리 자제로서 관직에 오르지 못한 사람	구분전	하급 관리나 군인의 유가족
내장전	왕실에 지급(⇨ 세습)	군인전	중앙군 지급(⇨ 세습)
외역전	향리에게 지급(⇨ 세습)	공해전	관청에 지급

③ 민전(개인 사유지): 조상 대대로 내려오는 일반 백성들의 사유지, 매매·상속·임대 가능

(2) **경제 활동**

농업	• 우경에 의한 심경법, 시비법의 발달(전기: 녹비 ⇨ 후기: 퇴비) ⇨ 휴경지 감소 • 밭농사 - 2년 3작의 윤작법, 고려 말 이앙법 보급(남부 일부 지방), 『농상집요』(원의 농서)
상업	시전(개경) 설치, 경시서(개경) 설치(시전 상인의 상행위 감독)
수공업	공장안(관영 수공업자 명단) 작성, 관청 수공업, 소 수공업, 사원 수공업, 민간 수공업
화폐	건원중보(성종), 삼한통(중)보·해동통(중)보·활구(은병) - 숙종 ⇨ but 화폐 유통 실패

6 문화

(1) **기본 성격**: 귀족 문화와 불교 문화의 발달, 유교와 불교의 균형
(2) **역사서**

역사서	시기	내용
삼국사기(김부식)	인종(1145)	현존하는 가장 오래된 역사서, 기전체
동명왕편(이규보)	명종(1193)	고구려 건국 영웅인 동명왕의 업적을 칭송한 일종의 민족 서사시
해동고승전(각훈)	고종(1215)	삼국 시대 승려 30여 명의 전기를 수록
삼국유사(일연)	충렬왕(1281?)	• 불교사를 중심으로 고대의 설화나 야사를 수록 • 단군 건국 이야기 기록
제왕운기(이승휴)	충렬왕(1287)	• 상권은 중국사, 하권은 우리 역사 기록, 단군 건국 이야기 기록 • 발해를 우리 역사로 인식

(3) **불교**

건국 초	5교 9산의 대립 지속
전기	• 광종의 승과 제도 실시, 중국의 천태종 연구(의통, 제관) • 균여: 화엄종 중심 교종 통합(귀법사 창건)
중기	의천: 화엄종 중심 교종 통합(흥왕사) ⇨ 해동 천태종 창시: 교종(화엄종) 입장에서 선종 통합(국청사), 교관겸수 주장
후기	• 신앙 결사 운동: 조계종 - 지눌의 수선사 결사(송광사), 천태종 - 요세의 백련사 결사(강진 만덕사) • 지눌의 조계종: 선종 입장에서 교종(화엄 사상) 통합, 정혜쌍수, 돈오점수 주장(송광사) ⇨ 무신 후원 • 혜심: 유·불 일치설 주장
원 간섭기	신진 사대부의 불교 비판(정도전의『불씨잡변』)

(4) **풍수지리 사상**: 전기 - 서경 길지설(북진 정책에 이용) ⇨ 중기 이후 - 남경 길지설(한양 천도 합리화)
(5) **인쇄술**: 목판 인쇄물(대장경 간행), 금속 인쇄술[『상정고금예문』(1234) - 현존 ×,『직지심체요절』(1377) - 현존하는 가장 오래된 금속 활자본, 프랑스 소장, 유네스코 기록 문화유산]
(6) **예술의 발달**: 귀족적·불교적

목조 건축	주심포 양식(부석사 무량수전, 봉정사 극락전 등) ⇨ 다포 양식(성불사 응진전, 석왕사 응진전)
석탑	다양한 양식 시도, 월정사 8각 9층 석탑(송, 전기) ⇨ 경천사 10층 석탑(원, 후기)
부도	기본 양식: 팔각 원당형 ⇨ 선종과 관련, 여주 고달사지 원종대사 혜진탑
불상	• 중앙: 부석사 아미타여래 좌상 ⇨ 대표 불상, 신라 양식 • 지방: 논산 관촉사 석조 미륵보살 입상, 개태사지 석불 ⇨ 규모 거대
공예	• 은입사 기술(송) • 고려 전기: 순수(비색) 청자 ⇨ 무신 정변 전후: 상감 청자 대두 ⇨ 원 간섭기: 쇠퇴

PART 04 근세 사회(15C, 16C)

1 근세 사회로의 전환

위화도 회군(1388) ⇨ 폐가입진 ⇨ 과전법 제정(1391) ⇨ 이성계의 국왕 즉위(1392) ⇨ 국호 '조선' 제정(1393) ⇨ 한양 천도(1394)

(1) 권문세족과 신진 사대부

권문세족	신진 사대부
친원파	친명파
농장	중소지주
불교 지지	불교 비판
훈고학	성리학
음서(도평의사사)	과거(⇦ 향리 계열)
보수적	개혁적

(2) 신진 사대부의 분열

구분	온건파	혁명파
인물	정몽주, 이색, 길재(다수)	정도전, 조준, 남은(소수)
주장	고려 왕조 틀 안에서 점진적 개혁 추진	• 고려 왕조 부정 ⇨ 역성혁명 • 이성계(신흥 무인과 연결)
	전면적 토지 개혁 반대	전면적 토지 개혁 주장 (과전법)
	『춘추』중시 ⇨ 왕도 정치 중시	『주례』중시 ⇨ 왕도와 패도 정치
계승	사학파(사림파) ⇨ 16세기 주도	관학파(훈구파) ⇨ 15세기 주도

(3) 전제 개혁(1391)
① 과전법: 종래의 공사 전적을 불사르고 토지 수조권의 재분배
② 목적: 사대부 관료의 경제 기반 마련[문무 직산관 지급(1대 제한, 경기 대상), 수신전·휼양전 지급(1대 세습 가능)], 국가의 경제 기반 마련, 농민의 조세 부담 경감(1결당 1/10 징수)

2 정치

(1) 15세기 주요 왕의 업적

구분	주요 정책
태종	• 왕권 강화책: 6조 직계제, 승정원·의금부 설치, 신문고 제도 마련 • 국역 기반 마련: 호패법 실시 • 문화: 창덕궁 창건, 계미자 및 혼일강리역대국도지도 제작
세종	• 정치: 의정부 서사제 실시 ⇨ 재상 중심의 정치 • 경제: 공법(연분 9등법과 전분 6등법) 마련 • 외교: ┌ 여진: 토벌 ⇨ 4군(압록강) 6진(두만강) 확보 　　　　└ 일본: 강경책 - 쓰시마 토벌 / 회유책 - 3포(부산포, 제포, 염포) 개항, 계해약조 체결 • 문화: 훈민정음 창제, 『칠정산』(역법서), 『농사직설』(농서), 『의방유취』(약학서), 『삼강행실도』 등 편찬, 측우기, 혼천의, 자격루(물시계), 앙부일구(해시계) 등 제작
세조	• 왕권 강화책: 6조 직계제 부활, 집현전·경연 폐지, 직전법 실시 • 문화: 간경도감 설치, 원각사지 10층 석탑 건립
성종	• 정치: 『경국대전』 완성, 홍문관 설치, 사림파 등용 • 문화: 『동국통감』, 『동국여지승람』, 『악학궤범』 등 편찬

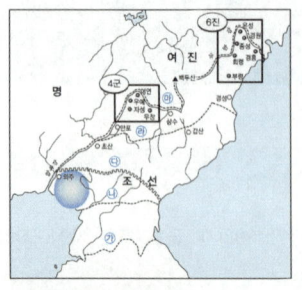

> **역대 국경선 변경**
> ㉮ 통일 신라~고려 건국 초: 대동강~원산만
> ㉯ 고려 태조 말: 청천강~영흥만
> ㉰ ┌ 고려 성종: 서희의 강동 6주(압록강 어귀)
>   └ 고려 덕종~정종: 천리장성 축조(1033~1044)
> ㉱ 고려 공민왕: 쌍성총관부 탈환
> ㉲ 조선 세종: 4군(압록강)~6진(두만강) 개척
>   ⇨ 현재의 국경선

(2) 정치 체제의 확립

왕권 강화	도평의사사를 의정부로 개편, 승정원과 의금부의 설치 등
중앙 집권 강화	모든 군현에 지방관 파견, 지방관의 권한 강화, 경재소의 운영, 면·리제 확립
왕권과 신권의 조화	의정부 서사제, 3사(사간원, 사헌부, 홍문관)의 운영, 경연·서연·구언 등

(3) 중앙 정치 제도

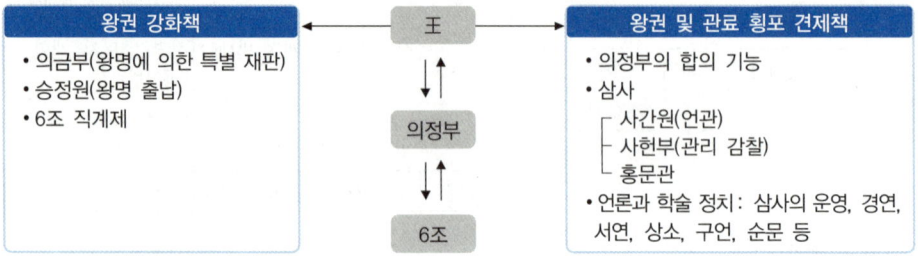

(4) 지방 제도

① 지방관 파견의 원칙: 임기제, 상피제
② 중앙 집권력 강화: 모든 군현에 지방관 파견 ⇨ 속현 폐지
③ 실무 담당: 수령 ⇨ 향리 지위 약화(무보수 세습직)
④ 기타 ┌ 유향소: 지방의 덕망 있는 인사로 구성(좌수, 별감) ⇨ 수령 보좌·감시, 풍속 교정(향촌 자치)
        └ 경재소: 그 지역의 중앙 관리로 구성된 중앙 기구 ⇨ 유향소 통제(중앙 집권)

3 사림의 대두와 붕당 정치

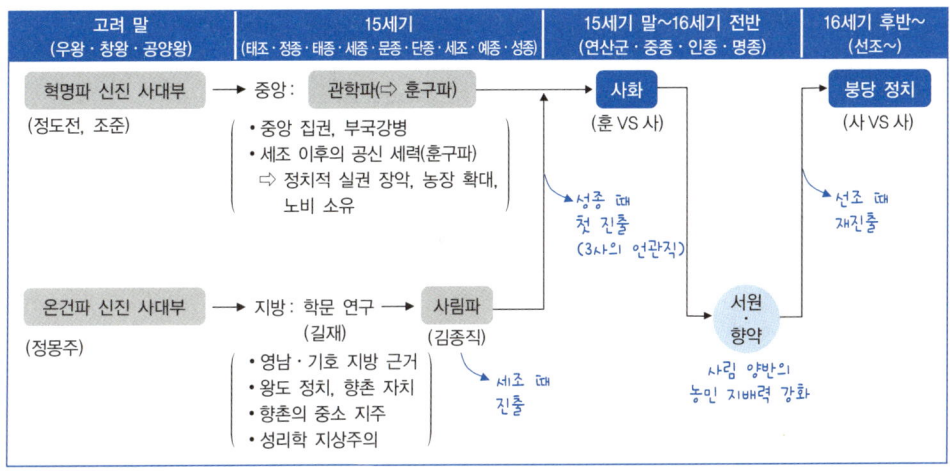

4 조선 초기의 대외 관계: 사대교린

명과의 관계	사대(事大)에 기초한 친선 유지(15세기: 자주적 친명 ⇨ 16세기: 지나친 친명) • 태조: 요동 수복 운동 ⇨ 비원만 • 태종: 요동 수복 보류, 여진 토벌 ⇨ 원만
여진과의 관계	교린 - 화전 양면(和戰兩面) 정책 • 회유책: 귀순 장려, 교역의 허용 • 강경책: 본거지 토벌 ⇨ 4군 6진 개척
일본과의 관계	교린 - 화전 양면 정책 • 강경책: 쓰시마(대마도) 정벌 • 회유책: 3포(부산포, 제포, 염포) 개항, 계해약조 체결 ⇨ 제한 무역 허용

5 왜란(1592~1597)과 호란(1627, 1636)

왜란의 영향	• 국내: 경제와 재정 궁핍, 공명첩 발급 • 국제 ┌ 중국: 명 쇠퇴 ⇨ 여진 흥기 └ 일본: 중세 문화 발달(인쇄술, 이황의 성리학 보급)
광해군	전후 복구 사업: 북인 - 명과 후금(1616) 사이의 중립 외교
인조반정(1623)	서인의 친명배금 외교
호란	후금의 침입, 정묘호란(1627, 형제 관계 체결) ⇨ 후금의 청(1636) 건국, 조선에 군신 관계 요구, 조정의 의견 분화(주전론과 주화론) ⇨ 병자호란(1636, 군신 관계 체결)
북벌론(효종)	서인 중심, 성리학적 명분상 ⇨ ∴ 실패, 서인의 군사적 기반 마련
나선 정벌(효종)	청의 요구 ⇨ 변급(1차), 신유(2차)

6 사회와 경제

(1) **사회 구조**: 성리학적 명분론에 기초한 양반 중심의 사회

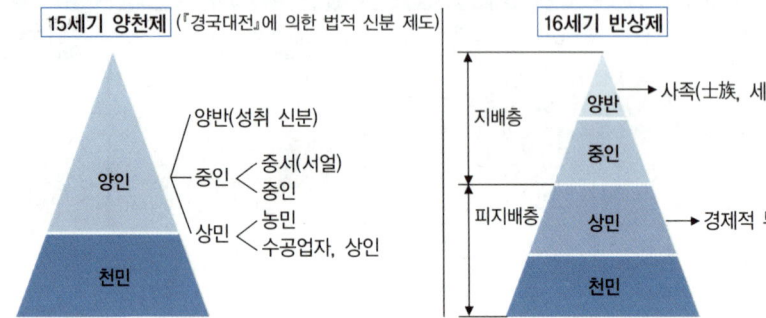

(2) **조선 전기와 후기의 사회생활 비교**

구분	(고려~) 조선 전기		조선 후기
생활 윤리	전통적 생활윤리 (불교·민간 신앙)	16·17세기 사림의 향촌 지배 강화 (『주자가례』, 향약 보급)	성리학적 생활윤리 보급 (민간 신앙·풍습을 음사로 규정)
가족 제도	부계·모계가 함께 영향		부계 위주 형태
혼인 형태	남귀여가혼		친영 제도
재산 상속	남녀 균분 상속		장자 중심 상속
제사 담당	자녀 윤회 봉사		장자 봉사
여성 지위	가정 내 지위가 비교적 높음.		남존여비

(3) **토지 제도의 변천**

구분	과전법	직전법	관수 관급제
시기	고려 말 공양왕(1391)	세조(1466)	성종(1470)
실시 배경	관료의 경제 기반 마련	관료에게 줄 수조지의 부족	관료의 수취 문란
내용	• 문무 직산관 지급 • 유가족: 수신전, 휼양전 지급	• 문무 현직 관료 지급 • 수신전, 휼양전 폐지	국가의 수조권 대행
결과	누적된 토지 제도의 모순 해결	국가의 토지 지배력 강화	국가의 토지 지배력 강화
영향		관료의 위기의식 초래, 농장 확대 ⇨ 16세기 중엽(명종) 직전법 폐지	

(4) **조세 제도**

전세[태조: 1결당 1/10(30두) ⇨ 세종: 전분 6등법, 연분 9등법(1결당 20두~4두)], 공납, 역

7 문화

(1) 성리학의 두 흐름

구분	훈구파	사림파
성향	고려 말 - 혁명파 신진 사대부	고려 말 - 온건파 신진 사대부 (정몽주 ⇨ 길재 ⇨ 김종직)
정치 목표	중앙 집권, 부국강병 ⇨ 군사학·기술학 발달	향촌 자치(15C 유향소, 16C 서원, 향약), 왕도 정치 ⇨ 군사학·기술학 저조
역사의식	자주적 역사의식(단군 조선>기자 조선)	존화주의적 역사의식(단군 조선<기자 조선)
학풍	성리학 외 나머지 사상, 종교 수용	성리학 외 나머지 사상 완전 배척(소격서 폐지)
영향	15세기 민족 문화 담당(사장 중시)	16세기 성리 철학 발달(경학 중시)

(2) 15세기 vs 16세기 문화

구분		15세기	16세기
정치 세력		훈구파	사림파
역사서		• 왕조의 정통성, 성리학적 통치 규범 확립 • 『고려사』, 『동국통감』 등	• 사림의 정치·문화 의식 반영 • 『기자실기』(이이) 등
성리학		성리학 이외에도 불교, 도교, 풍수지리설, 민간 신앙 수용	• 성리 철학 발달(이황의 주리론 vs 이이의 주기론) • 성리학 이외의 사상·종교 배척
과학 기술		부국강병, 민생 안정을 위해 중시	정신문화 강조로 침체
문학	한문학	훈구파가 주도, 『동문선』 편찬	사림파의 사장(詞章, 시가와 문장) 경시로 저조 ⇨ 다른 계층에서 발달
	시조	김종서, 남이(호방), 길재, 원천석(충절)	황진이(순수한 감정), 윤선도(은둔 생활)
예술	건축	궁궐, 관아, 성곽, 성문 등	서원(주택+사원+정자)
	공예	분청사기(실용적)	순백자(사대부의 담백한 취향 반영)
	그림	• 몽유도원도(안견) • 고사관수도(강희안)	• 사군자 유행(이정, 황집중, 어몽룡) • 수박도, 초충도 등 (신사임당) • 송하보월도(이상좌)
	음악	궁중 음악(아악) - 『악학궤범』(성현)	민속 음악(속악) - 가사, 시조, 가곡, 민요

PART 05 근대 태동기(17C~19C)

1 근대 사회의 성격 및 조선 후기의 근대 지향적 움직임

구분	근대 사회 성격	조선 후기 사회의 근대 지향적 움직임
정치	민주화	근대 지향적 움직임 수용 못함(붕당 정치 변질 ⇨ 세도 정치의 폐단).
경제	자본화·산업화	• 농업 생산성 증가: 개간 상업, 영농 기술 개발, 경영 합리화 • 상공업에서의 영리성 제고: 도고 등장
사회	평등화	서민의식 향상, 각 계급의 내부 분화(몰락 양반의 경제적 곤궁, 중인층 및 피지배층의 신분 상승)
비교	다양화, 합리화	• 실학 연구: 사회 개혁, 새로운 발전 방향 제시 • 천주교 전래: 평등, 개인의 존엄성 표방 • 동학 창시: 농민 중심의 현실 개혁 추구

2 정치 체제

(1) 중앙 제도·군사 제도
① 정치: 비변사의 기능 강화 ⇨ 문무 고위 관리의 합의 기관, 의정부와 6조 및 왕권의 약화
② 군사: 5군영 체제의 성립 ⇨ 농병 일치제의 붕괴, 용병제의 도입

구분	전기	후기
중앙군	5위	5군영
지방군	영진군	속오군
특수군	잡색군	×

🔍 **5군영의 특징**
• 임기응변식 계획 ⇨ 병종, 재정 기반 차이 / 속오법 체제 – 공통
• 훈련도감: 임진왜란 중 설치, 핵심 군영, 장번 급료제, 용병제 (포수·살수·사수로 구성)
• 어영청: 인조 때 설치 ⇨ 효종 때 북벌 운동의 본영

(2) 붕당 정치의 발달과 변질 및 탕평책

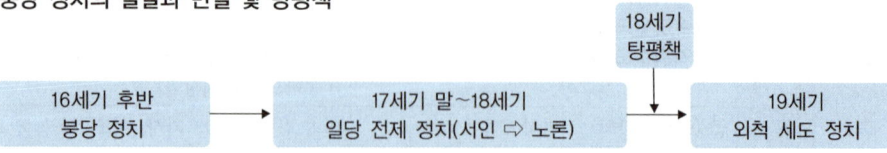

🔍 붕당 정치의 전개 과정(❶ 선조 – ❷ 광해군 – ❸ 인조 – ❹ 효종 – ❺ 현종 – ❻❼❽ 숙종)

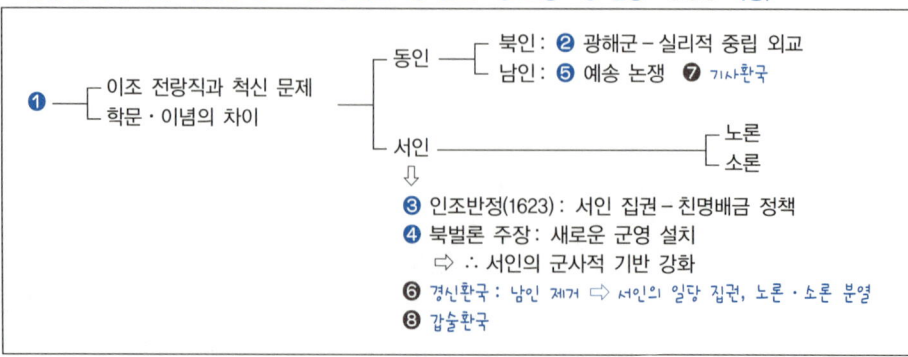

(3) 18세기 탕평책

영조의 완론 탕평책	왕권 강화	병권의 병조 귀속, 서원 대폭 정리, 산림 존재 부정
	민생 안정책	균역법 실시, 신문고 부활 및 격쟁(임금의 행차 시 백성들이 직접 임금을 만나 억울한 일을 호소하는 일)·상언(上言) 활성화, 노비공감법·노비종모법 실시, 청계천 준설
	서적 편찬	『동국문헌비고』(한국학 백과사전), 『속오례의』, 『속대전』 등
정조의 준론 탕평책	왕권 강화	규장각 설치, 장용영(왕의 친위군) 설치, 수령의 권한 강화(향약 주관), 수원 화성 축조
	내정 개혁	신해통공(육의전을 제외한 시전상인의 금난전권 폐지), 공장안(장인 등록제) 폐지, 서얼과 노비에 대한 차별 완화, 초계문신 제도(당하관 이하 관리 재교육), 중국과 서양의 과학 기술 수용, 문체반정(서울 노론계의 신문체 억압)
	서적 편찬	『대전통편』, 『일성록』(영조 재위 시기, 정조가 세손 시절 때부터 쓰기 시작하여 이후 춘추관에서 1910년까지 쓴, 조정과 내외의 신하에 관련된 일기, 유네스코 세계 기록 유산 등재), 『홍재전서』(정조의 시문집)

(4) 조선 후기의 대외 관계

청	• 17세기 북벌론 ⇨ 18세기 북학 운동(중상학파·실학)으로 변화 • 백두산정계비(1712, 숙종) 건립 • 19세기 간도 귀속 문제 야기(토문강에 대한 해석 차이 : 청 - 두만강, 조선 - 송화강 상류) ⇨ 간도 협약(1909) : 청의 영토로 귀속
일본	광해군 때 기유약조(1609) 체결 ⇨ 무역 재개(제한 무역), 조선 통신사 파견(1607~1811)

3 경제 구조의 변화와 사회 변동

(1) 수취 체제의 개편

- 배경(원인) : 국가의 수입 감소, 농민의 부담 증가(⇦ 사회적 요인 : 양반 증가)
- 결과 : 국가의 수입 증가, 농민 부담 감소(대동법, 균역법)

① 전세 제도의 개편[영정법 : 인조 때 풍흉에 관계 없이 1결당 4두(~6두) 징수]
  ㉠ 임란 직후 : 토지 결수 감소
  ㉡ 영·정조 : 토지 결수 증가, but 전세 수입 감소+부가세(대동미세, 결작, 삼수미세) 징수 ⇨ 전세 수입 안정

② 공납 제도의 개편(대동법)
  ㉠ 대동법 실시 과정
    • 15세기 : 공납(민호 단위, 현물 징수)
    • 16세기 : 방납 제도 실시[폐단 야기(족징, 인징 등)] ⇨ 수미법 주장(이이, 조광조, 유성룡), 실패
  ㉡ 대동법 실시[17세기 초(광해군, 경기)~18세기 초(숙종, 전국(잉류 지역 제외)] : 민호(호구) 단위로 현물을 징수하던 제도를 개편, 토지 결수 단위로 쌀, 포, 전(화폐)으로 징수하게 함(선혜청 담당).

> 🔍 전세 수입 감소 원인
> • 면세지의 증가(관둔전, 궁방전)
> • 진황지의 증가
> • 영정법 실시로 전세율 자체의 감소

ⓒ 대동법 실시 결과
- 공납(상공)의 전세화: 양반 지주 부담 증가, 농민 부담 감소, 국가 수입 증가
- 공인(공납 청부업자)의 대두: 상공업의 발달 촉진
- 새로운 상업 도시의 출현: 쌀의 집산지(삼랑진, 강경, 원산)
- 현물 징수 존속: 별공, 진상

🔍 균역법 보충액 징수
- 일부 특권층: 선무군관세 − 베 1필
- 지주: 결작 − 1결당 2두
- 어세, 염세, 선세: 균역청 징수

③ 군역 제도의 개편(균역법)

전기		후기
양인 개병, 병농 일치의 부병제	→	용병제, 모병제화

15세기 보법 → 15세기 말 대립제의 음성화 → 16세기 군적수포제 (양인 장정: 12개월에 베 2필) → 17세기~18세기 초 최고 부담 (족징, 인징, 황구첨정, 백골징포) → 18세기 균역법(영조) (양인 장정: 12개월에 베 1필)

(2) 경제생활의 변화

구분	전기	후기
농업	• 이앙법(일부) • 농종법 • 시비법의 발달 ⇨ 연작 가능(일부)	• 이앙법(전국), 견종법 ⇨ 광작(경영형 부농, 몰락 농민) • 상품 작물 재배(담배, 고추, 인삼 등) • 구황 작물 재배(고구마, 감자) • 지대의 변화[타조법(관행) ⇨ 도조법(일부)]
상업	관허 상인 중심(시전 상인, 보부상) ⑳ 정조의 신해통공: 시전 상인의 금난전권 폐지(육의전 제외)	• 사상의 활동(경강상인, 송상 등) • 공인의 활동 ⇨ 도고의 출현 • 화폐의 1차적 유통 ⇨ 전황 현상 발생
	공무역 중심	공·사무역의 발달(개시, 후시)
수공업	관장제 중심 ⑳ 정조의 공장안 폐지	• 납포장 증가 • 선대제 수공업의 대두
광업	15세기 관영 체제 ⇨ 16세기 부역제 해이	• 설점수세제 실시 • 잠채 성행 ⇨ 분업화·협업화 현상(덕대의 출현)

(3) 사회 구조의 변화(신분제 동요)

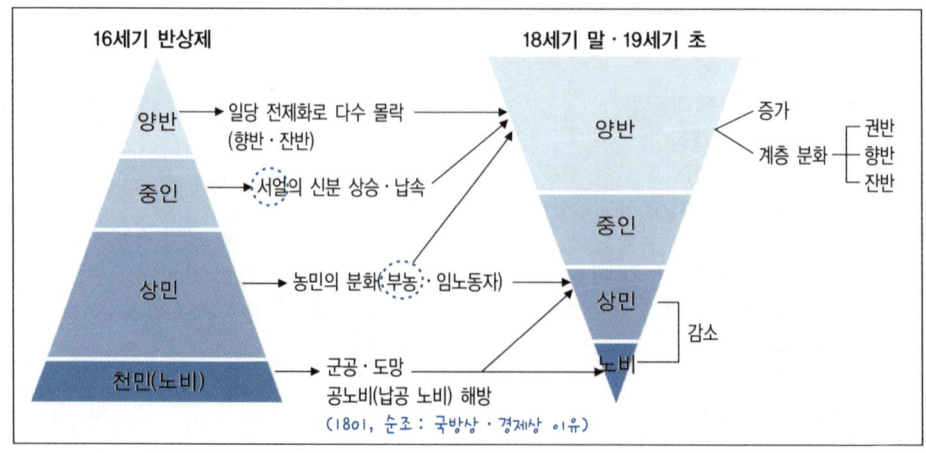

(4) 사회 불안과 종교계의 변화
  ① 민간 신앙의 성행: 예언 사상, 무격신앙, 미륵 신앙 등
  ② 천주교의 전파: 평등사상 전파
  ③ 동학의 발생
    ㉠ 성리학과 불교 배척, 서학(천주교)에 반대
    ㉡ 종합적 성격: 유·불·선, 천주교 교리 일부 흡수
    ㉢ 사회적: 인내천 사상(⇨ 인간 평등 주장), 대외적: 보국안민(⇨ 반외세 주장)

4 문화의 새 기운: 성리학의 현실 문제 해결 기능 상실 ⇨ 호락 논쟁, 양명학, 실학의 대두

(1) **호락 논쟁**: 18세기 노론 안에서 인간과 사물의 본성을 어떻게 볼 것인가를 두고 호락 논쟁이 전개됨.

구분	호론(湖論)	낙론(洛論)
주장	인물성이론(人物性異論): 인간과 사물의 본성이 다르다는 주장	인물성동론(人物性同論): 인간과 사물의 본성이 같다는 주장
특징	기존의 신분 질서 유지 기능(충청도 노론)	조선 후기의 사회 변화 수용(서울·경기 노론)
계승	북벌론 ⇨ 19세기 위정척사 사상	북학 사상 ⇨ 19세기 개화 사상

(2) **실학 사상의 발달**

구분	중농 학파(경세치용 학파)	중상 학파(이용후생 학파, 북학파)
공통점	• 재야의 지식인 ⇨ 현실 미반영 • 성격: 실증적, 민족적, 근대 지향적, 피지배층 입장 반영 • 목표: 민생 안정, 부국강병	
차이점	• 농업 중심 ⇨ 토지 제도 자체의 개혁 중시 • 지주제 반대 ⇨ 자영농 육성 • 화폐 부정(이익의 폐전론) • 남인 계열 ⇨ 농촌 거주	• 상공업 중심 ⇨ 토지 제도보다는 농업 기술상의 개혁 중시 • 지주제 긍정 ⇨ 농업의 상업적 경영(광작) 옹호 • 화폐 긍정(박지원의 용전론) • 노론 계열(도시 거주, 낙론)
대표 인물	유형원 ⇨ 이익 ⇨ 정약용	유수원 ⇨ 홍대용 ⇨ 박지원·박제가

(3) **국학의 발달**

시기	책명	저자	내용
18세기	동사(東史)	이종휘(영조)	고대사의 연구 시야를 만주 지방으로 확대
	동사강목	안정복(영조~정조)	고증 사학의 토대 마련, 삼한 정통론 제시(단군 ⇨ 기자 ⇨ 삼한)
	발해고	유득공(정조)	신라와 발해를 남북국 시대로 규정
	연려실기술	이긍익(정조)	조선의 정치와 문화를 실증적·객관적으로 서술
19세기 초	해동역사	한치윤(순조)	500여 종의 외국 자료를 이용하여 국사 인식의 폭 확대

(4) 조선의 예술 총정리

구분	조선 전기		조선 후기		
	15세기	16세기	17세기	18세기	19세기
문학	집권 양반 담당(훈구파: 사장 중시) • 서거정의 『동문선』	서경덕, 윤선도 등	창작 주체의 다양화 • 박지원의 한문 소설(「양반전」, 「허생전」 등) • 중인의 시사 결성 • 서민 문학의 대두(한글 소설, 사설시조) cf 정약용의 '애절양'(19세기 초) cf 신재효의 판소리 정리(19세기)		
그림	진취적, 발랄 • 안견의 '몽유도원도' • 강희안의 '고사관수도'	자연 속에서 서정미 추구 • 사군자 유행 • 이상좌의 '송하보월도'	실학적 화풍 • 진경산수화: 정선의 '금강전도', '인왕제색도' • 풍속화: 김홍도, 신윤복 • 서양 화법의 도입(원근, 명암): 강세황		복고적 화풍 • 김정희의 '세한도'
			민화 유행(작가 미상, 서민 의식 반영)		
건축	공공건물 중심 ⇨ 경복궁, 창덕궁, 숭례문, 해인사 장경판전, 원각사 10층 석탑 등	서원 건축 중심	• 금산사 미륵전 • 화엄사 각황전 • 법주사 팔상전	수원 화성	흥선 대원군의 경복궁 재건
사서	• 고려사(기전체) • 동국통감(최초의 통사, 서거정, 성종)	기자실기(이이)		• 동사강목(안정복) • 발해고(유득공) • 연려실기술(이긍익) • 해동역사(한치윤)	
	조선왕조실록(태조~철종, 25대 왕조 역사 기록) cf 일제 강점기 – 고종·순종실록 작성				
지도	혼일강리역대국도지도(태종, 현존 최고 동양 세계 지도)			동국지도(정상기, 영조): 백리척 고안	대동여지도(김정호, 철종): '매방(每方) 10리'라 표시, 목판본(대중화 도모)
	제작 목적: 부국강병, 중앙 집권, 국가 주도		제작 목적: 경제상·문화상의 호기심, 개인 주도		
지리서	동국여지승람(성종)		역사 동국지리지(한백겸, 광해군)		
			인문	택리지(이중환, 영조)	
천문학 (역법)	• 천상열차분야지도(고구려 천문도 바탕, 태조) • 칠정산(세종) cf 첨성대(신라 경주), 천문대(고려 개경)		시헌력(청)		태양력 채택(을미개혁, 1895)
			지전설 주장: 김석문, 홍대용, 정약용, 최한기 등		
의서	• 향약집성방(세종) • 의방유취(세종) cf 향약구급방(고려 후기)		동의보감(허준, 광해군)	마과회통(종두법 연구, 정약용, 정조)	동의수세보원(사상의학 확립, 이제마, 고종)

농서	• 농사직설(세종) • 금양잡록(성종) cf 농상집요(고려 말 원의 농서)			• 색경(박세당) • 산림경제(홍만선)	임원경제지(서유구)
도자기	분청사기 cf 순수 비색 청자(고려 전기) ⇨ 양각·음각 ⇨ 상감 청자 (무신 정변 전후)	순백자		청화백자, 달항아리(백자) cf 서민: 옹기 사용	

▲ 몽유도원도(안견)

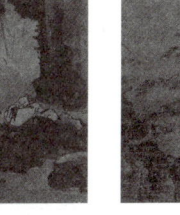
▲ 고사관수도(강희안)

▲ 송하보월도(이상좌)

▲ 초충도(신사임당)

▲ 인왕제색도(정선)

▲ 서당도(김홍도)

▲ 월하정인(신윤복)

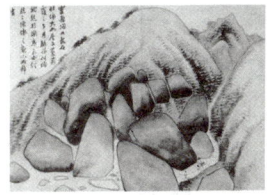
▲ 영통골 입구도(강세황)

▲ 세한도(김정희)

▲ 까치호랑이(민화)

▲ 원각사지 10층 석탑

▲ 법주사 팔상전

PART 06 근대 사회 발전기(개화기 : 1863~1910)

1 19세기 정세 및 흥선 대원군의 정책, 정부의 개화 정책

19세기 전기	흥선 대원군 집정기(1863~1873)	정부의 개화 정책
국내: 외척 세도 정치 ┌ 왕권 미약 ├ 정치 기강 문란 └ 삼정의 문란 ⇨ 민란 발생 ⇨ 천주교 확산 → 위기의식 초래 → 양반 : 위정척사 사상 → 농민 : 동학 사상(1860) 통상 개화론자 대두(중인, 역관)	**국내** • 전제 왕권 강화책: 비변사 폐지, 『대전회통』편찬, 경복궁 중건 • 민생 안정책: 호포제(양반에게도 군포 징수) 실시, 만동묘와 서원 대폭 정리 → 개화 사상(1870년대 초) 대두	• 수신사 파견[1차(1876), 2차 (1880)] • 조사 시찰단 파견(1881, 일본) • 영선사 파견(1881, 청) • 보빙사 파견(1883, 미국) • 제도의 개편: 통리기무아문 (1880~1882) 설치, 별기군 (1881) 설치
국외: 서양 → 통상 요구	**국외**: 통상 거부 정책	
동아시아의 국제 정세 • 청: 아편 전쟁 ⇨ 난징 조약, 베이징 조약(1860) → 양무 운동(1861~) → 러시아의 중재: 연해주 획득 ⇨ 조선과 접경 • 일본: 미·일 화친 조약	→ 메이지 유신(1868, 징병제, 입헌 군주제) ⇨ 정한론 대두	운요호 사건(1875) ⇨ 강화도 조약(1876)

2 1880년대 전후 사건(1876년 개항 기점)

1876	• **강화도 조약**(조·일 수호 조규, 병자 수호 조약): 최초의 근대적 조약, 불평등 조약
	• **조·일 수호 조규 부록**: 일본 상인의 활동 범위 개항장 사방 10리 이내 제한, 일본 화폐 유통 허용
	  cf) 1882년 조·일 수호 조규 (부록) 속약: 일본 상인의 활동 범위 개항장 사방 50리, 1년 뒤 100리로 확대
	• **조·일 통상 장정**: 무관세·무항세, 양곡의 무제한 유출
	  cf) 1883년 부분 수정: 수출입 상품에 대한 관세(10%), 최혜국 대우 규정, 방곡령 조항 제시

1880	황쭌셴의 『**조선책략**』 유포: 남하하는 러시아를 견제하기 위한 조선의 방안으로 '친중, 결일, 연미'
1882	• **조·미 수호 통상 조약**: 불평등 조약(치외 법권, **최혜국 조관**), 거중 조정, 협정 관세 규정 • **임오군란**: 친청 내각, 조·청 상민 수륙 무역 장정, 제물포 조약(일본 공사관 주변 군대 주둔 허용)
1884. 6.	조·러 통상 조약(직접 수교)
1884. 12.	**갑신정변**: 최초의 근대적·정치적 개혁, 14개조 개혁안 제시, 친청 내각, 한성 조약, 톈진 조약(청·일 양국군 철수) cf) 갑신정변 이후 조선 정부의 외교: 반청 친러 경향
1885 (~1887)	**거문도 사건(영국)**: 남하하는 러시아를 견제하기 위하여 불법 침략 cf) 갑신정변 이후 독일 영사 부들러의 중립국 제의, 유길준의 중립국 구상
1889	**방곡령 사건**: 일본의 경제적 침략(양곡)에 대한 조선 관권의 저항[조·일 통상 장정(1883)의 내용 의거]

3 1890년대 사건

1892~1893	교조 신원 운동(삼례 ⇨ 서울 ⇨ 보은)		
1894	동학 농민 운동: 반봉건·반외세의 민족 운동(제폭구민, 보국안민)		
	전개 과정	1기	고부 민란(전봉준 주도)
		2기	절정기: 고부 ⇨ 태인 ⇨ 황토현 ⇨ 장성 황룡촌 ⇨ 전주 입성 cf) 정부의 2가지 대응: 청의 출병 요구 및 동학군에게 휴전 제의
		3기	휴전기: 집강소 설치(전라도), 12개조 폐정 개혁안 실천기
		4기	재봉기: 일본의 내정 간섭에 대항하여 봉기 ⇨ 공주 우금치 패배
	결과		갑오개혁에 영향, 의병 운동의 활성화, 청·일 전쟁 유발
1894	갑오개혁(홍범 14조): 근대 사회로의 계기 마련 • 정부 측: 교정청 설치 ⇔ 일본 측: 고종 감금, 1차 김홍집 친일 내각 구성, 군국기무처 설치, (1차)갑오개혁 추진(연호: 개국 사용) • 성격 ┌ 긍정적: 개화 운동의 연장(신분 제도 폐지 등) 　　　　└ 부정적: 타율적 개혁(군제 개혁 소홀, 토지 균분 안함.)		
1894	청·일 전쟁 ⇨ 일본 승리: 시모노세키 조약, 일본 - 요동 차지)		
1895	• 삼국 간섭(러시아, 프랑스, 독일) ⇨ 친러 내각(일본 - 요동 반환) • 을미사변 ⇨ 을미개혁(단발령, 양력, 우편제) ⇔ 을미의병 발생		
1896	• 아관 파천: 친러 내각, **열강의 이권 침탈 강화**(근거: **최혜국 조관**) • 서재필의 독립신문 및 독립 협회 조직		
1897	대한 제국 성립 • 덕수궁으로 환궁, 연호를 광무, 국호를 대한 제국, 왕을 황제라 칭하고 환구단에서 황제 즉위식 거행 • 정치적: 복고적 - 전제 군주제(원수부 설치, 대한국 국제 발표, 지방 - 13도 개편) • 경제적·사회적: 개화 운동의 연장(지계 발급 등)		
1898	만(관)민 공동회: 헌의 6조(중추원식 의회제), 이권 수호 운동 ⇨ 독립 협회 해산		

cf) 1894년 갑오년 사건 순서: 동학 농민 운동(1894. 1.~1894. 12.) ⇨ 청·일 전쟁(1894. 6.~) ⇨ 제1차 갑오개혁 (1894. 6.~) ⇨ 동학 농민군의 2차 봉기(1894. 10.) ⇨ 제2차 갑오개혁(홍범 14조, 1894. 12.~) ⇨ 시모노세키 조약(1895)

4 1900~1910년 사건: 일제의 국권 침탈 과정 및 우리의 재항

(1) 1904년~1905년: 러·일 전쟁 ⇨ 한국에 대한 일본의 독점 외교

조약명	시기	당사국	내용
영·일 동맹(1차)	1902. 1.	일본과 영국	영국의 청에서의 이권과 일본의 **한국에서의 이권 존중**
가쓰라·태프트 밀약	1905. 7.	일본과 미국	미국의 필리핀 지배와 일본의 **한국 지배 인정**
영·일 동맹(2차)	1905. 8.	일본과 영국	영국의 인도 지배와 일본의 **한국 지배 인정**
포츠머스 강화 조약	1905. 9.	일본과 러시아	일본은 **한국에 대한 지배권을 국제적으로 묵인**받고 요동 반도를 영유하여 대륙 침략의 발판을 마련

(2) 일제의 국권 침탈 과정

조약명	시기	내용
러·일 전쟁 발발 직전: 대한 제국 - 국외 중립 선포(1904. 1. 21.)		
한·일 의정서	1904. 2.	대한 제국의 국외 중립 파기, 러시아와 맺은 모든 조약 파기, 군사 요지 점령
제1차 한·일 협약	1904. 8.	고문 정치(외교 고문 - 스티븐스, 재정 고문 - 메가타)
제2차 한·일 협약(을사늑약)	1905. 11.	외교권 박탈, 통감부 설치
한·일 신협약	1907. 7.	차관 정치(행정권 박탈)
군대 해산	1907. 8.	군사권 박탈
기유각서	1909. 7	사법권 박탈
경찰권 이양	1910. 6.	경찰권 박탈
한·일 병합 조약(경술국치)	1910. 8. 29.	국권 박탈, 총독부 설치

(3) 민족의 저항

을사늑약에 대한 저항	조약 폐기 상소, 민영환의 자결, 5적 암살단 조직(나철, 오기호), 장지연의 '시일야방성대곡'(황성신문), 고종의 헤이그 특사 파견(1907), 의병의 항전
한말 의병	• 을미의병(1895, 최초): 을미사변과 단발령 계기 • 을사의병(1905, 본격): 을사늑약 계기, 민종식(홍성), 최익현(태인 ⇨ 순창), 신돌석(최초 평민 의병장) • 정미의병(1907, 절정): 군대 해산 및 고종 강제 퇴위 계기, 전국적 발생 • 서울 진공 작전(1908): 13도 창의군 조직(이인영) ⇨ 실패
애국 계몽 운동	• 보안회(1904): 일본의 황무지 개간 요구권 철폐 • 대한 자강회(1906): 고종의 양위 반대 시위 • 신민회(1907): 통감부 치하 최대의 비밀 결사 단체, 대성학교, 오산학교 건립, 해외 독립군 기지 건설

(4) 외세의 경제적 침략과 우리의 저항

1. 1876년~ : 조·일 수호 조규 부록, 조·일 통상 장정 ⇨ 일본의 경제적 침략 ─────→ 1. 1889년: 방곡령 사건
2. 1882년: 조·청 상민 수륙 무역 장정(최초 내지 통상권 획득) ⇨ 청의 경제적 침략
3. 1894~1895년: 청·일 전쟁
4. 1896년: 아관 파천
   ⇨ 열강의 이권 침탈 강화 ─────→ 2. 1898년: 황국 중앙 총상회(시전상인)의 상권 수호 운동
   → 3. 1896~1898년: 독립 협회의 이권 수호 운동 (러시아, 프랑스 이권 저지)
5. 1904~1905년: 러·일 전쟁
   ⇨ 일본의 토지 약탈 본격화 ─────→ 4. 1904년: 보안회의 황무지 개간권 철폐
   (군용지 확보, 황무지 개간)   농광 회사: 자력으로 토지 개간 시도
6. 1905년: 메가타의 화폐 정리 사업 ──→ 대응 못함
7. 일본의 차관 제공 ─────→ 5. 1907년: 국채 보상 운동   국권 침탈 전
                          6. 1922년~ : 조선 물산 장려 운동   국권 침탈 후

PART 07 민족 독립운동기(일제 강점기)

1 일제의 단계별 통치 형태와 민족의 저항

시기	정치 형태	경제적 수탈	식민지 문화 정책	민족 독립운동
1단계(1910~1919) • 1차 세계 대전 발발 (1914) • 러시아 혁명(1917)	무단 통치(헌병 경찰) ⇨ 태형령(1912) • 안악 사건(1910) • 105인 사건(1911)	• 토지 조사 사업 (1912~1918, 토지 조사령) • 회사령 (1910, 허가제)	1차 조선 교육령(1911) : 보통학교(4년)	〈국내〉 • 비밀 결사 단체: 대한 광복회(공화주의), 독립 의군부(왕정 복구) 등 〈국외〉 • 중국 간도: 간도 삼원보, 밀산부 한흥동(⇨ 신민회) • 중국 본토: 신한 청년단 조직(김규식 - 파리 강화 회의 파견) • 러시아 연해주: 대한 광복군 정부(이상설) • 미국: 대한인 국민회(이승만), 흥사단(안창호), 대조선 국민군단(박용만) • 일본: 조선 청년 독립단(유학생 중심)

↓ 3·1 운동(1919) 계기

시기	정치 형태	경제적 수탈	식민지 문화 정책	민족 독립운동
2단계(1919~1931) • 베르사유 체제 • 워싱턴 체제 • 세계 대공황 발생 (1929)	문화 통치(보통 경찰) • 치안 유지법(1925)	• 산미 증식 계획 (1920~1935) • 회사령 개정(폐지) (1920, 신고제)	2차 조선 교육령(1922) : 보통학교(6년), 3면 1교, 대학 교육 허용	〈국외〉 • 상하이 대한민국 임시 정부의 수립 및 활동 • 무장 독립군 투쟁: 봉오동·청산리 대첩(1920) ⇨ 간도 참변(1920) ⇨ 자유시 참변(1921) ⇨ 독립군 재정비(참의부, 정의부, 신민부) ⇨ 미쓰야 협정(1925) ⇨ 독립군 통합(혁신 의회와 국민부) • 무장 단체: 의열단(1919, 김원봉), 한인 애국단(1931, 김구) 〈국내〉 • 사회 운동: 6·10 만세 운동(1926) ⇨ 신간회(1927) ⇨ 광주 학생 항일 운동(1929) • 문화 운동: 민립 대학 설립 운동(1922), 민족주의 사학(박은식, 신채호) • 경제 운동: 농민·노동 운동, 물산 장려 운동(1922~), 원산 노동자 총파업(1929)

↓ 만주 사변(1931) 계기

시기	정치 형태	경제적 수탈	식민지 문화 정책	민족 독립운동
3단계(1931~1945) • 중·일 전쟁 발발 (1937) • 2차 세계 대전 발발 (1939) • 태평양 전쟁 발발 (1941)	민족 말살 통치(창씨 개명, 신사 참배, 황국 신민화 선언, 우리 역사·우리 말 금지) • 국가 총동원령(1938)	• 병참 기지화 정책 (⇨ 인적·물적 수탈) • 남면북양 정책 • 농촌 진흥 운동 (조선 농지령, 1934)	• 3차 조선 교육령(1938) : 보통학교 ⇨ 심상소학교(1938) ⇨ 국민학교(1941) 개칭, 1면 1교주의, 조선어 수의(선택) 과목 • 4차 조선 교육령(1943): 군부에 의한 교육 통제	〈국외〉 • 만주: 한국 독립군(지청천)+중국 호로군, 조선 혁명군(양세봉)+중국 의용군의 한·중 연합 작전(1931~1934) • 중국 우한: 김원봉의 조선 의용대(1938) ⇨ 1942년 광복군에 통합 • 중국 충칭: 광복군 구성(1940) ⇨ 대일(1941)·대독(1942) 선전 포고 ⇨ 인도·미얀마 전선 참가(1943) ⇨ 미국 O.S.S.와 국내 진입 작전 계획(1945. 9.) 〈국내〉 • 문맹 퇴치 운동: 동아일보의 브나로드 운동(1931~1934), 조선일보의 문자 보급 운동 등 • 농민·노동 운동 • 민족 문화의 수호: 사회 경제 사학(백남운), 실증주의 사학(이병도), 조선어 학회(1931~1942)

2 대한민국 임시 정부

(1) **체제**: 임시 의정원(입법), 국무원(행정), 법원(사법)으로 구성된, 3권 분립에 의한 민주 공화정
(2) **활동**

연통제 실시	국내외를 연결하는 비밀 행정망
군자금 조달	• 만주의 이륭양행, 부산의 백산상회 운영 • 애국 공채 발행
외교 활동	• 파리 강화 회의 파견(신한 청년단의 김규식을 외교총장으로 임명) • 미국에 구미 위원부 설치(이승만)
문화	독립신문, 사료 편찬소(『한·일 관계 사료집』)
충칭 이동	광복군 조직(1940) ⇨ 대일(1941)·대독(1943) 선전 포고, 영국군과 함께 연합군으로 참전(1943), 국내 진입 작전 계획(1945. 9.)

cf. 3·1 운동 이후 민족 운동 양상

구분		계열	주장 및 활동
이념		민족주의계	비타협적 항일 운동 전개
		사회주의계	사회주의 혁명론 전개(이동휘)
독립운동의 방향		무장 투쟁론	무장 독립 전쟁론(이동휘, 신채호, 김좌진 등)
		외교론	국제 연맹 위임 통치론(이승만)
		자치·참정론	일제의 지배 인정(이광수)
		실력 양성론	경제 방면에서 민족 역량 배양(김성수)

3 신간회(1927~1931)

성격	좌·우익 합작의 합법적 단체
강령	정치·경제적 각성, 민족의 대동 단결, 기회주의자의 배격
활동	• 광주 학생 항일 운동(1929) 진상 보고를 위한 민중 대회 계획 • 농민·노동·학생 운동의 지원, 소작·노동 쟁의, 동맹 휴학 등 사회 운동 전개
근우회	신간회 여성 자매단체, 여성계의 민족 유일당 운동, 여성 노동자의 권익 옹호와 새생활 개선

4 역사

박은식	『한국통사』, 『한국독립운동지혈사』 - 민족혼, '역사는 신(神)이요, 나라는 형(形)'
신채호	『조선상고사』, 『조선사연구초』 - 낭가사상, '역사란 아(我)와 비아(非我)의 투쟁'
정인보	『조선사연구』 - 얼사상, 광개토 대왕릉비문 연구
진단 학회(1934)	청구 학회에 대하여 반발, 근대 실증 사학 도입(이병도)
사회 경제 사학	일제 식민 사관 중 정체성론 반박 ⇨ 한국사의 역사 발전을 세계사적인 역사 발전 법칙과 동일한 범주에서 파악(백남운)

PART 08 현대 사회

1 현대 사회의 전개

(1) 해방 공간의 국내외 주요 사건

	1945		1948	1950	1953
	광복		정부 수립	6 · 25 전쟁	정전
우리의 건국 준비 활동 〈국외〉 ① 대한민국 임시 정부 ② 조선 독립 동맹 〈국내〉 ③ 조선 건국 동맹(여운형) ∴ 공통 강령 : 민주 공화국 표방	건국 준비 위원회(여운형, 안재홍) : 민족 연합 노력, 치안대 설치 ⇨ 인민 공화국 설립		① 1947. 11. UN 한국 임시 위원단 구성 ⇨ 남북 총선거를 통한 통일 정부 수립 결정 ⇨ 소련 반대 ⇨ 1948. 2. UN 소총회, 남한만 총선 최종 결정 ② 1948. 4. 제주도 4 · 3 사건 ③ 1948. 4. 김구 · 김규식 등의 남북 협상 ④ 1948. 5. 5 · 10 총선 ⑤ 1948. 8. 대한민국 정부 수립 ⑥ 1948. 9. 반민족 행위 처벌법 제정 ⇨ 반민족 행위 특별 조사 위원회 구성 ⑦ 1948. 10. 여수 · 순천 10 · 19 사건 ⑧ 1948. 12. UN 총회에서 대한민국 정부 승인		
	미군정기(1945~1948) ┌ 1기(1945~1947) : 직접 통치기 └ 2기(1947~1948) : 남조선 과도 입법 의원 (⇨ 남조선 과도 정부)				
	조선 공산당(박헌영), 한국 민주당(송진우 · 김성수), 독립 촉성 중앙 협의회(이승만), 한국 독립당(김구) 등				
	1차 미 · 소 공동 위원회 결렬 직후 이승만의 정읍 발언 ⇨ 좌우 합작 운동 전개(여운형, 안재홍 등)				
국제 회담 • 1943. 11. 카이로 회담 • 1945. 2. 얄타 회담 • 1945. 7. 포츠담 선언	국제 회담 • 1945. 12. 모스크바 3국 외상 회의 • 1946, 1947. 1차 · 2차 미 · 소 공동 위원회 개최 : 미 · 소의 의견 대립으로 결렬 ⇨ 미국, 우리 문제를 UN 총회 상정				

(2) 우리 문제가 거론된 국제 회담
① 카이로 회담(1943, 미 · 영 · 중) : 최초로 한국 독립 약속
② 얄타 회담(1945. 2, 미 · 영 · 소) : 소련의 대일전 참가 결정
③ 포츠담 회담(1945. 7, 미 · 영 · 중 · 소) : 카이로 회담 내용 재확인, 한국 독립 재확인
④ 모스크바 3상 회의(1945. 12, 미 · 영 · 소) : 임시 정부 수립, 미 · 소 공동 위원회 설치, 최고 5년간 신탁 통치 등 결정 ⇨ 반탁 운동 전개 : 처음에는 공산주의자도 반탁, 이후 찬탁으로 입장 변화
⑤ 미 · 소 공동 위원회(1차 1946, 2차 1947, 덕수궁 석조전) : 정부 수립 논의 ⇨ 의견 대립으로 결렬
   (미국 : 모든 정치 단체 참여 주장, 소련 : 찬탁 단체만 참여 주장)

(3) 6 · 25 전쟁
주한미군 한반도 철수(1949. 6.) ⇨ 애치슨 선언(미국, 극동 방위선에서 한반도를 제외한다고 선언, 1950. 1.) ⇨ 1950. 6. 25. 북한의 남침 ⇨ 낙동강 저지선까지 후퇴 ⇨ 유엔 참전, 인천 상륙 작전(1950. 9. 15) 감행 ⇨ 압록강 진격 ⇨ 중국 군대 개입(1950. 10. 25.) ⇨ 흥남 철수(1950. 12. 25.) ⇨ 서울 재함락(1951. 1. 4.) ⇨ 이승만 정부의 반공 포로 석방(1953. 6.) ⇨ 휴전 협정 체결(1953. 7. 27.) ⇨ 한 · 미 상호 방위 조약 체결(1953. 10.)

2 민주주의의 발전과 시련

🔍 민주주의 발전 과정

미군정 (1945~1948)	이승만 정부 (1948~1960)	장면 내각 (1960~1961)	5·16 군정 (1961~1963)	박정희 정부 (1963~1972)	유신 정부 (1972~1979)	전두환 정부 (1981~1988)	노태우 정부 (1988~1993)	김영삼 정부 (1993~1998)	김대중 정부 (1998~2003)
	4·19 혁명 (1960)	5·16 군사 정변 (1961)		10월 유신 헌법 (1972)	10·26 사태 (1979)	6월 민주 항쟁 (1987)			

cf) 역대 대통령: 이승만(1대·2대·3대), 윤보선(4대), 박정희(5대·6대·7대·8대·9대), 최규하(10대), 전두환(11대·12대), 노태우(13대), 김영삼(14대), 김대중(15대), 노무현(16대), 이명박(17대), 박근혜(18대), 문재인(19대), 윤석열(20대)

시기	주요 정책
이승만 정부 (1948~1960)	• 발췌 개헌(1차 개헌, 1952, 대통령 직선제) • 사사오입 개헌(2차 개헌, 1954, 초대 대통령에 한해 중임 제한 철폐) • 진보당 사건(1958) • 3·15 부정 선거(1960) ⇨ 4·19 혁명(1960) cf) 농지 개혁(1950): 유상 매수, 유상 분배(3정보 한도)
장면 내각 (1960~1961)	의원 내각제, 양원제 ⇨ 5·16 군사 정변(1961): 군사 정부의 활동
박정희 정부 (1963~1972)	• 경제 개발 5개년 계획(1962~1966) • 베트남 파병(1964~1973) • 한·일 국교 정상화(1965) • 국민 교육 헌장 발표(1968) • 3선 개헌(1969) • 새마을 운동(1970~) • 7·4 남북 공동 성명(1972) • 7차 개헌(10월 유신 헌법, 1972. 10.) 발표 cf) 전태일 분신(1970), 경부 고속 도로 개통(1970), 수출의 날 제정(1974)
유신 정부 (1972~1979)	• 통일 주체 국민 회의(간접 선거, 임기 6년), 권위주의 정치 ⇨ 일명 '한국적 민주주의' 주장 • 1979년 유신 체제의 붕괴: 2차 석유 파동(첫 마이너스 성장), YH 무역 사건, 김영삼 국회 의원 제명, 부·마 항쟁, 10·26 사태, 12·12 사태 ⇨ 1980년 5·18 광주 민주화 운동 cf) 반(反)유신 운동: 민청학련 사건(1974), 인혁당 재건위 사건(1974), 천주교 정의 구현 전국 사제단 설립(1974), 3·1 구국 선언(1976), 부·마 항쟁(1979)
전두환 정부 (1981~1988)	• 8차 개헌(7년 단임제, 1980) 실시 • 초기 강경 정책 실시: 언론 강제 통폐합, 삼청 교육대 설치 • 유화 정책: 학도 호국단 폐지, 해외 여행 자유화, 야간 통행 금지 해제 등 • 3저 호황, 남북 이산가족 방문단 및 예술단 교환 방문(1985) • 한계: 금강산댐 사건(1987), 박종철 고문 치사 사건(1987) 등 • 6월 민주 항쟁(1987) 발생 ⇨ 6·29 선언(민주 정의당 노태우 발표) ⇨ 9차 개헌

구분		
노태우 정부 (1988~1993)	• 북방 외교 전개 : 헝가리 · 폴란드(1989), 소련(1990), 중국(1992)과 국교 수교 • 3당 합당(1990) • 지방 자치제 부분 실시 • 서울 올림픽 개최(1988) • 북한과 관계 개선 : 남북한 UN 동시 가입(1991), 남북 기본 합의서 채택(1991) 등	
김영삼 정부 (1993~1998)	• 역사 바로 세우기 : 구 조선 총독부 청사 철거 및 경복궁 복원 작업 착수, 12 · 12 사태와 5 · 18 광주 민주화 운동에 대한 재평가 • 공직자 재산 등록제(1993) • 금융 실명제(1993) • 지방 자치제 전면 실시(1995) • 경제 협력 개발 기구(OECD) 가입(1996) • 국제 통화 기금(IMF) 구제 사태 발생(1997)	
김대중 정부 (1998~2003)	• 햇볕 정책 : 금강산 관광 사업 시행(1998), 6 · 15 남북 공동 선언(2000), 개성 공업 지구 제정(2002), 이산가족 방문단 교환 • 국제 통화 기금(IMF) 관리 체제 극복 : 금 모으기 운동, 구조 조정 등	

3 대한민국 헌법 개정 과정

구분	계기	내용	비고
제헌 헌법 (1948)		• 대통령 중심제(4년) • 대통령 간선제(국회 선출)	제헌 국회 의원 임기 2년
제1차(1952)	대통령의 국회 내 기반 상실	대통령 직선제	발췌 개헌(이승만의 재선 가능)
제2차(1954)		초대 대통령에 한해 중임 제한 철폐	사사오입 개헌(이승만의 장기 집권 가능)
제3차(1960)	3 · 15 부정 선거, 4 · 19 혁명	• 내각 책임제, 국회 양원제(민 · 참의원) • 대통령 간선제(국회 선출)	허정 과도 정부의 개헌
제5차(1962)	5 · 16 군사 정변	• 대통령 중심제(4년) · 직선제 • 국회 단원제 및 무소속 금지	국민 투표를 거친 최초의 개헌
제6차(1969)		대통령 3선 개헌	박정희의 장기 집권 가능
제7차(1972)	10월 유신	• 대통령 중심제(6년, 종신 집권 가능) • 대통령에게 강력한 권한 부여 : 긴급 조치 · 국회 해산권 등 • 대통령 간선제(통일 주체 국민 회의 선출)	10월 유신 헌법
제8차(1980)	10 · 26 사태	• 대통령 중심제(7년 단임) • 대통령 간선제(대통령 선거인단 선출)	통일 주체 국민 회의에서 선출된 전두환이 추진
제9차(1987)	6월 민주 항쟁	• 대통령 중심제(5년 단임) • 대통령 직선제	• 최초의 여야 합의 개헌 • 6 · 29 민주화 선언

4 통일을 위한 노력

7·4 남북 공동 성명(1972)	자주 통일, 평화 통일, 민족적 대단결의 3대 원칙 천명 ⇨ 남북 조절 위원회 설치, 직통 전화 가설
6·23 선언(1973)	남북한 유엔 동시 가입, 모든 국가에 대한 문호 개방 선언
7·7 선언(1988)	적극적인 대북 협력 의지 표명
한민족 공동체 통일 방안(1989)	자주·평화·민주의 원칙 ⇨ '남북 연합' 중간 단계 설정
남북한 유엔 동시 가입(1991)	-
남북 기본 합의서(1991)	남북 사이의 상호 이해와 불가침 및 교류 협력에 대한 합의서
6·15 남북 공동 선언(2000) - 1차 남북 정상 회담	남측의 연합제 안과 북측의 낮은 단계의 연방제 안의 공통점 인정
10·4 남북 공동 선언(2007) - 2차 남북 정상 회담	남북 관계 발전과 평화 번영을 위한 선언
3차 남북 정상 회담(2018)	-

부록 유네스코 문화유산

세계 문화유산	• 경주 역사 유적 지구: 남산 지구(미륵곡 석불 좌상, 배동 석조 여래 삼존 입상, 나정, 포석정 등), 월성 지구(월성, 계림, 첨성대 등), 대릉원 지구(신라 왕·왕비·귀족 등의 무덤, 천마도 등), 황룡사 지구(황룡사지, 분황사), 산성 지구(명활산성) • 해인사 장경판전: 세계 유일의 대장경판 보관용 건물, 건물 내 적당한 환기와 온도, 습도 조절 등의 기능을 자연적으로 해결 가능 • 종묘: 조선 왕조의 역대 왕과 왕비의 신주를 모신 조선 왕조의 사당, 정면이 매우 길고 수평성이 강조된 독특한 형식 • 창덕궁: 조선 태종 5년(1405) 경복궁의 이궁(離宮)으로 지어진 궁궐 • 수원 화성: 조선 제22대 임금인 정조가 사도 세자의 무덤을 화성으로 옮기면서 축성 • 백제 역사 유적 지구: 공주(공산성, 송산리 고분군), 부여(관북리 유적, 부소산성, 정림사지, 능산리 고분군, 부여 나성), 익산(왕궁리 유적, 미륵사지) • 산사, 한국의 산지 승원: 경남 양산 통도사, 경북 영주 부석사, 충북 보은 법주사, 전남 해남 대흥사, 경북 안동 봉정사, 충남 공주 마곡사, 전남 순천 선암사 • 서원: 소수 서원(경북 영주, 안향 배향), 도산 서원(경북 안동, 이황 배향), 병산 서원(경북 안동, 류성룡 배향), 옥산 서원(경북 경주, 이언적 배향), 도동 서원(대구 달성, 김굉필 배향), 남계 서원(경남 함양, 정여창 배향), 필암 서원(전남 장성, 김인후 배향), 무성 서원(전북 정읍, 최치원 배향), 돈암 서원(충남 논산, 김장생 배향) • 석굴암·불국사 / 제주 화산섬과 용암 동굴 / 남한산성 / 조선 왕릉 / 하회·양동마을 / 고인돌 유적 • 갯벌: 충남 서천, 전북 고창, 전남 신안, 보성·순천의 갯벌 • 가야 고분군: 경북 고령 지산동, 경남 김해 대성동, 경남 함안 말이산, 경남 창녕 교동·송현동, 경남 고성 송학동, 경남 합천 옥전, 전북 남원 유곡리·두락리
세계 기록 유산	• 훈민정음: 세종 25년(1443) 완성, 우리말의 표기에 적합한 문자 체계 완성 • 『조선왕조실록』: 태조부터 철종까지 25대 472년간(1392~1863)의 조선 왕조의 역사를 편년체로 기록한 책 • 『직지심체요절』: 공민왕 21년(1372)에 백운화상이 저술한 『백운화상초록불조직지심체요절』을 청주 흥덕사에서 금속 활자로 인쇄 • 『승정원일기』: 승정원에서 있었던 일들을 기록한 책, 『조선왕조실록』 편찬의 기본 자료 • 『조선왕조의궤』: 조선 왕실에서 국가의 주요 행사[길례(제사), 가례(혼인), 빈례(사신 접대), 흉례(장례), 군례(군사 훈련)]가 있을 때 남겼던 기록 문서 • 고려 대장경판·제경판: 일명 팔만대장경, 몽골군의 침입을 불교의 힘으로 막아 보고자 편찬 • 『동의보감』: 광해군 5년(1613)에 허준 저술, 동아시아 의학 지식과 기술 집대성 • 『일성록』: 조선 후기 국정 운영 사항을 일기 형식으로 정리해 놓은 책 • 『난중일기』: 이순신이 쓴 것으로, 임진왜란의 상황을 구체적으로 알려줌. • 한국의 유교책판: 유학 관련 책판(冊板, 책을 인쇄하기 위해 글을 새긴 나무판) 718종 6만 4,226장 • 5·18 광주 민주화 운동 관련 기록물 / KBS 특별 생방송 '이산가족을 찾습니다.' 1983년 방영 기록물 / 새마을 운동 기록물 / 국채 보상 운동 기록물 / 조선 통신사 기록물 / 조선 왕실 어보와 어책 / 동학 농민 운동 기록물 / 4·19 혁명 기록물
무형 유산	종묘 제례·종묘 제례악 / 판소리 / 강릉 단오제 / 강강술래 / 남사당놀이 / 영산재 / 제주 칠머리당 영등굿 / 처용무 / 가곡 / 대목장 / 매사냥 / 택견 / 줄타기 / 한산 모시짜기 / 아리랑 / 김장 문화 / 농악 / 줄다리기 / 제주 해녀 문화 / 씨름(남북 공동 등재) / 연등회 / 탈춤 / 장 담그기 문화

▶ 유네스코 세계 문화유산에 새롭게 등재되는 내용은 선우한국사 카페(cafe.naver.com/swkuksa)에 빠르게 올려 드리겠습니다.

연표로 읽는 주요 역사

선사 시대 및 국가의 형성

기원전 약 70만 년 전	구석기 문화	기원전 194년	위만 정권, 고조선 장악
기원전 8,000년경	신석기 문화	기원전 108년	고조선 멸망
기원전 2,333년	단군, 고조선 건국(『삼국유사』 기록)	기원후 57년	신라 건국
기원전 1,500~2,000년경	청동기 문화 보급	37년	고구려 건국
기원전 500년경	철기 문화 보급	18년	백제 건국

삼국 시대

3년	고구려, 국내성 천도	503년	신라(지증왕), 국호·왕호 사용
42년	수로왕, 가락국 건국	520년	신라(법흥왕), 율령 반포
194년	고구려(고국천왕), 진대법 실시	527년	신라(법흥왕), 불교 공인
260년	백제(고이왕), 16관등과 공복 제정	545년	신라(진흥왕), 『국사』 편찬
313년	고구려(미천왕), 낙랑군 축출	552년	백제(성왕), 일본에 불교 전래
372년	고구려(소수림왕), 불교 수용, 태학 설립	612년	을지문덕, 살수 대첩
384년	백제(침류왕), 불교 수용	645년	안시성 싸움
427년	고구려(장수왕), 평양 천도	660년	백제 멸망
475년	백제(문주왕), 웅진(공주) 천도	668년	고구려 멸망

남북국 시대

676년	신라, 삼국 통일	751년	불국사와 석굴암 건립
698년	대조영, 발해 건국	788년	신라(원성왕), 독서삼품과 실시

후삼국 분열기

900년	견훤, 후백제 건국	901년	궁예, 후고구려 건국

고려

연도	사건	연도	사건
918년	왕건, 고려 건국	1145년	김부식, 『삼국사기』 편찬(인종)
926년	발해 멸망	1170년	무신 정변(의종)
935년	신라 멸망	1196년	최충헌의 집권
936년	후백제 멸망, 고려의 민족 재통일	1198년	만적의 난
956년	노비안검법 실시(광종)	1231년	몽골의 1차 침략
958년	과거제 실시(광종)	1232년	강화 천도(최우)
993년	서희의 강동 6주(성종)	1270년	개경 환도, 삼별초 항쟁(~1273)
996년	건원중보 주조(성종)	1274년	여·원 제1차 일본 원정
1019년	강감찬, 귀주 대첩(현종)	1359년	홍건적의 침입(~1361, 공민왕)
1033년	천리장성 축조(~1044)	1363년	문익점, 목화씨 전래(공민왕)
1107년	윤관, 여진 정벌	1377년	『직지』 인쇄(우왕)
1126년	이자겸의 난(인종)	1388년	이성계, 위화도 회군
1135년	묘청의 서경 천도 운동(인종)	1389년	박위, 쓰시마 정벌

조선

연도	사건	연도	사건
1392년	고려 멸망, 조선 건국	1785년	정조, 『대전통편』 완성
1394년	한양 천도	1791년	신해통공 발표, 신해박해
1433년	4군 설치(~1443)(세종)	1794년	화성 축조 시작
1437년	6진 설치(~1449)(세종)	1801년	신유박해(순조)
1446년	훈민정음 반포(세종)	1805년	안동 김씨 - 세도 정치 시작
1469년	『경국대전』 완성(성종)	1811년	홍경래의 난(~1812)
1506년	중종반정, 연산군 폐위	1839년	기해박해
1510년	3포 왜란(중종)	1860년	최제우, 동학 창시(철종)
1519년	여씨 향약 실시(중종, 조광조)	1861년	김정호, '대동여지도' 제작
1543년	백운동 서원 설립	1862년	임술민란
1592년	임진왜란 발발, 한산도 대첩	1863년	고종 즉위, 흥선 대원군 집권
1608년	광해군, 대동법 실시(경기도)	1866년	병인박해, 제너럴셔먼호 사건, 병인양요
1609년	일본과 국교 회복(기유약조)	1871년	신미양요
1610년	허준, 『동의보감』 완성(광해군)	1875년	운요호 사건
1623년	인조반정	1876년	강화도 조약 체결
1627년	정묘호란(인조)	1881년	별기군 창설
1636년	병자호란(인조)	1882년	임오군란 발생
1653년	하멜, 제주도에 표착(효종)	1884년	우정총국 설치, 갑신정변
1708년	숙종, 대동법 전국적으로 시행	1885년	거문도 사건, 배재 학당 설립
1712년	백두산정계비 건립	1894년	동학 농민 운동, 갑오개혁
1725년	영조, 탕평책 실시	1895년	을미사변, 을미개혁
1750년	균역법 실시	1896년	아관 파천, 독립 협회 창립

대한 제국

1897년	대한 제국 성립	1905년	을사조약 강제 체결
1898년	명동 성당, 전차 개통	1907년	헤이그 특사 파견, 고종 황제 강제 퇴위, 군대 해산, 신민회 설립
1899년	경인선 개통	1908년	전명운·장인환, 스티븐스 저격
1904년	경부선 준공	1909년	안중근, 이토 히로부미 사살

국권 피탈기

1910년	국권 피탈	1931년	김구의 한인 애국단 조직, 조선어 학회 조직
1912년	토지 조사 사업 시작(~1918)	1932년	이봉창·윤봉길 의사 의거
1915년	박은식, 『한국통사』 간행	1933년	조선어 학회, 한글 맞춤법 통일안 발표
1919년	2·8 독립 선언, 3·1 운동, 대한민국 임시 정부 수립, 김원봉의 의열단 조직	1937년	조선 총독부, 황국 신민 서사 제정
1920년	봉오동 전투, 청산리 전투, 간도 참변	1938년	조선 의용대 창설
1921년	자유시 참변	1940년	일제, 일본식 성명 강요, 한국 광복군 결성
1923년	민립 대학 기성회 발족, 형평사 창립	1942년	조선어 학회 사건
1926년	6·10 만세 운동, 나석주(의열단)의 동양 척식 회사 투탄, 나운규의 영화 '아리랑'	1943년	진단 학회 사건, 카이로 회담
1927년	신간회·근우회 조직(~1931)	1945년	얄타 회담, 포츠담 회담
1929년	원산 총파업, 광주 학생 항일 운동		

대한민국

1945년	8·15 광복	1962년	제1차 경제 개발 5개년 계획 시작(~1966)
1945년	모스크바 3상 회담	1963년	박정희 정부 수립(~1979)
1946년	제1차 미·소 공동 위원회	1964년	베트남 파병(~1973)
1947년	제2차 미·소 공동 위원회	1965년	한·일 협정 조인
1948년	5·10 총선거, 대한민국 정부 수립	1967년	제2차 경제 개발 5개년 계획(~1971)
1950년	6·25 전쟁(~1953)	1969년	3선 개헌(6차)
1952년	발췌 개헌(1차)	1970년	새마을 운동 시작
1953년	휴전 협정 조인	1972년	제3차 경제 개발 5개년 계획, 남북 적십자 회담, 7·4 남북 공동 성명, 10월 유신 헌법(7차)
1954년	사사오입 개헌(2차)	1973년	6·23 평화 통일 선언, 김대중 납치 사건
1958년	진보당 사건	1974년	민청학련 사건, 인혁당 (재건위) 사건, 천주교 정의 구현 사제단 설립
1959년	경향신문 폐간	1976년	3·1 구국 선언(일명 명동 사건)
1960년	4·19 혁명	1977년	제4차 경제 개발 5개년 계획
1961년	5·16 군사 정변	1979년	YH 무역 사건, 김영삼 국회 의원 제명, 부·마 항쟁, 10·26 사태, 12·12 사태

1980년	5·18 광주 민주화 운동	1997년	IMF 외환 위기
1981년	전두환 정부 성립(~1988)	1998년	김대중 정부 성립(~2003), 금강산 관광 시작(해로)
1985년	남북 고향 방문단 상호 교류	2000년	6·15 남북 공동 선언
1986년	제10회 아시아 경기 대회 개최	2001년	남북 분단 사상 첫 이산가족 서신 교환
1987년	6월 민주 항쟁(9차 개헌)	2002년	2002 월드컵 한·일 공동 개최
1988년	노태우 정부 성립(~1993), 제24회 서울 올림픽 대회 개최	2003년	노무현 정부 성립(~2008)
1989년	전교조 결성(정부, 불법 단체로 규정)	2007년	제2차 남북 정상 회담
1990년	러시아 수교	2008년	이명박 정부 출범(~2013)
1991년	남북한 UN 동시 가입, 남북 기본 합의서 채택	2013년	박근혜 정부 출범(~2017)
1992년	중국 수교	2017년	문재인 정부 출범(~2022)
1993년	김영삼 정부 성립(~1998), 금융 실명제 실시	2018년	제3차 남북 정상 회담
1996년	경제 협력 개발 기구(OECD) 가입	2022년	윤석열 정부 출범(~2025)